WEGE DER MÄRCHENFORSCHUNG

WEGE DER FORSCHUNG

BAND CCLV

1973

WISSENSCHAFTLICHE BUCHGESELLSCHAFT

DARMSTADT

WEGE DER MÄRCHENFORSCHUNG

Herausgegeben von
FELIX KARLINGER

1973

WISSENSCHAFTLICHE BUCHGESELLSCHAFT

DARMSTADT

ⓦ Bestellnummer: 4767
Schrift: Linotype Garamond, 9/11

© 1973 by Wissenschaftliche Buchgesellschaft, Darmstadt
Satz: Carl Winter, Darmstadt
Druck und Einband: Wissenschaftliche Buchgesellschaft, Darmstadt
Printed in Germany

ISBN 3-534-04767-2

INHALT

VORWORT

Das erste Problem, das uns mit der Themastellung dieses Bandes erwächst, liegt darin, den Terminus „Märchen" näher zu definieren. Die Schwierigkeit, die bei einer solchen Definierung vor allem der deutschen Forschung zu schaffen macht (vergleichsweise kennen weder das Französische noch das Englische einen Begriff, der exakt mit unserem „Märchen" korrespondieren würde), besteht darin, daß wir zwar bei der Fachwelt wohl eine große Fülle von Vorstellungen, die sich freilich nicht selten widersprechen, finden, aber daraus keinen einheitlichen und sich begrifflich faßbaren Eindruck gewinnen. Wenn Max Lüthi als führende Autorität auf dem Gebiet der Märchenforschung schreibt: „Das Märchen ist eine welthaltige Abenteuererzählung von raffender, sublimierender Stilgestalt"[1], so ist damit zweifellos etwas sehr Wichtiges glücklich formuliert, aber plastische Klarheit über das, was Märchen ist, vermag dieser Ausspruch nicht zu geben. Lüthi selbst kommt auch zu der Feststellung, daß nur eine Summe von formalen und inhaltlichen Kriterien den Begriff „Märchen" umschreiben könne, und wir stimmen ihm zu, daß es möglich ist, das „Märchen" einzugrenzen, wenn es auch im konkreten Fall nicht als feste Form auftritt, sondern amöbenhaft seine Gestalt wechseln kann.

Problematisch ist auch der zweite Punkt: die zeitliche Abgrenzung unseres Bandes. Wenn wir den Forschungsabschnitt seit der Jahrhundertwende berücksichtigen, so ist damit ein etwas willkürlicher Einschnitt gegeben; aber die gesamte Epoche, innerhalb der man von Märchenforschung sprechen kann, umfaßt einen Zeitraum von 150 Jahren und ist kaum in einem Band ablesbar zu machen. Das Schwergewicht der ausgewählten Beiträge soll sowohl die Geschichte der Forschung im vorigen Jahrhundert als

[1] Lüthi, Das europäische Volksmärchen (zitiert nach der 2. Auflage 1960), S. 77.

Vorstufe zur neueren Forschung aufzeigen, wie auch gleichzeitig die neueren Entwicklungen und Richtungen herausstellen. Der „Weg" der Märchenforschung ist keine klare kurvenlose Linie von einem Punkt zu einem zweiten, er ähnelt eher einem sich serpentinenartig schlängelnden Pfade oder einer Reihe von einzelnen Wegen, die sich erst in den letzten Jahrzehnten stärker zu parallelen Richtungen gefunden haben, oder wissenschaftlich ausgedrückt zu einheitlicheren und kritischeren Methoden geführt wurden.

Eine dritte Schwierigkeit brachte diesen Band fast zum Scheitern und schränkt ihn in seiner Zielsetzung ein: für verschiedene wichtige Beiträge konnte keine Genehmigung zum Abdruck erreicht werden. So fehlen nicht nur einzelne Stationen des Forschungsweges, sondern einzelne Aufsätze müssen auf das Gegenstück, in dem der Widerstreit der Meinungen zum Ausdruck kommt, verzichten. Um die ursprüngliche Konzeption des Bandes wenigstens anzudeuten, sei hier kurz aufgeführt, wie der Weg in etwa abgesteckt war, beziehungsweise von welchen Studien die Erlaubnis der Autoren oder ihrer Rechtsnachfolger nicht oder zu spät eintraf: Axel Olrik, Aurelio M. Espinosa, M. K. Asadowskij, Vl. Propp, C. Lévi-Strauss, J. de Vries und A. Taylor.

Über die Entwicklung der Märchenforschung im 19. Jahrhundert hat Bolte im 5. Band der Anmerkungen zu den KHM von Bolte/Polívka ausführlich berichtet. Neben den Brüdern Grimm sind in Deutschland die Namen von Theodor Benfey, Reinhold Köhler, H. Steinthal, Max Müller und Adalbert Kuhn, im Ausland diejenigen von J. Bédier, P. Sébillot, E. Cosquin, A. de Gubernatis, G. Pitré, A. Schott, E. B. Tylor, J. Frazer, A. Lang, A. N. Afanasjew und N. A. Dobroljubow unter manchen anderen für immer mit den Grundlagen der Märchenforschung verbunden. Ihre Theorien klingen noch in einer Reihe der Publikationen dieses Bandes nach.

Friedrich von der Leyen, der im Folgenden mehrfach zu Wort kommt, hat sich schon als junger Gelehrter auch dem Märchen zugewandt und ihm bereits vor der Jahrhundertwende mehrere Arbeiten gewidmet. Vor allem im Anhang zu seinem 1898 erschienenen

Band „Indische Märchen" versuchte er, einen Überblick über die Geschichte des Märchens und die verschiedenen Interpretationen seines Wesens zu geben, wie auch seine Habilitationsschrift aus dem Jahre 1899 dem Märchen gewidmet war. Aus dem Bereich der über vierzig Schriften, die von der Leyen zwischen der Jahrhundertwende und 1966 verfaßt hat, nennen wir nur einige, die für unser Thema besonders interessant sind (außer denen, die hier Aufnahme gefunden haben): „Das Märchen — Ein Versuch" (1. Auflage 1911 — 4. Auflage 1958), „Aufgaben und Wege der Märchenforschung" (1916 in der Festschrift für E. Kuhn), „Aufgaben der Sagen- und Märchenforschung" (1936 in Z. f. Deutschkunde) und das zweibändige Werk „Die Welt der Märchen" (1953). Da er überdies mit der Serie „Die Märchen der Weltliteratur" das umfangreichste einschlägige Sammelwerk schuf, von dem er selbst an die fünfzig Bände mitbetreute, muß er als erster unter den Persönlichkeiten genannt werden, die den Wegen der Märchenforschung Gepräge und Richtung verliehen haben.

Im Jahre 1908 hielt auf dem Historiker-Kongreß zu Berlin Axel Olrik einen Vortrag „Epische Gesetze der Volksdichtung", der wesentliche Akzente für die weiteren Untersuchungen zur Gattung und zum Stil des Märchens setzte. Von G. Schütte übernahm Olrik die Begriffe des „toppgewichts" und des „achtergewichts", die zwar viel umstritten waren, aber doch das Augenmerk auf bedeutende Strukturelemente lenkten.

Die Bedeutung des an sich kurzen Vortrags mögen hier einige Auszüge vermitteln: „Ebenso wichtig ist das gesetz der widerholung. die neuere dichtung bedient sich anderer mittel, um etwas hervorzuheben: durch ausmalung der einzelnen teile schildert sie die größe und bedeutung der sache. der volkspoesie fehlt zumeist diese lebendige fülle, und sie wäre mit der schilderung sehr bald fertig: um das zu vermeiden, hat sie nur einen ausweg, die widerholung. drei tage hintereinander geht der jüngling in das feld eines riesen, und jeden tag erschlägt er einen solchen; dreimal sucht der held auf den glasberg zu reiten, drei in der nacht sich einstellende liebhaber werden vom mädchen festgezaubert. überall wo die dichtung eine wirkungsvolle scene erfunden hat und der zusammenhang eine widerholung gestattet, wird sie widerholt. das ist nicht nur für die spannung, sondern auch für die fülle der dichtung notwendig. es gibt eine steigernde widerholung und eine schlichte widerholung, aber ohne widerholung kann die vollere sage nicht auskommen.

Die widerholung ist fast immer mit der dreizahl verbunden, aber die dreizahl ist auch ein gesetz für sich. dass sie im märchen und mythus, selbst in der schlichten ortssage unglaublich häufig vorkommt, das wissen Sie alle; vielleicht aber hat sich nicht jeder klar gemacht, dass in hunderttausenden von volksüberlieferungen drei die höchste zahl ist, mit der man wirklich operiert. sieben und zwölf, bisweilen noch andere zahlen kommen zwar vor, aber sie drücken nur eine ganz abstracte menge aus; ..."

„Indess gehorcht nicht die gesamte volksepik dem gesetze der dreizahl. in den indischen erzählungen, besonders den buchmärchen, tritt oft ein gesetz der vierzahl an seine stelle, das mit religiösen vorstellungen des indischen volkes zusammenhängt. es gibt in Indien auch volkstümliche märchensammlungen, die in ihrem streben, die fülle des lebens nachzubilden, die dreizahl ganz vermeiden; der forscher erkennt hier, dass die dreizahl einst im stoffe vorhanden war, vom erzähler aber getilgt wurde." (S. 3/4)

Weiter spricht Olrik vom Gesetz des Gegensatzes, das zu einer Polarisation führt, und geht dann zu den oben genannten neuen Begriffen über:

„das toppgewicht und das achtergewicht. wenn eine reihe von personen oder dingen vorkommt, dann wird der vornehmste auf den ersten platz gesetzt; auf den letzten platz aber der, der den besonderen epischen anteil erregt. diese verhältnisse nennen wir mit nautischem ausdrucke toppgewicht und achtergewicht. der epische schwerpunkt liegt immer im achtergewichte. wenn der satz einmal ausgesprochen ist, so erscheint er selbstverständlich. Sie wissen alle, wieviel der jüngste bruder, der letzte versuch im märchen bedeutet. achtergewicht mit dreizahl verbunden ist das vornehmste merkmal der volksdichtung — es ist ein episches gesetz." (S. 7)

Eine besondere Betonung legt Olrik auf die Einsträngigkeit und Konzentration, die im Märchen zutage tritt:

„In ihrer einsträngigkeit kennt die volksdichtung gar nicht die perspektive der malerei; sie kennt nur die fortschreitende reihe des basreliefs. ihre composition ist plastik und architektur; daher die

strenge unterordnung unter zahlen- und andere symmetrieverhält-
nisse." (S. 8)

Schließlich kommt der Autor zu folgendem Resumé:
„Ich fasse zusammen. unsere volkspoesie ist formelhaft gebunden
in weit höherem grade, als man gewöhnlich denkt. ihre formelhaften
regeln dürfen wir die epischen gesetze nennen. die hauptsächlichen,
die ich hier behandelt habe, sind: das gesetz des einganges und des
abschlusses, die widerholung, die dreizahl, die scenische zweiheit, das
gesetz des gegensatzes, das zwillingsgesetz, das achtergewicht, die
einsträngigkeit, die schematisicrung, die plastik, die logik der sage,
die einheit der handlung (die epische und auch die ideale einheit),
die concentration um die hauptperson (sowohl die vollkommene als
in gewissen fällen die formale concentration).
Welche schranken diesen gesetzen gezogen sind, wird weitere forschung empirisch zu zeigen haben. abgrenzungen des problems wie
‚gotogermanisch' oder ‚arisch', wie ‚mythisch', ‚cultisch', — darüber
habe ich hinweggesehen." (S. 11)

Die Frage nach den Anfängen des Märchens beschäftigte die Forschung seit jeher am meisten und führte zu einer ganzen Reihe von
Thesen und Hypothesen. Die ersten drei Beiträge unseres Bandes
spiegeln die kritische Beschäftigung mit diesem Problem wider, sie
zeigen aber zugleich auch die Forschungssituation im ersten Jahr-
zent unseres Saeculums.

Hans Naumann hat sich in seiner Untersuchung dann vor allem
auch um eine Abgrenzung des Märchens zur Sage hin bemüht, wie
denn nach den Fragen über Herkunft und Verbreitung sich die
Wissenschaft zunächst einmal mit der Gattungsfrage und mit den
Strukturverhältnissen auseinandersetzen mußte. Die Konvergenz
der Motivformel wird bei Naumann herausgestellt, die „primitiven Züge" von Märchen und Sage genau untersucht, Realistik
und Anschaulichkeit als Grundelemente unterstrichen. Der Begriff
„prälogisch" findet Anwendung, um die kindliche Denk- und Er-
lebnisart des Märchenerzählers und seines Publikums zu charakterisieren.

Formanalysen spielen auch in den nächsten Studien unseres Bandes bei von der Leyen und Panzer eine dominierende Rolle. Wie
Panzer im letzten Abschnitt seines Artikels, so informiert de Boor

prinzipiell über die Forschung als solche, deren verschiedene Schulen und Strömungen ein farbiges Bild von teils geglückten Versuchen, teils Sackgassen entwerfen. Aus Spanners im allgemeinen wenig bekanntem Buch haben wir interessante Teilfragen entnommen. Spanner steht auf dem Boden der Literaturwissenschaft, volkskundliche Arbeitsmethoden kommen bei ihm wenig zum Tragen, aber die Märchenforschung war ja von den Grimm angefangen primär eine Tochterdisziplin der Germanistik und der vergleichenden Literaturgeschichte, für die sich am Rande auch die Religionswissenschaft interessierte, während im Bereich der Volkskunde lange Zeit die Sach- und Brauchtumsforschung im Vordergrund stand.

Wie für andere Disziplinen wirkte sich auch für die Märchenforschung der Zweite Weltkrieg lähmend aus, und in den ersten Nachkriegsjahren bestand in Deutschland weitgehend ein starkes Mißtrauen gegenüber der im „Dritten Reich" politisch mißbrauchten Volkskunde und gegenüber dem Märchen, dem man gar Zusammenhänge mit den in den Konzentrationslagern begangenen Grausamkeiten anlastete und das vor allem auch von Religionspädagogen als für die Erziehung ausgesprochen schädlich gebrandmarkt wurde. So erklärt sich wohl die große Zurückhaltung im Bereich der Märchenforschung in Deutschland und das Übergehen des Schwergewichts der Forschung an andere Länder. Über die starke Gegensätzlichkeit von Forschungsmethode und von Grundanschauung sollte die sachliche Untersuchung Espinosas (im dritten Band seiner „cuentos populares españoles") gegenüber der noch romantisch beeinflußten und emotionsgeladenen Darstellung von Joan Amades (der sich sonst große Verdienste als Sammler volkskundlicher Materialien erworben hat) informieren. Leider konnten wir Espinosas Beitrag nicht bringen.

Im gleichen Jahre wie der erste Band von Espinosa (1946) erschien auch das wichtige Buch von Stith Thompson, das, wiederum ausgehend von Herkunftsfragen, über die Wanderwege der Märchen berichtet, und das mit wertvollen Einzelanalysen modellartig verschiedene Fragen diskutiert. Thompsons Motiv-Index hat seinen Namen später noch berühmter gemacht.

Im folgenden Jahr erhielt die Märchenforschung durch das aufsehenerregende Werk „Das europäische Volksmärchen" Max Lüthis neue Gesichtspunkte, die Inhalt und Richtung der weiteren Märchenforschung stark mitbestimmten. „Form und Wesen" war der Untertitel des Buches, in dem der Autor mit eminenter Akribie die einzelnen Elemente analysierte und mit bestechender Diktion eine Reihe teils neuer Termini schuf, teils alte Begriffe — wie „Buchmärchen" — im allgemeinen Gebrauch durchsetzte. Seine Kapitelüberschriften deuten die Stationen von Lüthis Forschung an: Eindimensionalität, Flächenhaftigkeit, Abstrakter Stil, Sublimation und Welthaltigkeit, Isolation und Allverbundenheit. Mit diesem Werk war eine neue Bahn eingeschlagen — ohne daß damit wichtige Forschungen wie die von Jolles, Wesselski und Spieß in den Schatten gestellt worden wären. Aber der Wortschatz der Sprache der Märchenforschung wurde erheblich erweitert, ja fast ein neues Vokabular geschaffen, zu dem freilich heute ein internationales Glossar wünschenswert wäre, weil sich viele dieser Termini nur schwer in anderen Sprache wiedergeben lassen. (Man denke nur an „Isolation" und suche dazu einen korrespondierenden Begriff im Französischen.) Zweifellos ist dieses erste und Lüthis spätere Werke eine entscheidende Station auf dem Wege der Märchenforschung, wenn der Autor sich auch mehr als Theoretiker denn als Praktiker — d. h. mit Forschungen zum Erzähler und seinem Publikum — erwiesen hat. Lüthis Thesen überzeugen in ihrer klugen Beweisführung in der Mehrzahl, und seine Einzeluntersuchungen wirken exemplarisch. Bedenken gegen einzelne Teile seiner Betrachtung wird es immer geben — wir haben das auch in einer kleinen Schrift über den Stil der Brüder Grimm[2] zum Ausdruck gebracht, — aber gerade dadurch bleibt die Diskussion in Fluß und erhält Spannung.

Eine wertvolle Ergänzung zu Lüthis Schrifttum bilden die Forschungen von Linda Dégh, Ovidiu Bîrlea, Sebastiano Lo Nigro, Leza Uffer und anderen, die sich speziell mit der Erzählpraxis beschäftigt haben. Die Arbeiten von Dégh und Uffer sind im deutschsprachigen Raum überall erreichbar und konnten daher in unserer Sammlung vernachlässigt werden, es soll aber besonders auf sie hingewiesen sein. Lo Nigro und Bîrlea haben wir wenigstens in Auszügen zu Wort kommen lassen. Vor allem der Rumäne verfügt

---

[2] Karlinger, Les contes des Frères Grimm (Paris 1963), S. 27 ff.

über eine reiche Erfahrung im Feld der Erzählpraxis, und sein Beitrag informiert daher auch über die Frage der praktischen Feldforschung.

Über einzelne Aspekte in der Geschichte der Märchenforschung berichtet Giuseppe Cocchiara (in seinen geistvollen, aber teilweise schwierig zu lesenden Büchern „Popolo e letteratura" und „Storia del Folklore in Europa") und Mircea Eliade. Cocchiara war als Nachfolger des Vaters der sizilianischen Volkskunde G. Pitré der bedeutendste Vertreter seines Faches auf der Insel; Eliade, der sich auch als Schriftsteller einen Namen gemacht hat, gehört heute zu den führenden Religionswissenschaftlern.

Das wachsende Interesse der Wissenschaft an der Funktion der Ranke hat große Verdienste um die Organisation der Erzählforschung und sein Institut ist heute ein Zentrum dieser Disziplin, mit einer beneidenswerten Bibliothek und einem beachtlichen Archiv.

Da unser Band nicht den lückenlosen Weg der Forschung wiedergeben kann, sondern da darin nur einzelne Meilensteine angedeutet
Volksliteratur kommt in Kurt Rankes Aufsatz zum Ausdruck.
werden können, bleiben mancherlei Wissenschaftler und manche Gebiete der Disziplin notgedrungen unberücksichtigt. Um aber wenigstens an einzelnen Beispielen aufzuzeigen, welche Detailfragen im Rahmen der Märchenforschung bearbeitet wurden, haben wir Untersuchungen von Leopold Schmidt, Lutz Röhrich und vom Unterzeichneten aufgenommen, die mehr an der Peripherie liegen. Auch der Beitrag des führenden griechischen Märchenforschers Georgios A. Megas soll lediglich beispielhaft sichtbar machen, was an Forschungsarbeit im Bereich eines einzelnen Landes geleistet werden kann.

Von hervorragender Bedeutung war für das Gebiet der Morphologie des Märchens das Buch von Vl. Propp, das, in den zwanziger Jahren erschienen, im allgemeinen erst nach dem Zweiten Weltkrieg näher bekannt wurde. Leider war es uns nicht vergönnt, aus diesem Werk und der interessanten Stellungnahme hierzu von Claude Lévi-Strauss sowie von der Antwort hierauf von Propp einen Ausschnitt zu bringen. Das Buch soll jedoch in Kürze in deutscher Sprache erscheinen, und wir hoffen, daß auch die Stellungnahme von Lévi-Strauss und die Replik hierauf darin Aufnahme finden werden.

Wie Propp hat sich auch Mihai Pop mit Problemen der Strukturanalyse beschäftigt. Daneben kommen in Pops Forschungen auch Fragen nach den landschaftlichen Eigenarten und den historischen Gegebenheiten im Märchen zum Zuge.

Die Wege der Märchenforschung hat Lüthi im letzten Kapitel seines Buches „Das europäische Volksmärchen" und im siebten Kapitel seines Buches „Märchen" ausführlicher und klarer skizziert, als es hier geschehen kann, wo primär unsere Auswahl begründet und in einen größeren Zusammenhang gestellt werden soll.

Lüthis Charakterisierung scheint uns so wichtig, daß wir sie hier auszugsweise anfügen wollen: „Die Brüder Grimm waren nicht nur Erforscher, sondern auch Liebhaber des Volksmärchens. Wenn der heutige Forscher dieselbe Ehrfurcht vor den einzelnen Erzählungen hat, dann schadet es nichts, wenn er sie mit noch so scharfem Instrument zu ergründen sucht. . . . Jedes einzelne Märchen hat seinen eigenen Sinn, es läßt sich nach verschiedenen Gesichtspunkten untersuchen und deuten; zugleich zeichnen die Märchen in ihrem Zusammenklang ein übergreifendes Bild des Menschen und der Welt."[3]

Die Zielrichtung, in der die Wege der Märchenforschung führen sollten, wenn sie es auch auf getrennte Weise versuchen, haben wir schon einmal zu umschreiben gewagt: „Wenn wir uns fragen, welche methodischen Konsequenzen sich aus der Blickweise ergeben, die wir hier angedeutet haben, so wäre zu antworten, daß man im Bereiche der Erzählforschung keine determinierende Konstruktion von Gattungen, sondern eine akzentuierende Typologie anstreben soll, die das beschreibt, was an relativ konstanten Typen und an relativ verbreiteten Erzählsituationen auffindbar ist und beschrieben werden kann. Man sollte sich hüten, einen Einzelaspekt überzubetonen, und man sollte nie den Gesamtzusammenhang — gebunden an Stoff, Funktion und Gestalt — übersehen, sondern offen bleiben für die tatsächlichen Realitäten. Es besteht kein Zweifel, daß mit der Berücksichtigung so vieler und so verschiedener Schulen und

[3] Lüthi, s. o. S. 114.

Blickrichtungen einerseits und Erscheinungsfomen der Volkserzählung andererseits die Forschung um so komplizierter wird, aber
komplizierte Sachen haben nicht selten den Vorzug, immer interessant zu bleiben."[4]

Seekirchen — August 1971   Felix Karlinger

[4] Karlinger, Einführung in die romanische Volksliteratur, Bd. 1, S. 24.

Volkskundliche Streifzüge. Zwölf Vorträge über Fragen der deutschen Volkskunde, Dresden und Leipzig 1903. C. A. Kochsche Verlagsbuchhandlung, S. 215—233.

ENTSTEHUNG UND VERBREITUNG DER VOLKSMÄRCHEN

Von Karl Reuschel

An Ort und Zeit ist die Sage gebunden; mag sich auch in ihrer Entwicklung und Verbreitung manches Phantastische an sie angeschlossen haben, zum reinen Spiel der Phantasie, das sich über alle Schranken der Wirklichkeit hinwegsetzt, wird sie nie. Ein solches Spiel der Phantasie, zum Teil unterstützt durch die im Menschen tief eingewurzelte Lust am Fabulieren, ist das Märchen. Wilhelm Grimm findet[1] in allen diesen duftigen Erzeugnissen mythische Grundlagen. „Dies Mythische gleicht kleinen Stückchen eines zersprungenen Edelsteins, die auf dem von Gras und Blumen überwachsenen Boden zerstreut liegen und nur von dem schärfer blickenden Auge entdeckt werden." Doch muß er zugeben, daß die Bedeutung der mythischen Züge längst geschwunden ist, empfunden werde sie darum noch immer, und niemals bilde ein gehaltloses Phantasiespiel den Inhalt der Märchen. Daß mythische Elemente im Volksmärchen vorhanden sind, wer wollte es leugnen? Nur gegen den Satz möchten wir uns wenden, daß ein gehaltloses Phantasiespiel nie ein Märchen erzeugen könnte. Denn die Phantasie aller Bewohner unseres Erdballes ist nie völlig frei; bei allen ihren Schöpfungen lehnt sie sich an das Überkommene, an die Erfahrung, an den allgemeinen volkstümlichen Glauben und Brauch an; selbst da, wo sie, krankhaft gesteigert, sich von allem Herkömmlichen zu lösen scheint, kann sie den Zusammenhang mit dem Überlieferten, mit den Zeitideen nicht völlig zerreißen. Die Phantasie will uns stets gebunden erscheinen, und das Attribut der „Zügellosigkeit", mit dem man sie gern bezeichnet, trifft strenggenommen nie zu. Selbst

---

[1] Im Ergänzungsbande zu den von ihm und seinem Bruder herausgegebenen Kinder- und Hausmärchen, S. 409.

für den Traum mit seinen wunderlichen Gebilden lassen sich noch Grundgesetze von Allgemeingültigkeit ermitteln; daß unsere Forschung in vielen Fällen hier noch vor Rätseln steht, braucht nicht als Beweis vom Gegenteil aufgefaßt zu werden. In gewissem Grade hat die Phantasie immer für einen Reflex der Wirklichkeit zu gelten. Selbst von der künstlerischen Phantasie können wir das behaupten, um wieviel mehr von der des gemeinen Mannes, dessen Denken und Empfinden immer das Nächstliegende umfaßt und sich dem überlieferten Schema einordnet. Das Mythische ist ein Gebilde der Phantasie, ein Gleichnis für das, was man seinem innersten Zusammenhange nach nicht begriff und begreift, und Deutung der Mythen heißt Zurückführung auf deren natürliche Grundlage, auf das Streben, das außer dem Menschen Liegende zu vermenschlichen. Dazu aber bedarf es der Phantasie; diese scheint sich nach unseren Beobachtungen immer in mythisches Gewand zu kleiden. Aus dieser kurzen Darlegung leiten wir die Berechtigung ab, das Märchen als ein Spiel der Phantasie anzusehen und zu beurteilen, ohne dabei die Einschränkung zu machen, daß es ein Spiel mit Mythen sei. Im Anschlusse an Wilhelm Grimm erklärt dagegen Ulrich Jahn: „Das Spiel der Volksphantasie mit dem Volksglauben und seinen Mythen zeitigt das Märchen." Halten wir uns besonders an den Ausdruck „Spiel"! In der Tat haftet dem Märchen etwas Spielendes an. Es besitzt nicht den Ernst, der den Grundton der meisten Sagen abgibt. Etwas Tändelndes, eine leichtere Lebensanschauung, öfter ein Verzicht auf das gerechte Abwägen von Gut und Böse wohnt ihm inne. Es ist, wie schon die Brüder Grimm hervorhoben, poetischer als die Sage. Geistreicher und abwechselnder hat man es genannt. Die Sage zeigt mehr dramatischen Charakter mit dem Höhepunkt in der Mitte. Das Märchen weiß alle Spannung auf die Lösung, auf das Ende zu richten. Wenn man für die Sagen Glaubwürdigkeit in Anspruch nimmt, will man im Märchen nicht verlangen, daß jemand das Erzählte als wirklich geschehen auffasse, es handelt sich um einen geistvollen Zeitvertreib.

Zum Worte „Märchen" ist zu bemerken, daß es erst neuerer Zeit angehört. Das Grundwort „maere" freilich wird schon im Mittelhochdeutschen unzählige Male verwendet. Es stellt sich zum Stamme gotisch mērs — berühmt, in jedermanns Munde. Unsicher schwankt das Geschlecht im Mittelhochdeutschen zwischen Femininum und Neutrum, gern erscheint das Wort im Plural. Unter „maere" verstand man etwas, das mitgeteilt wird, die Nachricht, die Antwort auf eine Frage, das Gerücht, eine Erdichtung, die Erzählung einer bemerkenswerten Begebenheit. Luther gebraucht maerlin für erfundene Geschichte, nicht selten im jetzigen Sinne von „Sage"; er spricht z. B. über die Mährlin von Dietrich von Bern. Die Begriffe „Sage" und „Märchen" — diese Form gehört erst dem Neuhochdeutschen an und ist mitteldeutschen Ursprungs — hat man erst in neuerer Zeit schärfer zu scheiden begonnen. Der heutige Begriff des Märchens ist nur 130—140 Jahre alt[2] und im Anschluß an die nach Deutschland gelangten orientalischen Erzählungen gebildet. Die Romantik soll ihn gefestigt haben. In vielen Fällen erscheint es auch heute noch zweifelhaft, was man als Märchen und was man als Sage bezeichnen soll.

Schwierig dürfte es sein, zu entscheiden, ob die Sage oder das Märchen älter sei. Friedrich S. Krauß äußert sich im Vorworte zu seinen Sagen und Märchen der Südslaven (I. Bd., Leipzig 1883. XIII): „Die älteste Literaturerscheinung eines Volkes sind seine Sagen, deren wesentlicher Inhalt als die letzten Erinnerungen an alte religiöse Anschauungen, Gebräuche oder geschichtliche Vorgänge — in den unteren Schichten des Volkes so feste Wurzeln geschlagen, daß sie sogar der Völker Trennung überdauern und sich bis auf uns vererben konnten." Der treffliche Kenner des Volkstums der Zigeuner, von Wlislocki, beginnt die Einleitung zu seiner Sammlung: Märchen und Sagen der transsilvanischen Zigeuner, Berlin 1886, mit der beinahe wörtlich von Krauß entlehnten Bemerkung: „Die älteste und primitivste Literaturerscheinung eines Volkes sind seine Sagen und Märchen", schreibt also diesen gleiches Alter mit jenen zu. Jetzt sieht man als die ursprünglichsten Volksüberlieferungen Glauben und Brauch an; und auf dieser Basis ruhen die Märchen. Viel jünger sind sie schwerlich; indem man Glauben und Brauch, die Folgen der mythenbildenden Phantasie, mit Erzählung umgab, entstanden vielleicht manche dieser volkstümlichen Geschichten. Als einen Beweis für die Priorität der Märchen gegen-

---

[2] John Meier in Pauls Grundriß II, 1, S. 177.

über den Sagen könnte man anführen, daß sie nicht national gebunden sind, sondern das Allgemein-Menschliche betonen. Aber
vielleicht haben sie das nationale Gewand vormals besessen, sind
Sagen gewesen? Dieser Ansicht huldigt Uhland[3]: „Die in der
mündlichen Überlieferung der Völker gangbaren Märchen sind
ihrem Hauptbestandteile nach phantastische Auflösungen solcher
Mythen und Sagen, deren ursprüngliche Bedeutung verloren ist,
deren Bilder aber noch immer die Einbildungskraft vergnügen können und, wie ein fliegender Sommer, sich leicht und glänzend umherspinnen." Daß auch die umgekehrte Meinung ihre wissenschaftliche
Begründung erfahren hat, soll später erwähnt werden. Das Märchen
zeigt, wie schon angedeutet, ein durchaus internationales Gepräge.

Italien hat unter den Ländern unseres Erdteils den Ruhm, auf die
Volksmärchen zuerst das Auge gelenkt zu haben. Als älteste Sammlung sind die Dreizehn ergötzlichen Nächte des *Straparola* zu nennen, deren erster Teil 1550 zu Venedig und deren zweiter ebenda
1554 erschien. In Deutschland kam erst 1791 eine Übersetzung
heraus. Vielleicht bekannter ist der *Pentamerone* des im 17. Jahrhundert lebenden Neapolitaners *Giambattista Basile* geworden, doch
Jahrhunderte hindurch allerdings nur in seinem Heimatlande. Für
Deutschland haben die *Gesta Romanorum,* von unbekanntem Verfasser im 14. Jahrhundert lateinisch aufgezeichnet, eine höhere Bedeutung. Wie so oft, ist unser Vaterland auch auf diesem Gebiete
durch die Franzosen zur Nacheiferung angespornt worden. Nicht als
ob märchenartige Erzählungen und märchenhafte Züge nie vorher
in der heimischen Literatur aufträten (einige Schwänke des Hans
Sachs können als die ältesten deutschen Bearbeitungen von Märchenstoffen gelten), aber eine wirkliche Wertschätzung und Sammlung dieser Überlieferungen geht erst auf das Beispiel *Charles
Perraults* zurück, der 1697 seine Contes de ma mère l'Oye (Histoires
ou contes du temps passé) veröffentlichte, die er so erzählte, wie sie
den Kindern dargeboten zu werden pflegten. Das Büchlein — es
enthielt Geschichten wie die vom Dornröschen, vom Blaubart, anfangs nur 8, später 11 — fand solchen Beifall, daß man sich auf die
Fabrikation künstlicher Märchen verlegte. Viele weniger treu be

---

[3] Schriften zur Geschichte der Dichtung und Sage VII, 461.

wahrte schon die Gräfin *Aulnoy,* eine Zeitgenossin Perraults, das Überkommene; es folgten diesen beiden Ansätzen aber höchst ungeschickte Nachahmungen, deren gelehrter Ursprung sich allzu deutlich verrät. Immerhin war die Teilnahme der Gebildeten auf solche Stoffe gelenkt, und Deutschland ließ sich kräftig beeinflussen. Musäus' bekannte Sammlung, die Volksmärchen der Deutschen, Gotha 1782, läßt sich dem Werkchen der Gräfin Aulnoy vielleicht dem Stile nach vergleichen, nur bearbeitete er fast ausschließlich Volkssagen; es zeigt sich ein gewisser geistiger Hochmut, ein Prunken mit Besserwissen, wie es die Aufklärungszeit liebte; was dann an Erscheinungen auf dem Gebiete der Märchenliteratur in Deutschland folgt, läßt Treue der Überlieferung recht häufig vermissen. Die erste wirklich volkstümliche deutsche Märchensammlung rührt von den Brüdern Grimm her. Von ihr sind die meisten Untersuchungen über das deutsche Märchen ausgegangen. Wie steht es aber um den deutschen Charakter dieser Erzählungen? Schon die Brüder Grimm beobachteten, daß die gleichen Stoffe wie in den Märchen aus unserm Volke auch anderwärts auftreten. Es hat namentlich Gallands französische Übersetzung der arabischen Märchen von „Tausendundeine Nacht", 1704, befruchtend auf die Phantasie gewirkt. Wilhelm Grimm gab zu, daß gewisse einfache Situationen bei verschiedenen Völkern unabhängig voneinander dargestellt werden könnten. Aber zumeist seien die Märchengebilde so komponiert, daß man eine Wanderung der Stoffe annehmen müsse. Als ziemlich feststehend aber galt es ihm, daß im allgemeinen sprachliche und Märchenverwandtschaft zusammenfielen, also der sogenannte indogermanische Stamm, der die Kultursprachen unseres Erdteils und einige der wichtigsten Asiens umfaßt, mit seinem Umfange auch das Gebiet unserer Volksmärchen umschreibe *(indogermanische Theorie).* Damals waren die Märchen der unzivilisierten Völker noch sehr wenig bekannt, sonst hätte die Ähnlichkeit der Motive, ja auch der Ausführung einem so scharfen Betrachter nicht entgehen können. Doch ist er auf solche Beobachtungen schon geraten. Seitdem hat die nimmermüde Sammlertätigkeit in den verschiedensten Ländern reiche Früchte getragen, von denen man sich nicht hatte träumen lassen. Wenn sich in dem Buche Tausendundeine Nacht Märchen finden, die auffällig mit unseren heimischen übereinstimmen, so hatte Au-

gust Wilhelm von Schlegel den Grund darin gesehen, daß die
Araber diese Erzeugnisse aus Indien entliehen hätten, was bei der
Berührung der Völker glaubhaft schien. Immerhin dauerte die
Ansicht von dem indogermanischen Märchenschatz fort, bis die
Anregung Schlegels eine neue, durch gründliche Beweise gestützte
Annahme hervorrief, die mit einem Schlage die bisherige Meinung
entthronte. Im Jahre 1859 veröffentlichte *Theodor Benfey* zu Leipzig im Brockhausschen Verlage eine durch eine wertvolle Einleitung
und reiche Anmerkungen begleitete Ausgabe des indischen *Pantschatantra*, eines großen Sammelwerkes von allerhand Überlieferungen, das zwischen dem zweiten Jahrhundert vor Christo und
dem sechsten nach Christo jedenfalls unter buddhistischem Einflusse
entstand. In der Vorrede und in der den 1. Band umfassenden Einleitung wurde mit staunenswerter Gelehrsamkeit nachgewiesen, daß
ein sehr beträchtlicher Teil indischer Märchen, nicht nur der in diesem Buche enthaltenen, nach Europa gewandert ist und unseren
Märchenschatz ausmacht. Seit dem 10. Jahrhundert hat diese Wanderung nach Westen stattgefunden. Der Islam förderte sie mächtig,
indem er fortdauernden, meist kriegerischen Verkehr mit Indien
unterhielt. Indische Erzählungssammlungen erfuhren Übertragungen
ins Persische und Arabische und gelangte so zu den okzidentalen
Völkern. Schon vorher aber hatten sich die indischen Geschichten
nach Norden und Osten verbreitet; sie waren nach Tibet und nach
China gekommen. Benfey macht dann darauf aufmerksam, wie die
Mongolen fast 200 Jahre in unserem Erdteile herrschten. Zwei
Strömungen also, der Islam und der Buddhismus, haben diese
Erzählungen nach Europa gebracht, ja fast über den ganzen Erd-
kreis verbreitet. „Durch ihre innere Vortrefflichkeit", sagt Benfey
(S. XXV), „scheinen die indischen Märchen alles, was etwa Ähnliches bei den verschiedenen Völkern, zu denen sie gelangten, schon
existiert hatte, absorbiert zu haben; kaum daß sich einzelne Züge in
die rasch angeeigneten und nationalisierten fremden Gebilde gerettet haben mögen." Die große Zahl der bei uns vorhandenen Märchen erkläre sich leicht; es seien eben nur Umwandlungen weniger
Themen. Die Juden als Kulturträger haben in der Geschichte der
Verbreitung dieser Stoffe wohl auch eine Rolle gespielt. Boccaccio
wie Straparola hätten dieses Wandergut verwertet. „Aus der Lite-

ratur", heißt es, „gingen sie (die novellistischen und märchenhaften Stoffe) dann ins Volk über, aus diesem, verwandelt, wieder in die Literatur, dann wieder ins Volk usw." An sämtlichen indischen Erzählungssammlungen gedachte Benfey diese Ansicht zu erweisen. So war denn mit großem Scharfsinn und staunenswerter, keine Mühe scheuender Gelehrsamkeit für eine sehr beträchtliche Zahl von Geschichten indische Abstammung nachgewiesen oder mindestens sehr wahrscheinlich gemacht. Die Ergebnisse der Untersuchungen galten lange Zeit unbestritten als sicher; die sogenannte *indische* Theorie hat noch jetzt unter den Märchenforschern die meiste Geltung. Bemerkt mag noch werden, daß eine gute Übersetzung des Pantschatantra bereits im letzten Viertel des 15. Jahrhunderts als eines der frühen Erzeugnisse deutscher Buchdruckerkunst die Presse verließ. Unter den namhaften Volksforschern hat G. Meyer besonders auf die Vermittlerrolle hingewiesen, die den Arabern bei dieser Weiterverbreitung der orientalischen Erzählungen zugefallen sei.

Je genauer das Volkstum der wilden Völker untersucht wurde, namentlich derjenigen der Neuen Welt, um so mehr mußte die wesentliche Übereinstimmung ihrer Überlieferungen mit denen der sogenannten Alten Welt deutlich vor Augen treten. Wie, fragte man sich, läßt sich ein solches Zusammentreffen erklären? Eine Beziehung zwischen Indien und Amerika oder zwischen diesem Erdteile und den übrigen war vor der Entdeckungstat des Colombo oder auch vor den kühnen Fahrten der Isländer nach Weinland, die übrigens kaum eine Spur von Erinnerung hinterließen, nicht nachzuweisen. Hier versagte die Benfeysche Methode. Außerdem aber erkannte man, daß die literarische Heimat eines Erzählungsstoffes nicht auch diejenige seiner Entstehung zu sein braucht. Die sogenannten orientalischen Erzählungen sind eben, soweit wir ermitteln können, nur im allgemeinen zuerst in Indien aufgezeichnet worden; indischer Ursprung ergibt sich daraus noch nicht. Aber der Umstand ist zu erwägen, daß das klassische Altertum ganz ähnliche Geschichten besaß und sich die verhältnismäßig bescheidene Zahl derjenigen, die auf uns gekommen sind, dadurch begreifen läßt, daß einmal die griechisch-römische Literatur in der Hauptsache ein Schrifttum der höheren Klassen war und dem Volksmäßigen wenig Spielraum gestattete und zum andern nur in Bruchstücken bis in neuere Zeiten herübergerettet worden ist. Auch die Odyssee, die Geschichtsbücher des Herodot, um nur ein paar wichtige Werke anzuführen, enthalten Märchen, die sich mit den unseren und denen der indischen Erzählungsliteratur eng berühren. Erwägt man dazu die Tatsache, daß ethnographisch unverwandte Völker wie die Tibetaner, die ohne jeden erkennbaren Zusammenhang mit dem alten Morgen- und Abendlande ihre Mythen, Märchen, Sagen, ihre ganze Kultur entwickelten, die auffallendsten Parallelerscheinungen zu den sogenannten orientalischen Erzählungsstoffen besitzen, so wird man nicht umhin können, die Benfeysche Ansicht für erschüttert zu halten.

Solche Gründe, vor allem der großartige Aufschwung unserer Kenntnisse von den unzivilisierten Völkern und die dadurch bedingte Entwicklung der Völkerpsychologie haben vor allem drei namhafte Gelehrte, *Tylor* und *Andrew Lang* in England und *Gaidoz* in Frankreich, zu der Überzeugung gebracht, die wesentliche physische und psychische Gleichheit der Menschen auf den nämlichen Stufen der Kultur habe die Folge gehabt, daß an den verschiedensten Punkten der Erde gewisse einfache Deutungen der Natur und der menschlichen Verhältnisse zum Vorschein kamen. Die Grundzüge der Märchen hätten sich überall unter gleichen Voraussetzungen in gleicher Weise ausbilden können. Man nennt diese Erklärungsweise die *anthropologische*. Angedeutet wurde sie schon von den Brüdern Grimm, wenigstens von Wilhelm, der angesichts der Übereinstimmung zwischen Märchen indoeuropäischer und anderer Völker seine Meinung, zunächst nur die Völker des indogermanischen Sprachstammes hätten die gleichen Mythen und deren Einschmelzung in Erzählungen zu verzeichnen und allenfalls sei Entlehnung zu vermuten, nicht als unbedingt haltbar erkennen mußte. Andrew Lang hat seiner Benfeys Theorie entgegengesetzten Ansicht zuerst im Vorwort zu der englischen Übersetzung der Grimmschen Kinder- und Hausmärchen[4] in seinem umfassenden Werke Custom and Myth, London 1884, schließlich auch in knapper Form unter der Überschrift *Tale* im 23. Bande der Encyclopaedia Britannica Ausdruck verliehen. Aus diesem letzteren, trefflich einführenden Auf-

---

[4] Grimm, Household Stories, translated by Mrs. Hunt, with notes, London 1884.

satz soll hier ein kurzer Auszug gegeben werden. Uhlands Standpunkt, die Märchen seien Trümmer von größeren Mythen und Sagen, die phantastische Auflösung erfahren hätten, eine Ansicht, die im allgemeinen von der damaligen Forschergeneration geteilt wurde, erfährt eine Kritik durch Lang. Auch die andere Möglichkeit ist vorhanden, daß vielmehr die Märchen erst im Laufe der Entwicklung, durch den Einfluß der Dichter, zu der Form von Epen gelangt sind. Und diese Meinung vertritt er.

Folgende Stufen der Ausbildung setzt er voraus:

1. Die volkstümliche Erzählung (das Volksmärchen), wie es unter den unzivilisierten Völkern herumwandert. Er sagt: Dieses Märchen spiegelt die Geistesbeschaffenheit roher Völker wider und ist voll ungeheuerlicher und wunderbarer Ereignisse, ohne vernünftige Anordnung. Zur selben Zeit wird das Märchen höchstwahrscheinlich irgendeine moralische oder Klugheitslehre erhalten, und es kann sogar scheinen, als ob es nur zu dem Zwecke erfunden wäre, diese Lehren zu veranschaulichen, denn der Mensch hat überall das Gefühl für das, was sich schickt.

2. Dieselbe Erzählung — oder vielmehr eine Reihe wesentlich gleicher Züge und annähernd die nämliche Verknüpfung — wie man sie in der mündlichen Überlieferung der bildungslosen Bevölkerung der europäischen Rassen findet. Die ursprüngliche Wildheit ist etwas gezähmt, das Ungeheuerliche gemildert. . . . Nirgends aber sind die ursprünglichen Elemente ausgemerzt, Menschenfresserei und Menschenquälerei sind beliebte Züge.

3. Die gleiche Verknüpfung der gleichen Züge, wie sie in den Heldenepen und der Heldendichtung der Kulturvölker auftreten, so bei Homer, in der Kalewala der Finnen usw. In ihnen wird dem Stoffe ein örtlicher und fast geschichtlicher Charakter dadurch verliehen, daß man Namen bekannter Örtlichkeiten einführt und die Abenteuer Nationalhelden zuschreibt. Er fährt fort: Im Gegensatz zu der arischen Theorie (derjenigen der Brüder Grimm) und zu der indischen Benfeys, betrachtet das System, welchem hier das Wort geredet wird, die volkstümlichen Erzählungen als kaleidoskopische Anordnungen von verhältnismäßig wenigen Situationen und Zügen. Unter diesen Zügen erwähnt er Verwandtschaft und Heirat zwischen Menschen und niederen Tieren und sogar unorganischen Erscheinun-

gen. Die Melusinengeschichte und die Undinenmärchen einerseits, die
Lohengringeschichte andererseits würden auf solche Züge zurück-
gehen (Heirat eines männlichen Wesens mit einem übernatürlichen
— Melusinensage, eines menschlichen Weibes mit einem mythischen
Wesen — Lohengrinsage). Andere Züge stammen von dem alten
Glauben an Verwandlungen, an Zauberei, an freundlich gesinnte
oder die Menschen schützende Tiere her. Wieder andere gehen auf
das Stadium der Menschenfresserei zurück (z. B. Grimm Nr. 47).
Und wieder ein anderer Zug kommt von dem *Tabu*, das auf gewissen Handlungen zwischen Gatten und Gattin ruht; so ist die
Geschichte von Amor und Psyche entstanden. Außerdem wird z. B.
das alte Erbrecht des Jüngsten in Märchen veranschaulicht, die
diesem letzteren Erfolg sichern, trotzdem er von den Älteren
gering geschätzt wird. In anderen Fällen, wie in den über die ganze
Erde verbreiteten, die den Jason-Medea-Stoff behandeln, scheinen
wir einer frühen romantischen Erfindung gegenüberzustehen. Moralische Lehren werden in den zahlreichen Märchen eingeschärft,
die die Pflicht der Güte betreffen oder die Unmöglichkeit darstellen,
dem Schicksale, wie es prophetisch verkündet ist, zu entgehen
(Ödipusgeschichte, deren Deutung als Naturmythus man annahm,
während Prof. Comparetti in seinem Buche Edipo e la Mitologia
comparata, Pisa 1867, sie als eine Verbindung von Märchenzügen
erwiesen hat, die eine moralische Lehre geben soll). Weiter äußert
sich Lang zusammenfassend: Den Stoff der Volksmärchen bilden
eine gewisse Zahl von Zügen und eine gewisse Reihe von Verschmel-
zungen dieser Züge. Ihr eigenartiger und der Vernunft widerspre-
chender Ton kommt von ihrem fernen Ursprung in der Phantasie
des unzivilisierten Menschen her, und ihre weite Verbreitung verdanken sie zum Teil der mündlichen Überlieferung von Volk zu
Volk, mehr aber dem Drange der einfachen menschlichen Phantasie
(early imagination), sich überall in den gleichen Geleisen zu bewegen. Diese Erzählungen sind im Zeitalter der Heldendichtung
zum epischen Sange erhoben worden, und im Mittelalter hat man
sie in Heiligenlegenden verpflanzt.

Das sind die Ansichten Langs, und auf demselben Standpunkte
steht Gaidoz. Wir haben absichtlich die Ausführungen nahezu wörtlich übersetzt.

So bestechend die anthropologische Theorie auch wirkt, wie sehr
sie auch auf die für diese Frage ganz gewiß hauptsächlich maß-
gebenden Verhältnisse der Naturvölker Rücksicht nimmt, ganz befriedigen kann sie nicht. Diese Erklärungsweise mag für einzelne
Fälle zutreffen, für alle sicher nicht. Grundsätzlich bedeutungsvoll
ist der Versuch, eine kaleidoskopische Anordnung einer beschränkten Anzahl von Motiven, von Zügen vorzunehmen. Das Märchen
stellt sich in den meisten Fassungen als ein so harmonisches Kunstwerk dar, daß wir die gleichartige Verknüpfung der nämlichen Züge
an verschiedenen Orten der Welt ohne die Annahme einer direkten
Übertragung nicht verstehen können, und gerade diese Wanderungs-
theorie wird von Lang und seinen Anhängern zu wenig eingehend
behandelt; wir müssen vermuten, daß die Wanderung von Märchen
viel häufiger vorgekommen ist, als die anthropologische Erklärungsweise zuläßt. Diese Gründe haben dazu geführt, daß die meisten
Gelehrten an der indischen Theorie Benfeys, so schwierig es auch
war, ihre Richtigkeit schlagend nachzuweisen, doch festhielten. Als
demnach die wichtige Frage nach der Herkunft der bei uns gangbaren Erzählungsstoffe aufs neue untersucht wurde, ergab sich die
Benfeysche Theorie wie von selbst als Ausgangspunkt. Ein Schüler
von Gaston Paris, dem berühmten Pariser Romanisten, der sich
selbst in seiner Geschichte der französischen Literatur im Mittelalter
als entschiedenen Anhänger dieser von Benfey aufgestellten und
von Forschern wie Reinhold Köhler geteilten Ansicht kundgegeben
hatte, unternahm die große Aufgabe, für einen bestimmten Kreis
von mittelalterlichen französischen Erzählungen den indischen Ursprung als unhaltbar zu ermitteln. Er behandelte die Herkunft der
sogenannten Fabliaux, der scherzhaften Verserzählungen, der
Schwänke in gereimter Form, die zur Erheiterung der mittelalterlichen abendländischen Gesellschaft viel beigetragen haben und noch
jetzt gern von Dichtern als Stoffe benutzt werden. *Joseph Bédier*
hat durch seine im Jahre 1893 zu Paris erschienenen Studien über
die Fabliaux eine treffende Kritik der Benfeyschen Hypothese geliefert. Über diese und die Meinung der Anthropologen äußert er
sich im Vorwort (S. X/XI): „Ich wußte auch in jener Zeit des ent-
schiedensten Glaubens an diese (nämlich Benfeys) Ansichten sehr
wohl, daß es andere Systeme gab, nach denen nicht die ganze

Wahrheit in der orientalischen (d. h. indischen) Theorie lag: das eine, das, von Grimm bis auf Max Müller, darauf bestand, die volkstümlichen Erzählungen nicht dem Indien der geschichtlichen Zeiten, sondern den primitiven Perioden der arischen Rasse zuzuschreiben; das andere, neuere, das, von Tylor bis auf Andrew Lang, in ihnen nicht buddhistische Fassungen, sondern Überbleibsel abgeschaffter Sitten zu finden glaubte, über die allein die vergleichende Anthropologie Aufschluß geben könnte. — Indessen, was hatte es für einen Zweck, sich dabei aufzuhalten? Auf der einen Seite ein System von schöner Einfachheit, von einer verführerischen Bestimmtheit (positivisme), das auf sicheren Wegen von Stufe zu Stufe Erzählungen jeder Art, Feenmärchen, Schwänke, Tiergeschichten auf den Orient zurückführt; auf der anderen Seite Aufstellungen . . . die es bekämpfen? — nein; die ihm im Gegenteil die Stärke seiner Beweise zugeben, wenn es Schwänke und Fabeln aus Indien kommen läßt und die dennoch, bei einer einzigen Klasse von Erzählungen, bei den Märchen (contes merveilleux) bald arische Mythen, bald Spuren roher Sitten zu finden behaupten. — Hatte man dieses Recht, die orientalische Theorie gewähren zu lassen, wenn sie einen nicht in Verlegenheit setzte, sie im andern Falle aber beiseite zu schieben?" Nach Bédiers Meinung ist nicht abzusehen, warum *ein* Volk besonders mit Phantasie ausgestattet gewesen sein soll, um die Erzählungen zu schaffen, die alle nachfolgenden Geschlechter der verschiedenen Völker erfreuen sollten. Als Hauptergebnis seiner Untersuchungen über die Herkunft der Schwankstoffe — ein Ergebnis, das in gleicher Weise auch für die Märchen Geltung hat — ist folgendes festzustellen (S. 247): Es gibt kein dermaßen bevorrechtetes Volk. Er glaubt nur an gewisse literarische Moden, die in den verschiedensten Zeiten und Ländern den Anlaß gegeben haben, die mündlich umgehenden Erzählungen aufzuzeichnen. Diese literarischen Sammlungen haben entschiedene Einflüsse auch auf andere Länder ausgeübt. Im 11. Jahrhundert kannten die okzidentalischen Völker die indischen Sammlungen noch nicht; trotzdem haben sie Fabliaux. Unter ungefähr 400 Erzählungen, die im Anfang des 14. Jahrhunderts im Abendlande nachweislich bekannt waren, befinden sich gerade 13, die sie mit den damals übersetzten orientalischen Sammlungen gemein haben, 3 davon waren

bereits dem klassischen Altertum geläufig! (S. 111/112.) Mit Ausnahme der Disciplina clericalis des Petrus Alphonsus, der aus orientalischen Quellen schöpft, sind diese Übertragungen gleichzeitig mit
den Fabliaux des Abendlandes oder später als sie. Übrigens läßt sich
nachweisen, daß die indische Form dieser Erzählungen kein Merkmal der Ursprünglichkeit an sich trägt. Und so kommt er zu dem
Schlusse (S. 248), „daß die ungeheuere Mehrheit der Märchen, der
Schwänke, der Fabeln . . . an verschiedenen Orten, zu verschiedenen
Zeiten, die auf immer unbestimmbar sein werden, entstanden sind".

Bei diesem negativen Ergebnis werden wir uns jedenfalls solange beruhigen müssen, als wir nur den *Inhalt* der Phantasiegebilde
in den Gesichtskreis unserer Betrachtung ziehen. Aber das ist ein
einseitiges Verfahren. Vielleicht kommen wir einen Schritt weiter,
wenn wir unser Augenmerk der *Form* zuwenden. Allerdings wechselt
das Märchen sein Gewand von Volk zu Volk. Indem es seine Tracht
sorgfältig dem Geschmacke des Landes anpaßt, wo es gerade weilt,
bemüht es sich, seine fremde Herkunft zu verbergen. So sehr gelingt
das oft, daß man es als etwas Einheimisches ansieht, wie es denn
sogar das sicherste Kennzeichen vertraulichen Verkehrs, die Mundart, gern annimmt und, irgendwo Boden fassend, sich zur Sage
umwandelt. Darum konnte Robert Petsch die Überzeugung aus-
sprechen, der Stil sei das Nationale am Märchen. Dieser Gelehrte
ist auch der erste, der sich eingehender mit dem Märchenstile beschäftigt hat.[5] Mit echt wissenschaftlicher Gründlichkeit untersuchte
er die formelhaften Schlüsse, und trotz besonnenster Zurückhaltung
im Urteil war es ihm doch möglich, eine Anzahl völkerpsychologischer Folgerungen zu ziehen. Freilich wird damit nur das Gewand, nicht die Gestalt erkannt. So bedeutet also dieser Gesichtspunkt nichts für die Frage nach der Heimat der Märchen? Meiner
Ansicht nach wahrscheinlich doch. Es genügt, was ich früher über
diesen Punkt geäußert habe, zu wiederholen. „Es erscheint mir
zweckmäßig, eine beschränkte Anzahl Märchen nicht bloß stofflich,
sondern zugleich ihrem Stile nach bei den verschiedenen Völkern zu
vergleichen. Lernt man kennen, wie sich unter anderen Verhältnissen

---

[5] Formelhafte Schlüsse im Volksmärchen. Berlin 1900. Vgl. meine
Besprechung, Zeitschrift für den deutschen Unterricht XV, 337 ff.

Stoff *und* Form umwandeln, so hat man für die Völkerpsychologie
außerordentlich viel gewonnen. . . . Ob durch eine vergleichende Betrachtung von Form *und* Inhalt gewisser überall lebender Märchen
nicht auch die so oft gestellte und . . . noch nie befriedigend gelöste
Frage nach der Herkunft der Märchengebilde der Beantwortung
näher gebracht werden kann, ist zunächst nicht abzusehen."

Eine Aufgabe wird damit gestellt, die nur ein hervorragend Be-
rufener in Angriff nehmen darf. Die Forschungen eines Wilhelm
Grimm, dessen Ergänzungsband zu dem Märchen durch Bolte eine
Neubearbeitung erfährt, eines Reinhold Köhler, wie sie in den drei
Bänden „Kleinere Schriften" niedergelegt sind, eines Felix Liebrecht
und anderer Meister haben den Stoff herbeigeschafft, mit dem sich
die Frage, wenn sie überhaupt lösbar ist, wohl lösen ließe. Natürlich auch immer nur für besonders günstige Fälle, denn geht man
den Wegen nach, auf denen sich die Märchen heutigen Tages verbreiten, beachtet man die Rolle, die dabei z. B. dem Wanderschnei-
der und -schuster, allerhand fahrendem Volk, den Seeleuten, den
Dienstmädchen zufällt, so kann man ermessen, wie außerordentlich
mannigfach die Einflüsse sind, die jene duftigen Gespinste der Phantasie von Ort zu Ort treiben, bald sie wie einen Altweibersommer
auseinanderreißen, bald getrennte Stückchen zueinanderfügen. „Mit
der Kultur verbreiten sich die Märchen." Diese Worte des dänischen
Volksforschers Feilberg sind vorläufig der Weisheit letzter Schluß.[6]

Und wie entstehen die Volksmärchen? Diese Frage ist bei den
theoretischen Erwägungen über die Heimat und die Verpflanzung in
andere Gegenden ganz in den Hintergrund getreten. Aber sie soll
nicht unbeantwortet bleiben, und trotz der oben (S. 3 f.) angedeuteten Möglichkeit lautet die Antwort, die am meisten befriedigend
klingt: Aus dem Traumleben des Menschen. Schlafen und Wachen
sind für den Wilden, der seine Arbeit unregelmäßig verrichtet, nicht
so sehr an bestimmte Zeiten gebunden wie bei dem Kulturmenschen.
Und wie bei den Kindern gehen diese Zustände leicht in einen
dritten, den des Halbwachens, über, wo man sich mit Zweifeln
quält, ob die wunderlich gebrochenen Reflexe der Wirklichkeit denn
wahr seien. Was uns der Traum alles bringt, die sonderbarsten Zu-

---

[6] Wie sich Volksmärchen verbreiten. Am Urquell V.

fälle, jähen Wechsel von Glück und Unglück, das sind Züge, wie sie im Märchen oft genug wiederkehren.[7] Und wie der Traum ein Leben, so ist das Leben ein Traum, und für das naive Gemüt erscheint es noch traumhafter. Was aber vom Wilden gesagt wurde, daß er keine regelmäßige Zeiteinteilung kennt, das gilt auch von manchen Menschen in den Kulturvölkern, man denke an die bummelnden Gestalten, die in einem dolce far niente dahinträumen und auf die Gelegenheit warten, einem Fremden einige soldi abzubetteln oder sich zu einer kleinen Gefälligkeit anzubieten. Solche Leute können ihrer Phantasie die Zügel schießen lassen und, Geträumtes mit Erlebtem und frei Erdichtetem verknüpfend, Märchen erfinden und weiterbilden. Ob sie an die Richtigkeit dessen glauben, was sie erdichten und erzählen? Es mag Stufen der Menschheitsentwicklung geben, wo dies der Fall war. Jetzt glaubt man bei uns die Märchen nur noch in Kinderkreisen. Aber die natürlichen Menschen tragen die Freude an diesen Phantasiegespinsten mit in die rauhe Wirklichkeit des Lebens hinein und lassen sich den Rest von Kinderglück, den sie aus jenen Tagen gerettet haben, nicht so leicht nehmen. Es wär gut, wenn viele so dächten wie der deutsche Reformator: „Ich möcht' mich der wundersamen Historien, so ich aus zarter Kindheit herübergenommen oder sie auch mir vorgekommen sind in meinem Leben, nicht entschlagen, um kein Gold."

---

[7] Ludwig Laistner, Das Rätsel der Sphinx. Fr. von der Leyen, Traum und Märchen. Der Lotse, 22. Juni 1901.

Herrigs Archiv f. d. Studium der neueren Sprachen und Literaturen 113 (1904),
S. 249—269.

ZUR ENTSTEHUNG DES MÄRCHENS

Von FRIEDRICH VON DER LEYEN

I. Vorbemerkungen

Der Theorie von Theodor Benfey, daß die meisten unserer Märchen, der abendländischen und der morgenländischen, aus Indien stammten und dort auch entstanden seien, wird seit einigen Jahren das lebhafteste Mißtrauen entgegengebracht. Nur wenige Forscher bleiben mit Entschiedenheit auf Benfeys Seite stehen, die meisten neigen sich den Anschauungen zu, die zuerst englische Gelehrte aussprachen: sie glauben an keinen dominierenden Einfluß der indischen Märchen auf die der anderen Völker und behaupten, die Märchen seien nicht in einem Lande, sondern überall entstanden. Wenn je frappierende Ähnlichkeiten zwischen indischen Märchen hier und abendländischen Märchen dort erscheinen, so erwidern sie gern, daß die Bedingungen, aus denen Märchen entstehen, eben überall die gleichen seien und daß sich darum die meisten Ähnlichkeiten auch von selbst ergeben müßten. Neuerdings sucht man beide Theorien, die Benfeys und die der Engländer, einander näherzubringen,[1] doch hat man sie noch nicht vereinigen können. Ich glaube nun nicht allein an die Möglichkeit solcher Vereinigung, ich glaube sogar, daß die beiden Theorien sich auf das schönste ergänzen und die eine (die Benfeys) in Wirklichkeit nur die andere (die der Engländer) naturgemäß fortsetzt. Diese Meinung hat sich bei mir gebildet und wurde dann zur Gewißheit, nachdem ich indische sowohl wie außerindische Märchen in ihre einzelnen Bestandteile und Motive aufzulösen mich bemühte und alsdann die spezifische Art der Entwick-

---

[1] Vgl. z. B. Robert Petsch in Ergebnisse und Fortschritte der germanistischen Wissenschaft im letzten Vierteljahrhundert (hrsg. von Richard Bethge, Leipzig 1902) S. 489/90 und die dort angegebene Literatur.

lung und Zusammensetzung dieser Motive, besonders in Indien, zu beobachten und zu erkennen suchte. Die nachfolgenden Betrachtungen möchten meine Meinung begründen und auch anderen möglichst wahrscheinlich machen. Ich wollte sie eigentlich noch jahrelang zurückhalten und sie mit vielem und schwerem Material ausrüsten; aber wie skizzenhaft und unvollkommen meine Studien auch sein mögen: ich fürchte nicht, daß ihre wesentlichen Ergebnisse auch durch die größte Fülle mir unbekannten Materials irgendwie verändert werden könnten. — Außerdem hoffe ich, daß gerade jetzt jeder Beitrag zur Klärung der Märchenfrage nicht unwillkommen ist. Es bleibt mir ja auch für später jederzeit unbenommen, diese Skizzen so auszuführen, wie ich sie eigentlich ausgeführt wünschte.

Ich möchte demgemäß hier zuerst über die Entstehung des Märchens überhaupt und über Märchenvorstellungen und -motive bei den primitiven Völkern andeutend sprechen, mich alsdann über die Märchen bei einigen alten Kulturvölkern etwas verbreiten und zum Schluß, auf den gewonnenen Ergebnissen fußend, die Frage nach dem Einfluß und der Bedeutung der indischen Märchen noch einmal erörtern, indem ich aus dem Vergleich der indischen Märchen mit den primitiven Märchenmotiven einerseits, aus der Beobachtung, wie sich die indischen Märchen in Indien selbst entwickeln, anderseits die Kriterien schöpfe, durch die man den Einfluß des indischen Märchens vielleicht definitiv erweisen und begrenzen könnte.

Die Frage nach dem Ursprung des Märchens ist, da sich die Märchen aus einzelnen Motiven zusammensetzen, zuerst eine Frage nach dem Ursprung der Märchenmotive. Da nun Mythen und Sagen oft aus denselben Motiven sich entwickeln und sich zusammenfügen wie die Märchen, kann ich hier einige Streifzüge in die Mythologie und Sagenkunde nicht vermeiden, ich muß auch bisweilen Brauch, Sitte und Aberglauben berühren. In mehreren Fällen werde ich außerdem mythische und sagenhafte Motive erwähnen, um das Material der Märchenmotive zu ergänzen und zu vervollkommnen oder um das Wesen dieser Motive deutlicher zu machen. — Wer nun nach der Herkunft dieser Motive forscht, wird einmal bei besonders alten Kulturvölkern, bei den Ägyptern etwa und Assyrern, bei den Juden, bei den Indern des Rigveda nach

Märchenmotiven suchen, er wird aber noch lieber zu den primitiven
Völkern gehen, zu den sogenannten Naturvölkern: denn man weiß,
daß von ihnen sich viele seit Jahrtausenden kaum veränderten, daß
ihr Glauben und Denken, ihr Hoffen und Fürchten dasselbe blieb
wie in den Anfangszeiten der Menschheit, daß auch die Sitten und
Bräuche, der Glaube und Aberglaube, die Mythen und Märchen der
Kulturvölker sehr oft auf Vorstellungen zurückführen, wie sie heute
noch bei Naturvölkern angetroffen werden.[2]

Wer nun nach Märchenmotiven bei primitiven Völkern und alten
Kulturvölkern sich umsieht, müßte eigentlich alle Reisebeschrei-
bungen kennen, die jemals seit dem Mittelalter von Reisenden,
Missionaren und Gelehrten veröffentlicht wurden, er müßte mit der

---

[2] Es ist mir wohl bewußt, daß man die Ursprünglichkeit und Primitivität mancher Naturvölker leicht überschätzen kann und daß viele
darunter vielleicht viel mehr, als wir heute noch ahnen, degenerierte
Kulturvölker sind. Aber auch Berichte über solche degenerierte Kulturvölker behalten für uns ihr Interesse: denn ein Kulturvolk, das seine
Kultur verliert, sinkt unwillkürlich wieder ungefähr auf das Niveau eines
Naturvolkes herab, von dem aus es sich schon einmal zum Kulturvolk
erhoben hatte. Man darf diese degenerierten Kulturvölker vielleicht
sekundäre Naturvölker nennen. Auch erwäge ich wohl die Möglichkeit,
daß manche Märchenmotive, manche Anschauungen der Naturvölker, die
uns besonders primitiv oder altertümlich scheinen, nicht innerhalb dieser
Völker selbst auflebten, sondern durch Erzählungen der Kulturvölker,
durch Missionare oder auf den Wegen von Handel und Verkehr zu den
Wilden gebracht wurden. Die Berichte über die Völker, deren Abgeschlossenheit von jeder Kultur am sichersten nachgewiesen wurde, haben
für uns den größten Wert, d. h. namentlich Berichte von Missionaren und
Reisenden des 16. und 17. Jahrhunderts, die die Völker, die sie besuchten,
noch in ziemlich unverfälschtem Zustande vorfanden, sich in ihre Vorstellungen und in ihr Dasein meist auch viel gründlicher einlebten als
Reisende und Missionare unserer Tage. Gute Kriterien für die Glaubwürdigkeit der Naturvölker gibt Frazer I, 72, der besonders die
Ursprünglichkeit und Abgeschiedenheit der australischen Völker betont.
Meine Erwägungen gehen zum großen Teil auf Gespräche mit
Prof. Lucian Scherman zurück, der seine interessanten, von den herrschenden recht abweichenden Ansichten über Naturvölker vielleicht einmal
ausführlich begründet.

unübersehbaren Literatur vertraut sein, die in ethnographischen und anthropologischen Zeitschriften aufgespeichert liegt, er müßte auch die Kenntnisse eines erfahrenen Semitisten und Ägyptologen besitzen, nicht minder die des Sanskritisten und dann noch die klassische Philologie beherrschen. Ich nenne diese unmöglich ausführbaren Forderungen nur, damit man sieht, was ich alles hier bieten möchte und sollte, und wie dürftig und kümmerlich alles bleiben muß, was ich wirklich biete. Wenn die Märchenkunde sich weiter entwickelt, wie sie sich jetzt zu entwickeln verspricht, so müssen ihr eben Vertreter vieler gelehrter Disziplinen helfen, damit sie in die Urzeiten und zu den Anfängen aller Poesie vordringen kann. Der einzelne vermag bisher nur leichte und andeutende Hinweise zu geben, er vermag Probleme zu zeigen und die Lösung hier und da zu ahnen: vielleicht gelingt es ihm dann noch, ihre große Bedeutung für die gesamte Poesie und Religion glaubhaft zu machen. Erleichtert wird die den Anfängen des Märchens geltende Forschung jetzt wesentlich durch eine Reihe vieler ausgezeichneter, umfangreicher Sammelwerke und tiefeindringender Untersuchungen über die Anfänge der Kultur, Religion und Mythologie, die in den letzten Jahrzehnten und Jahren erschienen, und auf denen auch meine Studien im wesentlichen beruhen.[3]

[3] Ich nenne hier einige der wertvollsten Werke und der reichhaltigsten Sammlungen und gebe, wo es mir geboten scheint, später im einzelnen besondere Nachweise, dabei hebe ich hervor, daß es mir darauf ankommt, in Literaturangaben möglichst knapp zu bleiben und daß ich eher zuwenig als zuviel geben möchte: denn bei Märchenforschungen hat man in den letzten Jahren in der Anhäufung der Literatur des Guten etwas zuviel getan. Es ist das Bestreben meiner Verweisungen, daß ich überall dem, der sich in die behandelten Motive und angeregten Probleme vertiefen will, die Stellen zeige, an denen er das reichste Material oder die besten Aufklärungen findet. — Ich benutzte also Tylor, Primitive Culture,[4] 1903; Frazer, The golden Bough,[2] 1900; Hartland, The legend of Perseus, 1894; Spencer, Prinzipien der Soziologie, deutsch v. Vetter, Stuttgart 1877; Andrew Lang, Myth, Ritual and Religion, 1887; Erwin Rohde, Psyche,[2] 1898; Richard Andrée, Ethnographische Parallelen und Vergleiche, 1878. 1889; Ders., Die Flutsagen, 1891; Hermann Usener, Die Sintflutsagen, 1899; Liebrecht, Zur Volkskunde, 1889; Chauvin, Bibliographie des Ouvrages relatifs aux Arabes Bd. IV. V. VI (1900/03); Les mille et une

II. Der Ursprung des Märchens

Die ältesten Vorstellungen über Traum und Wachen, über Schlaf und Tod sind auch die Anfänge des Märchens: die Vorstellung, daß die Erlebnisse des Traumes und die des Wachens die gleiche Wirklichkeit und Glaubwürdigkeit besitzen, die Vorstellung auch, daß im Menschen ein schattenhaftes Ding lebt, die Seele, die in den Leib eingeschlossen ist, während wir wachen, die den Leib verläßt, während wir schlafen, die frei umherstreift und -fliegt und seltsame Erlebnisse hat, während wir träumen, die sich endlich vom Leib für immer trennt, um in der Welt frei umherzuschweben oder um in andere Gestaltungen einzugehen: dann, heißt es, ist der Mensch gestorben.

Zu diesen Vorstellungen führt eine primitive Beobachtung des Lebens ganz von selbst, sie erklären außerdem ganz einfach und mühelos das auch den primitiven Menschen Erklärungsbedürftigste, den Zusammenhang von Wachen und Schlaf, Leben und Tod. Darum finden sie sich auf der ganzen Welt, bei den primitivsten Völkern und bei den alten Kulturvölkern, darum leben sie auch heute noch; nicht allein bei den Wilden, ebensosehr in vielen Schichten der 'gebildeten' Menschheit.[4]

Bei den deutschen Völkern erscheint diese Vorstellung von Schlaf und Traum schon in recht frühen Zeiten als Sage,[5] sie führt uns auch

nuits. — Von Zeitschriften benutzte ich namentlich das Archiv für Religionswissenschaft und die Zeitschrift des Vereins für Volkskunde (Berlin), von Märchenforschungen Reinh. Köhler, Kleinere Schriften (ed. Bolte 1898—1900), Em. Cosquin, Contes populaires de Lorraine (1886), Leskien und Brugman, Litauische Volkslieder und Märchen (1882), und Boltes Anmerkungen zu Valentin Schumanns Nachtbüchlein (= Stuttg. lit. Verein 197, 1893), Reise der Söhne Giaffers, übersetzt von Wetzel (= Stuttg. lit. Verein 208, 1895), Jacob Freys Gartengesellschaft (ders. Verein 209, 1896), Martin Montanus, Schwankbüchlein (ders. Verein 217, 1899). — Grimms Kinder- und Hausmärchen sind als KHM, Die deutschen Sagen als DS zitiert.

[4] Vgl. namentlich Erwin Rohde, Psyche S. 1 f.

[5] J. u. W. Grimm, DS, Nr. 433 (von König Guntram, nach Paulus Diaconus, Seele 'Tierlein in Schlangenweise'), Nr. 461 (nach Helinandus,

unmittelbar in die Welt des Märchens. Aus der Vorstellung nämlich, daß der Mensch eigentlich überhaupt nicht zu leben aufhört, sondern daß nur der Leib stirbt, während die Seele irgendwo weiterlebt, entwickelt sich leicht die andere, daß die Seele auch nach jahrelanger Abwesenheit in den Leib zurückkehren könne. Während der Mensch lebte, zog es die Seele Tag für Tag in den Leib zurück: und wie soll diese seltsame und unwiderstehliche Anziehungskraft des Leibes aufhören? Muß sie nicht vielmehr, wenn auch nach sehr langer Zeit, wieder wirksam werden? Bestärkt wird der primitive Mensch in dieser Meinung noch durch das Phänomen des Scheintodes: durch die Erfahrung, daß Menschen lange Zeit wie tot daliegen und plötzlich wieder sich zu regen und zu leben anfangen.[6]

Was ich hier zu deuten versuche, ist nichts anderes als das Motiv vom Zauberschlaf, das so vielen Märchen und Sagen ihren geheimen Reiz gibt: das Motiv, daß der Mensch für Jahre, Jahrzehnte und Jahrhunderte entschläft und plötzlich wieder erwacht. Derart ist der Schlaf des Barbarossa im Kyffhäuser, der Zauberschlaf, in den Odin die ungehorsame Brunhild versenkt, der Schlaf des Dornröschen und des Schneewittchen.[7] — Am tiefsinnigsten ist dies Motiv, soweit ich sehe, im indischen Märchen vom Saktivega[8] ausgestaltet, in dem ein Mädchen das Bewußtsein mit sich herumträgt, daß nur ihr Leib auf diese Erde gebannt ist und daß sie eigentlich tief unten im Meere in einer goldenen Zauberstadt ruht, daß sie darum

Anfang des 13. Jahrhunderts, Seele 'weiß Tierlein gleich einem Wiesel'), Nr. 248 (nach Prätorius, 17. Jh., Seele 'rotes Mäuselein'), Nr. 249 (ebendaher, Seele 'schwarzer Rauch'). — Isländische Volkssage (Jón Arnason I, 356), sehr ähnlich der alten Sage des Paulus Diaconus über Guntram (Seele 'dunkles Wölkchen'). — Vgl. auch Ynglingasaga c 7. v. Odinn und den verschiedenen Tierformen, die seine Seele annimmt. — Belege aus anderen Ländern etwa bei Frazer[2] I, 256a f. — Beleg aus heutigem Volksglauben Ztschr. des Vereins f. Volksk. XI, 175 (Seele als Hummel).

[6] Vgl. Stefan Hock, Vampyrsagen (1900. Muncker, Forschungen zur neueren Literaturgesch. Heft XVII) S. 10, a 4.

[7] Weitere Beispiele etwa bei Vogt, Dornröschen Thalia (Germanist. Abhandlungen XII) 195 f.

[8] Somadeva, Kathāsaritsāgara, übers. v. Tawney, I, 194 f. 220. Vgl. auch Çukasaptati, textus ornatior, ed. Richard Schmidt, Nr. 13.

nur dem gehören darf, der in diese goldene Stadt eindringt und sie dort erlöst. Eine wundervolle Erfindung: was von mir auf dieser Welt, den anderen sichtbar, lebt, ist nur mein Leib, meine Seele ruht in einem fernen, aber nur dunkel geahnten Wunderlande! — Weiterhin sind aus der gleichen Vorstellung vom Schlafe alle Sagen erwachsen, die in den Kreis der Siebenschläfersagen gehören; Sagen, die ja schon der Orient, die Griechen und Römer kennen, die von der christlichen Legende christlich umgebildet wurden, und die unsere Volkssage weitergibt.[9] Eine andere Wendung dieses Zauberschlafmotivs ist die, daß jemand nur eine kurze Zeit zu schlafen glaubt, während er einem jahrhundertelangen Schlaf verfallen war — als er aufwacht, sind Jahrhunderte vergangen. Das Märchenhafte dieser Wendung ist, daß die Zeit darin ganz aufzuhören scheint und die Unendlichkeit greifbar in diese Welt hineinragt.

Ich erinnere jetzt noch einmal daran, daß den Naturvölkern die Erlebnisse des Traumes ebenso wirklich sind wie die des wachen Tages. Das läßt sich leicht begreiflich machen: der primitive Mensch ist abergläubisch, denkfurchtsam und denkfaul und glaubt daher seinen Träumen sofort. Sein Leben ist einförmig und gleichmäßig, die Ereignisse des Tages unterscheiden sich daher von vornherein wenig von den Träumen der Nacht. Außerdem trennen sich beim primitiven Menschen Wirklichkeit und Traum nicht so deutlich wie bei uns: das ganze Leben des Wilden ist ein fortwährendes Hindämmern, ein Halbwachen und ein Halbschlaf, in dem die Träume am leichtesten entstehen und am schwersten von der Wirklichkeit sich unterscheiden lassen. Zu bedenken ist noch, daß der primitive Mensch oft tagelang umsonst nach Nahrung sucht und dann unersättlich im Überflusse schwelgt: beide Zustände aber, Fasten und Hungern ebenso wie die Übergessenheit, machen den Schlaf zu einem leisen, unruhigen, der dem Wachen nahe und von Träumen angefüllt ist.

Natürlich gibt es auch unter den primitiven Menschen besonders lebhafte oder sonderbare Träume. Werden diese nun erzählt, steigern sie sich durch fortgesetzte Wiedererzählung, so geraten sie von

---

[9] Wilhelm Hertz, Deutsche Sage im Elsaß (Stuttgart 1872) 263. Spielmannsbuch² 355 (Anm. 297). Erwin Rohde, Kl. Schriften I, 167. II, 197.

selbst ins Groteske oder Wunderbare oder poetisch Gehobene: allmählich auch verliert sich die Erinnerung an ihre Herkunft aus Träumen, und so verwandeln sie sich unmerklich in poetische Motive: das gilt wohl schon für die ältesten und gilt erst recht für die späteren Zeiten. Nach diesen Erwägungen dürfen wir versuchen, manche Märchen- und Sagenmotive auf Träume zurückzuführen, die in der Urzeit oder später geträumt wurden.[10]

Wir alle kennen Träume, daß wir etwa von Ungeheuern oder widrigen Wesen gequält oder gebissen werden, ohne daß wir uns ihrer zu erwehren vermöchten, — daß wir plötzlich vor Ungetümen stehen, und wenn wir sie angreifen wollen, sind wir ganz gelähmt, oder die Waffe versagt den Dienst, — daß ein lockerer Stein über uns fortwährend herabzufallen und uns zu erschlagen droht. Oder wir sind im Traum verurteilt, einer lieben Gestalt nachzueilen, die wir doch nicht greifen können, oder die verlockendsten Früchte zeigen sich uns und entweichen fortwährend, sobald wir die Hand nach ihnen ausstrecken. Oder irgendeine unbekannte Macht verlangt von uns, daß wir unlösbare Aufgaben lösen, die wir, wie vergeblich es auch sei, unter Androhung entsetzlicher Strafen, immer von neuem zu lösen versuchen müssen. Oder es werden uns die schwer-

[10] Die folgenden Betrachtungen sind eine verbesserte Weiterführung meines Aufsatzes 'Traum und Märchen', der Lotse, Hamburg 1901, S. 382 f. — Vgl. ferner Ludwig Laistner, Rätsel der Sphinx, 1889: der Grundfehler dieses in seinen Anregungen noch längst nicht erschöpften Werkes ist wohl, daß die Traummotive überall als die wesentlichen und ersten Motive in Sage, Märchen, Mythus aufgefaßt sind. L. erwog kaum die Möglichkeit, daß solche Traummotive vielen Sagen etc. eigentlich gar nicht zugehörige, ihnen später angefügte Zutaten sein könnten: er stellte die Entwicklung immer so dar, als habe sie jedesmal mit dem Traummotiv als ursprünglichstem begonnen. — Auch sah L. Traummotive, wo keine vorhanden waren, und beschränkte sich zu einseitig auf den Alptraum. — Vgl. ferner W. Roscher, Ephialtes, Abhandlungen der Leipziger Gesellsch. der Wissensch. Bd. XX (1900). — Sigmund Freud, Die Traumdeutung. 1900. — Ruths, Induktive Untersuchungen über die Fundamentalgesetze der psychischen Phänomene, Darmstadt 1898, geht besonders von den Musikphantomen aus, ist etwas dilettantisch und konfus, sehr unmethodisch, bringt aber höchst interessante Beobachtungen und Ideen. Ich verdanke den Hinweis auf dies Buch der Güte des Prof. Freud.

sten Fragen gestellt, das Antlitz des Fragenden wird immer drohender, die Fragen immer verworrener, wir aber wissen auch das Offenbarste nicht, so sehr wir uns mit Denken abmühen. — Oder wir sind auf langer, mühseliger Wanderung, Beschwerde häuft sich auf Beschwerde und Gefahr auf Gefahr, wir sind längst vor Erschöpfung umgesunken, aber wir müssen doch weiter.

Diese Träume alle begegnen als poetische Motive in Märchen und Sage, und man kann manchmal sogar beobachten, wie die Träume als Wirklichkeit erzählt wurden und sich in Poesie verwandelten. — Tityos, in Homers Odyssee, wird von Geiern fortwährend zerhackt und kann sie nicht von sich fernhalten. Ähnliches erzählt die deutsche Sage von jenem berühmten grausamen Bischof, den die Mäuse überliefen und auffraßen, ohne daß er sich vor ihnen zu erwehren vermochte. Auch Ixion fällt uns hier ein, der, mit Händen und Füßen an ein Rad gespannt, sich mit diesem in furchtbar schneller Bewegung unaufhörlich drehen muß und sich nie befreien kann. Diese Martern waren wohl ursprünglich Martern des Traumes, und die Poesie erzählt sie als Wirklichkeit.[11] — Das Schwert des Damokles, das an einem Faden gerade über dem Haupte des Gastes hängt, an einem Faden, der jeden Augenblick zu reißen droht; die Mühlsteine, die namentlich in deutschen Sagen die Menschen in der Behausung von Kobolden gerade über sich an schwachen Faden hängen sehen:[12] diese Foltern erfand wohl auch der Traum, und das Märchen entlehnte sie ihm. — Eine polynesische Geschichte erzählt, daß die Insulaner in die Unterwelt fahren, sie gehen durch die Wände der Häuser und die Stämme der Bäume hindurch, als sei es Luft, sie wollen Früchte greifen, aber sie können es nicht, immer gleiten sie ihnen schattenhaft aus der Hand.[13] Damit vergleiche man, was Homer von Tantalus berichtet: in einer Unterwelt, in der auch alles

[11] Ruths S. 441/2. Preller-Robert, Griechische Mythologie[4] 822/3. — Roscher, Ausführliches Lexikon der griech. u. röm. Mythologie II, 766 (s. v. Ixion). — Laistner I, 293. — Rad, das sich unaufhörlich auf dem Kopfe dreht, als Strafe für Habgier, auch im Indischen. Vgl. Jataka (ed. Cowell etc.) Nr. 369. Pantschatantra V, 3 und Benfey I, § 203.

[12] Auch von Tantalus wird Ähnliches berichtet. Preller-Robert 822. — Vgl. auch von der Leyen, Märchen in der Edda S. 54. 82.

[13] Mariner Tonga Islands II, 107. Tylor II, 49 f.

schattenhaft an Odysseus vorbeigleitet, bückt er sich, bis zum Kinn
in einem Teiche stehend, nach Wasser, und dies versiegt, wie er es
trinken will, greift er nach den lockendsten Früchten, die dicht vor
ihm hängen, und immer entweichen sie seiner Hand. Auch das
deutsche Märchen und das abendländische Märchen kennt das Motiv: es weiß von einem Zauberbaume, dessen Früchte sich einem
guten Mädchen wie von selbst darbieten, während die schlechten
umsonst danach greifen, da die Früchte ihren Händen immer ent-
wischen.[14] — Die schreckliche Aufgabe der Danaiden, in ein durchlöchertes Faß mit durchlöcherten Sieben Wasser zu füllen, ist wohl
auch zuerst im Traum verlangt worden. Unsere neueren europäischen Märchen verlangen Ähnliches: ein Mensch muß, sei es um die
Geliebte, sei es um irgendeine Kostbarkeit zu erringen, sei es um
irgendeiner Prüfung willen, mit dem Sieb einen Teich ausschöpfen;
er muß — wie schon die arme Psyche im Märchen des Apulejus und
wie noch unser Aschenbrödel — aus einem unendlichen Haufen des
verschiedensten Getreides die einzelnen Sorten aussondern; er muß
mit einer hölzernen Axt einen ganzen Wald an einem Nachmittag
umhauen, er versucht es, da biegt sich — und das ist doch gewiß
ein echtes Traummotiv — die Axt beim ersten Hieb. Es ist vielleicht
eine undeutliche Erinnerung an die Herkunft dieser Märchenmotive
aus dem Traum, wenn so oft erzählt wird, die Aufgaben seien von
einer Fee oder hilfreichen Tieren gelöst worden, während der
schlummerte, der sie lösen sollte.[15] — In diesen Zusammenhang gehören wohl auch die Aufgaben, die in den Märchen von der vergessenen Braut den Freiern von der Braut gestellt werden, und die
auch alle *in der Nacht* gelöst werden sollen: eine Tür zu schließen,
die fortwährend wieder aufgeht, ein Licht auszublasen, das immer
von neuem aufflammt, oder den Schwanz eines Kalbes festzuhalten,
das mit den Gepeinigten über Berg und Tal rennt, und von dem sie

---

[14] Grimm, KHM Nr. 130: Einäuglein, Zweiäuglein, Dreiäuglein; dazu
am besten Bolte zu Montanus S. 591. 592 a l.
[15] Vgl. Grimm, KHM Nr. 186: Die rechte Braut, Nr. 193: Der Tromm-
ler; beide Märchen sind mit dem von der vergessenen Braut zusammen-
gefügt. Vgl. ferner Reinhold Köhler I, 397. 558; Cosquin II, 242 (zu
Nr. LXV), bes. zum Motiv des Getreideauslesens.

nicht loskommen können.[16] Gerade dies letzte Motiv: daß jemand
von einem Gegenstand nicht loskommt und daß dann wieder alle,
die ihn anfassen, an ihm kleben bleiben, ebenso das Motiv, daß ein
Zauberer jemanden auf einen Stuhl oder Tisch festwünscht, neckt
und plagt die Menschen des Märchens sehr oft: ich weiß mir seine
Herkunft wiederum nicht einfacher zu erklären als aus dem Traum,
der uns mit ganz ähnlichen Empfindungen zur Verzweiflung bringt,
während wir zugleich unsere komische Lage fühlen.[17]

Weit unheimlicher als die unlösbaren Aufgaben sind die schwierigen oder unlösbaren Fragen, mit denen uns das Märchen er-
schreckt: es wird dem Gefragten dabei meist verkündet, man würde
ihn erwürgen oder ihm den Kopf abschlagen, wenn er die richtige
Antwort nicht wisse. Ich erinnere nur an das Märchen von Ödipus
und der Sphinx und das von der grausamen Prinzessin Turandot.
In der indischen Vetalapañcaviṁśati werden einem unglücklichen
König sogar vierundzwanzig Fragen vorgelegt, und er wird eben-
sooft mit dem Tode bedroht, im Fall er diese Fragen nicht nach
bestem Wissen und Gewissen beantworte: alle diese Fragen und
Schrecken aber spielen sich wieder in der Nacht ab.[18] — Eine andere
Form des gleichen Fragemotivs finden wir in den Sagen und Märchen, die von Geistern berichten, daß sie irgend etwas Unerhörtes
verlangten. Man hält diese Geister durch fortwährende Fragen hin,
bis die Sonne aufgeht. Dann zerspringt der Geist oder gibt sich mit
einem Fluch verloren oder versteinert.[19] Das heißt, aus der Sprache
des Märchens in die Wirklichkeit des Traumes zurückübersetzt:
wenn die Nacht vorbei ist und die Morgensonne scheint, hört auch
der Traum auf, und die Geister des Traumes verlieren ihre Macht. —
Eine ganze Reihe von Traum- und zugleich von Märchenqualen
haben wir schon in der Nekyia der Odyssee entdeckt; zu ihnen
scheint mir auch die Pein des Sisyphus zu gehören: das Erklimmen
einer Höhe, das Zusammenbrechen dicht unter dem Gipfel, das

[16] Pillet, Das Fableau von den trois bossus menestrels (1901) S. 51. 54.
[17] Grimm, KHM Nr. 64: Die goldene Gans. — Reinh. Köhler I, 348.
von der Leyen, Märchen in der Edda S. 81.
[18] Vgl. meine Indischen Märchen, 1898, Einleitung.
[19] Vgl. Reinh. Köhler I, 28; von der Leyen, Märchen in der Edda S. 82
(a 20 zu S. 49); Hock, Vampyrsagen S. 10 a l.

ewige Fortrollen des tückischen Steines, die endlose Wiederholung der gleichen übermenschlichen Mühsal, das sind alles Erlebnisse des Traumes, welche die alte griechische Dichtung kraftvoll verwertete. Es sei auch gleich hier an die liebliche und ergreifende Szene erinnert, in der Odysseus, ans Land geworfen, nackt und bloß aus langem Schlaf erwacht, das helle Lachen Nausikaas und ihrer Gespielinnen hört und schlammbedeckt, mühsam seine Blößen verbergend, der holden Königstochter naht. 'Das ist', sagt Gottfried Keller im ›Grünen Heinrich‹, 'solang es Menschen gibt, der Traum des kummervollen, umhergeworfenen Mannes, und so hat Homer jene Sage aus dem tiefsten und ewigen Wesen der Menschheit hergenommen.' – Und wirklich läßt sich leicht ein Traum als Anfang dieses Motivs erkennen; der Traum nämlich, den wir träumen, wenn wir unsere Decken und Kissen im Schlafe von uns geworfen haben und entblößt liegen: daß wir nackt inmitten von Menschen stehen, die besonders prächtig gekleidet sind, und daß wir umsonst uns zu verstecken suchen.[20] Auch das Märchen vom König, der, höchst mangelhaft gekleidet, inmitten seiner Untertanen steht, die ihm das nicht sagen mögen, entstand vielleicht aus dem gleichen Traume.

Zu den mühseligen Wanderungen, die uns der Traum auferlegt, finden wir im Märchen oft Helden verurteilt: sie werden in die Unterwelt geschickt, geraten aus drohenden Gefahren in immer drohendere, müssen entsetzliche Abenteuer bestehen und die unerhörtesten Widerstände überwinden. Solche Unterweltsmärchen gehören ja zum ältesten Märchenbestande (sie werden uns auch in anderen Zusammenhängen begegnen); das babylonische Epos erzählt davon, Herakles und Odysseus sind namentlich wegen ihrer Unterweltsfahrten gefeiert,[21] und ähnliche verwegene Fahrten unternahm der stärkste und waghalsigste der germanischen Götter, Pórr. Die Fahrt des Huon von Bordeaux war auch nur eine Reise in die Unterwelt, und die Erlebnisse der Artusritter in verzauberten Schlössern gleichen meist denen der Unterweltsfahrten.[22] – Das

---

[20] Freud S. 170.

[21] Vgl. auch Preller-Robert, Griech. Mythologie 809 u. Anm. 2.

[22] Die Fahrten Pórs zu Útgardaloki und Geirroðr waren ursprünglich Höllenfahrten, vgl. von der Leyen, Märchen in der Edda S. 45. – Zum

Märchen straft durch solche Wanderungen auch Frauen und erprobt
ihre unendliche Geduld und unendliche Liebe. Von diesen Frauen
wird nun meist gesagt, daß sie den Geliebten verloren, weil sie ihn
beleuchtet, oder weil sie ihn in seiner unverhüllten Gestalt des
Nachts betrachtet: das heißt doch, wenn wir die Märchenmotive
in Traummotive zurückverwandeln: sie besaßen den Geliebten in
der dunklen Nacht, beim hellen Tage entschwand er ihnen, oder:
der Geliebte zeigte sich ihnen im Traum, und wie sie erwachten, war
er verschwunden. Dies ursprüngliche Traummotiv wurde mißverstanden und merkwürdig und tief weitergebildet: im indischen Mär-

Huon vgl. Voretzsch, Epische Studien 237 f. — Huon wird auf eine ge-
fährliche Reise geschickt und soll dem Sultan die Backenzähne und den
weißen Bart abverlangen: im Märchen und schon bei Saxo Grammaticus
soll der Held vom Teufel drei Haare holen (Grimm, KHM 29: Der Teufel mit den drei goldenen Haaren, und Ernst Kuhn, Byzantin. Zeitschrift
IV, 241). — Beide, Huon und die Märchenhelden, werden von hilfreichen
Frauen unterstützt. — Die Höllenfahrt- und zugleich Traummotive in
den Artussagen sind etwa: eiserne Drescher, die den Eingang wehren
und nicht den schnellsten Vogel durchlassen (vgl. etwa das Märchen des
Apulejus von Amor und Psyche und KHM Nr. 97: Das Wasser des
Lebens; Reinh. Köhler, Anm. zu den Sizilianischen Märchen des Frl. von
Gonzenbach Nr. 5. 13. 26), — Räder, die sich fortwährend drehen und den
Eingang versperren (Ixion!), Falltüren, die auf den Helden niedersausen
(vgl. auch Reinh. Köhler I, 397; Cosquin II, 242), Betten, die plötzlich
zu rollen anfangen, wenn der Held sich hineinlegt, etc. etc., diese und
ähnliche Motive bei Voretzsch a. a. O. 132; Wilhelm Hertz, Parzival 535.
— Höchst bemerkenswert in dieser Hinsicht und eine recht überraschende
Bestätigung der Ansicht, daß Märchenmotive aus dem Traum entstanden,
ist der Bericht des Guinglain 4187—4557, vgl. Gaston Paris, Histoire lit.
de la France XXX, 178/9: G. übertritt das Gebot, eine Dame zu sehen,
da ist er auf einmal mitten auf einem schmalen Brett, über einem wilden
Strom, wagt sich nicht vorwärts und nicht zurück. Der Strom packt ihn,
er fällt, klammert sich an das Brett, fühlt, wie seine Kräfte nachlassen,
schreit um Hilfe, er hänge an einem Brette, ertrinke und könne sich nicht
länger halten: man kommt und findet den G., wie er mit beiden Händen
die Stange packt, auf der ein Sperber sitzt. Alle lachen. — Ein zweites
Mal glaubt G., daß er auf Kopf und Schultern das ganze Saalgewölbe
tragen müsse: er ruft wieder um Hilfe, und man findet ihn, das Kopfkissen auf seinem Kopfe.

chen darf Pururanas die himmlische Urvaçī nicht nackt sehen, die
Ghandarven aber lassen es blitzen in der Nacht, so daß er wider
seinen Willen die Geliebte erblickt und verliert,[23] Im römischen
Märchen des Apulejus *beleuchtet* Psyche den Amor, er erwacht, weil
die Tropfen auf ihn fallen, und sie verliert ihn. — Dies Märchen
vom entschwundenen und wiedererrungenen Geliebten ist ja besonders in deutschen und nordischen Märchen so gern rührend und zart,
mit dem hingebendsten Verständnis für die unendliche Opferfreu-
digkeit der Frau, erzählt worden.[24]

In den zuletztgenannten Märchen lebt etwas von der Endlosig-
keit der Traumqualen fort. Außerdem sind ja viele Träume von Erlebnissen überfüllt: man denke nur an den berühmten Traum, der
zur Revolutionszeit geträumt wurde, in dem ein Mann träumte, er
gehöre zu den von Robespierre Konskribierten, die Häscher kamen,
zogen ihn aus dem Bette, schleiften ihn über die Straße, neugierige,
mitleidige und erschreckte Blicke folgten ihm, der Henker packte
ihn, und die Guillotine fiel auf ihn nieder — da erwachte er und
merkte, daß sein Bettaufsatz herunter- und ihm auf den Nacken
gefallen war, das war ein Gefühl, als fiele auf ihn eine Guillotine,
und aus diesem einen kurzen Gefühl entstand der lange, furchtbare
Traum. — Ein arabisches Märchen erzählt von Mohammed, er sei
von dem Engel des Herrn durch die Wonnen des Himmels, durch die
Schrecken der Hölle geführt worden, und das geschah so schnell,
daß nach der Rückkehr von der unendlichen Fahrt das Bett des
Propheten noch warm war. Ein anderes arabisches Märchen weiß
von einem Sultan, der einen Moment den Kopf in eine Wanne voll
Wasser tauchte; als er den Kopf wieder heraushob, meinte er am
Meeresufer, am öden Strand geweilt zu haben, in einer Stadt gewesen zu sein, verheiratet mit einer schönen Frau, die ihm sieben
Kinder schenkte; dann ward er wieder arm, ein Lastträger, kam an
den gleichen Meeresstrand und erwachte.[25] Hier sind traumähnliche
Wirkungen erzielt dadurch, daß jemand im Wasser untertaucht: und
wirklich entstehen durch Untertauchen Gefühle und Visionen, die
denen des Traumes ganz gleichen, auch Ertrinkende, die später ge-

[23] Vgl. Oldenberg, Die Literatur des alten Indien S. 53.
[24] Vgl. von der Leyen, Märchen in der Edda S. 80.
[25] Reinhold Köhler II, 210. 211.

rettet wurden, haben sie erzählt. Eine solche traumgleiche Vision ist
also im Arabischen als Märchen wiedererzählt. Der Glaube an die
Wunderkraft und Verwandlungskraft des Wassers erklärt sich wohl
auch zum Teil aus der Eigenschaft, daß den darin Untertauchenden
sich Visionen einstellen. Andere Gründe für diesen Glauben werden
wir noch kennenlernen. Daher vielleicht verwandelt im Märchen
das Wasser den Menschen — es heißt ja, namentlich in orientalischen
Märchen, so oft, daß Menschen in Tiere sich verwandeln, wenn man
sie mit einem besonderen Wasser besprengt,[26] daher entspringen
wohl auch die Wunderquellen, die einen Mann in eine Frau und
eine Frau wieder in einen Mann zu verwandeln vermögen.[27] —
Denkt man an diese Visionen, so wird auch das uns vor allem aus
dem Märchen von der Frau Holle bekannte Motiv sogleich klar,
daß ein Kind in einen Brunnen fällt und plötzlich auf einer lachen-
den und blühenden Wiese erwacht.

Unter allen schrecklichen Träumen sind die Alpträume die schreck-
lichsten. Sie entstehen meist aus Atemnot, und wir erzeugen diese
Atemnot oft, ohne es zu wissen, selbst, indem wir Kissen und
Decken so fest an Mund und Nase pressen, daß wir dem Atem
seinen Ausweg versperren. Das haben bereits antike Ärzte beobachtet, und sie stellten außerdem fest, daß schwere Indigestionen
und Verdauungsstörungen oft die Ursache solcher Traume seien.[28]
Wir fühlen in diesen Träumen, daß entsetzliche Gestalten zu uns
schleichen, sich auf uns legen, uns zu erdrücken trachten, während
wir umsonst mit ihnen ringen, bis wir aufschreien, oder bis uns der
Morgen erlöst. Den grauenhaftesten Gespenstern der Sage und des
Märchens, den Vetalas und Rakschasas der Inder, den Erinnyen der
Griechen, den Vampiren der Slawen und den Hexen und Kobolden
der Deutschen hat der Alptraum manches von ihrer Schrecklichkeit
gegeben.[29] — Wie Roscher[30] meint, entsprang die Sage vom nächt-

---

[26] Eine Fülle von Beispielen in Tausendundeiner Nacht.
[27] Benfey, Pantschatantra I, 46 f.   [28] Roscher, Ephialtes S. 108.
[29] In der Regel freilich sind die Vampire die Seelen der Toten, die,
aus Sehnsucht nach dem Leben, das Blut der Lebenden saugen. — Vgl.
auch Stefan Hock, Vampyrsagen (1900) passim. Andrée, Ethnograf. Parallelen I, 80 f.
[30] A. a. O. S. 38—43.

lichen Ringkampf Jakobs mit den Engeln, in dem sich Jakobs Hüfte verrenkte, in dem der Engel seinen Namen nicht nannte und bei Tagesanbruch verschwand, einem solchen Alptraum; derselbe Forscher macht auf andere antike Alptraumsagen aufmerksam, die meist mit Satyrn und Faunen und dem Gotte Pan zusammenhängen: weil die Decken und Betten im Altertum oft von rauhem Ziegenhaar waren, peinigten Unholde in Ziegen- oder Bockgestalt die Schlafenden. — Aus der alten germanischen Sage wäre der Kampf Beowulfs mit Grendel und Grendels Mutter anzuführen — ein nächtlicher Kampf, das Schwert des Helden versagt, und erst der Morgen bringt die Erlösung.[31] Die altnordischen Sagas, die ja so gern im Grauenhaften sich aufhalten, erzählen gleichfalls schauerliche Alpträume — beispielsweise sei die Gréttissaga genannt; vor allem aber muß hier an die Vǫlsungasaga erinnert werden, wie sie berichtet, daß allnächtlich eine Wölfin sich zu Siegmund und seinen Brüdern schlich, einen nach dem anderen erwürgte, bis Siegmund allein blieb, dem bestrich die Schwester Signy das Gesicht mit Honig (das ist wohl ein späterer Zusatz), und die Wölfin fuhr ihm mit der Zunge über das Gesicht — ein schauerliches, echtes Alptraummotiv —, Siegmund biß nach der Zunge, riß sie der Wölfin aus, rang mit ihr und tötete sie.[32]

Der Traum gibt uns nicht allein endloses und furchtbares Entsetzen, der Traum schenkt uns auch ungekannte und überirdische Seligkeiten, er führt uns schwebend und fliegend über die Welt und empor zum Himmel, er entschleiert lächelnd vor uns die Schönheit, die wir im Leben nur dunkel ahnten, er schenkt uns Töne von nie gehörtem Wohllaut und führt uns in alle Jubel und Wonnen und Wunder des Paradieses. Aber in diesen Gefühlen der Seligkeit gönnt uns der Traum kein Verweilen: nur zu bald erwachen wir, und die Wirklichkeit scheint nun öder, trostloser und verzweifelter als je vorher.

Den Märchen, die uns die goldene Pracht des Paradieses so verlockend malen, die uns zu den Inseln der Seligen und zu den Gestaden weltabgeschiedener Vergessenheit führen, wird auch der

---

[31] Beowulf 1507 f.
[32] Vǫlsungasaga c. 5.

Traum die leuchtendsten Farben gegeben haben. Sie gehören zum ältesten Besitz der Menschheit. Wenn nun Märchen derart — als Beispiel diene das deutsche Märchen vom Marienkind — etwa erzählen, daß die liebe Mutter Gottes einem Kinde die ganze Herrlichkeit des Himmels zeigt, daß es nur ein Gemach nicht sehen darf[33] und dies doch betritt, sobald die Mutter Gottes es allein ließ, daß das Kind zur Strafe, und weil es seine Sünde nicht gestehen mag, aus den Himmeln verstoßen wird und nackt und bloß auf der Erde erwacht, so lassen sich hier die Umrisse des Traumes noch deutlich herausfühlen: der Traum eben führt den Menschen ins Paradies, gibt ihm von Paradieseswonnen zu kosten, und derselbe Traum stößt ihn zurück auf die Erde. Eine Erklärung fordert nur noch das Motiv von der verbotenen Tür. Seine künstlerische Bedeutung ist klar; es soll die Härte der Strafe, die Verstoßung aus den Himmeln rechtfertigen, die zu grausam schiene, wenn sie ohne Grund geschähe — darum wird dies Motiv auch dahin verschärft, daß das Kind das Gebot nicht nur übertritt, sondern hinterher noch die Übertretung leugnet. Schwieriger ist es, dasselbe Motiv seiner Herkunft nach zu erklären, es aus den Anschauungen der Naturvölker abzuleiten. Es ist verwandt mit dem Motiv des übertretenen Verbots im Märchen überhaupt, das uns schon begegnete (die Braut, die ihren Bräutigam bei Nacht nicht sehen darf und ihn doch betrachtet), noch mehrfach begegnen wird (z. B. das Lohengrinmotiv, daß Elsa nicht nach Lohengrins Namen fragen soll) und verschieden gedeutet werden muß. In unserem Fall ist das Motiv vielleicht aus der primitiven Anschauung herzuleiten, daß die Menschen, die im Paradiese sind, dort immer bleiben möchten (was ihnen als Menschen doch nicht gebührt) und daß sie darum etwas im Paradiese berühren, damit sie mit dem Paradiese für immer zusammenhängen: ähnlich wie Proserpina der Unterwelt gehört, nachdem sie von einem Apfel der Unterwelt genossen. Auch diese Anschauung wird uns noch manchmal entgegentreten. — Ein Paradies*märchen* war nach meiner Ansicht auch einmal die Erzählung der Bibel von Adam und Eva, vom Paradiese, dem Sündenfall und der Vertrei-

[33] Über dies Motiv vom verbotenen Zimmer vgl. Sydney Hartland, Folk Lore Journal III, 193—242. Marienkind KHM 3.

bung aus dem Paradiese: es enthält diese Erzählung noch deutlich die Merkmale des Traummärchens — die Seligkeiten des Paradieses und die Vertreibung — zusammen mit dem Motiv vom übertretenen Verbot. Zur Bekräftigung meiner Ansicht möchte ich anführen, daß diese Erzählung ursprünglich nicht so schwer gemeint, die Sünde nicht als Erbsünde aufgefaßt war, sondern das Vergehen der Eva einfach als leichtsinniges weibliches Vergehen galt wie etwa das des Schneewittchen und Rotkäppchen im deutschen Märchen.[34] Ich möchte mich ferner darauf berufen, daß die Genesis und manche älteren Bücher des Alten Testamentes Geschichten erzählen, die anderwärts als Märchen oder Sage wiederkehren, an Jakobs Ringkampf mit dem Engel ist bereits erinnert, auf die Sage von Lots Weib, von Josef und seinen treulosen Brüdern, von Josef und Potiphar, von Moses' Aussetzung, von Simson, dessen Kraft in seinen Haaren lag, von David und dem großen, plumpen Riesen Goliath, von Jephtha und seinem Gelübde mag außerdem, als auf das Nächstliegende, hier flüchtig hingewiesen werden.[35] — Schließlich will ich nicht vergessen, auf die große Ähnlichkeit der jüdischen Paradiessage mit der griechischen alten Sage von den Äpfeln der Hesperiden aufmerksam zu machen: in beiden Sagen ein Baum im Paradiese mit köstlichen Äpfeln, bewacht hier von einer Schlange, dort von einem Drachen (wie es in einer Version heißt: weil die Hesperiden trotz des Verbotes von den Äpfeln genossen); als Wächter vor Baum und Garten erscheint in der Bibel ein Cherub, in der griechischen Sage Atlas.[36]

Die indischen Märchenerzähler fanden beim Paradiesmärchen gerade den feindlichen Gegensatz zwischen der unendlichen Fülle des Himmels und der Armut der Erde als dichterisch besonders wirksam und verschärften ihn durch das (uns schon bekannte) Traumwanderungsmotiv, daß nämlich die Menschen, die ins Paradies eindrangen, sich den Eingang muhsam durch lange Wanderungen erkämpfen mußten und erst nach *unendlicher Zeit* die himmlischen

---

[34] Vgl. Hermann Gunkel, Genesis S. 14. 21.

[35] Weiteres etwa bei Gunkel a. a. O.

[36] Roscher, Lexikon der griech. und röm. Mythologie 707. 2600. Auf Ähnlichkeiten mit der eranischen Sage verweist Gunkel S. 33. 34.

Stätten erreichten, während sie vom Himmel zurück auf die Erde in *einem Augenblick* gelangten. Das wirkt echt traumhaft, und dies verschärfte Motiv hatte auf die indischen Erzähler solche Anziehungskraft, daß sie hier und da sogar vergaßen, die Übertretung des Verbotes zu erzählen. — Es ist in den genannten indischen Märchen in den himmlischen Palästen gewöhnlich ein Gemach, in das die Menschen nicht treten dürfen, in diesem Gemach ist ein *Teich*, darin tauchen sie trotz aller Warnungen unter, und dann befinden sie sich plötzlich in der alten, öden Heimat. Dies Teichmotiv haben wir bereits zu deuten versucht (S. 260): man sieht, daß auch die Visionen, die das Untertauchen im Wasser hervorruft, in die Paradiesmärchen Eingang gefunden haben, und sie bestätigen uns nun den Ursprung dieser Märchen aus traumähnlichen Zuständen.[37]

Den Wunderreichen der Erde oder jenseit der Erde wird auch gern ein besonders geheimnisvoller Zugang gegeben, den nur wenige Erlesene finden können: uns allen sind ja die antiken Sagen über den Eingang zur Unterwelt noch bekannt. Neuere Märchen und Sagen wissen, daß Sonntagskinder den Zugang nur einmal fanden, oder daß sie über dem Sammeln der Schätze, zu denen sie gelangten, 'das Beste vergaßen', und dann lachte ihnen eine höhnische Stimme nach, und auch sie fanden den Eingang zum Wunderreiche nie wieder. Was hier die Sagen als schwermütige Poesie erzählen, ist wohl auch nur die alte Traumerfahrung, daß wir schöne Träume nur einmal träumen und daß alle Kunst und Mühe, die sie zurückrufen will, umsonst bleibt.

Wenn wir uns nun erinnern, wie oft ein Traum Anfang eines Märchens oder einer Sage war, und wie aus diesem Traum liebliche und schaurige, tiefe und ernste Poesie emporwuchs, so erklärt sich uns auch, warum Märchen und Sage so oft in die Nacht führen, warum die Erlösung und die Verfluchung so oft in der Nacht geschieht, warum in der Nacht die Tierhüllen von den verzauberten

---

[37] Märchen derart bei Somadeva, Tawney I, 194. II, 569. — Vgl. auch meine Indischen Märchen Nr. 6. 9 und S. 158; Benfey, Pantschatantra I, 152, wo auch ähnliche Erzählungen aus Tausendundeiner Nacht gennant sind.

Prinzen fallen, warum die Helden der Märchen und Sagen ihre
Prüfungen in der Nacht bestehen müssen, warum es ihnen so oft
zum Unheil wird, daß sie sich des Schlafes nicht erwehren können,
warum der nahende Tag die bösen Geister verscheucht und den
gequälten Menschen befreit. Die Stimmung der Nacht klingt, dunkel
und geheimnisvoll, in so vielen unserer Märchen fort, und es scheint
mir, als ob gerade sie das Märchenhafteste daran, das Wirklichste
und zugleich das Unwirklichste sei.[38]
    Verwandt den Visionen der Träume sind die sogenannten Musik-
phantome:[39] d. h. Phantome, Bilder von farbenreichen Landschaften mit Menschen oder seltsamen und fabelhaften Wesen, die viele
zu sehen glauben, wenn sie Musik hören, besonders solche, die
Farbensinn oder musikalische Neigungen besitzen; und diese Phantome waren in früherer Zeit in dem Maße lebhafter und bewegter,
als der Farbensinn der Menschen lebhafter entwickelt gewesen ist.
Bestimmten Tönen entsprechen dabei bestimmte Farben und Linien,
bei einem Baß etwa sehen manche einen Bach, der sich im Abgrunde
zwischen Felsen schlängelt. — Besonders merkwürdig scheinen mir
von Ruths mitgeteilte Phantome, die sich bei der Schumannschen
Sinfonie in B-Dur einstellten: wunderschöne Blumen, Tulpen, Ver-
gißmeinnicht, die bald aus einer Wasserfläche auftauchen, bald
darin verschwinden, wenn die Wellen melodisch darüber hinschla-
gen, — seltsame Vögel kommen, setzen sich auf die Blumen, wiegen
auf ihnen hin und her; — ein Kahn schaukelt sich im Takt der Musik
auf den Wellen, und in dem Kahn steht ein phantastisch in rotem,
leuchtendem Samt gekleideter Mann. Zwischen dem Mann, den
Vögeln, den Blumen ist eine geheimnisvolle, schattenhafte Verbindung. — Bei einer Musik von Saint-Saëns hatte ein Zuhörer das
Phantom, daß ein junges Mädchen in fliegenden Gewändern von
Fels zu Fels sprang, daß Menschen aus dem Wasser tauchten, ihr
zuzuschauen, spielten und die Hüte schwenkten, daß dann weiß-
schäumende Wellen herabstürzten und das Ganze in ihren Fluten
begruben, bei starker, roter Beleuchtung.[40] Wer diese Phantome und

---

[38] Über das Alter dieser Vorstellung Gunkel, Genesis 192.
[39] Darüber besonders Ruths in dem S. 254 Anm. 2 genannten Werke.
[40] Ruths S. 55.

viele ähnliche derart schildern hörte oder selbst sah, dem wird allerdings höchst wahrscheinlich, daß die Sage von Orpheus auch nur ein Musikphantom ist, das als Wirklichkeit erzählt wurde; die Sage, daß die Tiere des Waldes gezähmt und voller Entzücken der Musik lauschten und auch die Steine sich in den Wirbeln der Töne drehten. — Das gleiche gilt von der Sage, die uns Euripides in der Alkestis erzählt, und die dem Apollo nachrühmte, daß die Tiere des Waldes lauschend herbeikamen, wenn er sang, und die buntgefleckte Hirschkuh zu tanzen begann; — das gleiche gilt auch von den sagenhaften Gesangeskünsten des Horand in der ›Gudrun‹ und von ähnlichen Wirkungen des Gesanges, wie sie uns etwa der Kalewala der Finnen schildert. — In diesen Fällen darf man wirklich von der Geburt der Dichtung aus der Musik sprechen.

Unter den primitiven Völkern gab es natürlich manche Menschen, die besonders empfänglich waren für Träume, die lebhaft und merkwürdig träumten und das Geträumte anschaulich und spannend wiedererzählten. Und die Männer von solcher gesteigerten Traumempfänglichkeit und von solcher lebhaften Phantasie, Männer, die reizbarer und sensibler waren als andere, die von den Erlebnissen heftiger gepackt wurden, und deren Einbildungskraft beweglicher war, die meist auch besondere mimische und schauspielerische Gaben besaßen, solche Männer waren gewöhnlich die Zauberer. — Diese Zauberer warteten nun nicht, bis der Traum an ihnen seine Wunder offenbarte, sie suchten Zustände des Traumes künstlich hervorzubringen und zu steigern, sie wollten sich nicht von den Traumvisionen beherrschen lassen, sondern selbst über sie herrschen, und natürlich steigerten sie durch solche Künste auch die ängstliche Scheu, die die anderen Menschen ohnehin vor ihnen empfanden.

Diese traumähnlichen und zugleich die Visionen des Traumes überbietenden Zustände suchte man bei den verschiedenen Völkern auf verschiedene Weisen zu erreichen. Die einen durch ein langes Fasten und Hungern, ein Leben in der Einsamkeit, weil man in der Einsamkeit der Einbildungskraft am ungeteiltesten preisgegeben ist und sie dort am leichtesten Macht über uns gewinnt. Ein anderes Mittel, das besonders die orientalischen Völker kannten, das aber auch die alten Griechen gern benutzten,[41] war das Einatmen berauschender Dünste und Dämpfe, vor allem des indischen Hanfes (*cannabis indica*), des Haschisch. Ein deutscher Arzt, der lange in Persien lebte, erzählt uns darüber:[42] „Eine eigentümliche Wirkung des Haschisch sind die Visionen und Sinnestäuschungen. Das Auge des Berauschten sieht, sein Ohr hört anders. Ein kleiner Stein im Wege erscheint ihm als ein gewaltiger Felsblock, den er mit hocherhobenem Bein zu überschreiten sucht, ein schmales Rinnsal als breiter Strom, er begehrt ein Schiff, das ihn ans andere Ufer trage, die menschliche Stimme schallt ihm wie ein Donnergeroll ans Ohr. Er glaubt Flügel zu haben und sich über die Erde erheben zu können." — Mit diesen Visionen vergleiche man einige Zauberkunststückchen, die das Märchen und die Sage seit alter Zeit überliefert. Etwa, daß ein Zauberer, meist um sich an einem Mädchen zu rächen, diesem einen reißenden Strom vorzaubert, sie hebt die Röcke hoch empor, um durch das reißende Wasser zu schreiten, da fällt die Verzauberung von ihr, sie sieht sich beschämt, unter dem Hohngelächter der Umstehenden, vor einem kleinen Bache oder einem ärmlichen Rinnsal.[43] Nach alter Sage erschlug Lykurg den Dionysos im Glauben, er sei eine Rebe, und im gleichen Wahne schlug er sich das eigene Bein ab; ähnliche Scherze erlaubte sich, wie wir aus Goethes Faust wissen, der deutsche Doktor Faust des Volksbuches. — Es darf hier wohl auch an ein bekanntes Märchenmotiv erinnert werden, das uns noch einmal beschäftigen wird, wenn wir zu den indischen Märchen durchgedrungen sind: Ein Paar wird von einem Riesen verfolgt, es wirft ein Stück Holz hinter sich, und aus dem Holze wird ein Wald; nochmals verfolgt, wirft es einen Stein hinter sich, und dieser wächst an zu einem riesigen Berge; und zum letztenmal sehen sie hinter sich den Verfolger, sie werfen einen Wassertropfen hinter sich, und dieser schwillt an zu einem großen See, in dem der Verfolger ertrinkt.[44] Sehr bemerkenswert ist auch

[41] Rohde, Psyche² II, 1 f. u. 24 Anm. 1   [42] Polak, Persien II, 245.
[43] Reichste Literatur bei Wilhelm Hertz, Die Rätsel der Königin von Saba (Zs. f. d. A. 27, S. 12 Anm. 1). Vgl. auch Reinhold Köhler I. 112 (im Kornfeld schwimmen).
[44] Vgl. Reinhold Köhler I, 171. 173. 388; J. Hertel, Bunte Geschichten vom Himālaya (1903) 101.

die Schilderung, die Théophile Gautier von den Gefühlen und Ge-
sichten gab, die solches Haschisch in ihm erregte:[45] er sah, wie er
u. a. berichtet, unzählige Schmetterlinge mit Flügeln, die wie Fächer
schillerten und funkelten, und sah auch die fabelhaftesten Tiere,
Greifen, Einhorne, Wasservögel etc., er meinte die Töne der Farben
zu hören; er mochte nicht sprechen, weil er glaubte, von dem Ge-
räusch seiner Stimme müßten die Wände einstürzen; er schwamm in
einem Ozean des Wohllauts und in einem Ozean unendlicher Seligkeit, er fühlte sich wie eine der Haft des Körpers entronnene Seele;
er meinte, der Fülle seiner Eindrücke entsprechend habe dieser Zustand dreihundert Jahre gedauert, während er in Wahrheit nur eine
Viertelstunde währte; er fühlte auch, wie er in dem einen Moment
anschwoll und riesengroß wurde und sofort wieder zu winziger
Kleinheit zusammenschrumpfte, so daß man ihn bequem hätte in
einer Flasche unterbringen können — und hier haben wir den Übergang zum Märchen, zu dem allbekannten Märchen aus ›Tausendundeiner Nacht‹ nämlich, in dem ein Geist aus einer Flasche befreit
wird, riesengroß anschwillt und den Befreier zu erwürgen droht,
worauf dieser — ein Fischer — sich zu wundern vorgibt, wie ein so
großer Geist in einer so kleinen Flasche Platz haben könne: der
Geist schrumpft zusammen, verbirgt sich in der Flasche und wird
wieder gefangen.[46] — Die fabelhaften Tiere, die Gautier sah, be-
völkern ja gerade die Märchen und Sagen.

Es geschieht nun oft, daß nicht allein der Zauberer sich berauscht
und betäubt, sondern daß auch die ganze Gemeinde um ihn sich in
einen ähnlichen Zustand versetzt durch wilde Gesänge, rasende
Musik und rasende Tänze, bis schließlich ein Paroxysmus alle erfaßt, in dem sie unerhörte Kräfte entfalten, gegen Schmerzen und
Wunden ganz unempfindlich sind und auch oft wie die Tiere
über die herfallen, die ihnen begegnen. Wir wissen von vielen
Tänzen ganzer Völkerschaften, die sich alljährlich als Feste wieder-

---

[45] Bei Moreau (de Tours), Du Hachisch et de l'aliénation mentale,
Paris 1845, bes. S. 13 f. 20. 22. 25. 51. 67 f. 147 f. 160.
[46] Vgl. Grimm, KHM Nr. 99: Der Geist im Glas; Reiser, Sagen aus
dem Allgäu I, 80; Benfey, Pantschatantra I, 116; Bolte zu Montanus (Lit.
Verein 217) S. 611.

holen, und die Orgien bei den Feiern des Dionysos waren nichts anderes.[47]

Verwandt mit diesen Zuständen des Paroxysmus ist nun wieder eine Krankheit oder eine Wahnsinnserscheinung, die auch schon bei den alten Kulturvölkern in Ost und West auftritt, von der Beispiele in Deutschland und Rußland bis tief ins 17. und 18. Jahrhundert hinein berichtet werden, und die als Sage an vielen Orten fortlebt:[48] die Werwolfskrankheit, d. h. die Krankheit, daß die Menschen plötzlich von der Vorstellung befangen werden, sie seien Wölfe — oder auch Bären (wie die nordischen Berserkir) oder auch Panther und Hunde —, und daß sie sich nun wie diese Tiere in der Tollwut gebärden, nachts unter entsetzlichem Geheul bei den Gräbern umherstreichen und Vorübergehende anfallen. Solcher Wahnsinn befiel manchmal ganze Ortschaften, er mußte zu dem Glauben führen, die davon Betroffenen seien zeitweise in Tiere verwünscht, und dieser Glaube macht uns ja das Verwünschungsmotiv in manchem Märchen und mancher Sage verständlich, er erklärt uns ferner sofort den Bericht über Orpheus, den die Mänaden, sich in Panther verwandelt glaubend, zerrissen; er erklärt uns auch etwa die nordische Sage von Sinfjotli und Siegmund, die, in Wölfe verwandelt, umherstreiften und die Wanderer zerrissen.[49]

Ich meine nun, daß auch zwei recht bekannte Märchen: das von Allerleirauh[50] und sein männliches Seitenstück, das Märchen vom Goldener oder vom Grindkopf, von dem armen verachteten Knaben, der durch seine außergewöhnliche Tapferkeit die anderen Freier besiegt und die Hand der Königstochter erringt, auf diesen Werwolfglauben zurückführten.[51]

---

[47] Erwin Rohde a. a. O. (II, 24 f.).

[48] Vgl. besonders Wilhelm Hertz, Der Werwolf (1862), Andrée, Ethnograf. Parallelen 62 f., und Wilhelm Roscher, Das von der Kynanthropie handelnde Fragment des Marcellus von Side. Abh. der sächs. Gesellsch. der Wiss. XVII (1897), 3.

[49] Volsungasaga c. 8.

[50] KHM 65; vgl. Reinh. Köhler zu den Märchen der Laura Gonzenbach Nr. 38; Kl. Schriften I, 420; Cosquin I, 275.

[51] Die reichhaltigsten Nachweise zum Goldenermärchen bei Panzer, Hilde Gudrun S. 252 f.

In manchen Fassungen des Goldenermärchens heißt es nämlich,
der Junge sei eigentlich ein Tier, er kleide sich mit Tierfellen und
dürfe gar nicht wie ein Mensch behandelt werden; man traut dem
Burschen überhaupt gern Bosheit und Niedertracht zu.[52] Das Märchen selbst weiß nicht recht, warum — wir ahnen es: weil ursprünglich der Bursche einer der Menschen war, die sich in Tiere verwandelten und wie Tiere wüteten. — Wenn ferner der Junge so oft
sagt, er möge seinen Hut nicht abnehmen, er habe so bösen Grind
auf dem Kopfe, so dürfen wir daran erinnern, daß unter den Zeichen der beginnenden Werwolfkrankheit auch das hervorgehoben
wird, daß die von ihr Befallenen ein heftiges Jucken am Kopfe
spürten, an der häßlichen Vorstellung litten, ihr Kopf sei über und
über mit bösem Grind bedeckt; daß sie am liebsten 'aus der Haut
fahren' wollten.[53] Und da in den meisten Fassungen unseres Märchens das Grindkopfmotiv erscheint,[54] so wird es wohl recht alt sein
und ihm schon recht lange angehören. — Drittens stellt sich in vielen
Versionen des Märchens der Held wahnsinnig, ist auch, vordem und
während er seine Heldentaten verrichtet, von einer unbändigen
Wildheit, geradezu von einer dämonischen Wut befallen, z. B. in
der auch in unseren Zusammenhang gehörigen Sage von Robert dem
Teufel, auch in der altnordischen Sage von Orvar Odd.[55] — Wenn
aber in dem Helden selbst nicht diese Wildheit rumort, so erscheint,
als eine Art Schutzgeist und Helfer neben ihm, als Retter aus allen
seinen Gefahren, ein 'Wilder Mann', der jeden durch sein Aussehen in Schrecken setzt und sich auch öfters als Verwünschter ent-
hüllt.[56] — Alle diese Einzelheiten weisen recht deutlich darauf hin,
daß — so seltsam es auch dem ersten Blicke scheinen mag — das
Goldenermärchen einem Verwünschungs- und Werwolfsmärchen
entsprang, d. h. einem Märchen von einem tapferen Helden, den

---

[52] Der Junge kommt in ärmlichen Kleidern, im Fell eines von ihm
erlegten Bären! (polnisch, sibirisch, Panzer Nr. 44. 67); im indischen Märchen ist er als Affe geboren, kann aber seine Affenhaut ablegen (Panzer
Nr. 55), im dänischen zieht er einen Schafspelz aus.
[53] Roscher, Kynanthropie S. 15 Anm. 37.
[54] Nachweise bei Panzer 260.
[55] Benezé, Sagenhistorische Untersuchungen II, 98; Panzer 265. 266.
[56] Panzer 256/57.

man aber zugleich fürchtete, und den man zu beseitigen suchte, weil
man ihm unheimliche Künste, Verwandlung in Tiere etc. zutraute.
Betreffs der Allerleirauh möchte ich nur bemerken, daß auch sie wie
eine Hexe behandelt wird, daß sie Zauberkräfte besitzt und daß
· sie einen Mantel aus lauter Tierfellen trägt; d. h. ursprünglich trug
sie nicht nur einen Tiermantel, sondern sie verwandelte sich in ein
Tier und trug eine Tierhülle. — Das Märchen selbst hat seine Herkunft vergessen, und es trägt deren Merkmale wie fremde und
bunte Zutaten. Im Mittelalter war es reicher und mannigfaltiger als
heute, an ihm ergötzten sich romanische und germanische Völker
gleichmäßig, jenen kam es durch seine groteske Wildheit entgegen,
diesen, indem es die Verwandlung eines dumpfen und blöden Burschen in einen strahlenden Helden schilderte. Und die ganze Entwicklung des Märchens ist ein merkwürdiges Beispiel dafür, wie aus
einer alten, grausen Sage ein liebliches und kindlich zartes Märchen
werden kann. — Ich vergesse nun bei meinen Hinweisen keineswegs, daß außer der alten Werwolfsage auch noch Motive eines
alten Hirtenmärchens in unser Goldenermärchen hineingelangt sind,
denn Hirtenmädchen und Hirtenknaben zeichnen sich nach der
Sage — schon im Alten Testament! — von jeher durch besondere
Gaben aus,[57] im Umgang mit den klugen und halbgöttlichen Wesen,
die wir Tiere nennen, haben sie sich eine besondere Klugheit erworben, und anderseits ging auch etwas von den unheimlichen
Künsten und der unheimlichen Kraft jener Tiere auf sie über.

[57] Vgl. z. B. Radloff, Aus Sibirien (1884) I, 422.

Folklor Fellow Communications No. 13 (1913), S. 1—22.

URSPRUNG DER MÄRCHEN

Von Antti Aarne

Die Frage nach dem Ursprung der Märchen hat den Märchenforschern viel Anlaß zum Nachdenken gegeben. Was sind die
Märchen, wo und wann sind sie entstanden, woher rührt das Vorkommen ähnlicher Märchen in verschiedenen Ländern?

Die Beantwortung dieser Fragen erschien denen besonders
schwierig, die als die ersten die Märchen wissenschaftlich zu
erforschen begannen, den deutschen Brüdern *Grimm.* Ihre ausführliche Kenntnis der Literatur und ihr tief- und weitgehender Blick
erzeugten bei ihnen ganz andere Gedanken über die Märchen als
diejenigen, die zu damaliger Zeit gang und gäbe waren und heute
noch in dem Publikum vorherrschen, das der Entwicklung der
wissenschaftlichen Forschungsarbeit nicht folgt, den von ihr
gewonnenen Ergebnissen fernsteht. Man hielt die Märchen „für
wunderliche Erzählungen, wie sie sich Mütter und Wärterinnen
erdenken, um damit die Kinder zu unterhalten. Es sind leichte,
regellose Machwerke einer spielenden Einbildungskraft. Ein jeder
kann dergleichen machen, welcher diese Kraft besitzt. Wenn sie
aber gut erzählt werden, so können wohl auch Erwachsene daran
Gefallen finden". Mit diesen Worten hat im Jahre 1864 der Österreicher *J. G. von Hahn*[1] die populäre Auffassung geschildert.

Den Grund zur Märchenforschung legten die Brüder Grimm
durch ihre bekannte Märchensammlung „Kinder- und Hausmärchen", die im zweiten Jahrzehnt des 19. Jahrhunderts erschien.
Ihre Gedanken über den Ursprung der Märchen haben sie teils
in den an die Sammlung anknüpfenden „Anmerkungen", teils
anderswo dargestellt.

[1] Hahn v., J. G., Griechische und albanische Märchen I (1864), Einleitung S. 1.

Die Grimmsche Märchensammlung unterscheidet sich von den früheren ähnlichen Sammlungen dadurch, daß darin die Volkserzählungen in der Form, wie sie aus dem Munde des Volkes gekommen waren, ohne absichtliche Veränderungen beibehalten werden sollten. Das Bestreben der Brüder Grimm, die Märchen in der volkstümlichen Form zu erhalten, fließt aus der Auffassung her, die sie von den Märchen hatten. Sie setzten nämlich die Märchen in Zusammenhang mit den alten Mythen. Sie sind, sagten sie, das letzte Echo der alten arischen Mythen und leiten auf diese Weise ihren ersten Anfang aus dem gemeinsamen Urheim der arischen Völker her. Als die Mythen sich bei den verschiedenen Völkern mit der Zeit veränderten und umformten und zuletzt ganz verfielen, entstanden aus den Überresten derselben die Volksmärchen. Die Brüder Grimm schreiben also die Märchen zunächst den arischen Völkern als Eigentum zu, weshalb man die von ihnen vertretene Gedankenrichtung die *arische Theorie* nennen kann. Über die gemeinsamen äußeren Grenzen der Märchen und ihre Verwandtschaft äußert *Wilhelm Grimm* u. a.[2]: „Die Grenze wird bezeichnet durch den großen Volksstamm, den man den indogermanischen zu benennen pflegt und die Verwandtschaft zieht sich in immer engern Ringen um die Wohnsitze der Deutschen, etwa in demselben Verhältnis, in welchem wir in den Sprachen der einzelnen, dazu gehörigen Völker Gemeinsames und Besonderes entdecken." Die Wanderung der Märchen von einem Lande zum anderen leugnen die Brüder Grimm jedoch nicht gänzlich, sie halten es sogar in einzelnen Fällen für wahrscheinlich, daß ein Märchen von einem Volke zum andern übergegangen und dann auf dem fremden Boden fest gewurzelt sei.[3]

Um den Wert der Volksmärchen in den Augen derjenigen zu erhöhen, die ihnen wissenschaftliche Bedeutung nicht zuerkennen wollten, findet es *Jacob Grimm* angezeigt, die wissenschaftliche Behandlung der Märchen zu verteidigen. In der Einleitung zu *Felix Liebrechts* deutscher Übersetzung des Pentamerone äußert er nämlich[4]: „Gegenwärtig bedarf es keiner Entschuldigung dafür,

[2] Grimm, KHM (Reclam) III S. 435.
[3] Grimm, KHM (Reclam) III S. 428.
[4] Liebrecht, Pent. (1846) I S. VIII; in H. Floerkes neuer Bearbeitung (1909) S. IX.

daß diesen merkwürdigen Überlieferungen aller Ernst und alle Genauigkeit des Forschens und Untersuchens zugewandt werde, die wir der Sprache und den Liedern des Volks endlich überhaupt wieder angedeihen lassen. Sie mögen fortfahren, wie sie es lange Zeit hindurch unvermerkt im stillen getan haben, zu erheitern und zu unterhalten; allein sie dürfen jetzt zugleich wissenschaftlichen Wert in Anspruch nehmen, der ihnen viel weitere und allgemeinere Anerkennung sichert."

Die Grimmschen Ansichten über den Ursprung der Märchen gewannen allgemeine Anerkennung. Einer ihrer Anhänger war der schon erwähnte Österreicher *J. G. v. Hahn,* der nach Grimmscher Auffassung das erste Märchentypensystem bildete,[5] ferner der bekannte Orientalist *Max Müller,* der Italiener *Angelo de Gubernatis* und mit ihnen viele andere, die von dem Standpunkt der Naturerscheinungen das Entstehen der Mythen und der Märchen zu erklären versuchten. Von der Beschaffenheit der letzterwähnten Gedankenrichtung gibt die folgende Deutung *André Lefèvres* über das Rotkäppchenmärchen eine Vorstellung[6]: „Die rote Kappe ist das Rot der Morgenröte, und Rotkäppchen selbst ist die Morgenröte. Der Kuchen und der Topf Butter, die sie bringt, weisen vielleicht auf die Opferbrote und die als Opfer dargebrachte Butter. Die Großmutter ist eine Personifikation der alten Morgenröte, der sich jede neue anschließt. Der Wolf ist entweder die verzehrende Sonne oder die Wolke und die Nacht." In solchem Phantasiespiel ging man so weit, daß der wissenschaftliche Ernst gänzlich zu verschwinden begann.

Es verging eine lange Zeit, ehe die Grimmschen Ansichten auf ernsteren Widerstand stießen. Im Jahre 1859 stellte der Göttinger Sanskritforscher *Theodor Benfey* in der Einleitung zu der deutschen Übersetzung des Pantschatantra über den Ursprung der Märchen eine neue Auffassung auf, die die Märchen von der ihnen von den Brüdern Grimm gegebenen geheimnisvollen mythischen Hülle be-

[5] Hahn v., J. G., Griechische und albanesische Märchen I (1864), Einleitung.

[6] Martens, Charles, L'origine des contes populaires (1894) S. 27 u. Forke, A., Die indischen Märchen (1911) S. 24.

freite und sie mit der Literatur verband. Nach Benfey stammen
beinahe alle Märchen aus Indien, wo der Buddhismus sie geschaffen
hat — davon der Name *indische Theorie* —, und von dort sind sie
hauptsächlich durch die Vermittlung der Literatur über die ganze
Welt gewandert. Nur die Tiermärchen, die in den äsopischen Fabeln
ältere Vertreter haben als in den indischen, haben sich in entgegen-
gesetzter Richtung bewegt, von Griechenland nach Indien. In ihrer
Art waren die indischen Märchen so vorzüglich, daß sie bald die
bei den verschiedenen Völkern möglicherweise bekannten ähnlichen
Erzählungen verdrängten und leicht nationalisiert wurden. Benfey
meint, die Verbreitung der Märchen sei vom 10. Jahrhundert an
geschehen, als die islamitischen Völker sich immer mehr mit Indien
bekannt zu machen begannen und die indischen Erzählungssammlungen sich durch Übersetzungen in den islamitischen Reichen in
Asien, Afrika und Europa und durch sie in dem christlichen Okzident verbreiteten. Nach den Gebieten im Osten und Norden hatten
die indischen Märchen schon früher mit der buddhistischen Literatur
zu wandern begonnen. Die literarische Verbreitung vermittelten in
erster Linie das persische Tuti-Nameh und die arabischen und höchstwahrscheinlich die jüdischen Schriften.[7]

Ähnliche Ansichten scheinen schon früher unter den Forschern
bekannt gewesen zu sein. Das beweisen folgende von *Jacob Grimm*
in der Einleitung zu *Felix Liebrechts* Übersetzung des *Pentamerone*
1846 geäußerte Worte[8]: „Man lasse fahren den Wahn, die Märchen
seien an irgendeiner begünstigten Stelle aufgewachsen, und von
da auf äußerlich nachweisbarem Weg oder Pfad in die Ferne getragen worden. Das ist jetzt schon durch sorgfältige Sammlungen
widerlegt."

Benfeys Auffassung gewann leicht an Boden, besonders unter
den eigentlichen Märchenforschern, die schon aufzutauchen begannen. Die bemerkenswertesten seiner Anhänger sind *Reinhold
Köhler* und *Em. Cosquin*. Der erstere betonte die Wichtigkeit der
Behandlungsweise, die die einzelnen Märchen in der Zeit so weit

---

[7] Benfey, Th., Pantschatantra I (1859), Vorrede XXI ff.
[8] Liebrecht, Pent. (1846) I S. IX; in H. Floerkes neuer Bearbeitung
(1909) S. X.

als möglich zurückverfolgen wollte, und dachte, daß man auf diese Weise immer nach Indien komme. Der letztere ging so weit, daß er schon die Existenz der modernen indischen Parallelen für genügend hielt, den indischen Ursprung zu beweisen.

Gegen die Benfeysche Auffassung vom Entstehen der Märchen in historischer Zeit erhob sich unter den Anthropologen eine andere, die ihren Ursprung in die frühesten Zeiten der Völker verlegte. Die Hauptvertreter dieser sog. *anthropologischen Theorie* sind die englischen Gelehrten *E. B. Tylor* und besonders *Andrew Lang*. Tylor war in seinen Forschungen auf dem Gebiete der menschlichen Sitte und des menschlichen Glaubens zu der Erfahrung gelangt, daß die ältesten religiösen Grundsätze, z. B. die Auffassungen von dem gegenseitigen Verhältnis des Körpers und der Seele, von den Geistern u. a. bei allen Völkern die gleichen waren, ohne daß man von dem Einfluß eines Volkes auf das andere sprechen konnte. Nach diesen Gründen schließen die Anthropologen: da die ursprüngliche Denkart, der Glaube und die Phantasie bei allen Völkern sehr ähnlich sind, folgt daraus, daß in verschiedenen Gegenden selbständig ähnliche Märchen entstanden sind. Die gleichen seelischen Voraussetzungen erzeugen ja gleiche Produkte. Die Übereinstimmung der Märchen bei den verschiedenen Völkern braucht also nicht auf eine gegenseitige Abhängigkeit oder Entlehnung hinzudeuten, sondern sie ist ein Ergebnis des mehrmaligen Entstehens der Märchen.

Es zeugt von dem Fernblick der Brüder Grimm, daß sie schon in ihrer Zeit die Möglichkeit auch derartiger Ansichten bemerkten. Wir wollen mit dem Vorangehenden folgende aus dem dritten Bande der „Kinder- und Hausmärchen" entnommene Worte vergleichen [9]: „Es giebt aber Zustände, die so einfach und natürlich sind, daß sie überall wiederkehren, wie es Gedanken giebt, die sich wie von selbst einfinden, es konnten sich daher in den verschiedensten Ländern dieselben oder doch sehr ähnliche Märchen unabhängig von einander erzeugen: sie sind den einzelnen Wörtern vergleichbar, welche auch nicht verwandte Sprachen durch Nachahmung der Naturlaute mit geringer Abweichung oder auch ganz überein-

---

[9] Grimm, KHM (Reclam) III S. 427.

stimmend hervorbringen." Neben der Hauptauffassung der Brüder Grimm wurden diese ihre Gedanken jedoch weniger beachtet.

Von diesen drei für die Erklärung des Ursprungs der Märchen eingetretenen Hauptrichtungen hat die Grimmsche heute nur wenig Bedeutung mehr, zu der Benfeyschen bekennen sich noch einzelne Forscher, obgleich die Einseitigkeit der Ansichten Benfeys stark gemildert werden mußte, die neueste, englische, dagegen hat noch viele Anhänger.

Gegen alle diese Theorien sind Einwände erhoben worden.

Was zuerst die Grimmschen Ansichten betrifft, reicht die von ihnen dargestellte Herleitung der Märchen von ihrem ersten Ursprung aus der Urheimat der arischen Völker keineswegs hin, die Übereinstimmung zu erklären, die zwischen den Märchen der verschiedenen Länder besteht. Wenn diese Übereinstimmung in dieser Weise entstanden wäre, würde sie sich in keinem Falle weiter als auf den Grundgedanken oder die Hauptzüge der Erzählung erstrecken. Jetzt bemerkt man jedoch oft auch in den unbedeutendsten Nebenumständen Ähnlichkeiten, und die Zusammenstellung langer, komplizierter Erzählungen ist in verschiedenen Ländern dieselbe.

Die Grimmsche Ansicht, daß die Märchen besonders den indogermanischen Völkern zugehören, kann in unserer Zeit keinen Glauben mehr finden. Die enorm angewachsenen volkstümlichen Märchenvorräte und die vorgeschrittene Forschung haben unwiderleglich bewiesen, daß die Märchen nicht nur den indogermanischen Völkern zugehören, sondern daß man dieselben Märchen bei den verschiedensten Völkern antreffen kann. Wenn die Brüder Grimm die Forschungsmittel unserer Zeit zur Verfügung gehabt hätten, wäre ihr Gedanke von dem Indogermanismus der Märchen nie entstanden. Sie bezweifelten auch selbst teilweise die Dauerhaftigkeit dieser Ansicht, wie wir aus folgenden Worten *Wilhelm Grimms* entnehmen können[10]: „So gewiß für jetzt die angegebene Grenze gilt, so ergiebt sich vielleicht, wenn noch andere Quellen sich aufthun, die Notwendigkeit einer Erweiterung, denn mit Erstaunen erblickt man in den Märchen, die von den Negern in Bornu und den Betschuanen, einem Wandervolk in Südafrika, bekanntgeworden sind,

[10] Grimm, KHM (Reclam) III S. 435.

einen nicht wegzuleugnenden Zusammenhang mit deutschen, während ihre eigentümliche Auffassung sie wiederum von ihnen trennt." Die Benfeysche Theorie zeigt einen großen Fortschritt darin, daß sie die Übereinstimmung der Märchen in den verschiedenen Ländern auf gegenseitige Entlehnung zurückführt. Nach ihr haben die Märchen einen bestimmten Geburtsort, von dem sie sich anderswohin verbreitet haben. Ein offenbarer Irrtum aber ist es, die Heimat beinahe aller Märchen nach Indien zu verlegen. Der Umstand, daß in Indien in alten Zeiten viele Märchen bekannt und beliebt waren, berechtigt nicht zu dieser Annahme. Warum sollten wir bei anderen Völkern die Fähigkeit der Märchenschöpfung leugnen? Die Sache wurde um so bedenklicher, als Benfey den Tiermärchen eine Ausnahmestellung zuwies, indem er sie aus Griechenland herleitete. Hiergegen hat man mit Recht bemerkt, daß es widersinnig sei, den Griechen die Schöpfung der einen Märchenart zuzuerkennen, sie ihnen aber auf anderen Gebieten abzusprechen. Die Benfeysche Ansicht über den indischen Ursprung der Märchen hat alle ihre Bedeutung verloren, nachdem die Forschung erwiesen hat, daß viele Märchen anderswo als in Indien entstanden sind.

Unrichtig ist bei Benfey auch die zu große Bewertung der Literatur bei der Verbreitung der Märchen. Dazu verleitete ihn wahrscheinlich die Reichlichkeit der alten indischen Märchenliteratur, als deren Gegengewicht man das volkstümliche Märchenmaterial zu seiner Zeit noch ziemlich wenig kannte. Es ist eine sehr natürliche Bemerkung, daß die ältere literarische Existenz der indischen Märchen noch nicht bedeutet, daß diese schriftlichen Bearbeitungen die Urquelle der Märchen wären, welche in anderen Ländern als volkstümliche Erzählungen bekannt sind. Die letzteren haben, wer weiß wie lange, in dem Munde des Volkes gelebt. Und außerdem hat die Forschung über die einzelnen Märchen festgestellt, daß das volkstümliche Märchen gewöhnlich eine ältere Märchenform repräsentiert als die indischen oder beliebige andere literarische Bearbeitungen und daß der Forscher darum sein besonderes Augenmerk auf das volkstümliche Märchen zu richten hat.

Was wiederum die anthropologische Theorie anbelangt, enthält sie unbestreitbar viel Anregendes und theoretisch Wohldurchdachtes, und auf bestimmten Forschungsgebieten hat sie ohne Zweifel eine große Bedeutung, aber die Frage nach dem Ursprung der Märchen ist sie nur in sehr geringem Maße imstande zu beleuchten. Es ist zwar möglich, daß bei den Völkern, die im Naturzustande leben, ähnliche Gedanken und Phantasiebilder entstehen. Das Gefühl von dem Unterschied zwischen dem Menschen und dem Tiere ist z. B. so unbestimmt, daß man den Menschen selbständig in verschiedenen Gegenden in einen näheren Zusammenhang mit dem Tiere, ja sogar mit einem leblosen Gegenstand setzen kann, er wählt ein Tier zu seiner Gemahlin, man denkt sich den Übergang der Seele aus dem Menschen irgendwohin usw., aber von hier ist es noch ein weiter Weg zu den Märchen. Die Märchen sind keine primitiven Vorstellungen und Phantasiebilder, und die Übereinstimmungen zwischen den Märchen der verschiedenen Länder beschränken sich nicht auf einen solchen Zug allgemeiner Art, sondern erstrecken sich, wie in der Besprechung der Grimmschen Ansichten schon erwähnt wurde, einerseits auf Einzelheiten der Erzählung, bisweilen sogar auf den Ausdruck und andererseits auf das Ganze der Erzählung. Eine derartige Übereinstimmung kann nicht so entstanden sein, wie sie die anthropologische Ansicht erklärt. Nehmen wir einige Beispiele. Wie wäre es möglich, daß aus der ähnlichen primitiven Denkart und Phantasie der Naturvölker folgte, daß z. B. in dem Zauberringmärchen sowohl in Indien als in Finnland die zu tötenden Tiere, Katze und Hund, mit Gold freigekauft werden, die gerettete Schlange ihren Retter zu ihrem Vater geleitet, damit er die Belohnung, den Stein (Ring), bekomme, daß die Maus (Ratte) als Mithelferin der Katze und des Hundes ihren Schwanz in den Mund des Entwenders des Rings steckt, um ihn den Ring auf den Boden ausspucken zu lassen, daß die Katze bei dem Überschwimmen des Wassers auf dem Hunde sitzt usw. Und wie könnte die Zusammenstellung einer so komplizierten Erzählung sich mehrmals in gleicher Weise bilden. Und ebenso schwer läßt es sich denken, daß auch kürzere Geschichten wie das Fischen des Bären mit dem Schwanze oder das Erbeuten der Fische durch den Fuchs mit allen ihren übereinstimmenden Einzelheiten mehr als ein Mal entstanden wären.

Neben diesen Hauptrichtungen erwähne ich besonders die Ansichten *Kaarle Krohns,* zu denen er durch seine Tiermärchenforschungen[11] gelangt ist. Krohn stellt sich auf den Benfeyschen Standpunkt darin, daß die Märchen erst Ergebnisse der historischen Zeit sind, aber er widersetzt sich ihrer Verbreitung hauptsächlich durch die Vermittlung der Literatur und betont dagegen die große Bedeutung der volkstümlichen Märchen und deren ältere Existenz neben den literarischen Bearbeitungen. Was das Schaffen der Märchen anbelangt, räumt er den verschiedenen Völkern ihren Anteil daran ein. „Ebenso wenig wie unsere Kultur", äußert er darüber in der Vorrede zu dem Werke „Mann und Fuchs"[12], „ausschließlich einer Nation und einer Rasse zu verdanken ist, sind die Volksmärchen aus der genialen Tätigkeit eines einzigen Volkes entstanden. Sie sind vielmehr das durch vereinte Arbeit erworbene gemeinsamen Eigentum der ganzen mehr oder weniger civilisirten Welt und somit ein Gegenstand der internationalen Wissenschaft."

Die auf ein reiches Material gegründeten Forschungen Krohns und die von ihm entwickelte Forschungsmethode haben das richtige Verständnis der Märchen wesentlich geklärt.

Noch manche anderen Gedanken sind vorgebracht worden über den Ursprung der Märchen und über die unlöslich damit verbundene Frage, wie die Übereinstimmung zwischen den Märchen der verschiedenen Länder zu begreifen ist. Insbesondere in den späteren Zeiten, als der Märchenforschung eine größere Aufmerksamkeit zuteil wurde, sind diese Fragen oft berührt worden. Meines Erachtens haben die Forscher jedoch selten etwas Neues vorgebracht, zumeist haben sie nur verschiedene Seiten der schon erwähnten Hauptauffassungen entwickelt und vervollständigt. Auf eine eingehende Wiedergabe der Ansichten verzichte ich deswegen hier und werde meine Aufmerksamkeit nur einigen, öfters hervorgetretenen Gedanken zuwenden.

Bei der Ermittlung des Ursprungs der Märchen geht man mitunter von der Auffassung aus, daß die Märchen nicht immer so gewesen sind, wie sie heutzutage vorkommen, sondern daß ur-

---

[11] Krohn, K., Bär (Wolf) und Fuchs, eine nordische Tiermärchenkette (Journal de la Société Finno-ougrienne VI 1889), und Mann und Fuchs (1891).

[12] Krohn, K., Mann und Fuchs S. 10.

sprünglich im fernen Altertum nur einzelne Märchenzüge, sog. Märchenmotive existiert haben, die sich dann durch ziemlich willkürliche Mischung und Verbindung zu Ganzen, zu Märchen geformt haben. Diese Ansicht spiegelt sich in der von *A. Rittershaus* in ihrer als Einleitung zu der Sammlung „Die neuisländischen Volksmärchen" gegebenen Untersuchung wider.

Dergleichen Ansichten leiten sich von mangelhaftem Vertrautsein mit den Märchen her. Wenn man von der Voraussetzung ausginge, daß anfangs nur Erzählungsmotive existiert hätten, die dann willkürlich miteinander verbunden wurden, welche Verwirrung wäre die Folge davon? Zu den Märchen, wie wir sie jetzt kennen, gelangten wir auf diese Weise nicht. Oberflächlich gesehen können die Märchen wie eine Strähne verwirrten Garnes erscheinen, durch welche zu dringen unmöglich ist, aber der ernste Forscher erkennt sie bald als stehende Erzählungen, die in dem Munde des Volkes nebeneinander leben. Sie beeinflussen sich zwar gegenseitig, vermischen und verwickeln sich, bald verengern sie die vollständige Form, bald erweitern sie sich wieder usw., aber eine Eigentümlichkeit der Märchen ist es, daß sie in ihren einzelnen Zügen und Teilen Schwankungen zeigen, während der Stamm der Erzählung derselbe bleibt. Dies kommt daher, daß sie von Anfang an in ihrer Komposition bestimmte Erzählungen gewesen sind, deren ursprüngliche Form man ausfindig machen kann. Und daß die Sache sich so verhält, hat die auf zahlreiche volkstümliche und ältere literarische Varianten gegründete vergleichende Forschung unwiderleglich festgestellt.

Beispiele davon, wie in den Märchen, von den in ihren einzelnen Teilen geschehenen Formveränderungen abgesehen, der Stamm der Erzählung sich doch erhält, ergibt uns jedwede vergleichende Märchenforschung. Das Märchen lebt ein Jahrhundert nach dem anderen in seinen Hauptzügen unverändert. Es kommt z. B. niemand in den Sinn zu bezweifeln, daß das im persischen Tuti-Nameh von Nachschebi befindliche, aus der volkstümlichen Überlieferung sich herleitende Zaubervogelmärchen dasselbe ist wie das in den verschiedenen Teilen von Europa und Asien gegenwärtig im Munde des Volkes lebende gleiche Märchen. Nachschebis Tuti-Nameh stammt aus dem Anfang des 14. Jahrhunderts n. Chr. Also hat das

600jährige Leben im Munde des Volkes das Märchen in seinen
Grundteilen nicht verändert.

Jedes Märchen ist also ursprünglich eine feste Erzählung, die nur
einmal an bestimmter Stelle und zu bestimmter Zeit entstanden ist.
Dieser Gedanke ist einer der Grundgedanken der Märchenforschung. Unter denjenigen, die ihn leugnen, ist man bisweilen dahin
gekommen, die Möglichkeit aller Märchenforschung zu bezweifeln,
wenigstens wo sie sich bestrebt, die Ursprungsschicksale des Märchens zu bestimmen. Zu diesem Standpunkt ist u. a. *A. Rittershaus*
gelangt. In der erwähnten Untersuchung über den Ursprung der
Märchen äußert sie u. a.[13]: „Wann und wo diese Märchen entstanden, ist dann eine Frage, die wir wohl nie werden beantworten
können, da ihre Entstehungszeit oft in eine Zeit zurückreichen mag,
in die der Menschengeist nicht vordringen kann. Speziell die Märchen mit all ihren wunderbaren Geschehnissen reichen vielleicht
noch in die Zeit, da die junge Menschheit sich noch im ersten Kind-
heitszustande befand und von ihr alle Naturobjekte als beseelte
und belebte Wesen aufgefaßt wurden und wo die Märchen, wie
heute noch für unsere Kinder, die erste Form der Erzählungen
waren.“

Was die Zurückführung der Märchen in die primitivsten Zeiten
der Völker betrifft, ist sie offenbar falsch. Der ganze Bau der Märchen beweist, daß sie sich nicht in allerprimitivsten Verhältnissen
gebildet haben, sondern Erzeugnisse der geschichtlichen Zeit sind.
Es seien z. B. viele in ihnen vorkommende spätere Begriffe, kulturelle Tiere u. a. bemerkt. Ich meine natürlich die der Erzählung
ursprünglich angehörenden Züge und nicht die später hinzugekom-
menen oder durch Modernisierung eines alten Begriffes oder Gegen-
standes entstandenen Bildungen, die hier keine Bedeutung haben
können. Den späteren Ursprung der Märchen beweist auch der
Umstand, daß man sie nicht bei den auf einem niedrigeren Standpunkt stehenden Völkern als autochthon antrifft, sondern als
anderswoher gekommen. Die finnisch-ugrischen Völker in Rußland
z. B. haben ihre Märchen von den Russen. Die Märchen unterscheiden sich in dieser Beziehung von den Sagen. Die Sagen sind

---

[13] Rittershaus, A., Die neuisländischen Volksmärchen (1902) S. XLIII.

älter als die Märchen und alle, auch die niedrigsten Völker, haben
sie geschaffen. „Die Sagen sind alles in allem viel altertümlicher
als die Märchen; die Sagen sind nämlich kunstlos und einfach", sagt
Friedrich v. d. Leyen[14].

Wenn sich die Märchen aber ursprünglich aus der geschichtlichen
Zeit herleiten, wie sind dann die in die Urzeiten der Völker hin-
deutenden Denkweisen zu verstehen, deren Vorkommen in den
Märchen niemand leugnen kann?

Friedrich v. d. Leyen äußert folgende, zutreffende Worte[15]: „Wir
müssen in unserer Untersuchung streng unterscheiden zwischen
Märchenmotiv und Märchen. So seltsam das klingt, so vergaßen
und vergessen noch die Forscher nichts öfter, als gerade diese einfachste der Tatsachen. Hätte man sich immer an sie erinnert, so
wäre eine ganze Reihe von Theorien und wissenschaftlichen Fehden
gar nicht entstanden; denn diese beruhten zum größten Teil auf
der Verwechslung von Märchenmotiv und Märchen."

Es ist unleugbar, daß jene uralten „Märchenmotive" das richtige
Verständnis der Märchen ganz wesentlich erschwert haben. Daraus,
daß sie Reste aus sehr alten Zeiten sind, folgt nicht, daß es so auch
mit den Märchen sei. Zu diesen uralten Motiven gehören nämlich
nur einige Einzelzüge der Märchen, viele andere, und zwar der
größte Teil von ihnen weisen auf spätere Zeiten hin. Die Sache
verhält sich einfach so, daß die Märchen selbst aus der geschichtlichen Zeit stammen, aber bei ihrer Zusammensetzung wurden auch
aus alten Zeiten ererbte Begriffe und Sitten in Anwendung gebracht.
Es ist kaum glaublich, daß der Verfasser des Märchens diese altertümlichen Vorstellungen auch nur für wahr gehalten oder es mit
seiner Erzählung immer ernst gemeint habe. Die Märchen sind
wahrscheinlich schon von Anfang an zum größten Teil mit der
Absicht Vergnügen zu bereiten abgefaßt worden, und die Auffassung ist falsch, daß man sie in den alten Zeiten anfangs ernst
genommen habe, wie es heutzutage unter den Kindern der Fall
ist, und sie erst später Vergnügens halber zu erzählen begonnen
hätte.

[14] Leyen, F. v. d., Das Märchen (1911) S. 75.
[15] Ders. S. 27.

Einige von den Freunden der anthropologischen Auffassung, die zwar der Wanderung der Märchen von einem Volke zum anderen eine größere Bedeutung zuerkennen als die Gründer der Schule, versuchen den Wert der Entlehnung durch die Behauptung zu vermindern, daß viele Ähnlichkeiten, in welchen die Forscher Entlehnungen vorausgesetzt haben, ihr Entstehen dem Zufall verdanken. In diesem Sinn äußert sich u. a. *A. Forke* in seinem Werke „Die indischen Märchen" (1911). Im Leben kommen viele Übereinstimmungen vor, erklärt er, die auf Zufall beruhen. Es gibt Fälle, wo die Denker, ohne voneinander zu wissen, gleiche Konzeptionen gehabt haben, ein chinesischer Philosoph und ein indischer Weiser haben z. B. über das menschliche Leben solche Anschauungen ausgesprochen, daß der größte Teil des Lebens von der Kindheit, dem Alter und dem Schlafe ausgefüllt wird und den Rest noch Schmerz, Krankheit und Sorge stören. Ebenso sind in den Märchen viele Ähnlichkeiten entstanden; so z. B. die Übereinstimmung in der äsopischen Fabel vom Fuchs, der, nachdem er das Herz des getöteten Hirsches gefressen, zum Löwen sagt, der Hirsch habe gar kein Herz gehabt, und in dem Märchen vom Drachentöter, wo der als Retter der Königstochter auftretende Marschall behauptet, die Drachen hätten überhaupt keine Zunge — er hat die Zungen herausgeschnitten und mitgenommen —, entstammt dem Zufall. Es ist wahr, daß man in den Märchen bisweilen auch zufällige Ähnlichkeiten trifft, und Forkes Folgerungen können theoretisch betrachtet zutreffend erscheinen, aber in Wirklichkeit verschwindet ihre Bedeutung fast gänzlich. Es ist nämlich zu bemerken, daß der erfahrene Forscher ziemlich leicht die zufälligen Ähnlichkeiten von den aus Entlehnungen herfließenden unterscheidet. Einzelne Fälle, in denen dem Forscher die Beschaffenheit der Ähnlichkeit nicht bewußt wird, beeinflussen die Hauptsache sehr wenig. Und außerdem ist immer zu bedenken, was schon klargelegt wurde, daß die Märchen ganze Erzählungen sind, und wenn von Ähnlichkeiten die Rede ist, sind sie als Erzählungen zu behandeln und nicht als einzelne Züge oder Episoden. Jeder Zug und jede Episode hat ursprünglich ihren Platz in einem bestimmten Märchen, aus dem sie sich bisweilen gelöst haben können, und in diesem Sinn ist von ihnen zu sprechen. Und von der in den ganzen Erzählungen sich bemerkbar machenden Ähnlichkeit sagt auch Forke: „Dann ist an einem Zusammenhang kaum zu zweifeln." Wo und wann die Märchen entstanden sind, hat in jedem einzelnen Falle die Spezialuntersuchung zu ermitteln. Bei der Kritik der Benfeyschen Ansichten sahen wir, daß Indien nicht die Heimat aller Märchen sein kann, und ebensowenig ist es ein anderes einzelnes Land. Märchen sind offenbar in verschiedenen Gegenden entstanden. Daß einige von ihnen aus Indien stammen, möchten auch die eifrigsten Gegner der indischen Theorie nicht leugnen. Eine bewiesene Sache ist auch, daß Märchen in Europa entstanden sind. Der Entstehungsort von Märchen, die ausschließlich in Europa angetroffen werden, z. B. der Märchen „Die Tiere im Nachtquartier", „Die drei Zaubergegenstände und die wunderbaren Früchte", „Titeliture" (Mt. 500) u. a. ist gewiß in unserem Erdteile zu suchen. Die einzelnen außerhalb Europas, z. B. in Amerika, begegnenden Varianten sind deutlich in späterer Zeit von Europa herübergekommen. Einige Abenteuer des dummen Bären und des schlauen Fuchses, z. B. das Fischen mit dem Schwanze, sind ihrem Ursprung nach als nordeuropäisch erwiesen worden.

Obgleich aber Märchen in verschiedenen Gegenden verfaßt worden sind, ist es doch nicht wahrscheinlich, daß sie überall entstanden seien. Ich glaube, daß sie zum größten Teil an bestimmten Orten zustande gekommen sind. Einige Völker und Gegenden haben besondere Voraussetzungen für das Schaffen von Märchen gehabt. Einen solchen für die Entstehung der Märchen günstigen Erdboden hat der Orient und vor allem das vielbesprochene Indien gehabt. Meine Auffassung ist, daß Indien, dem einige für die Entstehung der Märchen beinahe alle Bedeutung haben absprechen wollen, doch einen bemerkenswerten Anteil an ihrer Schöpfung hat. Die Reichhaltigkeit der alten indischen Märchenliteratur zeigt, daß die Märchen in Indien sehr beliebt waren. Im Hinblick darauf scheint es sehr natürlich, daß die Inder Märchen auch verfaßt haben. Es ist falsch, sie in Benfeys Art aus der buddhistischen Literatur herzuleiten, aber die volkstümlichen Vorbilder, auf welche sich die schriftlichen Bearbeitungen gründen, können die ursprünglichen Formen der Erzählungen vertreten. Es sei jedoch hervorgehoben, daß eine solche Frage nicht auf einmal definitiv entschieden werden kann.

Der Anteil der verschiedenen Völker an der Märchenschöpfung wird sich erst dann aufklären, wenn zuerst die Schicksale und der Entstehungsort jedes einzelnen Märchens durch Spezialuntersuchungen bestimmt worden sind. *Reinhold Köhler* und andere, die mit ihm die einzelne Märchen betreffende Behandlungsart betonten, haben die künftige Forschung auf den richtigen Weg hingewiesen.

Die Vorzüglichkeit der morgenländischen Märchen wird auch daraus ersichtlich, daß nach ihnen und durch Stoffanleihen bei denselben in Europa, wie es scheint, neue Märchen zusammengesetzt worden sind, die den hiesigen Verhältnissen besser entsprechen. Ein solches ist das Märchen „Die Tiere im Nachtquartier", dessen Vorbild das morgenländische Märchen von den auf der Reise befindlichen Hausgeräten gewesen ist, und ebenso das europäische Fortunatusmärchen. Sowohl die Haupthandlung als einige einzelne Züge des letztgenannten kommen in den alten morgenländischen Märchen vor.[16]

Ebenso wie einige Völker größere Voraussetzungen für das Schaffen von Märchen gehabt haben, so hat es sich augenscheinlich mit einigen Zeitepochen verhalten. In Indien hat es wahrscheinlich in älteren Zeiten besondere märchenerzeugende Epochen gegeben. In Europa scheint das Mittelalter eine solche gewesen zu sein. Die künftige Forschung wird wahrscheinlich viele von den in Europa entstandenen Märchen als mittelalterlich erweisen. Der abergläubische Geist des Mittelalters, das Geheimnisvolle und der Mystizismus desselben sind geeignet gewesen, das Entstehen der an die Wirklichkeit sich wenig kehrenden Märchen zu begünstigen.

Die einzelnen Märchen können also ihrem Alter nach sehr verschieden sein. Ein ägyptischer Papyrusfund beweist, daß das Märchen von 2 Brüdern und deren Abenteuern (Mt. 303) in Ägypten schon um 1300 v. Chr. bekannt war, und der Grieche *Herodotos* erzählt das bekannte Rampsinitmärchen (Mt. 950) schon im fünften Jahrhundert vor unserer Zeitrechnung. Andere Märchen wieder stammen aus verhältnismäßig späteren Zeiten. Die meisten neuen Märchen sind Schwänke.

Die weitere Verbreitung eines Märchens von seinem Entstehungs-

---

[16] Mémoires de la Société Finno-ougrienne XXV S. 140—142.

orte aus konnte durch die mündliche Erzählung und durch die
Vermittlung der Literatur stattfinden. Daß die Märchen sich mündlich verbreiten, beweist unleugbar die Tatsache, daß die Märchenvorräte zweier Nachbarvölker einander mehr gleichen als diejenigen
solcher Völker, die weiter voneinander wohnen. Die mündliche
Verbreitung der Märchen leugnet kaum jemand mehr. Leicht bemerkt man auch in ihrer Verbreitung den Einfluß der Literatur.
So haben solche in vielen Sprachen veröffentlichte, allgemein
benutzte Bücher wie „Tausendundeine Nacht" und die „Kinder-
und Hausmärchen" der Brüder Grimm die Verbreitung und Ver-
allgemeinerung einiger Märchen augenscheinlich gefördert. Eine
größere Bedeutung aber hat die Literatur für die Verbreitung der
Märchen nicht gehabt. Vor der Erfindung der Buchdruckerkunst
muß deren Einfluß sehr unbedeutend gewesen sein. Man erinnere
sich, daß die Bücher in den älteren Zeiten sehr selten waren und
daß auch lange nach der Erfindung des Buchdrucks die Kunst des
Lesens wenig verbreitet war. In bezug auf einzelne Märchen hat die
Forschung nachgewiesen, daß man in dem volkstümlichen Märchen
nichts oder sehr wenig von einem Einfluß der älteren literarischen
Varianten merkt. In der neuesten Zeit sind die Voraussetzungen
für die literarische Verbreitung der Märchen viel größer gewesen,
und eine solche ist auch in größerem Maße erfolgt als früher,
obgleich nicht in dem Grad, wie manche erwarten möchten. Der
Schwede *A. Ahlström* ist durch seine Forschungen zu der Überzeugung gekommen, daß in den schwedischen Märchen bis in das
letzte Jahrhundert kaum der geringste literarische Einfluß zu bemerken ist. Als *Hyltén-Cavallius* und *Stephens* um 1840 ihre große
Märchensammelarbeit ausführten, war von der schwedischen Volks-
bücher-Literatur fast keine Spur in dem volkstümlichen Märchenschatz zu finden. Aus den allerletzten Zeiten hat er öfters Aufzeichnungen bemerkt, die sich unmittelbar oder mittelbar aus
Büchern herleiten.[17] Hauptsächlich zu demselben Ergebnis, glaube
ich, kommt die Forschung auch anderswo.

Die Verbreitung der Märchen hat durch Jahrhunderte hindurch
stattgefunden und geschieht noch jetzt in erster Linie auf münd-

---

[17] Ahlström, A., Om folksagorna (1895) S. 32, 33.

lichem Wege. Die Märchen wandern im Volke so leicht, und sie hängen nicht von der Verschiedenheit der Sprachen ab. Die Sprachgrenze bringt das Wandern der metrischen Erzeugnisse des Volksgeistes zum Stehen oder erschwert es wenigstens sehr, aber das Wandern des ungebundenen Märchens hindert sie kaum. Für die Verbreitung der Märchen bedarf es nur des gegenseitigen Verkehrs der Individuen und der Völker. Ebenso wie sie in einunddemselben Volke von einer Persönlichkeit zur anderen übergehen, ebenso bringt der nähere Verkehr zwischen den Völkern sie von einem Volke zum anderen. Was das verschieden häufige Vorkommen einzelner Märchen und ihr weiteres oder engeres Verbreitungsgebiet betrifft, hängt dies teils von dem Alter des Märchens, von seiner Wanderungszeit, aber auch viel von seiner eigenen Beschaffenheit ab. Weil die Märchen als Mittel zur Erheiterung gebraucht werden, ist es natürlich, daß die unterhaltenden Märchen, von denen die Hörer mehr angezogen werden, sich schneller als die trockenen verbreiten. Das Märchen „Die Tiere im Nachtquartier" ist offenbar durch seinen fröhlichen Ton in den verschiedenen Ländern Europas so allgemein geworden, während das verwandte Märchen von den auf der Reise befindlichen Hausgeräten sich mit einer viel unbedeutenderen Verbreitung zufrieden geben mußte. Die Anziehungskraft des Inhalts hat auch die Märchen von dem Manne, der sagte, er komme aus dem Paradies (Paris) (Mt. 1540), von den drei Zaubergegenständen und den wunderbaren Früchten u. a. zu den häufigsten Märchen Europas gemacht.

Gegen die mündliche Verbreitung der Märchen ist mitunter die Behauptung aufgestellt worden, daß dasselbe Märchen bei zwei weiter voneinander lebenden Völkern vorkommen, hingegen bei dem zwischen ihnen wohnenden Volke fehlen kann. Diese Erscheinung beweist jedoch nichts in bezug auf die Verbreitung der Märchen, denn sie beruht fast immer auf dem Mangel an Sammlungen und ist mit dem Fortschritt der Sammelarbeit immer seltener geworden. Möglich ist in einzelnen Fällen auch, daß das Märchen bei dem zwischenwohnenden Volke in Vergessenheit geraten ist.

Wenn man von der Verbreitung der Märchen spricht, werden oft die geschichtlichen Völkerwanderungen als Zeugnisse genommen. Eine große Bedeutung pflegt man z. B. dem bekannten Einfall der

Mongolen in Rußland zuzuschreiben, wo sie für längere Zeit wohnen blieben. Es ist natürlich, daß derartige Ereignisse die Übertragung der Märchen von Volk zu Volk vermitteln konnten. Wenn man aber andererseits die große Leichtigkeit in der Wanderung der Märchen in Betracht zieht, sind die Wanderungen der Völker meines Erachtens mit Vorsicht als Zeugnisse anzuwenden. So verhält es sich besonders, wenn sie in den älteren Zeiten vor sich gegangen sind, denn die Märchen haben Zeit gehabt, im Laufe der Jahrhunderte weite Wege von Mund zu Mund selbst zu wandern, und außerdem fällt es dem Forscher gewöhnlich schwer zu ermitteln, was für Märchen das in jedem Fall in Frage kommende Volk beim Antritt seiner Wanderung gekannt hat, was doch notwendig ist, ehe die Übersiedlung Beweiskraft haben kann. Mehr Bedeutung haben die späteren ähnlichen Erscheinungen. So hat man in bezug auf die finnischen Märchen Zeitbestimmungen gewonnen durch die um 1600 geschehene Übersiedlung von Savolaxern nach Schweden, vor allem nach der Landschaft Wermland, wo sie seßhaft blieben.

Die Märchen bilden eine Schicht von Erzählungen, die, von einem Orte zum anderen wandernd, in der Erinnerung des Volkes fortlebt. Sie wird von den an verschiedenen Orten und zu verschiedenen Zeiten entstandenen einzelnen Erzählungen gebildet, die in ihrer Art mit der Literatur vergleichbare Erzeugnisse sind. Ursprünglich gehören die Märchen augenscheinlich alle dem alten Kontinent an, obgleich sie durch Übertragung teils auch außerhalb desselben bekannt werden konnten. Ihre leichte Wanderung leitet sich aus ihrer von Ort und Zeit unabhängigen Beschaffenheit her, die sie überall anpassungsfähig und willkommen macht. Neue Märchen können auch noch entstehen, obgleich die Phantasie des Volkes im allgemeinen beschränkt ist, sie schafft in unserer Zeit sehr selten etwas vollständig Neues.

Die Märchen haben ihren eigenen Inhalt, der von dem der anderen Volkspoesie durchaus verschieden ist. Selten haben sie und die anderen Erzeugnisse der Volkspoesie sich miteinander vermischt. Es gibt einzelne Fälle, in denen ein Märchenmotiv als eine örtlich und zeitlich gebundene Sage oder als Lied in gebundener Form erscheint. Ein Märchenerzähler kann bisweilen seine Erzählung mit einem Spruche verschönern. Es ist auch nicht unmöglich, einem Rätsel mit dem Märchen verbunden zu begegnen. In einigen Märchen bildet das Erraten des Rätsels einen wesentlichen Teil der Erzählung. Alles dies sind jedoch Ausnahmefälle. Mehr Aufmerksamkeit verdient in der Erforschung der Märchen nur das Vorkommen der Märchenmotive in den alten Volksepen.

Man hat oft die Märchenforschung als Nebensache mit irgendeinem anderen Forschungsgebiet vereinigen wollen. Das hat man von der ersten Zeit der Forschung an getan und tut es noch heute. Die Freunde der Grimmschen Schule sind meistens Mythologen und Linguisten, die der Benfeyschen Schule Literaturhistoriker und die der englischen Schule Anthropologen gewesen. Daher haben sich viele von den Einseitigkeiten und Irrtümern hergeleitet, welche in der Forschung der Märchen vorgekommen sind. Die Märchen bilden ein besonderes Forschungsgebiet mit eigenem Inhalt und eigenen Forschungsmethoden, und sie müssen selbständig untersucht werden, wobei natürlich die Beziehungen des Forschungsgebiets zu einigen anderen nahestehenden Wissenschaftszweigen in Betracht zu ziehen ist.

Hans Naumann, Grundzüge der deutschen Volkskunde, Leipzig: Quelle und Meyer 1922, S. 141—154.

SAGE UND MÄRCHEN

Von HANS NAUMANN

Ähnlich wie die Sprichwörter, das Volksrätsel und das Gemeinschaftslied sind auch Märchenmotiv und Volkssage primitives Gemeinschaftsgut. Was sich die primitiven Völker erzählen, gleicht unseren Märchen und Sagen im allgemeinen und im einzelnen. Dies ist der erste und wichtigste Gesichtspunkt, von dem aus uns Märchen und Sage interessieren. Wir dürfen heute nicht mehr und nicht weniger hinter ihnen suchen, als wirklich hinter ihnen steckt, nämlich kurz gesagt: alte und doch ewig junge, ewig so oder ähnlich wiedergeborene Erzeugnisse der primitiven Denk- und Auffassungsweise, kindlich-primitives Erzählungsgut. Namentlich Zeugnisse der germanischen oder gar indogermanischen Mythologie oder tiefgründige Natursymbolik, wie zur Zeit der Romantik, womöglich gar Darstellung astraler Vorgänge und Himmelserscheinungen, Gewitter, Nebel, Sonne, Mond, Morgenröte und Abendstern, wie das gelegentlich noch heute beliebt ist, dürfen wir jetzt nicht mehr dahinter suchen. Diese Art von Ausdeutung erscheint uns heute barock und wie eine Entweihung der kindlichen Simplizität. Wir sprachen soeben mit Absicht von der Volkssage, aber vom Märchenmotiv. Das einzelne Märchen selbst ist allermeist eine kunstvoll und planmäßig erzählte Novelle, eine absichtsvoll festgefügte Erzählung, aus dem Kopfe eines Individuums an bestimmtem Orte und zu bestimmter Zeit entsprungen, der Wanderung fähig, aber auch des Zersprechens fähig, wie das Volkslied des Zersingens, das Volksschauspiel des Zerspielens. Aber das Erzählungsgut, aus dem das Märchen seine Motive schöpft, ist allermeist primitives Gemeinschaftsgut. Wir berühren damit sogleich zwei wichtige Probleme, einmal das Problem des Ursprungs und der Wanderung des Märchens und sodann das Problem des Unterschieds zwischen Märchen und Sage.

Die moderne Forschung unterscheidet also zwischen *Märchen und Märchenmotiv*. Sie wird zwar im allgemeinen sagen, daß dieses älter als jenes sei, weil jenes ein kunstvolles und kompliziertes Gebilde ist, aber statt des Alters betont man besser die Primitivität und sagt, das Märchenmotiv ist primitiver als das Märchen. Die Primitivität schließt nicht aus, daß einzelne Züge sogar jünger sind oder, besser gesagt, immer wieder von neuem erzeugt werden können aus dem Schoße der primitiven Gemeinschaft. Und man wird ferner heute im allgemeinen der Ansicht sein, daß zwar das Märchen wegen seiner Kompliziertheit eine theoretisch im Ursprung zeitlich und örtlich bestimmt zu fixierende Novelle ist, daß aber das Märchenmotiv überhaupt nicht nur eine einzige Heimat und eine einzige Entstehungszeit hat, sondern überall und zu jeder Zeit entstehen konnte und immer wieder entstehen kann, daß es auf der ganzen Erde und zu allen Zeiten zu Hause ist, weil es in der primitiven Gemeinschaftspsyche und im primitiven Gemeinschaftsleben begründet ist.

Aber auch das Märchen selbst, die Masse der Märchen hat nicht nur *einen* Ursprungsort und nicht nur *eine* Ursprungszeit. An die ausschließliche *Herkunft der Märchen* insgesamt aus indisch-buddhistischer Quelle, wo sie als Predigtmärlein und Exempla erfunden seien, glaubt man heute nicht mehr, seitdem aus ägyptischen und griechischen Quellen Märchen belegt wurden, die viel älter sind als der ganze Buddhismus, und seitdem Märchen aus Ländern belegt worden sind, wohin zwar Wanderungen an sich, aber nicht solche aus Indien stattgefunden haben können. Immerhin war mit dieser indischen Theorie die Märchenforschung aus der mythologischen Ausdeutung grundsätzlich befreit und der Zusammenhang des Märchens mit kunstmäßiger Literatur gezeigt worden. Man muß seit dieser Theorie mit der Tatsache von Lehnsmärchen, gewöhnlich Wandermärchen genannt, rechnen, nur wird man Indien und den Buddhismus nicht als das einzige Quelland und die einzige Ursprungssphäre betrachten, wenngleich ihr Anteil am allgemeinen Märchengut immerhin reichlich gewesen sein mag. Es ist bekannt, daß unsere Märchen vom Rotkäppchen, vom Gestiefelten Kater und vom Dornröschen wahrscheinlich Lehnsmärchen französischen Ursprungs sind, erst in neuerer Zeit aus der Fixierung bei Charles

Perrault (1697) in Deutschland eingeführt und durch die Grimms volksläufig geworden. Aber es ist ebenso wahrscheinlich, daß sie nur deshalb bei uns volksläufig wurden, das heißt in der Neuzeit nur noch zum unentbehrlichen Requisit der Kinderstube, weil die Motive im einzelnen auch unserer primitiv-kindlichen Psyche entsprachen. Sprechende und menschlich handelnde Tiere, menschenfressende Untiere, aus denen die Verschlungenen und dann Erlösten unversehrt wieder hervorkommen, verwunschene Jungfrauen, die aus dem Zauberschlaf wieder erlöst werden, gibt es bei uns auch als autochthone Motive. Man kann dies letzte Motiv zum Beispiel aus dem alten Brynhildenmythos als germanisch belegen. Wir halten das Märchen vom Dornröschen heute nicht mehr für einen Niederschlag des alten Brynhildenmythos, wie das die alte romantische Forschung lehrte, sondern wir sehen umgekehrt im gesamten *Mythos* Märchen- und Sagenmotive, die auf die Götter fixiert worden sind, wie wir in der Heldensage Märchen- und Sagenmotive erkennen, die auf geschichtliche oder für geschichtlich gehaltene Könige und Helden übertragen worden sind. Die alte romantische Erkenntnis der Identität von Mythos, Heldensage, Märchen und Sage besteht zu Recht; aber wir lehren sie heute im umgekehrten Verhältnis. Märchen und Sage sind nicht die kindlich gewordenen Reste jener beiden, sondern sie gehen ihnen in ihrer kindlichen Simplizität voran. Mythos und Heldensage sind zeitlich bedingte und wieder vorübergegangene höhere Stilformen von Märchen und Sage; ihre Bausteine sind die gleichen: die primitiven Motive, die aus dem Erzählungsgut der primitiven Gemeinschaft geschöpft sind. Für Zeiten, aus denen uns Märchen und Sage nicht überliefert sind, erschließen wir sie also aus Mythos und Heldensage. Wir erschließen sie aus der Edda, aus den nordischen Prosageschichten, aus den Epen des Mittelalters, aus Balladen und Liedern; wir erschließen sie aus der irischen Sage wie aus der Bibel und aus Homer und Ovid, und wir kommen mit all dem in eine Zeit zurück, die *vor* dem Einfluß des Buddhismus liegt. Die fertige und kunstvoll gefügte Novelle vom Dornröschen haben wir als Lehnsmärchen aus dem Französischen empfangen, aber das Motiv von der in Zauberschlaf versenkten und wieder erlösten Jungfrau hatten wir schon vorher gehabt. So war uns das Märchen nicht fremd; der Acker war gewissermaßen bereitet. Der unbestellte Acker nimmt die Keime nicht auf, und absolut Fremdes stößt ein Volk vermutlich schnell wieder ab, sollte es solches einmal doch aufgenommen haben.

Aber genauso wie etwa die Erzeugung des Feuers, die Bereitung von Steinwerkzeugen, der Bau von Häusern, die Zähmung von Haustieren, die Erfindung des Topfes aus dem Kürbis, Tauschverkehr, Eigentumsrecht, Spiele, Tänze, Maskentänze, Apperzeptionen von Sterngruppen als Sternbilder selbständig vor sich gegangen sind bei den Völkern der verschiedenen Rassen und Erdteile und oft zu stark übereinstimmenden Resultaten geführt haben, wie ferner voneinander ganz unabhängige Völker zu übereinstimmenden religiösen Riten und übereinstimmendem religiösen Denken gekommen sind, wie die Vorstellungen von Leben und Tod, Leib und Seele, Schlaf und Traum, Mensch und Tier, Mensch und Pflanze über die ganze Erde die gleichen sind, zu allen Zeiten in allen Zonen in denselben Grundzügen wiederkehren, ewig jung und neu und fast unwandelbar — so verhält es sich auch mit den *Märchenmotiven*. Aus den überall gleichen Grundlagen des Denkens, des Glaubens, der Sitte, des Träumens und der Phantasie, aus den einfachen und natürlichen Zuständen des primitiven Lebens entspringen die gleichen primitiven Erzählungsmotive. Gewissermaßen nach Naturgesetzen ergeben sich aus den gleichen menschlichen Grundgedanken und Grundanschauungen die gleichen oder ähnlichen Gebilde auf materiellem wie auf geistigem Gebiet. Richard Andree sagt in seinen Ethnographischen Parallelen S. III: „Je weiter und eingehender wir solche gleichartige Sitte oder Anschauung über die Erde zu verfolgen unternehmen, desto häufiger zeigt sich uns das unabhängige Entstehen der selben, und wir gelangen zu dem Schlusse, daß zur Erläuterung derartiger Übereinstimmungen, bei denen Entlehnung ausgeschlossen ist, auf die psychologischen Anlagen des Menschen zurückgegangen werden müsse." Albrecht Dieterich sagt in „Mutter Erde": „Daß gerade, wo es sich um Geburt und Sterben handelt, um Beginn und Aufhören des Lebens, um die größten Rätsel jeglichen Menschendaseins, daß hier sich bei den verschiedensten Menschengruppen gleiche Lösungen einstellen, ist von vornherein begreiflich." Mit diesen primitiven, unabhängig voneinander entstandenen Sitten und Anschauungen stehen nun die Märchenmotive auf einer Linie, und sie haben diese zum Teil zur Voraussetzung. Eben deshalb können wir die primitive Gemeinschaftspsyche in ihnen wiederfinden. Und wir erhalten zugleich Kriterien. Was seine Parallelen findet bei allen Völkern der Erde, das stammt aus den Tiefen der primitiven Gemeinschaftskultur. Die primitiven Völker sind sich ähnlich und undifferenziert wie die Kinder; Kulturvölker sind wie Erwachsene untereinander differenziert.

Aber wir können noch einen Schritt weiter gehen. Es wird auch primitive Assoziationen geben, aus zwei, drei und mehr Gliedern, die sich gleichsam wieder naturgesetzartig aus der gleichen menschlichen Grundveranlagung heraus gleich oder ähnlich und unabhängig voneinander bei allen Völkern der Erde und zu allen Zeiten einstellen können. Man wird auch hierzu die Parallelen leicht wieder auf materiellem Gebiete finden können. Auf die Erzählungsmotive diese primitive Assoziationsmechanik anwendend, erhalten wir einfache und kleine Märchen, besser *Motivformeln* aus mehreren Gliedern als unabhängig entstandene ethnographische Parallelen. Jedenfalls darf man sich nicht von vornherein auf die eine der beiden Möglichkeiten, Wanderung und Entlehnung oder selbständige Entstehung bei solchen ethnographischen Analogien als alleiniges Erklärungsgrundprinzip festlegen; sie können beide grundsätzlich nebeneinander bestehen, ja, es ist sogar ein Zusammenwirken beider auch in Einzelfällen denkbar. Und es sind auch hier Fälle möglich, wo mit Entlehnung oder Wanderung zu operieren sehr viel komplizierter wäre, als mit unabhängiger Konvergenz. Das wird besonders dort der Fall sein, wo es sich um die einfachsten und naturgegebenen menschlichen Verhältnisse handelt, namentlich wenn sie mit den Elementen des primitiven Gemeinschaftsglaubens in Verbindung stehen. Man wird z. B. nicht zweifeln, daß das Motiv vom Opfer- und Sühnekind, das aus einem bestimmten Grunde den höheren Mächten dargebracht werden muß, sich unabhängig bei drei geistig und lokal so verschiedenen Völkern wie den afrikanischen Wadschagga, den Chinesen und den Deutschen vollzogen habe, und ferner, daß überall auf der Erde ein besonders enges Verhältnis zwischen Mutter und Kind bestehe. Aus diesen beiden Elementen hat sich bei Chinesen wie Deutschen eine

Erzählungsmotivkette entwickelt, die erzählt, wie das Sühnekind seiner bösen Mutter abgekauft werden muß, wie dann das Opfer im Wasser oder Mauerfundament vollzogen wird und was daraufhin eintritt; von den Wadschagga wird, abgesehn von dem letzten Punkt in sagenmäßiger Ausgestaltung, das Ganze als realer Vorgang erzählt. Aus dem Vampirglauben und dem Ritus von der Opferung des Besten oder der Besten, einer schönen Jungfrau, und wiederum aus der assoziativen Forderung ihrer Befreiung durch den kühnen Besucher und Heilbringer, der den Vampir tötet, haben sich über die ganze Erde sehr ähnliche Motivketten ergeben, für die man keine Wanderung anzunehmen braucht. Eine weitverbreitete primitive Assoziation scheint die von Schlange und Schatz zu sein. Wandert die Seele des schlafenden Frankenkönigs Guntram in Schlangenweise, so entdeckt sie einen Schatz im Berge; wird der indische König von einer dereinst verschluckten Schlange befreit, so führt auch dies zur Entdeckung eines Schatzes — zufällig war auch in beiden Fassungen die Grundsituation vom König und seinem Diener, die sich allein unterwegs befinden, die gleiche —; dem Kinde im Grimmschen Märchen Nr. 105, das seine Sympathieschlange füttert, bringt diese ihren heimlichen Schatz herbei usw.

Es gibt also auch in diesem Gebiete der Volkskunde eine Richtung von oben und eine von unten. Kunstvoll in einer höheren Sphäre zusammengefügte Novellen sind unsere Märchen zu einem Teile; die meisten der Grimmschen Sammlung sind solche zweifellos gewesen, dann aber sind sie zum Volke zurückgewandert und „zersagt" worden, Verwirrungen, Kontamination mit fremden Teilen, Vergessen mancher Glieder, Mißverständnisse fehlen nie, ein Zurücksinken in die Primitivität, verschiedengradig natürlich bei den einzelnen Märchen wie bei den Volksliedern. Aber aus der Unterschicht waren die Bestandteile gekommen; die Motive und ab und zu auch ein Märchen einfacher Art sind primitives Gemeinschaftsgut. Desgleichen der größte Teil der Volkssagen. Fr. v. d. Leyen sagt mit Recht: „Die Sagen sind alles in allem viel altertümlicher als die Märchen; die Sagen sind nämlich kunstlos und einfach." Damit sind wir zu dem zweiten oben berührten Problem gekommen, und der *Hauptunterschied zwischen Sage und Märchen* ist unseres Erachtens damit schon angedeutet. Die autochthonen und echten Märchen der primitiven Völker gleichen unseren Sagen an Kürze und Einfachheit, d. h. an der geringen Zahl der Motive, aber auch an Verworrenheit, dem bunten Durcheinander und der teilweisen Unausgeführtheit und Blindheit der Motive. Die Sagen wie die ihnen gleichstehenden 'Märchen' der Primitiven nehmen sich wie die ersten Entwürfe und Versuche von Märchen aus, deren Vollendung dann einer etwas höheren Kulturschicht vorbehalten blieb. Sie sind nach Inhalt und Form die eigentlich primitive Erzählung; in den Märchen ist meistenteils nur der Inhalt, nicht aber die Form primitiv. Zwar gibt es auch deutsche Volkssagen, die man aus rein literarischen Quellen hergeleitet hat: so stammt die Sage vom Traum vom Schatz auf der Brücke aus einer orientalischen Novelle, und die Sage vom Erlöser in der Wiege stammt aus dem frühchristlichen Evangelium Nicodemi und der Kreuzholzlegende, aber diese sind immerhin gering an Zahl. Daß die Sagen dem Volke näher stehn als die Märchen, ersieht man aus beider Schicksal; die Märchen gehören heute in die Kinderstube, aber an ihre Sagen glauben unsere Primitiven heute noch. Auch daß die Sage realistischer ist als das 'poetischere' Märchen, hängt wahrscheinlich mit der größeren Primitivität zusammen. Eine gewisse Realistik und Anschaulichkeit, ja eine gewisse Sachlichkeit gehört ja gern gerade zum primitivsten Erzählungsstil. Zu der größeren Realistik gehört auch die Gebundenheit an Ort, Zeit, historische Person; dieses archaische Merkmal bezeichnet den Zustand der Fixierungsmöglichkeit, den wir dem Märchenmotiv und der Volkssage schon oben in Anbetracht ihres Verhältnisses zu Mythos und Heldensage zugeschrieben haben; wie aber sollte die fertige Kunstnovelle des Märchens noch fixiert werden können? Es besteht eben auch hier für die Sage die engere Zugehörigkeit wie zum Märchenmotiv so auch zum Märchen der Primitiven, wo die Gebundenheit gleichfalls besteht. Aus dem verschiedenen Ursprung beider, des Märchens wie der Sage, ergibt sich auch sozusagen ein verschiedener 'Zweck'. Das Märchen ist bewußte Kunst und will lediglich unterhalten; aber die Sagen sind Berichte und Erklärungen von Erfahrungen, die unter den Gesetzen der primitiv-mystischen Denkweise gemacht sind und erzählt werden. Auch aus diesem Grunde verlangt und findet die Sage jenen ernsthaften Glauben, den auch das Märchen der Primitiven verlangt und findet: sie sind ein Stück Religion; aber das Märchen verlangt den Glauben nur scherzenderweise. Das Märchen will als Kunstprodukt schön und ergötzlich sein und strebt deshalb nach einer glücklichen Lösung; diese Aspirationen kennt die Sage nicht. Ärmer, eintöniger, farbloser und ernster, läßt sie den plumpen unglücklichen Ausgang, wo er vorhanden ist. Man wird die meisten dieser Unterschiede nicht fundamental und nur stilistisch nennen; eine tiefere psychologische Verschiedenheit liegt allenfalls in den verschiedenen Glaubensansprüchen, die Märchen und Sage stellen. Aber auch diese ist sekundär, d. h. entwickelt, wenn wir die Sage als Märchenkeim auffassen dürfen. Für die Erforschung des Inhalts hat auch dieser Unterschied keine Bedeutung.

Die *primitiven Züge in Märchen und Sage* erstrecken sich auf Materielles wie Geistiges, und es wird in diesem inhaltlichen Moment in der Tat einer der Hauptanhaltspunkte liegen, um über das Alter wenigstens der Motive einigen Aufschluß zu erhalten. Man wird sich besonders über den Reichtum an Wald- und Wassersagen verwundern, offenbar ein Niederschlag früheren deutschen Landschaftsbildes; auch im Märchen hat der Wald noch seine große Bedeutung, es ist die Bedeutung der die Völker trennenden und schützenden Gegend, voll von Grauen, Unholden und Abenteuern. Mit dem Lokal hängt das Personal weitgehend zusammen. Der Wald birgt die Hexen, aber nur zum Teil und besonders im Märchen entsprechen diese Hexen alten dämonischen Unholdinnen, in einem großen Teil der Sagen entstammen die Hexen den Hexenvorstellungen des späteren Mittelalters. Die große Rolle, die Burgen, Burgruinen und Ritter in den Sagen spielen, kann wie beim Volksbuch und bei Volksballaden doppelten Ursprungs sein, dem Rittertum des Mittelalters wie der Schauerromantik erst des 18. Jahrhunderts entstammen. Aus dem 18. Jahrhundert stammt vermutlich auch das zum Teil mit dem Wald verbundene Räuberunwesen der Sage wie des Märchens (Nr. 40 Räuberbräutigam). Die abgedankten Soldaten werden sich in die Zeit nach dem 30- und nach dem 7 jährigen Kriege teilen; die Knechte, Mägde und seit Einrichtung der Mühlen und Wirtshäuser auch die Müller und Wirtsleute mit ihrem Lokal sind alterslos und entstammen der Sphäre des gemeinen Mannes, der sich die Sagen erzählt; eben daher stammt

das vielbemerkte naive und patriarchalische Königtum: es ist mit
den Übertriebenheiten und zugleich peinlichen Grenzen seiner
Macht und seines Reichtums ganz aus der zeitlosen Perspektive des
kleinen Mannes geschen, dem es als höchste irdische Stufe des
Glückes erscheint. Die Gestalten des Volksglaubens spielen eine
hervorragende Rolle, zu den Hexen der älteren Art kommen Elfen,
Weiße Frauen, Riesen, Zwerge und das wütende Heer; der Schim-
melreiter Wode ist vielleicht noch das alte dämonische Wesen, aus
dem sich einst der Gott entwickelt hatte, noch gar nicht der Gott
selbst in etwa wieder gesunkener Gestalt, denn der Volksglaube
ist älter, d. h. primitiver seinen Zügen nach als der Götterglaube.
Zur Datierung der Sagen hilft das nicht viel: der von der Mission
weniger bekämpfte Glaube der Unterschicht behielt die dämonischen
Züge natürlich noch lange bei, als der Götterglaube der Oberschicht
längst der Bekehrung zum Opfer gefallen war; es hilft nur zur
Erkenntnis der ewigen Primitivität. Riesen sind manchmal von
Rittern und Räubern abgelöst, ältere Dämonenfiguren vom Teufel.
Glockensagen können natürlich nur christlich und kaum erst an die
Stelle eines älteren Typus getreten sein.

Primitiv-archaische Sitten und Gebräuche, primitiv-archaische
Lebensweise leben in Sage und Märchen fort. Die Formel des heim-
kehrenden Menschenfressers 'Ich rieche Menschenfleisch' setzt die
Konstruktion des primitiven licht-, luft- und fensterlosen Urhauses
voraus; wer heimkehrt, tut gut, zu wittern, ob jemand inzwischen
in das verlassene und dunkle Haus oder gar noch die Höhle sich
eingeschlichen hat. Primitiv sind die Grausamkeiten und Strafen,
wie Kindes-Aussetzung, Gefangenschaft der Jungfrau im einsamen
Turm; die böse Kammerjungfer wird in ein Faß mit Nägeln ge-
steckt; die böse Stiefschwester wird mit Pech überzogen; die böse
Stiefmutter wird verbrannt; die unbedenkliche Beseitigung unbe-
quemer Personen durch Mord ist an der Tagesordnung. Geschwister-
ehe, Raubehe (KHM 6), Menschenopfer (KHM 88), Kannibalis-
mus, Erbrecht des Jüngsten, die fehlende Institution der Ehe, statt
deren einfach die Liebesvereinigung genügt, die fehlende Institution
der Arbeit sind weitere solche archaische Züge. Primitive Charakter-
züge, die hier eine Rolle spielen, sind Faulheit, Schwatzhaftigkeit,
Unbedachtheit, das Interesse an Abnormitäten (dreibeiniger Hund

usw.), der große Wert, den man auf Essen und Trinken, auf langes
Schlafen und alle materiellen Dinge legt, die Überschätzung des
rein Äußerlichen, Glänzenden und Blendenden, die Bewunderung
lediglich der physischen Kraft am Helden, die bis zur Unempfind-
lichkeit des Berserkers gesteigert sein kann, ferner der primitiven
Schlauheit, Betrügerischkeit und List, die starke Wertschätzung der
Waffen, die offenbare Unterschätzung geistig-ethischer Güter und
die Selbstverständlichkeit, mit der der Besitz äußerer Güter auch
schon Glück und Zufriedenheit bedeutet, der rein äußerliche Begriff
des Glücks, der sich besonders bei der Gewährung von Wünschen
zeigt. Dazu kommt die Identifizierung von Schön und Gut, von
Häßlich und Böse. Mit einem Wort: das Märchen ist prämoralisch,
wie das Sprichwort, wie der primitive Gemeinschaftsgeist überhaupt. Wenn man sich nur erinnert, wie im Märchen von Hänsel
und Gretel die Eltern zum Schluß für die grausame Aussetzung
ihrer Kinder gar noch belohnt werden, so begreift man, daß die
Pädagogen des 18. Jahrhunderts das Märchen aus der Kinderstube
ausmerzen wollten.

Es war ihnen aber auch in erster Linie zu prälogisch. Die Sage
hat kein Gefühl für Widersprüche und disparate Begriffe; sie wirft
z. B. rücksichtlos die verschiedenen Toten- und Seelenvorstellungen
durcheinander. Zwischen Wirklichkeit und Traum, zwischen Erlebtem und Eingebildetem wird nicht differenziert. Phantastik und
Realismus gehen durcheinander, und dies ist bezeichnend für das
primitiv-kindliche Denken: ungehemmte Phantasie kombiniert mit
erstaunlicher Beobachtungsgabe. Es herrschen die primitiven Assoziationen und der psychische Mechanismus. Es herrschen als Grundlage die mystischen Partizipationen, und die mystischen Eigenschaften der Dinge sind lebendig. Darum besteht keine Differenz
zwischen Mensch und Tier, Mensch und Baum, darum sprechen die
Tiere, die Bäume, ja sogar die leblosen Gegenstände wie das Brot
im Backofen, der Spiegel an der Wand, das Wässerchen im Wald,
redet selbst der abgeschlagene Kopf des Pferdes Falada; darum
gibt die Königin ihrer Tochter drei Blutstropfen mit, die sie selbst
ersetzen; darum liegt die Kraft in den drei goldenen Haaren und
singt noch der Knochen, blutet noch der Schädel, ist der Name noch
eine Macht; darum geht die Verlebendigung der Natur ins Grenzen-

lose, darum als Lebenswahrzeichen das blanke Messer im Baum, der Schnitt im Baum und jene vielen Dinge, die in 'Sympathie' mit den Helden der Sagen und Märchen stehn, daher auch die Verwandlung in Tier oder Gegenstand, daher die Verzauberung und der Zauberglaube. Und so eben herrscht die primitive Religion noch durchaus in dieser Welt. Von dem Fortleben der Dämonenfiguren sprachen wir schon. Es kommt dazu die Apperzeption der Krankheiten nach den primitiven Stilformen: der Brustangst oder der Kreuzlähmung als Hockaufgeist, des Alpdrucks oder der Pest als Schwarzen Manns, des epileptischen Dämmerzustands als Entführung durch das Wilde Heer, und diese Apperzeptionen spielen eine große Rolle. Es macht sich die agrarische Sphäre geltend mit Wetterzauber, Mißwachs, Heiligkeit des Brotes usw. Es herrscht aber vor allem die primitive Sphäre des Totenglaubens. Es begegnet bis in die jüngste Zeit hinein der Glaube an den lebendigen Leichnam und, vermischt oder nicht vermischt damit, der Glaube an die Seele, beide in allen ihren Stilformen und Epiphanien, die der Totenglaube überhaupt aufzuweisen hat. Wie das Wesen des Traumes nicht begriffen ist, so ist auch das Wesen des Todes noch nicht begriffen. Der Tod ist durchaus noch ein veränderter Zustand des Lebens, aus dem man wieder erlöst werden kann. 'Erlösung' kann noch bedeuten Rückgewinnung ins Leben, 'Erlösung' kann noch bedeuten Beförderung in den Zustand des 'zweiten Todes', bei dem nichts mehr übrigbleibt, beides meist noch in rein präanimistischer Vorstellungsweise, und 'Erlösung' kann auch schon die christliche Bedeutung als Befreiung der Seele aus den Qualen des Fegefeuers besitzen. Zauberschlaf, Verwandlung, Versteinerung, Verwünschung oder Entrückung in Wald, Hügel oder Berg, diese primitiven Apperzeptionen des Zustands des Todes, spielen eine enorme Rolle in Sage und Märchen. Der Hügel oder der Wald als Totenreich und viele andere primitive Jenseitsvorstellungen sind noch lebendig, und eine ganze Reihe der Märchen erweist sich im Grunde als nichts anderes als eine Fahrt ins Totenreich. Der Tote will erlöst werden oder er will bestattet werden, er kann zum gefährlichen Wiedergänger und Vampir wie zum 'dankbaren Toten' werden; ihn verlangt nach der menschlichen Gesellschaft, und er holt sich die Braut in das Jenseits nach. Klar oder weniger klar, unverhüllt oder in mancherlei Umhüllungen lebt dieser und weiterer Glaube in Märchen und Sage fort; mit einem Worte: sie sind erfüllt von den primitiven Gemeinschaftsvorstellungen. Wenn die Versteinerung eine Umschreibung für den Tod ist oder die Entführung durch das Wilde Heer eine solche für den epileptischen Dämmerzustand, so ist der Tod oder die Epilepsie das *reale Erlebnis*, das in dieser damit noch nicht erklärten, primitiv-zeitlosen Stilisierung dem Märchenmotiv oder der Sage zugrunde liegt. Erlebnisse anderer Art, die vielen Sagen und Märchen zugrunde liegen, scheinen die Träume zu sein, Wunsch- und Angstträume, aber nicht nur solche der Nacht, sondern auch solche des Tags, Luftschlösser und Wunschphantasien kindlich-primitiver unbefriedigter, aber nicht nur erotisch unbefriedigter Seelen. Es ist der Wunschtraum elender Knechte und Sklaven, Mägde und Sklavinnen, eine heimliche königliche Abkunft möchte sich ihnen plötzlich enthüllen, Heldentum oder die Hand eines Königssohnes, schließlich ein Königreich warte ihrer und ergebe sich ihnen mit einem Mal. Dieser Weg vom Aschenbrödel und Dümmling zum königlichen Glanz ist ein typisches Sagen- und Märchenmotiv und offenbart die Sphäre, aus der sie stammen. Das Tischleindeckdich, die Salbe oder das Kraut wider den Tod, das Wasser des Lebens, der unerschöpfliche Krug oder Beutel, der fliegende Zaubermantel, der Zauberring, der Stärkegürtel, die Tarnkappe, die Springwurzel, die Siebenmeilenstiefel, das Zauberschwert, der wunderbare Soldatenranzen, das Wunschhütlein, die Zauberfiedel, das unfehlbar treffende Vogelrohr usw.: es sind kindlich-primitive, auf ganz materielle Güter gerichtete Wunschphantasien. Wir fassen den 'Knüppel aus dem Sack' heute nicht mehr als Odins Speer, den Goldesel heute nicht mehr als die segenspendende Erde auf, sondern als primitive Wunschdinge gleich den eben aufgezählten. Wenn ich das bestimmte Wort, das mich aus der Verwandlung erlöst, nicht mehr finden kann; wenn ich reden möchte und sehe zu meinem Schrecken, daß ich plötzlich die Sprache verloren habe; wenn ich auf einen gläsernen Berg hinaufsteigen soll; wenn der Blutfleck vom Schlüssel oder vom goldenen Ei, wie sehr ich auch reibe, nicht weggehen will; wenn ich von einem Gegenstand, an dem ich festgeklebt bin, nicht wieder loskommen kann; wenn ich mit durchlöchertem Eimer Wasser in ein durchlöchertes Faß gießen soll; wenn ich ein Meer ausschöpfen soll in *einer* Nacht; wenn ich um Haupteslösung drei Rätsel raten soll und kann die Losung nicht finden; wenn ich aus einer unendlichen Menge von Erbsen die schlechten auslesen soll in einer bestimmten Frist: — so sind das alles primitive Angsttraumerlebnisse, die zu Märchenmotiven geworden sind. Wir lernen auch hier die Psyche der primitiven Gemeinschaft kennen, wir müssen uns an die 'affektiv sehr reizbare' Seele des Primitiven erinnern, daß der Traum in seinem Leben eine größere Rolle spielt als bei uns und daß seine Phantasie keinen intellektuellen Hemmungen unterliegt. Wir müssen mit dieser Phantasie rechnen bei der Märchen- und Sagenerklärung, die erlebte Dinge dichterisch steigert und die nach dem Muster erlebter Dinge neue Motive hervorbringt aus eigener Kraft. Und es ist bekannt, daß durch Suggestivmittel und Narkotika die Primitiven ihre Phantasie selbst noch zu steigern gewohnt sind und die Hemmungslosigkeit ihres psychischen Mechanismus noch zu erhöhen. Mit anderen Worten: es ist manches Märchenmotiv und manche Volkssage nur ein Erlebnis des Rausches!

Festschrift für H. Wölfflin, München 1924, S. 41—46.

ZUM PROBLEM DER FORM BEIM MÄRCHEN

Von Friedrich von der Leyen

Die ältesten uns aufgezeichneten Märchen: das ägyptische Brüdermärchen und der Meisterdieb (bei Herodot) kehren kaum verändert, im Ganzen oder in großen Teilen, in neueren und auch in
mittelalterlichen, abendländischen und morgenländischen Märchensammlungen wieder. Wischt man von der Darstellung des Apulejus
im Märchen von Amor und Psyche die allegorischen und literarischen Übermalungen ab — die Frage nach dem Ursprung dieses
Märchens bleibe hier unerörtert —, so erscheint wieder ein Märchen vor uns, dessen nächste Blutsverwandten, der älteren Schwester auch im Aussehn oft zum Verwechseln ähnlich, wir in mittelalterlichen und neueren Märchenbüchern oft antreffen. In den
Kinder- und Hausmärchen der Brüder Grimm würde es uns
ebensowenig überraschen wie der Meisterdieb und das alte Bruder-
märchen.

Mehrere Jahrtausende hindurch, bei den Kulturvölkern des
Ostens und des Westens, ist demnach die Form des Märchens im
großen und ganzen die gleiche geblieben, mögen die einzelnen
Motive auch vielfältig wechseln und durcheinandergleiten. Kein
kirchlicher, kein pädagogischer, kein rationalistischer Übereifer hat
bisher das Märchen aus dem Herz der Völker reißen können. Diese
in starkem Sinn volkstümliche Gattung fügt sich also willig und
leicht den Gesetzen einer lockeren, aber doch unveränderlichen Form
und gibt ihnen weltalte und weltweite Gültigkeit. Was das heißt,
diese Beständigkeit der Form, wird uns noch deutlicher, wenn wir
bedenken, wie oft und wie gern und wie weit die Märchen hin und
her wanderten, öfter und lieber und weiter als andere Kinder der
Dichtung. Indische Märchen gelangten nach China und Japan, nach
Sibirien und Rußland, nach dem Balkan und dem Abendland, nach
Afrika und Amerika. Die Spuren antiker, jüdischer, arabischer,

keltischer, germanischer, romanischer Märchen können wir durch die ganze Welt verfolgen.

Von den Kennzeichen der Märchenform seien diese genannt: Fülle der Abenteuer und Wunder, in buntem Wechsel, auch in Spiel und Ernst durcheinanderstehend, doch nicht um ihrer selbst willen, sondern um des Erlebers willen werden die vielen Erlebnisse erzählt. Den Erleber führt das Märchen durch alle Gefahren und Aufgaben, oft abirrend, immer von neuem ansetzend, hindurch, am Ende lacht ihm der Erfolg, oder seine Feinde werden gestraft. Die Erlebnisse selbst gliedern und steigern sich, Ähnliches reiht sich aneinander oder verstärkt seine Wirkung durch Wiederholung und Variation, am liebsten folgen drei Verwandlungen, Versuchungen, Erprobungen, Forderungen einander, die dritte ist die stärkste. Vierzahl, Sechszahl, Siebenzahl werden seltener gewählt. Auch der Erleber ist oft der dritte, gegen alle Erwartung löst er die Aufgabe und gelangt ans Ziel. Die Gegenübersetzung der Erfolgarmen und Erfolgreichen, der Dummen und Klugen, der Bösen und Guten, der Älteren und Jüngeren bringt den Kontrast in das Märchen und damit einen uralten Hebel der Ordnung und Unterscheidung. Der Kontrast teilt sich auch der Handlung mit: ernste und heitere, diesseitige und jenseitige Szenen stellen sich dann eine gegen die andere. Die einzelnen Vorgänge der Handlung und die Gruppen der Handelnden heben sich dann klarer gegensätzlich voneinander ab, das heißt gleichzeitig: die Spannung erhöht sich. Neben der Trennung wirkt die Verbundenheit anregend und verdichtend: zwei Brüder oder Geschwister müssen sich helfen oder die Eltern den Kindern, der dunklen und übermächtigen Gewalt des gemeinsamen Blutes unbewußt folgend. Einfache Formeln, die auf die Besonderheit des Erzählten hinweisen oder sich an ihr freuen, stehen auch schon in recht alter Zeit am Anfang und Ende dieser Geschichten.

Wie das Märchen führt uns die Sage in die Anfänge der Dichtung und wie das Märchen ist die Sage noch heute lebendig, allerdings nicht so verbreitet, ihr Leben ist stiller und weniger bewegt. Eine Sage der Gegenwart unterscheidet sich wie das Märchen kaum von ihren Geschwistern aus der alten Zeit. Was etwa Pausanias in seiner Beschreibung von den griechischen örtlichen Überlieferungen mitteilt, könnte, wenn man die griechischen Namen durch deutsche

ersetzt, manchmal ebenso in den deutschen Sagen der Brüder Grimm
stehen; die Brüder Grimm selbst reihen Sagen des 8. und aller
folgenden Jahrhunderte aneinander, in den verschiedenen Jahrhunderten tauchen dann bisweilen die gleichen Stücke auf; ein Bericht des Paulus Diaconus aus dem 8. Jahrhundert etwa gleicht
auch deutschen, dänischen, nordischen, isländischen Berichten wie
ein Ei dem andern. Im Unterschied vom Märchen ist für die Sage
das Erlebnis selbst und seine Wiedergabe, nicht der Erleber die
Mitte, das Erlebnis wird möglichst anschaulich vorgetragen, es muß
sich durch irgend etwas Besonderes, Geheimnisvolles, Unerklärliches
auszeichnen. Um den Eindruck zu erhöhen, erzählt man nicht ein
Erlebnis, sondern gleich eine Reihe von Erlebnissen der gleichen
oder verwandten Art hintereinander: man denke etwa an Geschichten von Gespenstern, von unerlösten Seelen, vom Wirken der Ko-
bolde und dergleichen, wie ja auch eine Anekdote, ein Schwank
selten allein auftritt. Wenn sich Anekdoten, sagenhafte Berichte,
Schwänke und auch Legenden in breiten Schwärmen an eine besonders berühmte und volkstümliche Persönlichkeit hängen, an einen
Helden, Feldherrn, König, Heiligen, Weisen, großen Schelmen oder
Narren, so wird damit zunächst viel weniger deren Persönlichkeit
als deren Volkstümlichkeit charakterisiert. Diese ist im Lauf der Jahrhunderte und im Wechsel der Völker eigentlich immer dieselbe. —
Dreiheit, Kontraste, Steigerungen und Spannungen wie das Märchen kann die Sage nicht kennen, die Gesetze ihrer Form sind viel
primitiver, es sind auch weniger. Dafür zeigt die Sage klarer als
das Märchen das Verlangen nach Abrundung und nach Geschlossenheit als formbildende Kraft. In den höheren Gattungen der Dichtung wiederholt sich der Unterschied von Märchen und Sage im
Unterschied von Roman und Novelle; beim Roman der Erleber, bei
der Novelle das Erlebnis, der besondere Fall, die Mitte. In den echten
und alten Überlieferungen erscheint die Novelle nicht allein, sondern
im Kreis vieler Geschwister. Man will nicht die Blume, sondern
den Kranz. Ein Hinweis auf den Dekameron des Boccaccio genügt.
    Unsere Kenntnis des Zauberspruchs und der Beschwörung hat
sich in den letzten Jahrzehnten sehr bereichert. Wenn wir nun
babylonische, ägyptische, indische, griechische, germanische, mittelalterliche und neuere Sprüche miteinander vergleichen, und dazu

Sprüche der Primitiven, so zeigen sich namentlich in christlichen Ländern starke Verwilderungen und Entartungen. Von Wissenschaft und Religion verfolgt, führen diese Sprüche ein gehetztes und verachtetes Leben, doch bleiben sie im Dunkeln immer noch mächtig und verbreitet. Bestimmte, immer wiederkehrende Merkmale der Form sind auch diesen Dichtungen vom ersten Tag bis heute überall gemeinsam. Viele Götter und Helfer werden lieber angerufen als einer, die abzuwendenden Gefahren werden in allen Einzelheiten ausgemalt, ebenso das Verderben für den, der gegen die Beschwörung frevelt, auch hier überall Wiederholung, Steigerung, Spannung, Häufung, die sich dann auch ins Spielerische verliert. Die Zahl der helfenden Götter oder der Beschwörungen ist die heilige Zweiheit, lieber die heilige Dreiheit, oder der Zauber vollendet sich in drei Ansätzen, der letzte erreicht das Ziel. Um die Wirksamkeit des Zaubers zu erhöhen, wird ein Erlebnis erzählt, bei dem er sich bewährte, ein Erlebnis der Götter am liebsten, das Erlebnis ist nicht wie bei der Sage die Mitte der Schöpfung, aber es verstärkt ihre Bedeutung. Diese Dichtung entwickelt sich aus der Anrufung selbst, die sie variiert und steigert, und die dann bisweilen zur feierlichen Formel erstarrt.

Wer durch Zauber einen Vorgang — Regen, Sonnenschein, Wachstum   erreichen will, schafft sich von dem erwünschten Vorgang ein Abbild; während der Aussaat des Flachses springen die Aussäenden so hoch wie der Flachs wachsen soll; um die schwarze Wolke herbeizulocken, opfert der indische Priester ein schwarzwolliges Schaf. Manche Sage ist nichts als der Ausdruck einer mit diesen primitiven Augen rasch und groß gesehenen Übereinstimmung. Die Kämme der Wogen mit ihren langen schaumstreifigen Mähnen erscheinen wie die Mähnen des Rosses, das mächtige Brüllen und Stampfen der Wogen scheint wie das Brüllen und Stampfen des Stieres. Das ist fast schon die Sage von den Stieren und Rossen, die dem Meer entsteigen. Die Herbstnebel auf den Wiesen gleichen gespenstischen Tüchern: die Sage erzählt, daß an Herbstabenden die Geister ihre Wäsche auf den Wiesen bleichen. Hier ist ein Ursprung des dichterischen Vergleiches und der dichterischen Umschreibung, das Verlangen nach Gebilden, die in sich abgerundet sind, erkennen wir auch hier.

Das Rätsel führt zu ähnlichen Entwicklungen. In seinen Anfängen war es ein Orakel, dem Zauberspruch verwandt, eine Antwort aus priesterlichem Mund auf besorgte Fragen des Gläubigen. Doppeldeutig will es ein starkes Geheimnis durch ein stärkeres bezwingen, und läßt seltsame, zauberische Beziehungen, Verwandtschaften, Ähnlichkeiten erraten. Rätsel der Bibel, des Veda, der Edda, die Aufgaben der Sphinx an Ödipus, die der Turandot an den Prinzen, und die Volksrätsel, die seit langem bei den Völkern umgehen, sind wieder Früchte des gleichen Baumes. Sie lieben Gesellschaft wie Sage und Schwank, erscheinen zu dreien, werfen auch gern das Kleid des Märchens um sich, das ist ihr Erlebnis und das steigert ihre Anziehungskraft. Die Rätsel gliedern und häufen gern das Sonderbare; um die rechte Lösung ins wahre Licht zu setzen, lassen sie falsche, am liebsten zwei vorausgehen. Die Freude am überraschenden Gegenüber von Frage und Antwort ist bei ihnen besonders lebhaft entwickelt, und sie ergehen sich unbefangener und natürlicher als der Zauberspruch im Spiel und im lustigen Durcheinander.

Aus dem ursprünglichen Wesen der genannten Dichtungsarten (Wiedergabe vieler Erlebnisse um des Erlebers willen; Wiedergabe eines Erlebnisses; Beschwörung der Gottheit; Frage an die Gottheit, Antwort von der Gottheit) entwickelt sich natürlich und organisch ihre von uns charakterisierte Form. Auf Grund einfacher Bedingungen wächst ein vielfältiges und variationsfrohes Leben auf und kreist in bestimmten Bahnen. Verlangen nach Abrundung, Wiederholung und Häufung, Doppelung und Dreiheit, Kontraste, Steigerungen, Spannungen, diese Bestrebungen treten in verschiedenem Zusammenklang bald alle, bald einige vor uns. Das erstaunliche Beharrungsvermögen der Form wird bei den religiösen Dichtungen auch durch die Heiligkeit des Textes verständlich; eine Änderung des Wortlautes wäre Einbuße oder Verlust der zauberischen Kraft. Bei den weltlichen Dichtungen hat man mit Recht darauf verwiesen, daß sie nicht einmal, sondern sehr oft von demselben Erzähler und vor denselben Hörern erzählt werden und daß diese keine Abweichungen, sondern genau die gleiche Folge und die gleiche Art der Begebnisse wünschen. Wer Kindern einmal Märchen erzählte, wird bestätigen, daß sie jede Einzelheit sich scharf einprägen und jede Änderung, jedes Schwanken und Versagen des Gedächtnisses entrüstet tadeln. Für das Gedächtnis sind nun gerade die von uns genannten formalen Eigentümlichkeiten eine starke Stütze.

Sind nun Märchen, Sage, Zauberspruch, Rätsel durch alle Jahrhunderte nur von Mund zu Mund, von einem einfachen Erzähler zum andern, von Volk zu Volk gewandert? Bei der Sage, wenigstens in ihren einfachsten Spielarten, darf man das annehmen, vielleicht auch bei manchem uralten und einfältigen Zauberspruch. Sonst gilt das Gesetz, daß die volkstümlichen Gebilde in die Hand eines Künstlers geraten und von diesem geformt werden, diese veredelten Geschöpfe, oft der Aufzeichnung für wert gehalten, wandern dann ins Volk zurück, meist von Mund zu Mund sich verbreitend, gelegentlich stellt sich eine schriftliche Form dazwischen. Am deutlichsten lassen sich diese Übergänge beim Märchen beobachten. Bei den primitiven Völkern tauchen noch heute Märchen im Urzustand auf, allerdings viel seltener, als der Unbelesene annimmt; am unverkennbarsten meines Wissens bei den südamerikanischen Indianern. Reine Kunstmärchen, gebaut nach strengen, formalen Gesetzen haben wir seit recht alter Zeit und ziemlich viele, die ältesten und zugleich die zahlreichsten und kostbarsten bei den Indern. Wir nennen auch die Märchen in Tausendundeiner Nacht und die Märchen von Charles Perrault. Daneben stehen dann unerschöpflich die Volksmärchen, oder wie man vielleicht jetzt besser sagt, die Kunstmärchen im Volksmund. Natürlich können diese vom Künstler nochmals aufgegriffen und veredelt werden, und dann wieder vom Volk aufgegriffen werden und verwildern. — Beim Volkslied, bei manchen Formungen des volkstümlichen Dramas können wir ein ähnliches Auf und Ab beobachten wie beim Märchen usw.

Die Umbildungen der Kunstmärchen in Volksmärchen und die entsprechenden Umbildungen bei anderen Gattungen folgen nun den gleichen Gesetzen wie die Bildungen der Urmärchen usw., nur daß eben der Ausgangspunkt oder das Vorzeichen ein anderes ist. — Der erste Anfang ist das Durcheinander, die ältesten Märchen zeigen die lockere Form, d. h. ein Streben nach Form als Gegenstreben gegen allzu große Wirrnis und Willkür; aus der lockeren Form schafft der Künstler feste Form, Dichtungen von strenger Auswahl, Gliederung, Abgewogenheit. Die feste Form lockert das Volk wieder auf, Fülle, Unordnung, gewaltsame Kontraste, Steigerungen, Rührungen dringen in die künstlerischen Gebilde wieder ein, doch werden die auflösenden Mächte gebändigt, so stark, daß uns die Gleichheit der Form durch alle Welten und Zeiten immer noch überrascht. Apulejus, Herodot, der Aufzeichner des ägyptischen Brüdermärchens, sie alle hatten schon ein Kunstmärchen im Volksmund vor sich.

Die Wesensgleichheit von lockerer und aufgelockerter Form läßt sich durch die Beobachtung jener volkstümlichen Gebilde beweisen, die nicht in die Urzeit zurückführen, sondern nur volkstümliche Umbildungen einer bestimmten literarischen Gattung sind. Man vergleiche z. B. mit dem griechischen Roman die aus ihm entsprungenen volkstümlichen Gattungen: die mittelalterlichen Legenden und Spielmannsgedichte, ja sogar noch die Hintertreppenromane der letzten Jahrzehnte. Das alte Schema des Romans: zwei Liebende haben sich im Anfang beinah, werden durch unzählige überraschende Abenteuer und Prüfungen getrennt und haben sich am Ende ganz — dies ist geblieben, ebenso die Menge der Abenteuer, die Drastik der Überraschungen, die unerwarteten Rettungen aus schwerster Lebensgefahr im letzten Augenblick. Im einzelnen wechseln, mehren und verwirren sich Zusammensetzungen und Art der Abenteuer natürlich fortwährend. Der Sinn für Maß und Übersicht verliert sich, Kontraste, Sentimentalitäten, Steigerungen werden gewaltsamer und unwahrer. Vergleicht man etwa die deutschen Volksbücher des 15.–18. Jahrhunderts mit ihren epischen Vorbildern, oder die deutschen, volkstümlichen geistlichen Dramen des 14. und 15. Jahrhunderts mit den älteren, strengeren, kirchlichen des 12. und 13. Jahrhunderts, so erkennt man ähnliche Entwicklungen.

Nur das Streben nach Form, nicht die Form selbst zeigt uns die volkstümliche Dichtung. Was uns, wenn sie vom ersten Chaos herkommen, als Wille zur Ordnung scheint, dasselbe erscheint uns, wenn sie von der Form herkommen als Entstellung, Verwirrung, Verzerrung. Deshalb lehnen manche Forscher die ganze volkstümliche Dichtung als Undichtung ab; sie berufen sich weiter darauf, wie abscheulich das Volk manche alte große Dichtung, manchen alten Mythus, manches Heldenlied zugerichtet habe. Doch ist eine solche Verurteilung einseitig. Wie leicht entseelt sich und erstarrt und erstirbt die Form! Die Kraft der Umbildung ist dagegen oft ein untrügliches Zeichen für das Leben und Fortwirken künstlerischer Gebilde. Man werfe einmal einen Blick in die Anmerkungen zu den Märchen der Brüder Grimm, die Bolte und Polívka zusammentrugen, in jenes überwältigende, endlose Getriebe von Verwandlungen, Variationen, Spaltungen, Anfügungen, Abbrechungen, dann wird man etwas spüren von den elementaren schöpferischen Mächten, die hier rastlos am Werk sind. Wie unablässig werden auch gerade große Dichtungen umgebildet; an Ilias und Odyssee haben viele Dichter gestaltet und umgestaltet, gebaut und umgebaut. In der Blütezeit der mittelalterlichen Dichtung suchten viele leidenschaftlich nach der endgültigen Lösung für die großen Epen: für Tristan und für das Nibelungenlied gelangen binnen eines Menschenalters zwei künstlerisch sehr wertvolle und große Formungen. Tristan und die Nibelungen haben dann im 19. Jahrhundert die Dichter wieder mächtig angezogen und sind in neue Formen gegossen worden. — Das altfranzösische Rolandslied verwandelte sich, nach Hermann Morfs lichtvollen Ausführungen, indem es sich mit andern Elementen der nationalen französischen und der höfisch französischen Epik verschmolz, allmählich in Ariosts Orlando furioso. — Welche merkwürdigen Bildungen und Umbildungen zeigt uns die Geschichte des Faust! — Während Goethes Götz im Ritterdrama und im Ritter- und Räuberroman des 18. und 19. Jahrhunderts weiterwucherte und während aus diesen Wucherungen und Fortbildungen Schillers Räuber und Kleists Käthchen und Kohlhaas und Grillparzers Ahnfrau einen Teil ihrer Kraft holten, blieb Goethes Hermann und Dorothea ohne jede schöpferische Nachfolge. A. W. von Schlegel hat in diesem Werk die Wiederkehr des klassischen Epos begrüßt, die Literaturgeschichte hat ihm nicht recht gegeben. — Von den Kunstmärchen des 19. Jahrhunderts war keinem ein volkstümliches Nachleben und volkstümliche Umbildungen beschieden. Dagegen bemächtigte sich das Volk der Märchen des Perrault, des Musäus und der Märchen der Brüder Grimm, diese wanderten durch die ganze Welt und kehren in neuen lustigen Zusammensetzungen in chinesischen, persischen, kleinasiatischen Sammlungen wieder. Wir dürfen nun behaupten: das Viele und das Bunte, das Wilde und das Tolle, das Ungebärdige und das Phantastische ist eine Vorbedingung für die Größe und Macht der Form; auch hier muß sich der Most absurd gebärden, wenn ein rechter Wein daraus werden soll. Und nicht die Ruhe und Abgeglichenheit, sondern die schaffende Kraft, die in der Tiefe weiterbildet und wirkt, ist das Geheimnis der Form; die Elemente, die einer Dichtung ihre Schönheit geben, schaffen späteren Geschlechtern neue Schönheiten und Vollendungen.

Die Entwicklung der Dichtung im Künstler selbst bestätigt unsere Ansicht. Was als vollendetes Werk vor uns steht, ist eine strenge und oft schmerzliche Wahl aus einem oft unendlichen Reichtum von Erfindungen, Einfällen, Entwürfen, Visionen. Zuerst schließen sie sich traumhaft leicht und reich verlockend aneinander, wie die Wunder eines Märchens. Wieviel von dieser zauberischen Kraft verschwindet, wieviel bildet sich um, verliert den Schmelz der Jugend, den ersten Morgenglanz der Schönheit, wieviel bleibt Entwurf und Fragment und findet nicht die ihm vorbestimmte Form, wie gering, von außen gesehen, ist im Vergleich mit dieser verschwenderischen Fülle das Werk, das dem Dichter ganz gelingt! Manchmal, und gerade bei den größten Dichtungen, wirkt die Form wie ein Notbehelf oder wie eine Entscheidung, vielen Möglichkeiten mühsam abgerungen, Möglichkeiten, die sich immer anders gestalteten und verflochten. Die Mächte, die an ihr schufen, scheinen dann oft größer als die Dichtung selbst. Man denke an die Wandlungen von Goethes Urfaust zum Fragment und zum vollendeten Faust und an die Paralipomena und Entwürfe und an Goethes Bekenntnisse über den Faust, oder man denke an die Wandlungen des Wilhelm Meister.

Unsere nächste Aufgabe wäre die Bestimmung der Gesetze im einzelnen, nach denen die Motive und Motivreihen der Märchen und der verwandten volkstümlichen Gattungen sich formen, umformen, sich anziehen und abstoßen, sich fortsetzen und abbrechen. Das ist aber eine noch zu verwickelte Arbeit. Sie ist auch kein Problem der Form allein. Die Verschiedenheit der Zeiten und Völker, geschichtliche, soziologische, literarische Bedingungen wirken an entscheidenden Stellen mit. Auch die von uns besprochenen Bildungen und Umbildungen gehen ja nicht ganz rein in die Geschichte der Form auf, wie hier nur kurz betont sei.

Aus einem großen Komplex von Fragen haben wir einige herausgegriffen und hin und her gewendet. Diese Hinweise sollen bescheidene Vorläufer sein von umfassenderen Untersuchungen über Wesen und Ursprung der Dichtung. Ihre Absicht ist wohl kenntlich. Bei Untersuchungen über das Wesen der Dichtung und der Form beschränkt man sich, wie ich glaube, noch immer viel zu oft auf das vollendete Werk. Ein Gang in die Welten des Anfangs und in die Welten der niederen volkstümlichen Gattungen ist aber auch hier unerläßlich. Er führt zu Erkenntnissen über Entwicklungsmöglichkeiten und -wirklichkeiten der Form und der Dichtung und damit zu Erkenntnissen über ihre Lebensbedingungen, die sich sonst nicht gewinnen lassen; er führt auch zum Mutterboden und zum ersten Wachstum der Dichtung, und endlich zu den Gesetzen und zur Weltgeschichte ihrer Wirkung.

In: John Meier, Deutsche Volkskunde, Berlin und Leipzig: Walter de Gruyter 1926, S. 219—262.

MÄRCHEN

Von Friedrich Panzer

Vorbemerkung

Das Märchen ist eine übervölkische Erscheinung, die nachfolgenden Ausführungen aber haben, wenn nicht Gegenteiliges bemerkt ist, immer das deutsche Märchen im Auge. Zwar möchte alles Wichtigere, das von ihm auszusagen ist, auch auf die Märchen anderer Völker zutreffen; einzelne der im 1. Abschnitte dieser Skizze beschriebenen Eigenschaften des Märchens gelten aber nur von der deutschen Überlieferung. Ihr sind auch alle Belege entnommen, und nichts wird näher erörtert, das ihr fremd ist. Die Beispiele sind, soweit es irgend ging, aus den Kinder- und Hausmärchen der Brüder *Grimm* geholt; die dabeistehenden Ziffern meinen die Nummern der Märchen in der Ausgabe letzter Hand. Indem die Märchenformen durchweg mit den Überschriften benannt werden, die ihren Vertretern in der Grimmschen Sammlung gegeben sind, bleiben sie auch in anders als die genannte Ausgabe geordneten oder unvollständigen Ausgaben leicht auffindbar.

Von der Erörterung ausgeschlossen habe ich die sog. „Tiermärchen". Sie sind vielfach keine Märchen in dem hier dem Worte unterlegten Sinne und verlangen durchaus eine gesonderte Betrachtung.

I. Inhalt und Form des Märchens

1. Unter dem Worte „Märchen" in seinem wissenschaftlichen Sinne verstehen wir eine kurze, ausschließlich der Unterhaltung dienende Erzählung von phantastisch-wunderbaren Begebenheiten, die sich in Wahrheit nicht ereignet haben und nie ereignen konnten, weil sie, in wechselndem Umfange, Naturgesetzen widerstreiten.

2. Von Hause aus kam dem Worte solche Bedeutung nicht zu. „Märchen" ist eine Verkleinerungsform zu dem Hauptworte „die Märe", mittelhochdeutsch *diu* oder häufiger *daz mære,* dessen

ursprünglicher Sinn „Kunde, Nachricht" bedeutete. In der aus Luthers Weihnachtslied geläufigen Fügung „neue Mär bringen" ist dieser Sinn noch deutlich. Früh aber neigte das Wort zu der Bedeutung „Erzählung". Es wird im späteren Mittelalter die geläufige Bezeichnung für jene kleinen Erzählungen in Versform, die wesentlich erfundene Stoffe behandeln. Daraus begreift sich sowohl der häufige Gebrauch der Verkleinerungsform als die Bedeutungsverschiebung, bei der sich das Merkmal des Widerspruchs zwischen Märchenaussage und Wirklichkeit in den Vordergrund drängt. Die anfangs überwiegend gebrauchte oberdeutsche Form „Märlein" wird dabei seit dem 18. Jahrhundert mit dem Überwiegen des mitteldeutschen Schrifttums allmählich durch die mitteldeutsche Form „Märchen" ersetzt.

3. Die heutige wissenschaftliche Bedeutung des Wortes Märchen, die es scharf abgrenzt gegen die verwandten Begriffe der Sage, Fabel, Legende, des Schwankes und der Anekdote, war vorbereitet im 18. Jahrhundert durch den Gebrauch des Wortes für Erzählungen, die die *Contes de fées* und *Contes orientaux* der Franzosen (vgl. unten § 46) nachahmten. In seiner wissenschaftlichen Bestimmtheit geht er wesentlich auf die Brüder Grimm zurück, die freilich in ihre Sammlung der „Kinder- und Hausmärchen" noch manches aufgenommen haben, das wir heute nicht mehr zu den Märchen im strengen Sinne des Wortes rechnen würden. Die Mundarten wie die übrigen germanischen Sprachen gebrauchen für den Begriff andere Wörter von geringerer Bestimmtheit. Holländisch gilt überwiegend *sprookje* oder *vertelsel,* dänisch *æventyr* (d. i. Abenteuer) wie schwedisch *eventyr,* woneben aber auch *saga* gebraucht wird wie norwegisch *soge.* Im Englischen gebraucht man *tale, fairy tale, story, household story, legend* u. a., wie französisch *conte, conte populaire, récit, légende,* italienisch *conto, racconto, storia, fiaba, favola* usw.

4. Was dem kritischen Betrachter heute am Märchen in erster Linie auffällt, ist, wie oben schon angedeutet, der Widerspruch, in dem seine Aussage zur Wirklichkeit steht. Dies Wunderbare, Unwirkliche und Unwahre der Märchenerzählung ist in einer ganzen Reihe ihrer Eigentümlichkeiten gegeben.

Träger der Märchenhandlung, ihre eigentlichen „Helden", sind zwar so gut wie ausschließlich Menschen. Und zwar überwiegend

Menschen gewöhnlicher Art, die auch in die gewöhnliche irdische
Umwelt von Mitmenschen, Tieren, Pflanzen, der irdischen Landschaft, in die gewöhnlichen Beziehungen von Zeit und Raum sich
hineingestellt finden.

Aber dies Gewöhnliche, Irdische wird allenthalben gepaart und
durchkreuzt mit einem Wunderbaren, der Wirklichkeit Wider-
sprechenden. Und zwar handelt es sich dabei entweder um eine
phantastische Steigerung des Wirklichen oder um die Einfügung
eines vollkommen Unwirklichen, Übersinnlichen.

5. Eine Steigerung ins Übernatürliche findet sich bei den auftretenden Menschen, ihrer Art und ihrem Handeln. Schon die
Geburt des Märchenhelden etwa vollzieht sich auf übernatürliche
Weise: er ist geboren, weil die Mutter von einer bestimmten Frucht
oder einem Fisch gegessen, von einem bestimmten Wasser getrunken
hat; er ist aus dem Wasser gezogen, dahin er in einer goldenen
Schachtel aus dem Himmel gefallen ist; er wird aus Eisen
geschmiedet. Oder er war von einem Tiere, einem Bären etwa,
gezeugt oder doch von einem Tiere gesäugt und aufgezogen. Oder
es haften wunderbare Eigenschaften an ihm: übernatürliche Körper-
kräfte, unerhörte Schnelligkeit, unglaubliche Schärfe der Sinne, die
in ungeheure Fernen sieht, die Toten unter der Erde hört u. dgl.
Seltener sind es gehobene geistige Fähigkeiten, wie überlegene Klugheit oder unerhörte Diebeskunst. Oder diese Menschen geraten in
seltsame Zustände, wie einen totenähnlichen Schlaf, wenn sie an
einem Flachsagen oder einer Spindel sich stechen, von einem ver-
gifteten Apfel essen oder einen bezauberten Gürtel umlegen, oder
wenn man ihnen eine Nadel in den Kopf sticht. Oder sie unterliegen
zauberhaftem Wandel der Gestalt, da sie zu Stein werden oder zu
Blumen, zu den verschiedensten Gegenständen, vor allem auch in
Tiere mannigfacher Art sich wandeln. Und im Tode noch haben sie
solch seltsame Schicksale: fliegen als Tauben davon, sitzen in Vogel-
gestalt auf dem Machandelboom und singen dort die Geschichte
ihrer Ermordung oder aus einem Knochen heraus die Anklage gegen
den Täter, wachsen als Baum oder Blume aus dem Grab.

6. Auch die Tiere steigern hier ihre Natur. Sie sind vor allem
sprachbegabt wie die Menschen und diesen in Freundschaft und
Feindschaft hundertfältig verbunden. Das Verhältnis ist dabei auch

von ihrer Seite ganz menschlich-persönlich gefaßt. Sie stehen dem Helden als Helfer zur Seite, oft aus Dankbarkeit für gewährte Schonung; sie tragen ihn mit Windeseile dahin, helfen ihm Erbsen und Linsen lesen, einen Wald hauen, Berge abtragen, holen Verlorenes für ihn aus dem Wasser, retten ihn aus vielfältiger Gefahr. Ihre Erscheinung ist gesteigert, da etwa Vögel mit goldenen Federn erscheinen, und sie haben oft gar seltsame Eigenschaften und Fähigkeiten: ein Esel niest Dukaten, ein Fisch erfüllt alle Wünsche, an einer Gans klebt alles fest; wer eines bestimmten Vogels Kopf ißt, wird König, eines Vogels Leber, findet jeden Morgen einen Beutel voll Gold unter seinem Kopfkissen; wer das Fleisch der weißen Schlange genießt, versteht die Vogelsprache. Tiere erscheinen Menschen vielfach ehelich verbunden; sie sind dann meist aus Menschen verwandelt oder wandeln sich in Menschen durch „Erlösung"; mehrere Märchentypen bauen auf diesem Motiv des „Tierbräutigams" sich auf (z. B. „Froschkönig" 1, „Löweneckerchen" 88, „Hans mein Igel" 100, „Eselein" 144).

7. Selbst die Pflanzenwelt nimmt an solcher Erhöhung ins Übernatürliche teil. Apfelbäume tragen wohl ihre Früchte wie sonst, aber es sind Äpfel aus Silber oder Gold, Äpfel, die gesund machen oder ewiges Leben, ewige Jugend verleihen. Hier wachsen Früchte, deren Genuß Kinder erweckt oder Hörner wachsen und verschwinden läßt, Blätter, die Tote ins Leben rufen. Hier wachsen Bäume buchstäblich in den Himmel, oder sie lassen, geschüttelt, kostbare Kleider herabfallen, und was des Wunderbaren mehr ist.

Auch Steine finden sich wohl mit wunderbaren Kräften und Eigenschaften ausgestattet.

8. Vor allem aber sind die Märchen voll der seltsamsten Gegenstände, denen wunderbare Fähigkeiten eignen. Da gibt es Tischlein-deck-dich und Knüppel-aus-dem-Sack, ewig gefüllte Beutel und nie versiegende Töpfe und Krüge, Mäntel und Hüte, die unsichtbar machen, Schwerter, die auf Befehl alle Köpfe abschlagen, Trommeln oder Tornister, aus denen man ganze Regimenter hervortrommeln kann, Hüte, die, gerückt, Kanonenkugeln schießen oder gewaltigen Frost erzeugen, Salben, die unverwundbar machen oder heilen, Wasser, das Gesundheit oder ewiges Leben verleiht, Tau, der Blinde sehen macht, Schiffe, die über Land und Wasser fahren, Stiefel, die

ihren Träger mit jedem Schritte sieben Meilen weiter bringen, Pfeifen, die hilfreiche Tiere oder Dämonen herbeirufen, und sonst Zauber- und Wunderdinge in endloser Fülle.

Diese wunderbaren Gegenstände rühren meist aus dem Besitze übermenschlicher Wesen. Der menschliche Märchenheld erhält sie als Gaben, die diese dämonischen Gestalten ihm barmherzig und hilfreich darreichen. Oder die Dämonen treten dem Helden feindlich entgegen, er besiegt sie in gefährlichem Kampfe und bemächtigt sich so ihrer wunderbaren Werkzeuge.

9. An solchen übernatürlichen Wesen erscheinen zunächst Gestalten, die eine Art Übergangsstellung zwischen dem Diesseits und einer jenseitigen Welt einnehmen. Es sind die Zauberer, Hexenmeister und Hexen, die gewöhnlich menschliche Gestalt haben, nur daß sie immer alt und, besonders die weiblichen, als erschreckend häßlich gedacht werden. Manchmal vermögen sie sich auch in Tiergestalt zu verwandeln. Denn immer sind sie im Besitze übernatürlichen Wissens und zauberischer Fähigkeiten gedacht, durch die sie, dem Märchenhelden hilfreich oder feindlich, in den natürlichen Ablauf des Geschehens einzugreifen imstande sind. Bereitung giftiger oder einschläfernder Tränke und Verwandlung der Menschen in Tiere oder Stein sind gewöhnliche Mittel, mit denen sie arbeiten. Öfter tritt auch einfach „ein alter Mann“, „eine Alte“, „ein altes, graues Männchen“ u. dgl. auf, die ein nicht näher begründetes transzendentes Wissen verraten.

Häufiger noch aber gehören diese Gestalten nach Art und Erscheinung vollkommen einer jenseitigen Welt an, sind erklärte mythische Wesen: Riesen, Zwerge, Heinzel- und Wichtelmänner, Hauler- und Erdmännchen, Wasserdämonen, Gespenster verschiedener Art. Sie hausen in menschenferner Einsamkeit, im Walde, oft auch in der Erde, im Wasser, in der Luft, in Bereichen also, die dem gewöhnlichen Sterblichen nicht zugänglich sind. Dem Menschen sind sie überwiegend feindlich, die Riesen besonders als Menschenfresser gefürchtet. Auch wunderbare Tiergestalten, wie Drachen oder Greife, der Vogel Phönix begegnen, und kosmische Erscheinungen: Sonne, Mond und Wind treten als persönlich gedachte Dämonen auf. Vielfach erscheint auch die christliche Gestalt des Teufels im Märchen und seine Behausung, die Hölle; seltener

leuchten der Himmel und seine Bewohner auf: Gott, die Jungfrau
Maria, Engel, der heilige Petrus. Auch der Tod kann handelnd
auftreten.

10. Soweit aber nun die Wohnungen und Reiche dieser dämonischen Gestalten ferne von der Menschenwelt liegen unter oder
über oder jenseits der behausenden Erde: dem Märchenhelden
ist gleichwohl ein als naturgemäß gedachter, unbestaunter Verkehr mit ihnen möglich. Und dies ist überhaupt das Wunderbarste
an der Erzählung des Märchens, daß seine ganze Wunderwelt mit
ihren so seltsamen persönlichen und sachlichen Erscheinungen mit
ruhiger Selbstverständlichkeit neben die menschlich-irdische sich
stellt, mit ihr sich unaufhörlich durchkreuzend.

11. Die Wirklichkeitsferne der aus Irdischem und Überirdischem
so eigenartig gemischten Märchenhandlung wird nun noch gesteigert
durch die sonderbare Unbestimmtheit, in der sie verdämmert.

Die erzählte Geschichte wird nie in eine bestimmte Zeit gesetzt.
Keine Anspielung verrät auch nur das Jahrhundert, in dem sie
gedacht wird, geschweige denn, daß eine Jahreszahl genannt würde.
Was das Märchen erzählt, das hat sich eben „einmal", vielleicht
„vor langen Zeiten", begeben; zweifelnde Schelmerei läßt es etwa
in den Tagen, „wo das Wünschen noch geholfen hat", spielen.

Niemals wird im deutschen Märchen Ort oder Land der Handlung genauer bezeichnet. Allenfalls vorkommende Benennungen
sind phantastische Namen — „König vom goldnen Berg", „goldenes
Schloß von Stromberg" — oder Länder phantastischer Ferne:
„Spanien", „Türkei", „Rotes Meer".

Ja, selbst die auftretenden Personen, der Held, sein Gegenspieler,
wie die Statisten, bleiben ohne Namen. Wird dieser herrschende
Grundsatz da und dort durchbrochen, so bleiben die dann auftretenden Namen doch ohne eigentliche Bestimmtheit, entbehren
also des wesentlichen Merkmals echter Personennamen.

So wird der Märchenheld wohl öfter mit einem Namen genannt.
Aber was da auftritt, sind Allerweltsnamen, die keinerlei Indivi-
dualisierung bedeuten, so vor allem Hans, Hansel, Johann oder
Jan und vereinzelter, nach landschaftlichem Sonderbrauche, Joseph,
Peter, Seppl, Ferdinand, Gottlieb, Klas u. ä., für die Heldinnen
entsprechend Gretel, Else, Maria, Annamial, Rose, Lotte u. dgl.

Diese Namengebung tritt übrigens fast nur ein, wenn Personen niedrigen Standes, besonders Bauernkinder, Helden des Märchens sind.

Oder aber die auftretenden Namen sind, was man mit einem Ausdrucke der Heraldik „redende Namen" nennen könnte, d. h. sie drücken besondere Eigenschaften oder Erlebnisse der mit ihnen benannten Gestalten aus. Hans Bär, Bärensohn heißt der vom Bären gezeugte oder erzogene Held, Pfefferhans oder Pfefferkern der aus einem Pfefferkorn Erwachsene, Brunnenhold, Wasserpeter und Wasserpaul heißen die nach einem Trunk Wassers von der Mutter Empfangenen, Hans Stark oder Starkhans der riesenhaft Starke, Goldener, der sich im Brunnen des Riesen Goldhaare holte, Aschenbrödel, Aschenpössel, Aschenputtel die in der Küchenasche aufgewachsenen Helden und Heldinnen, Schneewittchen, die so weiß war wie Schnee, Dornröschen, deren Schlaf die Dornenhecke schirmte, Allerleirauh, die mit einem Pelzrock aus allerlei Tierfell Bekleidete, Rotkäppchen die Rotbemützte usw.

12. Die Handlung aber, um derentwillen diese wundersame Welt in Bewegung gesetzt wird, ist von eigentümlich eingeschränkter Art. Die große Mehrzahl aller echten Märchen mit männlichen Helden hat die Erwerbung einer Frau zum Vorwurf. Inhalt der Erzählung im einzelnen ist dann wesentlich die Beseitigung der Schwierigkeiten, die dieser Erwerbung entgegenstehen, Ziel und Schluß des Märchens die Verheiratung des Helden. Darüber hinausgeführt wird die Handlung etwa dadurch, daß der Held die schon erworbene Gattin noch einmal verliert, um sie dann mühseligst wieder aufsuchen zu müssen zur zweiten und endgültigen Vereinigung (z. B. „König vom goldenen Berg" 92, „Die Rabe" 93, „Krautesel" 122), oder um von der Gattin, die für diesen Schlußteil nun die Heldin wird, neu erworben zu werden (Grundform der vergessenen Braut: „Die zwölf Jäger" 67, „De beiden Künegeskinner" 113).

Nach der Art, wie die Erwerbung der Braut erfolgt, kann man wieder zwei Gruppen unterscheiden.

Die erste Gruppe umfaßt Märchen von mehr heldischer Haltung, die man Erlösungsmärchen nennen dürfte. Die Frau wird in ihnen aus der Gewalt von Riesen, Drachen oder sonstigen dämonischen

Wesen erlöst durch Stärke-, Mut- und Standhaftigkeitsproben, die der Held zumeist aus eigener Kraft besteht.

In der zweiten Gruppe erfolgt die Erwerbung der Frau friedlicher und in gewissem Sinne geistiger durch Lösung gestellter Aufgaben. Sie gelingt dem Helden zumeist durch die Unterstützung von Personen, Tieren oder Gegenständen, denen zauberhafte Kräfte eignen. Der Eingang des Märchens pflegt dann zu erzählen, auf welche Weise der Held sich diese Hilfe zu sichern wußte.

Die Märchen mit weiblichen Helden geleiten diese gleichfalls durch allerlei Bedrängnisse in den Glückshafen einer königlichen Ehe. Hier schließt ganz gewöhnlich eine Fortsetzung sich an, in der der Heldin durch verleumderische Widersacher neue Mühsale bereitet werden; ihre Rechtfertigung und die grausame Bestrafung der Gegenspieler machen dann den Beschluß.

13. Held und Heldin erscheinen innerhalb der eigentlichen Märchenhandlung gewöhnlich in der Vollkraft der späteren Jugend: die stehende Anlage der Erzählung erfordert eben heiratsfähiges Alter. Eine Ausnahme machen natürlich die Kindermärchen.

Die Gesamthandlung des Märchens berührt nicht selten zwei Generationen, denn sie beginnt gewöhnlich mit der Geburt des Helden. Da diese öfter unter wunderbaren Umständen erfolgt, so haben hier auch die Eltern ihre Rollen. Auch der Schluß der Erzählung mag sie gerne noch einmal streifen. Selten nur greifen sie tiefer in die Handlung, wie etwa die Mutter im Typus von der vergessenen Braut („ De beiden Künegeskinner" 113), der Vater im „Wasser des Lebens" (97). Nur die Stiefmutter hat in zahlreichen Geschichten eine feste Rolle als Gegenspielerin der Heldin, seltener des Stiefsohnes, wie im „Machandelboom" (47); auch Stiefschwestern treten häufig in gleicher Betätigung auf. Von den leiblichen Geschwistern erscheint die Schwester manchmal als hingebende Helferin und Erlöser (z. B. in den „Zwölf Brüdern" 9 und „Sieben Raben" 25), sehr selten fällt dem Bruder diese Rolle zu („Zwei Brüder" 60, „Die Goldkinder" 85). Ganz gewöhnlich erscheinen die Brüder — es sind fast immer die älteren — als Gegenspieler des Helden; seltener wirken leibliche Schwestern der Heldin entgegen („De drei Vügelkens" 96). Manchmal tritt auch der

Schwiegervater dem Helden, öfter die Schwiegermutter der Heldin feindlich entgegen. Die seltener auftretenden Schwäger können als Helfer erscheinen, wie im Typus von den Tierschwägern („Die Kristallkugel" 197 zeigt die Schwäger zu Brüdern entstellt), oder auch feindlich, wie in Fassungen des Goldenermärchens („Der Eisenhans" 136).

14. Die Märchenhelden stammen aus zwei gesellschaftlich entgegengesetzten Schichten. In vielen Märchen sind sie Königssöhne (allenfalls auch Grafensöhne): das ist besonders in den Erlösungsmärchen von heldischer Haltung der Fall. Oder aber sie entstammen der niedersten Gesellschaftsschicht, wie meist in den Zauber- und Schwankmärchen. Der Held ist dann gewöhnlich ein Bauernsohn, auch wohl Sohn eines Fischers, ein Hirte; auch Köhler, Förster, Jäger, Besenbinder und Müller melden sich da und dort: die Vertreter einsam betriebener, naturnaher Gewerbe. Von Handwerkern treten öfter Schmied und Schuster auf, als Held schwankartiger Märchen ist der Schneider bevorzugt. Besonders beliebt ist dann im deutschen Märchen der Soldat, der, die Zeit der Söldnerheere voraussetzend, abgedankt oder desertiert einsam durchs Land schweift. Eigentliche Standesmärchen, wie die Arztgeschichte vom „Gevatter Tod" (44) oder der „Meisterdieb" (192) grenzen an oder fallen schon in den Bereich des Schwankes.

Aus den vorgegebenen gesellschaftlichen Beziehungen holt sich die Märchenhandlung öfter noch als besonderen Reiz, daß sie das Aufsteigen des Niedriggeborenen zu strahlender Königsherrlichkeit darstellt, wie sie dem Helden mit der fürstlichen Braut geschenkt wird. Auch für den Königssohn gewinnt das Märchen des öfteren eine aufsteigende Linie, indem es sein Emporkommen aus einer mit der Verachtung des Vaters und der älteren Brüder belasteten oder gar in Küchenasche und träger Stumpfheit verbrachten Jugend zu leuchtender Heldenschaft und höchstem Glücke schildert.

15. Entwicklung und Verknüpfung der Handlung durch geistige Beziehungen und sittliche Gedanken ist im allgemeinen nicht die Sache des Märchens. Fast nie finden die einzelnen Stufen seiner Handlung sich seelisch, aus dem Innern seiner Personen begründet, aus ihrem gemütlichen und sittlichen Sein und Erleben abgeleitet.

Vielmehr erscheint die Handlung überall von außen gestoßen; der künstlich geschürzte Knoten wird nie gelöst, sondern durchhauen, indem jenseitige Mächte unerwartet und widernatürlich eingreifen. Der *deus ex machina* ist geradezu Grundsatz der Märchenhandlung; ihre Ursächlichkeit ist die „Kausalität des Zaubers", ihr Reich in Wahrheit ein Reich der unbegrenzten Möglichkeiten.

Seelisches spielt im Märchen auch dort keine Rolle, wo sein Hereinziehen nahe genug läge. Bei jener Erwerbung einer Gattin oder eines Gatten, die der Mehrzahl der Märchen der gegebene Vorwurf ist, ist doch kaum je von der Liebe als einer geistigen Macht die Rede. Wo ihrer überhaupt gedacht wird, erscheint sie als ein Naturinstinkt, ein rein sinnliches Begehren, an der Schönheit der Heldin, des Helden entzündet. Und die Erwerbung des schwiegerväterlichen Reiches und Schatzes spielt mindestens daneben keine geringe Rolle.

Treten geistige Eigenschaften bewegend hervor, so sind es einseitig praktische, wie große Klugheit oder hohe Kunstfertigkeit. Von sittlichen Kräften spielt wohl die Liebe der Mutter zum Kinde, der Schwester zu den Brudern da und dort eine in die Handlung greifende Rolle, auch wohl eheliche Treue, z. B. im Typus von der vergessenen Braut („De beiden Künegeskinner" 113), und vereinzelt („Der treue Johannes" 6) Herren- und Dienertreue. Am häufigsten steht das Mitleid auf dem Plan; in einer ganzen Zahl von Märchenformen wird der Beistand tierischer Helfer durch die Barmherzigkeit gewonnen, die der Held ihnen bezeigt hat. Dies Gefühl freilich verleugnet sich völlig bei den höchst grausamen Strafen, die das Märchen über die Gegenspieler des Helden zu verhängen pflegt.

Man kann dabei nicht sagen, daß die Märchenhandlung als Ganzes der sittlichen Gesichtspunkte entbehre; solche treten vielmehr gerade im deutschen Märchen stark hervor. Aber es ist eine höchst primitive Sittlichkeit, die da waltet. Da ist alles in Schwarz und Weiß gemalt: hier steht das vorbehaltlos Gute, drüben das ganz Schlechte; dazwischen gibt es keine menschliche, keine problematische Mitte. Und eine sittliche Weltordnung waltet mit urtümlicher Sinnlichkeit: das Gute siegt nach allerlei Prüfungen unbedingt, das Böse bezahlt anfängliche Triumphe mit völligem Untergang; seine

Träger werden am Ende stets mit ausschweifender Grausamkeit gequält und getötet.

Über die sittlichen Kategorien von Gut und Böse, über die ästhetischen von Schön und Häßlich — beide decken sich nicht selten — hinaus hat kaum mehr eine Charakterisierung auch nur der Hauptpersonen des Märchens statt. Die oben festgestellte Namenlosigkeit dieser unpersönlichen Gestalten steht damit in gutem Einklang.

Nicht selten ist übrigens die Sittlichkeit des Märchens auch im Positiven nicht die unsrige. Von seiner Lust an grausamen Strafen war schon die Rede. Als nicht seltene Motive der Märchenhandlung treten Blutschande, ehelicher Umgang mit Tieren, Kindesaussetzung, Unterschieben von Personen, Menschenfresserei hervor und finden sich nicht immer von der Haltung der Erzählung getadelt. Diebeskunst und erfolgreiches Hochstaplertum können sogar als hohe Vorzüge erscheinen („Die vier kunstreichen Brüder" 129, „De Gaudeif un sien Meester" 68, „Der gestiefelte Kater", 1. Aufl. Nr. 33). Ähnlich wie im Volkslied herrscht überhaupt eine gewisse Lust am Kriminellen, und es brechen wohl dieselben Instinkte durch wie in der Schundliteratur.

16. Die Anlage der Märchenhandlung ist überwiegend biographisch im ausgesprochensten Sinne. Sie hat im allgemeinen nur einen Helden; sein Leben verfolgt sie von der Wiege bis zum Grabe zwar nicht — dieser wirklichkeitsbittere Abschluß liegt der optimistischen Haltung des Märchens fern —, aber bis zur Heirat. Damit ist die strenge Abgeschlossenheit eines jeden Märchens nach außen und seine Vereinzelung gegeben. Es kommt nur ausnahmsweise vor, daß in der lebendigen Überlieferung einmal zwei Märchen sich verbinden, indem die Ähnlichkeit der gestaltenden Motive dem Erzähler zwei Märchenformen gleichzeitig ins Gedächtnis ruft. Sie werden dabei eher durcheinandergeschoben als aneinandergereiht.

Eine Ausnahme machen in gewissem Grade die Abenteuermärchen, wie man sie nennen könnte, d. h. Märchen, die aus einer bestimmten Eigenschaft ihres Helden, z. B. seiner auffallenden Kleinheit oder gewaltigen Stärke („Daumesdick" 37 und „Des Schneiders Daumerling Wanderschaft" 45; „Der junge Riese" 90), eine Reihe von Abenteuern ableiten, die, ohne biographischen Aufbau, lediglich durch die Persönlichkeit des Helden zusammenhängen und so leicht erweitert oder gekürzt auftreten. Sie nähern sich übrigens damit und sonst dem Schwanke.

Vereinigung einer größeren Zahl von Märchen zu ganzen Ketten, wie sie aus der literarischen Überlieferung der Inder und Araber bekannt sind, sind dem deutschen Märchen und seiner mündlichen Überlieferung fremd.

17. Bei solcher Geschlossenheit nach außen ist die Märchenhandlung in sich doch fast immer deutlich mehraktig. Innerhalb der Aufzüge machen sich wieder die einzelnen Auftritte deutlich empfindbar.

Im ganzen ist das echte, biographische Märchen immer mehrsätzig, nach Sonatenart, komponiert. Die Jugend des Helden gibt das ruhige Largo der Einleitung. In den Umständen seiner Geburt oder frühesten Jugend deuten die Schwierigkeiten sich an, in die er geraten wird; eine Art Zwischensatz ergibt sich, wo der Held in frühen Abenteuern den Samen streut, der ihm nachher segenvoll aufgehen wird. Die Nöte, die um den Helden sich häufen, und ihre Lösung oder gewaltsame Beseitigung durch himmlische Kräfte machen den Kern. Besitz- und Eheglück des Helden und Bestrafung seiner Widersacher geben das kurze, rauschende Finale.

Darüber hinaus erscheint in den Erlösungsmärchen öfter ein Aufbau in drei Hauptstufen: Erlösung und Gewinnung der Gattin, des Gatten, Verlust und Wiedergewinnung (vgl. oben § 12).

18. Ein solcher Rhythmus der Dreigliedrigkeit beherrscht aber auch sonst in erheblichem Maße den Aufbau des Märchens.

Nicht bloß erscheint die Drei als die stehende Zahl überhaupt, indem Personen, Dinge, Maße regelmäßig in der Dreizahl erscheinen, drei Söhne also auftreten, drei Schwestern, drei Riesen, drei Zwerge, drei Drachen, drei Wunsch- und Zauberdinge, drei Tage, Nächte oder Jahre u. dgl. Diese Dreizahl gibt sehr oft dem Stoffe zugleich die entscheidende Gliederung.

Es ist oben schon angedeutet worden, daß dem Helden öfter zwei ältere Geschwister an die Seite gestellt werden, von deren hochmütiger Untüchtigkeit seine Leistung sich um so strahlender abhebt. Das führt dann von selbst und von vornherein zu einem dreigliedrigen Aufbau der Handlung, indem den älteren zwei vergebliche Versuche zugeschrieben werden, eine gestellte Aufgabe zu lösen; erst dem dritten und jüngsten, dem niemand es zugetraut,

gelingt es. Und so wird auch sonst in ausgedehntem Maße die Dreizahl verwendet, um einen pyramidenartigen Aufbau der Handlung
in drei sich übereinander erhebenden Stufen zu erzielen. Es gilt
gewöhnlich, dreimal Gefahren zu bestehen, drei Nächte hindurch
die Alpqual zu erdulden, drei Wunschdinge nacheinander heim-
zuholen, drei Aufgaben zu lösen: immer mit fortschreitender Steigerung des Umfangs, der Schwierigkeiten und damit der Spannung.
Drei Eisenstäbe werden dem Helden geschmiedet, einer immer stärker als der andere, erst der letzte taugt seiner Kraft („Der junge
Riese" 90); dreimal erscheinen Aschenputtel und Allerleirauh zum
Feste in immer strahlenderen Kleidern, dreimal der Goldener
(„Eisenhans" 136) in immer kostbarerer Rüstung zum Turnier; mit
immer seltsameren und köstlicheren Gegenständen spielen die erste,
zweite, dritte Prinzessin im unterirdischen Reiche des Bärensohnmärchens („Dat Erdmänneken" 91) usw. in endloser Reihe. Die
Dreiheit wiederholt sich auch öfter mit kunstvoller Beziehung:
dreimal erbarmt sich der Held bedrängter Tiere, die ihm dann
nacheinander bei der Lösung dreier ihm gestellter Aufgaben zu
Hilfe eilen.

19. Dieser Rhythmus im Ablaufe der Handlung hat häufig auch
eine gewisse Rhythmik des Ausdrucks zur Folge, indem die ähnlichen Handlungsstufen bei ihrer dreimaligen Wiederkehr die
gleiche sprachliche Formung erfahren. *Ph. O. Runge* hat diese Neigung in den von ihm erzählten Märchen („Von dem Fischer un
siner Fru" 19, „Von dem Machandelboom" 47) kunstvoll ausgebaut.

Überhaupt ist dem Märchen häufig eine gewisse Formelhaftigkeit
des Ausdrucks eigen, wie sie schon dem Bildungsstande seiner Träger
entspricht. Gerne stellen auch zu Anfang und Schluß des Märchens
gewisse Formeln sich ein, die unabhängig sind vom besonderen Inhalte der gerade erzählten Märchenform; im deutschen Märchen
stehen sie freilich sowohl an Häufigkeit als an Umfang und Grad
der Ausprägung stark zurück hinter der Verwendung, die sie etwa
in ungarischen, sizilischen oder selbst französischen Märchen finden.
Besonders der Märcheneingang beschränkt sich im Deutschen überwiegend auf das stehende „Es war einmal". Häufiger zeigt der
Schluß formelhafte Wendungen, und es ist da dem deutschen Märchen fast allein eigen das häufige „Wenn sie nicht gestorben sind,

so leben sie noch heute". Auch Versicherungen der Wahrheit des
Erzählten treten wohl am Schlusse auf, oft freilich auch mit schelmischer Umkehr und einer Art „romantischer Ironie" oder Stimmungsbrechung die Illusion freiwillig zerstörend, wie das Grimmsche: „Wer's glaubt, zahlt einen Taler". Seltener ist in Deutschland
die kecke Versicherung, der Erzähler habe den Helden selbst gesehen oder er sei auf seiner Hochzeit gewesen, habe aber durch ein
spaßhaftes Malheur die dort erhaltenen Herrlichkeiten wieder verloren. Hie und da fordert der Erzähler am Schlusse einen der Zuhörer auf, nun seinerseits etwas zum besten zu geben.

Eingangs- und namentlich Schlußformeln nehmen gerne auch
Versform an.

20. Im ganzen ist die Sprachform des deutschen Volksmärchens
ja durchaus Prosa. Es entspricht das der verhältnismäßigen Gefühllosigkeit des Märchens, seinem Mangel an lyrischem Schwung
und sittlichem Pathos und somit auch an Sangbarkeit. Vereinzelt
ist seine Erzählung aber doch mit Versen durchsetzt. Sie sind aber
von eigentümlichem Gehalt und stehen nur an ganz bestimmten
Stellen der Handlung.

So begegnen, doch verhältnismäßig sehr selten, Verse am Eingang
des Märchens, die wie ein Glockenzeichen dem Erzähler lediglich
die Aufmerksamkeit seiner Hörer sichern sollen:

> Ich erzähl ein Märchen
> Vom Dippel-Dappel-Därchen,
> Von der Dippel-Dappel-Fledermaus,
> Blas der Katz das Schwänzchen aus!

Oder es wird der Abschluß der Geschichte, die Rückkehr aus ihrer
Wunderwelt auf diese Erde durch ein Verschen betont:

> Snipp, snapp, snut,
> Nu 's dei Geschicht ut

oder

> Nun ist das Märchen aus,
> Da droben läuft die Maus,
> Fang sie und mach dir en Pelzkapp daraus!

(So in nassauischen und pommerschen Märchen.)

Wo Verse im Innern des Märchens stehen, führen sie so gut wie
nie die Erzählung weiter, sondern enthalten Reden der auftretenden Personen, Tiere oder Gegenstände. Und zwar sind es entweder
Zaubersprüche, die ihre Macht ja eben aus der erhöhten dichterischen Form der Rede entnehmen. Aschenputtel zwingt den Baum,
sie mit Kleidern auszustatten, durch den dreimal wiederkehrenden
Spruch:

> Bäumchen, rüttel dich und schüttel dich,
> Wirf Gold und Silber über mich!

Die Stiefmutter zwingt den Spiegel zum Reden durch ihren Spruch:

> Spieglein, Spieglein an der Wand,
> Wer ist die Schönste im ganzen Land?

Der Fischer den Butt durch die immer wiederkehrende Beschwörung:

> Manntje, Manntje, Timpe Te,
> Buttje, Buttje in der See,
> Mine Fru, de Ilsebil,
> Will nich so as ik wol will.

Die fliehende Prinzessin in einem holsteinischen Märchen hält ihre
Verfolger ab durch den Zauberspruch:

> Vör mi hell und achter mi dunkel,
> Dat ken Minsch süht, wohen ich funkel

und so in vielen Fällen.

Oder aber es handelt sich um Reden übernatürlicher Wesen,
denen alter Glaube eine besondere, von der menschenüblichen abweichende Redeweise zuschreibt. So spricht der Zwerg im „Rumpelstilzchen" in Versen:

> Heute back ich, morgen brau ich,
> Übermorgen hol ich der Königin ihr Kind;
> Ach, wie gut, daß niemand weiß,
> Daß ich Rumpelstilzchen heiß!

Und die Tiere reden sehr oft in Versform, besonders wenn sie
eigentlich verwünschte Menschen sind, wie der Froschkönig:

Königstochter, jüngste,
Mach mir auf,
Weißt du nicht, was gestern
Du zu mir gesagt
Bei dem kühlen Brunnenwasser?
Königstochter, jüngste,
Mach mir auf!

Oder die hellsichtige Taube im „Aschenputtel", aus der man die Stimme der verstorbenen Mutter hören mag, redet in Versen:

Rucke di guck, rucke di guck,
Blut ist im Schuck:
Der Schuck ist zu klein,
Die rechte Braut sitzt noch daheim!

Wie die verstorbene Wöchnerin, aus dem Totenreiche kehrend, in Versen spricht („Brüderchen und Schwesterchen" 11):

Was macht mein Kind? Was macht mein Reh?
Nun komm ich noch diesmal und dann nimmermehr.

Oder in eine Ente verwandelt („Die drei Männlein im Walde" 13):

König, was machst du?
Schläfst du oder wachst du?
Was macht mein Kindelein? usw.

Natürlich spricht auch der Vogel im Machandelboom, der ja eigentlich der ermordete Knabe ist, in jenen Versen, die Goethe in den Faust übernommen hat:

Meine Mutter, die —,
Die mich umgebracht hat!
Mein Vater, der Schelm,
Der mich gessen hat!
Mein Schwesterlein klein
Hub auf die Bein
An einem kühlen Ort;
Da ward ich ein schönes Waldvögelein;
Fliege fort, fliege fort!

Und aus dem Knochen singt der Ermordete selbst in Versen:

Ach, du liebes Hirtelein,
Du bläst auf meinem Knöchelein,
Mein Bruder hat mich erschlagen,
Unter der Brücke begraben,
Um das wilde Schwein,
Für des Königs Töchterlein.

21. Durch die geschilderten Eigenschaften unterscheidet sich das Märchen von den verwandten Gattungen der Volkssage, der Legende und des Schwankes.

Die Volkssage verbindet mit dem Märchen das wesentliche Merkmal, daß auch ihre Aussage dem aufgeklärten, gebildeten Menschen von heute unglaubhaft erscheint, weil sie vielfach der erkannten Gesetzlichkeit der Welt widerstreitet. Es liegt das zum Teil daran, daß ihre Handlung geradezu Bestandteile enthält, die der wirklichen Welt fremd sind. Und zwar sind diese wunderbaren und jenseitigen Elemente der Volkssage in nicht geringem Maße dieselben, die auch im Märchen begegnen: Riesen und Zwerge etwa, Teufel und Gespenster erscheinen hier wie dort. Auch die behauptete Ursächlichkeit des Geschehens ist in der Volkssage vielfach gerade so unnatürlich zauberhaft wie im Märchen. Aber wenn das Jenseitige im Märchen als ein völlig Gleichberechtigtes neben dem Irdisch-Wirklichen steht, mit ihm in jedem Augenblicke wie selbstverständlich sich durchkreuzend und vermischend, so wird es in der Volkssage als ein im eigentlichen Sinne Jenseitiges empfunden und der menschlichen und sachlichen Wirklichkeit bewußt entgegengesetzt. Überwiegend sogar gilt es als ein Gespenstiges und Ängstigendes, das mit einem in sich eigentlich unberechtigten Dasein in diese Welt hineinragt.

Denn immer ist das Wirkliche der Menschenwelt Ausgang und Ziel der Volkssage. Sie schwebt nicht frei in der Luft wie die Handlung des Märchens. Vielmehr zeigt sie sich an einen bestimmten Ort geknüpft oder eine Sache irgendwelcher Art, einen Gegenstand, eine Erscheinung, einen Vorgang der wirklichen Welt. Und ihr Ziel ist nicht wie beim Märchen einfach zu unterhalten, sondern ein Sein oder ein Geschehen zu erklären. Sie ist im Gegensatz zum Märchen durchaus ernsthaft gemeint. Sie ist Weltdeutung, ist die unmethodische Wissenschaft und Philosophie des urtümlichen oder im urtümlichen Denken verharrenden Menschen.

Die Volkssage verlangt so ernsthaften Glauben auch für das Mythische ihres Gehalts und ihrer Verknüpfungen. Ihre Aussage ist knapp und schmucklos; sie kennt nicht die vom Rhythmus der Dreiteiligkeit durchpulste Darstellung, nicht den kunstvoll steigernden Aufbau des Märchens; ihre Darlegung bleibt sehr oft episodisch und bruchstückhaft. Das Sittliche tritt in ihr ganz anders heraus als im Märchen; ein sittlicher Gedanke ist sehr oft ihr wesentlichster Gehalt. Weit entfernt von der lächelnden Heiterkeit des Märchens, eignet ihr eine entschiedene Neigung zum Tragischen.

Daß trotz dieser tiefgreifenden Unterschiede Volkssage und Märchen sich öfter beeinflussen und vermischen, ist bei der nahen Verwandtschaft ihrer Inhalte begreiflich. „De drei Vügelkens" 96 z. B. zeigen eine von den Formen der Volkssage beeinflußte Märchenerzählung.

22. Auch mit der Legende hat das Märchen in dem Wunderbaren der Erzählung eine freilich weit losere Verwandtschaft. Denn der Stoff im einzelnen und Ziel und Haltung im ganzen sind doch verschieden genug. Immerhin sind legendarische Gestalten, wie oben § 9 schon angedeutet, Gott-Vater, Maria, die Engel, Petrus und seine himmlische Wirtschaft und der Teufel mit seinem Höllenstaat gelegentlich auch ins Märchen gedrungen, und Formen wie „Das Marienkind" (3) oder „Der Arme und der Reiche" (87) könnten als Märchenlegenden bezeichnet werden, so stark hat hier auch die sittliche Gesamthaltung der Legende eingewirkt. Die äußerlichen Bestandteile der Legende in Personen und Motiven zeigen sich mehr in den literarischer Novellenform oder dem Schwanke sich nähernden Typen, wie „Das Mädchen ohne Hände" (31) und „Die Nelke" (96) auf der einen und „Bruder Lustig" (81), „Spielhansl" (82), „Meister Pfriem" (178) auf der anderen, der schwankhaften Seite.

23. Am stärksten hat das Märchen mit dem Schwanke sich vermischt, obwohl auch zwischen Märchen und Schwank tiefgreifende Unterschiede bestehen. Der Schwank drängt in seinem Inhalte nirgends auf ein Wunderbares und Jenseitiges, sein Schauplatz ist die wirkliche Welt. Allenfalls führt er seine Helden in Himmel oder

Hölle, deren Einrichtung mit parodistischem Behagen und dem Kitzel der Blasphemie nur allzu menschlich geschildert wird, und bringt sie mit deren Verwaltern, Sankt Peter und dem Teufel und seiner Großmutter, in spaßige Konflikte. Im übrigen leitet er seine Handlung aus den bunten Möglichkeiten menschlichen Gesellschaftslebens und menschlicher Charaktere ab. Seine Helden erscheinen darum auch gerne benannt, die Handlung gerne an bekannte Orte geknüpft. Sie ist nicht biographisch, überhaupt nicht geschlossen nach außen, vielmehr nur eine Episode, ein Abenteuer, das sich dann leicht verwandte zugesellt: immer wieder hängen sich ganze Ketten von Schwänken an bestimmte Persönlichkeiten. Nach innen ist die Handlungsführung dagegen straffer als im Märchen, ohne sein holdes Irren, seine Dreiteiligkeit und Formelhaftigkeit einem bestimmten Ziel, der Pointe, zudrängend. Im übrigen hat der Schwank keine bestimmte Stilform, Verse sind ihm so gerecht als Prosa, allen Zeiten und Sprachen schmiegt er leicht sich ein. Er will nichts, als seine Zuhörer lachen machen. Sittlich ist er weder in Ziel und Haltung noch im einzelnen seines Inhalts; der bedenklichste Stoff macht ihm die Arbeit am leichtesten.

Die geschilderte Schranke zwischen Schwank und Märchen ist gleichwohl hin und her überstiegen worden. Der Schwank hat hie und da Bauformen des Märchens übernommen; vor allem aber hat das Märchen ihm die sichere Wirkung seiner Komik nicht ganz überlassen mögen. Die echte Märchenerzählung ist bei aller Heiterkeit der Gesamtstimmung von durchaus ernsthafter Haltung. Gelegentlich aber sind doch schwankhafte Züge aufgenommen; z. B. wenn in der Grimmschen Fassung des Zweibrüdermärchens (60) der Löwe seinem getöteten Herrn im Eifer der Wiederbelebung den Kopf verkehrt aufgesetzt hat, was der in seinen traurigen Gedanken erst bemerkt, als er zu Mittag essen will. Die Vermischung geht aber weiter, indem die übliche Märchenform mit ihrem dreiteiligen Aufbau und den sonstigen Versatzstücken vollkommen schwankhaft ausgefüllt wird; die Geschichte vom tapferen Schneiderlein (20, „Der Riese und der Schneider" 183; vgl. auch den anderen Typ „Vom klugen Schneiderlein" 114) scheint eine Erzählung, in der das Märchen sich gleichsam selber zum besten hat. Man kann solche Formen als „Schwankmärchen" bezeichnen. Das Märchen hat gelegentlich auch die Kettenform des Schwankes mit seinem transzendenten Stoff ausgegossen in jenen Typen, die zwar nicht aus geistigen oder sittlichen Eigenschaften wie die eigentlichen Schwänke (z. B. „Das Bürle" 61, „Der gescheite Hans" 32, „Der Frieder und das Katherlieschen" 59 usw.), aber aus übernatürlichen körperlichen eine beliebige Reihe von Abenteuern ableiten, vgl. oben § 16.

II. Die Überlieferung

24. Rechenschaft zu geben von der Art, wie das deutsche Märchen heute überliefert wird und wie das in vergangener Zeit geschah, der eben versuchten „Morphologie" also eine „Biologie" des Märchens zu gesellen, ist eine unerwartet schwierige Aufgabe. Es fehlt dafür leider selbst aus der Gegenwart an hinreichender Beobachtung und Aufzeichnung. In den Sammlungen sind die Märchen meist aus der Mundart, ihrer natürlichen Sprachform, ins Hochdeutsche übersetzt, dazu von den Sammlern stilisiert. Und nur ganz ausnahmsweise haben die Urheber einer Sammlung für der Mühe wert gehalten, mitzuteilen, wann, wo, von wem, unter welchen Umständen sie ihre Märchen vernahmen.

Im Kreise der Gebildeten hat das Märchen heute seine Heimat so gut wie ausschließlich in der Kinderstube, wo ihm naturgemäß auch in der Vergangenheit schon immer eine Pflegestätte bereitet war: Bildungsstufe und geistige Anlage des Kindes kommen dem Märchen eben am weitesten entgegen. Mütter und Ammen, also Frauen, sind da vorwiegend die Erzähler; Buchüberlieferung spielt heute stark herein. In älteren Zeiten aber und heute noch in primitiveren Verhältnissen hatte und hat das Märchen auch an Erwachsenen sein Publikum, und keineswegs sind da Frauen die alleinigen Träger der Überlieferung; in norddeutschen Landschaften wenigstens scheinen Männer dabei sogar überwiegend beteiligt.

Auch innerhalb der breiten Masse der weniger Gebildeten aber verengt sich noch einmal der Kreis, in dem das Märchen als Unterhaltung auch der Erwachsenen lebendig ist, da Kleinbürger, Bauern und Fabrikarbeiter so gut wie ganz auszuscheiden scheinen. Tagelöhner, Fischer, Matrosen, Landstreicher werden am öftesten als

Gewährsmänner genannt: unter ihnen verkürzt das Märchen noch den Feierabend, die Winternacht, die arbeitslosen Stunden im Felde, an Bord, in der Herberge. Daß es früher in höheren Schichten lebte, vor allem auch dem Bauernstand gehörte, ist kein Zweifel. Die im 16. und 17. Jahrhundert geläufige Bezeichnung unserer Geschichten als Spinn-, Rocken- oder Kunkelmärchen allein schon zeigt, daß es einst auch die bäuerlichen Spinnstuben mit seinem Glanze erhellte.

Wirkliche Märchenerzähler sind auch im Volke stets vereinzelte Personen, denen ein Gott gegeben hat, diese Geschichten zu behalten — *behüllig* muß man dazu sein, wie man in Pommern sagt — und wiederzugestalten. Das Gedächtnis dieser unverbildeten Menschen leistet dabei Erstaunliches. Die Sammler haben immer wieder Leute getroffen, die über fünfzig, sechzig und mehr Geschichten mit nie versagender Treue des Gedächtnisses verfügten. *Bünker* konnte in Ödenburg aus dem Munde eines Straßenkehrers nicht weniger als hundertzweiundzwanzig verschiedene Märchen aufnehmen, die der Mann im Abstande eines Jahrzehntes zu wiederholen vermochte, ohne einen Umstand dabei zu verändern. Ihre Zuhörerschaft spendet solchen Erzählern willig mehr als Beifall, und leicht mag in früheren Zeiten der Fahrende sich auch durch Märchenerzählen seinen Unterhalt verdient haben. Pommersche Märchenerzähler unterbrechen sich wohl an Höhepunkten der Handlung und erklären, nicht fortfahren zu wollen, bis man ihnen eine Prise oder einen Trunk gespendet: das sind Handwerkstricks des Fahrenden, die wir aus der mittelalterlichen Spielmannsepik kennen.

25. Überlieferung von Mund zu Ohr war in alten Zeiten die ausschließliche und ist heute noch die natürliche Form der Märchenüberlieferung. Unsere neueren Märchensammler haben ihren Stoff zum weitaus größten Teile mündlicher Überlieferung entnommen. Freilich hat zu allen Zeiten auch die schriftliche Überlieferung mit hineingespielt. Märchen sind auch in Deutschland schon im Mittelalter in die Literatur eingedrungen und zu den verschiedensten Zwecken in mehr oder weniger reiner Form aufgezeichnet worden; diese schriftlichen Gestaltungen haben nicht selten auf die mündliche Volksüberlieferung zurückgewirkt. In neuerer Zeit hat der Druck naturgemäß stärkeren Einfluß gewon-

nen. Eine so unendlich verbreitete Sammlung wie die Kinder- und Hausmärchen der Brüder Grimm, auch die vielgelesenen Bechstein-schen Märchen haben im letzten Jahrhundert die deutsche Über-lieferung stark bestimmt. Auch fremdländische Sammlungen, wie Tausendundeine Nacht und Perraults Märchen, konnten ihr deutlich erkennbare Spuren eindrücken.

26. Die Zahl der Volksmärchen, die heute aus dem deutschen Sprachgebiete gesammelt und gedruckt vorliegen, ist gewaltig. Es mögen ihrer schon mehrere tausend sein, und immer noch kommen neue dazu. Wer sich aber der Mühe unterzieht, die veröffentlichten Sammlungen untereinander zu vergleichen, erkennt bald, daß keineswegs lauter unter sich verschiedene Erzählungen darin ent-halten sind. Vielmehr kehrt eine beschränkte Zahl von Erzählungs-typen deutlich erkennbar immer wieder.

Diese Tatsache aber bestätigt sich auch, wenn man den Kreis der deutschen Überlieferung überschreitet. Viele Tausende von Märchen sind allmählich auch bei unseren Nachbarvölkern, ja aus fast allen Teilen der bewohnten Erde aufgezeichnet worden. Und auch hier zeigt sich häufige Wiederkehr derselben Grundformen, und diese Formen decken sich zum guten Teile mit den Erzählungstypen, aus denen sich die deutsche Märchenüberlieferung zusammensetzt.

27. Das Verhältnis ist bei diesen Übereinstimmungen genauer dies, daß nur der Grundaufbau der Erzählung wirklich der gleiche zu sein pflegt, im einzelnen aber Abweichungen von größerer oder geringerer Ausdehnung und Bedeutung sich zeigen.

Es liegt in dem oben in § 15 Ausgeführten bereits angedeutet, daß die innere Fügung der Märchenhandlung eine sehr lose zu sein pflegt; es ist das die Folge der mangelnden inneren Verknüp-fung der einzelnen Züge sowohl, als jener deutlich empfindbaren Gliederung in Abschnitte, wie sie im Märchen stattzuhaben pflegt (oben § 17). Nennt man die einzelne geschlossene Märchenerzäh-lung als Ganzes eine „Märchenform" („Grundform") oder einen „Märchentypus", so kann man die einzelnen Abschnitte, in denen sie sich aufbaut, als „Märchenformeln" und bei reicherem Gehalt als „Formelgruppen" bezeichnen. Die einzelnen Aussagen aber, aus denen wieder diese Formeln bestehen, nennen wir „Züge" oder „Motive".

Das in der Märchenüberlieferung durchgehende Verhältnis ist nun dies, daß unter den Märchen, die auf deutschem Sprachgebiet aufgezeichnet sind, wenn man sie unter sich oder aber mit den Märchen anderer Völker vergleicht, dieselben Grundformen oder Typen immer wiederkehren. Im einzelnen aber ist die Ausprägung der Grundform in jeder Erzählung wieder anders, und zwar nicht nur, weil die sprachliche Formulierung immer wieder verschieden ist, sondern weil auch die Inhalte dadurch abschatten, daß innerhalb der gleichbleibenden Form die einzelnen Züge, vielfach aber auch ganze Formeln und Formelgruppen verschieden sind. Auf diese Weise entstehen innerhalb der deutschen und noch mehr der Märchenüberlieferung aller Welt eine große Zahl mehr oder minder abweichender Ausprägungen jeder Form, die man „Fassungen" oder „Varianten" zu nennen pflegt.

28. Das Märchen vom Bärensohn, wie man es gewöhnlich nennt — bei Grimm „Dat Erdmänneken" (91) —, ist beispielsweise auf deutschem Boden in über vierzig Fassungen, auf der ganzen Erde in etwa dritthalbhundert Fassungen aufgezeichnet. Sie bieten fast alle übereinstimmend folgenden Kern. Der Held wagt sich in eine unterirdische Welt, wohin seine feigeren Genossen sich nicht getrauen. Er erlöst dort mehrere Jungfrauen, indem er ihre dämonischen Bedränger in gefährlichem Kampfe besiegt. Die Befreiten befördert er auf die Oberwelt; er selbst muß, von den Genossen verraten, im Dämonenreiche verbleiben. Schließlich findet auch er Mittel zu glücklicher Rückkehr, naht sich verkleidet den Erlösten, überführt und bestraft die Verräter und bringt durch Verheiratung mit der Schönsten das Märchen zum glücklichen Abschluß.

Diese übereinstimmenden Grundzüge schatten nun in der Ausmalung der Einzelheiten von Fassung zu Fassung derart ab, daß in der ganzen Überlieferung auch nicht zwei Fassungen inhaltlich vollkommen übereinstimmen. Da werden beispielsweise die Jungfrauen bald von einem, bald von mehreren, meist drei, Dämonen bewacht. Diese Dämonen aber heißen Zwerge oder Riesen oder Zauberer oder Menschenfresser oder Teufel oder Neger oder Schlangen, Tiger, Hunde usw. Von den Jungfrauen erhält der Held nach siegreich bestandenem Kampfe häufig Kleinodien geschenkt, die ihm später als Ausweis dienen; sie heißen in den einzelnen Fassungen Ringe oder Kronen, Hälften von Ringen oder sonstiges Geschmeide, Ketten, Armbänder usw. Oder es sind Taschentücher, mit den Namen der Prinzessinnen bestickt oder mit Sonne, Mond und Sternen, oder Pantoffel, Bänder oder Kleider. Oder es sind Kugeln aus Gold oder Edelsteinen oder Wunschäpfel, Zauberstäbe usw. in endlosen Abänderungen. Der Held kehrt auf die Oberwelt zurück, indem er von einem der dämonischen Jungfrauenwächter, den er geschont hat, hinaufgetragen wird, oder von einem herbeigepfiffenen Zwerge oder von einem Widder oder besonders oft von einem sehr mannigfaltig geschilderten Riesenvogel, den er sich wieder auf eine sehr verschieden erzählte Weise verpflichtet hat, usw. mit zahllosen Ausweichungen durch alle Formeln und Züge des Märchenkerns hindurch.

Darüber hinaus aber wechseln innerhalb der Grundform auch ganze Formelgruppen. Der skizzierte Märchenkern begegnet in der Überlieferung mit drei unter sich wesentlich verschiedenen Einleitungen. Die Einleitung erzählt nämlich entweder die Vorgeschichte des Helden — die aber wieder in zwei ganz verschiedenen Fassungen — oder auch die Vorgeschichte der nachher vom Helden erlösten Jungfrauen. Im ersteren Falle heißt es entweder so: Der Held, tierischer Abstammung, im Walde wunderbar geboren und erzogen, ist von riesenhafter Kraft. Er erwirbt eine riesenhafte Waffe und verbindet sich wandernd zwei Genossen, die doch zu seiner Heldenschaft nicht aufreichen. In einem einsamen Hause im Walde unterliegen sie einem dämonischen Wesen, das nur der Held besteht und verwundet. Der Blutspur folgend, gelangt er in die unterirdische Welt. Oder aber die Erzählung lautet so: Der Held, meist der jüngste von drei Königssöhnen, bezwingt einen Dämon, der den väterlichen Garten allnächtlich zerstörte, nachdem die Brüder vergebens den Schädiger zu stellen versucht hatten. Der Blutspur des Verwundeten folgend, gelangt er ins unterirdische Reich. Die dritte Form der Einleitung endlich geht von den Jungfrauen, drei Prinzessinnen, aus, die ein Dämon dem Vater nach und nach entführt. Auf den Aufruf des Königs macht der Held mit seinen Genossen sich auf die Suche und besteht im Waldhaus den Dämon, auf dessen Spur er ins unterirdische Reich gelangt: diese dritte Form der Einleitung mündet hier in die erste.

So wechseln hier also ganze Formelgruppen. Innerhalb der dreifach verschiedenen Formelgruppe variieren natürlich auch wieder die Einzelzüge.

29. Was hier an der Märchenform des Bärensohns beispielsweise dargelegt wurde, gilt nun für alle „Grundformen" im Verhältnis zu den „Fassungen", die von ihnen inner- und außerhalb Deutschlands im Umlauf sind. Ein Blick in den Anmerkungsband der Grimmschen Märchen und die wenigen von den Brüdern dort mitgeteilten Fassungen, die von ihnen neben den im Text aufgenommenen aus der mündlichen Überlieferung aufgezeichnet waren, genügt schon, um eine weitreichende Anschauung von diesen Tatsachen zu verschaffen. Die Einsicht in eine beliebige neuere Märchenuntersuchung wird sie vertiefen.

Die Folge davon ist, daß es feste Grundformen von Märchen eigentlich nur in der Idee gibt. Wenn wir vom Dornröschen-, vom Schneewittchenmärchen als einer Märchenform reden, so ist das eine Abstraktion. In Wirklichkeit gibt es von diesen und allen sonstigen Märchenformen nur Fassungen, die unter sich wieder stark verschieden sind, gibt es, wie man mit geringer Übertreibung sagen könnte, in Wirklichkeit so viel verschiedene Ausprägungen, als es Erzähler des Märchens gegeben hat, das eben beinahe in jedem Munde in irgendeinem Zuge anders artet.

30. Die Gründe dieses eigenartigen Standes der Überlieferung sind mannigfach.

Sie liegen einmal in der Tatsache gegeben, daß Märchen sich bis in die neuere Zeit vorwiegend mündlich fortgepflanzt haben. Damit ist ohne weiteres gegeben, daß eine vollständige und genaue Überlieferung der einzelnen Märchenform ausgeschlossen bleibt. Alle mündliche Überlieferung ist gedächtnismäßig, dem Gedächtnis aber sind natürliche Grenzen gezogen. Trotz der außerordentlichen Leistungen, die gerade ungebildete Personen hier oft zeigen, mußte es bei den einzelnen Erzählern in der verschiedensten Weise versagen. Innerhalb der einzelnen Erzählung selbst werden Personen, Gegenstände, Rollen, Züge verwechselt, vertauscht, in ihrem Ursinn vergessen und neu verknüpft und gedeutet; eine nur unbedeutende Veränderung an einem Punkte hat da oft bedeutsame Folgen für die gesamte Erzählung. Es entstehen durch das Versagen des Gedächtnisses vor allem auch Lücken. Das führt bei den geistig unbeweglichen Erzählern zu bruchstückweiser, auch innerlich unzusammenhängender und zerbröckelter Überlieferung. Bei den beweglicheren Geistern aber wird, oft ganz unbewußt, ein Zwang sich regen, die Lücke auszufüllen. Das geschieht erfahrungsgemäß nur in selteneren Fällen durch eigene Phantasietätigkeit und Verknüpfung. Häufiger so, daß aus verwandten Erzählungen leidlich passende Ersatzstücke für das Verlorene geholt werden. Auf diese Weise entstehen dann nicht selten weitgehende Vermischungen getrennter Märchenformen.

Solche Verquickung tritt aber auch ohne Gedächtnislücken sehr leicht ein durch unzeitige Erinnerung an verwandte Lagen, Züge, Verknüpfungen, Personen oder Gegenstände in anderen, dem Erzähler bekannten Märchenformen, aus denen nun mehr oder weniger bedeutende Stücke herübergeholt werden. Es führt das öfter dazu, daß die Erzählung überhaupt nicht mehr ins alte Geleise zurückfindet und nach einem Anfang in der einen Grundform vollständig in eine andere, irgendwie verwandte übergleitet. Nur vereinzelt finden solche Verbindungen in der Weise statt, daß einer fast vollständig erzählten Grundform eine andere, verwandte auch wieder in fast völliger Gänze angereiht wird.

Auch ohne solche Einmengung aber werden nicht selten Züge einer Grundform an verwandte Züge einer anderen Grundform angeglichen. Und innerhalb derselben Grundform finden sich auch öfter Einebnungen des Besonderen und Ausgleichung.

Es sind das alles Vorgänge, die in Kopf und Mund der Erzähler sich gewiß überwiegend unbewußt vollziehen. Es gehört in diesen Bereich des selbstverständlich und fast reflektorisch Vollzogenen auch die Angleichung der fremden Bestandteile einer aus der Ferne gekommenen Erzählung an das Gewohnte, Heimische in der Schilderung der Umwelt, den auftretenden Tieren oder Pflanzen, manchem Kulturzug. So wie auch das Altertümliche und Veraltete selbstverständlich in das Gegenwärtige mehr sich selber umsetzt als umgesetzt wird.

Aber natürlich machen auch der — manchmal vielleicht auch noch halb unbewußt bleibende — Spielbetrieb der Phantasie und bewußte Willkürlichkeiten sich geltend. Je nach der Aktivität des Erzählers, der Lebhaftigkeit seiner Einbildungs-, dem Maße seiner

Gestaltungskraft wird er auch aus Eigenem seine Zutaten machen. Ist dem Träger der Überlieferung hier mit der ungebundenen Sprachform und dem Wegfall der Weise doch sichtlich eine viel weitergehende Freiheit gegönnt als dem Träger des Volkslieds. Im ganzen zeigen in der Märchenüberlieferung sich grundsätzlich dieselben Erscheinungen, die aus der Überlieferung des Volksliedes bekannt sind: das Märchen wird ganz so zersagt, wie das Volkslied zersungen wird.

31. Aus diesem Stande der Überlieferung erwächst der Wissenschaft am Märchen dieselbe Aufgabe, die für die Volksliedforschung ihrer Überlieferung gegenüber besteht. Es gilt von jeder Märchenform sozusagen eine kritische Ausgabe herzustellen, die den Versuch macht, die Urform des Märchens herauszuarbeiten und die Lesarten der hundertfältig abschattenden Überlieferung zu erklären.

Die Märchenforschung befindet sich bei der Bearbeitung dieser Aufgabe aber in einer unverhältnismäßig weniger günstigen Lage als die Volksliedforschung. Ihr ist so gut wie nie der beim Volksliede nicht seltene Fall gesetzt, daß sie die Urform — die dort öfter in einem bekannten Kunstliede vorliegt — in Händen hielte. So vermögen die Ergebnisse, zu denen sie bei ihren Versuchen vordringt, im allgemeinen nur wechselnde Grade der Wahrscheinlichkeit zu erreichen.

Am geringsten wiegt noch der äußere Umstand, daß jede Bemühung dieser Art sich zunächst einem sehr reichen und zugleich widerspenstigen Stoffe gegenübersieht, da jede Märchenform in einer nicht selten überaus großen Zahl von Fassungen — es sind gelegentlich mehrere hundert — überliefert zu sein pflegt, die, durch zahlreiche Sammlungen in ungezählten Sprachen verstreut, aufgesucht, im einzelnen gewürdigt und Zug für Zug untereinander verglichen sein wollen.

Schlimmer sind die inneren Schwierigkeiten. Man geht bei der Suche nach der Urform von der Unterstellung aus, daß das besser Begründete, das genauer Zusammenhängende und Folgerichtige auch das Ursprüngliche sei, daß der Erfinder der Geschichte sicher und ohne unnütze Umschweife auf sein erkennbares Ziel losgegangen wäre. Es ist klar, daß diese Voraussetzung im Einzelfall unzutreffend sein, daß ein Märchen sich auch einmal aus einer ausschweifenden und weniger klaren Anlage zu bestimmterer Folge erhoben, zu strengerer Logik durchgearbeitet haben kann. Darüber hinaus pflegt man zu unterstellen, daß Züge, die durch eine größere Zahl von Fassungen bezeugt sind oder sich über weitere geographische Räume verbreitet zeigen, ursprünglicher sein werden als solche, die nur in wenigen Fassungen oder innerhalb eng begrenzter Verbreitungsgebiete sich finden: auch hier können im Einzelfall offenbar Irrtümer unterlaufen. Entfernen wird eine solche Untersuchung naturgemäß alles, was sichtlich durch unzeitige Erinnerungen aus anderen Märchenformen eingedrungen ist. Was dann nach solcher vergleichenden Betrachtung als logisch (im Sinne des Erzählungszusammenhanges und der Märchenlogik natürlich), als gut bezeugt oder gar in allen Fassungen übereinstimmend übrig bleibt, nimmt man als Urform des Märchens in Anspruch. Diese stets hypothetische Urform stimmt gewöhnlich mit keiner einzigen der tatsächlich überlieferten Fassungen völlig überein, sowenig wie etwa in der Sprachwissenschaft ein Wort der überlieferten Einzelsprachen mit seiner erschlossenen indogermanischen Grundform sich zu decken pflegt.

32. Die Verbreitung der Märchen im Sinne abschattender Überlieferung einer beschränkten Zahl von Grundformen erstreckt sich nun über einen großen Teil der bewohnten Erde. Als ihr Kernland dürfte man den Kulturbereich der sog. „Alten Welt" bezeichnen. Sie reichen in geschlossener Ausbreitung vom mittleren und westlichen Asien über Nordafrika und ganz Europa; vereinzelt finden sie sich auch in Ostasien, ganz Afrika, in Amerika und wohin sonst die Protuberanzen jenes Kulturbereichs geschleudert sind, stoßen dort aber mit einer geschlossenen Masse einheimischer Erzählungen anderer Inhalte und Formen zusammen.

Für die Wissenschaft erhebt sich aus diesem Stande die weitere Frage: Woher kommt diese merkwürdige Verbreitung einer begrenzten Zahl nach Form und Inhalt eigenartig geprägter Geschichten, wie, wo und wann sind sie entstanden?

Es sind nach und nach recht verschiedene Antworten auf diese Fragen gegeben worden.

III. Ursprung der Märchen

33. Die Brüder *Grimm* waren geneigt, die Übereinstimmung der Märchen bei verschiedenen Völkern nach denselben Grundsätzen zu erklären, nach denen die vergleichende Sprachwissenschaft sich die Übereinstimmung der sog. indogermanischen Sprachen zurechtlegt. Mit feinem Ohr hatten sie aus den Märchen Nachklänge uralter, zerbröckelter Mythen herausgehört, „Überreste eines in die älteste Zeit hinaufreichenden Glaubens". Die eigentliche Heimat des Märchens fanden sie bei den indogermanischen Völkern mit den germanischen als Mittelpunkt. Es lag dann nahe, in den Märchen uraltes indogermanisches Erbgut zu sehen, das den einzelnen indogermanischen Völkern nicht anders zu eigen geblieben sein konnte wie die gemeinsame, von Volk zu Volk abartende Sprache. In manchen Märchen fanden sie auch Nachklänge ausgesprochen germanischer Mythen und Heldensagen. Vereinzelt mochte wohl ein Märchen auch einmal gewandert sein und manches so zu nichtindogermanischen Völkern sich verbreitet haben.

Je genauer man nun aber, den Anregungen der Brüder Grimm folgend, die Märchenüberlieferung kennenlernte, um so mehr fanden sich auch nichtindogermanische Völker an ihr beteiligt. Und die von den Brüdern vertretene Ableitung bestimmter Märchenformen aus germanischen Mythen und Sagen wurde schwierig oder unmöglich, als man Aufzeichnungen dieser Märchen aus Zeiten und Völkern kennenlernte, die weit vor oder gänzlich abseit jener germanischen Überlieferungen lagen. Mußte man danach die vorhandene Übereinstimmung der Märchen in immer steigendem Maße durch nachträgliche Wanderung der Geschichten erklären, so war damit der einheitliche Erklärungsgrundsatz durchbrochen: auch innerhalb der indogermanischen Völker konnte dann das Märchen leicht an einem Punkte entstanden und von da zu den übrigen indogermanischen Stämmen verbreitet gedacht werden.

In der Tat ist auch diese Auffassung vertreten worden.

34. Der Göttinger Sprachgelehrte Theodor *Benfey* veröffentlichte im Jahre 1859 eine Übersetzung des Pantschatantra, eines großen, sehr alten indischen Erzählungswerkes, das auch allerlei Märchen enthält. In der Einleitung vertrat er die Ansicht und suchte sie mit

ausgebreiteter Gelehrsamkeit an einer Reihe von Märchenformen zu erweisen, daß Indien die Heimat des Märchens schlechthin sei; von dort habe es sich über die Erde verbreitet.

In der Tat sind in Indien Märchen früh und in großer Menge aufgezeichnet. Wir haben dort neben dem Pantschatantra eine ganze Reihe zum Teil höchst umfangreicher und alter Sammlungen von Märchen — meist untermischt mit Fabeln, Parabeln, Schwänken u. a. — erhalten; eine von ihnen, die Sammlung eines gewissen Somadewa aus dem 11. Jahrhundert, führt den bezeichnenden Titel Katha Sarit Sagara, d. h. Ozean der Märchenströme. Benfey wies nach, daß die Märchenformen dieser Sammlungen überall in der außerindischen, so auch der europäischen und insonderheit auch der deutschen Überlieferung wiederkehren, so daß an der Zusammengehörigkeit in der Tat kein Zweifel bestehen kann. Da nun die indischen Aufzeichnungen so gut wie durchweg älter als alle verglichenen sind, in manchen von ihnen aber ausgesprochen buddhistische Züge begegnen, so schien ihm ihr indischer Ursprung gesichert, Indien damit als Heimat des Märchens überhaupt erwiesen.

In das Abendland wäre die indische Überlieferung nach Benfeys Meinung wesentlich auf zwei Wegen gelangt. Erstens und hauptsächlich waren die Märchen von den Indern zu Persern und Arabern gewandert; von da hätten sie sich auf literarischem Wege weiter verbreitet. So wurde beispielsweise das Pantschatantra im 6. Jahrhundert bereits ins Persische, daraus noch im 6. oder 7. Jahrhundert ins Syrische, im 8. Jahrhundert aber auch ins Arabische übersetzt. Aus der arabischen Bearbeitung entstand dann eine neue syrische, eine griechische, eine neupersische und eine hebräische. Die letztere wurde von Johann von Capua Ende des 13. Jahrhunderts ins Lateinische übersetzt. Daraus flossen eine ganze Reihe von Bearbeitungen in abendländischen Sprachen, darunter auch eine deutsche von Anton von Pforr, die 1470 unter dem Titel „Buch der Beispiele der alten Weisen" gedruckt wurde. Ein zweiter Weg wäre über die Mongolen gegangen, zu denen die indische Überlieferung gleichfalls früh gelangt war. Die Zeit der Mongolenherrschaft in Osteuropa hätte die Märchen dann auch von hier aus ins Abendland verbreitet.

Auch gegen diese Auffassung erheben sich allerlei Einwände. Durch die fortschreitenden Ausgrabungen sind aus ägyptischer und babylonischer Überlieferung Erzählungen von deutlich märchenhaftem Charakter bekanntgeworden, die teilweise Jahrtausende älter sind als die ältesten indischen Märchenaufzeichnungen. Sie enthalten zum Teil nicht nur Einzelzüge, sondern ganze Formeln und Formelgruppen, die mit verbreiteten Märchenformen in unzweifelhafter Verwandtschaft stehen. Die ägyptische Erzählung von den Brüdern Anupu und Bitiu ist in diesem Sinne besonders lehrreich. Jene buddhistischen Züge aber, die für Benfeys Hypothese von Gewicht waren, gehören vielfach nicht zum eigentlichen Märchenkern, sind ihm vielmehr offenbar nachträglich zugefügt worden.

Eine Vermittlung durch die Mongolen kann deshalb nicht sehr wahrscheinlich dünken, weil die abendländischen Fassungen öfters näher mit den indischen zusammenstimmen, als mit den mongolischen, die sie vermittelt haben sollen. Die persisch-arabische Vermittlung aber erreicht das Abendland später, als manche Märchenformen und gar Märchenformeln dort nachweisbar werden.

35. Man hat deshalb dieser literarischen Theorie eine anthropologische gegenübergestellt. Englische Vertreter der Völkerkunde, wie E. B. *Tylor* und Andrew *Lang*, haben eine „Polygenesie" der Märchenformen, selbständige und unabhängige Entstehung an verschiedenen Orten, behauptet. Die Theorie stützt sich auf die Beobachtung, daß es „Völkergedanken" gibt; die Grundlagen menschlichen Glaubens, menschlicher Sitte, gewisse einfache Anschauungen über Entstehen und Vergehen des Lebens, der Natur usw. sind notwendig überall auf der Erde die gleichen, weil der menschliche Geist überall in gleicher Weise angelegt ist, weil die primitiven Denkformen über die ganze Erde hin die nämlichen, weil die Erfahrungen aus Schlafen, Träumen, Sterben, Zeugen und Geborenwerden, weil die Grundeinrichtungen gesellschaftlichen Zusammenlebens überall die gleichen sind. Auch in den Märchen sind vielfach solche urtümlichen Gedanken und Erfahrungen der Menschheit verkörpert; sie können darum überall selbständig, unabhängig voneinander entstanden sein.

Demgegenüber ist zu sagen, daß gewisse einzelne Märchenzüge, so merkwürdig sie uns heute anmuten mögen, allerdings an verschiedenen Stellen der Erde selbständig entstanden sein können. So ist beispielsweise die Tierabstammung des Helden im Bärensohnmärchen, die oben erwähnt wurde, einer jener „totemistischen" Gedanken (vgl. unten § 38), die über die ganze Erde verbreitet sind. Auch Verknüpfungen solcher urtümlichen Züge, also ganze Märchenformeln, mögen sich da und dort mit zufälliger Übereinstimmung ergeben haben. Jene höchst verwickelten, kunstreichen Verknüpfungen aber der Einzelzüge und Formeln, wie sie beispielweise das Bärensohnmärchen und die meisten Märchenformen zeigen, kann ganz unmöglich durch Zufall sich mit jener weitgehenden Übereinstimmung erzeugt haben, wie sie in der Märchenüberlieferung tatsächlich erscheint.

36. Eine begründete Stellung zu den angeregten Fragen zu gewinnen, wird man gut tun, das Problem der Entstehung der Märchen von dem ihrer Verbreitung zu trennen.

Für die richtige Erkenntnis der Entstehung des Märchens haben die Brüder *Grimm* den Weg gewiesen. Sie haben zuerst erkannt, daß in diesen kleinen Geschichten nicht, wie man bis dahin gemeint, willkürliche und kindische Erfindungen, lächerliche Phantasiegespinste vorliegen. Sie zuerst haben die Märchen ernst genommen und als Geschichtsquellen gewürdigt. Und die fortschreitende Forschung hat den Nachweis erbracht, daß die Märchen wirklich, wie die Brüder behauptet hatten, Bruchstücke eines in die älteste Zeit hinauflangenden Glaubens enthalten. Ihre Wurzeln reichen in der Tat in die Kindheitstage der Menschheit zurück. In ihren Einzelzügen wird dem schärfer blickenden Auge vielfach noch urzeitliches Glauben, Fürchten und Hoffen, Deuten und Wähnen sichtbar; die ganze ernsthafte Weltanschauung urtümlicher Menschheit bildet in weitem Maße den erkennbaren Hintergrund dieser anscheinend so phantastisch törichten Geschichten.

37. Als Beispiel mag das Märchen vom Rumpelstilzchen dienen, Nr. 55 der Grimmschen Sammlung. Ein König hat ein Mädchen heimgeführt, das sich vermessen hat, aus Stroh Gold zu spinnen. Da sie eine Probe ihrer Kunst ablegen soll, müßte sie verzweifeln, käme ihr nicht ein Dämon zu Hilfe, der das Wunder vollbringt. Aber er fordert teuren Lohn: sich selbst oder ihr Kind soll die Königin ihm ausliefern. Nur dann solle ihr die Forderung erlassen sein, wenn ihr gelinge, den Namen des Dämons zu erraten. Der lautet nun wunderlich genug: *Rumpelstilzchen* in der Grimmschen

Erzählung; in anderen Fassungen *Hoppetinken, Hahnenkikerle, Fidlefitchen, Tillefoot, Hans-Öfeli-Chächeli,* in englischen Fassungen *Tom-Tit-Tot,* in französischen *Furti-Furton, Ropiquet, Grignon* usw. Durch einen Zufall errät die Königin den Namen, und wie sie ihn ausspricht, muß der Dämon weichen.

Das scheint auf den ersten Blick eine Geschichte, die erfunden ist, um Kinder lachen zu machen. Und doch ruht sie auf einem durchaus ernsthaften Grunde: auf dem weitverbreiteten Glauben urtümlicher Menschheit, daß Name und Person in der engsten und innersten Verbindung miteinander stünden, derart unlösbar zusammenhängend, daß Gewalt über die Person besitzt, wer ihres Namens sich bemächtigt hat. Noch heute zeigen sich darum australische Wilde wie Indianer Süd- und Nordamerikas nur ungern bereit, Fremden ihre Namen zu nennen. Sie führen auch vielfach geheime Namen, die nur den Eingeweihten des Stammes, nicht der Allgemeinheit, nicht den Frauen bekannt sind. Unter den alten Ägyptern hatte jeder zwei Namen, den „großen" oder „wahren", der sorgfältig geheimgehalten wurde, und den „kleinen" oder „guten", der allein öffentlich bekannt war. Bei Australiern und Indianern wird es strenge vermieden, den Namen eines Verstorbenen zu nennen, weil man sonst von seinem Geiste heimgesucht wird. Namen von Königen und Priestern, als den kostbaren, schutzbedürftigen Führern des Stammes, werden vielfach sorgfältig geheimgehalten. Der Name des Königs von Dahomey oder von Siam wird nie genannt; an seine Stelle treten Titel. Ähnlich wurde der eigentliche Name des Kaisers von China von seinen Untertanen nie ausgesprochen oder geschrieben. Im alten Griechenland war es gesetzlich verboten, die Namen der Priester der eleusinischen Mysterien bei ihren Lebzeiten zu nennen. Auch unter unserem Volke herrscht noch in unseren Tagen mannigfacher Aberglaube, der auf diese Einschätzung des Namens sich gründet. Man darf etwa einen Toten nicht dreimal bei Namen rufen, sonst erscheint er. Wenn die Leiche eines Ertrunkenen nicht gefunden wird, so muß man ein Stück Brot ins Wasser werfen, darauf man seinen Namen geschrieben: es wird an die Stelle schwimmen, wo der Ertrunkene liegt. Noch sagt das Sprichwort: Wenn man den Wolf nennt, kommt er gerennt. Umgekehrt weicht der Elbe oder verliert seine Macht, wenn man seinen Namen ausspricht: die Lohengrinsage findet letzten Endes darin ihre Erklärung. Bei den Ägyptern war Isis dadurch zur Göttin geworden, daß sie dem Gotte Ra seinen wahren Namen entlockte, den er in der Brust verborgen trug; ägyptische Zauberer haben dadurch Macht über die Götter, daß sie ihrer wahren Namen sich versichern. So verliert also auch in unserem Märchen der Dämon seine Macht, als sein wahrer Name gefunden und ausgesprochen ist.

Daß der Name des Dämons so wunderlichen Klang hat, hängt mit der gleichfalls uralten und weitverbreiteten Anschauung zusammen, daß Götter und Geister ihre besondere, von der der Menschen abweichende Sprache reden. Wenn Rumpelstilzchen in Versen spricht:

> Ach wie gut, daß niemand weiß,
> Daß ich Rumpelstilzchen heiß!

so steht das auf demselben Grunde; vgl. das oben in § 20 über die Verse im Märchen Bemerkte.

Läßt das Märchen die Königstochter spinnen, so betreibt sie damit eines der wichtigsten häuslichen Gewerbe alter Zeit. Daß gerade der Zwerg ihr zu wunderbarer Spinnkunst verhilft, hat wieder guten Fug. Es hängt mit dem auch sonst bezeugten Glauben zusammen, daß die Zwerge gute Spinner seien. Der Altweibersommer gilt als ihr Werk; die Spinnweb heißt im Schwedischen *dvergnät*, „Netz des Zwerges".

Alle wesentlichen Einzelzüge dieses so phantastisch anmutenden Märchens ruhen also auf dem ernsten Grunde alten Glaubens und alter Kultur, und was auf den ersten Blick eine lächerliche Erfindung schien, wird in solcher Beleuchtung zu einer ernsthaften Geschichtsquelle.

38. Was hier für eine Märchenform ausgeführt wurde, gilt in ähnlicher Weise für große Teile der Märchenüberlieferung. Sehr viele Märchenzüge spiegeln urtümlichen Glauben, urtümliches Denken, uralte Kulturzustände. Einiges davon mag hier noch erwähnt sein.

In Amerika und Australien ist bei Völkern urtümlicher Kultur der sog. Totemismus noch weit verbreitet, d. h. der Glaube, daß der Mensch vom Tiere abstamme. Reste solcher Vorstellungen sind aber auch in den Überlieferungen der im urtümlichen Denken steckengebliebenen Unterschicht zahlreicher Kulturvölker noch lebendig. Aus diesem Glauben erwachsen dem Märchen vielfach gestaltende Motive. Ganz unverhüllt zeigt den totemistischen Gedanken der mehrfach angezogene (oben § 28, 35) Eingang des Bärensohnmärchens, in dem der Held von einem Bären mit einer menschlichen Frau gezeugt ist. Der Zug ist häufig dahin gemildert, daß der Held von einem Tiere, einer Bärin, Stute, Wölfin, Hindin, Ziege usw. nur mehr gesäugt wird. Totemistische Vorstellungen führen bei vielen Völkern zu Speisege- oder -verboten, indem gewisse Tiere geschont oder aber umgekehrt verspeist werden, damit man mit dem Fleische sich ihre Eigenschaften zueigne. Statt der Abstammung vom Tiere findet sich im Märchen öfter die Angabe, der Held sei empfangen worden, nachdem die Mutter ein bestimmtes Tier, z. B. einen Fisch, genossen hatte (vgl. oben § 5). Es gehört auch hierher, wenn der Held nach Genuß von Schlangenfleisch die Sprache der Tiere versteht („Die weiße Schlange" 17), nach Genuß eines Vogelherzens Gold hervorbringt oder König wird („Die zwei Brüder" 60). Auch die zahlreichen Erzählungen von Tierverwandlungen gehören hierher.

Wenn gerade Herz oder Kopf eines Tieres gegessen werden sollen, so gelten die eben, auch uns noch nicht erstaunlich, als der eigentliche Sitz der gewünschten Fähigkeiten. Wird statt dessen die Leber genannt, so stimmt das mit der uns geläufigen Verörtlichung geistiger Fähigkeiten und Kräfte nicht mehr überein, wohl aber mit sonst bezeugter Anschauung primitiver Völker. Urtümlicher Glaube sucht den Sitz der Lebenskraft auch im Blute oder im Speichel, daher in der Märchenform „Flucht aus dem Riesenhause" wohl ein Blutstropfen oder hinterlassener Speichel an Stelle der Fliehenden antwortet („Der liebste Roland" 56). Primitivem Glauben stehen auch Schatten und Spiegelbild in geheimnisvoller Beziehung zur Person; der redende Spiegel im Schneewittchenmärchen entspringt noch dem primitiven Staunen vor der geheimnisvollen Macht des Spiegels, dieses Augenblicksmalers, als den manches Rätsel ihn sinnend feiert. Das Märchen vom singenden Knochen läßt das geschwundene Leben aus dem Knochen reden; der Knochen zugleich eine Urform der Pfeife.

Urtümlichen Völkern eignet der Glaube an begnadete Menschen, die in höhere Zustände sich zu erheben vermögen. Er knüpft an

Tatsachen krankhaften Seelenlebens oder Erscheinungen, wie der Genuß narkotischer Mittel und sonstige Betäubungsverfahren sie hervorzurufen pflegen. Solche „Zauberer" und „Medizinmänner" schicken dann wohl ihre Seele in transzendente Reiche, um von dort geheime Kunde zu holen, wie der Held im „Teufel mit den drei goldenen Haaren" (29) sie aus der Hölle heimholt. Oder sie glauben — im Opiumrausch — Tierverwandlungen zu erleben, wie das Märchen vom Zauberlehrling („De Gaudeif un sin Meester" 68) sie erzählt.

Nicht wenige unter den Märchenzügen geben sich als eine Episierung von Traumerlebnissen zu erkennen. Selbst dem Kulturmenschen von heute wird es nicht immer leicht zu unterscheiden, was er geträumt, was er tatsächlich erlebt hat. Dem urtümlichen Menschen mußten seine Träume in dumpfer Behausung, aus einem heute von Fasten, morgen von Überfüllung bedrängten Magen häufiger, ängstigender, mit der zwingenden Überzeugung erlebter Wirklichkeit aufsteigen.

Was das Märchen von den zahllosen Fährlichkeiten erzählt, die seine Helden beim Eintritt in eines seiner Wunderreiche ängstigen: die auf- und zuschlagenden Türen, die dräuenden, schnappenden Ungeheuer, der Zwang, Schlangen zu umarmen oder Kröten zu küssen, die Forderung vor allem, unlösbare Aufgaben zu lösen: binnen kurzer Frist endlose Haufen von Erbsen oder Linsen zu lesen, einen Berg abzutragen, einen Wald mit gläserner Axt zu hauen oder aber Hasen zu hüten, einen Glasberg zu ersteigen, und wie alle die Formulierungen lauten mögen; das sind ganz offenbar erlebte, in Erzählungsmotive verwandelte Qualen des Alptraums, der den schulgeplagten Menschen von heute so gern in der Form des Examenstraums zu peinigen pflegt.

Andere dem Märchen geläufige Züge: seine Erzählung etwa von Menschenfressern, von der Opferung von Menschen an Dämonen (z. B. im Zweibrüdermärchen 60), von Kinderaussetzung, vom „Lausen", von der Hochschätzung des Diebeshandwerks und wiederum von der Mannigfaltigkeit grausam peinigender Strafen spiegeln lauter der Völkerkunde und Geschichte aus ihrem Stoff wohlbekannte Tatsachen menschlicher Sitten.

39. Es bestätigt sich also bei genauer Nachprüfung, daß zahl-

reiche Märchenzüge ihren ernsten Hintergrund in Glauben und
Sitte versunkener Zeiten und urtümlicher Kultur haben — oder
richtiger hatten. Denn im Märchen macht dieser Urgrund sich
nirgends mehr geltend. Hier werden auch diese Motive ohne
mythischen Bezug dichterisch frei verwertet und überall mit Zügen
durchmischt, die durchaus freier Erfindung ihr Dasein danken. Will
man hier neben der Phantasie eine Macht als gestaltend in Anspruch
nehmen, so wäre es die des Wunsches: wie die Kraft, bestimmte
oder gar alle Wünsche zu erfüllen, im Märchen nicht selten an Personen oder Gegenstände geknüpft wird und so als aufbauendes Motiv seiner Erzählung erscheint, so ist die ganze strahlende, goldene
Umwelt seiner Gestalten ein Wunschbild der Welt, das der Einbildungskraft der Armen und Niederen entsprossen scheint. Märchen
als Ganzes als Mythen in Anspruch zu nehmen und ausdeuten zu
wollen, wie es öfter versucht wurde, ist von vornherein ein völlig
verfehltes Unternehmen.

Wohl aber haben wir sonst Ursache, die Fragen des Wie? Wo?
Wann? der Märchenentstehung aufzuwerfen und ernstlich zu prüfen.

40. Da gilt es zu bekennen, daß die Frage des Wie? der Märchenentstehung von der Forschung eigentlich überhaupt noch nicht in
Angriff genommen ist. Märchen sind bei aller Kürze doch verwik-
kelte, kunstreich aufgebaute Geschichten; es versteht sich eigentlich
von selbst, daß sie unmöglich am Anfang der Zeiten stehen können.
Sie setzen offenbar primitivere Vorformen voraus. Man wird kaum
fehlgehen, wenn man sich diese von der Art jener einfachen, kleinen,
auf ein oder wenige Motive beschränkten Geschichtchen denkt, wie
sie vielfach bei Völkern urtümlicher Kultur im Umlaufe sind, wie
sie teilweise auch in den Volkssagen der Kulturvölker noch bestehen.
Aus ihnen werden wohl auch die oben besprochenen mythischen
Züge entnommen sein, die in jenen auf Glauben ruhenden und
Glauben fordernden Geschichtchen ihren mythischen Sinn noch gel-
tend machten, während sie im Märchen dann dichterisch frei zum
Aufbau von Erzählungen verwendet wurden, die nur noch der
Unterhaltung dienen. Das Einzelne harrt hier noch durchaus der
Feststellung, die innerhalb gewisser Grenzen wohl erreichbar scheint.

41. Die Frage nach dem Wo? ist von vornherein unrichtig gestellt, wenn man fragt, wo „das Märchen", d. h. also die Gesamt-

heit dieser Geschichten, entstanden sei. Die fortschreitende Forschung hat gelehrt, daß die Frage vielmehr für jede Märchenform
gesondert aufgeworfen und untersucht werden muß. Auch die so
gestellte Aufgabe ist noch schwierig genug.

Ehe man sie auch nur in Angriff nehmen kann, gilt es für jeden
Märchentypus die in § 31 beschriebene Vorarbeit zu leisten, d. h.
durch die verwirrend abschattende Überlieferung der einzelnen
Fassungen hindurch zur Urform vorzudringen. Wo diese erwuchs,
läßt sich am ehesten dann mit einiger Aussicht auf Sicherheit vermuten, wenn die Erzählung Bestandteile enthält, die dem Siedlungs-
raume, der Kultur, dem Glauben, der Sitte, dem Geiste eines ganz
bestimmten einzigen Volkes eigentümlich sind. Diese günstige Lage
ergibt sich selten, so daß man auf andere Methoden angewiesen
bleibt. Von finnischen Forschern ausgebildet, neuerdings auch in
Skandinavien und Deutschland viel angewandt und öfters für *die*
Methode der Märchenforschung ausgegeben, ist das Verfahren, aus
der geographischen Verbreitung einer Märchenform und ihrer bes-
seren oder schlechteren Fassungen ihre Heimat zu erschließen.
Schlüsse dieser Art ruhen offenbar auf sehr unsicherem Grunde. Da
man erst seit den Brüdern Grimm Märchen reichlicher zu sammeln
begonnen hat, kennen wir ihre Ausbreitung nur für das letzte
Jahrhundert und auch da äußerst unvollkommen. Neben Landschaften, die sehr gründlich abgesucht sind, wie Finnland, Jutland,
Holstein, stehen weite Strecken, aus denen wenig oder nichts bekannt ist. Daß die gänzlich verschiedenen Lebensverhältnisse verschiedener Länder den stärksten Einfluß auf die Märchenüberlieferung äußern mußten, beispielsweise also die Aufzeichnung von
weniger zersagten Formen aus Litauen gegenüber zersagteren in
Deutschland noch nicht beweisen kann, daß dort, nicht hier die
Heimat einer Märchenform sei, liegt auf der Hand. Es kann sehr
wohl eine Märchenform heute in einem Lande auch ganz fehlen,
das sie früher besessen hat. Immer gilt es, neben der Volksüberlieferung auch die Literatur zu durchforschen, in der sich Märchenformen nicht selten und oft in sehr früher Zeit spiegeln.

Immerhin wird aus dem bisher genauer untersuchten Teile
unseres Märchenschatzes schon so viel klar, daß es in der Tat eine
Heimat des Märchens schlechtweg nicht gibt. Eine ganze Reihe von

Märchen sind wohl wirklich, wie Benfey das annahm, in Indien zu
Hause, das bei der Entstehung der Märchen überhaupt eine bedeutsame Rolle gespielt haben mag; hierher gehören z. B. Märchenformen wie „De Gaudeif un sin Meester" (68), „Tischlein deck
dich" (36), „Die beiden Wanderer" (107) und manche andere. Sicher
aber sind andere Märchenformen mehr oder weniger ferne von
Indien erwachsen; für das oben besprochene Märchen von Rumpelstilzchen z. B. hat man mit gutem Grunde germanischen Ursprung angenommen. Öfter mag es so gegangen sein, daß von
indischen Erfindungen die Anregung zu europäischen Neuschöp-
fungen ausging. Das in Europa verbreitete Märchen von den „Bre-
mer Stadtmusikanten" (27) z. B. scheint eine im mittleren Europa
vor Mitte des 12. Jahrhunderts geschaffene Nachbildung der Märchenform vom „Lumpengesindel" (10; vgl. den „Herrn Korbes" 41)
zu sein, die in Asien entstanden ist.

42. Die Frage des Wann? der Märchenentstehung läßt sich ebensowenig mit einem Worte beantworten wie die Frage nach dem Wo.
Die Verhältnisse liegen hier noch schwieriger als bei der Heimatfrage. Daß die einzelnen Märchenzüge mit ihrem Gehalte mehrfach
in den Dämmer ferner Urzeiten zurückreichen, bewiese, auch wenn
ihr mythischer Grund in den Märchen noch wirklich bewußt wäre,
noch nicht, daß die kunstvoll daraus gebauten Geschichten gleichen
Alters sein müßten; lebt der Glaube, der diese Züge schuf, in der in
urtümlichem Denken gebundenen Schicht aller Völker doch in geschichtliche Zeiten hinein bis in unsere Tage. Auch hier ist die Untersuchung für jede Märchenform gesondert zu führen; gesicherte Ergebnisse sind noch schwerer erreichbar als bei der Heimatfrage. Die
Überlieferung der Märchen selbst läßt uns im Stich; sie ist oft ganz
jung, ohne daß damit über das Alter der Grundform etwas entschieden wäre. Spiegelung einer Märchenform in einem datier-
baren Literaturwerke gibt öfter wenigstens einen Zeitpunkt, vor
dem sie entstanden sein muß. Eine Wahrscheinlichkeit kann sich dort
ergeben, wo ein wesenhafter Märchenzug einer Kulturstufe von
begrenzter Dauer angehört.

Manche Märchenformen sind aber gewiß auch allmählich auf-
und ausgewachsen. Für das Märchen vom „Treuen Johannes" (6)
z. B. ist wahrscheinlich gemacht, daß ein in Indien entstandener

Kern im mittelalterlichen Abendlande nach dem Jahre 1000 sich erweitert hat, indem er die sog. Amicus-Ameliussage in sich aufnahm. Es kommen also hier für die Entstehung einer Märchenform zwei Schauplätze und zwei Zeiten in Betracht und sonach auch zwei Verfasser, so daß dies Märchen von vornherein sich als eine Art Gemeinschaftsdichtung darstellt, zu der schließlich jedes Märchen in der Überlieferung wird durch das fortgesetzte Eingreifen so vieler Erzähler in seine Gestaltung. Ähnlich erweist sich das Märchen vom „Teufel mit den drei goldenen Haaren" (29) als eine europäische Verschweißung zweier ursprünglich selbständig gewesener Märchen, die wohl beide in Indien entstanden sind: hier stehen also wieder mindestens zwei Schauplätze und Zeiten und drei Verfasser in Frage.

Die Forschung ist zu jung, als daß hier schon eine größere Zahl bestimmter Aussagen sich machen ließe.

43. So hat das Märchen also — ob von Anfang an oder nachdem an einem bestimmten Orte sein Stil gefunden war, bleibt noch festzustellen — von verschiedenen Punkten aus sich weithin verbreitet und ist eine übervölkische Erscheinung geworden. Die Wanderung ist auf die verschiedenste Weise und auf den verschiedensten Wegen erfolgt. Das Märchen hat sich, geschrieben, mit bestimmten Literaturwerken verbreitet, es ist vor allem aber mündlich gewandert. Der tägliche Verkehr von Volk zu Volk trug es von Nachbar zu Nachbar. Es wanderte aber zu allen Zeiten auch in weitere Fernen mit den Waren des Kaufmanns, mit dem Stabe des Pilgers wie des Fahrenden, es fand wohl auch plötzliche Verbreitung über weite Gebiete hin, indem etwa große Religionsbewegungen es auf ihre Schwingen nahmen, wie der Buddhismus und der Islam, die es nach Mittel- und Ostasien und durch Nordafrika verbreiteten; es zog mit den Kolonisten über Meer — jedem Wanderer war es gerne getragenes Gepäck, jeder Ruhestunde willkommener Genosse.

44. So überwiegt denn in der Märchenüberlieferung aller Völker das Gemeinsame, das Besondere, das gleichwohl nicht völlig mangelt: alle Märchen, mögen sie wo immer entstanden sein, gewinnen doch ihre besondere völkische Prägung. So unterscheidet auch das deutsche Märchen sich nicht unerheblich von den Märchen aller anderen Völker.

Es versteht sich ohne weiteres, daß jedes Volk die Umwelt, in der
die Märchenbehandlung sich abspielt, mit seinen besonderen Natur-
und Kulturverhältnissen in Einklang bringt. In dem waldgeseg-
neten Deutschland waren so beispielsweise der dichte, dunkle, ein-
same Wald ein bevorzugter Schauplatz märchenhaften Geschehens,
unbewußte Schlösser die bevorzugte Wohnstätte dämonischer Wesen.
Nicht minder verständlich ist, daß diese dämonischen Wesen bei
jedem Volke in Namen und Art mit den Dämonengestalten heimischen Glaubens in Einklang gebracht werden. Wie in den indischen Märchen die Rakschasas und Vetalas, die Widhyadaras und
Apsaras, in den arabischen die Dschinns, in den russischen die Baba
Jaga und der unsterbliche Koschtschei ihr Wesen treiben, so in den
deutschen die Riesen und Zwerge, die Erd- und Wichtelmännchen
usw. Vom russischen Märchen hebt das deutsche etwa auch durch
gebändigtere Phantastik sich ab, durch geringere Verwendung des
Dialogs, durch geringere Formelhaftigkeit; über Eigentümlichkeiten
des deutschen Märchens in Rücksicht auf die Anfangs- und Schlußformeln ist oben § 19 schon einiges gesagt. Im einzelnen bleibt der
Forschung hier noch mancherlei festzustellen.

IV. Die Märchenforschung

45. Die wissenschaftliche Erforschung des Märchens setzte erst mit
der Sammlung ein, die die Brüder Grimm 1812 und 1814 als „Kin-
der- und Hausmärchen" in zwei Bänden veröffentlichten. Die Art,
wie hier die Märchen aufgenommen und mitgeteilt und in wissenschaftlichen Anmerkungen, die beiden Bänden beigegeben waren,
sich gewürdigt fanden, hat nicht nur die Märchenforschung, sondern
überhaupt die Volkskunde als Wissenschaft begründet.

Daß die Märchenforschung so spät dem Reigen wissenschaftlicher
Bemühungen der Neuzeit sich anschloß, hat verschiedene Gründe.
Weder Humanismus noch Renaissance noch das anschließende Zeitalter der Aufklärung waren ihrer geistigen Struktur nach geeignet,
dem Märchen Aufmerksamkeit zu schenken. Ein aristokratisches
Bildungsideal, Kunstformen und -grundsätze aus der Fremde geholt, an der Antike orientiert, auf gelehrtes Wissen gegründet; die

Vernunft zur Alleinherrscherin im Reiche des Geistes erhoben; der stolzeste Ruhmesteil der Zeit, die letzten Gebundenheiten des Mittelalters gelöst, die letzten Reste unvernünftigen Aberglaubens aus allen Winkeln geleuchtet zu haben: das waren Anschauungen und Maßstäbe, vor denen das Märchen in ein Nichts verschrumpfte oder gar lebhafte Abneigung auslösen mußte. Das Märchen, das ungeschrieben im Munde des ungelehrten, verachteten „Pöfels" lebte, ungeformt, vernunftwidrig, wunderbar und phantastisch, ja voll des tollsten Zauberspuks: kein Wunder, daß man diese „Ammenmärchen" verächtlich beiseite schob als künstlerischer, geschweige denn wissenschaftlicher Beachtung durchaus unwürdig.

46. Der unaustilgbare dichterische Reiz, den diese phantasiegewaltigen Geschichtchen ausstrahlten, konnte freilich nie ganz unwirksam bleiben. In Italien hatten im 16. und 17. Jahrhundert *Straparola* und *Basile* ganze Reihen von Märchen kunstreich erzählt, ohne damit eine bedeutsame Folge zu finden. In Frankreich griff Charles *Perrault* 1697 in seinen *Contes de ma mère l'oye* Volksmärchen auf und erzählte sie in verhältnismäßiger Reinheit; kleine moralische und satirische Spitzchen, die er ihnen aufsetzte, empfahlen sie dem Geschmacke der Zeit. Rasch fanden sie Nachahmung; ein neuer Anstoß und neue Vorbilder erwuchsen aus den Erzählungen der Tausendundeinen Nacht, die *Galland* 1704—1708 dem Abendlande zum ersten Male in einer französischen Übersetzung zugänglich machte. Die daran schließenden *Contes de fées* und *Contes orientaux* bildeten bald eine ganze Literatur, in der das eigentlich Märchenhafte freilich rasch in einem wüsten Zauber- und Feenspuk und frivoler Selbstironie erstickte.

47. In Deutschland übte *Wieland* an solchen Geschichten seine schlüpfrig-zierliche Erzählungskunst. *Musäus'* Volksmärchen übertrugen die Form dann auf heimische Stoffe. Trat er damit bodenständiger und volksmäßiger auf, so blieb doch auch seiner Erzählungsart das spielende Witzelnde der *Contes de fées,* und in den Volksmärchen der Benedikte *Naubert* war es nicht wesentlich anders.

48. Wirklich ernst hat erst der große Bringer neuer Maßstäbe, hat erst *Herder* das Volksmärchen genommen; in seiner Abhandlung über die Ähnlichkeit der mittleren englischen und deutschen Dichtkunst von 1777 rief er auch zur Sammlung der Volkssagen

und -märchen auf. Die Romantik mußte aus ihrer Gesamteinstellung
heraus solchen Anregungen willig folgen. So hat Ludwig *Tieck* 1797
in seinen Volksmärchen von Peter Leberecht den Ruhm des Märchens
laut verkündigt. Gerade seine aller Vernunft spottende Phantastik
mußte der Romantik als der leidenschaftlichen Gegnerin der Aufklärung das Märchen ebenso empfehlen, wie sie es dieser verhaßt
gemacht hatte. Was in den von Romantikern verfaßten Märchen ans
Licht trat, waren freilich Erzählungen, die mehr nach diesem Gesetz
grundsätzlicher Phantastik gearbeitet waren, als daß ihnen wirkliche Märchenstoffe zugrunde gelegen hätten: die künstlerische
Form, nicht der Märcheninhalt, waren hier wirksam. Auch *Goethes*
und *Novalis'* Märchen gehören in diese Reihe.

Die jüngere Romantik, *Brentano* vor allem, war den Märchen
lebhaft geneigt. Brentano hat sich eifrig mit dem Einsammeln deutscher Volksmärchen beschäftigt. In seinen eigenen Märchen hat er
auch wirklich vielfach echte Märchenstoffe verarbeitet. Aber sowenig wie beim Wunderhorn dachte er daran, volkstümliche Überlieferung so wiederzugeben, wie er sie gefunden. Ein Geistesver-
wandter Basiles, des obengenannten Bearbeiters einer im 17. Jahrhundert in Neapel entstandenen Märchensammlung, die er mehrfach
benutzte, dienten ihm die Märchenstoffe wesentlich nur als das
Gerüst, das dann sein spielender Witz mit fröhlichen Ranken wild
überwucherte.

49. Von der Romantik waren auch die Brüder *Grimm* ausgegangen und entscheidend bestimmt. Sie aber verbanden damit Herders historischen Sinn, der ihnen in der Schule *Savignys,* des Mit-
begründers einer geschichtlich gerichteten Rechtswissenschaft, ein-
gepflanzt war. Ihr Verdienst bleibt, Märchen zuerst stofflich rein
und treu, wie sie im Volksmunde lebten, aufgezeichnet und wissenschaftlich gewürdigt zu haben. Sie brachten mit, was zur Lösung
dieser Aufgabe gehörte: Liebe zu Volk und Heimat, Lust zum
Sammeln, Andacht zum Unbedeutenden, künstlerische Neigung und
Fähigkeit zu angemessener Wiedergabe des Aufgenommenen, geschichtlichen Sinn und wissenschaftliche Methode. Seit 1806 hatten
sie eifrig gesammelt, Brentano und Arnim, den Brüdern nahe be-
freundet, spendeten Beifall und Anregung, der Maler Philipp *Runge*
gab durch seine Märchen vom Fischer un siner Fru und vom

Machandelboom, die er in der „Zeitung für Einsiedler", dem Organ der Heidelberger Jungromantik, veröffentlicht hatte, das Beispiel, wie Märchen volksmäßig und doch kunstvoll erzählt werden können. So erschien denn Weihnachten 1812 der erste Band ihrer Sammlung „Kinder- und Hausmärchen", Weihnachten 1814 der zweite. In sieben Auflagen hat Wilhelm Grimm die Texte immer wieder überarbeitet und vervollständigt.

Die hier vereinigten Märchen waren zum kleineren Teile literarischen Quellen entnommen. Weitaus die meisten waren aus mündlicher Überlieferung geholt, von den Brüdern und ihren Freunden vorzüglich in Hessen und Westfalen gesammelt. Zumeist Personen der unteren Stände, hauptsächlich Frauen — darunter die bekannte „Märchenfrau" aus dem Dorfe Zwehrn bei Kassel —, hatten sie geliefert. Und ängstlich hatten die Brüder sich bemüht, das Vernommene auch wirklich „rein und treu" — so lautet das immer wiederholte Stichwort — wiederzugeben, wie es ihnen zugekommen war. Freilich gilt das nur für den Inhalt der Märchen und auch da mit einer gewissen Einschränkung: es ist nichts am Inhalte dieser Geschichten von Wilhelm Grimm (der fast allein die Erzählung formte) willkürlich erfunden worden; aber es sind öfter mehrere, von ihm einzeln vernommene Fassungen in *eine* verarbeitet worden, um eine tunlichst vollständige Erzählung zu erhalten. Ganz Wilhelm Grimms Eigentum aber ist die sprachliche Formung. Auch sie hat nichts Willkürliches und Unvolksmäßiges, aber sie stellt ein in der Wirklichkeit in solcher Vollendung nicht vorkommendes Ideal volkstümlicher Erzählung dar, das Runges Vorbild und eigene Beobachtung und künstlerische Kraft für Wilhelm Grimm erreichbar gemacht hatte.

Reichhaltige Anmerkungen voll tiefster Einsicht stellten die Märchen mit einem Schlage vor einen ungeahnt weiten, geschichtlichen Hintergrund und gaben Anregungen für die Forschung, die erst in unseren Tagen voll aufgenommen und weitergeführt sind.

50. Was die Zeit dem Vorbilde der Brüder zunächst entnahm, war Anregung und Lust, ihre Sammeltätigkeit fortzusetzen. In Deutschland und bald in aller Welt erschienen dann eine lange Reihe mehr oder weniger glücklich angelegter Märchensammlungen, die zunächst einmal die Kenntnis des Stoffes unendlich vermehrten.

Es galt nun vor allem, diese immer reicher werdende Überlieferung zu sichten, in sich zu vergleichen, das Zusammengehörige zusammenzustellen; hier haben neben dem schon genannten *Benfey* Reinhold *Köhler,* Emanuel *Cosquin,* Georg *Polívka* und vor allem, mit schrankenloser Kenntnis des Vorhandenen, Johannes *Bolte* Außerordentliches geleistet. Welch große Bedeutung das Märchen auch für die geschriebene Literatur aller Zeiten und Völker besitzt, mit der es immer in lebhafter Wechselwirkung gestanden hat, trat dabei immer klarer hervor; sein Belang für die Geschichte der germanischen Mythologie ist besonders durch *von der Leyen,* für die Geschichte der germanischen Heldensage durch den Verfasser dieser Skizze zu erhärten versucht worden. Man hat sich allmählich bemüht, feste Methoden der Märchenforschung herauszubilden und das Wesen der ganzen Erscheinung theoretisch und geschichtlich klarer zu erkennen; der Arbeiten in- und ausländischer Forscher wie des Finnen Anti *Aarne,* des Schweden Carl *von Sydow,* des Dänen Axel *Olrik,* des Deutschen Friedrich *von der Leyen* mag dabei ausdrücklich gedacht werden. Heute ist eine ganze Schar jüngerer Forscher um die Aufhellung aller hier berührten Probleme bemüht, und wir geben uns gerne der Hoffnung hin, daß Wesen und Geschichte des Märchens in einem Jahrzehnt schon wieder in vielen Punkten bestimmter und klarer sich wird schildern lassen, als es in diesem, auch sonst ja nur auf die Grundlinien bedachten Abrisse geschehen konnte.

Zeitschrift für den deutschen Unterricht 42 (1928), S. 561—581.

MÄRCHENFORSCHUNG

Von HELMUT DE BOOR

Es ist nicht meine Absicht, in den folgenden Zeilen mit neuen und eigenen Forschungen auf dem Gebiet des Märchens hervorzutreten, sondern mich in einem kritischen Überblick zu einigen älteren und neueren Anschauungen über das Wesen des Märchens zu äußern und darzulegen, was die verschiedenen Forschungsrichtungen und Schulen an positivem Ertrag zu der prinzipiellen Frage nach Art und Wesen des Märchens beigetragen haben. Ich glaube, daß eine solche Erörterung vor einem breiteren, wissenschaftlich interessierten Publikum neben den schon vorhandenen populären Übersichten von Thimme[1], Spieß[2] und von der Leyen[3] ihre Berechtigung hat und unter Betonung der prinzipiellen Fragen statt der nur methodischen mancherlei sagen kann, was nicht nur eine Wiederholung des dort schon eingehend und übersichtlich Erörterten bildet. Denn man wird sagen dürfen, daß die Märchenforschung, soviel die einseitige Betonung nur methodischer Gesichtspunkte an Einzelresultaten gewonnen hat, in Gefahr ist zu versanden und daß sie gleich anderen Gebieten der Literaturforschung die Ehrfurcht vor dem Stoff zwar nicht aufgeben, wohl aber einer zugleich auf das Wesen gerichteten Bemühung ein- und unterordnen soll. Ich möchte nicht die Meinung erwecken, als käme es mir auf eine „geistesgeschichtliche" Einordnung der Märchenforschung an, aber allerdings möchte ich behaupten, daß die heute geläufigste Methode, die sogenannte finnische, an einer Überschätzung der Methodik leidet, die notwendig überwunden werden muß.

[1] Adolf Thimme, Das Märchen, Leipzig 1909.

[2] K. Spieß, Das deutsche Volksmärchen (Aus Natur und Geisteswelt), Leipzig 1920.

[3] Friedrich von der Leyen, Das Märchen, 2. Aufl., Leipzig 1917. Wissenschaft und Bildung Bd. 97.

„Man streite und bestimme, wie man wolle, ewig gegründet unter
allen Völker- und Länderschaften ist ein Unterschied zwischen Na-
tur- und Kunstpoesie (epischer und dramatischer, Poesie der Un-
gebildeten und Gebildeten) und hat die Bedeutung, daß in der
epischen die Taten und Geschichten gleichsam einen Laut von sich
geben, welcher forthallen muß und das ganze Volk durchzieht, unwillkürlich und ohne Anstrengung, so treu, so rein, so unschuldig
werden sie behalten, allein um ihrer selbst willen, ein gemeinsames,
teures Gut gebend, dessen ein jedweder teil habe."

So hatte Jacob Grimm in einem Beitrag zu Arnims Einsiedler-
zeitung: „Gedanken, wie sich die Sagen zur Poesie und Geschichte
verhalten" im Jahre 1808 geschrieben.[4] Die Zeilen betreffen nicht
eigentlich das Märchen, sondern die „epische Poesie" überhaupt.
Aber es gibt damit die Grundlage, auf der hinfort auch die Mär-
chenarbeit der Brüder ruht. Denn unermüdlich sind beide in der
Betonung, daß das Märchen ganz auf die Seite der „Naturpoesie"
gehöre, ja in gewissem Sinn ihr reinster, unentstelltester Ausdruck
sei. Mit unverhohlener Parteinahme stellt sich namentlich Jacob
Grimm auf die Seite der Naturpoesie als der nicht nur zeitlich
älteren, sondern auch in Art und Wesen reineren, einfacheren und
menschlicheren Dichtung, die er in den höchsten Tönen seiner mar-
kanten und eindringlichen Sprache preist, während er der neueren
Dichtung als „Kunstpoesie" nur fast widerwilliges Lob spendet.
Und so sind auch die verschiedenen Einleitungen zu den einzelnen
Bänden und Auflagen der Kinder- und Hausmärchen, die wesent-
lich von der Hand Wilhelm Grimms stammen, aus der gleichen
Grundauffassung und Grundstimmung geschrieben. Bereits die Vorrede zum ersten Band der ersten Auflage (1812), die noch wenig
von wissenschaftlichen Fragen und Ansichten enthält, sondern fast
ganz dem innig gefühlten Preis des Märchens gilt, spricht von den
Märchen bald als „dieses Epos", bald als Mythus und gliedert das
Märchen damit fest in die Gruppe der Naturpoesie ein.[5] Und die
Vorrede zum zweiten Band führt die Einknüpfung positiv weiter
durch die beiden Sätze: „Sie (d. h. die Märchen) geben auf unsere

---

[4] Jacob Grimm, Kleine Schriften, Bd. I, S. 399 ff.

[5] Die Vorreden finden sich gesammelt in Wilh. Grimms Kleinen
Schriften Bd. I, 329 ff.

uralte Heldendichtung ein neues und solches Licht, wie man sich nirgends her sonst könnte zu Wege bringen." Und ferner: „In diesen Volksmärchen liegt lauter urdeutscher Mythus, den man für verloren gehalten hat." Und er fährt mit dem Bekenntnis fort, daß die Märchen geeignet seien, „die Wissenschaft von dem Ursprung unserer Poesie gründen zu helfen". Abermals zuversichtlicher spricht die Vorrede zur zweiten Auflage 1819: „Was den Inhalt selbst betrifft, so zeigt er bei näherer Betrachtung nicht ein bloßes Gewebe phantastischer Willkür," — wie es die Auffassung des 18. Jahrhunderts gewesen war — „welche nach der Lust oder dem Bedürfnis die Fäden bunt ineinander schlägt, sondern es läßt sich ein Grund, eine Bedeutung, ein Kern gar wohl erkennen. Es sind hier Gedanken über das Göttliche und Geistige im Leben aufbewahrt: alter Glaube und Glaubenslehre in das epische Element, das sich mit der Geschichte eines Volks entwickelt, getaucht und leiblich gestaltet. Doch Absicht und Bewußtsein haben dabei nicht gewirkt, sondern es hat sich also von selbst und aus dem Wesen der Überlieferung ergeben, daher sich auch die natürliche Neigung äußert, das von ihr Empfangene, aber halb Unverständliche nach der Weise der Gegenwart zu erklären und deutlich zu machen." Endlich sei noch der wichtige Satz angeführt, in dem die Vorreden, die auch sonst von den Grimms gern verwendete Parallele zwischen Sprache und Poesie ziehen: „Die Verwandtschaft also, welche in der Sprache aller Völker durchbricht, ... offenbart sich grade so in ihrer überlieferten Poesie, welche ja auch nur eine höhere und freiere Sprache des Menschen ist. Nicht anders als dort deutet dieses Verhältnis auf eine den Trennungen der Völker vorausgegangene gemeinsame Zeit."

Die Vorstellung von einem Urmythus, einer ältesten, nicht weiter erforschbaren Offenbarung, an der alle Religionen teilhaben, und von der sie nur verschiedene Ausstrahlungen oder Aussagen sind, ist nicht erst Eigentum Herders oder der Romantik. Sie geht auf die Wiedererweckung des Neuplatonismus, durch die italienischen Humanisten des 16. Jahrhunderts zurück, in deren Lehre die Uroffenbarung und als deren Träger die großen Religionsstifter, Hermes Trismegistos, Zoroaster und Moses eine wichtige Rolle spielen.[6] Im

---

[6] Die beste Darstellung des Neuplatonismus im 16. und 17. Jahrhundert

protestantischen Deutschland, das sich überraschend schnell eine
eisenharte, aristotelische Philosophie geschaffen hat, sind solche neu-
platonischen Strömungen ebenfalls vorhanden, aber es sind hier
meist weniger kritische, mit einem Übermaß an Phantasie begabte
Köpfe, die sich zu Trägern dieser Gedanken machen und sie mit
einer oft schwer erträglichen mystisch-kabbalistischen Spekulation
verquicken. Immerhin ist die Romantik in ihren Mythologen Friedrich Creuzer, Joseph Görres und Johann Arnold Kanne letztlich
die Erbin dieses Neuplatonismus, und die Grimms beziehen sich
ausdrücklich auf ihre Schriften[7], während sie zugleich die Scheidung von Naturpoesie und Kunstpoesie von Herder übernehmen.

Neu ist bei ihnen, daß sie die Märchen in den Schatz von Nach-
klängen dieser Urtradition einordnen und daß sie damit dieser
ganzen Literaturgattung eine völlig andere Beleuchtung geben, als
das 18. Jahrhundert sie gewöhnt gewesen war. Es ist nicht un-
interessant, die Art und Weise zu betrachten, wie Jacob Grimm in
seiner Frühzeit den Gedanken der parallelen Entwicklung von
Sprache und epischer Literatur praktisch durchzuführen sucht. In
einem Aufsatz: „Gedanken über Mythos, Epos und Geschichte" in
Schlegels „Museum" von 1813[8] bespricht er u. a. die ihm bekannten

und überhaupt die eingehendste, mit überragender Kenntnis geschriebene
Darstellung der philosophischen Entwicklung in und nach der Refor-
mationszeit findet sich an einer schwer zugänglichen Stelle, in der vor-
trefflichen Einleitung zu den Werken des schwedischen Dichters und
Philosophen Georg Stiernhjelm (1598—1672), die Johan Nordström
geschrieben hat. Samlade Skrifter av Georg Stiernhjelm Teil II, Bd. 1,
Stockholm 1924.

[7] Die mythologischen Werke von Görres, insbesondere seine „Mythen-
geschichte der asiatischen Welt" (1810), und von dem wissenschaftlichen
Abenteurer J. A. Kanne, vor allem sein „Pantheum der ältesten Natur-
philosophie, die Religion aller Völker" (1811) werden von den Grimms
mehrfach mit Creuzers „Symbolik" (1810—12) zu einem leitenden und
gepriesenen Dreigestirn zusammengefaßt. Vgl. z. B. Wilhelm Grimm an
Arnim bei R. Steig, Achim von Arnim und die ihm nahe standen Bd. 3,
158 ff.; W. Grimm, Die Lieder der alten Edda, Kl. Schriften I, 224 u. ö.
Man ersieht daraus aufs deutlichste, auf welcher allgemeinen Grundlage
sie ihre speziellen Anschauungen entwickeln.

[8] Jacob Grimm, Kleine Schriften, IV, 74 ff.

Varianten der Tellsage, nämlich neben der Schweizer Tellgeschichte den Bericht des Saxo Grammaticus von Toko, die Version der Sage von Wieland und seinem Bruder Egill in der altnordischen Thidrekssaga, die englische Ballade von Adam Bell und die griechische Sage von den Söhnen des Bellerophontes. Hier findet er in den Namen Tell, Bell, Velent, Bellerophontes eine über das Sachliche hinausgehende sprachliche Gemeinsamkeit der Stammsilben, die auch Velents Bruder, den Meisterschützen Egill mit umfaßt, sobald man das g, „das die Wurzel dehnt, ohne ihr notwendig zu sein" ausschaltet, und so Eill oder Ell erhält. Aber damit nicht genug, entdeckt Grimm tiefere und symbolhaftere sprachliche Beziehungen zwischen Tell und *telum*, Bell und griechisch *belos*, Toko und griechisch *toxon*, Egill und Igel, dem Stachel-, Strahl- oder Pfeilträger, so daß alle jene Meisterschützen in ihrem Namen schon ihr Wesen verborgen tragen. Unzweifelhaft stehen ja diese etymologischen Spielereien, deren der Aufsatz eine ganze Reihe bietet, ebenfalls der phantastischen Sprachvergleichung des 17. Jahrhunderts noch näher als der systematischen Sprachforschung des 19., und es ist nicht unwesentlich, neben der altbekannten Verbindung mit Herder auch diesen überraschenden Zusammenhang der Neuschöpfer unserer germanistischen Wissenschaft mit einer weit zurückliegenden wissenschaftlichen Periode zu beobachten, der sie über die blasse Klarheit der Aufklärung hin die Hand reichen.[9]

Die Einbeziehung der Märchen in die „uralte" Poesie bedingt auch für diese, daß sie nicht „erdichtet" oder „erfunden" sind, wie die Ausdrücke der Grimms für die individuelle künstlerische Schöpfung lauten, sondern daß sie „in dem großen, unschuldigen, unbewußten Völkerglauben" „entsprungen" sind, d. h., daß es eine individuelle Schöpfung der Märchen überhaupt nicht gibt. Sie sind das unbewußt in immer neuen Formen sich erzeugende Urbild, und es scheint beleuchtend, einen Satz aus der Vorrede zum II. Band von 1815 zu zitieren. „Alle Abweichungen namentlich erscheinen uns merkwürdiger als denen, welche darin bloße Abänderungen eines wirk-

---

[9] Sehr anschaulich schildert die wissenschaftliche Frühzeit Jac. Grimms die auch sonst sehr lesenswerte biographische Skizze Wilh. Scherers in der „Allgemeinen deutschen Biographie" Bd. 9, S. 678 ff.

lich einmal dagewesenen Urbildes sehen, da es im Gegenteil nur vielleicht Versuche sind, einem im Geist bloß vorhandenen unerschöpflichen, auf mannigfachen Wegen sich zu nähern". In dieser Grundanschauung liegt das eigentümlich Verschwebende, Bildhafte der Sprache begründet, deren sich die Grimms bedienen, wenn sie von dem Ursprung der Märchen reden. „Es dichtete sich selbst", „es erzeugte sich", „es blühte", „es klang von ihren Lippen", „es führte sich von selbst ein", das sind ein paar der reichen Wendungen, die in ihren Briefen und Schriften auftauchen. Es geht letzten Endes um etwas Heiliges, nur Erahnbares, das man sich nicht mit scharfer Formulierung aneignen kann, dem man sich nur in Bildern und Gleichnissen nähert.

Das positive Hauptargument der Grimms für ihre Auffassung ist immer wieder die Übereinstimmung der zahlreichen Varianten derselben Erzählung an weitverstreuten Plätzen und im Munde einer nicht literarisch gebildeten Bevölkerungsschicht. Die Übereinstimmung z. B. der deutschen und der serbischen Märchen kann für sie unmöglich auf einer literarischen Übertragung beruhen, sondern ist die Folge einer ewigen Neuerzeugung aus einem uralten Grunde. In dem schönen und entscheidenden Brief Jacob Grimms an Arnim[10], in dem er seine Anschauung in sechs Punkten formuliert, ist so gut wie alles nicht Beweisführung, sondern Bekenntnis. Voran aber steht im ersten Abschnitt der einzige wirklich beweisführende Satz: „Beweis liegt mir in wunderbarer Übereinstimmung des Übergebliebenen, die sonst nicht zu erklären wäre."

Ich bin der Grimmschen Märchenauffassung etwas genauer nachgegangen, obwohl wir in den Forschungen von Reinhold Steig[11] und Ernest Tonnelat[12] umfassende und gute Darstellungen besitzen. Einmal schien mir der Hinweis auf die geistige und philologische Verwandtschaft der Grimmschen Grundanschauungen mit der Re-

[10] R. Steig, Achim von Arnim und die ihm nahe standen, Stuttgart, Berlin, 1904, Bd. 3, S. 235 ff.

[11] R. Steig, Clemens Brentano und die Brüder Grimm. Stuttgart-Berlin 1914; dazu das obengenannte Werk.

[12] E. Tonnelat, Les frères Grimm, Leur oeuvre de jeunesse, Paris 1912; ders. Les contes des frères Grimm, Études sur la composition et le style du recueil des Kinder- und Hausmärchen. Paris 1913.

naissanceforschung des 16. und 17. Jahrhunderts nicht unwichtig und verdiente weiter ausgebaut zu werden. Zum andern bleibt die Grimmsche Grundanschauung in der Märchenforschung tatsächlich die einzige prinzipielle Auseinandersetzung mit dem Wesen des Märchens und ist auch für solche Forscher mehr oder weniger bewußt gültig, die ihrer ganzen geistigen Richtung nach von romantischer Betrachtung weit entfernt waren. Soweit die Grundanschauungen in Frage kommen, ist die ganze Forschung nach der Leistung der Grimms nicht weitergekommen, weniger aus Anerkennung der Grimmschen Grundsätze als aus der Überlagerung der Märchenfrage mit methodischen und stofflichen Einzelfragen. Stillschweigend blieben die Brüder Grimm immer im Hintergrund und wurden wohl beiseite geschoben, aber nicht ersetzt. Eine prinzipielle Auseinandersetzung mit dem Märchen als eigener literarischer Gattung mit eigenen immanenten Gesetzen finde ich erst wieder in den Forschungen von André Jolles.[13]

Die von den Brüdern Grimm ausgesprochene und stets festgehaltene Ansicht von der ewigen und überpersönlichen Geltung der Naturpoesie als Ganzes, der Märchen im Besonderen, fand schon sehr bald, gewissermaßen bereits in der Geburtsstunde, Widerspruch von befugter Seite und aus dem romantischen Hauptquartier selbst. Ohne hier näher darauf eingehen zu können, weise ich auf den schon mehrfach erwähnten Briefwechsel mit Achim von Arnim hin, der als ein scharfer, ja genialer Kritiker, zugleich auch selbst als schöpferischer Künstler, die schwachen Punkte der Grimmschen Auffassung sofort aufspürte. Mit erstaunlich vorurteilsfreiem Blick sah er schon damals, daß z. B. das Nibelungenlied keineswegs als ein gewachsenes Produkt überpersönlicher Naturpoesie gelten könne, sondern die Persönlichkeit eines einheitlichen Bearbeiters voraus setze. Und noch tiefer sieht er, wenn er schreibt: „Die Sagen und Lieder von den Nibelungen mögen sehr verbreitet gewesen sein, . . .: unsere Bearbeitung der Nibelungen war es wahrscheinlich niemals, und was es damals nicht gewesen, wird es jetzt auch nimmermehr

---

[13] A. Jolles, Het sprookje in de nieuwe Westersche letterkunde, De Gids 1922/23. Het sprookje, Handelingen van de Matschappij der Nederlandsche Letterkunde, 1923/24.

werden." Darüber hinaus aber war er von der Notwendigkeit des persönlichen Schöpfungsaktes bei jedem Kunstwerk überzeugt und wollte zwischen Naturpoesie und Kunstpoesie nur einen gradmäßigen, niemals einen artmäßigen Unterschied gelten lassen. Ja, er erfaßte intuitiv und trotz des lebhaften Protestes der Brüder selbst deren eigenen schöpferischen Anteil an den Kinder- und Hausmärchen, dessen erstaunlichen Umfang wir jetzt recht ermessen können, nachdem die ältesten Aufzeichnungen der Ölenberger Märchenhandschrift uns endlich allgemein zugänglich geworden sind.[14]

Indessen mußte eine weitergehende Kritik an der Grimmschen Märchenauffassung sich von selbst und gewissermaßen von innen heraus ergeben, sobald die von ihren Vätern abgesteckten Wege weiter begangen wurden. Bekanntlich hat sich an die Kinder- und Hausmärchen die Sammeltätigkeit eines Jahrhunderts angeschlossen und mit Feuereifer über die ganze Welt verbreitet, und aus dem ersten Samenkorn ist eine heute unübersehbare Ernte erwachsen. Die Sammlungen sprengten einen Außenposten der Grimmschen Auffassung, die Einschränkung der Märchenzusammengehörigkeit gleich der Sprachzusammengehörigkeit auf die indogermanische Gruppe. Die große Quellenübersicht am Schluß des Anmerkungsbandes der letzten eigenhändigen Ausgabe von 1856 hält freilich noch an der alten Umgrenzung fest (S. 411). Doch muß Wilh. Grimm für die arabischen Märchen von 1001 Nacht bereits die

---

[14] Die Handschrift der Abtei Ölenberg im Elsaß bewahrt uns eine Reihe der Märchen in der ältesten Fassung und enthält teils Niederschriften von der Hand beider Brüder, teils ihnen zugesandte Originalhandschriften anderer Sammler. Sie überließen diese ihre erste Sammlung im Jahr 1810 an Clemens Brentano, in dessen Besitz sie verblieb, um aus seinem Nachlaß in der Bibliothek des elsässischen Klosters zu landen. Nachdem dieses wichtige Gemeingut der deutschen Forschung durch Franz Schultz 1924 an fast unzugänglicher Stelle, in der 2. Jahrespublikation der Frankfurter Bibliophilengesellschaft veröffentlicht oder, besser gesagt, vergraben worden war, hat sie nun Joseph Lefftz unter dem Titel: „Märchen der Brüder Grimm, Urfassung nach der Originalhandschrift der Abtei Ölenberg im Elsaß" in den Schriften der Elsaß-Lothringischen wissensch. Gesellschaft (Heidelberg 1927) allgemein zugänglich gemacht. Er erhebt auch sachlich schwere Bedenken gegen die Schultzsche Publikation.

sonst so lebhaft abgewiesene literarische Wanderung zugestehn. Und im Hinblick auf Sammlungen afrikanischer Negermärchen bereitet er sich und uns darauf vor, daß eine Grenzerweiterung notwendig werden möchte. Prinzipiell liegt hier keine große Einbuße vor; vielleicht hebt solche Erweiterung den Ursprung des Märchens nur in noch ältere, unerreichbarere Fernen.

Wesentlich gefährlicher wurde für die Grimmsche Auffassung die nun einmal unvermeidlich aus dem sich anhäufenden Stoff hervorspringende Mahnung zu praktischer Bewährung und realer Durchführung der nur schwebend verkündeten Theorie. Es mußte möglich sein, an einem Einzelfall der überall auftauchenden Varianten durch Märchen, Sage, Heldendichtung, Mythus hindurch vergleichend zu einem Stück jenes Urmythus zu gelangen, für den alle vorhandenen Fassungen nur Versuche der Verkörperung sind. Wir haben bereits gesehn, wie das Jacob Grimm in seiner Frühzeit für den Tellstoff wirklich versuchte, wie er aber allzu schnell in die mystischen Tiefen der Zusammenhänge von Sprache und Dichtung vorstieß und so ein Resultat gewann, das ihn selbst schon sehr bald nicht mehr befriedigen konnte. Doch auch die Märchenvorreden nehmen das Problem auf, wenn auch vorerst nur andeutend und eklektisch, ohne einen eigentlichen Deutungsversuch. Die Vorrede zum zweiten Band von 1815 bringt eine Reihe stofflicher Zusammenstellungen, darunter die folgenreichste und gewissermaßen paradigmatische, das Dornröschenmärchen und die altnordische Brynhildendichtung. Viel stärker aber deckt die anmerkungsweise in der Vorrede zur zweiten Auflage versuchte Einzeldurchführung eines Vergleichs von Sigfrid- und Perseusfabel die Mängel der einfach vergleichenden Methode auf. Die beiden gefährlichsten Punkte, Vermengung ältester und jüngster Überlieferung und die Gleichstellung weit voneinander abliegender Einzelzüge stellen sich alsbald ein. Chriemhilde auf dem Drachenstein und Fafnir in der Schatzhöhle, älteste nordische und jüngste deutsche Bildung treten auf eine Ebene; Gorgo und Hornhaut werden auch motivlich zu Entsprechungen gemacht. Dennoch bildete sich eine ganz bestimmte Methodik auf dieser Grimmschen Grundlage heraus. Zuerst gilt es, die vorhandenen „Varianten" zu sammeln, die — in Verfolg des Gedankens eines „Urmythus" — alle Gebiete „volkstümlicher" Poesie umspannen, und sie auf ihren Wert zu prüfen. Aus ihnen allen ergibt sich ein Urtypus, und dieser Urtypus wird Gegenstand einer mythischen, meist naturmythischen Deutung. Als vorbildlich für diese Methode, die so verschiedene Männer wie Uhland, Max Müller, Karl Müllenhoff beherrscht, weise ich hier nur auf die schöne, ebenmäßig durchgeführte Behandlung hin, die das Dornröschenmärchen durch Friedr. Vogt erhalten hat.[15] Hier löst sich aus einer Reihe gegeneinander wohlabgewogener Varianten, die von Island bis Indien reichen, eine Urform folgender Gestalt: „Ein Mythus von einem weiblichen Vegetations- und Wärmegenius, der durch den obersten Gott in Adlergestalt (auf einen Baum?) entführt, befruchtet und wegen der Nachstellungen seiner eifersüchtigen Gemahlin eine Zeitlang unter der Erde geborgen wird, von wo dann ihre Kinder — Vegetation oder vulkanische Sprudel — ans Tageslicht treten und so auch das Leben der Mutter wiederum kundtun." Dieser Vegetationsmythus, in den die Märchen also letztlich einmünden oder aus dem sie vielmehr einst, sich weit verteilend, entsprungen sind, ist in dem griechisch-sizilischen Mythus von der Hephästostochter Talia und ihren Kindern, den Paliken, am treuesten bewahrt und am engsten naturgebunden. Dieses Gesamtresultat (S. 224) ist aber aus einer großen Menge von mühsam durchgeführten Einzelvergleichungen gewonnen. Und selbst, wem die Endsumme auch in ihrer mythischen Deutung erträglich scheinen könnte, der wird die Summe der Einzelposten, deren jeder in unser Dornröschenmärchen und andere harmlose volkstümliche Überlieferung naturmythische Hintergründe trägt, heute durchaus nicht mehr möglich finden.[16] Solche Betrachtung ist die notwendige Folge der Grimmschen Urzeugungstheorie, sobald sie in den Kreis realer Tatsachenforschung tritt. Die Vogtsche Untersuchung, die im übrigen methodisch voll auf der Höhe der weiteren Entwicklung steht, wurde hier gerade deswegen als Beispiel ausgewählt, weil sie das

---

[15] Friedr. Vogt, Dornröschen-Talia in den „Beiträgen zur Volkskunde", Festschrift für K. Weinhold 1896, S. 195 ff.

[16] Aber noch 1917 hat Fr. Kampers in den Mitteilungen der schlesischen Gesellschaft f. Volkskunde 17, 181 das Dornröschenmärchen einer Deutung auf einen Mythus von der Geburt des Sonnengottes unterworfen.

unverkümmerte Fortleben der Grimmschen Grundanschauungen durch das ganze, so antiromantisch sich gebärdende 19. Jahrhundert zeigt, und weil an ihr deutlich wird, wie alle Wandlungen der wissenschaftlichen Auffassungen im Grunde auf dem Gebiet der Methodik und des Handwerksmäßigen bleiben. Freilich ist zuletzt die Höhe der Auffassung und die Ehrfurcht vor der Überlieferung, in denen Vogt ein echter Nachfolger der beiden Meister gewesen ist, mehr und mehr verlorengegangen; der starke Impuls, der von der Arbeit und mehr noch von der Überzeugungswärme der Grimms ausging, verlief zuletzt in unfruchtbarer Phantastik. Mag nun Lefèvre in seiner Ausgabe von Perraults Märchen[17] aus jedem von ihnen ein kleines kosmisches Drama mit Sonne, Mond, Himmel, Nacht usw. als Akteuren machen, oder mag ein wohlmeinender Pastor[18] in dem Wolf und den sieben Geißlein ein Bild deutschen Seelenschicksals vor, in und nach dem Kriege sehen — immer steht auch hinter diesen Mißgeburten noch als Urahn die Märchenauffassung der Brüder Grimm.

Den sachlichen Hauptbeweis für ihre Märchenauffassung fanden die beiden Grimm, wie wir sahen, in der bewundernsweiten Übereinstimmung weit voneinander entfernt liegender Märchenvarianten. Je mehr aber die Märchensammlungen wuchsen, je dichter das Netz der bekannten Varianten für jede Geschichte wurde, um so mehr wandte sich dieser Beweis gegen die Grimmsche Auffassung, die er zuerst zu stützen schien. Denn die Übereinstimmung bis in wesenlose Details hinein zwang nun zu dem Zweifel, ob solche ohne kausalen und historischen Zusammenhang immer neu und unabhängig aus dem Muttergrunde eines nur ideell vorhandenen Urmythus aufquellen könne. Die Frage: „Urmythus oder literarische Verbreitung einer Urfassung" mußte brennend werden, und derjenige, der sie zuerst und entscheidend nach der literarischen Seite hin beantwortete, war der Indologe Theodor Benfey in seinen Untersuchungen über die indische Erzählungssammlung Pantschatantra und in einer Reihe von anschließenden Einzelarbeiten. Seine

---

[17] Paris o. J.
[18] Georg Schott, Weissagung u. Erfüllung im Deutschen Volksmärchen, München 1925. Dies nur als Paradigma einer weit verbreiteten Sorte.

Hypothese, daß Indien das Heimatland aller Märchendichtung sei, und die Gründe, die zu einer schließlichen Überwindung der Einseitigkeit dieser Anschauung geführt haben, sind in den genannten Büchern von Thimme und von der Leyen genügend besprochen. Auch ist diese spezielle Formulierung nicht das Wesentliche an Benfeys Leistung. Das liegt vielmehr in der anderen Fragestellung gegenüber der Grimmschen, eine Art der Betrachtung, die freilich, wie sich J. Grimm einst gegen Arnims Einwände ausdrückte, den Brüdern „in ihr Liebstes griff". Indem Benfey endgültig den gewaltigen, vielverzweigten Strom der literarischen Traditionen entdeckte und verfolgte, der von Indien und dem vorderen Orient her das mittelalterliche Europa überflutete und in den Exempel-, Schwank-, Märchen- und Novellensammlungen des ausgehenden Mittelalters einmündete, hatte er die Möglichkeit rein literarischer Verbreitung auch sogenannten volkstümlichen Erzählungsgutes nicht nur theoretisch behauptet, sondern zu voller Sicherheit erwiesen. Seine einseitige Blickrichtung auf Indien ist seitdem aufgegeben, aber die literarisch-geographische Methodik ist erhalten geblieben. Die sogenannte finnische Schule, die gleich näher zu besprechen sein wird, arbeitet im Grunde nur mit einer methodisch verfeinerten und systematisierten, aber auch entgeistigten Anwendung der von Benfey zuerst ausgesprochenen Prinzipien.

Haben wir das große Verdienst Benfeys auf dem Gebiet der Methodik klar vor Augen, so können wir nun sagen, daß seine Arbeit auf prinzipiellem Gebiet gegen die Grimms einen Rückschritt bedeutet. Statt der Frage nach dem Wesen des Märchens trat für Benfey die Frage nach ihrer Herkunft in den Vordergrund, und sein ganzer Scharfsinn war in die Richtung eingespannt, aus dem Vergleich möglichst vieler indischer Märchen mit einem möglichst großen Komplex vorderasiatischer und europäischer immer wieder das flutende Strömen des indischen Reichtums über die Mittelmeerländer und ihre europäischen Kulturprovinzen zu erspüren. Gewiß sagte er allein schon durch die feste und einmalige örtliche Festlegung jedes einzelnen Märchens etwas über das Wesen des Märchens aus. Es ist nach Benfeys Auffassung zweifellos nicht im Grimmschen Sinne „entstanden", sondern „erdichtet", und er versucht, die Zeit und die kulturelle Schicht näher zu bestimmen, in der und für die solche Märchendichtung da war. Der Begriff Naturpoesie, wenn anders er überhaupt noch haltbar war, umspannte das Märchen jedenfalls nicht mehr. Aber das war für Benfey und seine Nachfolger von minderer Bedeutung; die Frage nach dem Wesen des Märchens und nach den Merkmalen, die es von anderer Literatur abgrenzen, wurde unwesentlich und ist für die ganze von ihm ausgehende methodische Forschung unwesentlich geblieben. Sonst hätten die neuen Einsichten zu einer neuen Märchentheorie führen müssen. Statt dessen sahen wir bei der Vogtschen Dornröschenuntersuchung, die durchaus mit literarisch-geographischen Methoden arbeitet, wie sich diese gar wohl mit dem Grimmschen Zusammenhang von Märchen und Mythus, dem letztlichen Verschweben des Märchens in uralter Mythenschöpfung verträgt. Denn jener unbewußte erste Schöpfungsakt wird nur in die Zeiten zurückgedrängt, nicht notwendig zerstört, wenn wir die Verbreitung der einzelnen realen Verkörperungen auf geographischen Wegen verfolgen können. Ja, der Gedankengang wäre möglich, daß die begierige Aufnahme und weite Verbreitung solcher Erzählungen daher verständlich sci, daß sie, wohin sie immer wanderten, den Völkern nur eben wie das erkennende Aufklingen einer vergessenen, einst besessenen Melodie erschienen.

Auf der anderen Seite lag es zweifellos nahe, das Märchen einfach als ein Stück Literatur zu nehmen wie andere epische oder novellistische Dichtung auch, ein Erzeugnis einer bestimmten Persönlichkeit zu bestimmten Zeiten bei bestimmten Völkern. So hatte es Benfey sicherlich gemeint. Das bedeutet grundsätzlich eine Rückkehr zu den Märchenauffassungen des 18. Jahrhunderts und der Aufklärung. Denn so verschieden im einzelnen die Stellung zum Märchen gewesen sein mag, im Grunde war es für Wielands Generation nur eine Abart sonstiger Kunstdichtung und wurde als solche geschätzt und behandelt. Diese Beziehung der Märchenbetrachtung der nachromantischen Generation zum 18. Jahrhundert ist als ein Symptom des breiten Einbruchs aufklärerischer Denkweise in dem spät- und nachromantischen Deutschland nicht minder charakteristisch wie die gedanklichen Zusammenhänge der Grimmschen Anschauungen mit dem Neuplatonismus des 17. Jahrhunderts. Doch fehlte sicherlich das Bewußtsein des Zusammenhanges bei unseren Nachromantikern, und man glaubte im Grunde nicht viel anderes zu tun als was auch Wilhelm Grimm in seinem Anmerkungsband und in jenem Vergleich der Sigfrid- und Perseussage getan hat. Man vergaß nur, welche innere Durchleuchtung jener Vergleich durch den höchst bezeichnenden Schlußsatz der Grimmschen Anmerkung bekam: „So unendlich ist die Wiedergeburt lebendiger Ideen." Wenn irgendwo, so kann man hier sagen, daß es nicht dasselbe ist, wenn zwei dasselbe tun. Wo Wilhelm Grimm aus seinem Vergleich die ewig sich wiedergebärende Idee entgegensprang, hielten die Nachromantiker zwei Stoffgruppen in der Hand. Am und für den Stoff arbeiteten sie, eine Leistung mindestens zweier Generationen, ein Werk von achtunggebietendem Umfang und wesentlichen, dauernden Resultaten. Ich bin der letzte, solche Tatsachenfreude und solches Stoffinteresse in der Wissenschaft gering zu schätzen. In diesem ungeheuren Sammeln, Sichten und Ordnen ging die Lebensarbeit bedeutender Männer auf, wie Cosquin, Dähnhard, Köhler, A. de Cock, Moltke Moe, die, von Grimmscher Ehrfurcht vor dem Märchen noch ahnungsvoll erfüllt, doch die Frage nach dem Wesen des Märchens als ein störendes Moment ihrer Arbeit ausschalteten. Diese ganze Forschungsrichtung, die wir als die stoffvergleichende bezeichnen können, erhielt in Deutschland ihre Krönung in der Neuausgabe der „Anmerkungen zu den Kinder- und Hausmärchen" durch Joh. Bolte und Georg Polivka[19], die aus dem schmächtigen Oktavbändchen von 1856 drei dicke Großoktavbände machten und mit unendlichem Fleiß jedem einzelnen Märchen den breiten stofflich-vergleichenden Hintergrund gaben, den die Sammelarbeit zweier Menschenalter bereitgestellt hatte.

Noch weiter greifen Aufgaben und Absichten der internationalen Organisation, die unter der Chiffre F. F. (Folklore Fellows oder „Folkloristischer Forscherbund") die volkskundliche Forschung ganz allgemein zu internationaler Zusammenarbeit einigen wollte und dem Märchen einen ganz besonderen Platz in ihrem Programm eingeräumt hat. Da finnische Forscher an der Durchführung der

---

[19] Joh. Bolte und G. Polivka, Anmerkungen zu den Kinder- und Hausmärchen der Brüder Grimm, neu bearb. 3 Bde. Leipzig 1913—1918. Der letzte Band mit den unentbehrlichen Registern fehlt leider noch.

Organisation vor allem beteiligt waren (Kaarle Krohn, Antti Aarne u. a.), und da insbesondere die Märchenmethodik von ihnen ausgearbeitet ist, darf man mit Recht von einer finnischen Schule sprechen. Die erste Aufgabe der Organisation ist eine umfassende Inventarisierung und Katalogisierung des Materials, um auf diese Weise der stoffvergleichenden Forschung den denkbar breitesten Hintergrund zu geben. Auch in dieser Richtung steht Finnland und das verwandte Estland an der Spitze; Norwegen und Dänemark mit ihren zentralen Stellen für volkskundliche Sammlung und Forschung folgen, Deutschland steht noch weit zurück. Übersichtliche Anordnung der Materialmenge ist nächste Aufgabe, die für das Märchen Antti Aarne in seinem Typenkatalog zu geben versuchte.[20] Er soll es ermöglichen, jede Märchenaufzeichnung in der zugehörigen Gruppe sofort einzuordnen und vergleichen zu können. Man sieht, daß eine durchgeführte Systematik die große Stärke der Methode ist. Die wissenschaftliche Bearbeitung richtet sich mit der größten Kraft auf das einzelne Märchen, das nach einer genau durchgearbeiteten Methode analysiert wird. Ist das Höchstmaß an Varianten gesammelt, so folgt die genaue Einzelvergleichung Zug um Zug oder — wie der nicht ungefährliche Ausdruck lautet — Motiv für Motiv, woraus sich dann enger zusammengehörige Gruppen innerhalb der Gesamtüberlieferung ergeben. Sie schaffen die Möglichkeit, zeitliche und örtliche Zusammenhänge zu beobachten und aus ihnen Schlüsse auf die Verbreitung und Geschichte des einzelnen Stoffes zu ziehen. Diese Methode und ihre Gesichtspunkte sind an dem örtlich umgrenzten und leichter übersehbaren Material der finnischen Volksdichtung zuerst von Julius Krohn gewonnen und namentlich von seinem Sohn Kaarle Krohn den räumlich weiteren und sachlich komplizierteren Aufgaben des Märchens angepaßt worden. Heute liegen eine Reihe von Einzeluntersuchungen

[20] Antti Aarne, Verzeichnis der Märchentypen, F. F. C. Nr. 3, Helsingfors 1910. Die Zahl der Typen ist inzwischen vermehrt. Vgl. Aarne, Verzeichnis der finnischen Ursprungssagen, F. F. C. Nr. 8, Hamina 1912; Oscar Hackman, Katalog der Märchen der finnländischen Schweden, F. F. C. Nr. 6, Hamina 1911; R. Th. Christiansen, Norske Eventyr, en systematisk fortegnelse efter trykte og utrykte kilder, Kristiania 1921.

nach dieser Methode vor.[21] Sie erweist sich als die Zusammenfassung aller Kräfte auf einen einzelnen Punkt, die uns zweifellos über die Geschichte einzelner Stoffgruppen viel Belehrung bringt. Auch kann man erwarten, daß sich aus der Verbindung genügend vieler Einzeluntersuchungen neue Aufschlüsse über Lebensart und Wanderungswege volkstümlicher Dichtung ergeben werden, die uns äußerst willkommen sein müssen.

Nur vergesse man nicht, daß diese ganze experimentelle Methodik einen bewußten Verzicht auf die Erforschung des Märchens als literarischer Gattung bedeutet und daß die letzten erreichbaren Ergebnisse immer bei Ursprung, Verbreitung und Wandlung der einzelnen Stoffe und Typen stehenbleiben. Sie bedeuten für die prinzipielle Betrachtung nicht mehr als etwa die Gewinnung eines komplizierten Handschriftenstammbaumes für ein literarisches Werk oder als die Verfolgung eines literarischen Stoffes durch seine verschiedenen Bearbeitungen in der Weltliteratur. Ja, die notwendige Betonung der einzelnen Motive, die sich in der Forderung nach einem „Motivlexikon" deutlich genug ausdrückt, die Abschnürung des Märchens in seine einzelnen Erzählungsglieder führt zu der nicht geringen Gefahr, über den Teilen das Ganze zu vergessen, das Märchen als einheitliches Kunstwerk überhaupt preiszugeben und im Motiv das eigentlich wesentliche Element zu sehn. So sagt etwa von der Leyen in seinem genannten Buch S. 31: „Daher haben wir, bevor wir uns der Frage vom Ursprung der Märchen zuwenden, die Märchen in ihre Motive aufzulösen und müssen versuchen, das Wesen dieser Motive zu bestimmen, ihre Herkunft und die ganze geistige, künstlerische und sittliche Welt, die sie voraussetzen." Bleibt hier Erkenntnis des Wesens des Märchens noch klar gesetztes Endziel[22], so steigert sich die Überschätzung des Motivs

---

[21] Antti Aarne, Leitfaden der vergleichenden Märchenforschung, F. F. C. Nr. 13, Hamina 1913. Aus der Reihe von Märchenuntersuchungen nach der finnischen Methode nenne ich hier nur beispielsweise Aarnes Untersuchung über das Märchen von dem tiersprachenkundigen Mann und seiner neugierigen Frau; F. F. C. Nr. 15, 1914. Man beachte auch die Einwände, die A. von Löwis of Menar, Zeitschr. d. Vereins f. Volkskunde Bd. 25 (1915) 154 ff. erhoben hat.

[22] Noch klarer ausgesprochen in dem Aufsatz „Aufgaben der Märchen-

bis zu der Auffassung, als sei ein Märchen nichts notwendiges Ganzes, sondern ein willkürliches Etwas, eine Aneinanderreihung von Motiven, unter der beliebige Auswechslungen vorgenommen worden können. Ich zitiere einen Satz aus Bethes Schrift: Märchen, Sage, Mythus[23]: „Die Märchen lösen sich auf in Einzelmotive, die beliebig aneinandergesetzt, bald so, bald anders geordnet, eine unendliche Mannigfaltigkeit von Bildern hervorbringen wie die Glasstückchen eines Kaleidoskops." Der Vergleich sagt ja deutlich genug, wie mechanisch die Vorstellung von der Märchenentstehung geworden ist.

Nun ist es freilich bei aller in mündlicher Überlieferung umgehenden Literatur so, daß sich bestimmte Kerne zu verhältnismäßiger Selbständigkeit abschleifen, sich in sich schließen und gewissermaßen abkugeln und einen Organismus für sich zu bilden scheinen. Sie hören auf, einmalige Prägungen zu sein und werden vielmehr zu endgültigen, die jederzeit bereitliegen, in die Erzählung eingeflochten zu werden, wo der Fadenansatz es erlaubt. Eindrücklicher als am Märchen läßt sich das an der mündlichen Versliteratur, dem Volkslied im weitesten Sinne studieren, und namentlich die umfänglichen erzählenden Volksballaden Schottlands und des skandinavischen Nordens bieten Musterbeispiele solcher Erzählungsformeln, die weit über die bloße Wortprägung der literarischen Formel im üblichen Sinn zu breit ausgesponnenen Sach- oder Inhaltsformeln auswachsen. Sie dringen naturgemäß oft stärker ins Bewußtsein als die einmalige, eigentliche Erzählung, sind gedächtnismäßig und erzähltechnisch von größter Bedeutung und eingehenden Studiums wert.

Aber doch bleibt es dann noch ein langer Weg bis zu der Auffassung, als seien diese Formeln die eigentlich aufbauenden und allein wesentlichen Elemente einer Dichtung, als stände keine einheitlich formende Kraft dahinter. Will man die Steine eines Mosaiks

forschung" (Festschrift für Ernst Kuhn, Breslau 1917, S. 400 ff.). Die entscheidenden Sätze stehen S. 403.

[23] Bethes Schrift: Märchen, Sage, Mythus erschien zuerst als Aufsatz in den Hess. Bll. f. Volkskunde, Bd. 4 (1905), später wesentlich unverändert in Buchform. Leipzig 1922.

als dessen aufbauende Elemente betrachten, so hat das seine Berechtigung. Wir verkennen aber darüber nicht den einheitlichen schöpferischen Akt, der sie zur Gesamtwirkung zusammenfügt, und noch viel weniger verzichten wir beim Märchen auf die Betrachtung als Kunstwerk nach eigenen Gesetzen. Jene „Motive" sind immer nur Bruchstücke, nie etwas in sich Geschlossenes mit eigenem Daseinswert; immer sind sie nur gliedhaft einem höheren Ganzen untertan und werden von ihm aus sinnvoll. Wir leugnen die Wichtigkeit der Erforschung von solchen Gliedern nicht; wir können sie aber als Endziel nicht anerkennen.

Noch nach einer anderen Richtung haben die von den Brüdern Grimm gegebenen Anstöße fortgewirkt, aber auch sie sind charakteristisch umgebogen worden. Wir erinnern uns, wie in der Grimmschen Auffassung das Märchen seine letzte Quelle in dem Urmythus hatte, immer neu sich gebärender epischer Ausdruck einstigen mythischen Geschehens war. Wir verfolgten diesen Faden bereits in die Dornröschenforschungen Friedrich Vogts hinein. Wie aber Mythenforschung zu Religionsgeschichte wurde, indem man rings auf der Erde dieselben religiösen Grundvorstellungen wiederfand, so wurde nun auch die Frage brennend, ob nicht auch die Märchen, in denen die motivliche Forschung soviel primitive Religion fand, immer wieder aus denselben religiösen Wurzeln aufgeschossen sein könnten. Die ethnologisch unterbauten, religionsgeschichtlichen Arbeiten der englischen Forscher E. B. Tylor und Andrew Lang gingen voran, von denen jener das nachmals durch Wilh. Wundt so populär gewordene evolutionistische System einer Herleitung aller religiösen Formen aus primitiven Geistes- und Seelenvorstellungen vertrat, die er wieder aus psychologisch deutbaren, einfachen Erlebnissen erklärte, dieser die weitgehende Ubiquität oder Daseinsmöglichkeit derselben religiösen Grundgedanken bei allen Völkern und in allen Stadien kultureller Entwicklung erkannte. Der Franzose Bédier[24] hat dann mit seiner „Polygenese der Märchen" auf dem Gebiet der Märchenforschung verwandte Gedanken ausgesprochen. Alle diese Arbeiten weisen trotz innerer Verschiedenheit nach der gleichen Richtung und haben darum auf jüngere Forscher

---

[24] J. Bédier, Les Fabliaux, 2. Aufl. Paris 1895.

wie Fr. Panzer[25], Fr. Ranke[26] und Fr. von der Leyen[27] Einfluß üben können; speziell die Polygenese des Märchens hat in Hans Naumann[28] einen überzeugten Anhänger gefunden. Ohne den Ansichten dieser Forscher im einzelnen nachzugehen, heben wir als das Einigende ihre Blickrichtung auf das „Primitive" oder „Anthropologische" hervor. Die Vorstellung von der Polygenese des Märchens scheint sich ja nahe mit der Grimmschen Auffassung zu berühren, daß die Märchen sich ewig neu erzeugen. Aber wieder liegt der entscheidende Unterschied vor, daß diese Polygenese nicht die unendliche Wiedergeburt der Idee im Grimmschen Sinn ist, sondern die literarische Spiegelung einer naturwissenschaftlich faßbaren bestimmten Stufe der psychologischen Entwicklung der Menschheit. Wir müssen den Begriff „primitiv" hier aufnehmen und festhalten, daß die Polygenese der Märchen nicht anders wie die allgemeine Geltung religiöser Vorstellungen ein Ausdruck eben dieses primitiven noch ganz unindividuellen Seelenzustandes und Denkprozesses ist, aus der eine entsprechende kollektivistische „Gemeinschaftskultur" erwächst, als deren Glied das Märchen zu betrachten wäre.

Notwendig mußte die Märchenforschung von hier aus unter den Einfluß völkerpsychologischer Betrachtung kommen. W. Wundts monumentales Werk hat sich mit dem Problem des Märchens eingehend auseinandergesetzt,[29] und unter den jüngeren Forschern sind von der Leyen und Ranke wesentlich auf seinen Bahnen gegangen. Daher finden wir bei ihnen wie bei Wundt animistische Gesichts-

[25] Fr. Panzer, Kapitel „Märchen" in John Meiers Deutscher Volkskunde, Berlin 1926. In diesem Band S. 84 ff.

[26] Friedr. Ranke, Wie alt sind unsere Volkssagen? Zeitschr. f. Deutschkunde 36, 1—14; Sage und Erlebnis, Bayr. Hefte f. Volkskde. 1, 40—51; Der Huckup, Bayr. Hefte f. Volkskde. 9, 1 ff. Deutsche Volkssagen (v. d. Leyens Sagenbuch IV, 2. Aufl. 1924.) Einl.

[27] Fr. von der Leyen, a. a. O. Ferner: Aufgaben und Wege der Märchenforschung, Festschr. für Ernst Kuhn, Breslau 1917, S. 400 ff.

[28] Hans Naumann, Märchenparallelen, in: Primitive Gemeinschaftskultur, S. 61 f.; ders., Grundzüge der deutschen Volkskunde, Leipzig 1922.

[29] Wilh. Wundt, Völkerpsychologie, insbesondere Bd. II, 1, S. 326 ff. u. S. 590 ff.

punkte im Vordergrund. Wie religionsgeschichtlich die Entdeckung und das Erlebnis der Seele von entscheidender Bedeutung war, so wird das Märchen im Grunde zu einer animistischen Erzählung. Und wie dort das Seelenerlebnis aus realen Beobachtungen, insbesondere Traum und Tod hergeleitet wurde, so stellt etwa von der Leyen das Traumerlebnis für die Phantasiewelt des Märchens in den Vordergrund, wozu bei ihm und Ranke andere besondere Seelenzustände, der Rausch, die Ekstase kommen. Und wenn sonstige primitive Erlebnisse und Vorstellungen: Zauber, Magie, Kulthandlung als Ursprung eines Märchens angenommen werden, so führt auch hier der Weg zuletzt immer wieder in die primitive Religiosität, vornehmlich in die animistische Form zurück. Wo, wie bei Naumann, animistische Theorien minder beherrschend sind, mündet das Märchen in andere primitive Vorstellungen ein; prinzipiell und methodisch macht das keinen Unterschied. Der letzte Hintergrund des Märchens liegt in der exakt erforschbaren primitiven Psychologie. So bleiben wir auch mit dieser Forschung zuletzt im Stofflichen stehen; kam es der finnischen Methode auf Wanderung und Verbreitung der Typen an, so der religionsgeschichtlichen auf Herkunft und Deutung der Motive. Beide Methoden lassen sich ohne weiteres nebeneinander anwenden oder kombinieren, was z. B. Naumann in seinem genannten Aufsatz programmatisch ausspricht. Das Märchen als solches aber kommt dabei zu kurz, und der Weg vom Stoff zur Form ist außerhalb des Gesichtsfeldes.[30]

Man kann dabei nicht sagen, daß die Form des Märchens in der neueren Forschung unbeachtet geblieben wäre. Seine eigenartigen Formelemente konnten sich der Beobachtung nicht entziehen. Wieder kann man an alte Grimmsche Gedankengänge anknüpfen und sie in der eigenartigen Umbiegung verfolgen, der sie unterworfen wurden. Es handelt sich um das Begriffspaar „Naturpoesie" und „Kunstpoesie". Man glaubte sie im wesentlichen beizubehalten,

---

[30] Auch bei von der Leyen bleibt der Übergang von den rein stoffmäßig gefaßten „Motiven" zu deren Formgestaltung merklich unsicher und verschwommen. Sein Aufsatz „Zum Problem der Form beim Märchen" (Festschr. f. Heinr. Wölfflin, München 1924, S. 40 ff.) sieht die Notwendigkeit des Formproblems, vielmehr des Formungsproblems, aber nicht die Wege zu seiner Lösung.

wenn man sie auf das Paar: „primitive Dichtung" und „Kulturdichtung" oder „Gemeinschaftspoesie" und „Individualpoesie" umstellte. „Was Jacob und Wilhelm Grimm fanden, waren also keine
‚urdeutschen Mythen', sondern eine eigentümliche Form des Denkens
des Menschen in seiner Frühzeit, das für alle Völker gemeinsam
ist", sagt Moltke Moe in seinem schönen Aufsatz über „den nationalen Durchbruch und seine Männer" in Norwegen.[31] Diese
primitive Literatur hat Axel Olrik auf ihre stilistischen Eigentümlichkeiten untersucht und diese als „epische Gesetze" formuliert.[32] Der Geltungsbereich dieser Gesetze ist indessen keineswegs
auf das Märchen beschränkt; sie strecken sich über alle „Gemeinschaftsdichtung", Sage, Volkslied, Ballade, Heldendichtung usw.
aus. Es ist mithin keineswegs nur primitive Dichtung im Sinne
einer Kulturlosigkeit, denn die germanische Heldendichtung ist
wahrlich keine Leistung des Volkes, sondern von aristokratischen
Idealen getragen, und die nordische „Volksballade" hat im mittelalterlichen Rittersaal ihren Lauf begonnen und trägt noch alle
Spuren einer betont adligen Bestimmung. „Episch" besagt in diesem
Sinne nur etwas über eine andersartige Denkrichtung, ein andersartiges Verhältnis von Künstler, Kunstwerk und Publikum, als wir
es gewöhnt sind. Aber sicherlich hat Olriks feiner künstlerischer
Blick richtig gesehn; das Märchen wie die anderen genannten
literarischen Erzeugnisse haben gewisse formale Elemente gemeinsam, die sich um so schärfer ausprägen, je mehr solche Literaturwerke wirklich in den Gemeinbesitz der breiten, in unserem Sinne
unliterarischen Schichten übergehen. Olriks „epische Gesetze" sind
keine bloße Abstraktion; sie sind bleibende und empirische Wirklichkeit. Nur sind sie eben deshalb nicht fähig, zur Wesensbestimmung des Märchens entscheidend mitzuwirken. Sie erstrecken
sich viel weiter, weil sie viel allgemeinere Darstellungs- und
Formungsmittel sind, Zeugen einer bestimmten Art des Schaffens-

[31] Moltke Moe, Samlede Skrifter, hrsg. von Knut Liestøl, Oslo 1926/27,
Bd. 3, S. 1 ff.

[32] Axel Olrik, Episke Love i Folkedigtning, Danske Studier 1908, 69 ff.;
Epische Gesetze der Volksdichtung, Zeitschr. f. deutsches Altertum 51,
S. 1 ff.; Nogle Grundsaetninger for Sagnforskning, nach seinem Tod hrsg.
von Hans Ellekilde, Kopenhagen 1921.

prozesses, der zur Typisierung statt zur Individualisierung neigt, und der zur Allgemeingültigkeit nicht dadurch gelangt, daß er das Individuelle und Einmalige bis zur Allgemeingültigkeit steigert, sondern dadurch, daß er das Individuelle soweit seiner Einmaligkeit entkleidet, bis es in das vorgezeichnete und endgültige Denk- und Darstellungsschema paßt. Die Schaffung fester Inhaltsformeln in ein für allemal gültigen Wortprägungen, wie wir sie oben an Hand der nordischen Balladendichtung angedeutet haben, ist das ausgebildetste Mittel zur Erreichung dieses Ziels.

Mag nun das Märchen ein besonders lehrreicher Zweig dieser Art literarischer Form sein, die wir „episch" oder „kollektivistisch" nennen, so ist damit, daß das Märchen sie verwendet, noch nicht viel über seine spezielle Eigenart ausgesagt. Und so fragt es sich denn, wenn das Märchen seine Motive wie seine Darstellungsform, also Stoff, Psychologie und Stil mit anderen Dichtungsformen teilt, ob es überhaupt möglich sei, Scheidelinien zu ziehn und dem Märchen ein ihm eigentümliches, von allen anderen Literaturgattungen verschiedenes Wesen zuzubilligen. In der Tat sind in der neueren Märchenforschung, soweit sie nicht, wie etwa Bethe, die Grenzziehung und Artbestimmung überhaupt als unmöglich aufgegeben hat, die Versuche einer Umgrenzung besonders matt ausgefallen. Das Kapitel „Märchen, Sage und Verwandtes" in von der Leyens Darstellung gibt in der Scheidung von Märchen und Sage immer nur ein Mehr oder ein Weniger zu: „Die Sage ist das einfache, das Märchen das zusammengesetzte Gebilde, die Sage strebt der Einschränkung und Einfachheit, das Märchen der Ausdehnung und Vielfältigkeit zu" usw. Derartige Charakterisierung läßt im Grunde alle fließenden Übergänge zu und verbindet mehr, als daß sie scheidet. Noch interessanter ist Naumanns Satz a. a. O., S. 61 f.: „Mythos, Volksmärchen, Volkssage und Heldensage sind ja in weitem Umfang nahezu dasselbe, sind — zwar durchaus nicht immer uraltes — häufig aber doch in ihren Grundzügen sehr primitives Erzählungsgut der primitiven Menschheit und unterscheiden sich voneinander vor allen Dingen in der Art und Weise der Fixierung auf Zeit und Ort oder auf menschliche, historische oder göttliche Personen. ‚Märchen' nennen wir wohl die weniger realistische Version des primitiven Erzählungsgutes, ‚Sage' diejenige, deren

Realistik, wozu eben die Fixierungen auf Ort, Zeit, historische Personen gehören, die stärkere ist; ‚Mythos' und ‚Heldensage' zeigen die Motive oft in Formen, die dem Stil der primitiven Gemeinschaft enthoben sind. Durchaus aber sind diese Unterschiede nur stilistischer Natur und beruhen nicht auf tieferen psychologischen Momenten."[33]

Gegenüber dieser Grenzverwischung müssen wir feststellen, daß wir dem Märchen eine ausgeprägte Sonderart zubilligen, die es von jeder anderen kollektivistischen Dichtung unbeschadet aller Gemeinsamkeiten in Stoff und Form unbedingt scheidet. Die alten, schon von Wilhelm Grimm aufgestellten Unterscheidungen, daß die Sage nach realer Anknüpfung strebt oder vielmehr aus dem realen Anknüpfungspunkt erwächst, das Märchen aber ort- und zeitlos bleibt und die Unterschiede, die sich daraus ergeben, sind in der Tat nicht sekundär, sondern nur der nötige Ausdruck innerlicher Verschiedenheit. Sie sind nur Merkmale des tiefer liegenden Unterschiedes, daß die Sage überhaupt kein literarisches Gebilde ist, auch wenn sie oft typische Erzählungsformen annimmt, das Märchen dagegen ein literarisches Kunstwerk ist, das notwendig zur Form strebt. Eine Volkssage bleibt, was sie ist, auch wenn sie nur ungeformt berichtet, daß sich an einem Ort oder mit einer Person dies oder jenes zugetragen hat oder noch zuträgt. Sie lebt auch ohne Form, stirbt aber mit dem Glauben; sie ist nicht Literatur, sondern Tradition, Geschichte, Chronik, gesehen von dem Blickpunkt einer primitiven Denkweise. Das Märchen dagegen fordert die Form; es lebt ohne anderen Glauben als den der Phantasie, die sich seiner Führung willig ergibt. Aber es stirbt, wenn es seiner Form entkleidet wird. Es wird Exzerpt, Inhaltsangabe und strebt alsbald zur Form zurück. Die Ölenberger Urhandschrift der Grimmschen Märchen ist auch nach dieser Richtung hin wertvoll, denn sie zeigt uns die Zerstörung des Märchens in seiner kunstentschälten Form und seinen Drang zur Form zurück. Wenn sie daher Arnims Ahnung, daß die Brüder Grimm an der Formung ihrer Märchen

---

[33] Eine Reihe stofflicher und formaler Elemente des Märchens bespricht Joh. Bolte, Name und Merkmale des Märchens, F. F. C. Nr. 36, Helsinki 1920.

schöpferisch beteiligt seien, in überraschend hohem Grade bestätigt, so lehrt sie auf der anderen Seite die tiefere Berechtigung in der Behauptung der Brüder, daß sie von der Treue gegen ihre Überlieferung und ihre Aufgabe nicht abgewichen seien. Sie haben dem Märchen in der Tat mit der Formung gegeben, was des Märchens ist, nicht etwas Zufälliges von außen herangetragen.[34]

Das Märchen wandelt seinen Stoff, bis er seiner Art gemäß ist. Es ist eben doch nicht wahr, daß die „Motive" im Sinn von Stoff- und Darstellungskernen unverändert von Gruppe zu Gruppe, von Märchen zu Sage, von Sage zu Mythos wandern. Sondern jede Gattung schleift an den stoffhaft gleichen Kernen, bis sie vollgültiger Ausdruck des in jeder Sphäre Notwendigen sind. Ich habe in einem Aufsatz[35] eine bestimmte Vorstellungsgruppe nach dieser Richtung untersucht und auf die prinzipielle Wichtigkeit solcher Betrachtung hingewiesen. Inzwischen habe ich in einer seminaristischen Übung ähnliche Untersuchungen anstellen lassen und erneut gesehen, wie stark umformend das Märchen auf die sogenannten primitiven Motive wirkt. Der Komplex der Wunschgaben dämonischer Wesen ist dafür sehr aufschlußreich. In seinem ganzen Verlauf, vom Zusammentreffen des Menschen mit dem Jenseitswesen über die Begründung der Gabe zur Art des Geschenkes und zu seiner Verwendung macht das Märchen etwas durchweg anderes aus der Geschichte als die Sage oder der Mythos. Das Zwergengeschenk für geleistete Dienste, das in scheinbar wertlosen Dingen besteht, die achtlos fortgeworfen, an einem verbliebenen Rest als reales Gold erfunden werden, ist in der Tat etwas völlig Verschiedenes von den Gaben der dankbaren Tiere oder des toten Helfers, die phantastische Wege öffnen oder unerhörte Wünsche erfüllen, und abermals geschieden von der Gabe des sieghaften Odinsschwertes

---

[34] Ich kann hier auf die gleichartige Stellungnahme von Friedr. Ranke etwa in der Einleitung zu seinen „Deutschen Volkssagen" (von der Leyens Deutsches Sagenbuch Teil 4, 2. Aufl., München 1924) und in seinem Beitrag „Sage" zu John Meiers Deutscher Volkskunde (Berlin 1926) verweisen. Auch J. Bolte (a. a. O.) und Fr. Panzer (Kapitel „Märchen" bei J. Meier) halten auf schärfere Grenzziehung.

[35] H. de Boor, Der Zwerg in Skandinavien. Festschrift für E. Mogk, 1924, S. 536—557.

an das Völsungengeschlecht. Und ist in der Sage jener verwandelte Hobelspan oder ein noch vorhandener Becher Ausgang und Ziel der Erzählung, die ein Stück Ortschronik ist, so wird sie im Märchen das Mittel zu anderen, rein poetischen Zwecken, die etwa in der Vereinigung der Liebenden oder in der Erlösung der Brüder liegen. Man greife, wohin man wolle: die Hexe des Märchens ist etwas anderes als die des Blocksbergs, das Reich der Märchendämonen ein anderes als der Elfenhügel oder die Trollenhöhle, der Riese des Märchens ein anderer als der der Baumeistersagen. Untersuchungen, die uns klarmachen, wie das Märchen an den Vorstellungen primitiver Religiosität schleift und formt, bis es seine außer aller Glaubensmäßigkeit liegenden Gestalten geschaffen hat, halte ich für dringend erwünscht. Sie würden uns davon überzeugen, daß im Märchen ein eigener Formwille steckt, ein eigener Typus, der die stofflichen und inhaltlichen Zufälligkeiten in seine Bahnen zwingt.

Diese Aufgabe im Prinzip richtig erkannt zu haben, ist das zweifellose Verdient des Buches von W. A. Berendsohn über die Grundformen volkstümlicher Erzählungskunst.[36] So vielfach Berendsohn noch in der Vorstellung der Gemeinsamkeit aller primitiven Literatur befangen bleibt, so ist doch sein Versuch anzuerkennen, von der Stil- und Formseite her zu einer Beschreibung des Märchens als einer besonderen Gattung mit eigenen Gesetzen zu kommen. Ich glaube freilich, daß sein Versuch nicht geglückt ist. Wieweit die Kinder- und Hausmärchen nach Auffindung der Ölenberger Handschrift noch die geeignete Grundlage einer solchen Untersuchung sind, kann hier nicht erörtert werden. Aber ich vermisse in dem Buch von Berendsohn die nötige Weite des Blicks und finde das, was schließlich als „Märchen" übrig bleibt, stofflich zu eng und zu wenig prinzipiell gefaßt. Ich halte weder das Vorhandensein von Jenseitsmotiven noch die Zweiteiligkeit, die nach einer ersten glücklichen Lösung noch einmal zu Verwicklungen führt (Typus „Brüderchen und Schwesterchen"), noch endlich die inhaltliche Festlegung auf eine Liebesgeschichte für wesensnotwendige Züge des Märchens. „Das Märchen ist eine Liebesgeschichte mit Hindernissen, die ihren

---

[36] Walther A. Berendsohn, Grundformen volkstümlicher Erzählungskunst in den Kinder- und Hausmärchen der Brüder Grimm, Hamburg 1922.

Abschluß in der endgültigen Vereinigung des Paares findet. Die Vollform hat zwei Abschnitte; der eine handelt von den Hindernissen vor der ersten Vereinigung, der andere von der Trennung und den Hindernissen bis zur Wiedervereinigung." Paßt diese Definition in ihrer Nacktheit auf jeden schlechten Zeitungsroman, in dem sie sich schließlich „kriegen", so enthebt uns die praktische Durchführung der Untersuchung, auch wenn sie sich über das Niveau dieses Satzes bedeutend erhebt, niemals jenes Gefühls peinlicher Beengtheit, das sich aus dem Versuch ergibt, eine prinzipielle Frage mit einer Reihe von Detailantworten zu lösen. Auch werden wir uns dagegen sträuben, Erzählungen wie Rotkäppchen, der singende Knochen u. a. aus der Reihe echter Märchen gestrichen zu sehn.

Dagegen messe ich der Forschungsarbeit von André Jolles größte grundsätzliche Bedeutung bei. Seine wenig bekannten, holländisch geschriebenen Märchenaufsätze fassen die Aufgabe von der Tiefe prinzipieller Literaturforschung her an und suchen ernsthaft nach dem Ursprung der schaffenden und umbildenden Kraft, die aus einer Reihe überkommener stofflicher Elemente das formt, was wir Märchen nennen. Er erkennt, daß das Märchen die Welt, die Menschen und Dinge von einem nur ihm eigenen Standpunkt aus sieht und daß es von hier aus die Dinge der Wirklichkeit — mag es nun eine „primitive" oder eine moderne Wirklichkeit sein — zu der nur ihm eigenen Notwendigkeit formt. Ich glaube, daß man eine eingehendere Erörterung seiner Märchentheorie besser aufschiebt, bis das von ihm zu erwartende prinzipielle Buch erschienen ist, auf das ich dann eingehend zurückzukommen hoffe.

Wie die Dinge liegen, scheint sich, über die reine Materialuntersuchung fort und mit ihren Einsichten und Erkenntnissen bereichert, eine prinzipieller gerichtete Märchenforschung anzubahnen. Die Gefahr der Konstruktion und des Geschwätzes, die an den modernen wissenschaftlichen Methoden haftet, wird dabei die Märchenforschung besonders bedrohen, denn sie ist von je der Tummelplatz des leichtfertigen Dilettantismus gewesen. Sie kann sich dagegen nur schützen, wenn sie die exakte Methodik und peinliche Gewissenhaftigkeit nicht vergißt, die sie von der philologischen Arbeit her gelernt hat und die auch dieses Forschungsgebiet immer mit unser aller Mutter, der Philologie, verbunden hält.

Werner Spanner, Das Märchen als Gattung = Gießener Beiträge zur deutschen Philologie 68, Gießen: v. Münchow'sche Universitätsdruckerei 1939, S. 2—21.

DAS MÄRCHEN ALS GATTUNG

(Auszüge)

Von WERNER SPANNER

1. Der Lebensraum des Märchens

Wir haben uns hier gewöhnt, von literarischer und vorliterarischer Dichtung zu sprechen. Diese Gegenüberstellung unterscheidet zunächst zwischen einer ihrem Wesen nach einmalig ausgeprägten, schriftlich aufgezeichneten Dichtung und einer anderen, die, nur in Spielarten lebend, von Mund zu Mund wandert. Darüber hinaus erscheint literarische und vorliterarische Dichtung als eigentümlicher Ausdruck zweier verschiedener Stufen des menschlichen Bewußtseins und der menschlichen Kultur[1]. Die Tatsache schriftlicher Aufzeichnung wird dabei zu einem bloßen Merkmal für die Herkunft. Nach dem Verhältnis von Geist und Gemüt, nach dem Grad der Bewußtheit, der Differenzierung und Wissensbildung schichtet sich jedes Volks- und Kulturganze. Nach oben hin wird das Leben heller, klarer, aber auch einsamer, kälter, gefährlicher, da instinktloser. Nach unten hin bleibt es undurchsichtiger, gebundener und geborgener. Hier herrscht ein seltsames *Wir*, da man leichter als irgendwo oben Hinz für Kunz nehmen könnte und umgekehrt. Zwischen oben und unten geistert dabei nicht nur Neid und Heimweh herauf und herab, sondern es schwankt da auch die in reifen Kulturen rasch wachsende Schicht der von oben erst Verwirrten, von unten aber noch nicht Entlassenen, vielleicht auch nie Entlaßbaren.

In dieser Gegenüberstellung haben wir unsere literarische und vorliterarische Welt.

[1] Berendsohn, Grundformen. Einleitung.

Beide Entwicklungsstufen leben heute nebeneinander: die *vor-literarische*, die längst zur nebenliterarischen geworden ist, als die ältere, überwundene, an Bedeutung sowohl wie an Zahl und sozialer Stellung ihrer Träger absinkend: die *literarische* führend, wachsend und die Mehrzahl des Volkes als Träger oder Mitläufer an sich reißend. Dies ist die Stufe der Buchbildung. In ihr haben Wissenschaft, Schulung und Begriffsbildung, Geistreichtum, Gedanken und sittliche Forderungen den höchsten Rang. Die fortschreitende Verästelung des Fühlens und Denkens führt dabei zu gesteigerter Vereinzelung der Träger, die nur willentlich unterdrückt, aber nicht behoben werden kann. Der vorliterarische Mensch dagegen bleibt den Dingen näher als den Begriffen. Das Denken vollzieht sich ihm, weniger abgezogen, in Bildern und Vorstellungen[2]. Er, der nach seiner soziologischen Einordnung stets von der Fülle und Farbigkeit der Dinge umstellt bleibt, kommt auch im Denken von ihnen nicht los. Er nimmt eines nach dem anderen in die Hand, erkennt es, erfährt an ihm, was ihm erfahrenswert ist, aber hinter diesen Erscheinungen das einigende Prinzip zu fassen, bleibt ihm wesensmäßig fremd. Typischer Niederschlag seiner Welterfahrung ist seine Spruchweisheit. Da sein Erkennen nicht der Erkenntnis, sondern zuerst dem Handeln dient, mißt er Dinge und Menschen nur an seinen festen Maßstäben, die ihm Herkommen und Erfahrung an die Hand geben. Die Entscheidung fällt dann mit einem Entweder-Oder: groß oder klein, gut oder böse, schwarz oder weiß. Bilderbuchmäßig vereinfacht bricht sich die Welt im Raster seines Auges und Geistes. Woher der Anstoß kam, der das Oben in einem Volke aus der Wärme und Gebundenheit des Bodens und der Dinge riß, kann nur Vermutung bleiben, genug, daß diese Ablösung geschah[3]. So, wie einer, der auf Reisen geht, schneller reift und alt wird, als der, der hinterm Ofen zu Haus bleibt, ist es auch hier. Der Bauer scheint ewig zu sein, bleibt er sich selbst überlassen, Völker aber kommen erst ins Altwerden, hat eine Schicht in ihnen den Schritt über den Bauern (um ihn

---

[2] Wundt, Physiologische Psychologie, 5. Aufl., Bd. 3, S. 631 ff.

[3] Es wird wohl durch unsere größte Lehrmeisterin geschehen sein, die Not.

hier als Beispiel unseres Unten zu nennen) hinweg getan. Das
Oben hat die im Kulturganzen ersten, die ursprünglichen Begeg-
nungen mit der Welt, außerhalb des selbst in der Ordnung der
Dinge beschränkten bäuerlichen Lebenskreises. Die Oberschicht
schafft sich in dieser Begegnung in Lebensformen und Kunst die
für den augenblicklichen Stand ihrer Reife und Bewußtheit gültigen
Formen der Weltbewältigung. Dieser Vorgang ist dabei zugleich
der ihres Reifens und Bewußtwerdens selbst. Das Unten aber,
durch seine dinggebundenen und so beharrenden Lebensformen
gehalten, lebt indes zugleich auch im Kraftfeld des Oben, das ja
als gesellschaftliche, staatliche und kulturelle Macht den Gesamt-
raum eines Volkes erfaßt und auch diesem Unten seine Formen
mittelbar oder unmittelbar aufzwingt oder wünschenswert macht.
So scheint der vorliterarische Mensch mit seiner Welt heute
von einer zumindest weitläufigeren und organisierteren Welt
umschlossen, die über seine Pfähle hereinsieht, ja hereingreift und
die — als Staat oder Kirche — irgendeine Einordnung nötig macht.
So ist der bäuerliche Mensch, obwohl gehalten durch die Unver-
wirrbarkeit der Dinge und durch sein Aufgehen im Rhythmus des
Jahres, doch auch erfaßt durch das Oben einer herrschenden Welthaltung. Diesem Oben verglichen, erscheint er passiv, da er aus
seiner Mitte lebt, die der ausgezogene Bruder über das Abenteuer
des Geistes sich erst wieder erringen muß.

Aber trotz aller beharrenden Kraft dieser urtümlichen Seins-
haltung, die wir alle selbst, abgekürzt und vereinfacht, in unserer
Kindheit nach dem biogenetischen Grundgesetz durchlaufen, der
die Frau zeitlebens nähersteht als der Mann und in der jedes
hohe Menschentum mitverwurzelt bleibt, vollzieht sich langsam,
noch innerhalb der Grenzen des Bäuerlichen, eine Loslösung aus der
Gebundenheit zu größerer Freiheit und höherer Bewußtheit. Diese
Wandlung ist nicht von heut und gestern, sie zeigt sich dort am
deutlichsten, wo der vorliterarische Mensch selbst zu Wort kommt
und ein Bild seiner Welt gibt, in seinem Erzählgut und auch in
seinem Märchen.

2. Der Begriff des Märchens

Die vorliterarische Dichtung, und mit ihr das Märchen, ist Gemeinbesitz einer noch nicht in differenzierte Persönlichkeiten aufgespaltenen Gemeinschaft. Inhalt und Formung erscheinen dem Erzähler hier objektiv gegeben und unterliegen nicht seiner ichbewußten Willkür. Er fühlt sich nicht als Dichter und Gestalter, sondern als Verwalter und Mittler. Und wo sich im vorliterarischen Raum unter der Reihe der Erzähler ein Dichter findet, wirkt er ohne Ich-Bewußtheit einfach als begabter Sprecher einer Gemeinschaft, die ihn nur als Vermittler des Überkommenen schätzt[4]. Unsere Aufgabe ist es, die Kunstform des Märchens als eine besondere epische Form aufzuzeigen. Da es sich um eine Kunstform im vorliterarischen Bereich handelt, die, bei aller Verwandtschaft mit epischen Kunstformen der literarischen Stufe, ihren *besonderen Lebensgesetzen* verpflichtet bleibt, so spricht unsere Arbeit von *der Kunst der Märchenerzählung*. Die Tatsache der *mündlichen* Überlieferung und damit des *Zusammenfallens von dynamischem Erzählvorgang und der in ihm gesponnenen Erzählung* (die ja nur hier, in der jeweils gesprochenen Spielart faßbar wird), wird so deutlich. Wie gelangen wir zu dieser *Gattungsform* des Märchens? Zur Verfügung steht uns eine Reihe von Märchensammlungen, angefangen von den KHM der Brüder Grimm bis hin zu den Sammlungen von Wisser, Zaunert und Hertha Grudde. Der nächste Weg, mit Hilfe einer Formanalyse beliebiger Märchen aus diesen Sammlungen zur Gattungsform vorzustoßen, verbietet sich aus schwerwiegenden Gründen.

Schon ein flüchtiger Blick etwa auf die 210 Nummern der KHM zeigt eine solche verwirrende Fülle von Inhalten und Erzählabsichten — und den entsprechenden Ausformungen in der Märchenerzählung —, daß man zweifelnd vor der Frage steht, welche Märchen nun für die maßgebende Formanalyse in Frage kommen. Sind

[4] Man vergleiche hiermit das Verhältnis von Erzähler und Erzähltem bei der einzigen vorliterarischen (d. h. hier im engen Sinne: nicht dem Wesen nach schriftlich festgelegten) Form, die uns allen noch geläufig ist, dem Witz.

diese 210 Nummern in gleicher Weise Märchen, so müßte das Gemeinsame, das eine Formanalyse des Dornröschens, Rotkäppchens, des tapferen Schneiderleins, des Bürle, des Totenhemdchens und der Hochzeit der Frau Füchsin für diese alle ergibt, die Gattungsform des Märchens sein. Das ist offensichtlich nicht der Fall. Denn was diesen Märchen allen gemeinsam bleibt, sind wenig mehr als die Formelemente, die sie wesentlich ihrer mehr oder minder gemeinsamen Eigenschaft als vorliterarisches Erzählgut verdanken. Der Märchenbegriff der Sammlungen reicht für unsere Untersuchung nicht aus. Die Märchenforschung hat denn auch schon längst versucht, auf verschiedenen Wegen zu einer Abgrenzung des eigentlichen Märchens, der Vollform des Märchens zu gelangen. Den Stand dieser Bemühungen und unser Verhältnis zu ihnen (sei es in Abhängigkeit oder Widerspruch) mag die weiter unten folgende Übersicht zeigen. Sie soll zugleich die Zusammenschau der weitverstreuten Einzelergebnisse erleichtern.

Wir erkennen in legendären Zügen, Erweichungen und Aufschwellungen der Erzählform den Einfluß der Buchwelt und den Anfang der Zerstörung. Die Umdichtung zum Kindermärchen erweist das Märchen bereits naiv überwunden. Zum anderen aber zeigen gerade die getreu nachgeschriebenen Sammlungen (Grudde) den Verfall der Märchen von innen her: Auflösung ihrer Eigenform und ihrer Eigenwelt, Umformung zu Schwank und Anekdote (auch bei Wisser). Schule, Zeitung und Rundfunk sind ihr Tod. So gesehen, ist es methodisch am richtigsten, von Gehalt, Wollen und Lebensbedingungen der Vollform des Märchens auszugehen und die anderen Formen als Vorformen oder Umformungen zu verstehen.

Das Märchen ist uns

1. eine ihrem Wesen nach vorliterarische, epische Prosadichtung,

2. eine Dichtung, die ohne Nebenabsichten in eine Wunsch-Traumwelt hinüberführen will, in eine eigene, meist deutlich doppelschichtige Märchenwirklichkeit[5], d. h. in eine Welt, in der eine hintergründige, dämonische Sphäre durch gute und böse oder

---

[5] Rob. Petsch spricht 1934 in seiner Abhandlung „Wesen und Formen der Erzählkunst" von einem Mittelbereich, eine Linie oberhalb der gewohnten Welt.

(was hier dasselbe ist) durch dem Helden günstige oder miß-
günstige Wesen selbstverständlich in die vergleichsweise rea-
listisch-typisch gesehene Vordergrundwelt hereinreicht und, hilfreich oder betrogen, zuletzt doch eine dem naiven Menschen
gerecht erscheinende Wunschordnung und Wunschgerechtigkeit
schafft.

3. Es ist dies Mackensens Roman der Primitiven[6], der meist mit
der Geburt des Helden, seltener mit seiner Fahrt in die Welt,
beginnt und mit der Ehe schließt.

Diese Bestimmung des Märchens ergibt bei ihrer Anwendung auf
die Sichtung und Ordnung der als Märchen gesammelten und dar-
gebotenen Erzählungen, daß die Grenzen fließen und reine Gat-
tungsformen verhältnismäßig selten sind. Ein reinliches Ausein-
andernehmen wird somit unmöglich und wir erhalten mit unserer
Bestimmung nur ein Gradnetz an die Hand, das uns ermöglicht,
den Ort einer Dichtung im Felde des vorliterarischen Raumes zu
bestimmen.

Der Dichter ist bei dieser Erzählung gänzlich gleichgültig. Sie
schließt ihn nicht aus, fordert ihn aber auch nicht, d. h.: natürlich
gehört eine Qualität des Sagens dazu, Technik und Geschick, nicht
aber ein Einsamer, der sich und seine Gesichte offenbart. Mitgefühl, Spannung und Lösung, das ist das einzige, was ein Märchen
fordert und ohne das es nicht lebensfähig ist. Alles andere, was *uns*
an ihm fesselnd und reizvoll erscheint, ist bereits sentimental, zweit-
rangig. Aber gerade weil uns Verstandesmenschen diese Dinge am
Rande zuallererst auffallen, konnte es möglich sein, daß wir so
lange am Wesen des Märchens vorbeigegangen sind, und so gehen
wir auch meist noch lächelnd an seinen Nachfolgern in der Gunst
der Unvernünftigen in uns und unter uns vorbei, dem Unter-
haltungsroman und dem Unterhaltungsfilm.

[6] Mackensens Bestimmung des Märchens als „mehrgliedrige Wunder-
geschichte mit erotischem Kerngehalt" reicht nicht aus, da sie etwa auf
das höfische Epos des Mittelalters gleich gut zutrifft.

3. Die äußere Form

Erst nach der Abgrenzung gegen verwandte Formen ist es möglich, Entscheidendes über die Eigenform des Märchens auszusagen. Wir haben bis jetzt das Märchen als eine erzählende Prosadichtung begriffen, als eine Prosadichtung, deren innerer Antrieb die außervernünftige Glückssehnsucht des Menschen ist. Sie ist dem Roman verwandt, da sie dem Leben des Helden folgt, von der Jugend bis zum Höhepunkt seines Lebens. Sie hält sich dabei im wesentlichen an die allgemein menschlichen Wünsche, Sehnsüchte und Verhältnisse, an die Forderung nach Gut, Erfolg, Ruhm und Liebe. Sie verzichtet dabei auf alles einmalige, besondere Geschehen, das aus Charakteren und deren Einmaligkeit erwächst. Jeder Held ist so gezeichnet, daß Hörer wie Erzähler leicht in ihn eingehen können, d. h. daß die berühmte Gleichung: Held-Hörer sich ohne Schwierigkeit vollziehen kann. Der Held ist jeweils der einzige Mensch im Märchen. Die Nebenpersonen, Freunde oder Feinde, leben nur so weit, als sie nötig sind, um den Ablauf der Handlung zu gewährleisten. So ist die böse Stiefmutter etwa nur böse und weiter nichts. Der König ist reich und freigebig, weil seinen Dukaten ihre Rolle im Märchen zukommt. Man hat mit Recht gesagt, daß bei aller Buntheit des Märchens seine Mittel doch die knappsten sind und sich auf das Allernötigste beschränken. Alles, was die Handlung nicht unmittelbar weitertreibt und das Schicksal des Helden bestimmt, fällt weg. Es mag sein, daß bei dem vielfältigen Nachschaffen der Fabel all das, was nicht durch den Gang der Erzählung im Gedächtnis und Gefühl des Erzählers gefordert wurde, als überflüssig ausfiel. Und so, wie sich die Märchenerzählung auf das Nötigste beschränkt, so beschränkt sie sich auch auf entschiedene Farben. Alle feineren Unterschiede in Beobachtung und Wertung sucht man im Märchen vergebens. Die entschiedene Gegenüberstellung der Gegensätze, das Entweder-Oder des einfachen Mannes und des Kindes beherrscht weithin die Weltschau dieser Erzählform.

In Gegensätzen bewegt sich auch die Handlung des Märchens: arm steht gegen reich, schön gegen häßlich, gut gegen böse. Die Seite, auf der das Mitgefühl, das Herz des Erzählers steht, siegt und triumphiert. Da das Märchen nicht Dichterwerk ist, zumindest

nicht in seiner jedesmaligen Ausprägung, so ist die jeweilige Wortwerdung der Willkür unterworfen. Also kann man ein und dasselbe Märchen mit verschiedenen Worten erzählen. Die Identität
bestimmt sich nach der Gleichheit oder zum mindesten doch nach
der Ähnlichkeit im Schicksal der jedesmaligen Helden. Es ist ähnlich wie bei unserem Witz, bei dem ja auch die Ausprägung im
einzelnen Fall willkürlich bleibt, ohne sich freilich dabei *völlig* frei
bewegen zu können. In dem Augenblick nämlich, in dem der Erzählende zu selbstherrlich mit dem ihm vertrauten Erzählgut umspringt, ist die Gefahr gegeben, daß er die Grenzen der Gattungsform sprengt. Nehmen wir etwa die KHM, so sehen wir, daß als
reine Märchen verhältnismäßig nur wenige Nummern anzusprechen
sind. Übergänge vom Märchen zur Novelle, zur Legende, zur Sage,
zum Schwank sind überall zu finden. Während die Zwischenstufe
vom Märchen zu Legende und Novelle ein Heraustreten des Erzählers aus der urtümlichen Schichtung der Märchenebene bedeutet,
verbleiben die Übergänge vom Märchen zu Schwank, Anekdote
und Sage innerhalb der urtümlichen Stufe.

Der Übergang vom Märchen zur Novelle und Legende vollzieht
sich immer auf der Ebene der literarischen Bildung. Der Übergang
zu Schwank, Anekdote und Sage ist dagegen auch im vorliterarischen Raume möglich. So vollzieht sich das Verlassen der Gattungsform immer in doppelter Weise, einmal wird die Grenze vom vorliterarischen zum literarischen Raume überschritten, das andere Mal
ist die Änderung der seelischen Grundhaltung nötig. Daraus ergibt
sich zwangsläufig, daß sehr wohl ein Märchen im literarischen
Raume möglich ist, solange nämlich die seelische Grundhaltung
bewahrt bleibt; daß umgekehrt aber im vorliterarischen Raume
literarische Einflüsse aus Legende und Novelle volkstümlich zersagt
werden.

In dem derart doppeltbestimmten Kraftfeld äußerer soziologischer Schichtung und jeweiliger seelischer Haltung formen sich sowohl die ganzen Erzählungen, wie auch ihre Bestandteile, die Motive, in ständigem Wechsel aufs Neue. Dieses ganze Verfahren ist
einem Spiel mit lebendigen Dominosteinen vergleichbar: jedes vorherige Glied fordert seine Fortführung in einer ganz bestimmten
Richtung, indem alles, was in ihm begonnen war, weitergeführt

werden muß. Darüber hinaus ist eine Summe anderer Züge neu und der Willkür des Erzählers freigestellt, die dann freilich eine Fortführung in bestimmter Richtung verlangen kann. So spinnt sich die Erzählung zwischen Freiheit und Gebundenheit ihrem Ende zu. Nirgends wird neu erfunden oder gestaltet, sondern nur neu abgewandelt, was sich aus bereits vorhandenen Bestandteilen ergibt. Die Bestandteile selbst wandeln sich je nach der Weise, in der sie gebraucht werden. So wird einmal der abenteuerliche Auszug eines Helden zum heldischen Wagnis in der Sage, zu einem abenteuerlichen Glücksspiel im Märchen, einer lächerlichen Tollheit im Schwank. Die Änderungen, die solche Wandlungen hervorrufen, sind meist nur geringfügig. Ein Wort anders gesetzt, ein paar keckere Farben und Lichter, und schon ist eine Tat, die dort noch im Pathos heldischen Lebens durchaus ernsthaft gemeint war, hier zum Bocksprung geworden. Nicht von ungefähr hat eine ganze Reihe von Forschern geglaubt, in vielen Schwänken den Spott des einfachen Mannes über die nicht verstandene oder abgelehnte Haltung der Herrenschicht gefunden zu haben. Wenn diese Auffassung auch nicht durchgehend zu beweisen ist, da sie eine zu große Bewußtheit des einfachen Menschen voraussetzt, so ist doch die Tatsache an sich nicht abzuleugnen.

Der Einbruch des rationalen Denkens in die Dichtung führt naturgemäß zu einer gewissen Abkühlung des Geschehens. Die Wünsche trauen sich nicht mehr so überlaut herein. Aus dem brennenden Sicheinsfühlen mit dem Helden wird ein nur interessiertes Zusehen in der Novelle. Oder aber das noch allgemein gehaltene Sichsehnen nach Glück wird eindeutig religiös gestimmt in der Legende. Die meisten Erzählungen stehen zwischen den Grenzen, haben an beiden Reichen teil, werden vom Verstand sowohl wie vom Gefühl bestimmt. Aber man muß sich hüten, in ihnen reine Formen zu sehen. Uns geht es hier darum, die *Gattungsform* zu finden und zu bestimmen, um von ihr aus die einzelnen Märchenerzählungen einzuordnen.

Dabei werden wir oft die Entdeckung machen, daß eine Erzählung, die Bolte und Polívka bis ins Altertum zurückverfolgen konnten, ihre Gattung oftmals gewechselt hat: daß sie etwa zur Zeit der Völkerwanderung als Heldenlied begann, ritterliches Epos wurde und weiter als Roman das gehobene Bürgertum unterhielt, um endlich im Volk als Märchen zu enden. Aus dem Gesagten wird klar, daß es unsinnig wäre, behaupten zu wollen, das Märchen sei schon über tausend Jahre alt. Was so alt wurde, ist die Fabel, die Abfolge der Motive. Zum Märchen wurde das alles erst, als es auf der untersten Stufe des Volkes anlangte, um nun Träger der Sehnsüchte des einfachen Mannes zu werden. Daraus folgt, daß das Verfahren der Finnen und ihrer Anhänger dem Märchen als solchem nicht gerecht wird. Es kann ihm nicht gerecht werden, weil das Märchen nicht nur die Summe seiner Motive ist und weil es auch nicht seiner Fabel gleichgesetzt werden kann. Ich weiß, daß diese Behauptung Gegner finden wird, aber wenn man mir zugibt, daß das Märchen so bestimmt werden muß, wie ich es getan habe, so wird man dieser Schlußfolgerung nicht ausweichen können. Zu welchen seltsamen Folgerungen die Behauptung der finnischen Schule führt, sehen wir etwa bei Bethe oder Wesselski, die nicht mehr und nicht weniger behaupten, als daß Sage, Novelle, Märchen und Legende letzten Endes eines seien. Das heißt denn doch, alle Grenzen der Erzählgattungen einreißen und die Richtigkeit dieser Gattungsbezeichnungen auslöschen. Die nächste Folge solcher Behauptungen ist die Buntscheckigkeit der nach diesen Grundsätzen gesammelten Erzählungen. Die sechsundsechzig Nummern von Wesselskis 'Märchen des Mittelalters' bestehen tatsächlich aus Predigtbeispielen, höfischen Histörchen, Legenden, frühen Novellen, scherzhaften, zum Teil recht frivolen Auslassungen gebildeter Geistlicher. Märchen sind es nicht. Erzählgut, das von den Sehnsüchten des Herzens getragen wird, klingt höchstens in zwölf bis fünfzehn dieser Erzählungen an, auch hier vielfältig überschichtet und unkenntlich gemacht. Es ist hier auf den Begriff des mittelalterlichen Märleins zurückgegriffen.

Fassen wir zusammen, was zur Kritik der Sammlungen wichtig ist, so können wir sagen: Schriftlich aufgezeichnete Märchen sind wesentlich anders geartet als ihre Urbilder. Entweder sie sind in eine andere Tonart umgesetzt, wie die KHM, volkstümliche Nachschöpfungen eines feinempfindenden Mannes aus der Welt der Buchbildung, oder aber es sind Gipsabgüsse nach einer lebenden Form, Nachschrift eines erzählerischen Ablaufs. Das Märchen im weiten Sinne der Sammlungen selbst aber, so wie es tatsächlich im Volk erzählt wird, zeigt die Spuren einer wechselvollen Entwicklung: von Ursprungssagen und animistischen Zweizahlgeschichten steigt es zu seiner Vollform auf, die wir mit Mackensen ruhig den Roman der Primitiven nennen wollen, wenn wir auch wissen, daß sich in ihm, abgesunken, Formzucht und Motive einer höfischen, vorliterarischen Herrenepik sowohl wie auch einer spielerisch-späten, literarischen Märchendichtung bis heute nachwirkend erhalten haben. Wir sehen im Schwank die Auflösung der Märchenwirklichkeit als Folge der Loslösung vom mythischen Denken und des Bewußtwerdens noch innerhalb des bäuerlichen Raums, die wir oben erwähnt haben. Wir müssen uns bei unserer Bestimmung des Märchens hüten, sie für mehr zu nehmen, als eben eine im Rahmen unserer Aufgabe unumgängliche Vorarbeit, mit deren Hilfe wir den in ungeheurer, kaum gegliederter Breite andrängenden Stoff nach Herkunft, Wandlung und ursprünglicher Absicht mustern. Andere Betrachtungsweise und andere Fragestellung wird unter Umständen eine andere Gliederung nötig machen. Unsere den landläufigen Gattungsbegriff unterteilende Bestimmung will also *nicht* diesen zugunsten einer ganzen Reihe neuer oder umgeprägter Begriffe verdrängen, sondern die Unterteilung ist für uns schon ein entscheidender Teil unserer Antwort auf die Frage nach der Gattungsform des Märchens. Denn es geht nicht an — wie es in der Praxis trotz aller tatsächlichen, selbst ausgesprochenen Erkenntnis immer wieder geschieht —, daß auf Grund von Motivgleichheit einfachhin von Märchen gesprochen wird, obwohl es sich einmal um eine Erzählung russischer Bauern und das andere Mal um die erzählerische Einkleidung buddhistischer Brahmanenweisheit handelt. Es ist durch die vergleichende Motivforschung zu einer Binsenwahrheit geworden, daß, wenn zwei dasselbe erzählen, es noch lange nicht dasselbe zu sein braucht.

Ebenso wissen wir heute durch die vergleichende Motivforschung — nicht nur innerhalb der Märchenforschung — daß die gleichen Erzählbilder, die gleichen Motive über die Gattungsgrenzen von Märchen, Sage, Epos, Roman und Drama hinweg vorhanden sein können, ja tatsächlich oft vorhanden sind. Das weiß man auch; Bethe, Bolte, Naumann, Panzer und viele andere

haben es nachdrücklich gesagt. Statt aber einzugestehen, daß man
einen Irrtum beging, als man annahm, daß die Motive Märchen
machten, und nicht die Brechung der Motive in der Welthaltung
der erzählenden Gemeinschaft oder Kaste, suchte man nun in allen
Fällen Märchen im Heldenepos, Märchen im Alten Testament usw.
nachzuweisen. Gewiß ist so etwas möglich. Aber das Motiv etwa
des Drachenkampfs, der Hadesfahrt und viele andere sind doch
kaum jemals ursprünglich in der gedrückten Atmosphäre einer
Wunsch-Traumdichtung denkbar, die das Märchen doch ist. Was
heute in unserem Volksmärchen erzählt wird, ist zum großen
Teil urtümlich, von oben zum Teil aufgenommen, veredelt und
wieder absinkend zersagt und vereinfacht, zu einem nicht geringen
Teil aber gar nicht oder nicht wesentlich im Volke entstanden,
sondern eigenstes Gut einer Kulturschicht.

Für das in steter Bewegung, Umformung, Veredlung und Zer-
setzung befindliche, latente Erzählgut des indo-europäischen Raums
ist die Frage der Herkunft letzten Endes gleichgültig. Wohl hat
jede Hand, die ein Motiv aus diesem großen, gemeinsamen,
zwischenvölkischen Besitz an schon gestalteten Bildern, Vorstellungen, Wünschen, Beispielen und Geschehnissen hob und
umformte, ihre Spur hinterlassen. Uns aber, die wir nach der
Gattungsform des Märchens fragen, das sich an erster Stelle aus
diesem mächtigen Schatz und Sammelbecken speist, ist eben nur
diese Tatsache wichtig und darüber hinaus freilich, was die einzelnen
uns vorliegenden Spielarten an typischer Gestaltung geleistet haben.
Also nochmals: uns ist Siegfrieds Drachenkampf kein Märchenmotiv, sondern beispielhafte, standesstolze Adelsdichtung, der in
ihrer, dem Urzustand noch nahen Weltschau der Drache durchaus
noch möglich, das heißt ernsthaft erlebbar war. Der märchen-
erzählende Bauer dieser Zeit hat bestimmt noch keinen Drachenkampf gekannt.

Nichts zeigt die Bauart eines lebendigen Märchens deutlicher,
als die Zergliederung eines geeigneten Beispiels. Wir wählen dazu
„Die Gänsemagd", Nr. 89 der KHM der Brüder Grimm.

> „Es lebte einmal eine alte Königin, der war ihr Gemahl schon
> lange Jahre gestorben, und sie hatte eine schöne Tochter."

In diesem Satz ist die ganze Exposition der Erzählung enthalten. Die Heldin ist eingeführt, die Umwelt umschrieben.

> „Wie die erwuchs, wurde sie weit über Feld an einen Königssohn versprochen."

Damit wird schon zur Handlung übergegangen, der Grund der Änderung und der Einbruch des Schicksals begründet. Daß sie „weit über Feld" einem Königssohn versprochen wird, kennzeichnet den Blickpunkt des bäuerlichen Erzählers. Ihm sind Könige noch so benachbart, wie Bauern sich über Feld benachbart sind. Die Welt ist eng in diesem Lebenskreis, die Wirklichkeit vereinfacht und vom Kinderblickpunkt aus verzerrt.

> „Als nun die Zeit kam, wo sie vermählt werden sollten und das Kind in das fremde Reich abreisen mußte, packte ihr die Alte gar viel köstliches Gerät und Geschmeide ein, Gold und Silber, Becher und Kleinode, kurz alles, was nur zu einem königlichen Brautschatz gehörte, denn sie hatte ihr Kind von Herzen lieb."

Auch hier der vereinfachende Blick des Niedriggeborenen, dem sich die alte Königin unversehens in eine Großbäuerin wandelt. All das, was hier aufgezählt wird, ist nicht geschaut, nicht aus dem Realismus der Gegenwart heraus gesagt und geschildert, sondern Silber, Becher und Kleinode sind Merkmale des Reichtums und der Hofhaltung. Alles bleibt fort, was irgendwie Schmuck der Erzählung sein könnte, Duft und Freude an der Schilderung. Nur was nötig ist zur Handlung wird eingeführt und immer nur in den wesentlichsten Zügen. So auch dies:

> „Auch gab sie ihr eine Kammerjungfer bei, welche mitreiten und die Braut in die Hände des Bräutigams überliefern sollte, und jede bekam ein Pferd zur Reise, aber das Pferd der Königstochter hieß Falada und konnte sprechen."

Erstaunlich dürftig erscheint auf den ersten Blick dieser Brautzug. Aber das Schicksal, das die Königstochter erleidet, von der ungetreuen Dienerin vertauscht zu werden, wäre verwickelt und dem Erzähler schwieriger gemacht, wollte er noch andere Reisebegleitung einführen. Königstochter, Dienerin und Wunderpferd, die drei handeln, treten hervor und also werden sie allein genannt.

> „Wie nun die Abschiedsstunde da war, begab sich die alte Mutter in ihre Schlafkammer, nahm ein Messerlein und schnitt damit in ihre Finger, daß sie bluteten: darauf hielt sie ein weißes Läppchen unter und ließ drei Tropfen Blut hineinfallen, gab sie der Tochter und sprach: ‚Liebes Kind, verwahre sie wohl, sie werden dir unterwegs not tun‘.“

In den Blutstropfen, die die Tochter zauberhaft schützen sollen, begegnet uns uralter Glaube. Wie er in diese Erzählung kommt, ob aus der urtümlichen Erzählschicht des Bauern, oder ob er bereits der höfischen Erzählung angehörte, wissen wir nicht. Lehrreich bleibt die Vorwegnahme der Aufgabe, die diese Blutstropfen innerhalb der Handlung übernehmen sollen. Wir lächeln oft über die Art, wie Kinder geschichtliches Geschehen nachzuerzählen pflegen, etwa wenn ein achtjähriges Mädchen so zusammenfaßt: „Und da sprach der König von Spanien, lieber Columbus, entdecke mir nun Amerika.“ Wie dem Erzähler die Abfolge der Handlung bündig vor Augen steht, sieht er die Abfolge der Einzelheiten und Bilder nicht als zeitliche Folge, sondern als räumliches Hintereinander. Es wäre nach meiner Überzeugung verfehlt, aus den Worten: „Liebes Kind, verwahre sie wohl, sie werden dir unterwegs not tun“ auf eine prophetische Gabe der Mutter zu schließen. Vielmehr tut sich in dieser Wendung die urtümliche Erzählweise des einfachen Mannes kund. In seinem Gedächtnis sind sämtliche Geschehnisse der Erzählung festgehalten; sie sind gleichzeitig da, und er läßt sie nun nicht eines aus dem andern erwachsen, sondern schaltet sie nacheinander, etwa wie man Dominosteine zusammenfügt.

> „Also nahmen beide voneinander betrübten Abschied: das Läppchen steckte die Königstochter in ihren Busen vor sich, setzte sich aufs Pferd und zog nun fort zu ihrem Bräutigam.“

Nachdem alles Wesentliche aufgeführt ist, Königin und Tochter, der ferne Königssohn als Bräutigam, die Magd, die sie geleiten sollte, das Pferd Falada und die drei Blutstropfen, wird der Gang der Handlung aufgenommen. Man könnte, wollte man die Fachsprache der Poetik anwenden, von einem zweiten Auftakt sprechen. Was nun kommt, steigert sich in dreifacher Wiederholung:

> „Da sie eine Stunde geritten waren, empfand sie heißen Durst und sprach zu ihrer Kammerjungfer: ‚Steig ab und schöpfe mir in meinem Becher, den du für mich mitgenommen hast, Wasser aus dem Bache, ich möchte gern einmal trinken‘.“

Diese Durstrast wiederholt sich dreimal und dreimal auch die Weigerung der Magd:

> „Wenn Ihr Durst habt, so steigt selber ab, legt Euch ans Wasser und trinkt, ich mag Eure Magd nicht sein.“

Und dreimal seufzt die Königstochter:

> „Wenn das meine Mutter wüßte, das Herz im Leibe tät ihr zerspringen.“

Und beim dritten Mal verliert sie den magischen Schutz der Blutstropfen und verfällt der Gewalt der Magd. Dreimalige Wiederholung, ja Steigerung finden wir häufig im Märchen. Sie wird verschieden erklärt. Die einen führen die Heiligkeit der Dreizahl an, andere erklären es dynamisch, also als Dreitakt, oder aber psychologisch, indem die Drei die kleinste erlebbare Vielzahl bedeute. Uns liegt es fern, eine dieser Vermutungen als alleingültig hinzustellen, denn man kann mit dem besten Willen nicht Gesetzmäßigkeiten und Triebkräfte im lebendigen Gefüge der Dichtung auf einen Nenner bringen. Was wir sagen können ist dies: Die Dreizahl ist eines der wichtigsten Kompositionsmittel im Märchen. Drei Brüder, drei Schwestern, drei Abenteuer, drei Versuchungen, drei Prüfungen, meistens sich steigernd mit dem Ton auf der letzten, so sind wir es von der Mehrzahl der Märchen her gewöhnt. Und wir wissen aus eigener Erfahrung, daß diese Dreiteilung wirksam ist, uns in den Atem der Handlung, des Geschehnisablaufs hineinzwingt. Diese Wirkung ergreift uns außervernünftig, unmittelbar, wie uns eine Melodie, ein Versrhythmus, eine Tanzgebärde erfaßt. Dadurch, daß wir um das Gesetz der Dreizahl aus Gewohnheit oder innerer Eigengesetzlichkeit unseres Fühlens wissen, spüren wir den nahenden Höhepunkt voraus, werden wir in den Bereich des nahenden Unheils, der Erlösung, der Bewährung hineingerissen.

> „Die Kammerjungfer hatte aber zugesehen und freute sich, daß sie Gewalt über die Braut bekäme: denn damit, daß diese die Blutstropfen verloren hatte, war sie schwach und machtlos geworden."

Der Glaube an die zauberhafte Macht des Blutes ist hier deutlich ausgesprochen. Freilich ist nicht zu entscheiden, ob dies für den Erzähler noch lebendiger Glaube ist, oder ob den Blutstropfen nur noch deswegen diese Eigenschaft zugeschrieben wird, weil sie nun einmal diese Rolle innerhalb des Erzählablaufs haben. Beide wechseln Kleid und Pferd, und die Königstochter muß schwören, keinem Menschen etwas zu verraten. Wie die beiden weiterziehen, zum Königsschloß kommen und der Königssohn der falschen Braut entgegenspringt, und sie die Treppe hinaufführt, während die echte unten stehenbleiben muß, das ist alles im üblichen Märchenton erzählt. Da auf einmal wird ein anderer Stil bemerkbar. Ob dies schon dem Gewährsmann der Brüder Grimm zuzuschreiben, oder erst Zutat Wilhelm Grimms ist, bleibt gleichgültig. Auf einmal heißt es:

> „Da schaute der alte König am Fenster, und sah sie im Hof halten und sah wie sie fein war, zart und gar schön: ging alsbald hin ins königliche Gemach und fragte die Braut nach der, die sie bei sich hätte und da unten im Hofe stände, und wer sie wäre?"

Warum sprechen wir von einem anderen Stil? Hier wird auf einmal eine Nebenperson handelnd eingeführt und eine schlichte Kunst der Charakterisierung bahnt sich an. Der alte König sprengt schon hier, und später erst recht, den Rahmen des Typischen: er ist nicht nur alt und König, sondern er hat persönliche und einmalige Eigenschaften. Was hier gegeben wird, trägt schon die Spuren literarischer Verfeinerung. Der Frager wird, entgegen der Übung des Märchens, zum Träger der Handlung. Mehr noch: er wird zum entscheidenden Träger der Handlung. Die falsche Braut läßt die Königstochter auf die Weide schicken und dem Wunderpferd den Kopf abschlagen. Der Schinder aber bekommt von der Königstochter einen Auftrag:

> „In der Stadt war ein großes, finsteres Tor, wo sie abends und morgens mit den Gänsen durch mußte. Unter das finstere Tor möchte er dem Falada seinen Kopf hinnageln, daß sie ihn doch noch mehr als einmal sehen könnte. Also versprach der Schinderknecht zu tun, hieb den Kopf ab und nagelte ihn unter das finstere Tor fest."

Wenn die wörtliche Ausformung der KHM auch die nachschöpferische Tat Wilhelm Grimms ist und demnach nicht ohne weiteres als unmittelbare Märchenform angesprochen werden darf, so verrät doch die Art, wie die Rede des Märchens in die Erzählung hineingenommen ist, den lebendigen Volksbrauch. Man vergleiche damit etwa die Art, wie in den erzählenden Stücken der Edda die direkte Rede unmittelbar und ohne Einleitung in den Erzählablauf hineingenommen wird. Was nun kommt, die Königstochter als Hirtin und dann auf der Weide den Winden befehlend, scheint einem ganz anderen Erzählkreis entnommen zu sein. Auch dieser Teil steigert sich in dreimaliger Wiederholung. Dabei wiederholt sich nicht etwa die erzählte Wirklichkeit dreimal, sondern nur Wechselrede und Spruch werden dreimal erzählt. Das heißt doch, daß der Ton nicht sosehr auf dem dreimaligen Geschehen liegt, als auf der Wirkung der dreimaligen Wiederholung im Erzählablauf. Das Stilmittel der Dreizahl will nicht nur das Geschehen an sich gliedern, sondern ist ein Mittel des Erzählers, mit dem er auf die Hörergemeinde wirkt. Die Königstochter spricht im Vorübergehen:

> „O du Falada, der du hangest",

da antwortete der Kopf:

> „O du Jungfer Königin, da du gangest,
> wenn das deine Mutter wüßte,
> ihr Herz tät ihr zerspringen."

Wie kommt der Vers ins Märchen? Man hat gemeint als Schmuck und nur als solcher. Diese Auffassung ist bestimmt unrichtig. Es geht nicht an, einer Gattungsform, die sich so unbedingt auf das Wesentliche und Tragende beschränkt, mit solchen Erklärungen zu kommen. Näher gelangt man dem Verständnis des Verses im Märchen, zieht man die ostpreußische Sammlung von Hertha Grudde heran. Dort sind es nicht nur Verse, sondern Liedstrophen, die gesungen werden. Und in diesen Erzählungen der ostpreußischen Sammlerin bekennen die Gestalten des Märchens, daß Vers und Lied die übliche Art ist, mit den überirdischen Mächten zu verkehren, so daß der Vers im Märchen Rest magischen Brauchtums ist, was nicht heißen soll, daß Erzähler solche Verse noch tatsächlich zur Beschwörung brauchen. Auch das ist klar, daß die Verse so, wie sie in diesem Märchen stehen, unmöglich zur Geisterbeschwörung gebraucht werden können. Nur die Gewohnheit, in Versen zu sprechen, sobald die übersinnlichen Mächte in das Leben hineintreten, so daß man selber etwas zitiert, hat sich erhalten. Die Verse in den KHM sind alle jung, mißverstanden zum Teil, zum Teil dem stammelnden Kinderton nachgebildete Erzeugnisse der Kinderstube.

In den ostpreußischen Märchen hingegen, die Hertha Grudde gesammelt hat, sind die eingeflochtenen Liedverse dem magischen Brauchtum noch wesentlich näher, eher der Moritat verwandt, als dem Kinderlied. Ob Verse in den Märchen nachgewiesen werden können, die außerhalb des Erzählrahmens entstanden und nur dorthin übernommen sind, ist schwer zu entscheiden. Mir ist kein Beispiel dafür bekannt geworden. Zwingend ist diese Feststellung jedoch nicht, da diese Art Verse meist nur, wenn überhaupt, von untergeordneten Verlegern gedruckt sind und dann meist schon weit zurückliegen.

Die Beschwörungsformel der 'Gänsemagd':

> „Weh, weh Windchen,
> Nimm Kürdchen sein Hütchen,
> Und lass'n sich mit jagen,
> Bis ich mich geflochten und geschnatzt,
> Und wieder aufgesatzt"

läßt einerseits deutlich den Kinderstubenton erkennen: Stabreim, Verkleinerungsform; andererseits zeigt das mundartliche „geschnatzt" und „aufgesatzt", das sich — in der Reimbindung — so erfolgreich gegen die Übersetzung behauptet, Herkunft aus dem „Volksmund" an. Mit dem Märchen an sich, d. h. mit dem Schicksal der Königstochter, hat dieses Zwischenspiel nichts zu tun. Die Nähe des literarischen Bereichs hat die Form des Märchens derart erweicht, daß Episodenbildung möglich wird.

> „Abends aber, nachdem sie heim gekommen waren, ging Kürdchen vor den alten König und sagte: ‚Mit dem Mädchen will ich nicht länger Gänse hüten.' — ‚Warum denn?' fragte der alte König."

Damit findet der Erzähler zur straffen Handlung zurück; fortan wird der alte König zur handelnden Hauptperson. Er fragt und belauscht die Königstochter auf der Gänsewiese, sieht, wie sie ihr Haar losbindet, dem Wind gebietet und Kürdchens Hut wegwehen heißt. Der Gedanke, das Mädchen dem eisernen Ofen beichten zu lassen, damit es seinen Schwur nicht zu brechen braucht, der ihm gebietet, niemand etwas vom Tausch der Kleider zu sagen, ist sicher nicht im einfachen Volk entstanden, obwohl er der bäuerlichen Pfiffigkeit trefflich entspricht. Wir haben hier ein seltsames Beispiel dafür, daß sich verwandte Haltungen in beiden Schichten wiederholen, daß sie sich äußerlich sogar der gleichen Sprachgebärde bedienen können, ohne im letzten eins zu sein. Die Ausflucht, nicht dem König, sondern dem Eisenofen, in dem der König steckt, zu beichten, ist wohl zuerst in einem Kloster oder von einem Geistlichen bei Hofe erzählt. Was den Bauern dieses Motiv schmunzelnd aufnehmen ließ, war die Notwendigkeit des kleinen Mannes, sich in die Härte und Unbill zu schicken und mit harmloser Skrupellosigkeit Gebote buchstäblich zu nehmen, um sie tatsächlich umgehen zu können. Der alte König öffnet dem Sohn die Augen.

> „Der junge König war herzensfroh, als er ihre Schönheit und Tugend erblickte, und ein großes Mahl wurde angestellt, zu dem alle Leute und guten Freunde gebeten wurden."

Nichts von innerem Konflikt oder auch nur von einem Blick in das Erleben der Menschen, sondern alles löst sich, wie in einem

Traum, gut, glatt, harmlos und mit einer Selbstverständlichkeit,
wie sie Kindern eigen ist. Auch der Schluß vollzieht sich nach
einer uralten Formel. Die Kammerfrau spricht sich selbst, ohne
es zu ahnen, ihr Urteil und wird barbarisch bestraft. In einem Faß
mit spitzen Nägeln wird sie durch zwei Pferde zu Tode geschleift.
Es ist die Grausamkeit des Kindes und des einfachen Mannes, die
aus diesem Urteil spricht. Darum sind es immer nur Erwachsene
der gebildeten Stände, die sich an dieser Härte des Märchens stoßen.
Dem Kind sowohl wie dem einfachen Mann sind sie selbstverständlich.

> „Und als das Urteil vollzogen war, vermählte sich der junge
> König mit seiner rechten Gemahlin und beide beherrschten ihr
> Reich in Frieden und Seligkeit."

Das ist ein Märchenschluß, wie er uns immer und immer wieder
begegnet. Ein großes, freudiges Schlußbild, das Ziel ist erreicht.
Alles weitere Geschehen verblaßt. Freilich gibt es eine Reihe von
Märchen, die mit vollzogener Hochzeit erst zur Mitte ihrer Hand-
lung gediehen sind. Durch Fluch, Verschulden oder magischen
Zwang wird eine Trennung nötig, und erst neue Gesetze, neue
Abenteuer, meist in dreifacher Steigerung, führen zur endgültigen
Vereinigung.

Schauen wir zurück und suchen wir uns zu erinnern, so fällt
auf, daß es nicht eine Gestalt ist, die uns im Gedächtnis haften
bleibt, nicht ein Charakter, nicht ein überdeutlich gezeichnetes
Profil, sondern nur das in bunten Bildern sich vollziehende
Schicksal der Heldin. Diese Art von Dichtung ist unmittelbar
entgegengesetzt unserm literarischen Gestalten, das uns einmalige
und besondere Charaktere vorzustellen pflegt.

Und nun ein Beispiel für eine Erzählung, die die Brüder Grimm
als Märchen bezeichnen, die wir aber nicht als Märchenvollform
gelten lassen können; *Das Totenhemdchen* (KHM 109).

Eine Mutter, deren Kind gestorben ist, weint untröstlich Tag
und Nacht. Das Kind findet keine Ruhe, zeigt sich des Nachts an
den Plätzen, wo es zu Lebzeiten zu spielen pflegte und weint mit.
Als die Mutter aber nicht aufhören will mit Weinen, kommt es
auf sie zu, in Kranz und Totenhemdchen, so wie es in den Sarg

gelegt worden war, und sagt, es könne nicht Ruhe finden, da sein
Hemdchen naß werde von den Tränen der Mutter. Da erschrickt
die Mutter und bezwingt sich um der Ruhe ihres Kindes willen.

> „Da befahl die Mutter dem lieben Gott ihr Leid und ertrug
> es still und geduldig, und das Kind kam nicht wieder, sondern
> schlief in seinem unterirdischen Bettchen."

Deutlich ist zunächst das eine, daß diese Erzählung in den Rahmen
des Märchens, so wie wir es verstanden haben, nicht paßt. Es
ist nahe verwandt mit den Erzählungen, wie wir sie noch allenthalben bei Primitiven finden. Die einfache Spukgeschichte ist nahe.
Es ist eigentlich nur eine Episode erzählt, nicht ein Ablauf, kein
eigentliches, weitgespanntes Geschehen zu einem Ziel hin. Der
Glaube des Volkes, daß untröstliches Trauern und Tränen die
Ruhe der Toten stören, ist hier in einer Beispielerzählung erfaßt
und theologisch verwendet, wie der moralisierende Schluß deutlich
beweist. Solche urtümlichen Erzählungen, die entwicklungsgeschicht-
lich noch vor dem Märchen liegen, haben die Engländer und mit
ihnen Hans Naumann *legends* genannt. Wir wollen uns dem
anschließen. Daß in unserm Fall die Grenze des Primitiven überschritten ist, zeigt die Umformung zum Predigtmärlein. Es ist nur
folgerichtig, daß sich dieses „Märchen" zum erstenmal von einem
Geistlichen aufgezeichnet findet: der Dominikaner Thomas Cantim-
pratensis bietet es um 1260 in seinem *Bonum universale de apibus.*
  Wenn wir Mackensens Bestimmung des Märchens als Roman
der Primitiven mit erotischem Kerngehalt angenommen haben,
so gilt dies freilich nur mit einem einschränkenden Vorbehalt.
Primitiv sind uns — Völkerkunde und stoffverwandte Wissenschaften tragen die Schuld daran — nur die vergleichsweise urtüm-
lich-anfänglichen Menschentypen und deren Kulturen. Wir sprechen
demgemäß von primitiven Kulturen in Afrika, Amerika oder
Australien. Die Nötigung, die aus Mackensens Begriffsbestimmung
entspringt, unseren bäuerlichen Menschen als gleichfalls primitiv
hier hereinzunehmen, ist unsinnig. Denn wohl ist er den urtümlichen
Quellen des Menschseins näher als der Kulturmensch, der über ihn
hinausgestiegen ist und den er dennoch trägt; aber gleichzeitig
hat er doch auch teil an der Gesamtkultur seines völkischen, wie

auch europäischen Raums, dessen notwendiger Gegenspieler und Rückhalt er ist. Aber selbst wenn wir unseren bäuerlichen Menschen aus jener Begriffsbestimmung ausschlössen, würde sie nicht stimmen, denn einen Roman mit erotischem Kerngehalt als Gattung haben die Primitiven nicht. Sie können ihn nicht haben, da die Frau bei ihnen gesellschaftlich und sittlich meist auf viel zu tiefer Stufe steht, als daß sie oder die Vereinigung mit ihr Höhe und Zielpunkt einer Dichtung werden könnte. Nicht als ob Frau und Erotik keinen Eingang in das Erzählgut der Primitiven gefunden hätten, ganz im Gegenteil, aber es wird nicht zum Kern der Erzählung, wie in unseren Märchen. Diese Erzählungen erschöpfen sich meist in Spuk und Zauber, magischer Flucht und all dem, was Hans Naumann im Anschluß an die Engländer *legends* nennt, und was wir noch bei uns als untersten, kunstlosen Bodensatz unseres heimischen Erzählguts finden. O. Brinkmann hat uns in seinem lehrreichen Buch „Das Erzählen in einer Dorfgemeinschaft" wortgetreue Nachschriften solchen Erzählens gegeben. Mit Märchen, ja mit Erzählen im strengeren und anspruchsvolleren Sinne hat das aber schon nichts mehr zu tun. Was gewinnen wir aus dieser Klarstellung? Einmal: Primitive haben wohl ein magisches Erzählgut, das in einzelnen Motiven, ja oft sogar in ganzen Motivreihen unserer eurasischen Erzähltradition entspricht. Sodann: Märchen in unserem Sinne setzt eine entwickeltere Kultur voraus, als sie die Primitiven aus sich heraus schaffen können. Sind schon bei einer großen Anzahl unserer europäischen Märchen die Beweise dafür mit Händen zu greifen, daß sie unmöglich in der Umwelt gewachsen sein können, in der der Aufzeichner sie vorfand, so wird bei dem verbleibenden Rest die Wahrscheinlichkeit immer größer, daß auch sie abgesunken oder doch in Nachahmung des Abgesunkenen entstanden sind.

Universitas 3 (1948), S. 1047—1058.

MÄRCHENFORSCHUNG UND PHILOLOGIE

Von Carl Wilhelm von Sydow

Seitdem die Brüder *Grimm* am Anfang des vorigen Jahrhunderts die Aufmerksamkeit der philologischen Forschung auf die Märchen- und Sagenüberlieferungen des Volkes gelenkt hatten, hat die Volkskunde eine gewisse Rolle in der Philologie gespielt. Es ist nämlich klar, daß jeder Sprachforscher, der mit älterem Schrifttum arbeitet, oft auf allerlei Stoff stößt, der mehr oder minder unmittelbar aus mündlicher Überlieferung geschöpft ist. Das gilt ebensosehr von den Mythen, Heldensagen und Sippensagen aus dem klassischen Altertum, dem Morgenland und unserer nordischen Vorzeit, wie von den Novellen, Ritterdichtungen und Scherzgeschichten des Mittelalters und der Renaissance. Solche Dichtung kann man nicht vollständig verstehen, ohne sie im Lichte verwandten volkstümlichen Überlieferungsstoffes zu erforschen. Es gilt deshalb nicht nur mit gleichartigen volksmäßigen Motiven und Erzählergestaltungen bekannt zu werden und sie zu überblicken, sondern auch die Gesetze kennenzulernen, die für eine solche Überlieferung gelten.

Die große und entscheidende Entdeckung der Brüder Grimm war die internationale Verbreitung der Volksmärchen und ihr oft hohes Alter. Diese beiden Tatsachen machten ihre nähere Untersuchung schon an und für sich wichtig und bedeutungsvoll. Als die Brüder Grimm diese merkwürdige Erscheinung zu erklären suchten, stellten sie die Arbeitshypothese auf, daß die Märchen ein Erbe aus urindogermanischer Zeit seien und daß sie Reste der den indogermanischen Völkern gemeinsamen Mythologie seien. Diese Annahme war ihrer Zeit ganz natürlich, da man gerade die wechselseitige Verwandtschaft der indogermanischen Sprachen entdeckt und eine Reihe von Übereinstimmungen zwischen den Mythen verschiedener Völker gefunden hatte.

Der erste Teil der Annahme, nämlich der Gedanke, daß die Märchen ein Erbe aus gemeinsamer Urzeit sind, muß seine dauernde Bedeutung behalten, da sicher bewiesen werden kann, daß eine ganze Reihe von Märchen mindestens 3000 Jahre alt sind und also tatsächlich auf mündlichem Wege innerhalb eines oder mehrerer Völker aus einer so abgelegenen Zeit ererbt sein können. Hierbei müssen indessen drei wichtige ergänzende Vorbehalte gemacht werden. Der erste ist der, daß neue Märchen in jeder beliebigen Zeit gedichtet werden oder doch gedichtet werden können und daß eine Anzahl von Märchen daher bedeutend jünger sein muß. Das ist etwas Selbstverständliches, was die Brüder Grimm natürlich auch wußten. Ihre indogermanische Theorie hielten sie sicher nur für einen Teil der Märchen für gültig, vor allem für die phantastischen Wundermärchen, die gewisse Ähnlichkeiten mit den Mythen zeigen. Wenn ihre Lehre nicht hinreichend klar zwischen den verschiedenen Arten von Märchen unterscheidet, so beruht dies darauf, daß die Fachsprache noch nicht genügend entwickelt war.

Der zweite Vorbehalt mußte hinsichtlich der Entlehnung von anderen Völkern gemacht werden. Die Brüder Grimm waren geneigt, die Entlehnungen, abgesehen von reinen Ausnahmefällen, für unmöglich zu erklären. Daß die Entlehnung oft genug recht starken Widerständen begegnen kann, ist wohl sicher. Man kann das an dem im alten Ägypten um 1300 v. Chr. aufgezeichneten Märchen von den zwei Brüdern sehen. Dieses merkwürdige Märchen stellt eine Zusammensetzung dar aus einem indo-persischen Märchen und einem verwandten Märchen aus den Ländern um das Schwarze Meer mit einigen ägyptischen Sonderzusätzen, und es hat wohl nicht als Ganzes der ägyptischen Volksüberlieferung angehört. Die beiden Märchen, aus denen es zusammengearbeitet ist, gibt es noch heute als selbständige Volksmärchen: das eine in Vorderasien, das andere in slawischen oder slawisch beeinflußten Ländern. Aber obgleich sie genügend Zeit zur Verfügung hatten, haben sie sich nicht westlich vom slawischen Kulturbereich verbreitet, wenn auch ein paar vereinzelte Aufzeichnungen gemacht worden sind, die deutlich auf Personen zurückgehen, die von Osten her eingewandert sind. — Es gibt jedoch deutliche Beispiele der Entlehnung von ganz fremdartigen Völkern. So ist das Märchen von den Tierschwiegersöhnen und ihrer magisch beschafften Speise (Aa 552 B)[1] durch die dänische und norwegische Volksüberlieferung von den Eskimos entlehnt worden; es ist also sicher kein indogermanisches Erbe.

Der dritte Vorbehalt betrifft den Umstand, daß die Indogermanen sich eine ganze Reihe nichtindogermanischer Völker eingegliedert haben, die dabei in sprachlicher Beziehung indogermanisiert worden sind, aber sehr wohl ihre eigene Märchenüberlieferung bewahrt haben können. Alle mittelländischen Völker in West- und Südeuropa waren anfänglich den indogermanischen Einwanderern in der friedlichen Kultur überlegen, und sie müssen auch wichtige Beiträge zu dem bei den heutigen Indogermanen bewahrten Märchenschatz geliefert haben. Ein solches Märchen ist zum Beispiel das Märchen von den drei Zitronen (Aa 408), das zwar von Asbjörnsen in Oslo aufgezeichnet und dorthin wohl durch einen Einwanderer oder durch ein Buch gebracht worden ist, das aber, im großen gesehen, sonst nördlich der Alpen fehlt.

Eine wichtige Aufgabe für die künftige Märchenforschung ist es, in dieser Hinsicht eine Grenze zu ziehen zwischen der im eigentlichen Sinne indogermanischen Märchenüberlieferung auf der einen und der mittelländischen und sonstigen Überlieferung auf der anderen Seite. Bisher ist noch nicht ernsthaft versucht worden, diese Verhältnisse zu erforschen. Ich will indessen auf ein Beispiel hinweisen, das höchst anziehende Forschungsaufgaben erkennen läßt.

Das Märchen von der magischen Flucht vor dem Unhold (Aa 313) zeigt eine besonders eigentümliche Verbreitung, indem es sehr weit außerhalb des indogermanischen Bereichs angetroffen wird. In der Tat scheint seine Verbreitung mit dem weit ausgedehnten Bereich der merkwürdigen Großsteingrabkultur zusammenzufallen. Es kann daher mit großer Wahrscheinlichkeit als ein Großsteingrabmärchen bezeichnet werden. Die Großsteingrabkultur scheint irgendwo in den Ländern des östlichen Mittelmeeres entstanden zu sein, vermutlich bei einem mittelländischen Volk, und sie hat sich durch Siedlung über das Meer verbreitet, und zwar nach Inseln und gewissen Küstenstrichen des Mittelmeeres und nordwärts längs

[1] Aa = Aarne-Thompson, „The Types of the Folk-tale", FFCommunications Nr. 74, Helsingfors 1928.

der Atlantikküsten zu den britischen Inseln und zu französischen, norddeutschen und skandinavischen Küstenbezirken, aber auch längs der Küsten des Indischen Ozeans nach Teilen von Indien, nach Japan und nach Inseln im Großen Ozean bis nach Samoa, vielleicht sogar bis Amerika. Das siedelnde Großsteingrabvolk hat sich überall mit der ursprünglichen Bevölkerung der neuen Länder verschmolzen, und das merkwürdige Märchen von der magischen Flucht ist über das gewaltige Gebiet mit gefolgt. Diese Verbreitung deutet darauf hin, daß dieses Märchen spätestens um 2500 v. Chr. geschaffen ist, was ein Alter von mindestens 4500 Jahren ergibt. Dieses hohe Alter darf uns jedoch nicht allzu sehr erstaunen, da das Märchen als ein wichtiger Bestandteil der vorgriechischen Argonautensage erscheint, woraus hervorgeht, daß es in Europa mindestens 3000 Jahre bestanden hat.

Der zweite Teil der Annahme der Brüder Grimm, der Ursprung der Märchen aus uralten Mythen, war sehr natürlich in einer Zeit, in der man dank der Sprachforschung plötzlich ein neues Interesse für die Mythen gewonnen hatte, ohne daß man schon zu einem wirklichen Verständnis der rechten Natur der Mythen oder Märchen vorgedrungen war. Die Mythentheorie muß indessen als ein glatter Mißgriff bezeichnet werden, obgleich sie den Vorteil brachte, daß sie in hohem Grade das Interesse für die Märchen steigerte und ein kräftiger Hebel für die Sammeltätigkeit war. Ohne diesen Anreiz wäre der gesammelte Märchenbestand sicher bedeutend geringer und dürftiger, als er heute ist, und die Forschung hätte dadurch wesentlich geringere Möglichkeiten gehabt, sichere Ergebnisse zu gewinnen.

Wenn die Mythentheorie auch manchen Gewinn brachte, so muß man dennoch einsehen, daß sie, fehlerhaft wie sie war, die Forschung des 19. Jahrhunderts auf die bedenklichsten Irrwege führte. Man war sich nicht darüber klar, was eine Mythe eigentlich war und wie sie zustande gekommen war, vor allem weil man nicht den Volksglauben und die damit zusammenhängenden Sagen erforscht hatte, was eine notwendige Voraussetzung für eine wissenschaftliche Mythenforschung ist. Man ließ sich von altgriechischen Philosophen irreleiten, die in apologetischer Absicht die Mythen als Sinnbilder von Grundstoffen, Naturerscheinungen und ähnlichen Dingen erklärten, wodurch sie das religiös und sittlich Anstößige in vielen griechischen Mythen wegzudeuten versuchten. — In diesen Spekulationen der alten Philosophen glaubte man im 19. Jahrhundert den eigentlichen Sinn der Mythen zu erkennen; und man legte daher symbolische Erklärungen dieser Art in Märchen und Mythen hinein, statt die wirkliche Denkweise des Volkes zu erforschen. Als man schließlich bemerkte, daß man mit gleich gutem Recht sinnbildliche Bedeutungen der verschiedensten Art auf ein und dasselbe Mythen- oder Märchenmotiv anwenden konnte, sah man endlich ein, daß das ganze Verfahren unrichtig sein mußte. Die ganze Mythenforschung verlor dadurch ihr ursprüngliches Ansehen und hat noch nicht ihren rechten Platz in der Wissenschaft gefunden. Aus dem Fehlschlag zog man den falschen Schluß, daß die Mythen keinen wissenschaftlichen Wert haben, was ja eine Ungereimtheit ist, da Mythen einen wichtigen Bestandteil jeder Religion ausmachen. Zu einer voll zufriedenstellenden wissenschaftlichen Religionsforschung gehört daher unbedingt eine richtig angelegte und durchgeführte Mythenforschung.

Die nächste wichtige Leistung auf dem Gebiet der Märchenforschung wurde von dem Indologen *Theodor Benfey* vollbracht, der 1859 die wichtige Entdeckung bekanntgab, daß die alte indische Märchensammlung Pantschatantra durch Übersetzung aus dem Sanskrit ins Mittelpersische und weiter ins Syrische, Arabische, Hebräische, Lateinische und schließlich in europäische Volkssprachen bereits im Mittelalter nach Europa gekommen war.

Aus dieser Tatsache zog Benfey jedoch eine ebenso kühne wie unrichtige Schlußfolgerung: alle unsere Volksmärchen mit Ausnahme der Tierfabeln seien in geschichtlicher Zeit in Indien gedichtet, in den auf Buddhas Auftreten folgenden Jahrhunderten. Sie seien dann, teils auf literarischem Wege durch Pantschatantra, teils mündlich, nach Europa gewandert. Er glaubte, daß eine solche Märchenwanderung bereits infolge von Alexanders Zug nach Indien begonnen haben könne. Aber in der Hauptsache wäre es durch die Vermittlung der Araber in der Zeit der Kreuzzüge, vielleicht auch infolge der mongolischen Eroberung Rußlands geschehen, daß sich der große indische Märchenstrom über Europa ergossen hätte.

Die Fehler in dieser Lehre sind jedoch augenfällig. Daraus, daß eine Märchensammlung in Gestalt einer geschriebenen Übersetzung von Indien nach Europa gewandert ist, darf man überhaupt keinen Analogieschluß ziehen, der die mündliche Überlieferung betrifft; denn diese folgt durchaus ihren eigenen Gesetzen, die ganz verschieden von denen sind, die für Schriftwerke gelten. Die Möglichkeit, daß eine solche mündliche Märchenüberlieferung durch wandernde Predigermönche verbreitet werden kann, durch buddhistische, mohammedanische oder christliche, kann für einzelne Fälle nicht durchaus bestritten werden, aber von der Möglichkeit ist in diesem Fall der Weg zur Wahrscheinlichkeit und Wirklichkeit sehr weit, besonders wenn man behaupten will, daß er für alle Märchen gilt. Bettelmönche haben zum Beispiel in der Regel keine Verwendung für Wundermärchen und haben sie daher auch nicht verbreiten können. Daß Benfey nicht ohne weiteres erkennen konnte, daß seine kühne Hypothese ganz verfehlt war, beruhte vor allem darauf, daß die Volksmärchen zu Benfeys Zeit nicht in genügendem Umfange gesammelt waren und daß er schon deshalb keinen annähernd vollständigen Überblick über Europas oder Indiens Märchenbestand haben konnte. Ein solcher Überblick war erst in unserer Zeit möglich geworden, und das nur dank der fleißigen Einordnungsarbeit, die von Männern wie *Reinhold Köhler, Johannes Bolte, Svend Grundtvig, H. F. Feilber, Antti Aarne, Stith Thompson* und *Albert Wesselski* geleistet worden ist.

Studiert man Pantschatantra und vergleicht man seinen Inhalt mit den Märchentypen, die in *Aarne-Thompsons* Buch „Typen des Volksmärchens" enthalten sind, so muß man finden, daß das zwei ganz verschiedene Welten sind. Das Typenverzeichnis, das man bei Aarne-Thompson findet, ist nicht vollständig; aber seine mehr als tausend verschiedenen Nummern stellen ganz gut den Märchenbestand Europas dar. Unter diesen trifft man bloß eine geringe Minderzahl, nicht mehr als sechs — nämlich drei Tierfabeln und drei Scherzgeschichten — von den ungefähr 90 Märchen Pantschatantras an. Und einige von diesen sechs sind in Europa so selten aufgezeichnet, daß man sie als zufällig aus Büchern hereingekommenes Lehngut erkennen kann, von dem man nicht sagen kann, daß es in der europäischen Überlieferung wirklich Wurzel geschlagen habe.

Ebenso findet sich in der mündlichen Märchenüberlieferung Indiens nur eine geringe Zahl von Märchen, die europäischen Typen einigermaßen entsprechen und gleichgesetzt werden können. Bereits die Vergleichung der in Europa und Indien vorhandenen Märchentypen zeigt also, daß von einer Masseneinwanderung vom Morgenland nach Europa nicht die Rede sein kann. Die wenigen Übereinstimmungen beweisen nicht, daß Indien der gebende und Europa der empfangende Teil ist, abgesehen von einigen ganz wenigen Fällen, wo es sich deutlich um Entlehnung aus Schriftwerken handelt. — Benfey konnte ferner nicht wissen, daß eine ganze Reihe europäischer Märchen heute mit Sicherheit viel früher angesetzt werden kann als die Entstehung des Buddhismus und die Verbindungen zwischen Indien und Europa, die er für entscheidend hielt.

Daß eine Märchenforschung, die sich auf so falsche Voraussetzungen stützte wie Benfeys indische Hypothese, die Erkenntnis nicht wesentlich fördern konnte, ist klar. Hierzu trugen noch andere Schwächen bei. Man hatte zu Benfeys Zeit noch nicht gelernt, deutlich geschiedene Märchentypen klar zu trennen; und Benfeys berechtigte Forderung, daß seine Hypothese für jedes einzelne Märchen geprüft werden müsse, rief nur flüchtige Vergleiche zwischen europäischen und indischen Märchen hervor. Fand man nur irgendeine Ähnlichkeit, so hielt man den indischen Ursprung für bewiesen. Verschiedene Forscher aus der indischen Schule haben aus der Erzählung Pantschatantras von dem Löwen und dem Stier, die vertraute Freunde waren, aber durch einen Schakal getrennt wurden, der sie durch Verleumdung gegeneinander aufhetzte, das Märchen von dem bösen Weib hergeleitet; in einer Anzahl schwedischer Varianten stiftet *Käthe Grau (Kitta Grå)* zwischen zwei Eheleuten Unfrieden, die der Teufel nicht auseinanderzubringen vermochte (Aa 1352). Die beiden Märchen sind in Personengestaltung und in Einzelheiten ganz verschieden. Sie beruhen aber beide darauf, daß man durch Verleumdungen Freunde entzweien kann. Dieses Verfahren, Zwist zu stiften, ist im Leben unendlich oft angewendet worden, ohne daß der Handelnde es aus dem einen oder anderen Märchen gelernt zu haben brauchte. Und der Erfolg solcher Ränke konnte überall so auffallend sein, daß man Geschichten davon ganz unabhängig in verschiedenen Ländern formen konnte. Zutreffend ist jedoch in diesem Fall, daß das Märchen vom Teufel und Käthe Grau durch Wanderprediger verbreitet worden ist; diese hatten es aus Sammlungen von Predigtbeispielen gelernt, die eine ganze Menge ihres Stoffes aus dem Morgenland geholt hatten, einen Teil davon aus Indien. Es empfiehlt sich indessen nicht, Indien in diesem Falle als Ursprungsland des Beispielstoffes allzusehr hervorzuheben. Juden und Araber sind in diesem Falle ebenso gute Beispieldichter, und da das Märchen vom Teufel und Käthe Grau in seiner für Europa kennzeichnenden Form nicht weiter nach Osten als bei den Arabern bekannt zu sein scheint, liegt keine Veranlassung vor, sein Ursprungsland in noch größerer Entfernung zu suchen.

Die indische Schule hatte somit eine schlechte Übersicht über den Stoff, über den sie theoretisierte und ein schlechtes Verfahren. Doch hat sie wesentlich dazu beigetragen, die Forschung zu lehren, den Unterschied zwischen Mythen und Märchen zu sehen. Dadurch hat sie dazu verholfen, Schluß mit den ganz verfehlten Mythenphantasien zu machen, welche die Zeit zwischen Grimm und Benfey kennzeichnen. Durchschnittsphilologen, die sich mit Märchenstudien beschäftigen, haben jedoch gerade infolge ihrer mangelnden Bekanntschaft mit dem Typenvorrat Europas an dem morgenländischen Ursprung aller Märchen festgehalten. Sie sind dadurch in ihrer Haltung bestärkt worden, daß die mittelalterlichen Predigtbeispielsammlungen — anscheinend der einzige Märchenstoff, für den sie sich interessierten — wirklich verschiedenen morgenländischen Stoff enthielten.

Dies gilt jedoch nicht von allen Philologen. Der ausgezeichnete französische Gelehrte *Joseph Bédier* zeigte in seiner berühmten Untersuchung der im Mittelalter so geschätzten Scherzgeschichten (*Fabliaux*), daß die meisten französischen Scherzgeschichten keine Gegenstücke in der morgenländischen Märchenliteratur hatten und daß diejenigen, welche tatsächlich dort Gegenstücke aufwiesen, in ihrer französischen Form besser als die morgenländischen waren. Er wollte deshalb geltend machen, daß Scherzgeschichten dieser Art französischen Ursprung hätten und daß ein und derselbe Märchentyp überall entstanden sein könne.

Dies war ein Gesichtspunkt, den auch die englischen Anthropologen hervorgehoben hatten. Er muß in gewissem Grade als richtig anerkannt werden, da dieselbe Idee, dieselbe Spitze bei verschiedenen Völkern den Anstoß zu einer erzählenden Dichtung geben kann. Dies muß der Forscher auch beständig in Rechnung stellen. Doch ist es unvernünftig, sich zu denken, daß zwei Geschichten mit einer Reihe sehr eigenartiger Motive an verschiedenen Stellen selbständig entstehen. Hierfür kann ich auf das eben angeführte Beispiel vom Stier, Löwen und Schakal auf der einen Seite hinweisen und auf das vom Teufel, Käthe Grau und dem Ehepaar auf der anderen. Die Übereinstimmung zwischen diesen beiden liegt ausschließlich in der allgemein menschlichen Tatsache, daß Freundschaft oder Liebe durch einen schlau angelegten Verleumdungsfeldzug zerstört werden können. Dagegen ist bereits die Personenauswahl in dem zweiten Märchen mit einer Art Wettstreit zwischen dem Teufel und dem bösen Weib in der Kunst, zwei Eheleute auseinanderzubringen, so eigenartig gedacht, daß man gern einen Überlieferungszusammenhang zwischen allen Fassungen dieses Inhaltes voraussetzt. Und dies wird dadurch noch mehr bestärkt, daß die Frau verleitet wird, mit dem Rasiermesser einige Barthaare vom Hals ihres Mannes während seiner Mittagsruhe abzuschneiden, während dem Manne fälschlich eingeredet worden ist, daß die Frau einem angeblichen Liebhaber versprochen habe, ihrem Mann an diesem Tage den Hals durchzuschneiden.

Alle Fassungen dieses Inhalts müssen gemeinsamen Ursprung haben; und wo sie auch immer in Europa angetroffen werden, gehen sie ziemlich sicher mehr oder minder unmittelbar auf das Predigtbeispiel zurück.

Den nächsten Fortschritt in der Märchenforschung machte der finnische Literarurforscher *Kaarle Krohn*. Er hatte von seinem Vater *Julius Krohn* die geographische Arbeitsweise gelernt und wandte sie an bei seiner Doktorarbeit „Bär (Wolf) und Fuchs", 1886, worin er die Tierfabel vom Fischfang des Bären oder Wolfs mit dem Schwanz in einer Wake untersuchte. Das war die erste Märchenuntersuchung, die nach einem genauen wissenschaftlichen Verfahren ausgeführt wurde. Krohn strebte nämlich nach einer möglichst vollständigen Prüfung aller Fassungen des Märchens, und zugleich unterwarf er jedes Motiv einer genauen kritischen Untersuchung. Indem er die verschiedenen Fassungen in ihrem geographischen Vorkommen statistisch und psychologisch durchprüfte, suchte er die ursprüngliche Form des Märchens wiederherzustellen und seine Heimat zu bestimmen, die er nach Nordeuropa setzte. Sie konnte weder Indien noch Griechenland sein, wie es Benfey sich gedacht hatte. Krohn hob auch hervor, daß jedes beliebige Volk Märchen hervorbringen könne.

Was bei Krohns Behandlung dieses Tiermärchens jedoch fehlte, war der für jede wissenschaftliche Untersuchung nötige Einblick in die Gesetze, die für einen Stoff wie der, den er behandelte, gelten. Das Fehlen eines solchen Einblicks war jedoch zu seiner Zeit ganz natürlich. Das Studium, das man bisher dem Märchen gewidmet hatte, war nicht so gründlich gewesen, daß man in ausreichendem Maße die Beobachtungen hätte machen können, die die Forschung bezüglich der Entstehung, Entwicklung, Verwendung und Verbreitung der verschiedenen Märchen braucht. Es war daher klar, daß Krohn hier die Lücken, die die Kenntnis von den Märchen in seiner Zeit aufwies, mit ungeprüften Arbeitshypothesen ausfüllen mußte.

Kaarle Krohn setzte jedoch seine Arbeit auf dem Gebiet der Märchen nicht fort, sondern ging dazu über, sich ganz der Fortsetzung der Kalevala-Forschungen seines Vaters zu widmen. Er bildete jedoch eine Schule durch seinen Schüler *Antti Aarne,* der dasselbe Verfahren in einer ganzen Reihe gründlicher Märchenmonographien anwandte. Seine wichtigste Leistung liegt jedoch in seinem „Verzeichnis der Märchentypen", später bearbeitet und erweitert in Aarne-Thompson „The Types of the Folk-tale", das von unschätzbarem Werte für die Aufstellung und Einordnung der Märchentypen ist. Dieses Typenverzeichnis ist eine Katalogarbeit, mit deren Hilfe man bei der Katalogisierung einer Märchensammlung sich damit begnügen kann, bei jedem Märchen die Nummer des Typenverzeichnisses anzugeben, und die für den Forscher ein wichtiges Mittel ist, sich zurechtzufinden.

Der Mangel in der von Krohn und Aarne begründeten Richtung der Märchenforschung liegt jedoch, wie bereits vermerkt, darin, daß das Leben und die Gesetze der Märchen nicht hinreichend untersucht wurden. Die mangelnde Kenntnis dieser Dinge ist meist durch Arbeitshypothesen ersetzt worden, die sich nachher als falsch erwiesen. Der Gesichtspunkt der Vererbung, der unumgänglich ist, da die

Märchen sich ja nicht nur im Raume verbreiten, sondern sich auch Jahrtausende hindurch fortpflanzen, ist vollkommen aus den Augen verloren, während der von Benfey eingeführte Wanderungsbegriff der einzige Gesichtspunkt war. Das muß als eine schwere Einseitigkeit bezeichnet werden.

Das Wort *Volksüberlieferung* hatte in älterer Zeit zu der fehlerhaften, romantischen Auffassung verleitet, daß diese Überlieferung dem Volk in seiner Gesamtheit angehöre, so wie man sich das Volk in seiner Gesamtheit als Dichter vorstellte. Diese Vorstellung liegt wohl mehr oder minder Krohns und Aarnes Auffassungen davon zugrunde, wie das Märchen wandere. Sie haben dafür zwei Gleichnisse gebraucht. Das eine, daß das Märchen sich nach allen Seiten ausbreite, wie die Ringe auf einer ruhigen Wasserfläche, wenn man einen Stein hineinwirft. Das andere, daß die Wanderung sich wie ein Strom vorwärts ergieße. Beide sind offenbar falsch: sie beruhen auf der fehlerhaften Annahme, daß ein jeder, der ein Märchen hört, es weitergebe.

Die Ausbreitung eines Märchens ist jedoch in höchstem Grade unregelmäßig. Nur eine sehr geringe Anzahl aktiver Überlieferungsträger, ausgerüstet mit gutem Gedächtnis, lebhafter Einbildungskraft und guter Erzählerbegabung, verbreitet die Märchen, nur diese erzählen sie weiter. Von ihren Hörern ist es wieder nur ein geringer Bruchteil, der imstande ist, das Märchen so zu behalten, daß er es weitererzählen kann, und ein noch viel geringerer Bruchteil, der das wirklich tut. Die meisten von denen, die ein Märchen gehört und behalten haben, bleiben untätige Überlieferungsträger, deren Bedeutung für das Fortleben des Märchens im wesentlichen in dem Interesse liegt, es wieder zu hören, und darin, daß sie deshalb auf den aktiven Überlieferungsträger als guten Erzähler hinweisen und ihn auffordern, zu erzählen. — Soll ein Märchen von dem Ort, wo der Überlieferungsträger daheim ist, weitergetragen werden, so muß also ein aktiver Überlieferungsträger nicht nur an den neuen Platz kommen, sondern dort auch mindesten so lange bleiben, daß dort ein neuer aktiver Überlieferungsträger ausgebildet werden kann. Diese Art der Übertragung eines Märchens geschieht auf eine äußerst unregelmäßige und unberechenbare Weise und läßt jede Spur von Ähnlichkeit mit den Ringen auf einem Wasserspiegel vermissen.

Kaarle Krohn zog aus dieser fehlerhaften Arbeitshypothese den Schluß, daß eine Überlieferung sich in dem ganzen Zwischengebiet finden müsse, wenn sie an zwei Orten A und B angetroffen werde. Dieser Schluß ist falsch, weil die Voraussetzungen falsch sind. Als *Axel Olrik* ausführte, daß die Kaukasusmythe von dem gefesselten Riesen von dort nach dem Norden aus dem gotischen Reich am Schwarzen Meere durch Goten gebracht sein müsse, die ihr altes Heimatland im Norden aufsuchten, wandte Krohn ein, daß dies unmöglich sei, weil die Mythe von dem gefesselten Riesen sich dann in dem ganzen russischen Zwischengebiet finden müßte. Da sie hier fehlte, sollte also eine Übertragung von dem Kaukasus nach dem Norden unmöglich sein.

Daß der Schlußsatz falsch ist, ist leicht zu beweisen für den, der etwas von dem wirklichen Leben der Überlieferung weiß. Der gotische Reisende, der die russischen Flüsse hinauffährt, braucht von den Überlieferungen, die er im Gedächtnis trägt, auf der ganzen Reise nichts zu erzählen. Er kommt vielleicht überhaupt nicht mit Menschen ins Gespräch, deren Länder er durchfährt, aber deren Sprache er nicht kennt. Und kommt es zu einem Gespräch mit Hilfe eines Dolmetschers oder durch Zeichensprache, so handelt es sich um nötige Auskunft über den Weg oder um etwas, was der Reisende sich eintauschen muß. Sicher kann es ihm nicht einfallen, dabei seinen Märchen- oder Sagenvorrat aufzutischen. Wenn das in einem Ausnahmefall doch geschehen sollte, so würde es ziemlich sicher für die Zuhörer jeder Wichtigkeit in so hohem Grade ermangeln, daß es doch nicht fortleben könnte. Während also der Reisende auf seiner Fahrt für seinen Überlieferungsschatz keine Verwendung hat, kann er bei seiner Ankunft im Norden desto bessere Gelegenheit dazu haben. Er ist der weitgereiste Fremdling, der der Mittelpunkt des Interesses bei Gelagen und anderen Zusammenkünften wird. Man fordert ihn auf, alles mögliche zu erzählen. Die Gelegenheit zum Erzählen bietet sich also von selbst. Und die Übertragung der Mythe vom gefesselten Riesen auf Loki, der aus Riesenstamm war, aber auf gutem Fuß mit den Göttern stand, bis es zum Bruche kam, geht ohne Schwierigkeit vor sich.

Die Fragen nach dem Überlieferungsträger und den Gelegenheiten zu erzählen, müssen im Schwerpunkt der Märchenforschung stehen.

Übergeht man sie, so müssen die Ergebnisse mehr oder minder falsch werden. Ebenso ist es von größerem Gewicht, das Verhältnis zwischen dem Örtlichkeits- und dem Verbreitungsgesichtspunkt richtig abzuwägen, zwischen der bewahrenden Kraft der Überlieferung und ihren Neubildungserscheinungen.

Eine andere Hypothese, die zu Beginn der Märchenforschung höchst natürlich war, war die, daß die ursprünglichste Form eines Märchens die vollständigste und beste, die logischste sei, und ebenso die Hypothese, daß dort, wo sich die ursprünglichste Form findet, auch das ursprüngliche Heimatland des Märchens sei. Je besser ein Märchen sei, desto mehr würde es geschätzt, und desto leichter bleibe es am Leben. Man ist geneigt anzunehmen, daß unvollständige oder inhaltsärmere Fassungen Entartungsfolgen seien. So bestechend diese Erwägung auch ist, so muß sie doch als eine falsche Hypothese bezeichnet werden.

Verschiedene Märchen sind mit einer Sage als Ausgangspunkt geschaffen worden. Von einer solchen Sage aus kann man im Märchenstil weiterdichten, und die Fortsetzung kann von verschiedenen Märchendichtern ganz verschieden gestaltet werden. Ein deutliches Beispiel hierfür sind die verschiedenen Märchen von dem dankbaren Toten (Aa 505—508). Der Kern ist eine Sage, nach der ein Mann für die Bestattung einer unbegrabenen Leiche sorgt. An diesem Kern muß bereits auf der Sagenstufe eine Begebenheit geknüpft worden sein, die als Belohnung für die gute Tat aufgefaßt wurde. Eine solche Sage teilt bereits Cicero mit (De divinatione, I 27). Verschiedene Märchendichter haben aber, von dieser Sage ausgehend, weiterfabuliert und den dankbaren Toten, ohne zu verraten, wer er ist, bei dem freigebigen jungen Manne in Dienst treten und ihm in verschiedenen Lebenslagen helfen lassen, so daß es ihm gelingt, eine Prinzessin zu gewinnen. Das Ergebnis ist eine ganze Reihe von Märchen, die nicht voneinander abgeleitet werden können.

Eine Mutation der Einleitung von dem dankbaren Toten kommt im Morgenland in der Form vor, daß ein Prinz einen Frosch vor einer Schlange errettet. Damit aber die Schlange nicht ihre natürliche Nahrung entbehrt, gibt er ihr ein Stück von seinem eigenen Fleisch. Schlange und Frosch nehmen sodann Menschengestalt an, kommen als Diener zu dem Prinzen und verhelfen ihm zu einer

Prinzessin in ähnlicher Weise wie in dem Märchen von dem dankbaren Toten. Die Ähnlichkeit zwischen den beiden Einleitungen ist so groß, daß sie nicht ganz unabhängig voneinander sein können. Die zuletzt angeführte Form dürfte eine Mutation der Einleitung von dem dankbaren Toten sein, aber geschaffen im Anschluß an andere Geschichten von der Errettung des Frosches vor der Schlange (vgl. zum Beispiel Gesta Romanorum 99).

Die Mutation ist bei den Märchen eine wichtige Erscheinung. Es ist nicht immer leicht zu entscheiden, welche von zwei oder mehr Mutationen desselben Märchenmotivs oder derselben Märchengestaltung der ursprünglichen Form am nächsten steht. Ein ursprünglicher Zug kann von einer neuen Mutation verdrängt werden. Aber eine neue Mutation auch hinter der älteren Form zurückbleiben, ohne sich auf deren Kosten durchsetzen zu können. Ist ein Zug sehr beliebt, so kann gerade dieser Umstand verschiedene Erzähler verlocken, ihn auf verschiedene Weise abzuwandeln. Als Beispiel eines solchen in seinem Heimatland beliebten Zuges, der gerade dort in mehreren Mutationen auftritt, kann ich das den Germanenforschern wohlbekannte Motiv vom Hjadningenkampf anführen. Es ist von westnordischen Dichtern aus Irland entlehnt worden und ist während der Wikingerzeit im Norden beliebt gewesen, wo es mit einem deutschen Heldensagenmotiv verknüpft worden ist. Aber es ist später aus der nordischen Volksüberlieferung ganz verschwunden. In der irländischen Überlieferung ist es noch heute äußerst beliebt und besonders gern mit dem Sagenkreis von Finn verknüpft. Es handelt von einem Kampf, der sich unaufhörlich erneuert, da eine Zauberin die gefallenen Krieger wieder zum Leben erweckt, die am nächsten Tage den Kampf gegen den Sieger von neuem beginnen. Der Kampf wird durch einen fremden Helden beendet, der sich abends nach dem Sieg nicht heim begibt, sondern die Zauberin auf dem Schlachtfeld erwartet, ihrem Schlafzauber widersteht und sie tötet. Es gibt indessen mehrere Abwandlungen. Eine handelt zum Beispiel davon, wie Finn ins Riesenland kommt und beim König der Riesen als Hofzwerg angestellt wird. Er merkt, daß der König ständig müde ist, weil er jede Nacht einen Zweikampf mit einem gefährlichen Riesen ausfechten muß. Finn geht an seiner Stelle hinaus und besiegt den Riesen, aber auch den Vater des Riesen und schließlich auch die Mutter, die am schlimmsten war. Welche von den Mutationen als die Grundform des Motivs angesehen werden muß, kann in diesem Falle jedoch kaum zweifelhaft sein. Die einfachste und am wenigsten spezialisierte dürfte die gewöhnlichste und die ursprünglichste sein.

In anderer Weise ändert sich der Inhalt eines Märchens dadurch, daß ein Echotyp gebildet wird, der darauf beruht, daß die Varianten eines Sprach- oder Kulturkreises infolge seiner Abgeschiedenheit in bestimmter Weise gleichgerichtet werden. Dies kann darauf beruhen, daß eine Mutation in dem Bezirk die Oberhand über die anderen gewonnen hat, so daß diese Mutation zu dem Echotyp des Märchens in diesem Bezirke wird. In der Regel braucht ein Echotyp lange Zeit, um sich zu bilden, und er zeigt sich darum nicht bei allen Märchen. Ich will mich mit einem Beispiel begnügen.

Das über Europa verbreitete Märchen von Odysseus und Polyphem (Aa 1137) enthält oft eine Episode, die in der Odyssee fehlt. Wenn der Mann aus der Höhle des Riesen herauskommt, gibt ihm der Riese ein Gastgeschenk. Aber wie der Mann es nimmt, hängt er an der Gabe fest, und sie ruft und verrät, wo sich der Mann befindet, so daß der blinde Riese nahe daran ist, ihn zu fangen. Der Mann muß sich den Finger oder die Hand abhacken, um zu entkommen. In den westeuropäischen, besonders den keltischen Fassungen handelt es sich immer um einen Goldring, in den osteuropäischen (slawischen) ist es eine Keule, ein Stab oder eine Axt aus Gold. Die Episode tritt also in zwei verschiedenen Echotypen auf: dem Ringechotyp und dem Waffenechotyp. Welcher der ursprüngliche ist, ist schwer zu sagen. Aber sie müssen auf eine gemeinsame Quelle zurückgehen, deren Inhalt auf verschiedene Weise festgelegt worden ist. Man kann fragen, wo es den gemeinsamen Urtyp gegeben haben könne und welches Volk ihn da habe. Man denkt da gerne an die entlegene Zeit, wo Kelten und Slawen Seite an Seite bei den Karpathen saßen.

Alle diese Fragen nach dem Träger der Märchenüberlieferung, den Fällen, in denen diese wirksam wird und weitergegeben werden kann, den Veränderungen, die durch die verschiedenartigen Mutationen und durch Bildungen von Echotypen entstehen müssen, sind natürlich von größtem Gewicht für eine wissenschaftliche Märchenforschung; und bei der besten Methode können die Ergebnisse nicht richtig werden, wenn nicht die richtige Kenntnis vom Leben und den Entwicklungsgesetzen des Märchens zugrunde liegt. Krohn und Aarne dachten an Einzeluntersuchungen von Märchen als nächste Forschungsaufgabe. Solche Einzeluntersuchungen haben jedoch die wichtigsten Fragen auf dem Gebiet der Märchenforschung nicht lösen und nur in geringem Grade Anteilnahme erwecken können. Man ist in der Regel dabei geblieben, sie als Anfängerarbeiten zu verwenden. Ohne Vertrautheit damit, was für die Forschung besondere Bedeutung hat, und mit dem Leben und den Entwicklungsgesetzen wird das Ergebnis jedoch ziemlich belanglos, auch wenn die Stoffsammlung an und für sich immer etwas Neues bringt.

Es ist klar, daß die Zusammenarbeit von Philologie und Volkskunde von größter Bedeutung ist. Die Philologen können aus den alten Texten ein für die Volkskunde sehr wertvolles Material zutage fördern, wie die angeführten Beispiele deutlich gezeigt haben dürften. Aber der mündliche Stoff ist ebenso wichtig, um den Inhalt der Quellen in seinen lebenden Zusammenhang zu bringen und um ihre oft bruchstückhaften oder in anderer Weise entstellten Angaben zu ergänzen.

Kaarle Krohn hatte sich gedacht, man solle zuerst jeden einzelnen Märchentyp monographisch behandeln. Nachher solle „die richtige Märchenforschung" beginnen. Der Versuch hat gezeigt, daß die richtige Märchenforschung viel früher beginnen muß. Sie muß sich auf Untersuchungen richten, die auch über die Märchenforscher vom Fach hinaus Bedeutung haben, zunächst natürlich für die Philologen, wobei, wie erwähnt, eine möglichst enge Zusammenarbeit zustande kommen muß.

Hier haben zum Beispiel Axel Olrik und Moltke Moe eine außerordentliche Bedeutung gehabt durch ihre Untersuchung der Grundgesetze des Überlieferungsstoffes, eine Arbeit, die mit gründlichem Überblick über den Märchen- und Sagenstoff und mit gründlicher Untersuchung seines Lebens ausgeführt worden ist, was mit Untersuchungsweisen ganz anderer Art geschehen ist, als die bei den Monographien verwendeten.

Die Märchen müssen nicht nur typenweise, sondern vor allem gruppenweise untersucht werden, so daß man die Untersuchung des einzelnen Typs mit der aller Typen verbindet, die zu derselben natürlichen Gruppe gehören. Das verlangt indessen bedeutend größere Hilfsmittel, als man braucht, um eine Monographie des alten Schlages fertigzubringen. Hier gilt es, Zusammenarbeit und wieder Zusammenarbeit zwischen so vielen Forschern wie möglich zustande zu bringen. Ein dringender Wunsch ist hierbei ein großes, diesem Zweck dienendes internationales Forschungsinstitut.

Joan Amades, Concepte de la rondalla. — Interpretació de les rondalles. In: Joan
Amades, Folklore de Catalunya-Rondallística. Ed. Selecta, Barcelona 1950, p. 16—26.
Aus dem Katalanischen übersetzt von Kristin Angelika Müller.

MÄRCHEN

Von JOAN AMADES

Zum Begriff „Märchen"

An und für sich bezieht sich die Bezeichnung Märchen *(Rondalla)*
zunächst nur auf die leichte, für Kinder gedachte Erzählung, die
in den meisten Fällen von wunderbarer und übernatürlicher Sinn-
haftigkeit ist. Die Volkskunde aber begreift unter diesem Namen
sämtliche ungeschriebene und mündlich überlieferte Erzählungen des
Volkes, angefangen von den Ammengeschichten bis zu den großen
Heldensagen, die von der Gelehrsamkeit des 19. Jahrhunderts sogar
für halbhistorisch gehalten wurden; die Bedeutung, die sie ihnen
beimaß, spricht ihnen die heutige Kritik allerdings wieder ab. Wir
haben diese dem Märchen von der Volkskunde zuerkannte Reich-
weite übernommen und umfassen im vorliegenden Band die gesamte Skala überlieferter und volkstümlicher Erzählungen, welche
nicht in den Bereich des Liedes fallen, das heißt also jene, die nicht
in Versen abgefaßt und nicht gesungen werden.

Das Märchen hat etwas wie einen göttlichen Keim in sich, der
es befähigt, die Wirren der Zeit und all die Stürme, die die Menschheit bewegt und erschüttert haben, zu überdauern; so können wir
sagen: es ist unsterblich. Im Morgendämmern der Menschheit ist es
aufgegangen und bis zu ihrem Untergang wird es sie in ihrem Lauf
begleiten. Wäre es nicht so, dann bliebe die Tatsache unverständlich,
daß die Völker, welche ein höchstes kulturelles Niveau erreicht
haben und bei denen das Märchen mehr als anderswo unnütz und
überflüssig erscheint, gerade jene sind, unter denen es am lebendigsten ist und wo noch heute in größter Fülle und stärkster Intensität
Märchen erzählt werden. Trüge das Märchen nicht eine Substanz
oder ein Prinzip der Unsterblichkeit in sich, so würden nicht laufend
neue entstehen.

Nach Hartland[1] ist die Kunst des Märchenerzählens die beharrlichste und weitest verbreiteto von allen menschlichen Errungenschaften. Zu fast allen Zeiten sind sie an der Feuerstelle erzählt worden, als bestes Medium zur Verbreitung vom Wissen um Vergangenes unter den nachkommenden Generationen, zur Pflege der Kontinuität des Sippengeistes, sowie zur Weisheitslehre. So sind letztlich durch das Märchen die in der Seele des Menschen grundgelegte Ur-Weisheit, Moral und Güte in seinem Geist verankert worden. Die ersten religiösen Bücher der Alten Welt sind eigentlich nichts anderes als Märchensammlungen. Das Wort selbst, durch das die Welt entstanden ist, hat in den Märchenhelden Gestalt angenommen. All diese Figuren sind uns als Helden der Gleichnisse in den Evangelien vertraut. Die Märchen, die uns die Abenteuer dieser Helden überliefert haben, wurzeln so tief in der Vergangenheit der Menschheit, daß sie eine Unzahl im Unbewußten schlummernder Klänge in uns wachrufen. Die ganze ferne Menschheitsgeschichte ist in den Märchen zusammengefaßt — soweit eben unsere fleischliche Materialität und unser mitten in Wachstum und intellektueller Ausformung befangener Geist derlei zu fassen vermögen. So geschieht es, daß diese Erzählungen in uns vertraute Harmonien erwecken, die uns auf wunderbare Weise gefangennehmen und verzaubern.

Von allen mündlich überlieferten Dokumenten, die die Grundlage der universalen Volkstradition bilden, ist das Märchen zweifelsohne in jeder Hinsicht das interessanteste. Alle Weisen und Gelehrten, die es werten und würdigen wollten und die sich mit seinem Ursprung befaßt haben, sind sich darüber einig, ihm ein sehr hohes Alter zuzuerkennen. Unseres Wissens existiert kein anderes nichtmaterielles Dokument, das bis in so weit zurückliegende Zeiten zu verfolgen wäre; keines wäre imstande gewesen, soviel Auf und Ab der Kultur und so viele Veränderungen und Entwicklungen, wie sie das menschliche Denken mitgemacht hat, durchzustehen und zu überdauern, um sich doch so kraftvoll und mit solcher Farbigkeit zu erhalten — und zwar bei allen Völkern der Erde, bei den fort-

[1] E. S. Hartland, Mythology and Folktales. Their relation and interpretation, London 1900.

schrittlichsten und kultiviertesten genauso wie bei den primitivsten und wenigst zivilisierten. Allein die Tatsache, daß das Märchen auf der ganzen Welt verbreitet ist, spricht uns schon zur Genüge von seinem weit zurückliegenden Ursprung. Die prähistorischen Kulturen haben zahlreiche materielle Spuren ihrer Existenz hinterlassen: solche ermöglichen es heute der Wissenschaft, Gebräuche sowie Art und Weisen des gegenständlichen Lebens jener Zeiten zu studieren; aber weder die Höhlenmalereien noch die Gegenstände, die man in solchen Höhlen, in rudimentären Zufluchtsstätten, in den Resten primitiver Behausungen und in den Grabstätten findet, verraten uns irgend etwas von den Vorstellungen, vom seelischen Sein und den Verborgenheiten des Geistes jener Menschen. Gegenstände, ja selbst schriftliche Dokumente sind zu leblos, um uns über eine unerrechenbare Zeitspanne hinweg die Erregungen und Sehnsüchte, welche die Generation Adams bewegt haben, zu vermitteln. Aber immer und zu allen Zeiten hat der Mensch gesprochen, hat er das, was ihn bewegte in Worte gekleidet; und das Wort, das zarte und flüchtige, schwache und körperlose Wort ist lebendig geblieben und bis auf uns gekommen, genauso oder noch besser als die Steinbeile, die Pfeilspitzen und all die Werkzeuge aus dem Paläolithikum. Der Volksmund sagt: Worte verfliegen im Wind („der Wind trägt die Worte mit sich fort"); nehmen wir diese Redensart in ihrem wörtlichen Sinn und nicht in dem, den ihr das Sprichwort eigentlich gibt, so können wir damit sagen: der Wind hat die Worte der ersten Menschen mit sich fortgetragen, er hat sie rund um den ganzen Planeten getrieben, hat sie Menschenalter überdauern lassen, hat sie im Munde einfacher Bauern und Hirten Gestalt werden und frisch und klangvoll bis an unser Ohr dringen lassen, in ihrem ganzen unbefangenen und kindlichen Zauber, den sie von Anfang an gehabt haben müssen.

Das Märchen ist also ein prähistorisches Dokument, gleichwertig, wenn auch auf anderer Ebene, der Vielfalt von Fundstücken, auf die man bei der Untersuchung der verschiedenen Perioden elementarer Kulturen stößt. Die Ausgrabungsfunde illustrieren den Zustand des menschlichen Bewußtseins seit den ältesten Zeiten. In der kaiserlichen Bibliothek von St. Petersburg wird ein Papyrus aufbewahrt, der aus der um 3500 vor Christus regierenden zwölften ägyptischen Dynastie stammt; wenn wir nun bedenken, daß darauf ein Märchen zu finden ist, das von den Abenteuern und Plagen eines Schiffbrüchigen berichtet, ganz ähnlich denen des Ulysses in der Odyssee und jenen Sindipas' ("Sindbads des Seefahrers"), so dürfte es uns auch nicht wundern, wenn unter unseren Märchen solche wären, die die Phönizier erzählten, als sie, angelockt von den Metallen, die sie hier holten, an unsere Küsten kamen oder die Phokäer, die Emporion (Ampurias) gründeten, oder gar die Iberer und die Menschen im Neolithikum und Paläolithikum, welche die Jagdszenen in der Höhle von Cogull gemalt und in den am Capelló de Capellades liegenden Stätten den Silex aus dem Fels gehauen haben.

Kaarle Krohn[2], der hervorragende finnische Mythologe und Inhaber der Lehrkanzel für Volkskunde an der Universität von Helsinki, hat über das Märchen tiefgehende Studien angestellt; nach seiner Aussage ist Märchenforschung für die Kulturgeschichte ebenso bedeutsam wie für die Ethno-Psychologie: durch sie könne man die Wege der Kulturstromungen sowie die wechselseitigen Beeinflussungen der Völker verfolgen, und zwar vielleicht sogar besser als durch die Sprachforschung: denn die Zivilisation sei der Sprache vorausgegangen und Denkweisen oder Bräuche seien vom anderen Volk leichter übernommen worden als Sprachgewohnheiten.

Hahn[3] meint, daß die Geschichte der Philosophie, wenn sie als Geschichte der Entwicklung des menschlichen Denkens angesehen werden will, von den elementarsten Vorstellungen und Begriffen der Menschheit ausgehen muß; und diese sind uns allein im Märchen erhalten.

Nach Lang[4] tritt in den Märchen ein allen Rassen der Welt eigenes Gedankengut zutage. In jüngerer Zeit hat der französische Volkskundler Nourry in den Märchen eine degenerierte und entstellte Form sehr alter Kultpraktiken zu sehen vermeint; das Walten der Zeit, das jahrtausendelange mündliche Weitergeben von Generation zu Generation ohne jede Festlegung und schriftliche Fixie-

---

[2] Kaarle Krohn, Die folkloristische Arbeitsmethode, Oslo 1926.
[3] J. G. von Hahn, Griechische und albanesische Märchen, Leipzig 1864.
[4] Andrew Lang, Myth Ritual and Religion, New York [2]1913.

rung hätte ihre ursprünglichen Farben und Formen abgenutzt. Somit wären die Märchen nach Nourry die erstarrte und in neuer
Funktion lebendig gebliebene Form primitiver Zeremonien und
Riten; diese entsprechen den simplistischen und utilitaristischen
religiösen Vorstellungen, die man im allgemeinen in alten Kultur-
formen erkennen kann. Die Zeremonien wären also Wort geworden,
einfache und summarisch erzählte, dem elementaren Vorstellungs-
bereich des Primitiven faßbare Berichte; die Menschen sind jenem
religiösen Weltbild aber entwachsen und so wurden ihnen solche
Riten zu Märchen. Die Urgeschichtsforschung und die Anthropologie sind sich heute darüber im klaren, daß die sechs oder acht
Jahrtausende Geschichte im eigentlichen Sinn, also die Zeit, aus
der man schriftliche Dokumente kennt, relativ kurz ist angesichts
der vielen tausend Jahre, die die menschlichen Rassen zu ihrer
Konstituierung gebraucht haben. Es ist zu bedenken, daß die verschiedenen Völker des Erdplaneten tatsächlich weitaus älter sind
als die ägyptischen Hieroglyphen und die assyrisch-babylonische
Keilschrift. Wenn man die Mutationstheorie auf die Herausbildung
der Menschenrassen anwendet, so gelangt man zu dem Ergebnis,
daß die weiße Rasse eine der jüngsten ist. Sowohl die mongolische
als auch die schwarze Rasse müssen älter sein, da sie jenem Über-
gangstypus zwischen Mensch und Tier, aus dem die Gattung Homo
sapiens hervorgegangen ist, näherstehen.

Liegen nun die Wurzeln des Märchens in einer so fernen Vergangenheit, und hat der gesamte Corpus, wie einige Volkskundler
meinen, einen einzigen gemeinsamen Ursprung, so ergibt sich daraus, daß man seine Wiege unter den ersten Vertretern jener primitiven Rassen suchen muß, die heute der weißen unterlegen sind;
von diesen hätten es die Kulturvölker Asiens und Europas übernommen und assimiliert.

Die Hauptepisoden in den Märchen scheinen also in ihrem Wesen
überlebende Relikte uralter Vorstellungen und Bräuche zu sein;
man kann sie bis ins Quartär zurückverfolgen, namentlich ins Neolithikum, das an religiösen Praktiken und Zeremonien besonders
reich gewesen ist.

Vom ausschließlich ethnographischen Gesichtspunkt her gesehen,
können als überlebende Relikte all jene Vorstellungen gelten, die

sich mit den im Augenblick errungenen Kenntnissen nicht mehr vereinbaren lassen; sie entsprechen auch nicht jener geistigen Verfeinerung, welche die Religiosität ja letztlich fördert, ihr eigentlich dient, und nicht immer — wie es oft scheinen mag — als Waffe gegen sie wirksam wird.

Bei genauer Untersuchung der Tatsachen muß man feststellen, daß archaische Bräuche und Vorstellungen prähistorischen Ursprungs genauso häufig zu finden sind wie solche aus historischer Zeit. Ihr heutiges Leben basiert auf Naturprinzipien wie Erhaltungstrieb und emotionalen wie sentimentalen Gründen verschiedenster Ordnung. Die Auswirkungen der Zeit auf Dinge und Ideen sind nicht überall gleich; auch der umgebende Raum ist jeweils ein anderer — und somit sind die Tatsachen immer wieder ganz verschiedenartigen Umständen unterworfen.

Bei allen Kulturen, angefangen von den primitivsten bis zu den differenziertesten, erkennt man eine Neigung zur gleichzeitigen Betätigung in verschiedenen Ausdrucksbereichen, entsprechend der Situation und der individuellen Persönlichkeit. Der Mensch handelt, arbeitet, singt, spricht; keine dieser Tätigkeiten könnte man aus ihrer Gesamtheit herauslösen, keinerlei Rangordnung ist unter ihnen zu erkennen. Dieselbe Verschmelzung von diversen Tätigkeiten und Dynamismen zeigt sich auch deutlich beim Kleinkind, im Bereich seiner kindlich harmlosen Spontaneität. Es springt, läuft, schlägt, spielt, singt, tanzt, erfindet, plaudert und erzählt, und empfindet um so mehr Genugtuung, je mehr es sein vielfältiges Aktionsfeld sich selbst und den anderen manifestieren kann.

Wie bereits gesagt ist nach Hartland die Kunst des Märchen-Erzählens die beharrlichste und die weitest verbreitete von allen menschlichen Errungenschaften. Unter den Völkern, die keine Bücher und Zeitungen kennen, ist das Erzählen von Märchen die einzige Methode, vergangene Ereignisse weiterzugeben.

Das Märchen stellt die eigentliche Nationalliteratur eines Volkes dar, ebenso wie die Texte der Volkslieder den Wesenskern seiner Lyrik ausmachen und deren Melodien den seiner Musik; ja, mehr noch als ihren Wesenskern: Märchen und Volkslieder *sind* die eigentliche, authentische Prosa, Lyrik und Musik eines Volkes; spontan und intuitiv sind sie aufgetaucht, unberührt von jeder

akademischen Beeinflussung und von jeder Methodisierung gelehrter
Art. Letztere wird angesichts der spontan entstehenden Formen
immer gekünstelt erscheinen, weil sie allgemeingültige Strömungen
verarbeitet und zu generalisieren sucht. Als man in Katalonien
damit begann, Prosa, Lyrik und Musik nach poetischen und musikalischen Gesichtspunkten gelehrsam zu bearbeiten, da waren die
Zeitgenossen der Auffassung, daß Märchen und Volkslied überaltert
und daher dem Untergang geweiht waren. Und die besorgten Literaten mußten ihre Schöpfungen mit dem Sauerteig des verkannten
Werkes bearbeiten, diesem Produkt Hunderter von Erzählern und
Sängern; diese haben es gestaltet und — ohne sich dessen bewußt
zu sein oder darauf hingewiesen zu werden — waren *sie* die eigentlichen Literaten, Poeten und Musiker, die den volkseigenen Typus
und das Modell ihrer starken und mächtigen Kunst ausgearbeitet
und geprägt hatten. So kommen die Schöpfungen einzelner nur
schwer an jene heran, die aus der Überlieferung und der Kollektivität hervorgegangen sind.

Der namhafte zeitgenössische Komponist aus dem Roussillon,
Deódat de Severac, sagte einmal zu Msgr. Carselades, Prälat in
Perpignan, daß er für den Ruhm, die schlichte musikalische Weise
vom Hymnus des Heiligen Blutes *(Goigs de la sang)* erfunden zu
haben, gerne alle seine bisherigen Kompositionen hergäbe.[5]

Auch Cejador[6] ist der Meinung, daß als eigentliche Literatur
nur die volkstümliche, ungeschriebene, durch mündliche Überlieferung weitergegebene anzusehen ist; der Überlieferung im Bereich
der Gelehrtenwelt ist die mündliche deshalb weitaus überlegen,
weil sie unzählige Generationen hindurch sanktioniert worden ist,
von Menschen, die sie in naturhafter Art und frei von Effekt-
macherei oder akademischer Starre recht eigentlich gelebt haben.
Cejador stellt die „gelehrten" Werke, gemeinsam mit allen künst-
lichen Produkten Stoff- oder Papierblumen gleich, die für den

[5] El bisbe de Perpinyà i la llengua catalana, in: La veu de Catalunya,
Barcelona, 11. 5. 1930 (= ein aus der französischen Zeitschrift Illustration
Économique et Financière abgedruckter Artikel).

[6] J. Cejador y Frauca, La verdadera poesía castellana. Historia crítica
de la antigua poesía popular, Madrid 1925.

Botaniker völlig wertlos sind; und er meint, daß für ein Volk nur jene Dinge unverfälscht repräsentativen Wert besitzen, die tatsächlich volkstümlich sind; so spricht er jedem Märchen und jedem Volkslied mehr Bedeutung zu als dem besten literarischen Werk oder der besten Kunstdichtung.

Innerhalb einer Werthierarchie ist also das Märchen der Dichtung völlig gleichzustellen. Das Märchen erfreut sich der so bezeichnenden Eigenart, daß es alle Menschen anspricht, ungeachtet ihres sozialen Standes, ihrer Rasse, ihres Vaterlandes, ihrer Beschäftigung, ihres Zivilisationsgrades. Wie die Lyrik hat auch das Märchen eine unendlich weitgespannte Aufnahmefähigkeit und drückt dann in sehr einfacher Sprache, in sehr einfachen und durchsichtigen Bildern und Formen Gefühle und Affekte aus, die der gesamten Menschheit gleicherweise eigen sind.

Die moderne Ethnographie ist zu dem Schluß gelangt, daß die verschiedenen Gattungen überlieferter Literatur einem kollektiven Bedürfnis entspringen und daß ihre Gesamtheit eine für Konstitution und Harmonie der Gesellschaft notwendige und angemessene Äußerung darstellt; sie sind ein unentbehrliches Element innerhalb des funktionierenden Organismus eines Gesellschaftskomplexes. Namentlich in ihren Anfängen sind die literarischen Gattungen keineswegs nutzlose, rein ästhetische Produktionen, kein Überfluß, kein Luxus, wie man meinen könnte. Vielmehr hat das Entstehen der Volksliteratur rein praktische und utilitäre Bedeutung; es kommt eindeutig aus einer Notwendigkeit heraus, und zwar nicht — wie es zunächst scheinen mag — aus einer geistigen, sondern aus einer rein organischen und funktionalen.

Unter den verschiedenen mündlichen Manifestationen der Volkskultur sind es die Erzählungen, die von vornherein am meisten Wert und Bedeutung zu haben scheinen. Auf dem ganzen Erdenrund nimmt die Erzählung bei den wenig kultivierten Volksschichten eine Vorrangstellung ein und übt hier eine wesentliche Erziehungsfunktion aus. Allerorts empfinden Kinder für das Märchen eine besondere Vorliebe und es erweckt in ihnen ausgeprägtes Interesse: ist es doch auch für ihre geistige Bildung und ihre allgemeine Erziehung von sozusagen psychologischer Notwendigkeit. Dies wird um so spürbarer, je rudimentärer und primitiver das Niveau der jeweiligen Kultur gerade ist. Bei den zivilisierten Völkern interessieren sich meist nur die Kinder für die Märchen, bei den etwas zurückgebliebenen aber ist es auch für die Erwachsenen geistiges Brot; so sind die Märchen auch bei uns zulande gerade bei der Landbevölkerung am lebendigsten, denn diese wird in ihrer Bildung hinter den auch noch so bescheidenen Gesellschaftsschichten der städtischen Zentren immer etwas zurückstehen. Bevor es Bücher und Schulen gab, nahm die Volkserzählung — sei es als Märchen oder als Sage — innerhalb des pädagogischen Systems einen Platz ein, dessen Bedeutung heute nur schwer zu ermessen und zu verstehen ist. Alle moralischen Wertbegriffe, die die Grundlage des menschlichen Denkens bilden, wurden durch die Erzählung verbreitet, propagiert, ausgeprägt und bewahrt; zu Zeiten da die Schrift sozusagen inexistent war, weil sie nur einigen wenigen Eingeweihten und Auserwählten zur Verfügung stand, die gegenüber der unzähligen Menge, welche sich zu bilden und ihre Geistigkeit zu formen hatte, nur eine verschwindende Minderheit darstellten — zu jenen Zeiten war die Erzählung das einzige Propagationsmittel, der einzige Träger der Bewahrung von Traditionen. Und wer viele Märchen zu erzählen wußte, war ein Weiser und ein Lehrer — und so ist es noch heute bei den Menschen, die über keine Schriftkenntnisse verfügen; gerade solche Menschen sind nun fähig, sehr feine und hochwertige Regungen und Schwingungen zu erfühlen und wahrzunehmen, und sozusagen zu ihrer Bildung zu verarbeiten; derlei entgeht aber häufig jenen Menschen, die vorgeben, ihnen überlegen zu sein, die sie mit mitleidigen oder gar verächtlichen Augen betrachten, denen es aber nicht gelingt, einen derart verfeinerten, auf gewisse Regungen ansprechenden Aufnahmemechanismus zu entwickeln, wie ihn solche Leute besitzen, die uns auf kulturellem Gebiet unterlegen sind.

Und — so unerklärlich es auch scheinen mag: nicht nur, daß eben überall Märchen und Sagen erzählt werden, es sind überall dieselben Märchen und dieselben Sagen, die uns auch unsere Mütter erzählt haben, als wir Kinder waren.

Es hat ja immer und überall die gleichen Probleme gegeben, die der Mensch mit seiner Vorstellungskraft zu bewältigen hatte — und da ist es ganz natürlich, daß er immer wieder zu ähnlichen Lösungen gelangt. Marillier[7] sagt, daß es nichts Eintönigeres gibt als das, was die elementare Phantasie hervorbringt: denn vom einen Ende zum anderen scheint es nichts als endlos einander wiederholende Repliken zu ergeben. Die Mythen sämtlicher Primitiver dieser Erde scheinen Fragmente ein und derselben Mythologie zu sein, alle Erzählungen Varianten derselben Themen, die man überall gleicherweise finden kann.

Das Märchen war die erste der volkstümlichen Gattungen, welche die Aufmerksamkeit der Gelehrten erregte; hier haben die Untersuchungen und Forschungen im Bereich der Volkskunde angesetzt. Es sind verschiedene Theorien entstanden, man hat unterschiedliche Meinungen geäußert, es haben sich Schulen herausgebildet, die verschiedene Gesichtspunkte in bezug auf das Wesen des Märchens vertraten. Heute aber argumentiert man nicht mehr gerne in solcher Weise; vielmehr gilt es, die Dinge im Einklang und im Bezug auf eine allgemeingültige Theorie zu interpretieren, die es möglich macht, auch vereinzelte Tatsachen unter ein und derselben Kategorie in Zusammenhang zu bringen. Diese allgemeingültige Theorie festzulegen steht aber noch aus, und angesichts der stetigen Erweiterung des Forschungsgebietes durch Entdeckungen, die immer wieder neue Probleme und Zweifel aufwerfen, bleibt ein derartiges Unterfangen problematisch. Um das Märchen und die übrigen Gattungen der Volkserzählung ergründen zu können, müßte man die geistigen Strömungen der Menschheit sowie die psychologischen Entwicklungsphasen, angefangen bei der prähistorischen Zeit bis heute, von Grund auf kennen. Und dennoch: selbst wenn es gelungen wäre, mit der ethnographischen Arbeitstechnik einen Gesamtbegriff der Ethnographie zu formulieren, der einen genetischen Zusammenhang und eine Einordnung der Tatsachen unter einer Synopse ermöglichte, so würde doch das verfügbare Material nicht ausreichen, und zwar sowohl in quantitativer als auch in qualitativer Hinsicht. Obwohl in Europa mehr als auf allen anderen Kontinenten gearbeitet und geforscht wurde, bleibt hier noch vieles zu tun, denn die Unter-

---

[7] Léon Marillier in der Einleitung und den Anmerkungen zur französischen Übersetzung des obzit. Werkes von Lang: Myth Ritual and Religion, Paris 1896.

suchungen und Ergebnisse sind allzu ungleich verteilt. Überdies
bietet die gesamte, bisher zusammengetragene Dokumentierung
noch keine absolut sichere Gewähr: um eine bestimmte Geschichte
richtig zu fundieren, muß man sie aus dem Munde verschiedenster
Erzähler gehört haben, dann erst kann man den ihr zugrunde-
liegenden Gehalt erkennen und von den Wendungen und Rede-
weisen der einzelnen Erzähler unterscheiden. Die in Versen abge-
faßten Gattungen sind da weitaus verläßlicher, weil der persönlichen Gestaltung durch den, der sie wiedergibt, weniger freier
Raum gelassen ist; und dennoch tragen sie noch oft genug vom
Charakter und der Gebarung dessen, der sie rezitiert. Viel stärker
freilich werden die Prosaerzählungen davon geprägt werden, weil
sie allen sprachlichen und andersartigen Einflüssen offenstehen.

Kollektivität ist nicht schöpferisch; sie kann adaptieren, gestalten,
abrunden und ausfeilen, aber nicht schöpfen. Jedes Werk kennt
einen einzigen und bestimmten Autor, ist Kind nur einer Person
und nur eines Augenblicks. Nach der neueren Forschung hält man
es nicht für möglich, daß dasselbe Motiv an zweierlei Orten bzw.
von zwei oder mehreren Personen unabhängig voneinander geschaffen werden kann. Alle epischen Zyklen — welcher Art auch
immer — haben einen Autor. Die ursprüngliche Fassung wird dann
beliebig oft nachgebildet und bei den häufigen Wiederholungen
entstehen jeweils — bewußt oder unbewußt — Abweichungen und
Zersetzungen. Ausdauerndes und sorgfältiges Studium der verschiedenen Versionen läßt dann oft die Kopie einer voraufgehenden
Fassung erkennen. Daß gewisse Themen und Episoden auf Grund
einer durch gleiche Bedürfnisse hervorgerufenen Motivierung
doppelt oder gar mehrfach an verschiedenen Orten auftauchen,
kann man durchaus gelten lassen; aber das Ineinandergreifen und
die Kombination einer ganzen Folge von Episoden, die eine Erzählung zu einem geschlossenen und abgerundeten Handlungsganzen
machen, wird nur schwerlich zweimal in gleicher Form auftreten.

Die einzelnen Elemente aus der Sage von Ulysses und Polyphem
findet man in mehr oder weniger starken Abwandlungen in aller
Welt zerstreut; aber die Zusammenstellung sämtlicher Episoden und
Motive zum Gesamten der bekannten Erzählung gibt es heute nur
mehr im Kaukasus; dahin mag sie vom alten Griechenland

gekommen sein, entweder durch mündliche Weitergabe oder auf dem Weg über die schriftlich festgehaltenen alten literarischen Texte. Jede Erzählung ist also eine Kombination verschiedener mehr oder weniger simpler oder komplexer Motive. Einzelne, allein dastehende Motive oder Episoden kann man nirgends finden. Was der Mensch, ja sogar was die Natur hervorbringt, zeigt praktisch niemals völlige Einfachheit. Die Amöbe, die einfachste der Protozoen, die aus einer einzigen Zelle besteht, zeigt bereits diverse, verschiedenartig kombinierte Elemente; und doch ist ihre Zusammensetzung die elementarste, die man kennt. Weder bei der Untersuchung der allerkindlichsten, den rudimentären Denkweisen eigenen Erzählungen, noch in den Märchensammlungen der rückständigsten Kulturvölker kann man Märchen erkennen, die aus einer einzigen Episode bestünden.

Man hat das Märchen mit einem Kaleidoskop verglichen, das durch die Zusammenstellung einer geringen Anzahl kleiner verschiedenfarbiger Gläser eine Unzahl diverser Figuren und Formen in buntem Farbenspiel hervorzubringen vermag. In ähnlicher Weise erreicht das Märchen durch Zusammenstellung und Kombinierung verschiedener Motive eine solche Mannigfaltigkeit diverser Fassungen.

Interpretation der Märchen

Die Interpretation von Bedeutung und Ursprung der Märchen hat zu langwierigen Forschungen und Untersuchungen Anlaß gegeben, an denen namhafte Schriftsteller teilgenommen haben; es war eines der ersten Probleme, die die kulturell-wissenschaftliche Bewegung des 19. Jahrhunderts beschäftigten.

In den Jahren 1812—13 gaben die Brüder Grimm ihre berühmte Märchensammlung heraus, die sie *Kinder- und Hausmärchen* nannten. Nach diesen gelehrten Mythologen sind die Märchen Reste ungebundener Glaubensvorstellungen alter Zeiten und deren allegorische Auslegungen. Die Brüder Grimm verglichen ihre Sammlung germanischer Märchen mit Varianten anderer Länder und versahen sie mit zahlreichen Anmerkungen und Referenzen; dadurch erhoben sie diese bis dahin verachtete und verkannte Erzählgattung auf das

Niveau erstrangiger wissenschaftlicher Dokumente. Auf Grund ihrer
umfassenden Kenntnisse im Bereich der Mythologie gelangten die
Brüder Grimm zu der Auffassung, daß die Märchen bis auf uns
gekommene überlebende Relikte alter mythologischer Formen seien;
ihre ursprüngliche religiöse Sinngebung haben sie verloren, und
so dienen sie heute nur mehr zur Unterhaltung von Kindern und
Menschen rudimentärer Intelligenz, die ja ungefähr jener Ebene
entspricht, auf der der primitive Mensch zu Beginn seiner kulturellen Entwicklung stand. Damals sah sich der Mensch der unermeß-
lichen Natur mit ihren vielfältigen und komplexen Phänomenen
gegenüber; und er verspürte das Bedürfnis, all dies zu bedenken und
zu erklären; denn einer der Urgründe, die das Werken der Kultur
bestimmen und charakterisieren, ist der instinktive, dem Menschen
eingeborene Drang nach Erhebung, nach einem Über-sich-Hinaus —
sowohl im Geistigen wie im Materiellen —, zugleich auch der
Wunsch, sich das Wie und Warum all dessen, was ihn umgibt, zu
erklären. Die astronomischen und atmosphärischen Phänomene, die
Geheimnisse von Zeugung und Fortpflanzung, das modulierende
Pfeifen des Windes, das Tosen des Meeres, die Stimme des Echos
und tausend mal abertausend andere Dinge, die in seinem Umkreis
geschehen, machten den Menschen neugierig, und er suchte sie zu
erklären, soweit es ihm mit seinen intellektuellen Mitteln und
seinem beschränkten geistigen Fassungsvermögen möglich war. So
stellte er sich vor, daß alles, was ihn da umgab, von demselben
Lebensprinzip beseelt war wie er selbst, und daher auch dieselbe
Gestalt annehmen mußte, die ihm zu eigen war; er meinte, alles
müsse dieselben Bedürfnisse und Erregungen empfinden wie er,
dieselben Mängel und Qualitäten haben, denselben Sorgen und
Unruhen unterworfen sein wie er. Auf dieser Vorstellungsebene
glaubte er, daß Sonne, Mond und Sterne, Tag, Nacht und Dämme-
rung, Regen, Schnee und Wind, Meer, Wasser, Bäume, Steine, kurz
alles, was ihn umgab, Personen oder Tiere wären, die, genauso wie
er selbst, einander lieben und heiraten, hassen und bekriegen, helfen
und verraten sowie essen, schlafen, hören und fühlen können, kurz
dieselben Dinge brauchten und begehrten wie er selbst. Mit dieser
Auffassung schuf er sich eine weite animistische Welt, in der alles
und jedes von eigenem Leben beseelt war, aus eigenem handelte

und dachte; zwischen Menschen, Tieren und Dingen gab es da keine
Unterscheidung: wie der Mensch sprechen konnte, ebenso mußte
auch irgendein Tier oder eine Pflanze, mußten Steine, Berge, Ge-
wässer, mußte das Feuer und auch jederlei Gerät sprechen können;
wenn es möglich war, daß aus einer Puppe ein Schmetterling oder
eine Libelle kroch, wenn aus einem Ei ein Küken schlüpfen und
aus einer Pflanzengalle ein Insekt werden konnte, so mußte sich
auch ein Mensch in ein Tier, eine Pflanze, ein Gestein verwandeln
können, so mußte es auch möglich sein, daß aus einer Hasel-
nuß ein Kleid, ein Pferd oder gar ein Fräulein schlüpfte, und so
weiter.

Solche Vorstellungen mögen zunächst eigenartig und gewaltsam
scheinen, sie existieren aber noch bei allen Völkern, unter Menschen
von niedrigem intellektuellen Niveau. Das unwissende Volk, das
nur spärliche Schulbildung genossen hat — namentlich handelt es
sich dabei um Landbevölkerung —, steht auf einem intellektuellen
Niveau, das in vielerlei Hinsicht kaum höher gelegen ist, als es in
den niederen Schichten primärer Kulturen der Fall war; um jene
Probleme zu klären, die schon den primitiven Menschen beunruhigt
und beeindruckt hatten, wird hier vielfach zu denselben Vor-
stellungssystemen gegriffen wie damals. Um die aschgraue Farbe des
Mondlichtes zu erklären, erzählen die Bauern unseres Montseny
das Märchen „Warum der Mond die Farbe der Asche hat". Die
Vorstellung, daß Sonne und Mond einander heiraten wollen, ist an
unserer Levante-Küste sehr verbreitet; hier nennt man den
Bräutigam *Cellaros* („blonde Brauen") und die Braut *Cendrosa*
(„Aschenfrau") und das völkische Unterbewußtsein stellt sie sich wie
ein menschliches Brautpaar vor. In der Gegend der Ebro-Mündung
wird auch der Planet Merkur personifiziert; man nennt ihn *el Dropo*
(„der Faule"), weil man ihn so selten, nur für kurze Zeit und
immer nur in der Abenddämmerung sehen kann. Die Sage vom
Mann im Mond ist auf der ganzen Welt in unzähligen Varianten
verbreitet; sie besagt, daß unser Satellit ein menschliches Antlitz
hat, weil ein Mann zur Buße für eine böse Tat dorthin verbannt
worden war und, um sein Vergehen zu leugnen, den Mond als
Zeugen angerufen hatte [der Mond gilt in der Romania aber grundsätzlich als Lügner. Anm. d. Übers.].

Im Roussillon erzählt man, daß *Garidó* und *Roseta* — d. h. die Planeten Saturn und Venus — alle sieben Jahre heiraten und die ganze Sternengesellschaft zur Hochzeit laden. Die *Lloca* („Glucke") mit ihren Küken — d. h. das Siebengestirn — stehen in aller Frühe auf und beeilen sich auf ihrem Weg, um rechtzeitig zum Fest zu kommen. *Jan*, von dem manche auch sagen, er sei ein Milan — und das ist der Rigel im Sternbild des Orion — ist ein rechter Nachtvogel, geht spät zu Bett, dafür fällt ihm am nächsten Morgen das Aufstehen schwer; wenn er es dann endlich tut, steckt er den Kopf beim Fenster hinaus und muß sehen, daß alle seine Gefährten schon längst unterwegs sind; darob erzürnt, wirft er mit seinem Stock nach ihnen — und das sind die drei in einer Linie liegenden Sterne, die das Volk unter vielen anderen Namen auch als die „Heiligen Drei Könige" oder die „drei Marien" kennt, und die in der Astronomie „Gürtel des Orion" [auch „Jakobsstab", Anm. d. Übers.] genannt werden. Der Stern Aldebaran wird „der Hinkende" genannt und man hält ihn für alt und kränklich; deshalb steht er spät auf und, da er nur schwer gehen kann, verzichtet er darauf, an der Hochzeitsfeier teilzunehmen, aber er kommt heraus, um sich ein wenig die Füße zu vertreten und seinen Freunden zuzusehen, wie sie hineilen. Dieses Märchen war im südfranzösischen Sprachraum stark verbreitet und muß von da auch ins Roussillon gedrungen sein; es dient der Erklärung einer Konstellation von Venus und Saturn, welche alle sieben Jahre zustande kommt.

Den Gürtel des Orion nennt man in Frankreich auch *Rastell d'en Patufet* („Rechen des Kleinen Däumling"); über diesen Märchenhelden und die drei betreffenden Sterne, die seinen Namen tragen, machte der französische Gelehrte Gaston Paris eine bemerkenswerte Studie[8].

An der Küste und im Gebirge spricht man von den beiden Wolken *Mal Home* und *Mala Dona* („Böser Mann" und „Böse Frau"); sie leben getrennt, weil sie nicht miteinander auskommen können. Er lebt jenseits der nördlichen Berge und sie gegen Mittag zu. Sie steigen immer in der entsprechenden Himmelsrichtung auf und verschwinden auch wieder an derselben Stelle des Horizonts.

[8] Gaston Paris, Le Petit Poucet et la Grande Ourse, Paris 1875.

Wenn nur eine von ihnen herauskommt, dann sucht sie die andere überall, um mit ihr Streit zu beginnen; wenn sie sie nun nicht finden kann, dann geht sie wieder dahin zurück, von wo sie gekommen war. Wenn aber beide zugleich herauskommen und sich finden, dann gibt es fast immer Krach: sie hören nicht auf den guten Rat der anderen Wolken, die mit ihnen sind und sie besänftigen wollen. So geht die Streiterei los und alsbald gießt es in Strömen und ein schlimmes Gewitter bricht los. In Barcelona will man eine Wolke kennen, die man *el Lleó* nennt, weil sie ungefähr die Form eines Löwen hat. Wenn sie zum Spaziergang ausgeht, gibt es bestimmt schlechtes Wetter; manchmal aber begleitet sie eine andere Wolke, die wegen ihrer Form *L'Os* („der Bär") genannt wird; diese ist ein gutmütiger Kerl, sie sucht Freundschaft mit der Löwenwolke, zerstreut sie und vermag ihren Zorn abzuwenden — und dann regnet und stürmt es nicht. Schließlich ist auch das Märchen vom Streit zwischen Sonne und Wind sehr verbreitet.

Musikerziehung 3 (1950), S. 144—148.

KULTURGESCHICHTLICHE GEDANKEN ZUR MUSIK IM MÄRCHEN

Von Leopold Schmidt

In verschiedenen Märchen kommen musikalische Züge vor. Die wichtigste Gruppe davon ist die der Verwendung von Musikinstrumenten. Während nämlich andere musikalische Einzelzüge nur zur Unterstützung größerer Motive dienen, verbinden sich mit den Instrumenten in der Regel ganze selbständige Motive, und zwar so weitgehend, daß das betreffende Instrument schließlich beherrschend im Mittelpunkt des betreffenden Märchens stehen kann, oder es doch auch aus stark zersagten Varianten noch hervorgeht, welche Rolle das Instrument ursprünglich gespielt haben muß. Diese zentrale Rolle des Musikinstrumentes in diesen Märchen kann man kurz als „magische Funktion" umschreiben. Im Märchen wird ein Instrument nicht aus künstlerischen Gründen und nicht zur Unterhaltung gespielt, es dient vielmehr zur magischen, zauberischen Erwirkung einer Handlung.[1] In der Volksmusikforschung ist die Geige dafür berühmt geworden, welche der arme Knecht im Märchen *Der Jude im Dorn* (Grimm, Kinder- und Hausmärchen Nr. 110) von dem hilfreichen Männlein bekommt und nun so spielen kann, daß jedermann nach ihr tanzen muß, bis des Knechtes Wünsche erfüllt sind.[2]

Betrachtet man dieses Motiv vom *Instrument* her, so wird man zunächst versucht sein, der Geige an sich diese zauberische Kraft zuzuschreiben. Dies vielleicht um so mehr, als auch in der ältesten deutschen Fassung, dem „Faßnachtspiel von Fritz Dölla mit seiner

---

[1] Vgl. Friedrich Pfister, Deutsches Volkstum in Glaube und Aberglaube (= Deutsches Volkstum Bd. 4), Berlin und Leipzig 1936.

[2] Raimund Zoder d. J., Eine Anmerkung zum Schwabentanz (Das deutsche Volkslied, Bd. 34, Wien 1932, S. 59 f.).

gewünschten Geigen" von Jakob Ayrer, um 1580, auch die Geige
das Zauberinstrument ist.[3] Es gibt aber daneben Fassungen des
Märchens, in denen nicht die Geige das Wunsch- und Zauberinstrument darstellt, sondern eine Flöte.[4] Sie kommt schon in
deutschen Fassungen des 18. Jahrhunderts vor, aber auch in
flämischen und finnischen.[5] Die Gesamtüberlieferung des Märchens
läßt einstweilen noch nicht erkennen, welches Instrument in der
ältesten Fassung gestanden sein mag. Im allgemeinen tritt die Geige
erst spät in derartige Zusammenhänge ein. Ein Vergleich mit der
Sage vom Lieben Augustin zeigt, daß dessen ältere Fassungen den
Dudelsack heranziehen, und erst Erzählungen des 19. Jahrhunderts
die Geige kennen.[6]

Die ursprünglichere Geltung des einen oder anderen, oder auch
eines weiteren Instrumentes, läßt sich auch durch die Beobachtung
der jeweiligen Häufigkeit der Nennung von Flöte, Geige usw. in
den verschiedenen Märchenfassungen gewinnen. Ein gutes Beispiel
bietet dafür das Märchen vom *Unibos,* vom Bauern Einrind, also
jene seltsame Geschichte, welche die Brüder Grimm unter dem
Titel „Das Bürle" (KHM 61), erzählt haben.[7] In vielen Fassungen
dieses Märchens gehört es zu den Schelmenstreichen des Bürle, daß
es angeblich seine Frau tötet und durch das Erklingenlassen eines
Musikinstrumentes wieder zum Leben erweckt. Da es sich hier um
keine wirkliche magische Handlung handelt, möchte man dabei von
einer Parodierung der Musik-Magie sprechen. Wie bei den anderen
Märchen mit Verwendung von Instrumenten läßt sich aber auch hier
feststellen, daß es sich nicht immer um das gleiche Instrument

---

[3] Ayrers Dramen. Hg. Adelbert von Keller (= Bibliothek des Literarischen Vereins in Stuttgart, Bd. LXXIX), Bd. 4, Stuttgart 1865. S. 2829 ff.

[4] Johannes Bolte und Georg Polivka, Anmerkungen zu den Kinder-
und Hausmärchen der Brüder Grimm. Bd. II. Leipzig 1915, S. 490 ff.

[5] Bolte-Polivka, Bd. II, ebendort; Reinhold Köhler, Kleinere Schriften
zur Märchenforschung (= Köhler, Kleinere Schriften Bd. 1), Weimar 1898.
S. 55 u. ö.

[6] Schmidt, Der liebe Augustin. Sein Lied und seine Legende (Wiener
Geschichtsblätter, 2. Bd., 1947, S. 73 ff.).

[7] Josef Müller, Das Märchen vom Unibos (= Deutsche Arbeiten der
Universität Köln, Bd. 7), Jena 1934.

handelt, sondern in verschiedenen Zeiten und Gegenden um verschiedene Instrumente. Die meisten Fassungen aus Deutschland, Holland, Flandern, Frankreich und Italien bringen die Flöte oder Pfeife. Wichtig ist, daß auch die älteste literarische Fassung, die dem ganzen Märchentypus den Namen gegeben hat, die „Versus de Unibove", die wohl noch im 10. Jahrhundert in Niederlothringen entstanden sein dürften, das Instrument kennt. Andere Instrumente werden bei diesem Motiv seltener genannt: das Horn einigemal in Irland, Schottland und Norwegen, die Oboe in der Bretagne, die Trompete einmal in Italien. Das Motiv bedingt die starke Bevorzugung der Blasinstrumente. Dennoch finden sich ab und zu auch Saiteninstrumente für die Pseudoerweckung der Frau genannt, nämlich die Geige in der Bretagne und in Deutschland. Hier sogar zweimal, aber freilich in literarischen Bearbeitungen des Märchens, nämlich in Valentin Schumanns „Nachtbüchlein" von 1559, und zwar in der Erzählung von dem Bäcker mit der „wundertätigen Geige",[8] und in dem Fastnachtspiel „Der Beck, welcher sein Weib wieder lebendig geigt hat", in dem Jakob Ayrer wohl Schumann gefolgt ist.[9] Die Absicht, diese literarischen Fassungen so aktuell als möglich zu halten, ergibt sich auch daraus, daß darin die Herkunft der Zaubergeige aus Neapel betont wird. In Italien selbst, nämlich auf Sizilien, wurde eine Fassung des Märchens aufgezeichnet, in der eine Gitarre die Rolle des magisch wirkenden Instrumentes spielt.

In den Fassungen des Unibos-Märchens spielt also die Flöte zahlenmäßig die Hauptrolle. Wenden wir uns nun dem aufschlußreichsten aller Märchen mit magisch-musikalischem Motiv, nämlich dem *Märchen vom singenden Knochen*, zu, so läßt sich die gleiche Erscheinung feststellen, nur daß hier der humoristisch-parodistische Zug gänzlich fehlt.[10] Hier scheint der Glaube an die Magie der

---

[8] Deutsche Schwänke des 16. Jahrhunderts. III. Bd. Schumanns Nachtbüchlein und Montanus' anderer Teil der Gartengesellschaft. Hg. Josef Latzenhofer (= Der Volksmund Bd. XIII), Leipzig 1907. S. 4 ff.

[9] Ayrers Dramen vgl. oben Anmerkung 3, Bd. 4, S. 2809 ff.

[10] Bolte-Polivka, Bd. I, S. 260 ff.; Friedrich von der Leyen, Das Märchen. Ein Versuch (= Wissenschaft und Bildung, Bd. 97), Leipzig 1917, S 61; Lutz Mackensen, Der singende Knochen. Ein Beitrag zur ver-

Musik am stärksten ausgeprägt, und zugleich das Werden des magischen Instrumentes in eine durchaus urzeitliche Entstehungssphäre gerückt. Im Märchen vom singenden Knochen (KHM 28), geht es um eine motivreiche Heilbringer-Erzählung, bei der der Held knapp vor dem endlichen Erfolg von seinem Nebenbuhler getötet wird. Sein Leib wird begraben, der Nebenbuhler erntet die dem Heilbringer zustehenden Ehren und Erfolge. Durch irgendeine Motivverknüpfung werden die Knochen des Ermordeten gefunden, zunächst meist nur ein Knochen, aus dem sich ein Hirt eine Flöte macht, oder, wie es in der Fassung der Brüder Grimm heißt, ein Mundstück für sein Horn. Als er zum erstenmal darauf geblasen hatte, so fing das Knöchlein zu großer Verwunderung des Hirten von selbst an zu singen: „Ach du liebes Hirtelein, du bläst auf meinem Knöchelein . . ." Und nun entwickelt sich rasch die Entdeckung der Untat, mit der in vielen Fassungen die Wiedererweckung des ermordeten Heilbringers verbunden ist. Die Grimmsche Fassung ist keine sehr bezeichnende und bringt auch einen verstümmelten Schluß. Darauf mag es auch zurückgehen, daß in ihr von einem Mundstück des Hirtenhorns oder nicht direkt von einer Flöte gesprochen wird. Wie viele deutsche, schweizerische und flämische Fassungen zeigen, handelt es sich aber hauptsächlich um das Schnitzen einer Flöte aus dem gefundenen Knochen. Bis nach Welschtirol ist dieses Motiv nach dem Süden ausgestrahlt und bis zu den Russen nach dem Osten.

Der Osten bevorzugt im allgemeinen aber sonst nicht die Flöte aus dem Totenbein, sondern eine ganz andere Fassung, die auf einem Umweg ebenfalls zu einer magischen Flöte führt. Den ältesten Typus vertritt hier wohl Indien,[11] wo es eine ganze Gruppe von Santal-Erzählungen gibt, in denen Kinder getötet und begraben werden. Auf ihrem Grab wächst Bambus, aus diesem Bambus macht dann ein Zauberkundiger die Instrumente, welche sich entweder

gleichenden Märchenforschung (= FFCommunications Bd. 49), Helsinki 1923; Lesebuch des deutschen Volksmärchens, hg. Friedrich von der Leyen und Josef Müller (= Literarhistorische Bibliothek, Bd. 11) Berlin 1934, S. 3 ff., 165 ff.).

[11] Bolte-Polivka, Bd. I, S. 273 f.

direkt in die wieder lebenden Getöteten verwandeln, oder aus denen sie herauskommen, sobald die Angehörigen sie gespielt hören, oder wie die Spielarten dieser Gruppe sonst lauten. Ganz Osteuropa[12] scheint von dort in dem Sinn beeinflußt, daß auch dort überall das Opfer, der Heilbringer, begraben wird, und über seinem Grab nun verschiedene Pflanzen wachsen, aus denen sich tatsächlich Flöten herstellen lassen: bei den Großrussen wie bei den Weißrussen und den Ukrainern gibt es derartige Fassungen, in denen die Flöte aus einem Rohrstengel geschnitten wird, desgleichen in Siebenbürgen und in Pommern. Ungefähr im gleichen osteuropäischen Gebiet wird das gleiche Motiv auch von einem Weidenzweig erzählt, wobei an die Bedeutung der Weide für die Maipfeifen der Hirten erinnert werden muß. Für Polen ist diese Fassung ebenso bezeugt wie für Brandenburg, die Zigeuner in Siebenbürgen kennen sie auch. In seltenen Fällen werden auch andere Pflanzen erwähnt, deren Stengel zum Pfeifenschneiden geeignet sind, in der Gegend von Kiew die Kuhpetersilie (Anthriscus silvestris), in Samara die Engelwurz. Hier lebt also auch das Wissen der Hirten, der Hüterjungen, um solche bescheidene Behelfe volkstümlichen Musizierens im Märchen.

Verfolgt man die Erwähnung anderer Instrumente an der gleichen funktionellen Stelle in diesem Märchen in anderen Fassungen, so ergibt sich ganz ähnlich wie beim Unibos-Märchen, daß dabei kaum zu einer festen Regelmäßigkeit zu gelangen ist. Mitunter, in Hessen wie in Lauenburg, tritt das Horn in die Funktion der allgemein geläufigen Flöte ein, wobei schon das Moment einer etwas komplizierteren Herstellung des Instrumentes auffällt. In einer Fassung aus Sizilien ist dieses noch dadurch gesteigert, daß der Hirt sich aus den Knochen und der Haut des Toten einen Dudelsack verfertigt.[13]

Eine ebenso auffallende wie wichtige Wendung des ganzen Motives erfolgt jedoch im skandinavischen Norden. Das Märchen selbst ist in England und in Skandinavien nicht bekannt, dafür ist dort die Ballade von der sprechenden Harfe zu Hause, welche in

---

[12] Lutz Mackensen, vgl. Anmerkung 10, S. 89 ff.
[13] Bolte-Bolivka, Bd, I, S. 266.

einigen wesentlichen Zügen, vor allem in der Tötung eines unschuldigen Menschen und der Entdeckung der Tat durch die magische Musik, unserem Märchen entspricht.[14] Es handelt sich hier um eine von ihrer Schwester getöteten Königstochter, deren Leiche Schiffer ans Land ziehen. Ein Spielmann macht aus ihrem Brustbein ein Harfengestell, nimmt die Fingerknöchlein zu Wirbelschrauben und das Goldhaar zu Saiten, und spielt nun auf diesem Instrument bei der Hochzeit der verbrecherischen Schwester. Wie in den Flötenfassungen des Märchens das Instrument den Mord verkündet, so auch hier die Harfe. Der Schluß zeigt meist nicht, ob der Strafe an der Verbrecherin auch die sinnvolle Wiedererweckung der Toten folgt. Nur die von Norden nach dem Osten ausgestrahlten Fassungen haben zum Teil das Motiv in seiner Gänze erhalten, so das estnische Märchen von der ermordeten Schwester. Dort wird die Harfe nicht aus dem Gebein der Toten verfertigt, sondern aus dem Birkenbaum, der an der Mordstelle gewachsen ist, was deutlich an die Rohrstengel- und Weidenpfeifen-Fassungen unseres Märchens gemahnt. Diese Birkenharfe spielt wieder das Schicksalslied der Ermordeten und verwandelt sich schließlich nach verschiedenen Zwischenmotiven in das Mädchen. In diesen und verwandten Formen läßt sich das Motiv vom Baltikum über Schlesien und Mähren bis in die Gottschee verfolgen.[15] Daß dabei, zunehmend nach dem Süden, immer mehr von Geigen als von Harfen die Rede ist, kann nicht wundernehmen.

Denn alle aus diesem Stoff abzuleitenden Folgerungen ergeben doch vor allem folgendes:

1. Das Instrument steht in den Märchenfassungen jeweils an einer *funktionellen Stelle*. Es muß dort in allen Fällen ein Musikinstrument eintreten, das auf irgendeine Weise aus dem Getöteten entstanden ist oder gewonnen wurde. Dabei ist es für die zauberische Bekundung durch Sprechen, Singen oder Spielen nicht sehr wesentlich, um welche Instrumentengattung es sich handelt.

2. Die Gattung des Instrumentes ergibt sich aus der betreffenden kulturhistorischen Situation des Erzählers und seiner Gemeinschaft.

---

[14] Bolte-Polivka, Bd. I, S. 270 ff.; Mackensen S. 88 f.
[15] Bolte-Polivka, Bd. I, S. 272 f.

Da das Märchen von hoher Altertümlichkeit ist und allgemein als ein Spiegel urgeschichtlicher Zustände aufgefaßt wird, haben selbstverständlich viele Fassungen an den ältesten Instrumententypen festgehalten. Dennoch kommen auch Wandlungen vor. Wo bestimmte Instrumente stark im Vordergrund stehen, werden sie eher herangezogen als andere. Die Berücksichtigung historisch jüngerer Instrumente in jüngeren Fassungen gibt Anlaß, hier von einer *Gesetzlichkeit der Requisitverschiebung* zu sprechen, die der geläufigen Zahlenverschiebung im Märchen [16] entspricht.

Aus diesen Folgerungen läßt sich ableiten, daß gerade das Märchen vom singenden Knochen nicht nur für die Problematik der Musikinstrumente im Märchen, sondern auch für die kulturhistorische Erschließung der Musikinstrumente selbst von Bedeutung ist. Der bedeutsamste Hinweis darauf ist die Betonung des „singenden Knochens" selbst, also der aus einem Knochen geschnitzten Flöte. Das Vorkommen dieses Motives entspricht nämlich durchaus nicht der Verwendung von Knochenflöten in der lebenden Volksmusik.[17] In Mitteleuropa kann ja heute von Knochenflöten überhaupt nicht die Rede sein. Dagegen gehören Knochenflöten zum ältesten Instrumentenschatz der Menschheit an sich, sie scheinen besonders in Westeuropa, einschließlich Westdeutschland, mindestens seit dem Miolithikum allgemein geläufig.[18] Die bei weitem meisten dieser verschiedenen steinzeitlichen Knochenflöten sind selbstverständlich aus Tierknochen hergestellt. Es gibt meines Wissens nur ein Stück, das aus einem menschlichen Röhrenknochen gearbeitet ist, nämlich die mixoneolithische Flöte aus der Val Rossandra oberhalb Moligno di Bagnoli in Istrien.[19] Curt Sachs hat den zauberischen

[16] Wolfgang Schultz, Gesetze der Zahlenverschiebung im Mythos und in mythenhältiger Überlieferung (Mitteilungen der Anthropologischen Gesellschaft, Bd. XL, Wien 1910, S. 101 ff.).

[17] Schmidt, Die kulturgeschichtlichen Grundlagen des Volksgesanges in Österreich (Schweizerisches Archiv für Volkskunde, Bd. XLV, 1948, S. 118).

[18] Otto Seewald, Beiträge zur Kenntnis der steinzeitlichen Musikinstrumente Europas (= Bücher zur Ur- und Frühgeschichte, Bd. 2), Wien 1934, S. 22 ff.

[19] Seewald, ebendort, S. 52.

Gedanken unseres Märchens an solche Menschenknochenflöten angeschlossen und dabei auch an die verwandten Stücke im tibetanischen
Kult erinnert.[20]

Denkt man freilich an die in den nordischen Balladen geschilderte
Harfe aus den Knochen der Ermordeten, so wird man diesen
Gedankengängen nicht ganz folgen können. Knochenflöten hat es
gegeben, sogar Menschenknochenflöten. Sie spielen im Märchen eine
Rolle. Knochenharfen dagegen der geschilderten Herstellungsart
hat es wohl kaum je gegeben.[21] Man könnte nun denken, daß im
Norden, der immer ausgesprochen harfenfreudig war, das beliebte
Spielmannsinstrument an jene „funktionelle Stelle" der Motiv-
erzählung eingefügt wurde, wo in den mitteleuropäischen Fassungen
die Knochenflöte stand. Ein solcher Vorgang würde durchaus der
Gesetzlichkeit der „Requisitverschiebung im Märchen" entsprechen.

Hat es nun zur Zeit und in der Entstehungslandschaft des
Märchens vom singenden Knochen eigentlich auch Knochenflöten
gegeben? Zieht man die indischen und die osteuropäischen Fassungen
des Märchens näher heran, so gewinnt man den Eindruck, daß sie
die älteren und vollständigeren sind, in denen die zauberische
Handlung, insbesondere die körperliche Wiederbelebung der Getöteten, am zwanglosesten erzählt wird. Die Wiederbelebung aus
dem lebenden Stoff, aus dem Rohr oder dem Baum auf dem Grab
des Toten, gehört zu einer großen Gruppe von Erzählungen, welche
mit Baumverwandlung, Zweigglauben usw. zu der großen Motiv-
gemeinschaft des Lebensbaumes[22] gehört. Die Auferstehung aus dem
musikalisch verwendeten Lebensbaum stellt sich dann vielleicht als
eine spezielle Ausformung eines allgemeiner verbreiteten Volksglaubens dar, dessen besondere Geltung bei den indogermanischen
Völkern deutlich erwiesen ist.

Für diese Völker gilt aber musikhistorisch nicht die Knochenflöte
als ältester Besitz. Sie scheinen vielmehr immer mit Holzinstru-

[20] Curt Sachs, Geist und Werden der Musikinstrumente. Berlin 1929.
S. 23 ff.

[21] Vgl. Hermann Ruth-Sommer, Alte Musikinstrumente (= Bibliothek
für Kunst- und Antiquitätensammler, Bd. 8), Berlin 1920, S. 11 ff.

[22] Vgl. Karl Spieß, Bauernkunst, ihre Art und ihr Sinn. Grundlinien
einer Geschichte der unpersönlichen Kunst, Wien 1925, S. 23 ff.

menten ausgestattet. Die Rohr- und Weidenpfeifen sind allgemeiner Volksbesitz bei ihnen geblieben. Wie sie allgemein ihre Gebrauchs- kulturgüter und ihre volkskünstlerischen Erzeugnisse aus vergäng- lichen Stoffen, aus Holz vor allem, gefertigt haben, so auch ihre Musikinstrumente. Die von den Hüterbuben selbst verfertigten Kinderinstrumente bezeugen die fortdauernde Geltung dieser Anlage.[23]

Wenn diese Voraussetzungen zutreffen, dann könnte man schließ- lich folgende Schlußfolgerung daranknüpfen: Das Märchen von dem durch magische Musik wiedererweckten Toten ist ebenso indo- germanischer Herkunft wie die Flöte aus vergänglichem Material. Beide sind mit den Indogermanen in urgeschichtlicher Zeit aus dem Osten nach Europa gekommen. Auf mittel- und westeuro- päischem Boden haben sie die steinzeitlichen Kulturen angetroffen, welche Knochenflöten kannten. Nach dem Gesetz der „Requisit- verschiebung" im Märchen wurden diese Instrumente, welche zum Teil bei der vorindogermanischen Bevölkerung magisch betont waren, an die „funktionelle Stelle" eingeschoben, wie in späterer Zeit jüngere Instrumente, sobald diese in den Gesichtskreis der Erzähler traten. Beweiskräftig erscheint dafür, daß auch in den rezenten Märchen Knochenflöten fast nur in westdeutschen Fassun- gen vorkommen, wogegen in ganz Osteuropa fast ausschließlich Rohr- und Weidenflöten an dieser Stelle genannt werden.

Die kulturhistorische Bestimmung von Alter und Herkunft des Märchens vom singenden Knochen, die von der musikhistorischen Bestimmung des im Mittelpunkt des Märchens stehenden Instru- mentes ausgeht, ergibt einen neuen Zugang zum Verständnis dieser einzelnen Erzählung und vielleicht auch der ganzen Gattung. Das wird vor allem dann deutlich, wenn man die bisherige Forschung über dieses Märchen nachprüft und deren Festlegung seines Ursprungsgebietes in westdeutsch-westgermanisches Gebiet.[24] Freilich

---

[23] Vgl. Hanns in der Gand, Volkstümliche Musikinstrumente der Schweiz (Schweizerisches Archiv für Volkskunde, Bd. 36, 1937, S. 99 ff.).

[24] Das bezieht sich besonders auf die Monographie von Lutz Macken- sen, vgl. Anmerkung 10, in der die Untersuchung über die Instrumente, die in diesem Märchen maßgebend sind, nicht geführt wurde und laut Anm. 1 auf S. 50 einer „späteren Erweiterung der Arbeit vorbehalten

ist dabei eben gerade die so überaus wichtige Knochenflöte für die Erschließung der ältesten Fassungen unberücksichtigt geblieben. Man kann jedoch angesichts der modernen kulturhistorischen Methoden und des großen Materials, das gerade die Musikgeschichte und Musik-Ethnologie für diese bereitgestellt hat, heute nicht mehr so vorgehen. Auch für die Märchenforschung läßt sich dadurch mehr als bisher erkennen. Für die musikalischen Züge in den Märchen wird aber dabei besonders viel zu erheben sein. Sehr alte Schichten der Volksmusik leben hier mit einer noch nicht zu Bewußtsein gebrachten Stärke fort, und aufmerksame Beobachtung und strenge Handhabung der modernen Forschungsmethoden werden für beide Gebiete, die sich hier so reizvoll treffen, für das Märchen wie für die Musik, wichtige Erkenntnisse ergeben. Davon werden aber im weiteren auch die Freunde der Musik wie die des Märchens ihren Gewinn ziehen können. Auch für die Jugend, welche an und mit dem Märchen so vieles lernt, und, wie man sieht, auch so manches Musikalische lernen könnte, wird sich daraus einiges ergeben, wenn seine Erzieher darauf achten werden.

bleiben" sollte. Diese Erweiterung scheint allerdings nie erschienen zu sein, so daß ich meine Ergebnisse, die denen Mackensens durchaus widersprechen, selbständig vorbringen muß.

Schweizerisches Archiv für Volkskunde 49 (1953), S. 165—193.

MENSCH UND TIER IM MÄRCHEN

Von Lutz Röhrich

In seinem Versuch, die Märchen der Brüder Grimm in eine ungefähre historische Reihenfolge zu bringen, hat Fr. von der Leyen das Märchen von der Unke (KHM 105) an die erste Stelle gesetzt[1], und zweifellos wird in diesem Stück der Kinder- und Hausmärchen ein echtes und sehr archaisch anmutendes Sympathieverhältnis zu einem Tier geschildert: nachdem die „Unke" erschlagen war, „ging eine Veränderung mit dem Kinde vor ... und bald hernach lag das Kind auf der Bahre". Allerdings gehört gerade die Grimmsche Fassung der Erzählung wohl nicht zum ältesten Märchengut, weil der Glaube an die lebensnotwendige oder wenigstens glückbringende Funktion der Unke den Menschen dieser Erzählung schon nicht mehr selbstverständlich ist. Dieses Märchen aber, für das in Sagen und noch im Volksglauben der Gegenwart Parallelen nachgewiesen werden können[2], zeigt ohnedies nicht die einzige altertümliche Tier-Mensch-Beziehung des Märchens. Eine solche liegt überhaupt nicht immer so offen zutage, daß sie mit einem einzelnen Motiv schon gekennzeichnet wäre.

Das Tier tritt dem Menschen des Märchens vornehmlich als Helfer gegenüber. *Worin* die Tiere im einzelnen helfen, ist gewiß oft recht phantastisch, aber *daß* sie überhaupt helfen und daß sie sogar die häufigsten Helfer des Märchenhelden sind — das läßt doch eine Grundanschauung der Märchenwelt deutlich werden. Bei aller erzählmäßig-erfabelten Ausgestaltung der Züge helfen die Tiere

---

[1] Die Märchen der Weltliteratur: Kinder- und Hausmärchen gesammelt durch die Brüder Grimm, herausgegeben von F. v. d. Leyen, 2 Bände, 25.—26. Tausend, Jena 1942.

[2] Vgl. A. Wuttke, Der deutsche Volksaberglaube der Gegenwart, 3. Aufl., Berlin 1900, 126; E. L. Rochholz, Deutscher Unsterblichkeitsglaube, Berlin 1867, 146.

auch meist mit ihren natürlichen und wirklichen Fähigkeiten: Der
Fisch muß das ins Wasser gefallene Verlorene herbeischaffen
(KHM 17 und 125), die Ameise durchs Schlüsselloch kriechen, oder
sie hilft dem Helden Hirsekörner auflesen (KHM 17); Vögel helfen,
die schlechten Linsen von den guten zu scheiden (KHM 21) usw.
Solche Motive scheinen auf ursprünglich jägerische Vorstellungen
hinzuweisen, um so mehr, als es sich bei den hilfreichen Tieren
in der Regel um Tiere der freien Natur und nicht um Haustiere
handelt. Der Gold spendende Esel als Gegenbeispiel (KHM 36)
ist nur Objekt, nicht Subjekt der Handlung, während die hilfreichen
Tiere dem Helden als selbständig handelnde Partner gegenüber-
treten.

Das Tier ist der ursprüngliche Besitzer der Zaubermittel, und erst
von ihm erhält sie der Jäger. In dieser altertümlichen Vorstellung
berühren sich die europäischen Märchenmotive von hilfreichen
Tieren auch mit Naturvölkererzählungen[3]. Es ist zwar sicher viel zu
weit gegangen, wenn Sigmund Freud das Motiv der hilfreichen
Tiere als den „Familienroman" des Urzeitmenschen bezeichnet[4],
aber die Motive von hilfreichen Tieren gehören doch wohl in
Zusammenhänge, die uns in eine archaische Entwicklungsstufe des
Menschen zurückführen und zu deren Interpretation wir Naturvölkererzählungen heranziehen müssen. Auch die neuere ethnologische Forschung, z. B. H. Baumann, hat auf den Zusammenhang
der Märchen vom hilfreichen Tier mit Totemursprungsmythen
hingewiesen. Hilfreiche Tiere werden zu Totemtieren des durch sie
geretteten Stammes: Bei den afrikanischen Ibibio z. B. kämpften
zwei 'Städte' zu beiden Seiten des Flusses. Dem einen Teil gelang
es, bei Ebbe hinüberzukommen, die Flut schnitt sie aber ab. Eine
große Pythonschlange bildete nun eine Brücke, und die Bedrängten
konnten sich über deren Rücken in Sicherheit bringen. Als auch die
Feinde über die Brücke wollten und den Leib der Schlange betraten,

---

[3] Wie sie z. B. A. Friedrich für Afrika zusammengestellt hat (A. Friedrich, Afrikanische Priestertümer, Stuttgart 1939, 180 ff.; vgl. auch
H. Hendricks, Die beseelten Tiergestalten des deutschen Volksmärchens
und ihre Entsprechung im Volksglauben, Diss. Bonn 1952, 121).

[4] S. Freud, Totem und Tabu. Übereinstimmungen im Seelenleben der
Wilden und der Neurotiker, Leipzig und Wien 1913.

tauchte diese unter, und alle ertranken. (In einer anderen Version war der Retter das Krokodil.) Aus Dankbarkeit wurden von den betreffenden Volksteilen die Pythonschlange bzw. das Krokodil nie mehr getötet noch gegessen. — In anderen Fällen half ein Tier einem Menschen aus großer Not oder zu einem besonderen Glück, nachdem es ihm aufgegeben hatte, nie seinesgleichen zu töten oder zu essen[5].

Das in der europäischen Volksüberlieferung zunächst so phantastisch erscheinende Motiv der hilfreichen Tiere steht hier noch auf der Stufe einer geglaubten Sippenüberlieferung bzw. Stammessage, und als Glaubenswirklichkeit finden wir es auch in einer anderen Gruppe von afrikanischen, besonders sudanischen Erzählungen, die die Gewinnung von Zaubermitteln zum Gegenstand haben: Ein Jäger folgt einem Wild, das er aber auf dessen Bitte verschont und von ihm als Dankesgabe die Kenntnis aller Zaubermittel, insbesondere derjenigen der Jagd erhält[6]. Das auch in europäischen Märchen bekannte Motiv von der dankbaren Hilfe des freigelassenen Tieres (z. B. KHM 19 und 57) ist in solchen Naturvölkererzählungen ganz eingebettet in noch geglaubte 'Sagen' von Jagdzauber aller Art.

Es ist dabei immer ein Einzelner, der sich auf diese Weise das Jagdglück verschafft; und das Verhältnis des Einzelnen zu einem einzelnen Tier ist vielleicht noch urtümlicher als die sozialen Einrichtungen des Gruppentotemismus. Der Motivkomplex um die hilfreichen Tiere scheint den Vorstellungen eines persönlichen Schutztieres sehr nahe zu kommen, wie wir sie z. T. schon in den einfachsten Naturvölkererzählungen finden: Durch den Erwerb eines tierischen Schutzgeistes ergänzt der Mensch seine eigene Unvollkommenheit an denjenigen Eigenschaften, in denen er das Tier sich überlegen weiß. Eine Eskimoerzählung berichtet z. B. von einer jungen Frau, die einen jungen, zwei oder drei Tage alten Polarbären erhielt. Da sie keine Angehörigen hatte, nährte und behandelte sie ihn wie ihr eigenes Kind. Als er etwas größer

---

[5] H. Baumann, Schöpfung und Urzeit des Menschen im Mythus der afrikanischen Völker, Berlin 1936, 375.

[6] Vgl. H. Baumann, a. a. O. (Anm. 3, S. 166) 379.

geworden war, ging er auf die Jagd und versorgte sie reichlich mit
Nahrung. Deshalb wurde sie von ihren Stammesgenossen beneidet,
und diese wollten den Bären töten. Hierauf beriet sich die Frau mit
ihrem Bären. Beide schieden unter Tränen, und er wanderte aus.
Die Frau aber traf sich noch oft mit ihm, und er versorgte sie auch
weiterhin reichlich mit Nahrungsmitteln[7].

In solchen Erzählungen finden wir ein ganz ursprüngliches Verhältnis zum Tier: Es ist für den Menschen nicht ein Wesen zweiter
Ordnung, sondern es ist ihm gleichgestellt oder sogar überlegen.
Aus dem Tierhaften sieht das Menschliche heraus, und die Ver-
bundenheitsgefühle mit dem Tierreich können bis zur Wesensgleichheit von Mensch und Tier, zum Erlebnis eines tierischen
alter ego führen.

Zu den europäischen Märchen, die ein archaisches Verhältnis zur
Tierwelt widerspiegeln, gehört wahrscheinlich auch das vom *Bären-
sohn*. Die Erzählungen dieses Typus[8] beginnen meist mit der Ent-
führung einer Frau durch einen Bären. Die Frau wird von dem
Tier in seiner Höhle festgehalten und schenkt ihm einen Sohn.
Noch ein Rest derselben Vorstellung liegt wohl auch in dem Zug,
daß der Held von einem Tier, einer Bärin, Stute, Wölfin oder
Hündin gesäugt wird[9].

Zunächst scheint die Abstammung vom Tier nur ein Aition-
fabulat zu sein, lediglich dazu erfunden, um die übermenschlichen
Kräfte des Helden zu erklären; aber es ist durchaus ein ursprüngliches geglaubtes Abstammungsverhältnis denkbar. Auch A. Wesselski
nimmt an, daß erst das neuzeitliche Empfinden der Widernatürlichkeit die Erzählungen von tiermenschlicher Ehe hätten zurücktreten
lassen, gegenüber dem Schicksal des Bärensohnes selbst[10].

---

[7] F. Boas, The Central Eskimo; Ethnol. Rep. VII (1888) 638 f. zitiert
nach W. Wundt, Völkerpsychologie, Band V, Leipzig 1914, 167.

[8] Vgl. Artikel „Bärensohn" von W. Golther im Handwörterbuch des
deutschen Märchens, herausgegeben von L. Mackensen (= HdM), 2 Bde.,
Berlin 1930—40, Band I, 172 ff.

[9] Auch H. Baumann vermutet bei den afrikanischen Märchen, die eine
„Kinderwartung durch Tier" schildern, eine totemistische Basis. (H. Baumann a. a. O. [Anm. 3, S. 166] 374.)

[10] Vgl. A. Wesselski, Märchen des Mittelalters, Berlin 1925, 247.

Besonders altertümlich mutet auch ein irisches Märchen an: Auf der Jagd begegnet ein Mann einem Hasen. Er verschont das Tier, und der Hase verspricht ihm zum Dank dafür ein Kind, das neun Monate später auch wirklich auf die Welt kommt, obwohl die Frau des Mannes schon über fünfzig Jahre alt ist und nach zwanzigjähriger Ehe bis dahin noch kein Kind geboren hatte. Nach dem Tod des menschlichen Vaters wird das Kind in das Geschlecht der Hasen aufgenommen, aus dem es stammt[11].

Solche Motive sind freilich in Europa seltene Relikte. Weit häufiger berichten uns dagegen Naturvölkererzählungen von der Abstammung menschlicher Wesen von Tieren, zum Teil noch in der mythenhaften Form der Kosmo- und Anthropogonie: Nach einer Erzählung aus Australien öffnete sich im Anfange die Erde, und heraus kam ein Totemtier nach dem andern: Der Rabe, der Papagei, der Strauß usw. Da sie noch unvollständig gestaltet und noch ohne Glieder und Sinneswerkzeuge waren, legten sie sich auf die Dünen. Als sie so in der Sonne lagen, wuchs ihre Kraft und Stärke, und schließlich standen sie als richtige Menschen auf und gingen nach allen Richtungen[12].

Nach einer Indianererzählung aus Nordamerika war der Stammvater aller Lebewesen ein Schwan. Aus ihm gingen eine Elster, ein Wolf und ein Wasserhuhn hervor. Die Elster schlägt eines Tages dem Wolf vor, etwas Erde zu beschaffen, damit das Huhn festen Boden unter den Füßen bekomme. Die Erde wird gefunden, und während der Wolf dazu singt und auf einer Rassel spielt, schüttet die Elster über dem Wasser die Erde aus. So entstehen Land und Meer, wie sie heute sind. Die Elster selbst, das klügste der Tiere, verwandelt sich in einen Indianer, und so wird das Menschengeschlecht begründet[13].

Auf welche Weise die Deszendenz der Menschen vom Totemtier sich vollzogen hat, bleibt unserem Verstehen freilich verschlossen,

---

[11] Märchen der Weltliteratur: Irische Volksmärchen, herausgegeben von K. Müller-Lisowski, Jena 1923, Nr. 16, S. 75 ff.

[12] A. v. Gennep, Mythes et légendes d'Australie, Paris 1906; zitiert nach A. Wesselski, Versuch einer Theorie des Märchens. Prager deutsche Studien Nr. 45, Reichenberg 1931, 38.

[13] R. Lewinsohn, Eine Geschichte der Tiere, Hamburg 1952, 103.

aber es ist eine eigentümliche Beobachtung, daß afrikanische, amerikanische und australische Volkserzählungen offenbar unabhängig voneinander diese Vorstellung entwickelt haben, wonach Menschen und Tiere ursprünglich derselben Familie angehören. Sogar in Europa treffen wir mitunter noch solche archaischen Anthropogonien: nach einem finnischen Märchen z. B. sind Bär, Frosch *und* Mensch aus drei Brüdern entstanden[14]. Diese Erzählung ist jetzt natürlich nur noch eine ätiologische Fiktion, aber das vergleichbare ethnologische Quellenmaterial legt doch immerhin die Frage nahe, ob der Totemismus nicht auch eine Frühphase unserer Kultur war.

Hier soll es indessen nicht um das Problem des Totemismus und um die mannigfache Diskussion darüber in der Ethnologie gehen[15]. Unmöglich ist es auch, hier die eben angeschnittene Frage zu erörtern, ob der Totemismus ein notwendiges Durchgangsstadium für alle Völker und damit auch für die europäischen Völker war. Wir wollen hier nur unsere Märchen befragen, ob sie im Verhältnis von Mensch und Tier derartige altertümliche Vorstellungen zeigen. Das naturvölkische Quellenmaterial darf dabei nicht außer acht gelassen werden, denn hier zeigen sich zweifellos Zusammenhänge: Die Beziehung zwischen Mensch und Tier ist ein Hauptthema des primitiven Märchens, besonders der Jägervölker; aber auch im europäischen Märchen spielt das Tier eine verhältnismäßig große Rolle, wenn man zugleich bedenkt, daß das Tier doch aus unserer Zivilisationswelt fast ganz verdrängt oder doch zum mindesten in seiner Eigenart gänzlich unterdrückt ist und kaum eine Rolle mehr spielt. Nach der ursprünglichen volklichen Auffassung dagegen steht der Mensch in der Natur ohne Grenze den anderen Geschöpfen

---

[14] A. Aarne, Verzeichnis der finnischen Ursprungssagen und ihrer Varianten, FFC 8, Hamina 1912, Nr. 112.

[15] Vgl. C. F. Visser, Über den Ursprung der Vorstellungen von tierischen Menschenahnen bei den Eingeborenen Zentralaustraliens, Diss. Leipzig 1913; A. v. Gennep, L'état actuel du problème totémique, Paris 1920; W. Koppers, Der Totemismus als menschheitsgeschichtliches Problem, Anthropos Band 31, 1936, 159—176; A. E. Jensen, Mythus und Kult bei Naturvölkern, Wiesbaden 1951; Artikel „Totemismus" von K. Beth, HdA VIII 1034—1046.

gegenüber: das Tier ist noch nicht das Untermenschliche, sondern es steht im selben Kosmos wie der Mensch: Die Menschen haben die Ordnung des Lebens noch nicht als eine spezifisch menschlich-sittliche erkannt und sie deshalb der natürlichen Ordnung tierischen Lebens gleichgestellt. Der einfache Mensch denkt nur in menschlichen Begriffen und unterstellt den Tieren menschliche Eigenschaften. Die Naturvölkermärchen kennen deshalb sowohl die Vermenschlichung von Tierabenteuern, wie die Verwandlung eines Menschenabenteuers in ein Tierabenteuer [16]. Die Auswechselbarkeit zeigt deutlich das Empfinden, daß auch in der Gestalt des Tieres Dinge des Menschen verhandelt werden.

Erst die geistesgeschichtliche Entwicklung als fortschreitende Ausbildung des menschlichen Selbstbewußtseins hat auch ein zunehmendes Bewußtsein der Unterschiede zwischen Mensch und Tier mit sich gebracht. Aber enge Bindungen zwischen Tier und Mensch haben sich zum Teil sehr lange erhalten und scheinen nicht auf eine ethnische Urkultur beschränkt zu sein. Die Tierstrafen und die Tierprozesse des Mittelalters, die zum Teil bis in die Neuzeit fortgedauert haben [17], zeigen, wie sehr menschlich handelnd das Tier gesehen wurde. Man traute ihm offenbar ein Bewußtsein für diese Rechtsakte zu. A. Wesselski hat eine ganze Reihe mittelalterlicher Zeugnisse zusammengetragen, in denen die ursprünglich totemistischen Tier-Mensch-Verbindungen hinter den Gefühlen des Abscheus gegen solche Widernatürlichkeit noch erkennbar sind [18].

Denken wir außerdem daran, wie auf dem Lande bis ins 20. Jahrhundert hinein der Tod des Hausherrn auch den Bienen, den Kühen und Pferden mitgeteilt wurde, daß jedes Haustier seinen eigenen Namen hat, daß die Tiere an Weihnachten besondere Festmahlzeiten bekommen oder daß nach dem Volksglauben mancher Landschaften die Tiere in einer besonderen Abteilung des Himmels Aufnahme

---

[16] Vgl. HdM II 59. Das ist die Betrachtungsweise, die man sogar noch in Brehms „Tierleben" findet, wenn dieser große Naturkundige seine Tiere ‚grausam', ‚edelmütig', ‚dankbar' oder ‚falsch' nennt.

[17] Vgl. K. v. Amira, Tierstrafen und Tierprozesse. Mitteilungen d. österreichischen Institutes für Geschichtsforschung Band 4 (1891) 545 ff.

[18] A. Wesselski, Märchen des Mittelalters, a. a. O. (Anm. 3, S. 168) 247 ff.

finden[19]. In diesen Bräuchen zeigt sich ein ganz ursprüngliches, enges Verhältnis zwischen Mensch und Tier. Zwar hat der Geist der Aufklärung vieles in uns ertötet — für einen Descartes ist das Tier eine Maschine —, aber im Verhältnis zu einigen Haustieren, besonders zum Hund und zum Pferd, ahnen wir vielleicht noch etwas von jenen Bindungen, die das Tier als ein gleiches Wesen neben den Menschen stellen[20].

Wie viele verschiedene historische Entwicklungsschichten der Einstellung des Menschen zum Tier im Märchen selbst nebeneinander möglich sind, zeigen etwa die Erzählungen, in denen das Verstehen der *Tiersprache* eine Rolle spielt. In manchen Märchen ist dieses Motiv noch gar nicht zum „Motiv" geworden, sondern es wird als selbstverständlich und nicht weiter erklärungsbedürftig hingenommen, daß man die Tiere in ihrer Sprache verstehen kann. In anderen Märchen dagegen hat allein ein auserwählter Held diese Fähigkeit, mit der er dann sein Glück macht.

Das Problem hat zwei Seiten, die man gut auseinanderhalten muß: Entweder versteht der Held die Tiersprache, oder es spricht ein Tier in menschlicher Sprache. Die erstgenannte Gruppe der Märchen, in denen ein Mensch die Sprache der Tiere erlernt und versteht, ist sehr weit verzweigt: Der getreue Johannes z. B. hört, was drei Raben in der Luft miteinander sprechen, „denn er verstand das wohl" (KHM 6), d. h. er verstand es als einziger, und dies wird bestimmend für das weitere Geschehen. Der Held von KHM 17 (die weiße Schlange) macht sein Glück dadurch, daß er die Tiersprache versteht. In einem bekannten russischen Märchen ist der Dümmling als einziger von der Familie imstande, die Tiersprache zu verstehen[21]. Zu dieser Gruppe, wonach die Kenntnis der Tiersprache eine ererbte Ausnahmebegabung oder eine besondere erworbene Fähigkeit ist, gehört auch der Märchentyp vom tier-

---

[19] Vgl. HdA VIII 779 f.; vgl. ferner: M. Sooder, Bienen und Bienenhalten in der Schweiz, Schriften der Schweiz. Gesellschaft für Volkskunde, Basel 1952, 196 ff. sowie H. Hendricks a. a. O. (Anm. 1, S. 166) 6 f.

[20] A. E. Jensen, Mythus und Kult, a. a. O. (Anm. 4, S. 169) 165.

[21] A. N. Aphanassjew, Russische Volksmärchen, übertragen von F. Hildebrand, Band I, Leipzig o. J. (1912), Nr. 9, S. 73.

sprachenkundigen Mann und seiner neugierigen Frau[22]. Manchmal bildet das Motiv in Verbindung mit dem von den dankbaren Tieren einen Motivkomplex[23].

In einer zweiten Märchengruppe besteht das Wunderbare darin, daß ein Tier in menschlicher Sprache redet. Als etwas Außergewöhnliches wird das etwa von Falada, dem Pferd der Königstochter, in KHM 89 gesagt: Kürdchen, der Hütegeselle der Gänsemagd, verwundert sich über das Gespräch mit dem toten „Gaulskopf" und meldet es dem König.

Schon im Naturvölkermärchen wird unter Umständen das menschlich sprechende Tier als etwas Außerordentliches und Wunderbares aufgefaßt. Der Suahelibauer des ostafrikanischen Märchens z. B. ist sehr erstaunt, daß die Gazelle, die er gekauft hat, sprechen kann[24].

Daneben gibt es aber Märchen, in denen das mit menschlicher Stimme begabte Tier wie andererseits die Tiersprachenkenntnis des Menschen als selbstverständlich vorausgesetzt werden. Der Mensch braucht die Tiersprache nicht erst durch zauberische Praktiken zu lernen, sondern Mensch und Tier begegnen sich in derselben Sprache und auf derselben Ebene: Der Butt, den der Fischer gefangen hat, bittet um seine Freilassung (KHM 19). In aller Selbstverständlichkeit reden im Tischlein deck dich (KHM 36) die Ziege, im Meerhäschen (KMH 191) Rabe, Fisch und Fuchs, ganz zu schweigen von den in Tiere verwandelten Menschen, die selbstverständlich auch ihre menschliche Sprache behalten (z. B. KHM 1, 11, 106, 108). Drei Krähen verraten in KHM 107 durch ihr Gespräch dem Blinden, wie er sein Augenlicht wiedererhalten kann und geben ihm zugleich die Rezepte für die Heilung der Königstochter. Dabei wird nicht näher begründet, warum der Blinde die Vogelsprache versteht.

Hier tritt uns ganz offensichtlich noch eine ältere Auffassung ent-

[22] Vgl. A. Aarne, Der tiersprachenkundige Mann und seine neugierige Frau, FFC 15, Hamina 1914.

[23] Z. B. H. v. Wlislocki, Märchen und Sagen der transsilvanischen Zigeuner, Berlin 1886, Nr. 34, S. 124 f.

[24] Märchen der Weltliteratur: Afrikanische Märchen, herausgegeben von C. Meinhof, Jena 1921, 12.

gegen, in der es noch ein ganz selbstverständliches Verstehen der
Tiersprache gibt. Sie ist z. B. auch noch im altägyptischen Brüdermärchen vorhanden, wo es eine sprechende Kuh gibt, die den jüngeren Bruder Bitiu vor dem älteren warnt, und wo von einem besonderen Verstehenkönnen der Tiersprache nicht erst die Rede zu
sein braucht. Auch Achills Pferde warnen ihren Herrn vor dem
nahen Tode[25]. Erst in einer späteren rationalistischen Zeit scheint
dann das sprechende Tier oder der tiersprachenkundige Mann als
etwas Außergewöhnliches neue Motive geprägt zu haben. Das Bewußtsein aber dafür, daß es einst einmal eine gemeinsame Verstän-
digungsmöglichkeit gegeben haben muß, ist in vielen Märchen erhalten. Es kommt z. B. zum Ausdruck in Formeln wie „In jenen
Zeiten, als noch die Tiere sprechen konnten"[26]. Dasselbe wird auch
in Naturvölkermärchen und Urzeitmythen immer wieder gesagt. In
sehr eindringlicher Weise z. B. in einem Kabylenmärchen, in dem es
heißt: „Im Anfange sprachen alle Steine, sprach alles Holz, sprach
alles Wasser, sprach die Erde".[27] Eine Eskimo-Erzählung sagt: Es
gab eine Zeit, in der Mensch und Tier sich nicht allzusehr unterschieden: Die Sprachen unterschieden sich nur wie Dialekte, und
wenn die Tiere mit den Menschen sprechen wollten, wurden sie
Menschen.

Hiernach lassen sich recht verschiedene Tierauffassungen feststellen, die ganz unterschiedlichen historischen Epochen anzugehören scheinen: Es gibt zunächst wirkliche Tiere neben Tieren mit
wunderbaren Eigenschaften. Unter diesen wiederum solche, die mit
menschlicher Sprache begabt sind und andererseits solche, die der
Mensch nur versteht, wenn er die Tiersprache gelernt hat. Es gibt
dämonische Tiere, die immer ihre Tiergestalt behalten, und es gibt
verzauberte Menschen in Tiergestalt. Unter diesen tiergestaltigen
Menschen wiederum sind die einen von bösen Gegenspielern in die

---

[25] Vgl. E. Délebecque, Le cheval dans l'Iliade, Paris 1951; das
sprechende Pferd, das seinen Besitzer vor drohendem Schaden warnt,
gibt es auch in Kordofan (Atlantis Band IV, Märchen aus Kordofan,
Jena 1923, 165).

[26] Vgl. HdM. II 429 ff. und Bolte-Polivka III 283.

[27] Atlantis Band I, Volksmärchen der Kabylen, 1. Band, Weisheit, Jena
1921, 76.

Tiergestalt gebannt worden; es gibt aber auch andere, die sich selbst verwandelt haben. Zuweilen kommen mehrere Möglichkeiten tierischer Gestalt — unbeschadet ihres Entwicklungsalters — in einem und demselben Märchen vor; z. B. im Aschenputtel (KHM 21): die ‚wirklichen‘ „zahmen Täubchen", die beim Verlesen der Linsen helfen und der ‚übernatürliche‘ weiße Vogel auf dem Grabesbaum, der der Heldin alles herabwirft, was sie sich gewünscht hatte. Ähnlich finden sich in KHM 108 in auffallendem Nebeneinander wirkliche Tiere (nämlich Schweine, die geschlachtet werden), übernatürliche Tiere (ein Hahn, der als Reitpferd beschlagen wird) *und* tierverwandelte Menschen (ein Kind in Igelgestalt).

Sehr verallgemeinert ausgedrückt finden wir im Märchen eine positive und eine negative Einstellung zum Tier: die eine sieht das dem Menschen gleichgestellte oder verwandte Wesen, die andere das Tier, das in einer rein triebhaft-untermenschlichen Sphäre vegetiert. Immer aber empfindet der Mensch das Tier *von sich* aus: er mißt dessen Physiognomie, Körperbau, -haltung und Lebensweise mit den eigenen Maßstäben, und von hier aus liegt der Gedanke, das Tier sei ein verwandelter Mensch, nicht fern. Die *Tierverwandlung* erscheint in unseren Märchen meist als ein tragisches Schicksal, als entwürdigende Un-menschlichkeit: Der Mensch erleidet sie entweder schuldlos durch eine böse Hexe oder aber durch Verwünschung, z. B. durch einen unbedachten Wunsch der Eltern. In diesen Fällen liegt zwar keine eigentliche Schuld des Verwandelten selbst vor, aber doch eine Art magischer Schuld, bei der ein Tabu gebrochen wurde, wie z. B. auch im Märchen von Brüderchen und Schwesterchen (KHM 11), wo der Trank aus dem Zauberbrunnen schon die Verwandlung bewirkt. Die Tierverwandlung durch unbedachte Verwünschungen, die sich sogleich erfüllen (z. B. KHM 25 und 93), zeigt die Durchbrechung des Tabus „du sollst nicht fluchen". Ein Tabu verhängt ja auch dieses Gebot, weil die Verwünschung als etwas Wirkendes sehr ernst genommen wird. Im Märchen vom König Lindwurm (Aa-Th. 433 B)[28] hat die Mutter bei der Geburt Vorschriften vernachlässigt. Die Tierverwandlung als

---

[28] Z. B. Märchen der Weltliteratur: Nordische Volksmärchen, übersetzt von K. Stroebe, Jena 1922, Band I, Nr. 1, S. 3 ff.

Folge eines Tabubruches geht bis hinein ins Legendenmärchen, wo es dann ein mosaisches oder christliches Gebot ist, dessen Übertretung die Verwandlung bedingt. So wird eine geizige Frau von Jesus und Petrus zur Strafe verwandelt (Aa.-Th. 751). Hier liegt auch die psychologische Brücke zu dem bekannten Tierverwandlungsmotiv, das dem Grimmschen Märchen Hans mein Igel zugrunde liegt (KHM 108; Aa.-Th. 441): Lange Kinderlosigkeit läßt die Eltern schließlich sich ein Kind so ungestüm wünschen, selbst wenn es auch nur ein Igel, ein Esel (vgl. KHM 144), eine Schlange oder ein Schwein sein sollte. Der ungeduldige und vermessene Wunsch nach einem Kind, der bestraft wird oder auch der unbedachte Wunsch, der sich erfüllt, sind Tradition gewordene Märchenklischees, die aber aus einem allgemeineren Vorstellungsumkreis des noch lebendigen Volksglaubens herausgegriffen sind, wonach die werdende Mutter vielerlei Vorschriften zu beachten hat, wenn das Kind keine Verkrüppelung bekommen soll: Wenn z. B. bei der Geburt gesündigt wird — so heißt es —, wird das Kind ein Werwolf[29]. Hier haben wir das Märchenmotiv von Hans mein Igel in seiner sagenhaften Entsprechung mit der christlich verstärkten Ethik und der dem neuzeitlichen Volksglauben angepaßten eingeschränkten Verwandlungsmöglichkeit.

Meist muß der Tierverwandelte, zur Untätigkeit verdammt, geduldig die Erlösung erwarten. Aber es gibt auch ganz andere Fälle, in denen die Tiergestalt nicht Minderung, sondern Steigerung der Leistungsfähigkeit bedeutet. Diese viel altertümlichere Wirklichkeitsauffassung zeigen z. B. jene Erzählungen, in denen Verwandlung nicht zur Strafe geschieht, sondern eine Fähigkeit ist, die in freundschaftlichem Zusammenleben mit dem Tier erworben wurde. Nicht selten verleihen etwa dankbare Tiere dem Helden die Fähigkeit, sich in ihre Gestalt zu verwandeln, und der Held bedient sich aktiv dieser Gaben, um damit sein Glück zu machen: „Ik will mi uk bedanken", sagt die dankbare Krähe in einem holsteinischen Märchen zum Helden, „Wann du mal'n Kreih ward'n wullt, denn sechs

---

[29] Vgl. HdA. Artikel „Geburt" von Kummer, III 406—419, und HdA Artikel „Schwangerschaft" von Kummer, VII 1406—1427, sowie C. W. v. Sydow, Våra Folksagor, Stockholm 1941, 53 ff.

du: Ik as'n Kreih! Denn so büss du'n Kreih."[30] Während die Sage nichts mehr von dankbaren und hilfreichen Tieren weiß und nur noch die Strafverwandlung kennt, erscheint in diesem Motivkomplex der Märchen die Tiergestalt — sehr viel ursprünglicher — als an- und ablegbare Erscheinungsform des Menschen. Gar im Naturvölkermärchen wechselt man mit Selbstverständlichkeit die Erscheinungsform zwischen menschlicher und tierischer Gestalt. Der Held eines Alaskamärchens z. B. ist zu Gast bei dem Walroßvolk; aber es sind „Walrosse in Menschengestalt"[31]. Ein afrikanisches Haussa-Märchen erzählt von den Einwohnern einer Stadt, die die Gewohnheit hatten, sich in Hyänen, Leoparden, Büffel und Löwen zu verwandeln[32]. In solchen Erzählungen scheint der Ausgangspunkt einer Entwicklungsreihe zu liegen, in die wir auch unsere europäischen Märchen einordnen müssen.

Die Tierverwandlung ist also ursprünglich keine Strafe oder ein Schadenzauber. Sie hat nichts Verwunderliches oder gar Naturwidriges an sich, denn Tier- und Menschenwelt haben noch nicht die späteren Grenzen; sie stehen vielmehr gleichgeordnet nebeneinander.

Ein Eskimo-Märchen aus Alaska z. B. schildert diesen Urzustand: „Die Tiere konnten zu Menschen und die Menschen zu Tieren werden. Und die Menschen gingen auf den Händen, vielmehr sie krochen auf allen vieren umher."[33] Und auch ein anderes Eskimo-Märchen handelt „in jenen Zeiten, da man bald Mensch, bald Tier wurde"[34].

Während der sogenannte Sippentotemist schon ein klares Be-

---

[30] Märchen der Weltliteratur: Plattdeutsche Volksmärchen, herausgegeben von W. Wisser, Jena 1922, Band I, 202; vgl. auch W. Wolf, Deutsche Hausmärchen, Stuttgart und Leipzig 1851, Nr. 23, S. 112, sowie Bolte-Polivka I 536.

[31] K. Rasmussen, Die Gabe des Adlers. Eskimoische Märchen aus Alaska (deutsche Ausgabe), Frankfurt 1937, 169.

[32] A. Mischlich, Neue Märchen aus Afrika. Veröffentlichungen des staatlichen sächsischen Forschungsinstitutes für Völkerkunde, Band 9, Leipzig 1929, 152.

[33] K. Rasmussen a. a. O. (Anm. 3, S. 175) 52.

[34] K. Rasmussen a. a. O. (Anm. 3, S. 175) 142.

wußtsein vom Unterschied zwischen Mensch und Tier hat, stellt diese Denkweise eine — wie die Ethnologie sagt — „prätotemistische Mentalität" dar, die nur *eine* Gruppe belebter Wesen anerkennt und keine Unterschiede macht. In Afrika trifft man diese Vorstellungen als Glaubensinhalt wohl nur noch in der sehr archaisch anmutenden Tiermystik der Buschmänner, aber Relikte prätotemistischer Denkformen scheinen allenthalben die zahlreichen afrikanischen Märchen von Tierverwandlungen zu sein. Da wird z. B. in einem Märchen von der Goldküste von einem Mann erzählt, der mit seiner Frau zu deren Fischverwandten geht und dort nun selbst als Fisch lebt[35]. Die erste Frau eines Mannes, der eine zweite Frau nahm, verwandelte sich in einen Elefanten und ging zu ihrer Herde. Nur weil ihr Kind sie entdeckte und dem Vater davon berichtete, konnte sie zurückgeholt werden[36].

Das Wesentliche bei diesen Erzählungen ist: Der Mensch wird nicht verwandelt, sondern er *verwandelt sich selbst;* und selbst dies ist noch nicht ein zauberisch-magischer Akt, sondern die Selbstverwandlung vollzieht sich langsam unter dem ständigen Umgang mit Tieren. So stellt es z. B. auch ein Indianermärchen von der nordpazifischen Küste Amerikas dar, in dem ein Mann zu den Seehunden geht und nun allmählich selbst zum Seehund wird: „Seine Angehörigen fuhren auf Booten aus, ihn zu suchen. Da sahen sie ihn aus der Ferne mitten unter den Seehunden liegen. Ein zweites Mal trafen sie ihn wieder unter diesen, er hatte aber schon Haare auf dem Rücken und Bartborsten angenommen. Ein drittes Mal bemerkten sie, daß er auf dem Bauche gezeichnet war wie ein Seehund." Durch verschiedene Lockmittel sucht man ihn zurückzuholen: „Da kam eines Tages der zum Seehund Gewordene von selbst zum Dorf zurück und brachte auch eine Frau, die er unter den Seehunden genommen, und das Kind, das sie von ihm hatte, mit. Er übernachtete in seinem Hause, doch am andern Morgen war er wieder verschwunden. Das wiederholte sich mehrmals. Da drangen sein Bruder und die anderen Leute inständig in ihn, doch bei ihnen zu bleiben. Er aber sprach zu ihnen: trauert nicht mehr

[35] H. Baumann a. a. O. (Anm. 3, S. 166) 374 f.
[36] H. Baumann a. a. O. (Anm. 3, S. 166) 375.

um mich, ich lebe glücklich bei den Seehunden im Wasser, denn
drunten ist es schöner als bei euch hier auf Erden. Da ließen sie ihn
ziehen und achteten seiner nicht mehr, wenn sie ihn auf den Klippen
oder im Wasser erblickten."[37]

Nur an ganz wenigen Stellen innerhalb der europäischen Märchen
gibt es *willkürliche* Verwandlungen wie im Naturvölkermärchen —
allerdings nicht mehr auf geglaubter Stufe. Zu den wenigen Fällen
gehört das Märchen von der magischen Flucht (Aa.-Th. 313): In
einem Teil der Varianten (z. B. KHM 51 und 56) verwandeln sich
die fliehenden Liebenden *selbst* nacheinander in Rose und Dorn-
busch, in Priester und Kirche, und schließlich in Kirche und See[38].

Ein weiterer Erzählkomplex, in dem uns noch alte Selbst-
verwandlungsmotive begegnen, ist der vom Zauberer und seinem
Lehrling (Aa.-Th. 325): Ein Junge, der bei einem Zauberer in die
Lehre gegangen ist, verwandelt sich in verschiedene Tiere, die der
Vater verkauft, die aber den Käufern entfliehen, da sie den magischen Zügel nicht mitbekommen haben. Schließlich gelingt es dem
Zauberer, den Jungen zurückzukaufen, aber der Zauberlehrling ist
nun selbst ein Meister und in einem Verwandlungswettkampf über
meist mehrere Runden besiegt er den Zaubermeister. Unter den
Grimmschen Märchen zeigt De Gaudeif un sien Meester (KHM 68)
diese Motivverknüpfung[39].

Ein solcher Motivkomplex mit seinen sonst im Märchen nicht
gegebenen Möglichkeiten zu mehreren Selbstverwandlungen scheint
zunächst eine rein phantastische Angelegenheit zu sein, die aller
Wirklichkeit entbehrt. Aber auch hier sind, ebenso wie in den
Selbstverwandlungsmotiven der magischen Flucht ältere Motive
greifbar, als sie das Zaubermärchen mit seiner Beschränkung auf
die Schadenzauber-Verwandlung sonst kennt[40].

[37] F. Boas, Indianische Sagen, 90 ff. zitiert nach W. Wundt a. a. O.
(Anm. 2, S. 167) V 192 f.; vgl. z. B. auch Märchen der Weltliteratur:
Südseemärchen, herausgegeben von P. Hambruch, Jena 1927, Nr. 26, S. 82.
[38] Vgl. Bolte-Polivka II 68 f.
[39] Vgl. Bolte-Polivka II 61 ff.
[40] Vgl. A. Aarne, Die magische Flucht, FFC 92, Helsinki 1930; sowie
R. Wildhaber, Kirke und die Schweine, in: Schweiz. Archiv für Volkskunde 47 (1951) 236, Anm. 13 (Verwandlung ohne Strafmotiv).

In der griechischen wie in der germanischen Mythologie ist die Selbstverwandlung eine besondere Fähigkeit von Göttern oder Dämonen. Wo sie in unseren europäischen Märchen noch vorkommt, ist sie entweder nur noch eine Kunst von Hexen und Hexenmeistern (z. B. KHM 69), oder es wird schon rationalistisch einschränkend gesagt, daß der Held bei einem Zauberer in die Lehre gegangen sei (KHM 68), oder daß die Geliebte des Helden die Stieftochter einer Hexe sei, deren Zauberstab sie benützt (KHM 56). Im Naturvölkermärchen dagegen braucht eine Verwandlung noch kein übernatürlicher Vorgang zu sein. Hier besteht noch keine Kluft zwischen Erfahrung und Glauben, und eine Verwandlung ist das Selbstverständlichste von der Welt: K. v. d. Steinen erzählt von einem erlebten Fall, wo ein flüchtiger Negersklave von den Bakairi verfolgt wurde. Man konnte ihn nicht erwischen, aber in einem der nächsten Büsche fand sich eine Schildkröte: da beruhigten sich die Bakairileute in der festen Überzeugung, der Knabe habe sich in die Schildkröte verwandelt[41].

Bei diesem Vorfall geschieht die Verwandlung noch ganz ohne Zauber, als Selbstverwandlung. Und so ist es im Naturvölkermärchen noch oft: Die Verwandlungsfähigkeit wird als eine selbstverständliche Wirklichkeit hingenommen. „Eines Tages" — so heißt es ganz einfach im sudanischen Märchen — „verwandelte sich Gulu (der Geier) in einen Mann. Die Ewoako (Riesenschlange) verwandelte sich in einen Mann ..."[42] Für das äthiopische Märchen bezeugt Frobenius, es gäbe da keine Verwandlungsmotive der Magie, sondern nur die schlichte Naturerscheinung, d. h. aber eine Tatsachenschau[43].

Vor dem Verwandlungsbegriff mag sogar noch der einer einfachen Identität gestanden haben. Der Mensch hat dann zwei oder noch

[41] K. v. d. Steinen, Unter den Naturvölkern Zentralbrasiliens, 350, zitiert nach W. Wundt a. a. O. (Anm. 2, S. 167) 109.

[42] Atlantis Band IX: Volkserzählungen und Volksdichtungen aus dem Zentralsudan, Jena 1924, 141.

[43] L. Frobenius, Kulturgeschichte Afrikas, Zürich 1933, 257; vgl. auch A. Friedrich, Afrikanische Priestertümer, a. a. O. (Anm. 1, S. 166) 183 f.; sowie A. Friedrich, Die Forschung über das frühzeitliche Jägertum, Paideuma II (1941) 27 ff. und 35 ff.

mehr Existenzformen. Dieses Weltbild ist zwar kein „prämagisches". Im Gegenteil: es ist voll von magischen Praktiken, aber etwas so Alltägliches wie die Verwandlung bedarf noch keiner Magie. Diese Verwandlung ohne Zauber ist weit urtümlicher als die durch Zauber bewirkte. Der Verwandlungszauber tritt erst auf einer Entwicklungsstufe des Märchens auf, wo das Übernatürliche erklärt werden muß. Vor der Zauberverwünschung gab es den freiwilligen Gestaltwandel. Auch der Froschkönig ist vielleicht ursprünglich kein Verwunschener gewesen, sondern einer, der seine Gestalt wechseln konnte: Das indische Pantschatantra kennt noch einen dankbaren Frosch, der vor einer Schlange gerettet wird. Er ist fähig, seine Gestalt zu wechseln und holt dem Könige einen in den Brunnen gefallenen Ring herauf. Darauf wird er dessen Schwiegersohn [44].

Die Abfolge der Erlösungsvorstellungen wäre also in schematisierter Darstellung:

1. Stufe: „der und der *ist* ein Tier",
2. Stufe: „er *hat* sich in ein Tier verwandelt",
3. Stufe: „er *wurde* in ein Tier verwandelt".

Die in den Naturvölkermärchen eingetretenen Verwandlungen können weiterbestehen und brauchen am Ende der Erzählung nicht durch eine Erlösung behoben zu werden; und hier wird der Unterschied zum europäischen Märchen ganz offenkundig. Das Märchen hat hier eine entscheidende Wandlung zu völlig anderen Wirklichkeitseinstellungen durchgemacht, und zwar in Etappen fortschreitender Rationalisierung: Zunächst wurde aus der prätotemistischen Geschichte eine Zaubererzählung. Diese kennt nicht mehr das noch vormagische Hinüberwechseln aus der menschlichen in die tierische Erscheinungsform, sondern zur Tierverwandlung bedarf es nun eines magischen Aktes als auslösender Ursache. Aber nicht jedermann ist zauberkräftig, nicht jeder kann sich von selbst zum Tier verwandeln, sondern nur der besonders herausgehobene zauberkräftige Mensch [45]. Im christlichen Weltbild schließlich erhält dieser

---

[44] Th. Benfey, Pantschatantra. Fünf Bücher indischer Fabeln, Märchen und Erzählungen, Leipzig 1859, Band I, S. 216, 415; vgl. HdM. II 267 ff.

[45] Vgl. R. Wildhaber a. a. O. (Anm. 1, S. 178) 234.

(z. B. die Hexe) die Attribute des Dämonisch-Bösen, und die durch ihn bewirkte Tierverwandlung wird zum Musterbeispiel des Schadenzaubers. Die Sage geht in der Rationalisierung dann noch einen Schritt weiter als das Märchen: Der Hexe scheint sie ein so weitreichendes magisches Handeln nicht mehr zuzutrauen, und so wird die Verwandlung in der Sage eine Strafe Gottes. Zugleich verschwindet aus der Sage der Begriff der „Verzauberung". Wo das Märchen schließlich zu einer nach künstlerischen Gesetzen geprägten „Gattung" wird, verliert es den ursprünglichen Wirklichkeitscharakter der Erzählung und wird zur bloßen Spielform. Die Tierverwandlung ist nun zwar eine erniedrigende Entmenschlichung, aber sie ist kein Dauerschicksal, sie ist nur noch Spannungselement. Das Märchen ist jetzt Glücksdichtung, und die Erlösung der Verwandelten aus der Tiergestalt wird dabei zum künstlerisch notwendigen Schlußmotiv, zur Hauptaufgabe in der Abenteuerserie des Helden.

Fassen wir zusammen: Für das ursprüngliche Märchen ist die Tierverwandlung Wirklichkeit. Für das spätere nur „Motiv", d. h. das „Movens" der Erlösung und des Happy-End.

Wichtiges Material zu den Motiven von Verzauberung und Erlösung bieten in einer seltenen Fülle die Märchen vom *Tierbräutigam*. Die hierher gehörigen Motivkomplexe sind zwar auf verschiedene Märchentypen verteilt (Aa.-Th. 400—459), aber das Schema als solches, „Verwandlung in ein Tier und Erlösung durch Heirat", ist ein ganz allgemeines, und selten sind von einer Erzählung auf der ganzen Welt so viele Varianten aufgezeichnet worden[46]. Die Gestalt des (Un)tieres im Tierbräutigam-Märchen kann ein Drache, Löwe, Wolf oder ein Rabe einnehmen, aber auch ein Igel oder gar ein Glühwürmchen. Im dänischen, schwedischen, norwegischen, isländischen und finnischen Märchen finden sich als Tierbräutigam ein weißer Hund, ein Bär, Pferd, Hirsch, Ratte und Schlange[47].

[46] Vgl. Bolte-Polivka II 229—273, sowie Artikel „La Belle et la Bête" von E. Tegethoff, HdM. I 237; ferner den Abschnitt „animal wives and husbands" bei S. Thompson, The Folktale, 2. Aufl., New York 1951, 353 ff.
[47] Vgl. M. Ziegler, Die Frau im Märchen, Leipzig 1937, 80 f., sowie

Es ist wohl nicht zufällig, daß gleich zu Beginn der Grimmschen Sammlung jene Erzählung steht, worin der Frosch im Bette der Königstochter sich zum Königssohn verwandelt. In KHM 108 wird das Igelkind Hans mit der Königstochter vermählt, und ein als Esel geborener Königssohn findet in KHM 144 die Liebe einer Prinzessin und damit endgültig auch zu einer menschlichen Gestalt. Für das singende springende Löweneckerchen[48] muß der Vater seine jüngste und liebste Tochter einem wilden Löwen zur Gemahlin geben (KHM 88). Schneeweißchen wird mit dem Königssohn vermählt, der zum Bären verwandelt war (KHM 161).

So häufig die Heirat mit einem Tierverwandelten in den Grimmschen Märchen erscheint, so gibt es doch darin keine Sodomie, d.h. keine Eheschließung eines Menschen mit einem Tier. Immer sind es „wirkliche" Ehen von Mann und Frau, und die Rückverwandlung zur menschlichen Gestalt tritt in allen Fällen *vor* dem Beilager ein: Der Löwe im singenden springenden Löweneckerchen ist nur tagsüber Löwe, nachts, wenn er mit seiner Frau zusammen ist, hat er menschliche Gestalt (KHM 88). Die Königstochter in KHM 1 hat zwar dem Frosch versprochen, ihn in ihrem Bette schlafen zu lassen, aber von Heirat ist bei Grimm erst nach der Verwandlung die Rede. In Schneeweißchen und Rosenrot (KHM 161) wird erst geheiratet, als der Bär nach dem Tod des Zwerges als Königssohn dasteht. Hans mein Igel (KHM 108) legt zuvor seine Igelshaut ab, ehe er sich zu seiner auserwählten Königstochter ins Bett legt. Die Prinzessin in KHM 144 ist mit dem Eselein sozusagen nur „verlobt"; die Heirat findet in Menschengestalt statt.

Unter diesem Eindruck der Grimmschen Sammlung spricht die deutsche Märchenforschung vom Tierbräutigam, im Unterschied zur englischen, die den terminus „Beast-*Marriage*" gebraucht. In der Tat scheint der „Tierbräutigam" erst sekundär an die Stelle des „Tiermannes" getreten zu sein, und zahlreiche volkliche Varianten nennen das Verhältnis noch unverblümt bei diesem Namen. Aber — ob nun Tierbräutigam oder Tiermann — kann man denn überhaupt

E. Koechlin, Wesenszüge des deutschen und des französischen Volksmärchens, Basel 1945.

[48] Vgl. Bolte-Polivka II 229.

von einem Wirklichkeitsbezug dieser Erzählungen sprechen? Sie
können doch wohl keine tatsächlichen Geschlechtsverhältnisse widerspiegeln, denn die Ehe mit einem Tier hat doch weder in der Gegenwart noch in vergangenen Jahrhunderten irgendeine Wirklich-
keitsbedeutung. Diese Frage läßt sich jedoch vom europäischen
Typenbestand trotz seines zahlreichen Variantenmaterials nicht
hinreichend beantworten, und wir müssen wieder auf die Märchen
der Naturvölker zurückgreifen. Dabei findet sich dieselbe Entwicklung des Wirklichkeitsbewußtseins, wie schon bei den Verwand-
lungsmotiven: Im Naturvölkermärchen hat die Heirat mit dem
Tier weder schon den negativen Beigeschmack des Perversen, noch
bedarf sie einer besonderen, magisch bewirkten Verwandlung oder
Erlösung. Vielfach wird die Tierehe als etwas Selbstverständliches
geschildert, denn in einer naturnahen Auffassung betrachtet der
Mensch das Tier wie sich selbst als einen Teil der Schöpfung, und
menschliche und tierische Welt gehen ineinander über. Im sibiri-
schen Märchen z. B. ist eine solche Tierheirat ganz selbstverständlich: Einst kamen zwei sehr hübsche Eisbärenfrauen ans Ufer. Ein
Mann, der sich am Strand befand, sah sie, heiratete eine von ihnen,
nahm sie heim, salbte sie, wie dies bei Hochzeiten üblich ist, und
zeugte Kinder mit ihr[49].
Auch bei den primitiven Jägern in Grönland wird die Ehe mit
der Füchsin noch geglaubt[50].
Im afrikanischen Märchen wird zwischen Tier und Mensch oft
und unbedenklich geheiratet. Hahn und Elefant z. B. bewerben sich
gleichermaßen um eine Frau[51]. Ein Joruba-Märchen beginnt: „Eine
Frau hatte eine Tochter. Ikoko (die Hyäne) kam und sagte: ,Gib
mir deine Tochter zur Frau.' Die Frau sagte: ,Du sollst sie haben!'"

[49] Märchen der Weltliteratur: Märchen aus Sibirien, herausgegeben von
H. Kunike, Jena 1940, 170.
[50] Vgl. HdM II 286.
[51] Atlantis Band XI, Volksdichtungen aus Oberguinea, Jena 1924,
Nr. 24, S. 128 ff.; im südwestafrikanischen Märchen streiten sich Hyäne
und Schakal, wobei der Schakal schließlich der glücklichere Werber ist
(Märchen der Weltliteratur, Afrikanische Märchen a. a. O. [Anm. 3, S. 172],
Nr. 30, S. 138 f.).

usw.[52]. Ganz selbstverständlich freit auch die Schildkröte des west-afrikanischen Märchens um ein menschliches Mädchen[53].

Die wiederholte Verbindung mit kosmogonischen Mythen zeigt, wie mythisch ernst das Tiermann-Motiv im Naturvölkermärchen zum Teil behandelt wird. Akun, die Schildkröte im Joruba-Märchen z. B. tritt als Tierbräutigam auf, und sie ist es gleichzeitig auch, die die Geschlechter zusammengebracht und den Beischlaf auf der Erde eingeführt hat. In einem anderen Joruba-Märchen heiratet ein Mädchen, das alle anderen Bewerber ausgeschlagen hat, Alamu, die Eidechse, läuft ihr aber dann davon: „Seitdem hebt die Eidechse, wenn sie auf Mauern und Bäumen sitzt, immer den Kopf in die Höhe. Alamu schaut dann nach seiner Frau aus. Aber er findet sie nicht."[54] In einem westsudanischen Märchen wird die Entstehung eines bei der Eheschließung üblichen Rechtsbrauches durch ein Tiermann-Märchen erklärt[55]. In einer geglaubten malaiischen Stammessage, die die Sonderstellung der Lalangleute im mittleren Java erklären soll, wird von einer Prinzessin berichtet, die von einem Hund geschwängert wird; der aus dieser Verbindung gezeugte Sohn wird dann zum Stammvater des Geschlechtes[56].

Bei primitiven Jägervölkern steht die Tierheirat zuweilen in engem Zusammenhang mit dem Jagdzauber. So bringt in einer Erzählung der nordamerikanisch-indianischen Pawnee ein Knabe die Büffel dadurch in die Gewalt der Menschen, daß er eine Büffelkuh heiratet: Er wird selbst zum Büffel, lebt eine Zeitlang unter den Büffeln, kehrt dann aber wieder zu seinen menschlichen Stammesgenossen zurück und lehrt sie, wo man Büffel auffinden und töten kann. Die Geschichte von dieser Büffelehe hat sogar als Erzählung selbst noch eine praktische Funktion im Jagdzauber: Die

---

[52] Atlantis Band X, Die atlantische Götterlehre, Jena 1926, 280.

[53] Märchen der Weltliteratur: Afrikanische Märchen a. a. O. (Anm. 3, S. 172), Nr. 38, S. 177 ff.

[54] Atlantis Band X, a.a. O. (Anm. 4).

[55] Atlantis, Band VIII, Erzählungen aus dem Westsudan, Jena 1922, Nr. 113, S. 263 ff.

[56] Märchen der Weltliteratur: Malaische Märchen aus Madagaskar und Insulinde, herausgegeben von P. Hambruch, Jena 1927, Nr. 60, S. 288 ff.; vgl. Anm. 60, S. 324 f.

Pawnee glauben, daß durch den Vortrag dieser Begebenheit die Büffel zur Jagd herbeigelockt würden[57].

Im europäischen Märchen gewinnt der Tierverwandelte durch menschliche Gemeinschaft, Liebe und Heirat seine menschliche Gestalt zurück. Im Naturvölkermärchen dagegen ist es vielfach ein Tier, das sich in einen Menschen verwandelt, eine Ehe eingeht und sich später wieder zum Tier verwandelt. Schon die Ausgangspunkte sind also in beiden Fällen ganz verschieden: Im europäischen Märchen ist das handelnd und sprechend auftretende Tier eben kein wirkliches Tier, sondern ein verzauberter Mensch. Der Held bzw. die Heldin heiratet ein Ausnahmetier: einen verwandelten Menschen. Im Naturvölkermärchen dagegen sind es oft zwar richtige Tiere, die die Partner stellen; allerdings sind diese meist zugleich auch Wesen, die willkürlich zwischen tierischer und menschlicher Existenz wählen können. Das ist für das Verständnis der Tiermann-Erzählung sehr wichtig, denn nur so ist es auch begreiflich, daß es in Naturvölkererzählungen nicht selten geradezu sogar als Wunsch ausgesprochen wird, ein Tier zu heiraten: Ein Joruba-Mädchen z. B. schlägt alle Freier aus, bis es Akuko, den Haushahn, sieht. Da sagt es: „Ich will den Akuko zum Manne haben!" Der Haushahn hört es, äußert seinerseits den gleichen Wunsch und die beiden werden nun ein Paar[58]. In einem Molukken-Märchen will ein Mädchen unter allen Umständen einen Fischmann heiraten; der Vater ist dagegen und tötet den Fischmann. Die Tochter verübt nun Selbstmord. Da erweckt der Vater mit einer Medizin beide zum Leben und verheiratet sie[59].

So brauchen die Naturvölkererzählungen von Tiermännern noch nicht das Motiv der Erlösung, weil schon die Art der Verwandlung eine völlig andere ist. Das Erniedrigende der Tierverwandlung und der Heirat mit einem Tier, die Notwendigkeit der Befreiung aus dieser Gestalt und Rückkehr zur Menschlichkeit fehlt ganz. Schon

---

[57] G. A. Dorsey, The Pawnee, I 487, sowie eine Variante derselben Erzählung 686, zitiert nach W. Wundt: a. a. O. (Anm. 2, S. 167) V 172 f.

[58] Atlantis, Band X, a. a. o. (Anm. 4, S. 182) 241 f.

[59] A. E. Jensen, Hainuwele. Volkserzählungen von der Molukken-Insel Ceram. Ergebnisse der Frobenius-Expedition 1937—38, Band 1, Frankfurt 1930, Nr. 251, S. 288 ff.

den Begriff der „Erlösung" gibt es in diesen einfachsten Märchen noch nicht. Er hängt zusammen mit dem Begriff der „Verwünschung", d. h. des wirksamen Schadenzaubers und mit dem der Strafe und der Schuld. Erst in späteren Kulturschichten, wenn der Mensch sich vom Tierischen emanzipiert, gilt die Tierverwandlung als Verwünschung und als Strafe. Aus einer ursprünglichen Ehe mit dem Tier wird dann im europäischen Märchen die Erlösung im Augenblick des Eheversprechens oder der Eheschließung.

Unser Märchen ist heute meist zum Glücksmärchen geworden und muß dann gut ausgehen. Ganz anders die Tiermann-Erzählung der Naturvölker, die oft genug ein tragisches Ende nimmt, wenn der tierische Partner nach vorübergehender Menschlichkeit wieder zum Tier wird. Ein Tiermann-Märchen aus Ceram, das mit europäischen Formen sonst mancherlei gemeinsam hat, zeigt gerade diese Unterschiede mit Deutlichkeit: Geschwister vergreifen sich an dem Baum, der einer Schlange gehört. Als Buße und Lösegeld verlangt die Schlange die Schwester der Brüder zur Frau. Am Tage war die Schlange ein Mann, in der Nacht wurde sie wieder zur Schlange. Durch eine List wird die Schlange von den Brüdern des Mädchens getötet. Dabei verwandelt sie sich wieder in eine Schlange, die aber von den Brüdern in den Fluß geworfen wird[60]. Hier wird also ein verwandeltes Tier geheiratet und nicht ein verwandelter Mensch, und die Erzählung endet mit dem Tod des Verwandelten.

Zwischen dem Tierbräutigam-Motiv im Naturvölkermärchen und denen im europäischen Märchen gibt es aber doch offenbar Verbindungen, denn nach einigen stellenweisen Reliktzeugnissen ist sogar im europäischen Märchen der Ekel vor der Tierehe noch nicht überall gleich beherrschend. Einen ausgesprochenen Wunsch nach einem tierischen Mann zeigt z. B. die Königstochter in einem neugriechischen Märchen, die ihrem Vater erklärt, sie nähme keinen anderen Mann als einen, der ein Raubtier oder ein anderes Tier werden könne[61]. Auch im norwegischen Märchen will ein Mädchen,

---

[60] A. E. Jensen, Hainuwele a. a. O. (Anm. 3, S. 183) Nr. 217, S. 256; die gleiche Auffassung auch bei Nr. 228, S. 266 f.

[61] Märchen der Weltliteratur: Neugriechische Märchen, herausgegeben von P. Kretschmer, Jena 1919, Nr. 26, S. 84.

das keinen Mann bekam, sogar mit einem Tier zufrieden sein, und erhält zuletzt einen Fuchs[62].

Im russischen Märchen findet sich gelegentlich noch die Verwandlung eines Tieres in einen Menschen. So verwandelt sich z. B. ein Fisch in ein schönes Mädchen, das der Einfältige heiratet[63], und dies wird nicht irgendwie negativ bewertet, sondern es ist von Gott erbeten und geschieht auf seinen Rat.

Es gibt auch im deutschen Sprachgebiet kurze sagenhafte Erzählungen, die von einer Verbindung von Mensch und Tier sprechen, ohne daß von einer Erlösung die Rede wäre: „Ein Mann ist mal mit einem Mädchen in die Blaubeeren gegangen. Auf einmal war das Mädel weg. Der Mann stieß mit dem Stabe unter den Stein, da hat's geplappert. Und als er mit dem Stabe reinstieß, kam ein Schlüffel (Maulwurf); der hat gesungen:

> Diese Wohnung ist sehr fein,
> hier halt' ich mein Liebchen schön"[64];

so berichtet eine schlesische Erzählung ganz kurz und sachlich, ohne jede erzählende Ausschmückung.

Schließlich sei an die noch im 19. Jahrhundert auch in Deutschland lebendige Werwolfsvorstellung erinnert, in der der Gedanke der Ablegbarkeit der Tier- und der Menschengestalt sich noch bis fast in unsere Gegenwart erhalten hat[65].

Die hier aufgeführten Ausnahmen bestätigen aber nur die Regel. Im allgemeinen ist das europäische Tierbräutigam-Märchen gegenüber den noch ursprünglicheren der Naturvölker ganz überlagert von einer strengen ethischen Einstellung gegen die Sodomie: Die Verbindung mit einem Tier steht unter der menschlichen Würde.

---

[62] R. Th. Christiansen, The Norwegian Fairytales. A short summary, Helsinki 1922, 23 f.

[63] A. N. Aphanassjew, Russische Volksmärchen a. a. O. (Anm. 3, S. 171) Band II, S. 22 f.

[64] W. E. Peuckert, Schlesiens deutsche Märchen, Breslau 1932, Nr. 5, S. 5.

[65] Der in HdA IX 503 für die Nachträge in Aussicht gestellte Artikel „Werwolf" ist nicht erschienen; vgl. jedoch W. Hertz, Der Werwolf. Beitrag zur Sagengeschichte, Stuttgart 1862.

Und sicher nicht zufällig wiederholt sich am Eingang der Tierbräutigam-Märchen ständig die Situation, daß das Tier dem Vater seine Tochter durch eine Erpressung abnötigt: Entweder muß nun der Vater das Leben lassen oder er muß seine Tochter an das Tier verheiraten. Nur unter diesen Umständen kommt es zu der Tierheirat, und erst von hier aus kann sich das Motiv hingebender Liebe entwickeln, die dann zur Erlösung führt. Aber es ist immer zuerst die Liebe zum Vater, welche die Tochter dessen Versprechen einlösen läßt, nicht die Liebe zum Tierbräutigam.

Das Empfinden der Widernatürlichkeit bei der Tierehe wird vielfach dadurch gemildert, daß das Tier als ein nur vorübergehend verwandelter Mensch angesehen wird: „Es war emool in Kenigssohn, dä war sechs Dag in Bär un äm sewede Dag in Mänsch." [66]

Solche Vakanzen, d. h. Zeiten, in denen der Verzauberte von seiner Tiergestalt frei ist, sind nicht nur phantastische Erfindungen zur Variation der Tierbräutigam-Erzählungen, und sie sind auch nicht aus rationalen Gründen nur dazu erdacht, um die Tierehe biologisch glaubwürdig zu machen, sondern diese Erzählungen haben ihre Entsprechungen in Glaubensvorstellungen der Naturvölker. Die Eskimos z. B. halten den Seehund für einen verwandelten Menschen und glauben, er lege jeden neunten Tag seine Fischhaut ab und werde wieder Mensch [67].

In einem nordamerikanischen Indianermärchen gibt es ein ganzes Dorf von Adlermenschen. Dort hängen überall die Adlerhäute herum. Für die jungen Menschen Häute, die den jungen Adlern ähneln, für die Älteren Häute älterer Adler. Die „Tiere" bewegen sich zu Hause in Menschengestalt [68].

Die Häuptlingstochter in einem Südseemärchen gewinnt, als sie 15 Jahre alt ist, einen Frosch lieb, der seine Haut auszuziehen vermag, der in Menschengestalt bei ihr schläft und den sie heiratet [69].

---

[66] Ch. Oberfeld, Beiträge zum Leben und der Bedeutung des Märchens in der Gegenwart, Diss. Marburg 1943, 70 f.

[67] Zeitschrift für Ethnologie I 53 f., zitiert nach HdA VIII 830.

[68] S. Thompson, Tales of the North American Indians, Cambridge 1929, 91.

[69] Märchen der Weltliteratur: Südseemärchen a. a. O. (Anm. 1, S. 177) Nr. 38, 161.

Dieses häufige Motiv von der zeitweiligen Ablegbarkeit scheint noch ein Überbleibsel der ursprünglichen willkürlichen Tierverwandlung zu sein. Auch die Grimmschen Märchen kennen an einigen wenigen Stellen noch diese altertümliche Vorstellung, wonach keine eigentliche Verwandlung geschildert wird, sondern der Tiergestaltige sein tierisches Fell abwirft (so in KHM 144, 161, 108). Erst als die Eselshaut in KHM 144 verbrannt wird, bleibt der Verwandelte ein Mensch. In diesem Märchen fällt auch das Wort „Erlösung" auffallenderweise nicht. Und der menschliche Partner wehrt sich auch nicht gegen die Heirat mit dem Tier.

Die Ablegbarkeit der Tiergestalt ist nicht die Rationalisierungsstufe einer Tierverwandlung, die man sozusagen nur noch als eine Art von Maskerade mit einem umgehängten Tierfell erklärt, sondern hier handelt es sich um eine sehr ursprüngliche Vorstellung, nach der das Tier im wörtlichen Sinne einen menschlichen Kern hat, und wenn es seine Tierhaut ablegt, *ist* es auch ein Mensch.

Wir finden die Rückverwandlung durch Fellablegen daher nicht nur in „Märchen", sondern sie spielt als wirklich geübte magische Praktik im lebendigen Glauben mancher Völker zuweilen noch eine Rolle. Eine Eskimofrau — so wird z. B. berichtet — läßt sich trotz des Verbotes ihres Mannes mit einer alten Frau ein, die sich beim Weggehen in einen Fuchs verwandelt. In der Nacht wacht die junge Frau von fürchterlichen Kopfschmerzen auf. Sie greift sich an den Kopf und fühlt, wie ein Geweih zu sprossen beginnt. Sie verläßt die Hütte und hat schon das Haupt eines Rentieres. Ihr Mann folgt ihr, findet sie in einer Herde und erlöst sie, indem er ihr das Fell abzieht, wie man ihm rät. Er muß sie auf den Rücken werfen, und sehr achtgeben, damit er sie bei dieser Prozedur des Fellabziehens nicht umbringt [70].

Von hier aus ergibt sich mühelos der Schritt zu einer ganzen Gruppe von Erlösungspraktiken, die nicht, wie H. Naumann und

---

[70] D. Jenness, Myths and traditions from North-Alaska. The Mackenzie river and Coronation gulf. Report of the Canadian Arctic Expedition, 1913—1918. Band XII. Eskimo folklore, 57 A., zitiert nach HdA VIII 1639 (Artikel „Verwandlung" von K. Beth).

Fr. Ranke meinen, einem primitiven Totenglauben entstammen[71], sondern die ganz gewöhnliche Wirklichkeit sind auf einer Entwicklungsstufe des Menschen, in der man an die Ablegbarkeit der Tierhaut und das dadurch bewirkte Hervortreten des Menschen im Tier glaubt. Erst von den späteren Entwicklungsformen des Märchens her gesehen, in denen die Erlösung durch menschliche Gemeinschaft, erlösende Liebe in körperlicher und seelischer Beziehung bewirkt wird, erscheinen diese rein materiellen Entzauberungen überraschend: Der Märchenheld schreckt oft selbst vor diesem Schritt zurück; er kann es nicht übers Herz bringen, wenn das geliebte Tier ihn bittet, ihm den Kopf abzuschlagen. „Schieß mich tot und hau mir Kopf und Pfoten ab!" sagt der hilfreiche Fuchs in dem Märchen vom goldenen Vogel (KHM 57). Der Held scheut sich davor (weil er selbst nicht mehr um das ursprüngliche Wesen der Verwandlung weiß) und sagt: „Das wäre eine schöne Dankbarkeit, das kann ich dir unmöglich gewähren."

Die Formel „Erlösung durch nochmaliges Töten" paßt hier überhaupt nicht, sondern es handelt sich um nichts anderes als um das, was die oben genannte Eskimo-Erzählung noch im vollen Glauben an die Wirklichkeit des Erzählten schildert: Die Rückkehr zum Menschlichen durch Ablegen der Tiergestalt.

Wie schon in der vorhin zuerst genannten Eskimo-Erzählung, so hat auch in unseren europäischen Märchen die *Erlösung* vielfach etwas sehr Handfest-Körperhaftes, oft sogar etwas Gewaltsames; sie ist noch kein spirituell gedachter Vorgang. Erlösung ist im Märchen etwas nur den Körper Betreffendes; sie ist ursprünglich einfach Entwandlung, Ausziehen („Ab-lösen") der tierischen Hülle, die dann versteckt oder verbrannt werden muß. Damit ist die Verwandlung beendet (z. B. KHM 108 und 144)[72]. Nur weil die Verwandlung äußerlich aufgefaßt wird, kann die Erlösung z. B. durch

---

[71] „Tod ist Verwandlung. Erlösung Verwunschener ist Rückkehr ins Leben" (H. Naumann, Primitive Gemeinschaftskultur, Jena 1921, 22); vgl. HdA II 925—939 (Artikel „Erlösung" von F. Ranke).

[72] Zur verbrannten Tierhülle vgl. im einzelnen die Nachweise bei Bolte-Polivka V 299, vgl. auch die Varianten zum singenden und springenden Löweneckerchen, Bolte-Polivka II 235 ff.

Enthaupten, Durchstechen oder Erschlagen, in neueren Anpassungen durch Erschießen, vor sich gehen. Dies ist die gewaltsame Art der Entzauberung. So schlägt der König in KHM 135 der zur Ente gewordenen richtigen Braut den Kopf ab in dem Augenblick, als sie durch die Gosse in die Küche hereinschwimmen will. In gleicher Weise vollzieht sich die Rückverwandlung der nächtlich in Tier-, meist Entengestalt zurückkommenden Königin auch in manchen Varianten des Märchens von Brüderchen und Schwesterchen. Auch der Tierbräutigam wird gelegentlich durch Enthaupten entzaubert: So muß z. B. der Löwe als Tierbräutigam im ungarndeutschen Märchen durch Enthaupten mit einem Säbel erlöst werden, wobei nur dreimal zugeschlagen werden darf[73]. Der Held schlägt dem Verzauberten auf dessen Wunsch den Kopf oder die Pfoten ab, oder ersticht ihn, oder schlägt ihn mit einer Rute blutig[74].

Es handelt sich dabei also nicht um eine „Art von Tod", sondern um eine Variation des Ablegens und Ausziehens der tierischen Hülle. Die neuerliche Tötung als Vorbedingung der endgültigen Erlösung zur ewigen Ruhe, wie sie die Sage als Mittel gegen Wiedergänger verlangt, hat mit der Vernichtung der Tierverwandlungshülle im Märchen nichts zu tun.

Auch das weltverbreitete *Schwanenjungfrau*-Märchen zeigt noch die alte Vorstellung der willkürlichen Ablegbarkeit des Tiergewandes, d. h. noch keine eigentliche Verwandlung im Sinne der späteren Märchenentwicklung: Der Held beraubt eine badende Schwanenjungfrau ihres abgelegten Tiergewandes. Sie ist nun gezwungen, in menschlicher Gestalt zu bleiben und heiratet den Helden[75].

Bezeichnenderweise ist das Märchen von den Schwanenjungfrauen auch einer der wenigen Typen, die ohne sichtbare Abhängigkeitsverhältnisse auf der ganzen Welt, in europäischen, asiatischen

---

[73] E. Zenker-Starzacher, Eine deutsche Märchenerzählerin aus Ungarn, München 1941, 67.

[74] Zahlreiche Beispiele für die Entzauberung durch Enthauptung: HdM II 395 f.; vgl. auch HdM. II 286 f. (Artikel „Fuchs" von W. E. Peuckert).

[75] Z. B. KHM 193; vgl. Bolte-Polivka III 406 ff., sowie S. Thompson, The Folktale, a. a. O. (Anm. 1, S. 180) 87 f.

und in primitiven Traditionen auftauchen. Bei Naturvölkern sind diese Erzählungen oft nicht nur „Märchen", sondern geglaubte Kultlegende. Hierher gehört z. B. die Geschichte aus dem 12. Atlantisband: Ein Jäger beobachtete aus einem Versteck Büffel, die ihre Häute ablegten und an einer Wasserstelle als Menschen badeten. Er beschädigte eine der Häute, und als die Badenden ihre Häute wieder überziehen, fällt dem einen Büffelmenschen die Haut wieder ab und er muß als Mensch mit den Büffeln fliehen. Die Haut aber restaurierte der Schmied und machte daraus die Maske für den Büffelkult[76].

Es gibt daneben auch die Umkehrung des Schwanenjungfraumotives: Wenn man die *menschlichen* Kleider wegnimmt, bleibt der Betreffende ein Tier. Das ist z. B. der Inhalt des westsudanischen Märchens von der Taubenfrau: „Eine Taube verwandelte sich in eine hübsche Frau, zog in die Stadt und richtete sich darin häuslich ein. Ein Mann sah sie und heiratete sie. Sie lebte sehr gut mit dem Manne. Nur verwandelte sie sich jeden Morgen wieder in eine Taube. Als der Mann ihr die Kleider wegnimmt, bleibt sie eine Taube[77].

Etwas von dem ursprünglichen Verwandlungsgedanken hat sich offenbar auch in dem Grimmschen Märchen von den sechs Schwänen erhalten, wo die Hexenkönigin ihren Stiefkindern Hemden überwirft, worauf die Knaben als Schwäne davonfliegen. Ihre Schwanenhaut können sie nur eine Viertelstunde lang jeden Abend ablegen und haben dann menschliche Gestalt. Gebrochen wird der Zauber durch (Menschen)hemden, die die Schwester der Verwandelten ihren Schwanenbrüdern überwirft (KHM 49). Hier tritt noch deutlich die alte Vorstellung von der Verwandlungsgestalt als einer Hülle hervor. Die Entwandlung ist dabei ein genaues Widerspiel der Verwandlung.

Das Märchen kennt dieselbe Vorstellung ebenso bei nichttierischen Verwandlungsformen. Der „Eisenofen" ist nur die Verwandlungshülle des Königssohnes, nicht dieser selbst. Um den

[76] Atlantis Band XII, Dichtkunst der Kassaiden, Jena 1928, 90.
[77] Atlantis, Band VIII, Westsudan, a. a. O. (Anm. 7, S. 182) Nr. 86, S. 160.

Königssohn daraus zu erlösen, muß ein Loch in den Ofen „geschrappt" werden, bis der Verwunschene heraus kann (KHM 127). Wiederum aus einer anderen Entwicklungsschicht des Wirklichkeitsbewußtseins stammen diejenigen Märchen, in denen die *Erlösung* durch *Liebe* und *Heirat* erfolgt[78]. Unter dem Eindruck der Grimmschen Märchen könnte man es fast zur Regel machen, daß Erlöser und Erlöster einander heiraten, und Märchen wie die von den sechs Schwänen (KHM 49), von den sieben Raben (KHM 25) oder von den zwölf Brüdern (KHM 9), wo die Liebe zwischen Mann und Frau durch die Geschwisterliebe ersetzt wird, gehören zu den Ausnahmen.

Es gibt die Erlösung *zur* Ehe und die Erlösung *durch* die Ehe. Ob allerdings im Einzelfall die Erlösung erst durch die Heirat bedingt wird oder erst die Voraussetzung der Eheschließung ist, wird nicht so streng geschieden: Jedenfalls gehören Erlösung und Erlösungsheirat zusammen und bedingen sich gegenseitig. Erlösungsreif sein, heißt im Märchen: im heiratsfähigen Alter sein.

In einem schlesischen Märchen z. B. sagt die Prinzessin mit dem Pferdekopf, die in der Kirchengruft alle acht Tage einen Mann zu fressen kriegen mußte, zu ihrem Erlöser: „Du host mich erlöst, dich wor ich ez heiertn."[79] Und ebenso bestimmt erklärte eine erlöste Prinzessin aus Pommern ihrem Helden: „Du bist mein Erlöser, du hast mir einen Kuß gegeben, nun mußt du mich auch heiraten."[80]

[78] Der Doppelartikel „Erlösung" im HdM. I 578—590 (von Ittenbach und Die worge) ergibt nichts für die Geschichte der Erlösungsvorstellung. Auch unter dem Schlagwort „Entzauberung" sind im Register bei Bolte-Polivka nicht mehr als sachliche Nachweise zu finden. Sehr gewichtig ist dagegen der Artikel „Erlösung" im HdA. II 925—939 von Fr. Ranke, sowie der Artikel „Erlösung" von J. Wach in: Die Religion in Geschichte und Gegenwart, 2. Aufl. II 279 ff.; vgl. ferner: W. Hegar, Die Verwandlung im Märchen; Hess. Bl. für Vkde. 28 (1929) 110 ff.; J. Malthaner, Die Erlösung im Märchen, Diss., Heidelberg 1934; T. Anacker, Verzauberung und Erlösung im deutschen Volksmärchen, Diss. Königsberg 1941.

[79] W. E. Peuckert, Schlesiens deutsche Märchen, a. a. O. (Anm. 2, S. 185) Nr. 51, S. 87 f.

[80] U. Jahn, Volksmärchen aus Pommern und Rügen, Norden und Leipzig 1891, Nr. 2, S. 12 ff.

Es wäre völlig unmärchenhaft, wenn die Prinzessin mit ihrem Erlöser nicht die Ehe eingehen wollte, und wenn dieser seinerseits nur zur Erlösung und nicht zugleich zur Brautwerbung ausgezogen wäre. Der Held erlöst die Geliebte, die Heldin erlöst den Geliebten, aber beide Formen des Zueinanderfindens sind verschieden: Die Frau erlöst durch Leiden und Dienen, der Mann durch Befreiung. Wo der Mann der Erlöser ist, sind es oft ausgesprochen erotische Motive, die die Erlösung herbeiführen. Am häufigsten ist die Erlösung durch Kuß und Beilager, wobei allerdings in den uns so vertrauten Grimmschen Märchen alle erotischen Motive vermieden werden, so z. B. im Froschkönigmärchen (KHM 1). In seiner Urfassung sagt der garstige Frosch ganz unmißverständlich zur Königstochter: „Bring mich in dein Bettlein, ich will bei dir schlafen!" Und als er gegen die Wand geworfen wird, „so fiel er herunter in das Bett und lag darin als ein junger schöner Prinz; da legte sich die Königstochter zu ihm"[81].

Andere Froschkönigvarianten sind zum Teil noch deutlicher: Der Frosch darf drei Wochen im Bett der Königstochter schlafen. Als er zu ihr ins Bett kommt, legt sie ein Bettlaken, eine Windel oder ein Röckchen zwischen ihn und sich; oder der Großknecht muß sich zwischen beide legen, aber der Frosch springt über ihn hinweg, und sie muß ihn schließlich küssen[82].

Andere Märchen sind zwar versteckt, aber doch unmißverständlich erotischer Art. Ebenso scheint das Motiv von den drei Quälnächten sexuell bestimmt zu sein (vgl. KHM 92). Auf dieselbe Weise vollzieht sich auch in der Sage die Erlösung der in Schlangen- oder Krötengestalt umgehenden Spukgestalten durch Kuß oder Küssenlassen. Der Erlöser muß die Schlangenjungfrau über sich wegkriechen oder sich von ihr umwinden lassen; er muß sie umarmen, sie fest umschlungen halten, mit ihr ringen, eine Nacht bei ihr bleiben usw.[83]. Aber schon die Tatsache, daß dieses Er-

---

[81] J. Lefftz, Märchen der Brüder Grimm, Urfassung, Heidelberg 1927, 54.

[82] Belege im einzelnen bei Bolte-Polivka I 1 ff. und bei M. Ziegler, Die Frau im Märchen, a. a. O. (Anm. 2, S. 180) 104.

[83] HdA II 929 (Artikel „Erlösung" von F. Ranke). Erlösung durch nächtliche Martern auch in Varianten zu KHM 63 (die drei Federn), vgl. Bolte-Polivka II 37.

lösungsmotiv auch in der Sage vorkommt (allerdings ohne den glücklichen Abschluß der Ehe), erweist es als einer jüngeren Schicht zugehörig: Die Verbindung von Heirat und Erlösung scheint dem Märchen erst auf einer Stufe anzugehören, die die Tierverwandlung als Schadenzauber ansieht und einen glücklichen Märchenausgang durch die Verbindung von Held und Heldin erwartet. Die Vorstellung von der erlösenden Liebe ist wohl ein Lieblingsmotiv einer Spätzeit, und das Überhandnehmen der erotischen Erlösungsmotive erst eine Folge der Entwicklung des Märchens zur kunstvollen Liebesnovelle hin. Diese Erlösungsart wird noch spannender gemacht dadurch, daß die Erlösung im Augenblick des Kusses oder der Liebesumarmung erfolgt. So plötzlich der Zauber wirkt, so plötzlich gewinnt der Verwandelte seine menschliche Gestalt wieder. Hier steht unser Märchen ganz im Gegensatz zur früheren Verwandlungsauffassung, wie sie uns zuweilen in Naturvölkererzählungen entgegentritt. Sehr alt erscheint nämlich die Vorstellung, daß menschliche Gemeinschaft, worunter nicht nur die eheliche Gemeinschaft zu verstehen ist, die Menschwerdung eines Verwandelten herbeiführen könne. Nicht durch einen einmaligen magischen Akt, sondern in allmählicher Angleichung an die umgebende menschliche Gesellschaft vollzieht sich die Menschwerdung.

Mit der Ausbreitung der Erlösungsvorstellungen in der Neuzeit vermehren sich auch die Gründe zur Erlösung insbesondere in ethischer und psychologischer Hinsicht. Es gibt Erlösungen aus Mitleid, Liebe und Hilfsbereitschaft, und wieder andere Fälle, bei denen unternehmende Abenteuerlust oder auch eigennütziges Gewinnstreben die treibenden Kräfte sind[84], und neben diesen absichtlichen Erlöserhandlungen gibt es auch Fälle zufälliger Erlösung (z. B. KHM 1).

Je mehr das Märchen die Sphäre seiner magischen Wirklichkeit verläßt, desto mehr wird die Erlösung zur reinen Formel und ist schließlich nur noch Aufbau- und Stilprinzip, d. h. die auf die Verwünschung notwendige und stereotyp eintretende Entspannung, der vorhergewußte glückliche Ausgang.

[84] T. Anacker, a. a. O. (Anm. 1, S. 190) 109.

Auch die Verbindung von *Verzauberung* und *Schuld* wird dann ganz dem novellenmäßigen Aufbau untergeordnet. In der künstlerischen, neuzeitlichen Märchenform ist zwar eine magische Schuld oft noch erhalten — das Brüderchen in KHM 11 wird in ein Reh verwandelt, weil es aus dem verwünschten Brunnen trinkt —, aber es wird doch fast immer der Eindruck einer schuldlosen Verwünschung erweckt. Das Glücksmärchen, das seinen Helden und dessen Partner ganz unbelastet haben will, hat hier die Wirklichkeit ganz verlassen, die Sage dagegen nimmt die Schuldfrage weiterhin völlig ernst: die alte Vorstellung von der magischen Schuld hat sie in enge Verbindung gebracht mit dem christlichen Sündenbegriff und bestraft beide gleich hart; denn beide Vorstellungen sind für die Sage ganze Wirklichkeit.

Gerade weil der Verwandlungs- und Erlösungsbegriff so stark an den Begriff der Schuld gebunden ist, sucht das Märchen seinen Helden schon vorbeugend von allen Vorwürfen freizuhalten: Held ist darum fast immer der Erlöser, nie der Erlöste. In der Regel wird darum der Märchenheld nicht selbst zum Tier verwandelt, sondern der Verwandelte ist nur sein Partner.

Die meist mißlingende Erlösung der Sage[85] bedeutet einen entschiedenen Schritt zur Rationalisierung. Das Märchen hat ihn nicht mehr mitgemacht, weil es schon vorher sich betont von einer Wirklichkeit der Erlösung distanziert hat. In der Sage dagegen ist die Erlösung eine ganz ernste Sache, und sie ist hier auch mit dem christlichen Erlösungsbegriff eine enge Bindung eingegangen. Nur in der Sage gibt es die Erlösung durch christliche Heilsmittel, wie Messelesen, Wallfahrten, fromme Dankes- oder Grußformeln. Auch die Sagenmotive der Wiedergutmachung als Voraussetzung zur Erlösung sind trotz ihrer primitiven Vergeltungsethik nicht denkbar ohne die Einwirkung des Christentums. Unter Einwirkung christlicher Vorstellungen kennt die Sage die Erlösung zur ewigen Ruhe. Die Erlösung im Märchen dagegen ist auf einen irdischen Besitz bedacht. Erlösung ist nicht im christlichen Sinne ein Ausscheiden aus der Zeitlichkeit, sondern das Märchen erlöst zu Genüssen der

---

[85] Motive mißlungener Erlösung in der Sage: vgl. HdA II 931 (Artikel „Erlösung" von F. Ranke).

Zeitlichkeit, wenn auch in einen Zustand der Zeitlosigkeit ("... und wenn sie nicht gestorben sind ...").

So gliedern die verschiedenen Verwandlungs- und Erlösungsmotive, die wir in Märchen und Sage finden, sich auf in ein entwicklungsgeschichtliches Nacheinander von Wirklichkeitsanschauungen: Die verschiedenen Arten von Erlösung entsprechen ganz den verschiedenen historischen Stufen des Wirklichkeitsbewußtseins: Am Anfang steht ein Verwandlungsglaube, der den Begriff der Erlösung noch nicht kennt, und erst allmählich vollzieht sich der Prozeß von der willkürlichen Rückwandlung zur Entzauberung und schließlich zur Erlösung. Das fällt zusammen mit der allgemeinen religionsgeschichtlichen Entwicklung des Erlösungsbegriffes, denn „Erlösung" gehört nur zur Terminologie der gestifteten Hochreligionen, während in der Frühreligion eine Erlösungsbedürftigkeit der Menschen noch nicht empfunden wird[86]. So ergeben sich mannigfache Entwicklungsstufen der Glaubenswirklichkeit der Erlösung, von der Entzauberung durch Ablegen der Tierhülle, durch Töten oder Enthaupten, bis zu einer rein spirituellen durch christliche Heilsmittel und durch Taten der Liebe.

[86] Vgl. G. Mensching, Das Wunder im Völkerglauben, Amsterdam 1942; vgl. Religion in Geschichte und Gegenwart II 269.

Giuseppe Cocchiara, Sulle orme del Benfey. In: Giuseppe Cocchiara, Storia del folklore in Europa, Torino: Einaudi 1954, p. 325—343. Aus dem Italienischen übersetzt von Regina Wolf.

AUF DEN SPUREN BENFEYS

Von Giuseppe Cocchiara

1. Das Dogma Indien

Zur Zeit, als Müller und seine Anhänger Sonne, Aurora, Morgendämmerung mit der Vergleichenden Grammatik paarten, gab ein anderer deutscher Orientalist, auch Schüler Bopps, Theodor Benfey, der Erforschung der volkstümlichen Erzählkunst eine neue Richtung, indem er, wie er selbst gern sagte, von den Wolken wieder auf die Erde herunterstieg. Es ging ihm nicht wie Müller um die Erklärung des Problems des Ursprunges der Mythologie, dieses Anliegen ließ er vielmehr beiseite und wendete sich in erster Linie der seines Erachtens grundlegenden Erforschung der literarischen und volkstümlichen *Träger* zu, durch welche Erzählung, Fabel, Märchen usw. verbreitet werden.

Beide, Müller wie Benfey, richten den Blick nach Indien. Aber das Indien Benfeys ist nicht mehr das Indien der arischen Urväter, deren weiten Wanderungen Benfey ja immer skeptisch gegenüberstand. Das Indien Benfeys ist das historische Indien, das raumzeitlich fixierbare Indien. Für Müller sind bekanntlich die *Veden* der *deus ex machina* für seine idyllische, primitive (arische) Welt, die sich ihm dann auf Schritt und Tritt im heutigen Indien offenbart. Benfey beruft sich hingegen auf einen anderen indischen Text, auf das *Pantschatantra*, welches er für eine der wichtigsten Quellen der europäischen volkstümlichen Erzählkunst betrachtet. Und um dieses Zentrum bewegt sich die ausführliche Einleitung, besser gesagt die lange Abhandlung von etwa 600 Seiten, die Benfey seiner deutschen Übersetzung des *Pantschatantra* im Jahre 1859 voranstellte.

In dieser Abhandlung, welche für die Erforschung des Märchens bahnbrechend ist wie der dritte Band der *Kinder- und Haus-*

märchen, legt Benfey nicht nur die Bilanz seiner weitgespannten Interessen vor, es wird auch deutlich, wie gegensätzlich die Temperamente Benfeys und Müllers sind. Brillant und genial Letzt genannter, weitschweifig und steif Benfey. Müller ist Künstler und versteht seinen wie immer beschaffenen Untersuchungen *Wärme* zu verleihen; Benfey hat weder den Stil noch den Zauber Müllers. Für Müller sind die *Veden* die Esse seiner Einbildungskraft; für Benfey ist das *Pantschatantra* eine Quelle, aus welcher er seine Axiome, Theoreme, Vergleiche begründet. Müller ist einfach, Benfey kompliziert. Und gerade aus diesem Grund kann Keller, einer seiner bedeutendsten Kritiker, behaupten, daß bei Benfey ein von Anfang an durch das ganze Buch beibehaltenes Prinzip fehle. Was, wie Ribezzo zu Benfeys Rechtfertigung anführt, nicht ausschließe, daß, wenn Benfey auch „hier und da Urteile und isolierte Beobachtungen äußert, die miteinander nicht immer übereinstimmen", dennoch durch die „Zusammenschau der einzelnen Schritte und partiellen Widersprüche ein organischeres Gesamtbild möglich wird".

2. Das Pantschatantra und der indische Ursprung der Märchen

Will man diesen neuen Weg der Forschung betrachten, so muß man mit einem französischen Wissenschaftler beginnen, mit Loiseleur Deslongchamps und seinem 1848 in Paris erschienenen *Essai sur les fables indiennes et sur leur introduction en Europe*. L. Deslongchamps wollte damit die Forschungen seines Lehrers Silvestre de Sacy über einen Seitenzweig des *Pantschatantra*, den Roman *Kaliluh und Dimnah* weiterführen. Der Titel *Calila et Dimna, ou les fables de Bidpai en arabe* zeigt schon, daß bereits Sacy den Aspekt der Ausbreitung der Märchen in den Vordergrund stellte. Es ging ihm nicht um die Suche einer gemeinsamen, weit zurückliegenden arischen Quelle, aus welcher die volkstümlichen Erzählungen und Märchen entstiegen sein sollten wie Venus dem Meere. Diese Arbeit steckte sich ein anderes Ziel, nämlich mit größtmöglicher Sachlichkeit den Vorgang ihrer Ausbreitung zu untersuchen. Aber die Feststellung solcher Beziehungen ist nicht einziges Anliegen Sacys. Er berücksichtigte auch die sakrale buddhistische Literatur, die ungeheure Anzahl von Fabeln, Maximen, Sprichwörtern, die die Prediger ersannen, um sich dem Volk verständlich zu machen. Nach dem Untergang des Buddhismus übernahmen die Brahmanen dieses Erbe und eine der Früchte war eben das *Pantschatantra*, das zum Zwecke der Erziehung dreier Söhne eines Königs von Mahilâropya namens Amarçakti vom Weisen Vishnucarman verfaßt wurde, wie das Proömium sagt:

> „Nachdem er dies als Essenz aus allen Schriften über das, was in der Welt nützt, erkannt hat, hat Vishnucarman in fünf Büchern dies sehr ergötzliche Werk verfaßt." (P. II, S. 1)

Von dem Weisen, der mit großem Geschick seine moralischen Lehren in Erzählungen, Märchen, Lehrfabeln ungewöhnlicher Qualität einzustreuen verstand, ist nichts überliefert. Bekannt ist jedoch, daß sein Buch erstmals im 6. Jhd. n. Chr. vom Gelehrten Buzurcimiht am Perserhof übersetzt wurde und diese persische Übersetzung von Abdallah Ibn ul-Muqaffa, einem zur Religion Mohammeds konvertierten Perser, unter dem Titel *Kalilah und Dimnah* ins Arabische übertragen wurde.

Abdallah spricht in seiner arabischen Fassung des wunderbaren Buches von einer verlorenen Pehlewi-Übersetzung; Sacy begann die Ausbreitung dieses Buches und seine Verzweigungen zu erforschen. Während Sacy seine Studien auf den Orient beschränkt hatte, dehnte Loiseleur Deslongchamps diese auch auf den Westen aus. Und hierbei entdeckte er Huet und La Fontaine als Mittler für die Verbreitung des indischen Erzählgutes in Europa. Gegenüber Sacy aber stellte er, als Philologe immer den Text im Auge behaltend, die Frage nach der indischen Herkunft sämtlicher Typen der Lehrfabel.

Diese Forschungsrichtung wurde einige Jahre später von Wagener weitergeführt, der in seinem *Essai sur les rapports qui existent entre les apologues de l'Inde et les apologues de la Grèce*, veröffentlicht 1852, das Problem der historischen Ausbreitung der Erzählungen und Fabeln detaillierter untersuchte und die Behauptung aufstellte, die Fabel hätte sich nicht durch individuelle, sondern durch kollektive Tätigkeit ausgebreitet. Daher seine Überzeugung, Aesop hätte nie gelebt und die Überlieferung, die mit ihm „wie mit einem gei-

stigen Zentrum" verbunden worden sei, sei nur aus der Ausbreitung
der Fabeln von Innerasien in die jonischen Kolonien und nach
Griechenland zu erklären. Wagener glaubte, als er einige griechische
mit indischen Fabeln zum Teil aus dem *Pantschatantra* verglich,
folgende Tatsache feststellen zu können: „Geht man in den zwei
Fabelsammlungen Schritt für Schritt von den späteren zu den
primitiveren Versionen des Stoffes zurück, so wächst die Verwandtschaft der besonderen Merkmale", und aus diesem Grund
meinte er, annehmen zu können, daß die Griechen ihre Fabeln en
bloc von den Indern übernommen hätten. Die These Wageners gelangte damit zum gegenteiligen Ergebnis ihrer anfänglichen Intention, auch wenn „die Beweise zur Erhärtung der These, die
Fabel sei nicht griechischen Ursprungs, Daten enthielten, die eigentlich nur das große Alter der Gattung beweisen". Und hier setzte
die scharfe Kritik des zeitgenössischen Philologen Weber an, der in
mehreren in den *Indischen Studien* von 1856 veröffentlichten Auf-
sätzen feststellte, das Eindringen der indischen Fabeln in Griechenland sei völlig unwahrscheinlich. Wagener belegte seine These nicht
nur mit dem Alter des *Pantschatantra*, das er für das 4. Jhd. an-
setzt, sondern auch mit dem Milieu der griechischen Fabeln, welche
fast ausschließlich in an den Orient grenzenden Gegenden lokalisiert sind. Es ist klar, daß Weber angesichts dieser Beweisgründe
leichtes Spiel hatte: Während das vermutete Alter des *Pantschatantra* nicht bewiesen wurde, war hingegen das Alter der aesopischen
Fabeln, die bereits Autoren zitieren, die vor der Zeit gelebt haben,
in welcher Wagener die Einführung des Buches in Griechenland
ansetzen zu dürfen glaubt (200—150 v. Chr.), sehr wohl bestimmt.
Übrigens, die Angabe eines determinierten Ortes in einem Erzähl-
stoff könnte ja ebenso Zutat des Erzählers sein. Bewegte sich aber
Weber auf einem sichereren Boden als Wagener? Wir fragen nun,
welche Anregungen hat Benfey von diesen seinen Vorläufern entnommen?

3. Die historisch-orientalische Theorie Benfeys

Ohne Zweifel hat Benfey, wie er ja selbst feststellte, aus Sacys
Arbeiten über das *Pantschatantra* Anregungen empfangen. Sein

Hauptinteresse galt den Übersetzungen des *Pantschatantra,* dessen Verzweigungen und Filiationen. Konnte aber ein Meisterwerk eines Orientalisten in seiner Präzision die Ausbreitung der Erzählungen des *Pantschatantra* in der Volksliteratur übersehen? Und gerade in diesem Sinn griff Benfey die These von Loiseleur Deslongchamps wieder auf und formulierte eine umfassende Theorie, die nicht nur den Ursprung der Lehrfabel festlegt, sondern zum Teil auch die anderen Produkte der volkstümlichen Erzählliteratur (Märchen, Erzählung, Rätsel usw.) berücksichtigt.

„Meine Untersuchungen im Gebiet der Fabeln, Märchen und Erzählungen des Orients und Occidents haben mir nämlich die Überzeugung verschafft, daß wenige Fabeln, aber eine große Anzahl von Märchen und Erzählungen von Indien aus sich fast über die ganze Welt verbreitet haben" (P. I. XXII). Benfey meint weiter, diese Verbreitung hätte im 10. Jhd. n. Chr. begonnen, und zwar in den Fabeln, Lehrfabeln, in den Fassungen und Übersetzungen des *Pantschatantra,* die durch Reisende und Kaufleute, die bis in den Orient vorgestoßen waren, Bekanntheit erlangten. Selbstverständlich wäre der erste Träger der Ausbreitung der Erzählstoffe von Indien nach Europa die mündliche Überlieferung gewesen. Ihr sei die literarische Überlieferung gefolgt. Und Benfey beschreibt den Vorgang folgendermaßen:

„Mit dem 10. Jahrhundert aber begann durch die fortgesetzten Einfälle und Eroberungen islamitischer Völker in Indien eine immer mehr zunehmende Bekanntschaft mit Indien. Von da an trat die mündliche Überlieferung gegen die literarische zurück. Die indischen Erzählungswerke wurden jetzt in das Persische und Arabische übersetzt, und theils sie selbst, theils ihr Inhalt verbreitete sich verhältnismäßig rasch über die islamitischen Reiche in Asien, Afrika und Europa und durch die vielfachen Berührungen derselben mit christlichen Völkern auch über den christlichen Occident. In letzterer Beziehung waren die Knotenpunkte das byzantinische Reich, Italien und Spanien." (P. I, S. XXIII)

Man muß jedoch festhalten, daß er gleich darauf sagt, die Fabeln, Parabeln, Legenden, hätten sich gleichzeitig mit der buddhistischen Literatur seit dem 1. Jhd. n. Chr. nach China und kurze Zeit später

nach Tibet ausgebreitet. Und auch dort sei ihre *Wanderung* nicht zu
Ende gewesen:

> „Von den Tibetern kamen sie endlich mit dem Buddhismus zu
> den Mongolen und von diesen wissen wir gerade am sichersten,
> daß sie die indischen Erzählwerke in ihre Sprachen übertrugen —
> natürlich mit mancherlei Umarbeitungen . . . Die Mongolen aber
> haben fast zweihundert Jahre in Europa geherrscht und öffneten
> dadurch ebenfalls dem Eindringen der indischen Conceptionen
> in Europa ein weites Tor." (P. I, S. XXIII f.)

Benfey belegte diese Ausbreitung mit den verschiedenen Übersetzungen und Umarbeitungen des *Pantschatantra*, das, nachdem es
aus dem Altpersischen ins Arabische übersetzt worden war (12. Jhd.),
vom Arabischen ins Hebräische (12. Jhd.), vom Hebräischen ins
Lateinische, Französische, Deutsche, Italienische usw. übertragen
wurde. Und zur Vervollständigung des Bildes führte er noch die
wechselseitige Beeinflussung der mündlichen und der sogenannten
literarischen Überlieferung an:

> „In Europas Literatur bürgern sich die Erzählungen vor allem
> durch Boccaccio, die Märchen durch Straparola ein. Aus der
> Literatur gingen sie dann ins Volk über, aus diesem, ver-
> wandelt, wieder in die Literatur, dann wieder ins Volk usw.
> und erreichen, insbesondere durch wechselseitige Thätigkeit
> nationalen und individuellen Geistes, jenen Charakter natio-
> naler Wahrheit und individueller Einheit, welcher nicht wenigen
> von ihnen einen so hohen poetischen Werth verleiht." (P. I,
> S. XXVI)

Benfey stellte also entschieden folgende Behauptung auf: Die
Europäer hätten Themen und Motive indischer Herkunft übernommen, die Bearbeiter dieser Stoffe hätten aber neue Erzählungen
von künstlerischem Wert geschaffen. Und mit dieser Feststellung
erfaßte er intuitiv, wenn auch noch vage, daß sich der Philologe bei
der Erforschung der Ausbreitung der Erzählliteratur nicht nur mit
den literarischen Präzedenzien zu beschäftigen habe, sondern auch
mit dem ästhetischen Werden eines Märchens, mit dem schöpferischen Moment der Umarbeitung eines Märchens in ein neues.

4. Ausbreitung und Werden der volkstümlichen Erzählkunst

Benfey stellte die Theorien Wageners und Webers über den Ursprung der Erzählkunst neu zur Diskussion, hat aber entschieden festgestellt, daß, wenn auch viele Fabeln dem erfinderischen Genium der Inder zu danken sind, so doch auch viele dem Geist der Griechen entstammen. Und damit versöhnte er Wagener und Weber. Ist Benfeys Standpunkt jedoch nur eine Versöhnungsthese? Benfey sagt auch:

> „Was jene betrifft (die Quellen), so ergab sich, daß im allgemeinen die meisten *Thierfabeln* aus dem Occident stammen, mehr oder minder umgewandelte sogenannte äsopische sind; doch tragen einige auch das Gepräge indischen Ursprungs ... Der Unterschied zwischen ihren Conceptionen und den äsopischen bestand im allgemeinen wohl darin, daß, während das äsopische Kunstwerk die Thiere ihrem eigenen Charakter entsprechend handeln ließ, die indische Fabel sie, ohne Rücksicht auf ihre spezielle Natur, gewissermaßen wie in Thiergestalt verhüllte Menschen behandelte." (P. I, S. XXI)

Es ist klar, daß er sich nicht mehr nur mit der Ausbreitung der Erzählstoffe, sondern auch mit ihrer künstlerischen Gestaltwerdung befaßte. Weber war der Überzeugung, daß die Originalfassung eines Erzählstoffes in seiner künstlerisch hochstehendsten Fassung zu finden sei. Benfey kehrte dieses Postulat um und hält in Nachfolge Wolfs die primitivste Fassung für die dem Original am nächsten stehende. In jedem Fall, wenn er sich auch manchmal in Widersprüche verstrickt, so hat Benfey Indien als das ungeheure Reservoir der europäischen Märchen gesehen, jedoch nicht a priori ausgeschlossen, daß das Märchen auch von anderswo beeinflußt worden ist, nämlich von der Vorstellungskraft des Erzählers der indischen Themen und Motive.

5. Köhler, Landau und Cosquin

Die historisch-orientalische Theorie Benfeys über den sogenannten Ursprung der volkstümlichen Erzählkunst ist jedoch viel elastischer, als sie im allgemeinen, besser gesagt bei seinen Nachfolgern, vor allem bei dem in Deutschland sehr bekannten Köhler, erscheint. In seiner umfangreichen Abhandlung *Über die europäischen Volksmärchen* von 1865 behauptet Köhler in der Nachfolge seines Lehrers, daß „der größte Teil der europäischen Volkserzählungen und ebenso die meisten Märchen, die sich am Ende des Mittelalters in der westlichen Literatur verbreiteten, direkt indischen Ursprungs oder zumindest von der indischen Literatur vermittelt sind". Und gleich darauf, als ob er den letzten Sätzen keine Bedeutung zumesse, fügt er hinzu:

> „Die Meinung Benfeys über den Ursprung und die Ausbreitung der Volksmärchen in Europa ist, wie dieser selbst sagt, nur mehr eine Frage der Faktenerarbeitung und wird erst vollkommen erhärtet sein, wenn alle oder fast alle Märchen auf ihren indischen Ursprung zurückgeführt sein werden."

In diesem Sinn hat er mit größter Sorgfalt seine vergleichenden Listen nach den damals gerade in Europa veröffentlichten Märchensammlungen ausgearbeitet; darin haben alle Märchen ohne Ausnahme eine einzige Quelle: Indien. Auch der Deutsche Marcus Landau in seiner umfangreichen Studie *Die Quellen des Decameron* von 1869 war in dieser Hinsicht nicht weniger orthodox. Landau beschränkte sich jedoch nicht wie Köhler auf die Erforschung der Parallelen und damit auf die Erarbeitung eines kritischen Kataloges. Er bemühte sich um größere Elastizität. Wenn er z. B. Boccaccios Novelle *Federigo degli Alberighi* untersucht, erwähnt er eingangs eine buddhistische Legende, nach welcher sich Buddha in eine Taube verwandelt und sich braten läßt, um die Familie eines Vogelfängers zu sättigen; hierauf erwähnt er eine ähnliche Erzählung aus dem *Pantschatantra*, in welcher eine Taube ins Feuer fliegt, um einem Jäger zur Speise zu dienen. Schlußfolgerung:

> „Bei Boccaccio (V. 9) hat Federigo degli Alberighi der geliebten Frau, die ihn mit ihrem Besuch beglückt, nichts zu bieten, befindet sich also in derselben Lage wie der Täuberich im Pantschatantra (und wie Ovids Philemon und Baucis). Er opfert ihr daher, zwar nicht sich selbst, aber sein theuerstes Besitztum, seinen einzigen Lieblingsfalken und bekommt dafür den verdienten höchsten Lohn — die geliebte Frau . . ."

Landau hatte in Frankreich einen treuen Nachfolger in Lévêque, welcher in seiner 1880 veröffentlichten Arbeit *Les mythes et les légendes de l'Inde et de la Perse* bei Aristophanes, Platon, Ovid, Titus Livius, Dante, Boccaccio, Ariost, Rabelais, Perrault, La Fontaine untersuchte. Und dies natürlich mit größter Erfindungskunst.

In Frankreich war Emmanuel Cosquin der Gelehrte, der am meisten zur Versteifung der orientalischen Theorie Benfeys beitrug, im übrigen aber machte er sich mit der Aufzeichnung der Märchen seiner Heimat sehr verdient. Seine *Contes populaires de la Lorraine*, veröffentlicht 1886, — jedes Märchen wird auf einen indischen Archetypus zurückgeführt — haben eine ausführliche Einleitung, die von Ursprung und Ausbreitung der europäischen Märchen handelt. Und um Ursprung-Ausbreitung drehen sich auch die vielen „kleinen Monographien", die von 1886 an in verschiedenen Zeitschriften verstreut, 1922 in den *Contes indiens et l'Occident* und in den *Études Folkloriques* gesammelt erschienen sind. Für Cosquin ist Indien wirklich ein unantastbares Dogma; er zieht auch häufig indische Institutionen und Glaubenslehren heran, um die Herkunft der europäischen Märchen zu erhärten. Er war z. B. davon überzeugt, daß der Glaube an die Seelenwanderung Entstehung und Ausbreitung der Fabel und des Märchens ungeheuer befruchtet habe. Im Gegensatz zu Benfey behauptete er in der Linie Köhler-Landau auch dann die indische Herkunft eines Märchens, wenn ein Märchen dieses Themas auch erst für die neueste Zeit in Indien belegt werden konnte.

Ein anderer französischer Gelehrter, Gaidoz, übte an ihm folgende berechtigte Kritik: Der Glaube an die Seelenwanderung sei heute nicht mehr ausschließlich indisch, sondern ebenso afrikanisch, amerikanisch, ozeanisch und ein heute aufgefundenes Märchen gäbe keinen Aufschluß über sein Alter. Nicht davon zu sprechen, daß die Ähnlichkeit eines Märchenthemas nicht gleichzusetzen sei mit der Ähnlichkeit seiner künstlerischen Gestalt, welche das Hauptkriterium eines Märchens darstelle. Cosquin, ohne sich um diese oder ähnliche Kritiken zu kümmern, befaßte sich weiterhin mit dem Problem des Ursprungs des europäischen Märchens, und zwar in noch kategorischerer Weise als sein Lehrer und häufte Parallelen an, die oft willkürlich isoliert erscheinen, um aufzuzeigen, daß Indien eine Art Eden sei, in welchem frisch und ewig die Quelle der Märchen sprudle.

6. *Entstehung der historischen Schule in Rußland: Miller und Veselovskij*

Andere Gelehrte werden außer neuen Märchen auch andere volkstümliche Dichtungen heranziehen, wie z. B. die russischen Bylinen. Bekanntlich hat Rußland jedenfalls am Anfang die orientalische Theorie zur Gänze übernommen, um so mehr, als Benfey ja die einschlägigen Forschungen Pypins bestätigte. Es kommt noch dazu, daß zur Zeit der Veröffentlichung des *Pantschatantra* in der Übersetzung Benfeys einige russische Forscher (z. B. Schiffner, Radlov) gerade auch Sammlungen volkstümlicher Dichtungen aus den östlichen Gegenden des Landes veröffentlicht hatten und hierbei überrascht die vollkommene Übereinstimmung der mongolischen mit den türkischen Liedern feststellten.

1868 veröffentlichte der ausgezeichnete Philologe V. V. Stasov einen Essai über den Ursprung der Bylinen, in welchem er, nachdem er alle Theorien der mythologischen Schule zurückgewiesen hatte, — eine unerläßliche Voraussetzung der Anhänger der orientalischen Theorie — bewies oder zu beweisen glaubte, daß es in Rußland keine Byline gäbe, die nicht orientalischen Ursprungs wäre. So zögerte er nicht, z. B. die russische Erzählung *Feuervogel* auf die indische Erzählung von Somadeva, die Legende von Jeruslan Lazarevic auf eine Episode aus dem *Buch der Könige* Firdusis zurückzuführen.

Ist diese These annehmbar, fragte sich damals der große Philologe O. F. Miller. Miller hatte schon in einer Arbeit, die Iljà Múromec gewidmet, im Jahre 1869 erschienen war, behauptet, daß der Wert der Dichtung nicht am Stoff zu messen sei und daß für ihn die mythologische Theorie Grimms und Müllers noch immer Gültigkeit besitze, das heißt, daß es keine Entlehnung ohne Umarbeitung gebe und daß diese Umarbeitung einer Literatur das nationale Gepräge verleihe, welche auch immer ihre Quellen seien. Aus diesem Grund, fügt er hinzu, sei das Epos Iljà Múromecs als Nationalliteratur anzusehen wie das ganze russische Epos Nationaldichtung sei. An der Polemik, die mit dem Essay Stasovs begann, beteiligten sich auch andere Forscher, die versuchten in der volkstümlichen Dichtung den Reflex von Zeitideen aufzudecken. Beachtenswert in dieser Hinsicht die Studien eines zweiten Miller, Vsevolod, welcher der Kritik Impuls und Schwung gab; er untersuchte Personen und Ideen in den Bylinen, um die „historische Basis" des Epos herauszuarbeiten. Und in der Tat bezeichnet man ihn in Rußland als den Begründer der historischen Schule; sie kam durch A. Veselovskij zu einer neuen ästhetischen Ausrichtung, die vorher im allgemeinen absent war.

Der slawophil und zugleich für den Westen interessierte Veselovskij war in erster Linie Humanist; ihm erschienen die europäischen wie die östlichen Literaturen in gleichem Maße bedeutend und vor allem ihr lebendiger und frischster Teil, die volkstümliche Literatur. Veselovskij vereinigte in sich den Enthusiasmus eines Herder oder der Brüder Grimm mit der Doktrin eines Müller oder Benfey. Der unermüdliche und geniale Forscher, offen für alle geistigen Strömungen seiner Zeit, wurde anfänglich auch von Benfey beeinflußt, war jedoch weit davon entfernt, die orientalische These in der versteiften Form, wie sie sich bei den Nachfolgern Benfeys darstellte, zu übernehmen.

In seiner 1872 veröffentlichten Dissertation über die slavischen Märchen von Salomon und Kitovras zeigte Veselovskij, daß sowohl der Orient auf den Westen wie auch der Westen in gleichem Maße auf den Osten Einfluß genommen habe (und nicht nur, was die griechischen Fabeln und einige sporadische Fälle betrifft, wie Benfey es dargestellt hatte). Anderseits war er der Überzeugung, Byzanz hätte Einfluß auf die russische Literatur gehabt und diese wiederum, ausgezeichnet durch außergewöhnlichen Abwechslungsreichtum und durch ihren originellen Charakter, wäre Verbindungsglied zwischen dem Orient und dem Westen gewesen. In eingehenden, präzisen Untersuchungen, die immer mehr sind als schematische Kataloge, entwickelte Veselovskij seine neue Theorie mit sehr viel Scharfsinn.

Nach der Doktorarbeit, die in den Neueditionen zu einer Untersuchung der Beziehungen zwischen Westen und Osten ausgebaut wurde, wobei sich das Ausmaß der wechselseitigen Beeinflussung die

Waage hielt, schrieb Veselovskij mehrere kleine Monographien betreffend die Geschichte und Entwicklung der christlichen Legende, über die religiöse Dichtung Rußlands, über die Bylinen, die Erzählungen von Ivan dem Schrecklichen usw. Und auch hier beschäftigte er sich, wie Sokolov sagt, mit der „Auffindung der Quellen literarischer Produkte, das heißt mit nationalen oder ausländischen, mündlichen oder schriftlichen Quellen, um die Beziehungen zwischen geistig-kulturellen Phänomenen und philosophischen, religiösen oder sozialen Zeittendenzen festzustellen. Er vereinigte also die Tradition der Benfey-Schule mit den Prinzipien, welche damals in Frankreich Taine in seinen Werken vertrat.

Veselovskij blieb jedoch hier nicht stehen. Wie um das Resumé seiner Forschungen zu ziehen, legte er dar, wie notwendig eine detaillierte Erforschung der einzelnen Dichtungs*gattungen* (Epos, Märchen, Lyrik, Drama) wäre, wie diese sich äußerlich in Form und in sonstigen Unterschieden artikulieren; anderseits betonte er jedoch, daß die Literaturgeschichte einer Nation und mit ihr die Volksdichtung in kontinuierlichem Werden begriffen sei; und aber gerade auf Grund dieser Meinung behauptete er, daß der Philologe bei der Beurteilung eines jeden Kunstwerkes, sei es ein Roman, eine Byline, ein Kunstmärchen oder ein volkstümliches Märchen, nicht allein auf die behandelte Thematik sein Augenmerk lenken dürfe, sondern auch die sozialen Anschauungen, denen Ausdruck gegeben wird, und die künstlerische Form, in welche sie gekleidet sind, zu berücksichtigen habe.

Der Quellenforscher Veselovskij maß den Quellen lediglich dokumentarische Bedeutung bei. Bei Veselovskij wird der künstlerische Schöpfungsakt, der bei Benfey bereits ein Randproblem war, zum historisch-ästhetischen Problem. Man denke, auch in der russischen Volkskunde nahm 1871 eine Revolution ihren Ausgang, als Hilferding seine Sammlung von mehr als dreihundert Bylinen nicht mehr nach Gattungen, sondern nach Autoren ordnete und damit der Forschung eine neue Richtung gab, die darauf zielte, der Individualität des Volksdichters (Sänger, Erzähler) größere Bedeutung beizumessen.

Der Wert der Volksdichtung, wie jeder Kunstdichtung, könne nicht am Stoff gemessen werden, sagte Veselovskij. Gibt es über-

haupt einen Stoff, der nicht *wiederholt* worden ist? Und ist es
richtig, thematische Ähnlichkeiten so hoch einzuschätzen, wenn doch
in einer nationalen Literatur allein das bereits geformte Kunstwerk
zählt?

Veselovskij wollte die Bedeutung der Quellen natürlich nicht
leugnen, es ging ihm darum, sie gerecht zu bewerten. Nach dieser
Prämisse gab Veselovskij seiner Meinung Ausdruck, daß die Volksdichtung die erste Phase der gesamten literarischen Entwicklung
darstelle, er schränkte jedoch die These eines kollektiven Ursprungs
der Volksdichtungen ein und sah in den Bylinen, und nicht nur in
ihnen, Kunstwerke, die durch das Milieu der Volkssänger, in welchem sie entstanden, geprägt worden sind. Er meinte weiter, die
volkstümlichen Überlieferungen könnten wohl von einem bestimmten Zentrum her ausstrahlen, sie repräsentierten jedoch vor allem
die kontinuierliche Arbeit der Phantasie aller Zeiten und Orte.

7. Die Finnische Schule und die historisch-geographische Methode

Von dieser letztgenannten Prämisse wird der Begründer der fin-
nischen Schule, Julius Krohn, ausgehen, dessen Methode von seinem
Sohn Kaarle vervollkommt wurde. Der hochgebildete Dichter und
Erzähler Julius Krohn begann mit der Erforschung des nationalen
Epos *Kalevala,* das ihn von Jugend an interessierte. Man darf auch
nicht vergessen, was er in einer seiner Arbeiten über die Genese des
Kalevala im Jahre 1884 sagte:

> „Bevor ich zu einer wie auch immer gearteten Schlußfolgerung
> (über die Genese eines Gesanges) komme, *ordne ich sämtliche
> Fassungen in geographischer und chronologischer Sicht:* nur so
> kann man die ursprünglichen von den später hinzugefügten
> Elementen unterscheiden."

Diese Methode wird Krohn mit ausgezeichneten Resultaten in
seiner interessanten Arbeit *Kalevalan Toisinnot* (1888) anwenden,
in welcher er den Wert der Varianten hervorhebt, welche seines Erachtens die Popularität eines volkstümlichen Textes ausmachen.
Krohn vergißt übrigens auch nicht, die Namen der Dichter und

Sänger zu nennen, denen die epische Neugestaltung gelang. Und die Varianten des Epos ordnete er natürlich nach dem Inhalt, aber auch nach ihrem Herkunftsort. Sehr jung gestorben, hinterließ er ein rei ches Material, als klaren Beweis für den Wert seiner These. Mit Hilfe dieses Materials verfaßte sein Sohn unter dem Namen des Vaters mehrere Arbeiten, die für die Volkskunde grundlegend geworden sind: z. B. die Bücher über den heidnischen Kult des finnischen Urvolkes oder die noch interessanteren Studien über das *Kanteletar* und die finnische Volkslyrik.

In der Anwendung der historisch-geographischen Methode schloß sich Julius Krohn einerseits den Untersuchungen Grundtvigs an, andererseits berief er sich auf eine Arbeitsmethode, die Riehl in Deutschland seit 1854 entwickelt hatte, der als Fundament der Entwicklung des deutschen Volkes das Begriffspaar Land-Bewohner ansah, und der im Bereich der Mythologie einen Anwalt in Schwartz fand, der im Jahre 1877 die Traditionen, die aus der heidnischen Epoche in den ländlichen Gegenden noch lebendig sind und ihre historisch-geographische Verbreitung untersucht hatte. Welche Haltung hat er gegenüber Benfey eingenommen?

Krohn erklärte ausdrücklich, daß seine Methode alles Absolutgesetzte und Ausschließliche der Theorie Benfeys und seiner Anhänger zurückweise, denn, wenn es auch richtig sei, daß viele Märchen aus Indien nach dem Westen gelangt sind, so gelangen doch andere vom Westen aus nach Indien und unter die schöpferischen Zonen wären auch Kleinasien und Zentraleuropa zu zählen. Es war also cum grano salis alles für ihn möglich. Er sah den Irrtum Benfeys und teilweise des frühen Veselovskij darin, daß diese den Fassungen eines literarischen Textes große Bedeutung beigemessen hatten, den volkstümlichen Texten neuerer Zeit jedoch nur sekundären Wert. Benfey und Veselovskij waren einer Meinung in der hohen Bewertung der mündlichen Überlieferung. Man müsse jedoch einen Schritt weiter gehen und diese mit der literarischen konfrontieren. Es ist im übrigen klar, sagt er weiter, daß die Varianten eines Liedes, Ausdruck des bewahrenden Gedächtnisses des Volkes, oft sehr alte Formen zeigten. Und was für das Lied gelte, gelte es nicht ebenso für das Märchen? Aber, stellt sich hier die Frage, befaßt sich Krohn hier nicht mit dem gleichen Problem, das Benfey bewegte, als er nach dem Urtext einer bestimmten Dichtung suchte? Vielleicht ist es nützlich, zu lesen, was Krohns Sohn Kaarle in einer Sitzung des Internationalen Kongresses für Volkskunde in Paris im Jahre 1889 sagte. Bei diesem Kongreß lenkte der Sohn die Aufmerksamkeit der Zuhörer vor allem auf das Werk seines Vaters:

> „Das Hauptwerk meines Vaters ist die vergleichende Studie über das *Kalevala,* welche den ersten Teil seiner Geschichte der finnischen Literatur bildet ... Die Studien über das *Kalevala* sind von Interesse in bezug auf die Verbindungsglieder zwischen den epischen Liedern Finnlands einerseits und den alten skandinavischen, russischen, litauischen Liedern ... Von noch größerem Interesse ist aber vielleicht das von mir weitergeführte Werk meines Vaters, das die Interpretation der finnischen Lieder bringt und diese vergleicht mit ähnlichen Überlieferungen in allen Ländern der Welt."

Nach dieser Huldigung an den Vater sagt er weiter: 1. Der internationale Charakter eines Märchens (wie eines Liedes) bestehe nicht nur in einem gemeinsamen Grundgedanken, sondern in der Verwicklung und Lösung der Handlung, im Thema in seiner Ganzheit. 2. Dieses Thema artikuliere sich in bestimmten Motiven. 3. Um die primitive Form eines Märchens aufzufinden, müsse man sämtliche Varianten heranziehen. 4. Diese Varianten seien nach historischen Kriterien zu ordnen, wenn die literarischen Quellen dies erlauben, oder nach geographischen, wenn sie aus dem lebendigen Mund des Volkes aufgezeichnet seien. 5. Um diese Arbeit unternehmen zu können, müsse man die Varianten eines jeden Landes, jeder Provinz, jeder Gemeinde haben. Die Kenntnis der Varianten — das Fräulein Cox machte den Anfang und zeichnete 350 Fassungen der *Cinderella* auf — gleichgültig ob diese publiziert oder unediert sind, führe zur Ermittlung der Archetypen, die alle einen bestimmten Autor hätten. Aber wer kann leugnen (bemerkt er zu Benfey und zum frühen Veselovskij), daß in Nordeuropa sich z. B. einige Varianten des Polyphem-Märchens in älterer Form erhalten haben als das eigentliche Märchen vom Polyphem? Und gerade diesen älteren Text sieht er als den natürlicheren an. Dies sei der Gedanke der *Einfachheit* Kellers, sagt Krohn selbst; aber wäre es nicht exakter zu sagen, es wäre die Vorstellung der Entstehung des Epos, wie sie die Romantiker konzipiert haben und Weber sie bereits auf das Märchen angewendet hatte. Am Anfang steht für Krohn die einfachste Form, die zugleich die vollkommenste ist. Krohn junior ist jedoch der Meinung, daß die Entdeckung der primitiven Form eines Märchens, einer Legende usw. sicher nicht „die interessanteste Angelegenheit" sei, die die geographisch-historische Erforschung dieser Gattungen bietet. Es sei viel wichtiger, zu verfolgen, welche Veränderungen diese erste Gestalt genommen habe und wie sie sich in ihren Varianten in Zeit und Raum artikuliert habe. Was ihn jedoch nicht hindert, und dies ist sein Fehler, alle Varianten in der gleichen Weise und mit dem gleichen Kriterium zu betrachten.

Kaarle hat diese Prinzipien in seinen verschiedenen Arbeiten zur vergleichenden Märchenforschung herausgearbeitet und besonders in den Studien über die Märchen vom Mensch und vom Wolf, und er hat sie auch in seinen Studien über das *Kalevala* und die estnischen Volkslieder angewendet. Es ist bezeichnend, daß die Schrift, in welcher er sein Credo bringt, oder besser gesagt das von ihm auf den letzten Stand gebrachte Credo des Vaters, *Die folkloristische Arbeitsmethode*, veröffentlicht 1926, nichts anderes ist als eine Neuformulierung seines *Kalevalan kysmyksiä* von 1910. Noch zu erwähnen ist ein anderes bedeutendes Werk, das *Kalevalan opas* (1932).

8. Handwerkzeuge der Forschung

Heftige und scharfe Kritik gegenüber der finnischen Methode blieb nicht aus. So warf man den Krohns z. B. vor, ihre Methode könne sich wohl geographisch nennen, habe jedoch nichts Historisches an sich, insofern ihre Gruppeneinteilungen sich im allgemeinen als willkürlich, mechanisch oder statisch herausstellten. Und in jüngster Zeit hatte auch ein schwedischer Forscher, nachdem er seine ersten Arbeiten eben nach dieser Methode verfaßt hatte, C. W. von Sydow, anzumerken, daß die finnische Schule oft auf unkontrollierten, wenn nicht falschen Prämissen basiere. Man muß jedoch zugeben, daß die finnische Schule trotz allem ein großes Verdienst hat: sie hat uns eine Reihe von Handwerkzeugen angeboten, die für jeden, der sich mit Märchenforschung befassen will, unerläßlich sind.

Man denke dabei an das Werk eines Schülers Krohns, Antti Aarne, welcher 1910 das beachtenswerte *Verzeichnis der Märchentypen* edierte, in welchem erstmalig ein Verzeichnis der Märchenthemen und Märchenmotive mit der einschlägigen Bibliographie erstellt wird. Dieser Aufsatz ist der dritte aus der Reihe *Folklore Fellows Communications,* die 1907 unter den Auspizien der Internationalen Konföderation für Volkskunde von Krohn, Sydow und Axel Olrik aus der Taufe gehoben wurde.

Einige Jahre vorher hatte ein französischer Volkskundeforscher, Gaidoz, bemerkt, daß, wenn eines Tages ein mutiger Gelehrter einen Märchenindex (nach Themen und Motiven) erarbeitet haben würde, die Märchenforschung einen großen Schritt voronkäme. Und die oben erwähnte Reihe (die Bände enthalten mehr als hundert Arbeiten) brachte nicht nur Katalog-Indices in Nachfolge Aarnes für die einzelnen Länder Europas, sondern auch gute Monographien über Einzelprobleme der Märchenforschung, verfaßt von den Gründern der Gesellschaft, außerdem von V. Tille, R. Th. Christiansen, W. Anderson, A. N. Andreev u. a.; und dies alles diente dazu, was das Wichtigste ist, eine internationale Zusammenarbeit aufzubauen, die für die Volkskundeforschung in Europa und auch in Amerika sehr fruchtbar wurde.

Ein anderes unentbehrliches Standardwerk, das vor allem dem Vorbild Köhlers verpflichtet ist und auch der finnischen Schule, ist das fünfbändige Werk von J. Bolte und G. Polivka *Anmerkungen zu den Kinder- und Hausmärchen der Brüder Grimm,* ediert zwischen 1913 und 1935. Der erste Autor, einer der bedeutendsten Volkskundeforscher Deutschlands, war unter anderem nach Weinhold Herausgeber der *Zeitschrift für Volkskunde,* welcher er bemerkenswerte Impulse verlieh. Der zweite Autor, einer der größten russischen Volkskundeforscher auf dem Gebiet der Märchenforschung, folgte wohl den Spuren Benfeys, betonte aber, daß vor allem der nationale Charakter des Märchens berücksichtigt werden müsse. Und aus dieser Zusammenarbeit entstand der *Thesaurus* der vergleichenden Märchenforschung, begonnen und verfaßt im Namen Grimms, in welchem jedes Märchen der Brüder Grimm in seiner Weltweite atmet.

Die finnische Schule, die sich vor allem auf dem speziellen Gebiet der Erforschung der Volksliteratur bewegte, hat aber letzten Endes die anderen Disziplinen der Volkskunde wenig berücksichtigt. Es stimmt, daß die Krohns sich auf historischem Gebiet bewegten, wenn sie in den Märchen und Liedern Spuren der Vergangenheit, der Mythologie, der Magie erforschten. Die finnische Schule jedoch blieb im Wesentlichen dem kartographisch-geographischen Studium verpflichtet. Sie schloß bekanntlich aus dem Gebiet der Volkskunde die Volksmusik aus, was ein Widerspruch ist; und gerade auf diesem Gebiet brachte in Finnland ein anderer Sohn von Julius, Ilmari, wertvolle Beiträge (und eine Tochter, Aino [Kallas], machte sich als gewandte Erzählerin um die finnische Volkskunde verdient). Sieht man von ihren Mängeln ab, so ist es das Verdienst der finnischen Schule, eine Methode entwickelt zu haben, die, in Grenzen, von indiskutablem Wert ist; sie hat Volksliteratur nicht mehr als literaturwissenschaftliches Randproblem betrachtet, sondern als ein Problem, das für die Geschichte der Kultur überhaupt bedeutungsvoll ist.

Bibliographische Angaben

1.—4. Über die Beziehungen zwischen Benfey und Müller vgl. Müllers Arbeit über die Wanderung der Fabeln, erstmals veröff. in: Contemporary Review, Juli 1870. Eine ausführliche Bibliographie über die orientalische Theorie bringt Bedier in Les Fabliaux, S. 40—44 (Paris, 1893); vgl. auch A. H. Krappe, The Science of Folklore, S. 10 f. (London, 1930); S. Thomson, The Folktale, S. 376 f. (New York, 1946). Zu den großen orientalischen Sammelwerken — das Pantschatantra wurde bekanntlich von Pizzi ins Italienische übersetzt (Turin, 1896) — geben S. Battaglias Contributi alla storia della novellistica (Neapel, 1947) einen kurzen, jedoch präzisen Überblick. Vgl. auch V. Keller, Über die Geschichte der Griechenfabeln, S. 333 (Leipzig, 1870), Г. Ribezzo, Nuovi studi sulla origine e sulla propagazione delle favole indo-elleniche, S. 10—20 (Neapel, 1901) (Diskussion der Theorien Benfeys und seiner Kritiker).

5. Die zahlreichen Aufsätze des großen Kenners des europäischen Volksmärchens Köhler edierte J. Bolte, sein treuer Schüler, unter dem Titel Kleinere Schriften (3 Bde., Weimar, 1898—1900). Bolte gab auch gemeinsam mit E. Schmidt Köhlers Abhandlung Über Märchen und Volkslieder (Berlin, 1894) heraus. Bibliographie über Cosquin in A. van Gennep, Manuel de Folklore français contemporain, S. 4 (Paris, 1937—38).

6. Zu den russischen Beiträgen zur Märchenforschung vgl. vor allem Sokolov, Russian Folklore, S. 78—90, 100—123 (New York, 1950), und E. Lo Gatto, Storia della letteratura russa, 1, S. 46—92 (Florenz, 1944³). 7.—8. Zur finnischen Schule vgl. vor allem Krappe, op. cit. S. 10, 42 f.; Thomson, op. cit., S. 394 f. Über die historisch-geographische Methode vgl. den engagierten Essai P. E. Pavolinis in Lares, 4, S. 3 f. (1933). Aarnes Index wurde weitergeführt von einem der bedeutendsten Volkskundeforscher Amerikas, Stith Thompson (vgl. The Types of the Folktale di A. Aarne, üs. und erweitert von Stith Thompson, Folklore Fellows Communications Nr. 74, Helsinki, 1928). Thompson ist auch der bis heute ausführlichste Motif-Index of Folk-Literature: A classification of narrative elements in folktales, ballads, myths, fables, medieval romances, exempla, fabliaux, jestbooks and local legends (6 Bde. FF. C. Nos. S. 106, 109, 116 f., Helsinki, 1932—36) zu danken. Kritik an dieser Schule: J. M. Sokolov, op. cit., S. 90 f.; A. van Gennep, op. cit., 1, S. 28 f.; referierend: K. Krohn, La méthode de M. Jules Krohn, Congrès Intern. des Traditions Populaires, Paris, 1889, S. 64—68 (Paris, 1891); E. Morote Best, Elementos de folklore, S. 245 f. (Cuzco, 1950); vgl. auch den scharfsinnigen Artikel C. W. von Sydows, Circulations des contes populaires, Trav.-Ier Congr. Internat. de Folklore, S. 132 f. (Tours, 1938).

Die Zitate aus Benfey sind von der Übersetzerin entnommen aus: Theodor Benfey, Pantschatantra, Fünf Bücher indischer Fabeln, Märchen und Erzählungen aus dem Sanskrit übersetzt mit Einleitung und Anmerkungen, Bd. 1, 2, reprogr. Nachdr. d. Ausg. Leipzig, 1859, Hildesheim, Olms, 1966.

Euphorion 48 (1954), S. 341—354.

NEUE BEITRÄGE ZUR MÄRCHENFORSCHUNG

Von FRIEDRICH VON DER LEYEN

1.

Die Märchenforschung in den letzten Jahren hat sich nach vielen
Seiten ausgebreitet und hat ihre Aufmerksamkeit auch neuen, bisher
übersehenen oder vernachlässigten Aufgaben zugewandt. Unser Besitz an Märchen ist immer reicher geworden: Schweden zeigt uns die
Schätze seiner Märchenarchive. *Woldemar Liungman* gab auf Grund
von Umfragen in Zeitungen eine wunderschöne Sammlung von
Märchen und Sagen heraus mit gründlichen Nachweisen über ihre
Entstehung und Verbreitung. Eine Übersicht über die Typen tür-
kischer Volksmärchen ist das Verdienst von *Wolfram Eberhard* und
Parev Naili Boratav. Beide haben Studenten ausgeschickt, die ihnen
die Märchen sammeln sollten. In Irland hat *Séamus ó Duilearga* seit
Jahrzehnten gesammelt. Japan besinnt sich auf die Schuld, die seine
Forschung gegenüber seinen volkstümlichen Überlieferungen trägt,
und sucht sie abzutragen. Bei den Araukanern in Argentinien hat
Frau *Kössler Ilg* — in jungen Jahren schenkte sie uns eine Sammlung maltesischer Märchen — als Frau eines Arztes und selbst Ärztin
das Vertrauen der Eingeborenen wie wenig andere Märchensammler
gewonnen. Die Märchen und Mythen, die sie ihnen im Laufe eines
Menschenalters abhörte, gehören zum Echtesten und Lebendigsten,
was der Märchenkunde geboten wurde. Leider ist diese Sammlung
noch ungedruckt. Auch Deutschland hat nicht geruht. Nach langer
Pause erschien in den letzten beiden Jahrzehnten aus deutschem
Sprachgebiet eine Märchensammlung nach der anderen. Das Archiv
für Volkserzählung, jetzt nach Marburg verlegt, gibt neue Veröffentlichungen heraus und hat den Nachlaß und die Sammlungen
von Johannes Bolte, Wilhelm Wisser und Richard Wossidlo in Ob-
hut genommen. Sein Leiter, als Märchenfinder und Märchendeuter

rühmlich bekannt, *Gottfried Henssen,* schildert uns einen hervorragenden Märchenerzähler, Egbert Gerrits.

Lange Zeit ist Schweden hinter Norwegen und Dänemark zurückgeblieben, insofern vom Reichtum seiner Märchen das meiste in den Archiven und Bibliotheken des Landes ruhen blieb und keine Herausgeber fand. Nun, seit 1937 ist das nachgeholt. Die königliche Gustaf Adolfs Akademie hat mit Unterstützung der Regierung die schwedischen Märchen und Sagen herausgegeben (Svenska Sagor och Sägner, Stockholm 1937 ff., Schwedische Märchen und Sagen).

Die ersten vier Bände enthalten die Märchen und Sagen, auf denen das bekannteste schwedische Märchenbuch von G. O. Hyltén Cavallius und Georges Stephens (1844—49) beruht. Die ursprünglichen Fassungen werden uns nun bekanntgegeben, die den beiden Herausgebern vorlagen und die sie seinerzeit in einem Stil wiedergaben, den sie für märchenhaft hielten, oder aus denen sie auswählten oder die sie für spätere Ausgaben zurücklegten. Namen- und Sachregister und Verweise auf das Typenverzeichnis von Antii Aarne und Stith Thompson folgen, und etliche nicht leicht verständliche oder von der Schriftsprache abweichende Wörter werden erklärt. Alle Gewährsmänner werden nicht nur genannt, sondern ihre Herkunft, ihre Umwelt, ihre besondere Art werden uns gezeigt. Der 5. und 7. Band gelten dem ausgezeichneten Forscher und Sammler Gabriel Djurklou (in Nerike, Südschweden). Seine Aufzeichnungen sind lebendiger und echter als die von Hyltén Cavallius und Stephens. Der 5. Band ist erschienen. Band 6 und 7 sollen folgen. Band 8 bringt etwas Besonderes, die Märchenerzählungen von Nils Müntzing, einem Märchenerzähler, der 1863 geboren wurde. Seine schwäbischen Vorfahren wanderten im 18. Jh. in Schweden ein. Vor allem seinem Enkel hat er die Märchen erzählt, und dieser konnte sich daran nicht satthören. Nun sind sie noch einmal aufgeschrieben worden. Dieser Mann lebte in seinen Märchen und wird als einer der gütigsten und liebevollsten Menschen geschildert. Seine Märchen sind eine Trösteinsamkeit. Die meisten stammen aus Ekeby, dem Ekeby von Gösta Berling. Sie stehen denen von Djuklou räumlich nah, zeigen aber einen größeren Reichtum. Vor uns erscheint also eine gesegnete Märchenlandschaft. Nun halten sich die genannten Sammlungen meist in Südschweden auf. Mittelschweden und vor allen

Dingen Nordschweden kommen nicht zur gebührenden Geltung. Der 9. Band führt uns deswegen nach den Nordgebieten, die Lappland benachbart sind und auch Finnland streifen. Hier standen die Herausgeber vor großen sprachlichen und sachlichen Schwierigkeiten. Die Sprache der nördlichen Gebiete weicht von der schwedischen Gemeinsprache beträchtlich ab, Erzählungsart und Aufbau zeigen gleichfalls ungewohnte Eigenheiten.

Das ganze Werk ist also noch nicht abgeschlossen. Meines Wissens soll es zwölf Bände umfassen, ausführliche Kommentare sollen Geschichte und Verbreitung der Märchen und ihre Stellung zu den Märchen der Welt uns vorführen. Dann werden hoffentlich auch Übersichten über den Inhalt und die Ergebnisse in englischer oder deutscher Sprache folgen, für die Forscher, die des Schwedischen nicht mächtig sind. Aber die von den Herausgebern geleistete Arbeit verdient uneingeschränkte Bewunderung. Einer von ihnen, *Sven Liljeblad*, hat sich leider von dem Werk getrennt. Der andere, *Jörand Sahlgren*, scheint von anderen Aufgaben schwer belastet. Hoffen wir auf Überwindung dieser Schwierigkeiten, im dringenden Interesse der Märchenforschung.

Als Ergänzung, bisweilen auch als Ersatz darf die Sammlung von *Woldemar Liungman* gelten: Sveriges samtliga folksagor (Schwedens sämtliche Volksmärchen, Stockholm 1949—50). Es sind zwei Bände, sehr hübsch ausgestattet. Ein besonders anziehender Schmuck sind die beigegebenen Bilder, mit feinem Geschmack aus älteren und neueren Märchen- und Schwankbüchern, vornehmlich aus Schweden, ausgesucht. Wie schon gesagt, beruht diese Sammlung auf Umfragen des Verfassers, die er mit Hilfe von Zeitungen 1925—27 durchführte, außerdem auf den in den Bibliotheken und Archiven von Lund und Uppsala liegenden Märchen, so daß eine möglichst vollständige Übersicht über alle Typen der noch im Volk umlaufenden Märchen erreicht wurde. Bei jedem Märchen ist wieder der Aufzeichner, die Zeit und die Art der Aufzeichnung angegeben, auch der Gewährsmann des Aufzeichners. Ferner wollte der Verfasser seine Leser und auch den Märchenforscher über die Herkunft und die Verbreitung der Märchen gründlich unterrichten, über die Verbreitung in Schweden und auch in der Welt. Diese Aufgabe erfüllt ein

3. Band: Varifrån Kommer Våra Sagor? (Woher kommen unsere
Märchen? Djursholm 1952). Der Verfasser hat dabei keine Mühe
gescheut. Er kennt die Schwierigkeiten, die sich einem Unternehmen
wie dem seinen entgegenstellen: Wann beruhen die heute erzählten
Märchen auf schriftlichen Überlieferungen, etwa auf Volksbüchern,
auf Kalendern, auf Schillingsdrucken, auf früheren Märchensammlungen? Können diese schriftlichen Überlieferungen ihrerseits wieder
auf mündliche zurückgehen? Wenn ein Märchen hier in der Gemeinsprache, dort in der Mundart erzählt wird: ist die Mundart immer
das ältere oder ist sie eine Übersetzung aus der Gemeinsprache? Bei
den Angaben des Verfassers wird es manchen überraschen, wie viele
der schwedischen Märchen auf den Märchen der Brüder Grimm
beruhen, und wie viele auf kleinen billigen Heftchen. Die Geschichte
der Märchen führt Liungman bis auf die ältesten uns überlieferten
Zeugnisse zurück und verfolgt sie dann in ihrer Verbreitung. Damit
ist der Boden für spätere Untersuchungen günstig vorbereitet, die
das Verbreitungsgebiet einzelner Märchen genau abgrenzen und
seine erste Heimat und seine Schicksale bestimmen wollen. Aber
auch die Literatur über die einzelnen Märchen ist sorgfältig verzeichnet. Manchmal erweitern sich die Angaben des Verfassers zu
Monographien, und sie ergänzen auch die reichsten Literaturangaben, etwa die in den Anmerkungen von Bolte und Polivka zu
den Kinder- und Hausmärchen und die von Stith Thompson in
seinem Motivindex oder seinem Buch „The Folktale" (New York
1946). Das gilt besonders für die Hinweise auf die Märchenmotive
und auf die Märchenmotivreihen in den Märchen des alten Orients
und den Märchen des klassischen Altertums. Der Abgrenzung des
Märcheninhalts, der Annahme der Urform wird man nicht immer
ohne Vorbehalt beistimmen können. Auch der Glaube an den alten
Orient als Urheimat des Märchens scheint noch nicht erwiesen,
wenn der Verfasser ihn auch durch seine großen Bücher über die
Wanderungen von Sitte und Brauch, von Frühlings- und Neujahrs-
festen vom Orient nach dem europäischen Westen zu stützen sucht.
Aber hier, so wichtig und fördernd diese Konzeption ist, fehlt noch
viel von dem Material, das diese Ansichten begründen kann. Auch
wird in den Hinweisen auf die Märchen der Alten Welt der Wert
der Märchenmotive überschätzt. Wenn etwa ein Märchenmotiv in

der Überlieferung des klassischen Altertums auftaucht, so wissen wir nicht immer, in welchen Zusammenhang es gehört. Man darf daraus nicht Schlüsse auf das Vorhandensein von ganzen Märchen ziehen, in denen dieses Motiv heute erscheint. Aber trotz dieser und anderer Einwände — auch der Kundige wird aus den Hinweisen des Verfassers manches Neue erfahren. Ich habe darum im Anhang zu dem 2. Band meiner Welt der Märchen eine kurze alphabetische Übersicht über die Märchen gegeben, für deren Verbreitung und Geschichte Liungman neue Belege beibringt. Diese, sagen wir einmal orientalische Hypothese ist durch Will Erich Peuckert (Deutsches Volkstum in Märchen u. Sage usw. 1938) erweitert worden. Er will mit ihrer Hilfe die Entwicklung des Märchens von der Steinzeit bis zur Bronzezeit bestimmen. Damit scheinen mir die Grenzen des Erforschbaren überschritten. Am Schluß gibt Liungman in Tabellen an, welche seiner Märchen dem in Aarnes Typenverzeichnis genannten entsprechen und welche in allen bisher veröffentlichten schwedischen Märchenbüchern erscheinen. Leider fehlt dem Buch ein englisches oder deutsches Nachwort — ein summary, in dem seine Ziele und sein besonderer Gehalt angegeben werden. Das darf man wohl sagen, die schwedische Märchenforschung hat jetzt die dänische und norwegische nicht nur erreicht, sondern sie hat sie überflügelt.

Wenn unsre bisher recht unzulänglichen Kenntnisse über die Märchen des Nahen Orients reicher und zuverlässiger werden sollen, so bedarf es unter anderem einer Sammlung des Märchengutes der Türkei, aus dem bis vor kurzem nur wenige Märchen vorlagen. Diese Lücke beginnt sich nun zu schließen. Wie oben schon bemerkt, hat Professor *Wolfram Eberhard*, bekannt durch seine Verdienste um das chinesische Märchen, in Verbindung mit Professor *Dr. Pertev Nail Boratav* 46 Studenten auf die Märchenjagd geschickt. Über 3000 Märchen und Märchenvarianten waren die Beute (Typen türkischer Volksmärchen, Wiesbaden 1953). Im Mittelalter war die Türkei das Durchzugsland für die Märchen aus dem Osten. Die alte Türkei war die Vormacht auf dem Balkan. So lassen sich in ihr Märchenerinnerungen aus Indien und Persien im Zusammenhang mit den Märchen der Balkanvölker vermuten. Die von den Helfern der beiden Herausgeber aufgespürten Märchen bestätigen diese Vermutung. In letzter Zeit sind auch Märchen aus dem Westen, nament-

lich Märchen der Brüder Grimm, nach der Türkei gelangt. Das
Märchen ist nach Angabe von Eberhard in der Türkei noch lebendig,
während es in China erstarrte. Viele Volksmärchen gehen auf
Kunstmärchen zurück, einige dieser Kunstmärchen mögen wiederum
Volksmärchen voraussetzen. Der fruchtbarste Boden für den Märchensammler ist Anatolien. Hier lassen sich noch manche Schätze
gewinnen. Eberhard verspricht, daß der ersten Märchenexkursion
noch andere folgen sollen. Wir möchten diesem Wunsch hinzufügen,
daß in Persien und den anderen Nachbarländern der Türkei das
gleiche geschehe. Nun werden in dem Buch der beiden Herausgeber die Märchen nicht erzählt, sondern nur ihre Typen — oder
sagen wir: nur ihr Inhalt — angegeben, möglichst im Anschluß an
das Typenverzeichnis von Antti Aarne, aber mit einigen Abweichungen, die die türkischen Funde nötig machen. Die Häufig-
keitswerte und die nach den Fundorten wechselnde Beliebtheit der
einzelnen Typen sind verzeichnet. Wir erfahren auch die Varianten
und die Erweiterungen, auch Hinweise auf die Entstehung und
Verbreitung der einzelnen Märchen. Diese sind wohl verdienstlich,
aber oft flüchtig und unvollständig. Den Herausgebern fehlte anscheinend die nötige Fachbücherei. Für die orientalischen Urmärchen
bleiben die gewonnenen Märchen, wie vorauszusehen, unergiebig.
Aber für das neue Märchen seit dem Mittelalter ergibt sich mancher
Gewinn. Inhaltlich neue Märchen erscheinen kaum. Nur der Aufbau, die neue Verschlingung der Motive, die Angleichung an die
Umwelt sind bemerkenswert und aufschlußreich. Die Verwandtschaft mit östlichem Erzählungsgut ist oft frappierend. Hinweise
auf die Art der Erzählung haben die Herausgeber angegeben, und
auch die Inhaltsangaben verraten bisweilen die Art der Erzählung.
So wird diese Publikation ein neuer und wichtiger Besitz für den
Märchenforscher, und wir wollen hoffen, daß uns noch ähnliche
Gaben erfreuen.

Vorher haben wir darauf hingewiesen, daß die großen schwedischen Märchenbücher eingehend die Märchenerzähler, ihr Leben
und ihre Umwelt, ihre Gewährsmänner und manchmal auch ihre
Herkunft schildern. Hier zeigt sich eine früher übersehene oder
vernachlässigte Aufgabe für den Märchenforscher. Ihre Lösung
führt mitten in die Erkenntnis des Lebens und der Wirkung und

der eigentlichen Welt des Märchens. Bisher sah man zu starr auf das Märchen selbst — seine Motive und seinen Aufbau — und suchte aus ihnen die epischen Gesetze abzuleiten und wies auch auf alles hin, was verwirrt oder zerstört wurde. Es wäre aber eine notwendige Ergänzung, die überlieferten Berichte über die Erzähler und Erzählerinnen vom Altertum bis auf unsere Tage, von den Primitiven, von Ost und von West zu sammeln und übersichtlich darzustellen und am Ende die Verdienste und die besondere Art von den Märchenpflegern zu schildern. Eine Reihe vorläufiger Hinweise findet man in dem Buch des Verfassers „Die Welt der Märchen", Jena 1953/54.

1951 hat nun, wie ebenfalls schon erwähnt, *Gottfried Henssen* uns den Märchenerzähler und Volksliedsammler Egbert Gerrits geschildert, der als zehnjähriger Bub von Holland nach Emsland kam, dort bei Bauern zuerst die Kühe hütete, dann, anstellig wie er war, in den verschiedensten Beschäftigungen ländlicher und handwerklicher Arbeit sich bewährte, dabei von jeher sich und andere durch Lieder, durch Aufspielen zum Tanz, durch Schwänke, Schnurren und Märchen erheiterte. Er war der beste Erzähler der Umgegend und hat auf vielen Wanderungen eine Menge Menschen kennengelernt. Als Henssen ihn auffand, war er 84 Jahre, von erstaunlicher körperlicher und geistiger Frische. Als 89jähriger ist er gestorben. Henssen hat ihn wiederholt aufgesucht, sein Vertrauen erworben, ihm bei der Arbeit geholfen und sich seine Märchen nicht nur erzählen lassen. Er nahm eines davon im Magnetophon auf und brachte einen Photographen mit, der das Mienenspiel und die Gesten des Vortragenden festhielt. Neue, im inhaltlichen Sinn neue, Märchen erzählte Gerrits nicht, doch er lebte in den Märchen, die er erzählte. Wenn die überlieferten Fassungen seinem Gefühl und seiner Auffassung widersprachen, so bog er sie nach seiner Überzeugung zurecht. Seine Handbewegungen, sein wechselnder Gesichtsausdruck zeigen, wie die Märchen sich seiner bemächtigten. Außerdem sollten die Geschichten, wie er sie erzählte, sich den Hörern einprägen. Er hielt bei spannenden Augenblicken ein, machte Bemerkungen, billigende oder mißbilligende über die Träger der Handlung oder ihr Benehmen. Er ließ sie selbst sprechen und wies erklärend auf seinen Hörern Vertraute und Gegenwärtige, flocht da und dort nicht ohne Humor Belebendes ein, malte verlockende Situationen aus. Kurz — auch die bekanntesten Märchen wurden in seiner Darstellung neu und unvergleichlich lebendig (Gottfried Henssen, Überlieferung und Persönlichkeit, Münster 1951).

Wenn dieser Mann auch eine Zierde war in der Gilde der Märchenerzähler, die Art seines Vortrags läßt manchen Schluß zu über die Eigenheiten und die Gesetze volkstümlicher Erzählungsart überhaupt. Mit ihrer Hilfe läßt sich entscheiden, ob ein uns überliefertes Märchen gut oder schlecht erzählt ist, nicht nur in unserer Zeit und in unserem Land, die Merkmale sind allgemein gültig. Umgekehrt: wenn man Merkmale der volkstümlichen Erzählung zu erkennen glaubt, so läßt sich mit Hilfe eines Erzählers wie Gerrits und anderer ihm verwandter feststellen, ob diese Merkmale richtig erkannt und bestimmt wurden. Es gibt nicht nur epische Gesetze, es gibt auch Gesetze des epischen Vortrags.

Henssen meint, die echtesten Märchenerzähler seien Männer und Frauen, denen das Wandern im Blut liege und die vielen Menschen begegnet seien, denen ein abwechslungsreiches Leben ein Bedürfnis sei. Für diese Auffassung läßt sich allerdings eine stattliche Reihe von Belegen beibringen. Einige finden sich in meiner „Welt der Märchen". Wir dürfen annehmen, daß in diesen Erzählern die Nachfolger der berufenen und wandernden Märchenerzähler fortleben, die uns, eine Hinterlassenschaft des späten klassischen Altertums, in vielen östlichen und westlichen Ländern seit dem Mittelalter begegnen.

Aber der Erzähler Nils Müntzing erzählte am liebsten nur zu Hause seinem kleinen Enkel, und wie viele Großmütter und -väter, wie viele Mütter haben im Laufe der Zeit ihre Enkel und Kinder durch Märchen erfreut, immer zu Hause. Viele Erzähler waren ihr ganzes Leben hindurch seßhaft und Verkünder des Märchens nur für ihre Umwelt, früher für ihren Stamm, später für ihre Dorfgenossen. In ältester Zeit waren diese Erzähler ebenbürtig den Priestern, den Zauberern, den Medizinmännern, den Propheten und verwalteten hohe Ämter. In Irland leben Erzähler dieser Art noch in unseren Tagen. Zu ihnen gehört eben jener Sean O'Conailh, dem der Professor Duilearga seine Märchen abhörte, nicht nur Märchen, auch Mythen, Legenden, Schwänke, ungefähr 200. Sie bedecken weite Gebiete der Volkskunde. Der Herausgeber hat den irischen Texten eine englische Inhaltsangabe folgen lassen, mit Hinweisen auf das Typenverzeichnis von Aarne (Leabhar Sheáin li Chonailh und Séamus ó Duilearga, Dublin 1948).

Der Erzähler wohnte in einem kleinen, dürftigen Häuschen, das mit wenigen andern eingebettet war in einen Abhang — 300 Fuß über dem Meer, in abgelegenster Gegend, in der Südostecke von Co Herry. Die Bewohner lebten vom Fischfang und von dem spärlichen Ertrag ihrer Felder seit Generationen. Als der Herausgeber 1923 seinen Erzähler kennenlernte, war dieser 70 Jahre. Seitdem ist er oft in den Ferien bei ihm gewesen, hat ihn und seine alte Frau bei der Hausarbeit unterstützt und hat sich dann von ihm die Märchen und Geschichten so langsam diktieren lassen, daß er sie Wort für Wort aufschreiben konnte. Von seinem Sitz sah er durch eine Öffnung im Kamin oben auf die Sterne, und das Rauschen des Meeres klang in die Märchen hinein. Der alte Erzähler war nie in die Schule gegangen. Er sprach und verstand kein Wort Englisch. Auch unter den Erzählern in der Umgebung und darunter manchem begabten war er der anerkannt erste. Und er erzählte gern. Als er seinem Gast alles mitgeteilt hatte, woran er sich noch erinnerte, war er dankbar und glücklich. Er wußte nun, daß seine Geschichten fortleben würden und daß er getrost sterben dürfe. Der ganze Wert dieser Geschichten erschließt sich leider nur dem, der irisch spricht oder versteht. Inhaltlich bieten sie, besonders aus der irischen Überlieferung, manches bisher Unbekannte. Als Ganzes sind sie ein neuer Beleg für die Liebe und den Stolz der Iren, die einen Besitz ohnegleichen an volkseigener Dichtung behüten. Man darf sagen, das ist nicht übertrieben, dieser Besitz ist ihr Heiligtum.

2.

Eine Geschichte der Forschung, die alle volkstümlichen Überlieferungen umfaßt, hat jetzt *Inger M. Boberg* geschrieben (Folksmindeforskningens Historie, Kopenhagen 1953, Geschichte der Erforschung volkstümlicher Überlieferungen). Diese Überlieferungen schildern die Märchen, Sagen, Schwänke, Fabeln und Volkslieder,

auch Sitte, Brauch und Feste werden einbezogen. Die Verfasserin
beginnt mit der Zeit des Humanismus, in der sich das Interesse für
das Volkstümliche besonders rührte. In den nordischen Ländern
ging sie mit Recht bis in das 13. Jh. zurück, bis in die Zeit der Edda
und in die des Saxo Grammaticus. Dann werden wir bis in die
Gegenwart geführt, dabei dürfen wir länger in den Jahrzehnten
der Romantik verweilen. Nacheinander treten vor uns die Forschungen in Deutschland, in England, in Irland, in Wales, in Frankreich, in den Niederlanden, in Dänemark, in Schweden, in Norwegen, auf den Färöern, in Island, in Finnland und in Estland.
Hübsche Bilder der bedeutendsten Forscher und Sammler, gelegentlich auch Titelblätter und Trachten beleben die Darstellung. Ein
ausführliches Inhaltsverzeichnis in englischer Sprache beschließt den
Band. Die bibliographischen Hinweise sind reichhaltig und nennen
auch Entlegenes. Man wird den Ansichten der Verfasserin und ihren
Urteilen nicht immer zustimmen. Sie gehört eben der dänischen
Forscherschule an, die Axel Olrik geschaffen hat. Und ihre Liebe
und ihre intimen Kenntnisse gehören vor allem dem skandinavischen Norden. Aber das Bestreben nach sachlichem und gerechtem
Urteil ist im besten Sinn wissenschaftlich und ebenso ihre liebevolle
Sorgfalt. Gerade für die erste Orientierung leistet dieses Buch
vortreffliche Dienste. Erschöpfend können seine Kennzeichnungen
nicht sein. Man wünscht sich auch bisweilen eine weniger in die
Einzelheiten und in die persönlichen Details eingehende, als eine
die Grundauffassungen und ihre Besonderheiten stärker hervor-
hebende Darstellung. Im Kapitel über Deutschland fehlt z. B. eine
genaue Würdigung des Archivs für Volkserzählung in Marburg.
Die neueste Literatur konnte nicht mehr berücksichtigt werden.
Auch die 40 Bände der Märchen der Weltliteratur gelangen nicht
zu der gebührenden Würdigung. Aber die Wirkungen der Forschungen von Wilhelm Mannhardt auf die gesamte europäische
Forschung werden so anschaulich und überzeugend beschrieben,
wie das meines Wissens noch niemals geschehen ist. Der Verfasserin
liegt die religiöse Volkskunde fern. Sie glaubt, das Interesse für die
dichterischen Überlieferungen trete jetzt hinter dem Interesse für
das volkstümliche Leben und für die Volkskunst zurück. Das
Materielle habe auch hier das Geistige besiegt und dieses Materielle

führe auch zu festeren Ergebnissen und sei der Gefahr phantastischer und subjektiver Mißdeutung nicht so ausgesetzt. Das mag für die skandinavischen Länder zutreffen. Sonst scheint mir das Interesse für Märchen und Sagen in der Wissenschaft so lebhaft wie je, und gerade aus Schweden haben wir gehört, welche ausgezeichneten Veröffentlichungen wir ihm verdanken.

Max Lüthi hat, einer Anregung Helmuth de Boors folgend, in einer Untersuchung „Die Gabe in Märchen und Sage" einen Beitrag „zur Wesenserfassung und Wesensscheidung der beiden Formen" gegeben (Bern 1943) und diesen durch eine Darstellung des europäischen Volksmärchens (Bern 1945) ergänzt. Unter Gabe versteht der Verfasser nicht allein die dinghafte Gabe, auch Ratschläge, Hilfe, Verleihung von Fähigkeiten, Verwünschungen, Weissagungen und dergleichen.

Seine These ist: in der Sage sei die Gabe etwas Geheimnisvolles, Wunderbares und Unerwartetes und unerklärlich. Zugleich aber geschehe sie in der Wirklichkeit und entscheide über Schicksal, Segen und Fluch. Sie sei in unserem Sein das Numinose. Dagegen im Märchen scheine die Gabe etwas Natürliches, über die der damit Beschenkte sich eigentlich gar nicht wundere (aber sie wird nur dem Erwählten verliehen!). Sie sei auch nicht um ihrer selbst willen da, sondern erfülle einen Wunsch, diene einem bestimmten Zweck, löse eine sonst unlösbare Aufgabe, und wenn das geschehen sei, was man von ihr erwarte, wenn sie ihre Schuldigkeit getan habe, so werde nicht weiter von ihr gesprochen. Sie verschwinde, als sei sie nie gewesen. Diese These wird an vielen übersichtlich gegliederten und geschickt ausgewählten Beispielen durchgeführt. Ich glaube, im allgemeinen darf man ihr folgen und sie als eine glückliche und fruchtbare Förderung unserer Erkenntnis begrüßen.

Da die Sage einem Erlebnis gilt und die Gabe nur einmal gegeben wird, da sie eine einfache, der Wirklichkeit zugewandte Form ist, so kann sie auch jeder erzählen. Sie bleibt echte Volksdichtung und berührt jeden unmittelbar. Sie ist auch Gemeinschaftsdichtung. Diese alte Erkenntnis wird durch die Forschungen von Lüthi bestätigt. Einschränkend wäre zu bemerken, daß auch unter den Sagen einige erscheinen, die von der hohen Dichtung in das Volk wanderten. Das gilt namentlich hier für Erlösungssagen und dort für Koboldssagen. Andere Sagen gelangten von der Kanzel ins Volk. Und umgekehrt werden in unseren Sagensammlungen einige ursprünglich volkstümliche Sagen von volksfremden Erzählern wiedergegeben — bombastisch oder im Stil der Pseudoromantik.

Das Märchen berichtet im Unterschied von der Sage von vielen Gaben, die wieder viele Aufgaben und Abenteuer fordern. Es verlangt also eine klare Gliederung und eine auf ein bestimmtes Ziel hinstrebende Erzählung, mit anderen Worten, es verlangt einen Dichter. Dieser verwandelt die Wirrnis, das beklemmende Durcheinander und das Unbefriedigte unseres täglichen Seins in befreiende Klarheit und in beruhigendes Glück. Er zeigt die eigentlich seiende Welt, und nicht die uns umgebende Scheinwelt. Die Sage ist diese, das Märchen ist eine sublimierte Wirklichkeit. Die Sage ist das Konkrete, das Märchen das Abstrakte. Je klarer das Märchen erzählt, je sicherer es seinem Ziel und seiner Bestimmung zustrebt, um so echter ist es. Das Ausmalen und das Verweilen ist ein Zeichen mangelnder Echtheit. Das Märchen will nicht schildern, sondern erzählen.

Hier muß ich einige Widersprüche anmelden. Max Lüthi geht aus vom europäischen Volksmärchen der Gegenwart und nur von ausgewählten Märchen. Nun sind die europäischen Märchen sehr oft nicht Originale, viele von ihnen stammen aus dem nichteuropäischen Osten. Außerdem sind viele, einschließlich der Märchen westlicher Herkunft, schon im Mittelalter bezeugt und stehen dort ihrer ursprünglichen Form oft näher. Schließlich stehen die Märchen, die Max Lüthi seinen Forschungen zugrunde legt, in neuen Sammlungen und sind von den Herausgebern sorgfältig redigiert und gepflegt, auch aus verschiedenen Bruchstücken und verschiedenen Fassungen zusammengesetzt, oft mit feinfühliger Kenntnis und auf Grund reicher Erfahrung. Im gewissen Sinn sind sie idealisiert; dadurch wird ihr Erkenntniswert von vielen Seiten her eingeschränkt.

Die Meinung, daß jedes unserer Volksmärchen das Märchen eines Erzählers voraussetzt, ist Gemeingut der Forschung geworden. Aber dieses Kunstmärchen, wie man sagt, ist nicht der Anfang. Ihm geht eine durcheinandergleitende, wirre Erzählung voraus, in der sich früher Glaube von Leben und Tod, von Diesseits und Jenseits, von Mensch und Tier, vom geheimnisvollen Zusammenhang aller Wesen, der belebten und der scheinbar unbelebten, von seltsamen Kräften, von Zauber und Traum spiegeln. Diese Wirrnis gewinnt langsam Gestalt, und die vollendetste Gestalt gibt eben ein Dichter.

Das schöne Wort „Kunstmärchen" ist insofern irreführend, als es den unbedingten Glauben an einen Dichter weckt, wie wir ihn heute kennen. Solche Dichter haben uns freilich in allen Zeiten und Zonen Märchen geschenkt. Aber die stärkeren und, märchengeschichtlich gesehen, älteren stammen von Erzählern, die weder lesen noch schreiben, aber die erzählen konnten und die in die Welt einer bestimmten Gemeinschaft gehören, in der auch ihre Eltern und Voreltern lebten. Diese Erzähler gehören also dem Volk. Auch der wandernde Erzähler, von dem wir hörten, ist immer volksnah.

In dieser frühen Zeit des Märchens sind die Gaben nicht so natürlich und verstehen sich nicht so von selbst, wie später. Denken wir etwa an das Nebeneinander und Gegeneinander von Tier und Mensch. Und damals — und noch, wie wir sehen werden, in manchem deutschen Märchen — griff auch das Geheimnisvolle und Unergründliche tief in das wirkliche Leben ein. Die Welt war noch nicht so klar und ausgeglichen wie in den Märchen, die uns als Märchen gelten. Aber das trifft zu, was auch Lüthi mit Recht betont: die mythische, auch die zauberische und auch die geschlechtliche Bedeutung mancher alten Motive wurde vergessen. Diese Motive haben sich in dichterische Motive verwandelt. Ähnlich büßen ja auch in der Sprache viele alte bildhafte Vorstellungen ihre bildhafte Kraft ein.

Nehmen wir nun einmal an, ein Märchen steht vor uns, wie Max Lüthi es uns vorzaubert, klar und rein, sein Ziel unverwandt im Auge, diese dunkle Welt erhellend und verklärend. Ist die Geschichte dieses Märchens, nachdem sie ihre Höhe erreicht hat, dann zu Ende? Ja, sie kann am Ende sein. Dann ist aber das Märchen erstarrt, es ist kein Volksmärchen mehr. Dasselbe Märchen kann aber von neuem in den Besitz eines volksnahen Erzählers geraten. Dann gleicht es sich wieder der Welt an, aus der es kam, und verwandelt sich, nimmt Motivreihen aus verwandten Märchen in sich auf, gleicht sich seiner neuen Umwelt an. Und je nach den Kräften und Gaben des Erzählers verwirrt es sich oder zerflattert oder schrumpft ein oder gewinnt eine neue Gestalt. Kurz — es wird wieder ein Volksmärchen. Diesen Prozeß, die Entwicklung vom Volksmärchen zur Dichtung und wieder von der Dichtung zum Volksmärchen, können wir in der Geschichte der Volksdichtung Jahrtausende hindurch beobachten. Ein Märchen mag noch so oft aus einer gedruckten Vorlage stammen, wenn es umerzählt wird, kann es wieder ein Volksmärchen werden. Und die Untersuchung dieser Umerzählung kann ebenso wichtig sein wie der Nachweis der Herkunft. Man hat, wie mir scheint, das Märchen zu stark isoliert und zu selten bedacht, daß eben das Erzählen sein Wesen und sein Schicksal ist und daß es darum eigentlich zum Volk gehört.

Max Lüthi meint ferner, da das Erzählen zum Wesen des Märchens gehöre, dulde es keine Schilderungen und Ausmalungen und keine Zwischenbemerkungen. Diese störten den geradlinigen Verlauf der Handlung. Allerdings, manche Einwürfe, lehrhafte oder tendenziöse Ermahnungen im Märchen können Zutaten eines pädagogischen oder geistlichen Erzählers sein. Man denke aber daran, wie oft im Märchen des Orients lange Reihen von Sprüchen die Erzählung unterbrechen. Das war für den Hörer eine Atempause. Und sonst, wir erinnern an unsere Bemerkungen über den Erzähler Gerrits (mein Buch „Die Welt der Märchen" bringt noch manche andere Bestätigung), gehört das Ausmalende und das Verweilende gerade zur Kunst des echten Märchenerzählers. Oft haben die Märchenerzähler auch zu rasch für den Aufzeichner erzählt und dieser mußte sich auf Inhaltsangaben beschränken, auf ein Protokoll gewissermaßen. Das war die Herkunft der Geradlinigkeit. Es war also ganz in der Art und im Sinn des echten Märchens, wenn Wilhelm Grimm am Schluß des *Dornröschens* den kurzen Satz der Ölenberger Handschrift *und alles erwachte von dem Schlaf* ausmalte: *die Fliegen an den Wänden krochen weiter, das Feuer in der Küche erhob sich flackernd und kochte das Essen. Der Braten fing wieder an zu brutzeln und der Koch gab dem Jungen eine Ohrfeige, daß er schrie und die Magd rupfte das Huhn fertig.*

Das ist wieder richtig: in Beiworten ist das deutsche Volksmärchen sparsam, und hier haben die Brüder Grimm ihren Märchen zuviel schmückende Beiworte geschenkt (Elisabeth Koechlin, s. u., S. 162).

Eine Frage hat die Märchenforschung öfter beschäftigt: ob nicht bestimmte Märchen für bestimmte Völker kennzeichnend sind oder ob bestimmte Völker sich unter den Märchen Lieblinge wählen oder ob Auffassung und Darstellung der Märchen sich bei verschiedenen Völkern verschieden entwickeln.

Die indischen Märchen und die arabischen Märchen in *Tausendundeiner Nacht* sind allerdings unverkennbar indisch und arabisch. Ebenso ist das besonders Keltische in den keltischen Märchen leicht zu greifen. Aber in Ländern, in denen Völkerschaften verschiedener Herkunft neben- und durcheinander wohnen und voneinander nehmen und geben, bleibt es meist unmöglich, etwas nur einem von ihnen Gehörendes in ihrem Märchenschatz herauszufinden. Auch bei Kulturvölkern, denen ihr Schicksal und ihre Geschichte ein besonderes, sie von anderen Wesen abhebendes Wesen aufgeprägt hat und in denen die gleichen Märchen oft hin und hergehen, etwa bei Deutschland und bei Frankreich, ist es schwierig, aus ihren Märchen Wesenszüge zu erkennen, die grade ihnen gebühren.

Trotzdem ist es der Schweizer Forscherin *Elisabeth Koechlin* mit überraschendem Erfolg gelungen, solche Wesenszüge zu bestimmen (E. K., Wesenszüge des deutschen und des französischen Volksmärchens, Basel 1945). Sie geht dabei nicht von dem gesamten uns überlieferten Märchenbestand der beiden Völker aus. Das hätte ins Uferlose geführt. Sondern sie geht aus von einem bei beiden Völkern in ihren verschiedenen Landschaften gern erzählten Märchentypus — nämlich dem mit dem Märchen *Amor und Psyche* verwandten *Tierbräutigam:* ein Mädchen, um den Vater zu retten und um ein von ihm gegebenes Versprechen zu erfüllen, vermählt sich mit einem Dämon in Tiergestalt, der sich nachts in den schönsten Jüngling verwandelt. Sie übertritt das Verbot, ihn zu schön. Er verschwindet, und sie wandert ihm nach, bis sie ihn endlich wiederfindet, eben da er sich mit einem anderen Mädchen vermählen will. Mit Hilfe von Kostbarkeiten, die ihr mitleidige Gestirne gegeben haben, dringt sie nachts in sein Zimmer und erzählt ihm von ihrer Liebe und von ihrem Leide. Zweimal hört er nichts, weil man ihm einen Schlaftrunk eingab. Das dritte Mal, nachdem er den Schlaftrunk verschüttet — aus Mitleid mit dem

Mädchen hatte ihm ein Diener den Betrug mitgeteilt —, hört er alles an, und die beiden vermählen sich für immer.

In den deutschen Fassungen des Märchens durchdringt die Ahnung von dem Wunderbaren, Geheimnisvollen, Jenseitigen die Erzählung. Das Mädchen steht im Bann des Zaubers, im Zwang des Schicksals, ein unwiderstehlicher Drang bestimmt das Handeln und das Wandern. Das französische Märchen streift das Jenseitige ab, es wendet sich dem Diesseits zu. Die Vermählung ist kein Opfer. Nachdem die älteren beiden Schwestern den Tiermenschen entschieden abgelehnt, bisweilen mit scharfgeschliffenen Reden, erbietet sich die jüngste, keineswegs die hübscheste, fast freiwillig. Dann wird die Hochzeit gefeiert, wie die Kirche es verlangt. In einer Fassung wird sogar der erst widerstrebende Priester bestochen. Die ganze Verwandtschaft muß dabei sein, das Gesellige verlangt sein Recht. Großer Prunk wird entfaltet. Die älteren Schwestern sehen neidisch zu. Der ersten Trennung des Liebespaares geht bisweilen ein regelrechter Ehestreit voraus. Die dem Mädchen von den Gestirnen geschenkten Kostbarkeiten werden verlockend geschildert. Alles das also wird ausgebreitet, über das die deutschen Fassungen leicht hinweggehen. Sie sind zurückhaltender, scheuer, einfältiger, sie überlassen es dem Zuhörer, sich das nur Angedeutete auszumalen. Die Kirche und ihre Gebote sind in das französische Märchen tiefer eingedrungen als in das deutsche. In den Reden, im Dialog sind die französischen Fassungen viel geschickter, lebhafter, natürlicher und den deutschen Fassungen unzweifelhaft überlegen. Sie streifen auch bewußt an das Komische. Die Verbindung des Mädchens mit einem Ungeheuer finden sie grotesk, fast amüsant. Daß das arme Mädchen am Schluß redet und redet und der Bräutigam schläft und schläft, das ist doch beinah zum Lachen und ebenso, daß er, nachdem er endlich den Schlaftrunk verschüttet, so laut wie möglich schnarcht, damit man doch an seinen Schlaf glaubt. Im Ganzen: die französischen Märchen verwandeln sich in Novellen, lebhaft und dramatisch erzählt. Die romanischen Völker haben ja von jeher den Novellen nähergestanden als dem Märchen.

Ganz so klar, wie wir es hier andeuten, ist der Unterschied zwischen den französischen und den deutschen Darstellungen nicht in allen Fassungen. Die lothringische z. B. ist dem Deutschen näher verwandt, und einige süddeutsche und südostdeutsche stehen umgekehrt dem Französischen näher. Ob das nun aber, wie die Verfasserin glaubt, darauf beruht, daß hier die Bevölkerung von jeher mit keltischen Elementen stärker durchsetzt gewesen sei, scheint mir problematisch.

Am Schluß der Untersuchungen stehen sehr hübsche Bemerkungen über die Verschiedenheiten der deutschen und französischen Erzähler.

Man kann nicht anders, als der Verfasserin mit großer Freude und mit großer Dankbarkeit folgen. In ihr selbst mischt sich deutsches und französisches Blut. Sie erfaßt das Wesen des Märchens mit einem seltenen Feingefühl und mit einem Einfühlungsvermögen, wie es wohl nur einer Frau vergönnt wird. Sie liebt das Märchen und sieht seine Gestalten und Szenen lebhaft und anschaulich vor sich.

Die Unterschiede zwischen französischer und deutscher Dichtung, die Elisabeth Koechlin in diesen Märchen aufdeckt, entsprechen auch Unterschieden in der hohen Dichtung beider Länder. Man denke etwa an den Unterschied zwischen Chrétiens *Perceival* und Wolframs *Parzival,* oder an den Unterschied zwischen Molières *Amphitryon* und der Umdichtung von Heinrich v. Kleist. Frau v. Staël in ihrem berühmten Buch *De l'Allemagne* sagt: die Deutschen könnten von französischer Form und französischem Maß und von französischer Geselligkeit viel lernen. Die Deutschen aber zeigten den Franzosen das Streben nach dem Jenseitigen, das Gefühl für das Wunderbare und Geheimnisvolle und für das Dunkle und Unergründliche.

Wir dürfen schließlich daran erinnern, daß man seit der Romantik das Wesen des Märchens immer von neuem als Symbol zu bestimmen sucht. Im Zeitalter der vergleichenden Mythologie sollte es eine Widerspiegelung von Tag und Nacht, von Morgenrot und Abendrot, von den Gestirnen, von Wind und Wolke sein. Im Zeitalter der Psychoanalyse war es ein verschleiertes Bekenntnis von der Verdrängung geschlechtlichen Begehrens. Beide Anschauungen brachten einige einleuchtende oder erwägenswerte Vermutungen. Im Ganzen waren sie eine Verirrung, die größeres Unheil hätte anstiften können, wäre sie nicht so rasch verflogen. Nun liegt wieder ein sehr umfängliches Buch vor uns: *Hedwig v. Beit,* „Symbolik des Märchens", Versuch einer Deutung (Bern 1952, Großoktav, 792 S.). Und das ist nur der erste Band. Ein zweiter (ebenso umfänglicher?) soll folgen.

Mir scheint, die Zahl der allzu umfänglichen Bücher nimmt auch auf dem Gebiet der älteren und der neueren germanischen Philologie bedrohlich zu. Ganz abgesehen von der recht erheblichen Preissteigerung, die diese Umfangvermehrung bedingt (das Beitsche Buch kostet 98 Schweizer Franken!), die Verfasser sollten bedenken, daß sie an die Zeit und Kraft der Leser Anforderungen stellen, die deren eigene Arbeitspflichten und Arbeitsmöglichkeiten mehr als billig einschränken. Außerdem — und das gilt auch für das Buch von Hedwig v. Beit — läßt sich die allzu breite Darstellung meist kürzen und vereinfachen.

Die Verfasserin hat ihren Untersuchungen acht Jahre gewidmet. Sie hat viele Märchen gelesen und fühlt auch eine Liebe zum Märchen. Das bezeugen gelegentliche hübsche und feine Bemerkungen. Viele Märchen, die sie in ihrer Art deutet, sind im Wortlaut mitgeteilt. Wenn dann aus weit voneinander entfernten Ländern und aus den verschiedensten Zeiten Märchen sich gegenüberstehen, die sich auffallend gleichen und sich doch wieder stark unterscheiden, so strahlt von diesem Gegeneinander eine bisweilen faszinierende Anregungskraft aus. Wie gern würde man ein Buch, das soviel bringt, loben und rühmen!

Die Märchenforschung, insofern sie nach den verschiedenen Fassungen eines Märchens ernstlich fragt und aus ihm das Urmärchen, seine Geschichte und seine Verbreitung zu erkennen sucht, insofern sie auch dem Einfluß bestimmter Märchenländer auf andere Länder nachgeht, insofern sie endlich Kunst und Unkunst der Erzähler schildert, diese Märchenforschung liegt der Verfasserin ganz fern. Sie fragt auch niemals, ob die von ihr mitgeteilte Fassung des Märchens wirklich die älteste und echteste ist. Sie wählt nur die, die sich ihren Deutungen am leichtesten fügen.

Dafür steht sie ganz im Bann von C. G. Jungs psychoanalytischen Forschungen und seiner Lehre vom Unbewußten und vom Bewußten, vom magischen Aspekt, von dem Archetypus, von der

Imago, von der Anima und sucht sie auf das Märchen zu übertragen oder in das Märchen hineinzulegen. Ihre Helfer sind dabei außer der Mythologie, die ja unbestreitbar die Ahnin mancher Märchen ist, Mystik und Philosophie, die Werke der Gnosis und die Upanischaden, die den Märchen doch sehr fern stehen und aus ganz anderen Ursprüngen stammen. In jedes Märchen wird nun eine Menge vom Unbewußten, von magischen Aspekten, vom Kampf des Unbewußten mit dem Bewußten geschüttet, und das Unbewußte wird immer unersättlicher.

Aus diesen Hinweisen wird kaum ein Leser sich eine Vorstellung von dem Verfahren der Verfasserin machen können. Ich wähle daher aus der Unzahl der Beispiele einige verhältnismäßig noch zurückhaltende Deutungen:

„Die zwei Urbilder, welche in fast jedem Märchen erscheinen — sei es eines allein oder beide zusammen — sind die des Vaters und der Mutter. Die Elternimagines tragen nicht menschlich-persönliche Züge, sondern sind von jeher mit göttlichen Attributen geschaut worden. Der Archetypus des Vaters hat sich in zahlreichen Symbolen dargestellt, welche seine sehr verschiedenen Wesensheiten aufzeigen. Er tritt auf als der Vater, der Großvater, der Ahne, der männliche Totemahne, der alte Weise oder Lehrer, der Greis, der Zauberer, der Medizinmann, der Handwerker (Demiurg), der alte Häuptling, der alte König, der verkrüppelte Alte, der schwarze Mann, der Waldgeist, der Herr des Waldes und der Tiere, ferner als alle Vatergottheiten, wie der Sonnengott, der Himmelsgott, der Meeresgott, der Erdgott, im weiteren Sinn als der Wind, der Blitz und der Donner, das Erdfeuer, der Same, der Quellengrund, der Tod, das Gesetz, die Autorität, die Tradition. Allgemein bedeutet das Bild des Vaters das Schöpferische, das Geistige, das Anregende, Bewegende.“ (S. 97.)

Der Gevatter Tod: „Der Gevatter Tod ist seinem Wesen nach als der ʻgeistige Vaterʼ zu verstehen. Das Märchen aber, das im allgemeinen die aus dem Unbewußten aufbrechenden natürlichen Bilder wiedergibt, besteht daher hier für seine Darstellung eines Herrn des Schicksals und dieser Welt auf einer Gestalt, welche Licht und Dunkel noch latent in sich vereint enthält. So wird das Patenkind weder ein Kind Gottes noch des Teufels, sondern von Anfang an ein ʻKind des Todesʼ, von dem es seine magischen Fähigkeiten empfängt. Der Tod ist als jene geheimnisvolle Gottheit im Doppelaspekt geschildert, der dem ganzen magischen Reich eignet: er verleiht das Lebenskraut und hütet in der finsteren Höhle die Lebenslichter, über die er nach Belieben verfügt. Die Verbindung von Tod und

Leben in einer Vorstellung war schon vor dem Christentum verbreitet —
kam z. B. in den griechischen Mysterien zum Ausdruck. Die Figur des
Todes ist insofern Träger der Ehrfurcht heischenden, wenn auch wider-
sprechenden Eigenschaften der Gottheit des magischen Reiches. Der Arzt
hat Einblick bekommen in das zweiheitliche Wesen dieses Geistes, der
seine Gewalt über den Kranken verliert, wenn er am Kopfende, wo das
Bewußtsein herrscht, steht, dem der Kranke aber verfallen ist, wenn er
am Fußende steht; denn die Füße, indem sie die Erde berühren, bilden
die Verbindung zum Bereich der chthonischen Macht [nein! Füße haben
geschlechtlich erregende, belebende Kraft]. Es scheint, der Geist unter-
stehe diesem Gesetz. Wenn der Mensch jedoch diese Verbindung des
Geistes, d. h. seine Einsicht in das Wesen des Unbewußten in über-
heblicher Weise zu selbstischen Zwecken mißbraucht, dann zeigt sich, daß
dieser Todesgott über die Handhabung des Gesetzes frei verfügt und
keine Gnade kennt; er löscht das Licht." (S. 113.)

Hänsel und Gretel: „Die negative Kraft der Mutter tritt hier deutlich
in zwei Gestalten zugleich auf: als die dämonisch-urtümliche Hexe und
die böse Stiefmutter. Daß diese nach der Vernichtung der Hexe ebenfalls
gestorben ist, beweist eine geheime Identität der beiden Frauen. Während
sich aber die Stiefmutter durch gefühllose Härte auszeichnet und es bei
ihr nichts zu essen gibt, ist die Hexe im Gegenteil zuerst splendid und
gastlich. Das Nahrungsspenden ist, wie noch auszuführen sein wird, eine
typische Funktion der großen Muttergottheit. Im Reich der Frau Holle
(in 'Frau Holle', KHM, Bd. 1, Nr. 54) steht ein Backofen (oft ein Symbol
des Mutterleibes [dann müßte also die Hexe in ihrem Unterleib verbrennen: können Hexen das auch?]) voll gebackener Brote, ein Apfelbaum,
und bei ihr zu Hause gibt es 'alle Tage Gesottenes und Gebratenes'. Im
Falle des Kuchenhauses in 'Hänsel und Gretel' jedoch handelt es sich nicht
um eine gütige Stunde der großen Mutter, sondern um eine List der Hexe,
die Kinder anzulocken und zu fressen. Dieser negativen Seite wird der
Mensch ausgeliefert, der sich an solches Blendwerk, d. h. an kindliche
Wunschphantasien, verliert und so in Gefahr gerät, vom Unbewußten
gefressen zu werden. Psychologisch gesehen steht dieser immerhin
schöpferischen Phantasietätigkeit eine in der Stiefmutter verkörperte
sterile Härte gegenüber, welche denselben Vorgang von der anderen
Seite darstellt: es ist beide Male ein Verfallensein an den Archetypus
der großen Mutter, wobei der Mensch der Härte der Welt durch
unbewußte Phantasie glaubt entfliehen zu können."

„Im Märchen von 'Hänsel und Gretel' könnte man die böse Stiefmutter
nicht nur allgemein als negativen Aspekt der großen Mutter, sondern
auch als einen Seelenteil des Vaters betrachten, als eine falsche oder böse

Seele, die von ihm Besitztum nahm und ihm, sein ursprüngliches Wesen überlagernd, böse Einflüsterungen machte. Nach dem Glauben primitiver Völker kann eine 'fremde' Seele von einem Menschen gleichsam Besitz ergreifen und ihn in einen ihm nicht gemäßen Zustand versetzen. Er fühlt sich 'verhext' oder 'verzaubert'. Durch diese falsche Einstellung treibt der Vater die zwei Kinder, die seine Zukunft, das Werdende in ihm selber verkörpern, in die Fänge der Hexe, d. h. die Mutterimago als negative Kraft gewinnt in seinem Innern immer mehr die Oberhand."

„Ein Vogel leitet die Kinder zur Hexe; der Vogel ist ein Symbol des intuitiven Einfalls, des Gedankenfluges [??], und dieses Hinausträumen in die Luft veranlaßt hier die tödliche Macht des Unbewußten hervorzutreten. Die Überwindung der bösen Mutterkraft geschieht in sich selber, denn der Backofen, in welchem sie verbrennt, ist (wie schon gesagt) ein mütterliches Symbol. Im Zentrum des Unbewußten findet also eine Umkehrung statt, indem sich dort der negative Aspekt in sich selbst vernichtet und zum positiven wird, der sich in Form der Schätze, die Hänsel und Gretel mitnehmen, offenbart. Daß die Stiefmutter zur gleichen Zeit stirbt, beruht auf der primitiven — auch altgermanischen — Idee, daß, wenn der Hexengeist — in welcher Gestalt auch immer — vernichtet wird, der sich anderorts befindende menschliche Körper der Hexe ebenfalls davon betroffen wird [?]. So hört der Zustand der 'Behextheit' mit einem Schlage auf, und das Unbewußte wirkt wieder lebensfördernd. Die Kinder werden von einer weißen Ente (!) über das große hemmende Wasser zurückgetragen. Auch dies ist eine völlig symmetrische Umkehrung zu der anfänglichen Verlockung durch den weißen Vogel. Es handelt sich also bei diesem Märchen um die Darstellung eines intuitiv erfaßten, aber völlig im Unbewußten verlaufenden inneren Vorgangs, der die Wandlung der Mutter-Imago in sich selbst darstellt. Diese Wandlung geschieht durch das Feuer im Backofen. Das verborgene innere Feuer ein Symbol der Leidenschaft, ist ein häufiges Attribut nicht nur des Vatergottes im Märchen, sondern auch der Muttergottheit, die es als Muttererde verborgen in sich trägt. In diesem eigenen inneren Feuer wird die Muttersubstanz, die unbewußte Seelenkraft, geläutert und dadurch gewandelt. Die Wandlung der 'Mutter', der 'matria' durch Selbstvernichtung ist eines der Grundmotive aller derjenigen Märchen, die in erster Linie Bilder und Funktionen des Mutterarchetypus zum Thema haben." (S. 133 ff.)

Damit sei es genug. Die Verfasserin möchte zum innersten Wesen des Märchens vordringen. Aber ihre Deutungen sind allzuoft schematisch und nicht durchdacht, sie häufen Einzelheiten, aber versagen als Ganzes. Und diese wesentlichen Märchen sind blutleere

Gebilde, ohne Gestalt und Umriß, die dann mit Mythen, Philosophemen, Mystik, Psychoanalyse verfließend hin und her durcheinanderwogen, ein Chaos, das es nie gegeben hat. In einem Satz: diese wesentlichen Märchen haben sich in abstrakte Kunst verwandelt.

Wir aber wollen das Lebendige.

Der Deutschunterricht 1956, Heft 6, S. 5—17.

DAS VOLKSMÄRCHEN ALS DICHTUNG
UND ALS AUSSAGE

Von Max Lüthi

Den Romantikern war das Märchen Inbegriff der Poesie. Sie fanden in ihm das Wunderbare, das Fremde, das seit Bodmer und Breitinger mit dem Begriff des Dichterischen verbunden war. „Die Kunst, auf eine angenehme Art zu befremden, einen Gegenstand fremd zu machen und doch bekannt und anziehend, das ist die romantische Poetik." Sie fanden in ihm Stimmungsmusik, konnten in ihm ihre „Gemütsstimmung ausdrücken". Und schließlich, und dies ist entscheidend: „Dichten ist zeugen." Das Märchen als Kind des frei und zugleich gesetzlich (wahr) schaffenden Geistes ist die eigentliche Dichtung. „Der Sinn für Poesie", sagt Novalis, aus dessen Fragmenten alle unsere Zitate stammen, „ist der Sinn für ... das Notwendig-Zufällige." Märchendichten ist Schöpfung, magische Tat im Sinne des magischen Idealismus[1], es bedeutet echte Bereicherung der Natur. „Das Märchen ist gleichsam der Kanon der Poesie. Alles Poetische muß märchenhaft sein."

Verfremdung, willkürliche Wahrheit, Stimmung — von dieser dreifachen frühromantischen Kennzeichnung des Märchens ist in das populäre Bewußtsein vor allem das letzte (das unwesentlichste) Element eingegangen. Denn nicht so sehr die eigene Märchendichtung der Romantiker als die auf ihre Anregung entstandenen Sammlungen von „Kinder- und Hausmärchen" haben ins Weite gewirkt. Wilhelm Grimm aber und seine unmittelbaren Nachfolger haben die Volksmärchen sorgsam ausgewählt und zubereitet, und zwar, wie es schon der beliebte, immer wiederkehrende Buchtitel andeutet, durchaus im Sinne ihrer Zeit, des deutschen Biedermeier.

[1] Vgl. G. Wegmann: Studien zur Bedeutung des Märchens in der Dichtung der deutschen Romantik, Diss. Zürich '44, 9.

Das Liebliche, Gemütvolle, der innige Märchenton, der sich für uns
Heutige mit der Vorstellung des deutschen Volksmärchens verbindet, stammt nur zum Teil von den (vorwiegend weiblichen)
Gewährsleuten der Brüder Grimm, zum andern Teil ist er Wilhelms
eigenes Werk. Was er und die in seinen Spuren gingen, geschaffen
haben, ist, insofern durchaus im Sinne der Romantik, Poesie der
Poesie. Wer das Wesen des europäischen Volksmärchens erkennen
will, darf weder das Waldweben, die Innigkeit und den zarten
Humor der Grimmschen Sammlung noch den derben Realismus
der Russen noch die Eleganz und geistvolle Pointiertheit französischer Erzähler für das eigentlich Märchenhafte nehmen, sondern
muß den Blick auf jene Züge richten, die allen Volksmärchen eignen,
auf jene Züge, die das Märchen zum Märchen machen und die
durch jedes nationale oder individuelle Gewand hindurch noch
zu erkennen sind. Damit stellt sich freilich gleichzeitig die Frage,
ob man von Dichtung oder von Kunstwerk überhaupt sprechen
darf, wenn man von der individuellen Verwirklichung der Form
Märchen im Munde des einzelnen Erzählers absehen will. Der
Begriff der inneren Form ist hier unentbehrlich.

Seit je hat man gesehen, daß künstlerische Bedürfnisse beim Bau
des Märchens mitwirken. Die Neigung zur Formel, zur Wiederholung, zur Dreizahl erklärt sich zwar einerseits aus der mündlichen Übertragung, welche bei längeren Erzählungen auf solche
Gedächtnishilfen angewiesen ist. Doch bedeutet diese kunstmateria-
listische Herleitung keine erschöpfende, nicht einmal die wesentliche Interpretation. Die Fülle der Formeln, Rundzahlen und
Wiederholungen im Märchen macht es deutlich, daß diese Elemente
und ihre Kombination von Erzählern und Hörern um ihrer selbst
willen geliebt werden; märchenbiologische und ästhetische Bedürfnisse einen sich hier, aber die ästhetischen haben die Vorhand:
Märchen werden nicht deswegen erzählt, weil sie bequem zu
memorieren, sondern weil sie schön oder fesselnd sind. Die Säulen
des griechischen Tempels finden ihre Rechtfertigung in erster und
letzter Linie nicht als Stützen, sondern als Säulen.

Die wichtigsten der im Märchen wirksamen künstlerischen Prinzipien sind einfach und leicht zu erkennen: Kontrast (groß und
klein, hoch und niedrig, männlich und weiblich, mächtig und arm-

selig, glänzend und schmutzig oder unscheinbar, schwarz und weiß, treu und falsch, klug und dumm, gut und böse, Mensch und Tier ...), Wiederholung, Abwechslung, Steigerung, Erwartung, Erfüllung. Dieses letzten dichterischen Elementes, Erwartung/Erfüllung, sind sich die Erzähler durchaus bewußt. Nicht nur in Sutermeisters „Kinder- und Hausmärchen aus der Schweiz" steht die hübsche Wendung: „Gät jetz acht, Chinder, und hebet d'Bei uf d'Bänk ufe, 's chunnt öppis!"[2], auch Angelika Merkelbach-Pinck hörte derartige Regiebemerkungen: „Diß isch jetz e Gschicht, wo Schbonnung (Spannung) hat." „Jetzert passet uff, jetzt kummt ball dr Knote!" „Das isch jetz der Knote."[3] Die Steigerung erscheint im Märchen gerne in der besondern (aber nicht einzigartigen) Form des Achtergewichts: der dritte Sohn ist der beste, das dritte Mädchen oder Geschenk das schönste, die dritte Aufgabe die schwerste, gefährlichste, das dritte Abenteuer das entscheidende, der hundertste Freier der erfolgreiche. Die Abwechslung der Figuren (drei verschiedene Tiere, Gewänder, Wünsche) bildet, unterstützt von den weitausgreifenden Bewegungen (Reise, Fahrt, Flug) und dem raschen Erzähltempo, das Gegengewicht zu den starren Wiederholungen (gleichförmige Episoden werden mit Vorliebe mit gleichen Worten erzählt). In den extremen Kontrasten endlich erscheinen Abwechslung und formelhafte Starre vermählt. So entsteht ein Ganzes, dessen Grundelemente einander eine Art Gleichgewicht halten.

Darüber hinaus kennzeichnet sich die Märchenerzählung durch eine erstaunliche Konsequenz des Stils. Die Neigung zum Extremen (Riese und Zwerg, Prinz und Gänsemagd, alter Vater und jüngster Sohn, unlösbare Aufgaben, grausame Strafen, schlagartige Verwandlungen ...), die krassen Farben, klar umrissenen Dinge (Schwerter, Kästchen, Schlösser ...), die festen Formeln und strengen Wiederholungen: alles zielt auf scharfe Sichtbarkeit und reine Gestalt. Das Märchen liebt das Metallische und Mineralische; Kleider können steinern oder hölzern, Werkzeuge gläsern sein, und die

---

[2] 2. Aufl., Aarau 1873, 153.
[3] A. Merkelbach-Pinck: Lothringer erzählen, Bd. I. Saarbrücken, o. J. ('36), 39.

Menschen tragen nicht nur goldenes Haar und silberne Gewänder, sondern werden selber zu Stein oder bekommen metallene Glieder; ausgerissene Augen verwesen nicht. Das Märchen liebt alles Linienhafte: Ringe, Stäbe, Haare, Federn, Schwerter, es liebt den Rahmen: Körbe, Zinnen, Türme, Schlösser, Städte. Das Komplexe zerlegt es nach Möglichkeit in seine einfachen Bestandteile: statt gemischter Charaktere zeigt es zwei Versager und einen Helden. Es schickt seine Personen einzeln in die Welt, es neigt überhaupt dazu, die Elemente zu isolieren: seine Handlungsträger sind abgelöste Spitzen, der Jüngste, der Verstoßene, der Aschensitzer, die Prinzessin oder der König; auch die Jenseitigen treten meist einzeln auf: ein helfendes Tier, ein kleines Männchen, eine Hexe, der Vogel Greif, ein Stern. Die Wundergaben werden nicht, wie etwa das immer wieder nachwachsende Alpkäslein der Volkssage, in täglichen Gebrauch genommen, sondern treten ein einziges Mal oder dreimal an genau bestimmter Stelle des Geschehens in Funktion und werden danach nicht wieder verwendet.

Der präzisen und isolierenden Zeichnung der Dinge und Figuren entspricht die Führung der Handlung. Es kommt dem Märchen nicht aufs Schildern und Ausmalen an; statt tastend zu beschreiben, begnügt es sich gerne mit der bloßen Benennung (die Lessingsche Regel von der Einheit des Beiworts ist im Volksmärchen weithin in Kraft) und führt die Figuren entschlossen von Punkt zu Punkt. Das Erzähltempo ist ruhig und rasch, die echte Märchenumständlichkeit ist nicht Schilderung, sondern ausgliedernde Wiederholung und Variation. Die Träger der Handlung sind weder Charaktere noch Typen, sondern Figuren ohne eigentliche Umwelt, ohne eigentliche Geschichte (Vor- und Nachwelt, dörfliche Gemeinschaft sind nicht, wie in der Sage, atmosphärisch gegenwärtig), ja ohne eigentliche Innenwelt: alles Innere wird nach außen projiziert, die Eigenschaften als Handlungen, die Beziehungen als Gaben; an die Stelle von langsam reifenden Entschlüssen treten rasch befolgte (oder ebenso rasch in den Wind geschlagene) Ratschläge. Brautwerbung und Hochzeit, nicht Gefühlswallung und Liebesrausch kommen im Märchen zur Darstellung; nicht Dämonie und Religiosität, sondern Hexen, Himmel, Sterne und der liebe Gott; nicht magische Anstrengung, sondern leichtes Zaubern, nicht Wandlung und Werden, sondern Verwandlung, schlagartige Veränderung der Dinge — das Wunder ist des Märchens liebstes Kind, reine Konsequenz des isolierenden Märchenstils. Es entspricht den extremen (unlösbaren) Aufgaben, den scharfen Bedingungen, Verboten, Strafen, den entschiedenen Wendungen der Handlungslinie. Das Märchen entwirklicht Gestalten und Vorgänge, es läßt sie zu Figuren und Bewegungen werden, es zeichnet nicht plastisch, sondern linienhaft, es sublimiert und läßt alles hell beleuchtet auf dieselbe Fläche treten: Es erlöst die Wirklichkeit zum Geist. „In unserem Leib ist das All dumpf zusammengedrückt; wie selig, sich tausendfach der furchtbaren Wucht zu entladen."[4]

Der zum Lichten, Klaren, Bestimmten strebende Grundstil des Märchens, die Vielfalt der Elemente, welche ihn bilden helfen, der Zusammenklang des Verschiedenen konnte hier nur angedeutet werden[5]. Es ist wohl trotzdem sichtbar geworden, daß den Märchenerzählungen ein Gewebe von künstlerischer Kraft zugrunde liegt. Dies will keineswegs heißen, daß es sich um die im wesentlichen unangetastete Leistung individueller Dichter handle. Natürlich steht am Anfang jeder Erzählung und jedes Gedichtes ein Einzelner[6]. Aber die Volksliedforschung hat gezeigt, wie die Gemeinschaft an einem solchen Gebilde arbeitet. Neue Strophen werden improvisiert, die alten werden bewußt umgedichtet oder unbewußt verändert, so daß bei manchen Texten schließlich kaum

---

[4] H. v. Hofmannsthal im ‚Gespräch über Gedichte'.

[5] Näheres in meinen Büchern: Das europäische Volksmärchen. Form und Wesen. Bern '47, 3. Aufl. Bern und München '68, und: Die Gabe im Märchen und in der Sage, Bern '43 (hier besonders die tabellarische Übersicht S. 136—139); vgl. jetzt auch: Volksmärchen und Volkssage, zwei Grundformen erzählender Dichtung, 2. Aufl. Bern und München '66, und· Volksliteratur und Hochliteratur — Menschenbild, Thematik, Formstreben, Bern und München '70.

[6] Karl Meuli vermutet den Ursprung gewisser Märchentypen in der Erzählung des Schamanen von seiner Jenseitsfahrt (Hermes '35, 121—176); Otto Huth denkt an megalithische Mysterienlegenden, Darstellungen von Initiationsvorgängen. (Paideuma '50, 12—22); Friedrich von der Leyen möchte die Märchen von Träumen ableiten. Doch bleiben alle Entstehungstheorien hypothetisch.

eine Zeile der Urfassung rein erhalten bleibt. Die Änderungen sind indessen nicht willkürlich, sondern verwenden gebräuchliche Formeln, entsprechen der inneren Erwartung der Volksliedträger. Ja, schon die ursprüngliche Dichtung mußte — nur dann war es überhaupt möglich, daß sie als Volkslied angenommen wurde — solchen Ansprüchen genügen. Die moderne Volksliedforschung hat der romantischen These von der dichtenden Kollektivseele eine neue Geltung verschafft, in gewissem Sinne gehen die einem überindividuellen Modell verpflichteten Lieder tatsächlich „aus dem Ganzen hervor" [7]. Für die Volksdichtung in Prosa gilt Entsprechendes. Die Änderungen, welche infolge Vergessens oder Nichtverstehens eintreten, sind nicht bloße Verstümmelungen; ein blind gewordenes Motiv kann dem Märchenstil, zu dessen isolierender Tendenz blinde und stumpfe Motive vorzüglich passen [8], unter Umständen besser entsprechen als die ursprüngliche Fassung. In anderen Fällen wird ein gewandter Erzähler Lücken eines ihm unvollkommen überlieferten oder von ihm selber halb vergessenen Märchens auszufüllen, Unstimmigkeiten sinnvoll zu machen suchen; dabei greift er gern nach bereitliegenden, ihm und allen vertrauten Motiven und Wendungen.

Wenn auch, wie die Märchenbiologen oft beobachtet haben, jeder begabte Erzähler seinen besonderen Ton, mitunter eine stark geprägte individuelle Eigenart hat, die gerade *seine* Geschichten besonders reizvoll machen, so setzt sich die der Kollektivdichtung eigene Grundstruktur doch überall und immer wieder durch. Schon ein flüchtiger Blick auf die von einem Erzähler unserer Tage in seiner Weise wiedergegebenen Grimmschen Märchen läßt dies deutlich erkennen. Gottfried Henssen stellt fest, daß die vier Grimm-Märchen, welche der begabte niederdeutsche Erzähler Egbert Gerrits in sein ausgedehntes Repertoire aufgenommen hatte, einerseits „wirklichkeitsnäher und in Einzelheiten logischer und genauer" wurden, „andererseits in der Beachtung gewisser Formeln, die dem

---

[7] Vgl. E. Seemann in: Deutsche Philologie im Aufriß, Bd. I, Bln '52, 2. Aufl. Bln '62, und in: Verhandlungen des Internationalen Volkskundekongresses Arnheim 1955, Arnhem '56.

[8] Siehe darüber Verf.: Das europäische Volksmärchen, 72—77.

Märchen eigentümlich sind, über Grimm hinaus volksechter und überlieferungsgebundener"[9]. Bei Grimm wird Daumesdick von seinem Vater „für ein schönes Stück Geld" verkauft, bei Gerrits „for hunnert Daler", das ist, wie Henssen bemerkt, „genauer, gleichzeitig aber auch formelhafter". Bei Grimm bekommt Aschenputtel zuerst „ein golden und silbern Kleid", dann „ein noch viel stolzeres", schließlich eines, „das war so prächtig und glänzend, wie es noch keins gehabt hatte". Bei Gerrits aber hat das erste Kleid zwei Finger breite Silberstreifen, das zweite zwei Finger breite Goldstreifen, das dritte Gold- und Silberstreifen. Das ist nicht nur „wieder konkreter und anschaulicher" (Henssen), sondern bedeutet die Herstellung der märchengemäßen, zum Linienhaften strebenden abstrakten (ornamentalen) Anschauungsform, der optisch genau faßbaren Steigerung und der variierenden Wiederholung, welche in der poetisierenden Grimmschen Formulierung verwischt werden. Wenn bei Grimm die Heldin nur am ersten Tag zuerst eine, nachher zwei Schüsseln Linsen aus der Asche lesen muß, bei Gerrits am ersten Abend eine Schüssel Erbsen, am zweiten eine Schüssel Bohnen, am dritten eine Schüssel Linsen, so ist damit nicht nur die märchengemäße Dreizahl wieder eingetreten, sondern die nur mengenmäßige Steigerung durch Abwechslung ersetzt, eine Abwechslung jedoch, welche keinem realistischen Anspruch entspringt (die bloße Verdoppelung wäre vielmehr real wahrscheinlicher), sondern einem Stilbedürfnis: jede Etappe ist nun optisch reinlich von der andern geschieden. Das Achtergewicht bleibt trotzdem erhalten (Linsen sind am mühsamsten aus der Asche zu lesen).

Der Stil der Zeit, der Region und des einzelnen Erzählers bilden das Märchen um, aber nie so stark, daß nicht mehr die dem Märchen als Gattung innewohnenden Grundtendenzen bestimmend wären. Wenn der Grieche von Zitronen, Schafkäse und Meer erzählt, der Graubündner von Wald, Salziz und Ziger, wenn das Zauberpfeifchen des spanischen Hirten seine Schafe tanzen, das des Schweizers die Ziegen exerzieren läßt, wenn im demokratischen Bünden

---

[9] G. Henssen: Überlieferung und Persönlichkeit. Die Erzählungen und Lieder des Egbert Gerrits. Münster i. Westf. '51.

auch die Schneewittchen-Erzählung demokratische Züge bekommt —
die Zwerge „waren sehr erbost und bestimmten durch Mehrheit und
Minderheit, ob sie das Mädchen in der Pfanne braten sollten oder
nicht. Aber die Mehrheit war dafür, es leben zu lassen" [10] —, so sind
das reizvolle Nuancen, aber sie gehören zum äußeren Gewand,
nicht zur inneren Form des Märchens. Humor, Sentiment, Realismus können ins Märchen eintreten, aber nicht sie sind das eigentlich
Märchenhafte. Der Kontrast zwischen der abstrakten Grundstruktur und dem treuherzigen oder verschmitzten Realismus des jeweiligen Erzählers kann von herzerfrischender Wirkung sein, aber
nicht diese letzte, oberste Schicht erst gibt dem Märchen den
Charakter eines Kunstwerks. Man muß vielmehr von einem Substrat reden, das an sich schon dichterisch ist, so daß das Märchen in
jedem Falle sich als Poesie der Poesie erweist. Es ist auf seine Weise
ein recht differenziertes Kontrastkunstwerk. Über die Schicht der
motivischen Einzelkontraste (schön — häßlich, treu — falsch ...)
legt sich die umfassende Polarität von Formstarrheit und leichter
Bewegung, von strenger Wiederholung und variierender Abwechslung, ferner der Gegensatz der klaren Zeichnung aller Figuren und
Vorgänge zu dem Schweigen über deren Herkunft und Zukunft:
die Jenseitigen greifen als Helfer oder Schädiger sehr bestimmt
in die Handlung ein, aber auch sie sind, wie die Helden und
Unholden, nur Figuren, nur Handlungsträger, das Märchen fragt
nicht nach ihrer Stelle im Ganzen des Kosmos, es interessiert sich
für ihr Eingreifen ins Geschehen, nicht für ihre Wesensart und ihre
Schicksale. So wird die Welt zwar als sinnvoll funktionierend
erfahren, aber nicht erforscht oder durchschaut, der Märchenheld
handelt aus gnadenvoller Sicherheit, ohne die Gesamtzusammen-
hänge zu kennen, ohne den Drang, sie erkennen zu wollen. Der
Ablauf des Geschehens ist hell beleuchtet, die Hintergründe bleiben
im Dunkel. Dieses in sich schon reich kontrastierte Substrat kann
nun in der letzten Formung durch den Erzähler noch eine realisti-

---

[10] Decurtins: Rätoromanische Chrestomathie Bd. II (zitiert nach Leza
Uffer: Rätische Kultur und Rätische Märchen. Schweiz. Hochschulzeitung
'37/38, 359; jetzt auch in: Robert Wildhaber und Leza Uffer: Schweizer
Volksmärchen, Düsseldorf/Köln '71, 176).

sche Oberfläche bekommen, die in reizvoller Spannung zu dem wirklichkeitsfernen Grunde steht. Manche der schalkhaften Schlußformeln kosten diese Spannung aus.

Daß das Märchen sich als Kunstwerk, und zwar bis zu einem gewissen Grade und in einem sehr bestimmten Sinn als Kollektivkunstwerk erweist, bedeutet nicht, daß es „nur um der Unterhaltung willen" erzählt würde. Es hat die Kraft der Aussage. Zwar will es nicht bewußt belehren, aber es zeichnet mit magischem Stift eine Welt, in deren Bann Erzähler und Zuhörer geraten. Dichten ist Zeugen, die poetische Schöpfung aber ist nicht tot, als eine lebendige spricht sie zu jenen, die sie aufnehmen, ähnlich wie zu ihrem eigenen Schöpfer. Dieser teilt nicht ein Wissen mit, es fügt sich ihm eine Welt; wer ein Märchen weitererzählt oder auch nur hörend empfängt, hat teil an dem Drama dieses Werdens; er wird hereingenommen in eine dichterische Welt und dichtet auf seine Weise selber mit. Solches Dichten und Mitdichten aber ist nicht ein bloßes Ersatzphantasieren und Vagabundieren, in ihm ersteht, in ihm verdichtet sich das geistige Dasein des Menschen. Wenn man nicht die einzelne Geschichte nimmt, sondern die Volksmärchen in ihrer Gesamtheit überblickt, so wird sichtbar, daß sie nicht nur als einzelne, sondern erst recht im Zusammenklang dem Hörer „etwas mitteilen", in ihm ruhende Keime in bestimmter Weise zur Entfaltung bringen. Die von den Märchen entworfene Welt ist nicht ein Schlaraffenland, sondern ein Reich der Aufgaben, des Handelns, des Geschehens. Handlung ist die Seele des Märchens, nicht Stimmungszauber. Der Held aber, der wichtigste Träger dieser Handlung, wird dargestellt als einer, der die Hilfen unbekannter Mächte aufzufangen vermag. Die Isolierung der Figur befähigt diese, den Kontakt zu allem, auch dem Fernsten, herzustellen; nur der Isolierte ist für jede sich bietende Verbindung frei und bereit, nur er vermag sie ebenso leicht wieder zu lösen, wie er sie eingegangen. Der Märchenheld ist nirgends und überall zu Hause. Das Scheitern stellt das Märchen gemäß seiner Technik des Nebeneinander meist in der Person des Unhelden dar; zuweilen versagt auch der Held, doch macht ihn der Umweg, den er nun gehen muß, oft reicher als er ohne ihn wäre. Weite Wege und scharfe Prüfungen gehören zum Dasein des Märchenhelden. Das Bild von Mensch und Schicksal, das

im Märchen entworfen wird, ist insofern vollkommen lebens-
wahr. Der Mensch schreitet durch eine Welt, deren Gesamtzusammenhang er nicht kennt, er sieht sich vor Aufgaben gestellt, die
er aus eigener Kraft nicht bewältigen könnte, er fühlt sich von
unbekannten Mächten bedroht oder getragen, wie der Held oder
Unheld des Märchens empfängt oder verfehlt er die Hilfen, die sie
ihm bieten. Trotz aller Verflochtenheit und Gemeinschaft steht jeder
im Letzten allein — und eben deshalb nicht preisgegeben und verraten, sondern unmittelbar vor Gott, vor dem Absoluten, das im
Märchen in der Gestalt von jenseitigen Helfern in Erscheinung tritt
oder angedeutet wird. In unserer von den Ungeheuern Natio-
nalismus und Vermassung bedrohten Zeit bedeutet es Trost, daß
unsere Kinder in ihrem empfänglichsten Alter solche Nahrung in
sich aufnehmen: Märchen, die den Menschen darstellen als einen
wesensmäßig Isolierten, der gerade als Isolierter universal be-
ziehungsfähig ist.

Wenn diese allgemeine Aussage in jedem Märchen vernommen
wird und im Zusammenklang der Geschichten sich fortschreitend
verstärkt, so spricht der Handlungsablauf der verschiedenen Erzählungen je zugleich von Besonderem. Es ist kein Zufall, daß man
immer wieder das Bedürfnis empfunden hat, die einzelnen Märchen
zu deuten. Die Einseitigkeit und Gewaltsamkeit vieler dieser Deutungen hat den Märchenforscher schließlich so abgestoßen, daß er
heute dazu neigt, überhaupt jede Deutung als verständnislosen An-
schlag auf die Poesie des Märchens mitleidig zu belächeln oder
empört von sich zu weisen. Diese Reaktion geht zu weit. Wenn
überhaupt eine Dichtung, so läßt gerade das Märchen uns unmittelbar spüren, daß seine einzelnen Bilder ebenso wie der Verlauf
des Geschehens symbolische Kraft haben. Wenn das eine Mädchen
sich Blumen aus dem Haar kämmt, das andere aber Läuse, so wird
jeder Unbefangene diese Bilder deuten und sie als Zeichen des
inneren Werts und Unwerts der beiden Gestalten nehmen, um so
mehr, als die Märchen selber immer wieder Schönheit als Ausdruck
des Guten, Häßlichkeit als Bild des Bösen verwenden. Nur muß man
sich vor starren Gleichsetzungen hüten: Das Märchen kennt umgekehrt auch den häßlichen Schein eines schönen Seins, es weiß um
die Doppelpoligkeit der Phänomene; in der Kröte steckt eine lichte

Prinzessin, im zottigen Bären ein strahlender Prinz, der Grindkopf ist ein heimlicher Goldener, die schmutzige Küchenmagd besitzt das herrlichste Kleid; der Dummling steht in der Gnade; die echte Zauberkraft steckt oft genug nicht im goldenen, sondern im unscheinbaren Sattel, nicht im gestriegelten, sondern im räudigen Pferdchen. Das ist nicht bloßes Wunschdenken armer und benachteiligter Leute — obschon, es sei nicht bestritten, auch dieses in solchen Erzählungen auf seine Rechnung kommt —, sondern hat als Gegengewicht zum Schönheitsglauben im Märchen sein eigenes Recht. Die moralische Deutung: die ersten werden die letzten und die letzten die ersten sein, es kommt nicht auf Erstgeburt, Stand, Reichtum und Aussehen, sondern auf die Wesensart an, drängt sich in manchen Erzählungen als erste auf und ist, obschon in anderen Märchen Held oder Heldin trotz Ungehorsam, Lüge, Grausamkeit begnadet werden, im einzelnen Fall nicht von der Hand zu weisen. Das Bemühen, ethische Werte zu setzen und das Dasein nach ihnen auszurichten, gehört zentral zum Menschen und spiegelt sich selbstverständlich auch in seinen Märchen; in den einzelnen Ausprägungen finden sich Spuren der ethischen Ideale verschiedener Epochen, bis hinunter zur Ordnung und Reinlichkeit des Biedermeier. Doch bleibt das Moralische ein bloßer Teilbezirk des Menschlichen. Die gleichen Bilder, die eine moralische Deutung unmittelbar nahelegen, können einen kosmischen, religiösen, psychologischen Aspekt haben. Die häßliche, unscheinbare oder ekelerregende Gestalt verwandelt sich in die strahlende wie der Winter in Frühling, die Nacht in Tag, der Wolkendunst in blauen Himmel oder wie Gehaßtes in Geliebtes, Fremdes in Bekanntes, Angst in Entzücken. Religiöse Erlösungssehnsucht spricht sich hier ebenso aus wie psychische Erfahrung.

Während man im letzten Jahrhundert vorwiegend astrale und meteorologische Vorgänge in den Märchen suchte, bemüht man sich seit Freud und Jung eifrig um die psychologische Deutung. Die Jungsche Schule, die über die Sexualpsychologie der älteren Psychoanalyse hinausgewachsen ist, sieht im Märchen vorwiegend die Darstellung eines innerseelischen Geschehens, so etwa der Auseinandersetzung des Helden mit seinem unbewußten Ehrgeiz im ‚Fischer und siner Fru‘, der Wandlung des unbewußten Mutter-Bildes in ‚Hänsel und Gretel‘, des Weges zur eigenen Seele in den

Erlösungsmärchen[11]. Wenn auch bei solchen Deutungen leicht Gewaltsamkeit und Willkür vorkommen, so wird man gerne zugeben, daß die große Fahrt des Helden, der Heldin, die so oft in ein unterirdisches, überirdisches oder jenseitsfernes Reich führt, Bild für den Gang ins Unbewußte sein kann. Für Jung und seine Schüler ist sie die Darstellung eines Erneuerungsprozesses, eines Integrierungsvorgangs, sie schildert die Kontaktnahme von Ich und Unbewußtsein sowie Verschiebungen, Kämpfe, Entwicklungen im Unbewußten selbst, wobei die einzelnen Märchenfiguren als Personifikationen unbewußter Mächte oder des mit ihnen sich auseinandersetzenden Bewußtseins erscheinen. Die abstrakte, sublimierende Darstellung des Märchens gilt der Jungschen Schule als Bestätigung ihrer Auffassung, daß das Märchen wesentlich nicht Darstellung einer äußeren Wirklichkeit, sondern eines seelischen Geschehens von überindividueller Geltung sei. Dabei kommt sie zu der Überzeugung, daß das Wiedererzählen das Märchen nicht zu verderben brauche, sondern im günstigen Fall ihm erst seine eigentliche Gestalt und seinen allgemeingültigen Aussagewert verleihe[12]: *Only those motifs which bear a collective meaning remain, the purely personal and private ingredients have been thrown off in retelling. It is literally a process of abstraction: the essential meaning crystallizes out through retelling.* Wenn Jacob Grimm feststellt, daß die Anfänge der Märchen „gewöhnlich am schönsten erzählt sind, ... weil sie am meisten erzählt und am meisten behalten werden"[13], so sieht er darin in erster Linie eine Leistung des Gedächtnisses, das ja auch die ersten Strophen der Volkslieder am treusten bewahrt; im Lichte der modernen psychologischen Forschung aber gewinnt seine Beobachtung eine neue Bedeutung:

[11] H. v. Beit: Symbolik des Märchens. Versuch einer Deutung, Bern '52; vgl. auch C. G. Jung: Symbolik des Geistes. Zürich '53, und M. L. v. Franz in: Studien zur analytischen Psychologie C. G. Jungs, Bd. II, Zürich '55.

[12] M. L. v. Franz: Archetypical patterns in Fairy tales. Hektographierte Vorlesung des Jung-Instituts, Zürich '49/50, 1, 5.

[13] An Savigny (10. 4. 1808), zitiert nach Wilhelm Schoof: Hessische Blätter für Volkskunde Bd. XLIV, 67 (Neue Urfassungen Grimmscher Märchen); jetzt auch in: Schoof, Zur Entstehungsgeschichte der Grimmschen Märchen, Hamburg '59, 137 f.

das am häufigsten Erzählte ist nicht deshalb das Beste, weil in ihm das Ursprüngliche am genauesten erhalten wäre, sondern im Gegenteil, weil erst im Wiedererzählen das Eigentliche sich allmählich auskristallisiert — ähnlich wird in der modernen Sagenforschung noch nicht das „Memorat" des ersten Erzählers, der ein persönliches Erlebnis berichtet, sondern erst das im Durchgang durch viele Münder entstehende „Fabulat" als Sage anerkannt[14]. Wenn oben (S. 299 ff.) gezeigt wurde, daß erst das Wiedererzählen die Form des Märchens richtig entfaltet, so wäre also, falls die Annahme M. L. von Franz' sich halten läßt, auf der inhaltlichen Ebene eine entsprechende, genau parallele Entwicklung festzustellen. Wie die allgemeine Aussage der Märchen (oben S. 303 f.), so ersteht auch die besondere der einzelnen Erzählung unmittelbar im Vollzug des dichterischen Vorgangs. Das Märchen teilt nicht ein vorbestehendes Wissen mit, sondern gelangt dichtend zu einer Aussage, die im Zusammenwirken individueller und kollektiver Schaffenskräfte zustande zu kommen scheint.

Das Märchen als Darstellung eines innerseelischen, aber überindividuellen Dramas, wobei jeder einzelne Erzähltyp einen bestimmten Vorgang oder speziellen Aspekt beleuchten würde — eine Auffassung, die ernst genommen zu werden verdient und meines Erachtens in manchen Fällen den Märchen in einer neuen Weise gerecht wird. (Bemerkenswert ist z. B. die Unterscheidung der Erzähltendenz bei Primitiven und bei Kulturvölkern: diese möchten den verlorenen Kontakt mit dem Unbewußten auf neue Weise wiederherstellen, jene suchen eher Bewußtsein und Kultur; diese stellen eine dauernde Entrückung ins Unbewußte als Fehlentwicklung dar, jene können sich mit ihr aussöhnen.) Nur sollte die Untersuchung sehr behutsam und vorsichtig geführt werden; sie darf niemals vergessen, daß sie nur eine Seite des Märchens erfaßt. Dichterische Bilder sind nicht nur Bilder für etwas, sondern auch Bilder von etwas, also zum Beispiel Imaginationen des wirklichen Waldes, des Kameraden, des Pferdes. Das Märchen spiegelt nicht

---

[14] Vgl. C. W. v. Sydow: Kategorien der Prosa-Volksdichtung in der Festschrift für John Meier (Volkskundliche Gaben), Bln-Lpz '34, 261 f., und in: Sydow, Selected papers on Folklore, Copenhagen '48, 60—88.

nur die Auseinandersetzung des Menschen mit sich selbst, sondern auch mit der Welt, der sichtbaren und der unsichtbaren, der profanen wie der numinosen (beide im Märchen sublimiert dargestellt), der äußeren und der inneren. Ähnlich wie das Märchen als Kunstwerk verschiedene Kontrastebenen übereinanderschichtet (oben S. 302 f.), schließt es verschiedene Sinnbezirke in sich, die eng miteinander verflochten sind. Im Vordergrund des Interesses stehen heute die Spiegelung unbewußter seelischer Vorgänge und die Kristallisierung einer geistigen Welt in den Märchenerzählungen. Jede Deutung kann nur einen Teil der Symbolschichten, die in einem Bilde oder in einer Bildfolge lebendig sind, erfassen, die Dichtung bleibt letztlich unübersetzbar und eben deshalb eine besondere, durch nichts zu ersetzende Aussage. Daß der Psychologe, der Anthropologe die Poesie des Märchens zerstöre, steht nicht zu fürchten, wohl aber dürfen wir hoffen, daß er etwas von ihrem Reichtum und ihrer Dichte aufzuweisen vermöge.

Kann die Untersuchung von Märchen und die Besprechung des Märchens als Gattung im Unterricht fruchtbar werden? Mir scheint, sie vermag manches grundsätzlich Wichtige zu zeigen. Nicht nur den Romantikern erschien das Märchen als die Poesie an sich. Paul Böckmann [15] sagt: Die Kunst „lebt ... davon, daß sie den gewohnten Vorstellungen entgegenhandelt und eine freie Phantasieverknüpfung ermöglicht, die ... darin sich bewährt, daß sie einer inneren Bedeutsamkeit zur Darstellung verhilft. Am ehesten sind wir bereit, dem Märchen diese Freiheit der Erfindung zuzugestehen ... Aber was wir der Märchenform zugestehen, daß sie ihre eigene Vorstellungsweise mit sich trägt, gilt im Grunde für jede dichterische Form." Nun ist es freilich eine Frage, ob man den Gymnasiasten die Gesetzlichkeit der Dichtung durch Hinweis auf das Märchen erschließen könne oder ob hier nicht das Märchen selber zuerst der Rechtfertigung bedarf, da es in der realistischen Phase des Knabenalters seinen Kredit weitgehend eingebüßt hat. Aber selbst wo das Ansehen des Märchens im Schüler erst wieder gefestigt werden muß, durch Vergleich mit den abstrakten, den aperspektivischen Tendenzen der modernen Kunst etwa, vermag

---

[15] P. Böckmann: Formgeschichte der deutschen Dichtung. Hbg '49, 31.

der Blick auf die relativ einfache Kunstform des Märchens, die sich durch ihre Jahrhunderte dauernde Blüte bei allen europäischen Völkern in einzigartiger Weise legitimiert hat, vieles zu klären. Es kommt nicht von ungefähr, daß der Ausdruck Verfremdung, der heute in der Interpretation der Dichtung häufig verwendet wird, dem Sinne nach in dem eingangs angeführten Novalis-Fragment bereits enthalten ist. Nicht nur E. T. A. Hoffmann, auch das Volksmärchen stellt Bekanntes und Fremdes, Alltägliches und Wunderbares dicht nebeneinander. Diesseitige und Jenseitige begegnen einander, ohne daß, wie in der Sage, der Schauer des Numinosen oder auch nur ein fragendes Staunen aufstiege, das Fremde wird als bekannt genommen und das Bekannte erhält eben deswegen ein fremdes Gesicht. Der Dichter muß lügen, um die Wahrheit zu sprechen – Sinn und Recht dieses Satzes wird dem Schüler eingehen, wenn er die Eigenart des Volksmärchens bedenken lernt. Der poetische Abstand, das Signum der höheren Wahrheit, stellt sich im Märchen, das auch aus übertragungstechnischen Gründen zur Formel, zur Stilisierung strebt, gleichsam von selber her. So führt die Untersuchung des Märchens zur Einsicht in das Wesen von Kunst, von Dichtung überhaupt; daß der Bezug zur Kunst unserer Zeit besonders naheliegt, kann nicht verwundern; eine der aufschlußreichsten Kafka-Interpretationen hat die Erzählform Kafkas unter Berufung auf die moderne Märchenforschung als die des „Antimärchens" bezeichnet[16]. In die Wesensart des Epischen gewährt das Märchen reichen Einblick; besonders die Selbständigkeit der Teile, die Parataxe, die Neigung zur Erzählung in der Erzählung, die Wichtigkeit des Weges, die relative Unwichtigkeit des Schlusses werden an ihm, das stumpfe Motive und Isolation über alles liebt, deutlich sichtbar; man darf sagen, daß das Märchen, wie jede epische Darstellungsform, mehr fesselt als spannt[17]. Für Robert Petsch ist das Volksmärchen die „Urform der hohen, der ‚symbolischen' Erzählung", die höher entwickelten Formen weisen alle in irgendeinem Maße auf das Märchen zurück[18].

---

[16] Cl. Heselhaus in DVJS 26, ('52), 356 ff.

[17] Vgl. E. Staiger: Grundbegriffe der Poetik. Zürich '46 u. ö., 127.

[18] R. Petsch: Die Kunstform des Märchens. Zfdt. Volkskunde, N. F. ('35), 3, 29 f.

Wenn derartige Betrachtungen auf der Oberstufe fruchtbar werden, so ist auf der Mittelstufe der Einblick in die einfachen Bauelemente des Märchens möglich und sinnvoll (oben S. 296 ff.). Beim Entdecken der mannigfachen Kontrastwirkungen kann auf die Bedeutung des Kontrastes in der klassischen Kunst der Renaissance hingewiesen werden (Kontrapost); dabei mag die Erkenntnis aufdämmern, daß es in der Dichtung nicht unbedingt auf das „Erlebnis" ankommt und daß im Märchen, in der Erzählung überhaupt, nicht die lyrische Stimmung das wichtigste ist; das von den Romantikern entdeckte Volksmärchen trägt die Züge eines klassischen (tektonischen) Kunstwerks. Lebendig erfahren werden die epischen und dramatischen Erfordernisse in ihren charakteristischen Unterschieden, wenn die Schüler ein Märchen zu dramatisieren versuchen. Sehr erhellend kann der Vergleich von Volksmärchen mit Volkssagen und Legenden sein[19]. Die Schüler vermögen zu erkennen, daß die beiden Gattungen einem charakteristisch verschiedenen Stil zustreben und offensichtlich polaren menschlichen Urbedürfnissen entsprechen: Tastendes Eindringen in eine unbekannte, im entscheidenden Grenzfall angstvoll als „ganz anders" erfahrene Wirklichkeit in der Sage, überlegene (ursprünglich vielleicht ekstatische, in jedem Fall aber vorläufige) Schau und Darstellung einer sinnvoll spielenden Welt im Märchen. Ich habe für die verschiedenen Haltungen den wohl zu engen Ausdruck „Geistesbeschäftigungen" verwendet, Kurt Ranke möchte lieber „Urphänomene" sagen. Sicher ist, daß der Schüler in der Betrachtung von Märchen und Sagen die innere Notwendigkeit der Ausprägung verschiedener Gattungen, verschiedener Stile in der gleichen Epoche, in der gleichen Gemeinschaft, ja beim gleichen Erzähler (der bald Sagen, bald Märchen gestaltet) unmittelbar einsehen und etwas vom Wesen der dichterischen Aussage erkennen lernt.

---

[19] Einige Beispiele in meinem Aufsatz ‚Gattungsstile'. Wirkendes Wort Bd. 4 ('53/54) 321 bis 327; jetzt auch in: Volksmärchen und Volkssage (s. o. Anm. 5), 49—56.

Mircea Eliade, Les savants et les contes de fées. Nouvelle Revue francaise 3 (1956), p. 884—891. Aus dem Französischen übersetzt von Ulrike Wiplinger.

WISSENSCHAFT UND MÄRCHEN

Von Mircea Eliade

Vor kurzem ist von Jan de Vries eine Untersuchung zum Märchen erschienen.[1] Wie aus dem Titel ersichtlich ist, geht es darin um die Verbindungen vom Volksmärchen zur Heldensage und zum Mythos. Niemand konnte dieses schwierige und umfangreiche Thema besser behandeln als der hervorragende holländische Germanist und Volkskundler. Der nur 180 Seiten umfassende Band erhebt natürlich nicht den Anspruch auf Vollständigkeit bei der Behandlung aller auftauchenden Probleme. Das Werk will kein Handbuch sein. Das Ziel des Verfassers war es vielmehr, einen Überblick über die Forschungsarbeit eines ganzen Jahrhunderts zu geben und vor allem auf die neuen Wege hinzuweisen, die sich dem Märchenforscher in den letzten Jahren eröffnet haben. Bekanntlich hat die Märchendeutung durch die Forschungsergebnisse der Völkerkunde, der Religionsgeschichte und der Tiefenpsychologie einen beachtlichen Aufschwung genommen. Die Märchenforscher ihrerseits bedienen sich heute bei ihren Untersuchungen viel strengerer Methoden als früher. Es sei in diesem Zusammenhang auf die scharfsinnigen Arbeiten André Jolles' und Max Lüthis hingewiesen.

Jan de Vries stellt in der vorliegenden Untersuchung zunächst die historische Entwicklung der Märchenforschung dar und behandelt dann die Beziehungen zwischen Mythos, Sage und Volksmärchen. An den Beginn der Abhandlung stellt der Verfasser eine kritische Betrachtung der „finnischen Schule". Den skandinavischen Forschern kommt das Verdienst zu, alle Varianten eines Märchens mit Akribie aufgezeichnet und geordnet zu haben und den Wegen ihrer Ausbreitung nachgegangen zu sein. Es gelang ihnen allerdings nicht, mit

[1] Jan de Vries, Betrachtungen zum Märchen, besonders in seinem Verhältnis zu Heldensage und Mythos (Helsinki, 1954).

Hilfe dieser formalen und statistischen Methoden die Grundprobleme der Märchenforschung zu lösen. Die Vertreter der finnischen Schule glaubten durch das sorgfältige Studium der Varianten die „Urform" des Märchens zu entdecken. Hierin unterlagen sie einem Irrtum, denn bei der „Urform" handelt es sich in den meisten Fällen nur um eine der zahlreichen „Vorformen", die sich bis heute erhalten haben. Die vielzitierte „Urform", die eine ganze Forschergeneration beschäftigt hat, gibt es nur als Hypothese (J. de Vries, S. 20).

Der Verfasser geht im folgenden auf die Ritualtheorie des französischen Gelehrten Paul Saintyves ein. Saintyves' Hauptwerk *Les Contes de Perrault et les récits parallèles* (1923) ist trotz ungenügender Information sowie Uneinheitlichkeit in der Methode noch immer lesenswert. Die Wahl seines Arbeitsmaterials war allerdings ein Fehlgriff, denn Perraults Märchen sind als Grundlage für eine vergleichende Untersuchung nicht sehr geeignet. Das Märchen vom „Gestiefelten Kater" zum Beispiel ist weder in Deutschland noch in Skandinavien belegt. Es taucht erst spät und durch Perraults Einfluß in Deutschland auf. Immerhin verdanken wir Saintyves die wichtige Erkenntnis, daß im Märchen vorkommende Ritualmotive auf religiöse Riten hinweisen, die noch heute bei manchen Naturvölkern lebendig sind. Wenn er aber meinte, im Märchen auch die „Texte" entdeckt zu haben, von denen solche Riten begleitet waren, irrte er (de Vries, S. 30). Der sowjetische Volkskundler V. Ia. Propp hat in seinem Buch *Istoritcheskie korni volshebnoi skazki* (*Die historischen Wurzeln des Zaubermärchens*, Leningrad, 1946), das Jan de Vries leider nicht kennt, die Theorie von Saintyves wiederaufgenommen und weiterentwickelt. Propp sieht in den Märchen Reste totemistischer Initiationsriten. Die Initiationsstruktur der Märchen liegt auf der Hand, und es wird hier noch davon die Rede sein. Vor allem aber beschäftigt den Spezialisten die Frage, ob das Märchen ein System von Riten aus einem ganz bestimmten Stadium einer Kultur beschreibt, oder ob das Initiationsschema im Märchen ein Produkt der „schöpferischen Phantasie" ist in dem Sinn, daß es an keinen historischen, kulturbedingten Ablauf gebunden ist, sondern vielmehr ein geschichtsloses, archetypisches Verhalten der Psyche ausdrückt. Nehmen wir das Beispiel der

totemistischen Einweihungsriten. Dieser Typus der Initiation war
für Frauen nicht zugänglich. Nun ist aber die Hauptfigur in den
slawischen Märchen gerade eine Frau, und zwar die alte Hexe, die
Baba Jaga. Das heißt, daß wir im Märchen nie eine genaue Entsprechung für ein bestimmtes Stadium einer Kultur finden. Verschiedene Stile, verschiedene geschichtliche Zyklen überschneiden
einander. Übrig bleiben die Strukturen eines exemplarischen Verhaltens, wie sie sich in verschiedenen Kulturkreisen und historischen
Epochen abheben lassen.

Die These von W. E. Peuckert, von Jan de Vries glänzend widerlegt (S. 30 ff.), stößt auf ähnliche Schwierigkeiten. Dieser Forscher
vertritt die Ansicht, die Märchen seien im Laufe der neolithischen
Epoche im östlichen Mittelmeer entstanden, denn sie zeigen Strukturen einer soziokulturellen Einheit auf, die durch eine matriar-
chalische Gesellschaftsordnung, durch die Initiation und durch typisch bäuerliche Hochzeitsbräuche gekennzeichnet ist. Die Prüfungen, denen sich der Held in manchen Märchen unterwirft, um
die Tochter des Dämons zu freien, bringt Peuckert in Zusammenhang mit bäuerlichen Hochzeitsbräuchen. Der Freier muß zum
Beispiel ein Feld mähen, ein Haus bauen usw. Dazu bemerkt Jan
de Vries, daß diese Prüfungen des Bräutigams auch im Epos (z. B.
im Râmâyana) und in der Heldensage belegt sind. Nun fällt es aber
schwer, die Heldensage, eine vorwiegend aristokratische Dichtungsform, in den bäuerlichen Kulturkreis einzuordnen. Der genetische
Bezug vom bäuerlichen Hochzeitsbrauch zum Märchen läßt sich also
nicht beweisen. Peuckert setzt andererseits die Entstehung der
Märchen in einem protohistorischen Vorderen Orient an, wegen
seines außerordentlichen wirtschaftlichen Reichtums und auf Grund
der beispiellosen Entfaltung der Fruchtbarkeitskulte und des Sexual-
symbolismus in diesem Raum. Lüthis Analysen haben hingegen
gezeigt, daß das Erotische im Märchen keine Rolle spielt.

Sehr ausführlich behandelt de Vries die Theorie C. W. von Sydows über den indoeuropäischen Ursprung der Märchen (S. 48 ff.,
60 ff.). Die Unhaltbarkeit dieser These liegt auf der Hand und wir
gehen daher nicht darauf ein. Von Sydow hat übrigens seine Ansichten selbst revidiert. Er neigt nun zu der Annahme, daß die
Entstehung der Märchen in eine vorindoeuropäische Epoche mega-

lithischer Kultur falle. In einer jüngst erschienenen Arbeit *Märchen und Megalithreligion* (Paideuma, V, 1950), greift Otto Huth diesen Standpunkt auf. Leider erwähnt Jan de Vries diese Arbeit nicht. Huth ordnet die häufigsten Märchenmotive, die Reise ins Jenseits und die „Prinzen"-Hochzeit, der megalithischen Religion zu. Nach übereinstimmender Ansicht der heutigen Forscher sind Spanien und das westliche Nordafrika als Zentren der megalithischen Kultur anzusehen. Von da strahlte sie bis nach Indonesien und Polynesien aus. Diese Verbreitung über drei Erdteile erklärt nach Huth die ungeheure und vielfältige Wanderung der Märchen. Leider vermag auch seine These nicht zu überzeugen, da man so gut wie gar nichts über die „Megalithreligion" weiß.

De Vries geht anschließend über zu den Beiträgen, die die Psychologie zur Märchenforschung geleistet hat, und hebt insbesondere die Arbeiten Jungs hervor (S. 34 ff.). Er akzeptiert die Jungsche Lehre vom Archetyp als Struktur des kollektiven Unbewußten, aber er macht zu Recht darauf aufmerksam, daß es sich beim Märchen nicht um eine unmittelbare und spontane Schöpfung des Unbewußten handelt (wie zum Beispiel beim Traum), sondern daß wir es hier mit einer „literarischen Form" zu tun haben wie beim Drama und beim Roman. Der Psychologe achtet zuwenig auf Geschichte und Entwicklung von Motiven und Themen der Volksliteratur. Er arbeitet zuviel mit abstrakten Schemata. Dies sind wohlbegründete Vorwürfe. Wir dürfen freilich nicht vergessen, daß die Tiefenpsychologie mit *ihren* Maßstäben messen muß, um die gewünschten Resultate zu erzielen. Jedenfalls können die Ergebnisse der Psychologie nicht die Probleme der Volkskunde lösen, sondern ihr allenfalls neue Wege aufzeigen.

Der zweite Teil der Arbeit von de Vries ist seinen eigenen Forschungsergebnissen gewidmet. An einer Reihe vortrefflicher Untersuchungen (S. 84 ff.) weist er nach, daß die Sage (die Argonauten, Siegfried) nicht vom Märchen, sondern vom Mythos herkommt. Die Frage bei der Siegfried-Dichtung ist nicht die, wie sie aus den verschiedenen Sagenbruchstücken und volksliterarischen Motiven entstanden ist, sondern wie aus einem historischen Prototyp eine Art mythische Biographie werden konnte. Der Verfasser macht an Hand des Beispiels klar, daß es sich bei der Sage jedenfalls nicht um ein Konglomerat heterogener Motive handelt, sondern daß das Leben des Helden von der Geburt bis zum tragischen Tod eine Einheit bildet (S. 125). Das Heldenepos gehört nicht in die Tradition der Volksliteratur. Es hat seinen Ursprung im aristokratischen Bereich. Es ist in einer idealen Welt angesiedelt, in einem goldenen Zeitalter, das der Welt der Götter nahe ist. Die Sage steht neben dem Mythos, nicht neben dem Märchen. Es ist oft schwer zu bestimmen, ob die Sage das Leben einer geschichtlichen Gestalt heroisch überhöht oder aber einen Mythos säkularisiert. Gewiß erscheinen dieselben Archetypen, d. h. dieselben exemplarischen Figuren und Situationen, sowohl im Mythos und in der Sage wie auch im Märchen. Der Held der Sage aber endet auf tragische Weise, während das Märchen immer einer glücklichen Lösung zustrebt (S. 156).

Der Verfasser behandelt einen weiteren Unterschied zwischen Sage und Märchen, den er für entscheidend hält: die Sage hat teil an der mythischen Welt, während sich das Märchen davon löst (S. 175). Der Sagenheld bewegt sich in einer von den Göttern und vom Schicksal regierten Welt. Die Märchenfiguren hingegen brauchen keinen Gott. Ihnen verhelfen ihre Beschützer und Gefährten zum Sieg. Dieses beinahe ironische Losgelöstsein vom Göttlichen geht Hand in Hand mit einer totalen Problemlosigkeit. Im Märchen ist die Welt einfach und durchscheinend. Die Wirklichkeit ist keines von beiden. De Vries stellt sich daher die Frage, zu welchem Zeitpunkt der Geschichte man das Dasein wohl noch nicht als Drangsal empfunden haben mochte. Die Antwort glaubt er mit Hilfe der Welt Homers zu finden, in der sich der Mensch von den traditionellen Göttern zu lösen beginnt, ohne sogleich zu Mysterienkulten Zuflucht zu nehmen. Unter der Voraussetzung, daß jede Kultur analoge Phasen der Entwicklung durchläuft, hält de Vries die Entstehung der Märchen in einer Welt, die der homerischen entspricht, für wahrscheinlich (S. 174). Seiner Ansicht nach ist auch das Märchen Ausdruck einer aristokratischen Lebensform und nähert sich in dieser Eigenschaft der Sage. Doch das Märchen löst sich aus dem mythischen und göttlichen Umkreis und „sinkt" ins Volk, und zwar zu dem Zeitpunkt, da das Dasein für den aristokratischen Menschen problemhaft und tragisch wird (S. 178).

Eine eingehende Auseinandersetzung mit all diesen Fragen würde uns zu weit führen. Manche Ansichten von de Vries sind unwiderlegbar; so zum Beispiel die Strukturverwandtschaft von Märchen, Sage und Mythos; oder der Ausdruck pessimistischen Lebensgefühls in der Sage, im Unterschied zum Optimismus im Märchen; oder die fortschreitende Entsakralisierung der mythischen Welt. Das Problem der Märchenentstehung ist zu umfangreich, um hier eingehend diskutiert zu werden. Eine der Hauptschwierigkeiten ergibt sich allein schon aus den unklaren Bezeichnungen „Ursprung" und „Entstehung". Für den Volkskundler ist „Entstehung" gleichbedeutend mit dem Auftauchen einer mündlichen Dichtung. Sie ist ein geschichtliches Phänomen, das als solches untersucht wird. Wir dürfen es dem Spezialisten für mündliche Dichtung nicht ankreiden, wenn ihn die „Ur-Geschichte" seiner Quellen und Dokumente kaum interessiert. Er arbeitet mit mündlichen „Texten", so wie der Literaturwissenschaftler mit schriftlichen. Er untersucht und vergleicht sie, er zeichnet ihre Verbreitung und ihren gegenseitigen Einfluß auf. Seine Hermeneutik zielt auf Erschließung und Darstellung der geistigen Welt des Märchens hin und kümmert sich wenig um dessen mythisches Vorleben.

Für den Ethnologen und den Religionswissenschaftler hingegen ist die „Entstehung" eines Märchens als zusammenhängendes literarisches Gebilde von zweitrangiger Bedeutung. Da ist zunächst zu sagen, daß in Primitivkulturen die Unterscheidung von Mythos und Märchen weniger klar hervortritt als in jenen Kulturen, wo „Gebildete" und „Volk" gesellschaftlich deutlich getrennt sind, wie es im antiken Vorderen Orient, in Griechenland und im europäischen Mittelalter der Fall war. In den Primitivkulturen treten Mythen und Märchen oft gemischt auf. (In dieser Form werden sie fast immer von den Ethnologen dargeboten.) Manchmal erscheint etwas im Gewand des Mythos, was sich beim Nachbarstamm als gewöhnliches Märchen entpuppt. Den Religionswissenschaftler und den Ethnologen interessiert an dieser Unmenge von mündlichen Zeugnissen der Volksliteratur vor allem das Verhalten des Menschen zum Sakralen. Sie stellen fest, daß im Märchen nicht immer eine Desakralisierung der mythischen Welt stattfindet. Es handelt sich eher um einen Konturverlust mythischer Figuren und Motive, und man sollte anstatt „Desakralisierung" den Ausdruck „Verfall des Sakralen" gebrauchen. Jan de Vries hat ja klar aufgezeigt, daß zwischen Mythos, Märchen und Sage kein Kontinuitätsbruch besteht. Wenn die Götter in den Märchen auch nicht mehr als Götter auftreten, so sehen wir sie doch durch den Habitus anderer Figuren durchscheinen, wie im Beschützer, Gegner oder Begleiter des Helden. Sie werden konturlos, oder „verfallen", wenn man es lieber so nennt, aber sie erfüllen immer noch ihre Funktion.

Das gleichzeitige Nebeneinander von Mythen und Märchen in traditionellen Gesellschaften stellt den Forscher vor ziemlich schwierige Probleme. Nehmen wir die Gesellschaften des mittelalterlichen Abendlandes; hier tauchen die echten Mystiker in der Masse der einfachen Gläubigen unter und lebten manchmal sogar neben Christen, deren Abneigung gegen den Glauben so weit ging, daß sie dem Christentum nur noch äußerlich angehörten. Eine Religion wird mit unterschiedlicher Intensität gelebt und empfunden. Aber diese verschiedenen Stufen der Glaubenserfahrung besitzen einen gemeinsamen Nenner oder Grundwert. Er ist auch dann noch da, wenn die Glaubensintensität verflacht und die Welt scheinbar „entsakralisiert" ist. (Wir können uns davon ein Bild machen, wenn wir nur die profane und wissenschaftliche Aufwertung der „Natur" nach Rousseau und den Aufklärern untersuchen.) Strukturen religiösen Verhaltens und sakralen Erlebens, wie Bilder des Göttlichen, exemplarische Gebärden usw., sind in unserer Zeit wiederentdeckt worden in den Tiefen der Seele, im Unbewußten, von wo sie durch das Medium des Traumes und der Phantasie heraufsteigen.

Von hier kommen wir zu einem anderen Problem, das weder den Volkskundler noch den Ethnologen, sondern vor allem den Religionswissenschaftler, schließlich den Philosophen und vielleicht auch den Literaturwissenschaftler angeht, denn es berührt auch das Problem der „Entstehung der Literatur". Das Zaubermärchen ist im Abendland schon seit langer Zeit zu einer Unterhaltungsliteratur für Kinder und Bauern, und für den Stadtmenschen ein Mittel der Flucht geworden, aber es trägt unverändert die Struktur eines sehr bedeutenden und verantwortungsvollen Ereignisses, das letztlich auf einen Initiationsvorgang hinweist. Immer wieder stößt man auf Initiationsprüfungen (Kampf gegen ein Ungeheuer, scheinbar unüberwindliche Hindernisse, aufgegebene Rätsel, unmöglich zu erfüllende Aufgaben), auf Höllen- und Himmelfahrt oder auf Tod und Auferstehung (was eigentlich dasselbe bedeutet), und auf die Hochzeit mit der Prinzessin. Wie Jan de Vries richtig festgestellt hat, endet das Märchen immer glücklich. Sein Verlauf jedoch deutet auf die schrecklich ernste Wirklichkeit der Initiation, das heißt auf den Übergang von der Unwissenheit und Unreife der Kindheit und Jugend zur geistigen Reife des erwachsenen Menschen, der meist durch Tod und Auferstehung symbolisiert wird. Es läßt sich schwer feststellen, wann das Märchen vom bedeutsamen, erzählten Initiationsvorgang zur einfachen und unverbindlichen Zaubergeschichte geworden ist. In manchen Kulturen wenigstens mag dieser Übergang zu einem Zeitpunkt eingetreten sein, da die überlieferte Ideologie und die traditionellen Einweihungsriten außer Gebrauch gekommen sind, und da man ungestraft „erzählen" konnte, was früher „tabu" gewesen war. Eine solche Entwicklung läßt sich jedoch als allgemeine Erscheinung nicht nachweisen. In manchen Primitivkulturen, in denen man die Initiationsriten noch praktiziert, werden daneben schon seit langer Zeit Geschichten mit Initiationsstruktur erzählt.

Man könnte fast sagen, daß das Märchen auf einer anderen Ebene und mit neuen Ausdrucksmitteln das exemplarische Initiationsschema wiederholt. Es überträgt die Initiation auf die Ebene des Imaginären. Nur einem verflachten Bewußtsein, und vor allem dem Bewußtsein des modernen Menschen, ist das Märchen Unterhaltung und Flucht aus der Wirklichkeit. In den Tiefen des Unbewußten behalten die im Märchen aufgezeichneten Initiationsvorgänge ihre Bedeutung, dort bewirken sie wie eh und je Veränderungen. Während sich der moderne Mensch bei der Lektüre des Märchens zu unterhalten oder der Wirklichkeit zu entrinnen glaubt, unterliegt er unbewußt dem Einfluß, den die Initiation im Gewande des Märchens auf ihn ausübt. Man könnte annehmen, daß das Zaubermärchen sehr bald eine leichtere Nachahmung der genannten Mythen und Riten geworden ist und daß es einfach die Aufgabe hat, die Initiationsprüfungen auf der Ebene des Traumes und der Phantasie zu reaktualisieren. Dieser Standpunkt wird nur diejenigen überraschen, die in der Initiation ausschließlich eine Verhaltensweise des Menschen der traditionellen Gesellschaften sehen. Allmählich wird man sich aber heute dessen bewußt, daß die sogenannte „Initiation" eine ans menschliche Dasein gebundene Grundsituation ist und daß sich jedes Menschenleben aus einer Folge von Prüfungen, von Sterben und Auferstehen zusammensetzt, welche Ausdrücke auch immer die moderne Sprache benützt, um diese (ursprünglich religiösen) Erfahrungen klarzumachen.

Studium Generale XI (1958), S. 647—664.

BETRACHTUNGEN ZUM WESEN UND ZUR FUNKTION DES MÄRCHENS

Von Kurt Ranke

Es besteht heute kein Zweifel mehr darüber, daß das Märchen bzw. seine motivischen und episodischen Inhalte zum ältesten und weitest verbreiteten Kulturgut der Menschheit gehört, daß es trotz seines Alters eine hochentwickelte Dichtungsform darstellt und daß es daher auch im besonderen Interessenbereich alle jener Wissenschaften liegt, die sich mit der menschlichen Kultur, ihrer Geschichte und ihren bildenden und formenden Kräften befassen. Die Philologien der verschiedensten Art, die Volkskunde, die Ethnologie, die Kulturgeschichte, die Religionswissenschaft, die Psychologie, die Pädagogik, sie alle erheben zu Recht den Anspruch, Wesentliches zu diesem so bemerkenswerten Erzeugnis des menschlichen Geistes und der menschlichen Seele sagen zu können. Und sie haben, blickt man auf die riesige Menge der einschlägigen Literatur, dieses Recht weidlich genutzt. Über vieles ist gesprochen, manches ist deutlich und faßbar geworden, anderes steckt im Theoretischen oder in den Methoden und ihren Konjunkturen und muß darin steckenbleiben. Eines aber ist noch immer nicht recht klar, trotz zahlreicher Versuche gerade hier Licht zu schaffen, das Kernproblem nämlich: Was ist das nun überhaupt und eigentlich, das Märchen? Was ist sein Wesen und sein Sinn?

Diese ontologische Frage, die Philosophie des Märchens meinetwegen, steht im Mittelpunkt alles wissenschaftlichen Mühens um das Märchen; um sie schließen sich die weiteren Aufgaben der Forschung zusammen, die Fragen nach dem Alter etwa oder nach der Herkunft, der Dynamik der Verbreitung, der Strukturen, der Phänomenologie, Biologie, Typologie usw. Sie alle sind nur Wege zum Ziel der Gemeinerkenntnis von Wesen und Sinn des Märchens und keine von ihnen ist allein entscheidend, vorrangig oder untergeordnet. Ein komplexes Gebilde wie das Märchen kann eben von den verschiedensten Seiten und mit den variabelsten Methoden angegangen werden, und man kann den Begründern und erst recht den Epigonen der zahlreichen Forschungsrichtungen und Lehrmeinungen kaum den Vorwurf ersparen, sich den Blick für die Vielfalt und die Kongenialität der Möglichkeiten nicht immer bewahrt zu haben[1].

Den Brüdern *Grimm*, die neben anderen Wissenschaften auch die Märchenforschung begründet haben, war diese Frage noch kein solch verzweifeltes Unternehmen, wie es uns späten, in einer oft peinlich wirkenden Akribie der Determinationen befangenen Nachfahren ist[2]. Mit der Unbekümmertheit jugendfrischer, von keinem Übermaß an Stoff- und Spezialwissen belasteter Wissenschaft genügte ihnen die relative Definition, daß das Märchen poetischer, die Sage historischer sei. Ein paar Bemerkungen über die lokale und zeitliche Gebundenheit der Sage und die entsprechende Gelöstheit des Märchens sowie einige abgrenzende Worte über das Wesen der Legende ergänzen diese generellen und daher auch heute noch gültigen Feststellungen[3].

Das Merkwürdige ist nun, daß ihre Definitionen und Markierungen in der Theorie der Einleitung steckengeblieben sind. Sieht man sich die beiden Bände der Kinder- und Hausmärchen an, so wird man bald feststellen, daß kaum mehr als die Hälfte der Erzählungen Märchen, die anderen dagegen Sagen, Legenden, Schwänke, Anekdoten, Parabeln usw. sind[4]. Wir wissen nicht, ob diese Konglomeration Zufall oder Absicht ist, oder ob der Begriff Märchen für die Brüder nicht doch mehrere Gattungen von Volkserzählungen umschloß. Fest steht, daß das Wort bis zu den *Grimms* einschließlich (und in vielen Sammlungen auch noch bis heute) nicht

---

[1] K. Ranke in: Arv 12, 150 (1956).

[2] Man denke an die oft verkrampft anmutenden Begriffssetzungen Wesselskis, von Sydows, Jolles' u. a.

[3] Vgl. die Vorworte zu den Erst- und Zweitauflagen der Kinder- und Hausmärchen und der deutschen Sagen.

[4] Vgl. dazu auch Gernot, Die Märchensammlung der Brüder Grimm, Versuch einer Stoffgruppenbildung, Diss. Graz 1918; Berendsohn, Grundformen volkstümlicher Erzählerkunst in den Kinder- und Hausmärchen der Brüder Grimm, Hamburg 1922.

allein das bedeutet, was die moderne Wissenschaft darunter spezialisiert hat, nämlich eine von den Bedingungen der Wirklichkeitswelt mit ihren Kategorien Zeit, Raum und Kausalität unabhängige Erzählung wunderbaren Inhaltes, die keinen Anspruch auf Glaubwürdigkeit erhebt[5].

Ich brauche mich mit der Bedeutungsgeschichte des Wortes Märchen hier nicht zu befassen. Es ist genügend darüber geschrieben worden[6], und wir wissen, daß darunter alle Arten von Volkserzählungen verstanden worden sind. Die Bezeichnungen gehen willkürlich durcheinander, und nichts hat den Alten ferner gelegen als eine Fixierung der Begriffe auf bestimmte Formen und Gattungen. Ein Satz wie etwa der von *Jakob Twinger:* „Wan es sprichet meister Huge von Florencie[7], das ein geschehen ding, von dem man nüt kan gesagen, in welem jore oder bi weles küniges oder fürsten ziten es geschehen si, das sol men haben für eine fabule und für eine sagemere (aniles fabulae) und nüt for eine wore rede"[8], muß allen Folkloristen ob dieser konfusen Terminologie das Herz im Leibe umdrehen.

Jolles weist ferner, *Panzer* und *Bolte* folgend[9], darauf hin[10], daß das Wort Märchen als exakte Bezeichnung für eine bestimmte Form von Volkserzählungen ein rein deutsches Wort ist. Alle anderen

[5] In letzter Zeit etwa Friedr. Panzer, Märchen. In: Deutsche Volkskunde, S. 219 ff., hg. v. J. Meier (Berlin u. Leipzig 1926); [In diesem Band S. 84 ff.]; J. Bolte u. G. Polivka, Anmerkungen zu den Kinder- u. Hausmärchen der Brüder Grimm, Bd. 4 (Leipzig 1931); O. A. Erich u. R. Beitl, Wörterbuch d. deutschen Volkskunde, 2. Aufl., S. 495 (Stuttgart 1955); L. Röhrich, Märchen u. Wirklichkeit, S. 1 usw. (Wiesbaden 1956).

[6] Vgl. etwa Kinder- u. Hausmärchen Bd. 3, Abschn. Zeugnisse; Bolte-Polivka Bd. 4, Abschn. Name u. Merkmale des Märchens; Jolles, Einfache Formen, 2. Aufl. S. 180 ff. (Halle 1956); Will-Erich Peuckert, Märchen. In: Deutsche Philologie im Aufriß, hg. v. W. Stammler; Panzer, Märchen, usw.

[7] Hugo Floriciacensis, Historia ecclesiastica 1,3; MG. Scr. 9, 355, um 1110.

[8] Jakob Twinger von Königshofen, Chronik, Vorrede (Deutsche Städte-Chroniken Bd. 8, S. 231).

[9] Panzer, Märchen, s. Fußn. 5; Bolte Polivka Bd. 4, S. 1 ff.

[10] Jolles, Einfache Formen, S. 181.

Sprachen besitzen nur allgemeinere Begriffe, die sie zuweilen zur engeren Kennzeichnung dieser besonderen Species mit sinncharakterisierenden Zusätzen versehen: conte des fées, fairy-tale usw. Und *Jolles* bestätigt (ebenso wie *Panzer, Peuckert, Röhrich* u. a.) weiterhin, daß die Präzisierung des Wortes auf eine bestimmte Erzählgattung erst von den Brüdern *Grimm* ausgegangen ist.

Es ergibt sich also das interessante und in der Geschichte der deutschen Volkskunde keineswegs einmalige Faktum, daß, neben den Realitäten natürlich, auch die Nomina die Forschung entscheidend anregen können. So wie die deutsche Volkskunde im eigentlichen erst durch den verpflichtenden Sinn ihres Namens zur modernen, sozialpsychologisch ausgerichteten Wissenschaft geworden ist, so ist die deutsche Erzählforschung (nicht nur, aber auch) durch die provozierende Unbestimmtheit der alten Nomenklaturen zur Festlegung der Begriffe und Inhalte gelangt.

Hier aber erhebt sich sofort die Frage, die ja alle wissenschaftliche Terminologie angeht, ob mit dieser Präzisierung nicht die lebendige Wirklichkeit vergewaltigt und die Gültigkeit der neuen Konzeptionen überfordert ist. Wenn einer unserer bedeutendsten Theoretiker, *André Jolles,* mit dem halb scherz-, halb ernsthaft gemeinten Satz, daß ein Märchen eine Erzählung oder eine Geschichte in der Art sei, wie sie die Brüder *Grimm* in ihren Kinder- und Hausmärchen zusammengestellt haben [11], wieder auf den allgemeineren und umfassenderen Begriff dieser Romantiker weist, oder wenn etwa *Lutz Röhrich* in seiner jüngst erschienenen Schrift die Relativität dessen, was nunmehr Märchen sein soll, unverhohlen zugibt [12], so scheinen mir das doch ernst zu nehmende Indikationen eines modernen wissenschaftlichen Zweifels an unseren eigenen Präzisions- und Definitionsexzessen zu sein.

Natürlich sind die Dinge existent, ich sagte es schon. Es gibt das Märchen, die Sage, den Schwank, die Legende. Die Frage ist nur, ob es diese wissenschaftliche Konstruktion Märchen gibt, der mit so viel Gelehrtenschweiß ein bestimmter Sinn und ein ebenso apodiktischer Inhalt gegeben worden ist. Gelten ihre Definitionen überall

[11] Jolles, Einfache Formen, S. 181.
[12] Röhrich, Märchen und Wirklichkeit, S. 4 f., 10 f.

auf der Welt, oder nur im Abendland, oder nur in Deutschland als
dem Ausgangsort dieser Bemühungen? Oder sind sie nur in bestimmten Kulturepochen gültig, oder nur in gewissen mentalen und
sozialen Schichten? Oder nur in etwelchen Altersstufen? Oder sind
sie gar nur eine individuelle Angelegenheit? Exemplifizieren wir die
Unruhe dieser Fragen nur an einem der besonders hervorgehobenen
Charakteristika.

Eines der wesentlichen Merkmale des Märchens im Unterschiede
zur Sage etwa ist die subjektive Unglaubwürdigkeit seiner Erzähl-
inhalte[13]. Während die Sage Wahrheit sein will, ist das Märchen
eine „fabula incredibilis". Jedoch ist gegen dieses Kriterium schon
häufiger Sturm gelaufen worden, so etwa von *Peuckert,* wenn er
auf die Variabilität der Glaubensgehalte in den Kulturprozessen
weist [14], oder von *Röhrich,* wenn er die Glaubensgrenzen mitten
durch die Kategorien gehen und den gleichen Erzählinhalt für den
einen eine geglaubte Sage, für den anderen ein erfabeltes Märchen
sein läßt[15].

Sicher haben beide recht. Für unsere Kinder z. B., die an die
Märchen und ihr geheimnisvolles Geschehen glauben, wären diese
Geschichten eben keine Märchen, sondern Sagen. Man wende nicht
ein, daß Märchen als Kindererzählung ein Degenerativum, daß sie
ursprünglich und ihrem Wesen nach Erwachsenendichtung seien.
Seit man von Märchen weiß, ist sicher ein großer Teil ihres Publi-
kums die Kinderwelt gewesen. Zeugnisse darüber gibt es von
Euripides an über *Plato, Tacitus, Tertullian,* den Dichter der
Kudrun oder *Thomasin von Zerclaere* bis natürlich in unsere
Tage[16]. Und wenn man die Berechtigung des phylogenetischen
Grundgesetzes nicht völlig außer Frage stellen will, wird diese Kin-
dergläubigkeit von heute einer urtümlicheren Geisteslage der Mensch-

---

[13] S. die Literatur oben S. 322 Fußn. 5; ferner Fr. Ranke, Volkssagenforschung. Breslau 1935; Max Lüthi, Das europäische Volksmärchen,
S. 120 ff. (Bern 1947).
[14] Will-Erich Peuckert, Deutsches Volkstum in Märchen und Sage,
Schwank und Rätsel, S. 15 ff., 26 ff. (Berlin 1938); Ders., Sage und Märchen, S. 39.
[15] Röhrich, Märchen und Wirklichkeit, S. 10 f.
[16] S. etwa Bolte im 4. Bande der Anmerkungen unter „Zeugnisse".

heit entsprechen, die aber, und das ist wohl das Entscheidende, ebenso urzeitlich wie unzeitlich, d. h. immanent und konstant im Wesen des Menschen veranlagt ist. Und so gesehen sprechen allein schon die Nachweise, daß viele unserer Märchen sowohl in alter Zeit[17] wie bei den heutigen Primitiven[18] Mythen und Fakten sind, gegen das Dogma von der generellen Unglaubwürdigkeit des Märchengeschehens.

Jedoch brauchen wir nicht die Historie und die Ethnologie zu bemühen. Aus dem gesamten indoeuropäischen Erzählbereich von heute liegen genügend Berichte vor, daß Märchen geglaubte Geschichten sind. *Johannes Hertel* z. B. schreibt:

So können die Inder denn auch weder Tiererzählung noch Märchen als besondere Gattung empfinden, wie sie andererseits keine wirkliche Geschichte als Wissenschaft entwickelt haben. Für die Hindu verschwimmen Geschichte und Märchen, Wirklichkeit und Dichtung völlig ineinander. Alle Erzählungen ihrer großen Literaturen gelten ihnen als gleich wahr oder zum mindesten als gleich möglich.

Und an anderer Stelle heißt es:

Die Einteilung der Erzählungen in Märchen, Schwänke, Fabeln, Novellen, Sagen, Geschichten, Mythe usw. beruht auf der Weltanschauung der Europäer und den literarischen Formen ihres Schrifttums; für den Inder, der die Dinge, die ihn umgeben, mit völlig anderen Augen sieht als wir, hat diese Einteilung keinerlei Berechtigung[19].

Das ist ungemein interessant, aber *Hertel* irrt, wenn er diese labile Einstellung für typisch indisch hält. Sie gilt, wie wir sahen, ebenso für die Frühzeit wie für den ethnologischen Bereich. Sie gilt aber auch für das heutige europäische Erzählgut. Sie gilt für Irland wie für Island, für die Rumänen, Esten, Rätoromanen, Russen, Zi-

---

[17] Zum ägyptischen Brüdermärchen s. neuestens wieder *Jan de Vries*, Betrachtungen zum Märchen, S. 50 ff. (Helsinki 1954), zum Etanamythos Martti Haavio, Der Etanamythos in Finnland (Helsinki 1955), zur Jephtageschichte Fr. Ranke, Volkssagenforschung, S. 20 f., zum Märchen vom hilfreichen Pferd (AaTh 531) Wesselski, Versuch einer Theorie des Märchens, S. 84 (Reichenberg i. B. 1931).

[18] Das Material über den ethnologischen Bereich ist bestens von Röhrich, Märchen und Wirklichkeit, S. 114 ff., zusammengestellt.

[19] Hertel, Indische Märchen, S. 4, 10 (Jena 1921).

geuner, und sie gilt wohl auch noch anderorts in Europa[20]. Und Deutschland? Das Land, in dem die Märchenforschung begründet und der Begriff des „poetischeren" Märchens geprägt wurde? Aus dem Schwarzwald bezeugt *Schlecht,* aus Ostpreußen *Plenzat,* aus dem Saarland *Fox,* aus Schlesien *Peuckert,* daß dort bis in die jüngste Zeit hinein das Märchengeschehen für Erzähler und Hörer durchaus noch im Bereich der Realität stand[21].

Es ist also nichts mit der postulierten Unglaubwürdigkeit des Märchens, jedenfalls nicht als verbindliches und charakteristisches Signum dieser Erzählgattung, nicht in der Frühzeit, im Mittelalter oder heute, nicht bei den Primitiven noch bei den Kulturvölkern, nicht in generell allen Altersschichten noch in der intellektualisierten Welt der Zivilisation. Denn sicher hat *Röhrich* recht, wenn er meint, daß das Märchen heute sehr häufig nicht deshalb in entmythisierte und rationalisierte Erzählformen überführt wird, weil man nicht mehr daran glaubt, sondern gerade deshalb, weil man noch daran glauben möchte[22].

Die Dinge sind eben individuell, beim Volk ebenso wie in den gebildeten Schichten. Wenn die *Miazi-Moam, Haidings* beste burgenländische Märchenfrau, oder wenn eine hessische Erzählerin *Röhrichs* über das leidvolle Schicksal ihrer Helden in Tränen ausbrechen[23], so erinnert das doch nur wieder an den alten *Björnstjerne Björnson,* der immer wieder bitterlich weinte, wenn er einen seiner Helden sterben lassen mußte. Wieweit werden auch wir noch vom Märchen bis zum Vergessen der Realität berührt? Ich möchte nur

---

[20] Nachweise bei Lutz Mackensen, Zur Märchenforschung. In: Zschr. f. deutsche Bildung 6, 354 f. (1930); Wesselski, Theorie, S. 86 ff.; Peuckert, Sage und Märchen, S. 32 ff. Zusammenfassend und ergänzend bei Röhrich (s. Fußn. 12) S. 123 ff.

[21] H. Schlecht, Die Volkserzählung im Harmersbachtal, S. 75 (masch.) Staatsexamensarbeit, Mainz 1951; K. Plenzat, Ostpreußische Märchen. In: Niederdeutsche Zsch. f. Volkskunde 4, 48 (1926); N. Fox, Saarländische Volkskunde, S. 273 (Bonn 1927); Peuckert, Sage und Märchen, S. 33. Weitere Hinweise bei Röhrich (s. Fußn. 12) S. 123 ff.

[22] Röhrich, Märchen und Wirklichkeit, S. 149.

[23] Karl Haiding, Österreichs Märchenschatz, S. 402 (Wien 1953); Röhrich S. 184 (s. Fußn. 22).

wissen, warum in den jährlichen Weihnachtsmärchenaufführungen oft mehr Erwachsene als Kinder zu finden sind? Und wie steht es mit dem Märchen von heute, dem Film? Geht das Emotionalschichtige nicht oft genug in der je nach Veranlagung kürzer oder länger währenden Indentifizierung mit uns durch? Bei jedem von uns? Bei dem einen mehr, dem anderen weniger?

Ebenso steht es mit manchen anderen Merkmalen des Märchens. Seine lokale, zeitliche und personale Gelöstheit gegenüber der entsprechenden Gebundenheit etwa der Sage gilt sicher nicht für das orientalische Märchen, das mit seinen milieubezogenen Schilderungen weitaus wirklichkeitsnäher als das abendländische Erzählgut wirkt[24], und vom indischen Märchen sagt *Elisabeth Kutzer* geradezu: Genaue Orts- und Zeitangaben, bekannte Länder-, Stadt- und Personennamen charakterisieren die „Wirklichkeit"[25]. Der europäische Märchenerzähler scheint zwar die Raum- und Zeitlosigkeit des Geschehens zu bevorzugen, doch begegnet recht häufig das Gegenteil, nicht nur sporadisch[26], sondern auch regional und ethnisch bestimmt. So scheint der französische Erzähler die Märchenhandlung gern in seine alltägliche Welt einzubeziehen und sie geographisch festzulegen[27]. Das gleiche gilt für das benachbarte Lothringen: „Das zentrale Mittel zur konkreten, wirklichkeitsnahen Gestaltung des Märchengeschehens ist natürlich die feste Verankerung in Ort und Zeit." Hiervon machen denn auch die lothringischen Erzähler, insbesondere die Männer, ausgiebigen Gebrauch. Orte der nächsten und weiteren Umgebung lassen die Handlung in einer dem Hörer vertrauten Landschaft einprägsam abspielen und erhöhen, besonders bei der Erwähnung bekannter, einheimischer

---

[24] Vgl. z. B. J. Henninger, Über die völkerkundliche Bedeutung von 1001 Nacht. In: Schweiz. Arch. f. Volkskunde 44, 15 ff. (1947), Denfey, Kleine Schriften, Bd. 3, S. 158; Schmidt-Kahle, Volkserzählungen aus Palästina, Bd. 1, S. 34*.

[25] Elisabeth Kutzer, Das indische Märchen. In: Bolte-Polivka, Anmerkungen, Bd. 4, S. 288.

[26] So etwa in manchen Märchen der Grimmschen Sammlung, BP 4, 37; weitere Nachweise bei Röhrich, S. 159 ff.

[27] Elisabeth Koechlin, Wesenszüge des deutschen und des französischen Volksmärchens, S. 154 (Basel 1945).

Personennamen, sowie nicht zuletzt bei der gelegentlichen Ein-
flechtung verbreiteter Sagenmotive, seine Anteilnahme[28]. Überhaupt scheint im Westen und Süden Deutschlands und in den an-
grenzenden Gebieten die Neigung zur Realisierung des Märchens
stärker als im Norden und im Osten zu sein. *Ernst Meier* bemerkt
im Vorwort zu seiner schwäbischen Sammlung: Eine besondere
Eigenart des schwäbischen Märchens ist es, daß einige noch, ganz
wie die mehr geschichtlichen Sagen, sich an bestimmte Örtlichkeiten
knüpfen[29]. Von den 33 Märchen, die *Jegerlehner* aus dem Oberwallis bringt, sind 11, also ein Drittel[30], von den 15 Märchenstoffen
in *Schlossers* untersteiermärkischer Sammlung sogar alle lokalisiert[31].
Von seinem besten Erzähler, *Egbert Gerrits* aus dem Bourtanger
Moor, bemerkt *Henßen*, daß die größere Wirklichkeitsnähe seiner
Märchen oft in Anlehnung an heimische Verhältnisse (Vor-, Orts-
und Ländernamen, bekannte Persönlichkeiten usw.) zum Ausdruck
kommt[32].

Gemeinsam ist diesen problematischen Merkmalen, daß sie ihrem
Wesen nach im biologisch-soziologischen Bereich des Erzählens
liegen. Ob man an das Wundergeschehen des Märchens glaubt oder
nicht, ob man es in die bekannte und bewußte Welt einbezieht oder
es in mythische Fernen und Zeiten distanziert, ist, wie wir sahen,
durchaus verschieden und wird von der sowohl ethnisch wie kul-
turell oder individuell bestimmten Neigung des jeweiligen Volks-
erzählers abhängen. Fast scheint es, als ob die Unbeständigkeit

---

[28] Karl Heinz Langstroff, Lothringer Volksart. Untersuchung zur
deutsch-lothringischen Volkserzählung an Hand der Sammlungen von
Angelika Merkelbach-Pinck, S. 144 (Marburg 1953); vgl. auch K. Ranke,
in: Niederdeutsche Zschr. f. Volkskunde *15*, 238 f. (1937).

[29] Ernst Meier, Deutsche Volksmärchen aus Schwaben, 2. Ausg., S. VIII
(Stuttgart 1863).

[30] Joh. Jegerlehner, Sagen und Märchen aus dem Oberwallis (Basel
1913).

[31] Schlosser nennt seine Sammlung daher Sagen: Paul Schlosser,
Bachern-Sagen. Volksüberlieferungen aus der alten Untersteiermark (Wien
1956).

[32] Gottfried Henßen, Überlieferung und Persönlichkeit. Die Erzählungen und Lieder des Egbert Gerrits, S. 21 ff. (Münster 1951).

dieser Kriterien eher von einer akzidentellen als von einer absoluten Zugehörigkeit zur Substanz des Märchens zeuge. Jedoch möchte ich das nur für das Problem der Glaubwürdigkeit annehmen. Lokalisierung und zeitliche Fixierung betreffen, wie wir noch sehen werden, meist nur die Ausgangsposition des Geschehens. Die eigentliche Märchenhandlung, die Begegnung mit dem Wunder also, steht, im Gegensatz zur Sage und Legende, außerhalb von Zeit und Raum. Hier zeigt sich deutlichst, daß das Märchen im Gesamtbereich der volkstümlichen Epik eine sehr eigene Gattung darstellt, der dementsprechend auch integrierende Züge und Wesensmerkmale eignen.

Will-Erich Peuckert spricht einmal davon, daß derjenige, der etwas erzählt, damit auch etwas Sinnvolles aussagen will[33]. *Peuckert* geht nach dieser Feststellung den Weg zur kultur- und religionshistorischen Ausdeutung der Erzählungsinhalte. Man kann von hier aus ebenso den Weg zu ihrer ontologischen Aufbereitung beschreiten. Alle Kategorien der Volksepik sind ja nur bestimmte und von dieser Bestimmung gestaltete und beinhaltete Aussagen über die Einstellung des Menschen zu der Welt um und in ihm. Schon Herder hatte erkannt, daß neben dem profanen, etwa dem praktisch ökonomischen Gedankenaustausch, auch das Erzählen von Geschichten aller Art einem der elementarsten Bedürfnisse menschlicher Existenz entspringt. Daß aber die verschiedenen Erzählungsgattungen wiederum ganz verschiedene psychische und mentale Grundforderungen[34] befriedigen, ist zwar ebenfalls schon früh, diesmal im wesentlichen von der Romantik vorgefühlt worden, zu letzten, sinnumfassenden Erkenntnissen aber erst in unseren Tagen gediehen. Man mag darin eine wirkliche Tragik sehen, der, wie die Volkserzählungen, auch die meisten anderen Audrucksformen des Gemeingeistes alter Art unterworfen sind, daß sie nämlich im Augenblick ihres Vergehens erst in das Bewußtsein des erkennenden Individualgeistes gerückt sind. Vielleicht ist aber auch das ihre Tragik, daß

---

[33] Will-Erich Peuckert, Deutsches Volkstum, S. 19; Ders., Märchen und Sage. S. 73.

[34] Röhrich, Märchen und Wirklichkeit, S. 26, spricht von der „innerseelischen Aussagenotwendigkeit".

eben die Möglichkeit einer solchen Erkenntnis, d. h. die intellektuelle Durchdringung ihres doch so ganz und gar irrationalen Wesens, auch ihren Tod herbeigeführt hat. Daß Schwank und Witz und Anekdote als ausgesprochen rationale Kategorien heute fast allein von allen Erzählungsgattungen noch ein blühendes und in keiner Weise bedrohtes Leben führen, vermag diesen angesprochenen Sachverhalt nur zu bestätigen[35].

Man hat eines der charakteristischsten Merkmale des Märchens in der wunschbildartigen Gestaltung seines Geschehensbereiches sehen wollen. „Es schildert", sagt *Lutz Mackensen*[36], „die Welt, wie sie vom Standpunkt der Erzähler und der Hörer aus eigentlich sein sollte. Alles steuert zum guten Ende; immer ist die Lebenslinie des Helden ein Aufstieg: der Prinz erwirbt noch ein zweites Königreich, der Bauernjunge heiratet die Prinzessin, der Arme wird unermeßlich reich. Das Märchen ist Wunschdichtung, Wunschdichtung von Menschen, deren ärmliches Leben nach Glanz und Wohlleben, nach Entspannung von der Fron der Arbeit Wünsche die Fülle beflügelt. Darum spielen die Wunschdinge im Märchen eine so große Rolle: Esel, die Dukaten niesen, Geldbeutel, die nie leer werden, Tische, die sich von selbst decken, Feuerzeuge, die jedes Begehren erfüllen. Darum geht ein so starker sozialistischer Zug durch das Märchen: der Unterdrücker, der harte Vogt, der böse König wird bestraft, und an seine Stelle tritt der Bauernjunge, der häufigste und beliebteste Held des deutschen Märchens. Darum stellt sich das Märchen immer auf die Seite des Schwachen, Verkannten, Bedrückten und zeigt, wie der dumme Hans, das Aschenputtel, der kleine Däumling zu hohen Ehren kommen. Wie sie das bewerkstelligen, das erregt die Spannung der Hörer, und am Schluß haben sie's erreicht, und alles atmet befreit und befriedigt auf." Ähnlich äußern sich *Spieß, Tönges, Beth, Fr. Ranke* u. a.[37].

---

[35] K. Ranke, Vom Wesen des Volksmärchens. In: Die Freundesgabe. Jahrbuch der Gesellschaft zur Pflege des Märchengutes der europäischen Völker. 1956, Heft 2, S. 17.

[36] Lutz Mackensen, Das deutsche Volksmärchen. In: W. Peßler, Handbuch der deutschen Volkskunde, Bd. 2, S. 316 f.

[37] Karl Spieß, Das deutsche Volksmärchen, 2. Aufl., S. 17 (Leipzig und Berlin 1924); Konrad Tönges, Lebenserscheinungen und Verbreitung des

Diese Ansicht ist nicht unwidersprochen geblieben. *Wolff, Lüthi, K. Ranke, Röhrich* u. a. haben den Wunschcharakter des Märchens erheblich eingeschränkt[90]. Gewiß, ganz offensichtlich handelt es sich in all diesen Geschichten vor allem auch darum, daß der Held oder die Heldin, meist aus den einfachsten gesellschaftlichen Schichten stammend, zu Glanz und Reichtum geführt werden. Aber ist das wirklich das Wesentliche am Märchen? Vergleichen wir einmal zwei solcher Erzählungen, eine ernste und eine mehr heitere[39].

Unter der Nr. 60 haben die Brüder *Grimm* in ihren Kinder- und Hausmärchen die Geschichte von den beiden Brüdern erzählt. Das Märchen ist ja sehr alt, einige seiner Motive begegnen uns bereits über 1200 Jahre vor Christus auf einem ägyptischen Papyrus. Und es ist, seinem Alter entsprechend, auch weit verbreitet. Nicht nur in Deutschland oder Europa, auch in Asien, Afrika und Amerika erzählt man es sich. In diesem Märchen also geschieht folgendes:

Zwei Brüder, die auf wunderbare Weise geboren werden, ziehen in die Welt, um ein Abenteuer zu erleben und trennen sich an einem Scheidewege. Sie geben sich ein Erkennungszeichen etwa der Art, daß sie jeder ein Messer in einen Baum stoßen. Wessen rostig wird, der ist in Not und Lebensgefahr. Der eine der Brüder kommt in ein Land, wo er nach langem schwerem Kampfe eine Königstochter von einem Drachen errettet. Glückselig wirft sich ihm die Prinzessin an den Hals und will seine Frau werden. Also: Happy-End, er hat sie und damit Glück und Reichtum sein

---

deutschen Märchens, S. 9 f. (Gießen 1937); Karl Beth, Märchen. In: Handwörterbuch des deutschen Aberglaubens, Bd. 5, S. 1597 ff.; Friedr. Ranke, Das Märchen. In: Ad. Spamer, Die deutsche Volkskunde, Bd. 1, S. 248. S. auch Walter Berendsohn, Grundformen volkstümlicher Erzählerkunst, S. 36; Werner Spanner, Das Märchen als Gattung, S. 10 (Gießen 1939); [In diesem Band S. 155 ff] Paul Gruhl, Die ethische Haltung des deutschen Volksmärchens (Leipzig 1930).

[38] Ludwig Wolff, Vom deutschen Volksmärchen. In: Niederdeutsche Studien. Festschrift für Conrad Borchling, S. 156 (Neumünster i. H. 1932); Max Lüthi, Das europäische Volksmärchen, S. 103 ff.; K. Ranke, Vom Wesen des Volksmärchens, s. Fußn. 35, S. 18 ff.; Röhrich, Märchen und Wirklichkeit, S. 24 f.

[39] Das Folgende nach K. Ranke, Vom Wesen des Volksmärchens, S. 18 ff.

Leben lang. Aber nun kommt das Merkwürdige: der Bursche winkt ab. Nun ja, es ist ja ganz schön und er will sie auch heiraten, wenn es sein muß, aber erst will er noch in die Welt und will was erleben: ein oder drei, mitunter sogar auch sieben Jahre lang. Und das betrübte Königskind muß allein zum väterlichen Schloß zurückkehren. Nach der abgesprochenen Zeit kommt er zurück in die Königsstadt und entlarvt einen Betrüger, der die Prinzessin gezwungen hatte, ihn als ihren Retter anzugeben, und nun folgt endlich die Heirat. Aber in der Hochzeitsnacht, diesem Wunschziel aller jungen Menschlichkeit, da kriegt es dieser unbegreifliche Mensch wiederum fertig, als er ein Licht im nahen Walde sieht, seiner eben angetrauten Frau davonzulaufen und neuen, geheimnisvollen Abenteuern nachzugehen. Er gerät in die Gewalt einer Hexe und wird von dieser zu Stein verwandelt. Sein Bruder sieht an dem rostigen Messer, daß ihm ein Unglück zugestoßen sein muß, reist ihm nach und erlöst ihn. Und zum dritten Male setzt nun der Held seine Ehe und damit sein Glück aufs Spiel. Da die beiden Brüder Zwillinge sind, gleichen sie sich wie ein Ei dem andern. Die Prinzessin soll nun raten, wer ihr Mann sei, und der Geratene soll auch bei ihr bleiben. Sie rät natürlich den rechten, denn einmal muß ja auch diese Geschichte trotz aller retardierender Momente zu einem glückhaften Ende kommen. Es löst sich also alles zum Guten auf und sie lebten glücklich bis an ihr Ende, heißt es zum Schluß.

Ein Märchen also von meist 6 oder 8 oder 12 Buchseiten Länge! Alles dient zur Vorbereitung des ersehnten Glückes, des im Herzen des Volkes erdachten und erwünschten Glückes, und als es soweit ist, da heißt es nur, sie lebten glücklich. Statt der Schilderung des großen Glückes in prächtigen Ausmalungen von Situationen und Episoden schließt das Märchen ziemlich abrupt mit der einfachen Feststellung, daß es ihnen gut geht. Ein Satz nur: sie lebten glücklich, alles andere ist der Weg zum Glück.

Und nun das zweite Märchen, ebenfalls in der ganzen Welt bekannt, die Geschichte vom Jungen, der das Fürchten lernen wollte (*Grimm* Nr. 4).

Ein kluger und ein scheinbar dummer Sohn stehen sich hier wie so oft gegenüber. Der Kluge kennt wie die anderen Menschen auch die Furcht vor den Dingen, und so will denn auch der Dumme diese „Kunst" lernen. Da schickt ihn der Vater zum Küster. Der läßt ihn um Mitternacht auf den Glockenturm steigen, wirft sich ein weißes Tuch um und spielt ein Gespenst. Aber der Junge hat keine Angst und wirft ihn die Treppe hinunter. Da er hier das Gruseln nicht lernen kann, zieht er weiter und kommt in eine Königsstadt. Der König besitzt ein verwünschtes Schloß. Wer drei Nächte darin verbringt und es dadurch erlöst, soll die Königstochter zur Frau haben. In der ersten Nacht kegelt er mit greulich aussehenden Totengespenstern, die die Knochen eines der Ihrigen als Kegel aufstellen und seinen Kopf als Kugel nehmen. Aber der Junge gruselt sich nicht. In der zweiten Nacht fallen die Glieder eines Menschen einzeln und nacheinander durch den Schornstein. Er setzt sie zusammen, und es wird ein scheußlich aussehender Mann daraus, mit dem zusammen er Karten spielt. Aber er gruselt sich nicht. In der dritten Nacht bringt man ihm einen Sarg mit einem Mann darin ins Zimmer. Er nimmt den Toten, der sich ganz kalt anfühlt, heraus und wärmt ihn am Feuer. Der Tote wird lebendig und will ihn erwürgen. Da packt er ihn, steckt ihn wieder in den Sarg und nagelt diesen zu. Jedoch das Gruseln lernt er noch immer nicht dabei. Aber er hat dadurch das Schloß erlöst und soll nun die Königstochter, das Ziel aller irdischen Träume, erhalten. Und siehe da, diese Königstochter läßt ihn ganz kalt. Er will sie nicht, er will sie partout nicht, sondern er will das Gruseln lernen. Reichtum, Königswürde, eine schöne Frau, alles ist ihm gleichgültig; nicht weil er zu dumm und ohne Sinn für diese schönen Dinge ist, sondern weil er ein anderes Ziel hat. Erst als die Prinzessin ihm verspricht, daß er dieses ja auch bei ihr erreichen, daß er auch bei ihr das Gruseln lernen kann, greift er freudig zu. Und er lernt es ja dann auch auf eine recht absonderliche Weise. Als er einmal schläft, schüttet sie ihm einen Eimer voller kleiner zappelnder Fischlein über den nackten Bauch. Da fährt er hoch und schreit voller Wonne: „O wie mich gruselt! O wie mich gruselt!" Ja, und auch dann erst leben sie glücklich und froh bis an ihr Ende. Und wenn sie nicht gestorben sind, dann leben sie heute noch.

Wo bleibt in diesen beiden Märchen, die ja nur zwei von vielen sind, nun eigentlich das große Glück? Gewiß, es ist immer da zum Schluß, und es ist ja wohl auch das Ziel, worauf das Märchen hinsteuert. Aber die eigentliche Handlung wird nicht dadurch bestimmt, ihr Thema ist vielmehr der Weg des Helden zum endlichen Erfolg, ein Weg, der nun durch die Welt des Wunderbaren und seiner phantastischen Möglichkeiten führt, der von Kampf und Not und Bewährung und Sieg begleitet ist.

Das Märchen träumt also ganz offensichtlich nicht von der Befriedigung alltäglicher Bedürfnisse, allenfalls nur dort, wo es sagen- oder vor allem schwankhafte Bezüge in sich aufgenommen hat,

wie es z. B. beim Bruder Lustig (Grimm Nr. 81) oder in den Erzählungen mit zauberhaften Wunderdingen, einem Tischlein-deck-
dich (Grimm Nr. 36), einer Tanzgeige (Grimm Nr. 110) usw.,
oder schließlich in jenen sinnesfrohesten Geschichten der Fall ist,
die von einem wunderbaren Jenseits zu berichten wissen, angefangen vom biblischen Land, wo Milch und Honig fließt, bis zum
Schlaraffenland der Deutschen oder dem Königreich Cocaigne oder
Cuccagna der romanischen Völker.

Das eigentliche Märchen aber, sagt *Lüthi*[40], „stellt seinen Helden
vor große Aufgaben, schickt ihn in ferne Gefahren, und sein Interesse ruht im wesentlichen nicht beim Schatz, beim Königreich, bei
der Gemahlin, die schließlich gewonnen werden, sondern beim
Abenteuer an sich. Nur die Unhelden, die älteren Brüder, geben
sich zufrieden, wenn sie einen Berg voll Silber oder voll Gold finden,
den Helden treibt es weiter ins Abenteuer". Vielleicht sollte man
besser sagen: es treibt ihn, sein Schicksal zu finden und zu erfüllen.
So ist die auf die Handlung gerichtete Aktivität *der* Grundzug des
Märchens, der uns am nachdrücklichsten vor Augen steht.

Jedoch würde diese Aktivität und der ihr zugeordnete unbedingte
Wille allein nicht zum Erfolg führen, wenn ihr nicht das reine Herz
als Wesenskern dieser tätigen Kraft aufs innigste verbunden wäre.
In Einfalt und Güte erscheint der Held der Alltagswelt oft als der
„tumbe tor". Aber diese Eigenschaften sind dennoch immer wieder
der Grund des Erfolges. Es wird ungemein häufig ausgesprochen,
daß die Hilfe der jenseitigen Welt nur dem unschuldigen Herzen
geschieht[41].

Das ist natürlich, und darin hat wieder *Lüthi* recht, abstrakte
Stilisierung[42]. Die extreme Kontrastik ist ja für das Märchen cha-
rakteristisch. Es ist alles sehr einseitig verteilt, das Gute und zugleich
Schöne, das auch immer das Siegreiche ist, und das Böse und allemal
Häßliche, das zuletzt immer verliert. Wie gesagt, das gilt für die
reinen Formen des Märchens. Da aber die spezifische Leichtigkeit

---

[40] Lüthi, Das europäische Volksmärchen, S. 104.
[41] Wilhelm Jürgens, Der Wirklichkeitsgehalt des Märchens, S. 118 (Diss.
Kiel 1937).
[42] Lüthi, Das europäische Volksmärchen, S. 45 ff.

des Geschehens und seiner Personen und Dinge, die innere Freiheit, die das Märchen seinen Elementen gegenüber erworben hat, oft zur Aufnahme schwankhafter Bezüge und Motive verführt, geraten die ganz anders gearteten sittlichen Normen dieser Erzählkategorie sehr häufig auch in das Märchen hinein[43]. Auch dann gilt aber der Satz, daß das, was das Volk in tiefster Seele bejaht und liebt, zu einem glückhaften Ende kommen muß, auch wenn es, wie eben im Märchenschwank, nicht immer das Moralisch-Gute in unserem Sinne, sondern eine „Ethik des Erfolges" um jeden Preis ist[44]. Der „Meisterdieb" (Grimm Nr. 192) etwa ist ja wirklich kein Tugendheld, das „Tapfere Schneiderlein" (Grimm Nr. 20) im Grunde ein verzweifelter Abenteurer, der „Bruder Lustig" (Grimm Nr. 81) hat ausgesprochen hochstaplerische Manieren, und das „Bürle" (Grimm Nr. 61), der schon dem Mittelalter bekannte „Bauer Einochs", ist sogar ein ausgekochter Gauner. Aber alle kommen sie ebenso zu ihrem Glück, wie die Helden der Schönheit und der Geduld, der Barmherzigkeit und der Treue, des festen Herzens und des vollen Einsatzes. Sie alle sind einfach die Lieblinge des Volkes und daher ebenso des Märchens wie seiner schwankhaft gefärbten Formen und Züge. Und wenn wir die hinter ihnen stehende Mentalität recht verstehen wollen, müssen wir sie schon so nehmen, wie sie ist, d. h. wir müssen so urteilen, wie die Erzähler geurteilt haben wollen[44a]. Erst hier, nicht in irgendeinem gewaltsamen Werturteil nach unseren Normen, wird der Erzählforscher zum Volkskundler. Die so oft beklagte Antinomie zwischen Wesen und Deutung auch im Bereiche der Volkstumsforschung hebt sich eben mit der kongenialen Identifizierung mit den Objekten und ihrer Geistigkeit auf[45].

Das gilt vor allem auch für die ebenso alte wie monotone Kritik an den Grausamkeiten des Märchens, die ja sogar nach dem letzten Kriege die britische Militärregierung veranlaßte, das Märchen bis

[43] Fußn. 42, S. 115.
[44] Mackensen, Das deutsche Volksmärchen, S. 307 (s. Fußn. 36).
[44a] So Robert Petsch, Wesen und Formen der Erzählkunst, 2. Aufl., S. 52 (Halle 1942).
[45] S. dazu auch K. Ranke, Volkskunde und Kulturgeschichte. In: Zschr. f. deutsche Philologie *74*, 337 ff. (1955).

auf ganz unverfängliche Stücke aus den Lesebüchern zu verbannen. Aber das Kind hat in seiner noch durchaus unentwickelten Gefühlswelt, in dem primitiven Mangel an sittlichen Werten für die Grausamkeit des Märchens ebensowenig Empfinden, wie der Volksmensch für die ganze Skala von Amoralität und Wildheit eines beträchtlichen Teiles seiner Geschichten. *Röhrich* sagt sehr richtig[45a]: Von einer eigentlichen Grausamkeit wird man erst später sprechen dürfen, bei einer festen, bewußten Absicht. Das Kind kann sich zwar „Nageltonne" und „Tod" vorstellen, aber es denkt nicht an Einzelheiten, und es ist bezeichnend, daß die Züge von Grausamkeit in den Märchen die Pädagogen erst beunruhigt haben, als das Märchen nicht mehr naiv, sondern bewußt betrachtet wurde. Nicht bewußte Grausamkeit ist eben keine Grausamkeit.

In den reinen Formen des Märchens kommt also das Glück nicht dorthin, wo man die Hände in den Schoß legt, und ebenso erlangt man die Hilfe der mythischen Welt nur nach Mühe, Bewährung und eigenem Zugreifen[46]. Das Glück aber, das am Ende harrt, ist wohl Triebkraft und Ziel, spielt aber, wenn es erreicht ist, für das Märchen keine Rolle mehr. Nur der beschwerliche Weg zu ihm ist das Thema des Geschehens. Ist die Hand der Königstochter gewonnen, der lang verlorene Gatte gefunden, das Reich errungen, die Belohnung verdient, bricht die Erzählung ab. Was kommt, ist unwesentlich. Es ist also keineswegs an dem, daß das Märchen a priori und selbstverständlich Sieg und Glück zum Schlusse bietet. Eine solche Deutung kann nur aus dem isoliert betrachteten optimistischen Ende entstehen. Dieses aber ist nur die Folge jener standhaften Treue und Tatkraft. „Die von den Märchen entworfene Welt ist nicht ein Schlaraffenland, sondern ein Reich der Aufgaben, des Handelns, des Geschehens"[47].

Diese ethische Aussage des Märchens ist ihm integrierend eigen. Man vergleiche dazu den gewöhnlichen Ausgang der Volkssage, die

[45a] Lutz Röhrich, Die Grausamkeit im deutschen Märchen. In: Rheinisches Jahrbuch f. Volkskunde, Bd. 6, S. 219 (1955).
[46] Jürgens, Fußn. 41, S. 117.
[47] Lüthi, Das Volksmärchen als Dichtung und Aussage. In: Deutschunterricht *1956*, H. 6, S. 11.

schon deshalb tragisch enden muß, weil sie aus dem Wissen um die Dominanz des Dämonischen in und um den Menschen ihr Geschehen nicht zum Erfolg führen kann. Betrachten wir etwa das Motiv von der Erlösung, das in beiden Gattungen eine bedeutsame Rolle spielt. Handlung, Aufgabe, Ziel und Preis sind immer die gleichen. Aber das Märchen führt die Erlösung durch, in der Sage dagegen mißlingt sie regelmäßig. Sie mißlingt deshalb, weil der Mensch, der mit diesen Aufgaben betraut wird, kein Held ist: er fürchtet sich, er läuft davon, er schreit auf, er ist den Qualen nicht gewachsen usw. Er ist wie einer von uns, ein Wesen voller Allzumenschlichkeit und Unzulänglichkeit, und daher dem übermächtig Dämonischen und Mythischen in keiner Weise ebenbürtig. Der Märchenheld aber reicht mit seinen immanenten, meist verkannten Fähigkeiten und Anlagen weit über das Maß des Gewöhnlichen hinaus und erfüllt so die Anforderungen, die ihm auf dem Wege zum Glück entgegentreten. In ihm hat sich das Volk eine Idealgestalt geschaffen, die jene ihm wünschenswert erscheinenden charakterlichen und seelischen Qualitäten in höchster Vollkommenheit besitzt, der Hilfe der Jenseitigen wert und dadurch erst zum unbedingten Erfolg prädestiniert ist. Das Glück des Märchens liegt nicht oder nicht nur in der materiellen Hilfe, sondern auch in der gehobenen Rechtschaffenheit seiner Helden.

André Jolles spricht in diesem Zusammenhang von einer „naiven Moral", nach der es in der Märchenwelt so zugehe, wie es unserem Erwarten nach in der Welt zugehen müßte. Der Geschehensverlauf des Märchens enspricht durchaus „der Erwartung und den Anforderungen, die wir an einen gerechten Verlauf der Welt stellen"[48]. Die Märchenwelt ist also die Kontrastwelt der Wirklichkeit. Aber dagegen hat schon *Wolff* mit Recht eingewandt, daß gerade die Grenzenlosigkeit des Märchenglücks schwerlich der Auffassung gerecht wird, daß hier alles nur so zugehe, wie es recht sei und nach unserem Gefühlsurteil zugehen solle. „Wenn etwa der Bauernbursche, der zu Hause zu nichts zu gebrauchen ist, oder der Schneider oder der lustige Soldat sich eine Königstochter, ein Reich und unendliche Schätze gewinnt, so ist es sicher nicht die Meinung, daß es bei einer

[48] Jolles, Einfache Formen, S. 200 f.

rechtmäßigen Ordnung des Geschehens allen Seinesgleichen ebenso
ergehen müßte. Das Königsein würde allen Reiz verlieren, wenn die
halbe Welt aus Königen bestände. Die berauschende Größe des
Märchenglücks liegt vielmehr darin, daß hier der Einzelne aus der
ganzen Zahl der Mitmenschen heraus in wunderhafter Weise auf
eine Höhe von unvergleichbarem Glanz erhoben wird. Nicht so,
wie es sich gebührt, geht es im Märchen zu, aber so, wie der Mensch
es sich im stillen wünscht und träumt." [49]

Es ist also ein sehr singularisierter Erlebensbereich, eine indivi-
dual-personale Verdichtung aller menschlichen Sehnsüchte und Voll-
kommenheitswünsche in *einer* erhöhten und durch wiederum alle
menschlichen Qualitäten verklärten heroischen Gestalt. Und die
Welt um sie mit ihren Forderungen, ihrem Leid, der mythischen
Hilfe und der schließlichen und endgültigen Freude ist eine „in sich
selber selige Geschehenswelt", wie *Lüthi* sie sehr treffend genannt
genannt hat, eine Welt, in der die schwere und vielschichtige und in
ihren Bezügen unübersichtliche Wirklichkeit leicht und durchsichtig
wird und sich alles im freien Spiel in den Kreis der Dinge fügt [50].
Das aber ist sicher nicht wunscherfüllte „naive Moralität", sondern
echteste, geistige Bewältigung. Und weil es also eine poetische Welt
ist, die da fixiert wird, weil sie innere Wesenheiten transparent
macht, ist sie auch existent und erfordert als höhere Wahrheit den
ihr angemessenen Glauben. *Robert Petsch* hat das einmal sehr ansprechend formuliert: „Deutlich empfindet das Volk die Tatsache,
daß hier die Welt dargestellt wird, wie sie eigentlich sein sollte, und
wie sie (in der optimistischen Betrachtung, die sich im Märchen ausspricht) wohl auch im tiefsten Grunde ist." [51] Und *Max Lüthi* hat
diese Gedanken wiederum weitergeführt: „Das Märchen entspringt
nicht dem Wunsche, sich die Welt zu verschönern, zu verklären.
Sondern die Welt verklärt sich ihm von selber. Das Märchen sieht
die Welt so, wie es sie zeichnet ... Es gaukelt uns nicht eine schöne
Welt vor, an der wir uns für Augenblicke, alles andere vergessend,

---

[49] Wolff, Vom deutschen Volksmärchen, S. 156.
[50] Lüthi, Das europäische Volksmärchen, S. 102.
[51] Robert Petsch, Die Kunstform des Volksmärchens. In: Zschr. f.
deutsche Volkskunde *1935*, S. 6.

erlaben mögen. Sondern es glaubt, daß die Welt so ist, wie es sie sieht und schildert."[52]

Das ist durchaus richtig gesehen, wenn auch die Verabsolutierung des Märchens literaturwissenschaftlicher und nicht volkskundlicher Aspekt ist. Bevor ich darauf eingehe, sei auf einige andere charakteristische Unterschiede zwischen Märchen, Sage und Legende aufmerksam gemacht. Ich kann mich kurz fassen, da das Wesentliche schon in der häufiger zitierten Literatur zusammengefaßt worden ist.

Wir sprachen von der Handlungsfreude des Märchenhelden, dem die Passivität des Sagenmenschen gegenübersteht. Das scheint in der Tat eine der innersten und wesentlichsten Unterschiedlichkeiten zwischen den beiden Erzählgattungen zu sein, daß die eine das heroisiert-aktive, die andere das menschlich-leidensvolle Erleben von Welt und Jenseits darstellen. Das sind nicht nur verschiedene Grade von Vitalität, die hier zur Sprache kommen, sondern grundlegend differente Aussagen über das Verhältnis von Mensch und Schicksal, Leben und Welt, Realität und Transzendenz. Von hier aus erst können die spezifischen Eigentümlichkeiten dieser Erzählgattungen verstanden werden.

Der Märchenheld ist ein Handelnder. Sein Tätigkeitsdrang gründet absolut in der Natur dieser Erzählform, die bekanntlich alles in Handlung umsetzt: Eigenschaften, Gefühle, Gedanken und Beziehungen werden ebenso aktiviert wie das Geschehen selbst. Der Held ist nicht gut an sich, er aktiviert die Güte zur barmherzigen Tat. Die Heldin trauert nicht um den verlorenen Gatten, sie setzt das Leid in die tatvolle Suche um. Dieser Handlungsgeladenheit des Märchenhelden entspricht kontrastnotwendig die Passivität des Märchenmythischen.

Auch hier zeigen sich wieder wesenhafte Unterschiede zwischen Sage und Legende einer- und dem Märchen andererseits. Während in jenen die transzendente Welt aktivst in das Diesseits hineinragt, zieht sie sich in diesem in jene mythisch-fernen Bereiche zurück, die wir nach ihren für die Erzählgattung so typischen Phänomenen das „Märchenland" nennen. Gewiß, auch der Anfang des Märchens spielt fast immer in den gewohnten Verhältnissen: im Hause des

[52] Lüthi, Fußn. 50, S. 106.

armen Besenbinders, im Heim der Stiefmutter, am Brunnen des Königsschlosses. Dieser realistische Zug hat, wie wir sahen, im konreal denkenden Menschen die engere Lokalisierung des Eingangsgeschehens gefördert. Dann aber greift das Mythische ein, nicht wie bei der Sage, urplötzlich mit packender Faust, sondern passiv, durch die Initiative des Helden oder anderer Märchengestalten hereingetragen in das alltägliche Geschehen.

Diese Passivität des Mythischen zeigt sich schon allein darin, daß der Held zum Wunder wandert, aus dem Kreise der vertrauten Eigenwelt in das fern gelegene Reich des Mythischen eindringt, das vor allem im Walde seine Stätte hat. Den Märchenwald mit seiner geheimnisgeladenen, unbegreiflichen Einsamkeit, mit seinen seltsamen Farben und Stimmungen, so wie ihn etwa Arnold Böcklin gemalt hat, diesen Märchenwald hat schon *Wilhelm Grimm* in seiner Einleitung zu den Kinder- und Hausmärchen für eines der wesentlichen Merkmale des Märchens erklärt. Es gibt, sagt *Will-Erich Peuckert* einmal, keinen eigentlichen Sagenwald, die wenigen Male, wo der Wald hier eine untergeordnete Rolle spielt, zählen nicht mit. Aber es gibt einen Märchenwald.

Nicht immer geschieht der Gang in dieses Waldwunder freiwillig: die Kinder verirren sich oder werden ausgesetzt, der Wanderer läuft einem fernen Schein nach, der Hirt verfolgt ein verlaufenes Stück Vieh. Das Mythische lockt, es bricht nicht ein wie in der Sage, obwohl es zuweilen auch aus seinem Urbereich heraustreten kann: als Goldvogel etwa, dem die Kinder von Baum zu Baum folgen, oder als seltsames Wild, das den Jäger verleitet. Aber wirksam wird dieses Märchenwunder, im Gegensatz zum Sagenwunder, erst in seinem ureigensten, fernen Bereich. Hier, weit draußen, hausen die Jenseitigen, die Hexen, die Waldleute, die alten Weibchen und grauen Männlein, die Zwerge und Riesen; hier auch findet die eigentliche Handlung: Verzauberung und Erlösung, statt. Und wie der Wald, so sind es auch die anderen geheimnisverwobenen und jenseitsöffnenden Stätten, die Ort der Märchenhandlung sind: das Moor, der Brunnen, das Meeresgestade, oder, in das Wunderbare umgesetzt, der Glasberg, der Kosmos, das unterirdische Reich.[52a]

[52a] Wolff, Vom deutschen Volksmärchen, S. 163 ff.

Wir sehen, es gibt verschiedene Möglichkeiten, mit dem Mythischen in Berührung zu kommen: man kann zu ihm wandern oder von ihm in seinen Bereich gelockt werden. Man kann es schließlich auch aus jener numinosen Ferne ins Haus holen. Gerade diese letzte Art, die sich schon wieder dem sagenhaften Erlebnis zu nähern beginnt, ist besonders variationsreich. Der Vogel, der goldene Eier legt, die drei Haare des Teufels, der Lebensapfel, die zahllosen Wunschdinge, sie alle werden draußen mit Mühe erworben und in die eigene Welt geholt. Durch einen Fluch oder Wunsch gereizt, bricht das Mythische ein: die Kinder werden in Raben verwandelt, der lang ersehnte Sohn ist so klein wie ein Daumen, das Mädchen so rot wie Blut und so weiß wie Schnee. Oder schließlich wird das Übernatürliche durch die Unbedachtsamkeit irgendeiner Nebenperson herbeigezogen, etwa durch den Vater, der in den Bereich des Unholds gerät und nur gegen das Versprechen dessen, was in seiner Abwesenheit zu Hause geboren ist oder was ihn dort zuerst erwartet, wieder freikommt. Gemeinsam aber ist all diesen Märchenmotiven der Zug, daß das Wunderbare außerhalb der Gemeinwelt existiert, daß es aus der Realität in einen fernen mythischen Raum gewiesen ist.

Ganz anders die Sage. Hier lebt das Wunder mit seinen vielfältigen Erscheinungsformen und Repräsentanten, mit seinem Zauber und Spuk inmitten der Gemeinschaft der Menschen: der Kobold im Hause, die Hexe in der Nachbarschaft, der Wassermann im Dorfweiher, der Riese auf der unmittelbar beim Dorfe gelegenen Burg usw.[53] Diese enge lokale Verbundenheit ist nur möglich, wenn das Übernatürliche als Realität, als Faktum, als naturgegebene Notwendigkeit geglaubt und demnach zwangsnotwendig aus Gründen der Existenz und ihres Beweises in die Bezirke des menschlichen Gemeinwesens einbezogen werden muß.

Aber eben darum, weil diese primären Voraussetzungen im Märchen nicht zutreffen, weil man seine Wunder als poetische, höhere Wahrheiten und nicht als unmittelbar drohende und erschütternde Transzendenz erlebt, eben darum ist auch seine numinose Welt in für gewöhnlich unerreichbare Fernen gerückt, eben darum leben

---

[53] Lüthi, Das europäische Volksmärchen, S. 11, 14.

die Jenseitigen nicht mit den Diesseitigen. Und eben darum wäre
auch, sehen wir einmal von den Randepisoden, etwa dem Auszug
und der Rückkehr des Dümmlings ins Elternhaus, ab, jegliche genaue
Lokalisation des eigentlichen Handlungskernes eine dem innersten
Wesen des Märchens widersprechende Stilwidrigkeit. Das Spiel der
Wechselwirkung zwischen Tatkraft, Kontrastpassivität und imma-
nenter Wunderferne erst macht den Märchenhelden also zu dem,
was er im eigentlichen nun ist: zu einem Wanderer zwischen den
Welten.

Der Abneigung gegen die Lokalisation entspricht die Unempfind-
lichkeit für alles, was die Zeit betrifft. Das Märchen wird ja bekanntlich nie in eine bestimmte Zeit gesetzt. „Keine Anspielung verrät auch nur das Jahrhundert, in dem es gedacht wird, geschweige
denn, daß eine Jahreszahl genannt würde."[54] Was das Märchen
erzählt, das hat sich eben einmal, vielleicht „vor langen Zeiten"
begeben, „in Tagen, da das Wünschen noch geholfen haben mag".
Sage und Legende dagegen knüpfen gemeinhin an gegenwärtige
oder historische Zeiten, an bestimmte Persönlichkeiten oder Fakten an.

Lüthi wiederum hat diese verschiedene Einstellung zur Zeit an
ein paar Beispielen feinfühlig interpretiert[55], beim Märchen am
„Dornröschen" (Grimm Nr. 50 = AT 410), in dem ja die Heldin
nach hundert Jahren Schlaf ebenso schön und jung erwacht, wie sie
vordem war; bei der Sage führt er die Geschichte vom Walliser Prior
Evo an, der in den Wald geht, um ein Stündchen zu schlafen, ein
Zug, der im Märchen schon an sich unmöglich wäre. Hier geht man
in den Wald, um etwas zu erleben. Der Prior kehrt nach 300 Jahren
wieder zurück, ohne sich des Zeitablaufes bewußt zu sein; als er
ihn erfährt, zerfällt er zu Staub und Asche[56]. Bei der Legende
knüpft *Lüthi* an die wundersame Überlieferung vom Siegburger
bzw. Heisterbacher Mönch an, der über die Worte des Psalmisten
nachgrübelt: „Tausend Jahre sind vor Gottes Augen wie ein Tag,
der gestern vorübergegangen", und der darüber in Zweifel gerät.

---

[54] Panzer, Märchen, S. 224.
[55] Lüthi, Das europäische Volksmärchen, S. 27 ff.; Ders., Die Gabe im
Märchen und in der Sage, S. 129 ff. (Zürich 1943).
[56] J. Jegerlehner, Was die Sennen erzählen, S. 139 (4. Aufl. Bern 1916).

Er geht in den Garten, lauscht wenige Augenblicke dem Gesang eines Vögleins und kehrt dann ins Kloster zurück, da sind es dreihundert Jahre gewesen. Als man ihm dies nachgewiesen hat, verfällt er nicht dem sagenhaft-dämonischen Geschehen, sondern sinkt, mit dem Lob Gottes auf den Lippen, tot nieder[57].

„In der Sage schwillt die abgelaufene Zeit, sobald sie zum Bewußtsein kommt, mit einem Male gewaltig auf und führt zur Katastrophe, sichtbar durch den Zerfall des Menschen in Staub und Asche. In der Legende wird das Motiv fest eingebaut in ein Glaubensgebäude: Gott läßt den Menschen die Zeittäuschung erleben, nicht um durch dieses Zeichen sein Weltbild zu zerstören oder zu erschüttern, sondern um es zu festigen und zu klären. In der Sage wird das Erlebnis dem Menschen von unergründeten Mächten angeworfen, ohne daß ein wirklicher Anlaß ersichtlich oder ein Sinn erkennbar wäre."[58]

Sage und Legende bringen also beide dem Menschen die Zeit und ihre Dimensionalität eindringlichst zum Bewußtsein. Das Märchen kennt dergleichen nicht. Die Struktur seines Welt- und Lebensbildes erlaubt ebensowenig eine zeitliche wie eine räumliche Fixierung und Tiefenwirkung. Damit erhebt sich das Märchen über die Kausalitäten unserer Erkenntniswelt und wird, wie schon angedeutet, zur dichterischen Wahrheit. Die Sage aber dokumentiert durch ihr Verharren in unseren Denkkategorien ihr Verhaftetsein an das Menschliche, sie entspricht der Realität, weil sie sie sein will, auch dort, wo sie auf das Irreal-Dämonische um und in uns zielt. Und schließlich bedarf auch die Legende der Zeit und des Raumes, weil sie das Eintauchen der göttlichen Transzendenz in unsere aspektgebundene Welt offenbaren will. Sie geht also den umgekehrten Weg wie das Märchen, d. h. sie betrachtet das Metaphysische nicht als solches und stellt es über die Welt der irdischen Befangenheit, sondern führt es in sie und ihre Normen ein.

Märchen aber ist eine erhöhte Welt. Es ist wirklich eine „in sich

---

[57] Stith Thompson, Motif-Index of Folk-Literature (2. Aufl.) D 2011.1; Joh. Pauli, Schimpf und Ernst (ed. Bolte) Nr. 562; P. Zaunert, Rheinland-Sagen, Bd. 1, S. 239.
[58] Lüthi, Gabe, S. 131.

selige Geschehenswelt", die sich da vor uns auftut, seliger als die des
Mythos und der Legende, die eben beide an die Effekte im menschlichen Raum gebunden sind. Diese in all ihrer Bipolarität erhöhte
Märchenwelt mag, wie alles, was aus menschlichem Geist und
menschlicher Seele geboren ist, Anerkennung oder Ablehnung,
Glaube oder Skepsis erfahren, aber sie erfüllt uns in jedem Falle
mit jener ebenso autonomen wie gnadenvollen Heiterkeit, die allein
Erlösung aus irdischer Schwere und menschlichem Befangensein bedeutet. Diese Unbeschwertheit uns zu schenken, ist eigenstes Anliegen des Märchens.

Und weil das so ist, weil seine Welt über der menschlichen Be-
grenztheit steht, müssen es auch seine Helden. *Lüthi* spricht davon,
daß es den Menschen des Märchens an jeglicher seelischer Dimensionalität mangele[59]. Sie sind in der Tat vollkommen antimensch-
lich: kein körperliches Schmerzgefühl, keine Möglichkeit seelischer
Qual, keinerlei menschliche Emotionalität eignet ihnen. Sie haben
dies alles nicht, weil sie außerhalb der menschlichen Natur stehen,
und sie können es nicht brauchen, weil sie sonst am Erleben dieser
Märchenwunderwelt ebenso zugrunde gehen würden, wie es der
Sagenmensch am Erlebnis seiner Sagenwunderwelt tut. Und weil
diese Märchenhelden in ihrem Wesen so vollkommen der Märchenwelt entsprechen, begegnen sie ihr auch ebenbürtig. Es ist ja oft genug beobachtet worden, daß die Menschen des Märchens mit den
Jenseitigen verkehren, als ob sie ihresgleichen wären. Der Held
empfindet die Wunderwelt, durch die er zieht, durchaus nicht als
außergewöhnlich, sondern als sehr natürlich. „Ein Wanderer begegnet einer Hexe und knüpft sogleich Beziehungen irgendwelcher
Art mit ihr an. Ein Schneider trifft einen sechsköpfigen Drachen und
beträgt sich, als ob da nur ein gewöhnlicher Wolf oder ein Bär ihm
gegenüberstände. Ein Ritter reitet auf einen Glasberg, der ge-
fangenen Prinzessin entgegen, als gelte es ein gewöhnliches Turnier.
Der Held ist so wenig erstaunt, wenn er in die Unterwelt reisen
soll, wie er sich wundert, wenn ihm ein Zwerg, ein Fuchs oder eine
Ameise ihre Dienste anbieten. Zwischen Menschenwelt und Wunderwelt ist kein grundsätzlicher Unterschied, wie ihn etwa die Sage

[59] Lüthi, Das europäische Volksmärchen, S. 19.

zum Vorwurf hat; es bestehen wohl Spannungen zwischen ihnen
(die Hexe will den Helden vernichten; der Menschenfresser hat
Appetit auf ihn), und gerade diese Spannungen ergeben meist die
Märchenhandlung — aber Artunterschiede, die natürliche Beziehungen unmöglich machten, gibt es nicht. Dazu ist das Leben des Helden
selbst, wir sahen es, zu tief in das Wunder eingebettet. Das Märchen
wundert sich nicht über das Wunder; das Wunder ist ihm natürlich."[60] Die vorgelegten Beispiele über die Divergenz der verschiedenen Erzählgattungen mögen genügen. Sie zeigen, daß ihren Strukturen und Ausdrucksformen eine erstaunliche Konsequenz und
Gesetzmäßigkeit eignet. Sie sind alle schlechthin in sich vollendet.
Lüthi spricht im gleichen Zusammenhang von dem „sehr sicheren
und entschiedenen Formwillen des Märchens"[61]. Das ist richtig, und
ich bin bislang in vielem seinen und seiner literaturwissenschaftlichen Kollegen Intentionen gefolgt, zuweilen sogar in der Stil-
prägung meiner Ausführungen. Gleichwohl erhebt sich nun die
Frage des Volkskundlers: Gibt es das eigentlich, den „Formwillen
des Märchens"? Wir finden diese Verabsolutierung der Erzählgattungen immer wieder bei *Lüthi: Das* Märchen zeichnet
eine Welt; *die* Sage stellt Fragen; *die* Legende gibt Antwort usw.
Das ist natürlich objektivierender, literaturwissenschaftlicher Sprach-
stil. Aber es steckt noch mehr dahinter, nämlich der offensichtliche
Verzicht auf die Biologie des Märchens, eine Nichtbeachtung des
Märchens als lebendiges, im Menschen und seiner seelisch-geistigen
Schöpferkraft fundiertes Erzählgut. Das ist *Lüthi* auch durchaus
bewußt. In der Vorbemerkung zu seinem Buche sagt er: „Die vorliegende Schrift beschäftigt sich mit dem Märchen als Erzählung.
Sie ist eine literaturwissenschaftliche Darstellung, nicht eine volkskundliche oder psychologische Untersuchung."[62] Das ist ehrlich und
diese willentliche Beschränkung des Beobachtungsfeldes wird ja zumindest durch die Intensivierung der Forschung kompensiert. Die

---

[60] Mackensen, Das deutsche Volksmärchen, S. 306; ähnlich Lüthi,
Fußn. 59, S. 12 f.; Röhrich, Märchen und Wirklichkeit, S. 23 f.; Hermann
Bausinger, Lebendiges Erzählen. Studien über das Leben volkstümlichen
Erzählgutes, S. 103 (Diss. Tübingen 1952).

[61] Lüthi, Fußn. 59, S. 31.

[62] Lüthi, Fußn. 59, S. 3.

Ergebnisse *Lüthis* zeigen das. Wohl noch nie ist die Phänomenologie des Märchens so großartig klar und ansprechend herausgearbeitet, wie in diesem Buche. Dafür hat der Volkskundler dem Literaturwissenschaftler zu danken.

Dennoch muß einmal nachdrücklich betont werden, daß eine solche heuristische Reduktion nur zu Arbeiten vorbereitender Art führen kann. Das zeigt sich in vielerlei Hinsicht[63]. Ich sagte schon, daß *Lüthi* das Märchen bewußt als literarische Form von seiner stilistisch-gestaltlichen Seite aus angeht, und er versucht nun allerdings auch, von hier aus tiefer liegende ontologische Wesenszüge herauszuarbeiten: seine Eindimensionalität etwa, oder den Mangel an psychischer Tiefe im Verhältnis zu unseren Denkkategorien Raum und Zeit und Kausalität, das Fehlen von Empfindungen gegenüber menschlichen Emotionen wie Schmerz und Leid, und gegenüber metaphysischen Gegebenheiten wie etwa dem Wunder oder dem Numinosen. Und er stellt schließlich das Märchen der Sage mit ihren viel stärkeren und reicheren emotionalen, psychischen und metaphysischen Bezügen gegenüber. Das ist alles sehr richtig gesehen. Die Unterschiede werden sauber und exakt herausgearbeitet, und wir erhalten so ein eindringliches Bild von der Divergenz der Erzählkategorien.

Jedoch kann dem Volkskundler diese phänomenologische Betrachtungsweise nur Vorspiel sein, und genau an dem Punkte, wo *Lüthi* aufhört, setzt seine eigentliche Arbeit erst ein. Vielleicht hätte auch Lüthi seine Untersuchung fortsetzen können, ohne den literaturwissenschaftlichen Aspekt dabei aufzugeben, denn bei einem Individualkunstwerk hätte er vermutlich nicht mit seiner form- und gestaltanalytischen Untersuchung aufgehört, sondern gefragt, warum ist das so? Was hat der Dichter damit gewollt, daß er seine Schöpfung so gestaltet und beinhaltet hat? Welche Idee hat ihn bewegt, und was war das in ihm, das sich seiner bemächtigte, um in eben dieser eigen- und einzigartigen Form manifestiert zu werden? Und er hätte bei den vorliegenden Erscheinungen aus dem Bereiche der oralen Volksüberlieferung in gleicher Weise fragen

---

[63] Das Folgende nach K. Ranke, Volkskunde und Kulturgeschichte. In: Zschr. f. deutsche Philologie *74*, 348 ff. (1955).

sollen: Was sind das für schöpferische Impulse, die hinter den phä-
nomenologischen Erscheinungen der mannigfachen Arten von Volkserzählungen wirken und ihnen eine solch verschiedene Form, einen
so differenten Gehalt und solch variable Funktionen gegeben haben?
Und wäre er so durch die Schale zum Kern der Probleme vorgedrungen, dann hätte er erkennen müssen, daß sich hier im schöpferischen Prozeß des dichtenden, gestaltenden Menschen verschie-
denstartige, bewußte oder unbewußte Willensakte vollziehen, die
nicht einfach mit *Jolles* als niveaugleich nivellierte „Geistesbeschäftigung" zu deuten sind. Hier treffen wir vielleicht einmal ganz
konkret auf das, was wir den schöpferischen Volksgeist, die Volks-
seele auch im dichtenden Individuum nennen können, ohne dabei
dem Vorwurf romantischer Schwärmerei zu verfallen. Denn es ist
doch wohl dem Menschen von Natur aus verliehen, Erzählarten zu
schaffen, in denen er seinen Emotionen und Vorstellungen den ihnen
jeweils entsprechenden und gemäßen Ausdruck gibt, in denen er
seine Sehnsucht nach Glück und Erfüllung und befreiendem Lachen
ebenso wie seine Schauder und Ängste besondere Gestalt werden
läßt, in denen er sich mit den Göttern wie mit den Dämonen, mit
der Überwelt wie mit der Unterwelt in der ihnen ebenso wie ihm
zukommenden Weise auseinandersetzt. Hier erst, in diesem Aspekt,
erfüllt sich volkskundliche Schau als Erkenntnis der hinter allem
Formalen, Stilistischen und Gestaltlichen liegenden dynamischen
Kräfte. Und so gesehen erscheinen uns plötzlich Sagen, Märchen,
Legenden und Schwänke nicht mehr als Formen eklektischer Geistesbeschäftigung, als die sie *Jolles* und *Lüthi* ansprachen, sondern als
Urphänomene, als psychische und funktionale Notwendigkeiten und
die Fragen nach Alter, Entstehung und Verbreitung, nach Wesen
und Funktion der einzelnen Gattungen gewinnen ganz andere als
die gewohnten, nämlich volkskundliche Antworten.

Auf das Märchen präzisiert heißt das, daß es eben nicht nur eine
Kategorie von Volkserzählungen ist, die sich von den anderen etwa
durch äußerliche und innere Stil- und Wesensmerkmale unterscheidet, sondern daß es vor allem auch Ausdrucksform einer ganz bestimmten Haltung und der ihr koordinierten schöpferischen Kräfte
der Völker ist. Hinter all den verschiedenen — und jede für sich so
ungeheuer expressiven — Prägungen unseres Erzählgutes stehen

doch, ich sage es noch einmal, Trieb- und Willenskräfte, deren bewegendes Moment der Mensch ist. Wir übersehen ja allzugern über dem Stoff selbst und seinem Eigenleben den Menschen, der ihn trägt und der ihn geschaffen und ihm das Gesicht und die Form gegeben hat. Alle Form aber atmet nur den Geist des schaffenden Menschen, und alle Gestaltungsvarianten sind nur der jeweils besondere Ausdruck dieses einzigen Inhalt. Und so ist auch das Volksmärchen Ausdruck des menschlichen Geistes und der menschlichen Seele. Daß es das in ganz bestimmter und durchaus eigentümlicher Weise ist, zeigt sich eben im ontologischen Vergleich mit den anderen Kategorien. Versuchen wir also, die Funktionen dieser Erzählgattungen noch einmal komplex in ein paar Sätzen zusammenzufassen[64].

Wir hatten gesehen, daß dem Märchen vom schöpferischen Menschengeist die Aufgabe verliehen ist, die Welt einer höheren Ordnung und Gerechtigkeit in vollkommener Transparenz zu zeigen, eine sublimierte Welt also, in der sich alle Sehnsucht nach Glück und Erfüllung zu mythischer Vollendung gestaltet; eine Welt über Zeit und Raum und menschlicher Unzulänglichkeit, gelöst von individueller Schwere und Schicksalhaftigkeit.

Dagegen der Schwank, die lustige, derb-drastische Erzählung, die ja inhaltlich und gehaltlich ganz anders strukturiert ist als das Märchen[65]. Auch der Schwank entspringt einem Grundbedürfnis der menschlichen Seele, aber nicht dem nach mythisch-märchenhafter Erhöhung und Erlösung, sondern dem ebenso urtümlichen Wunsche, sich durch ein Gelächter über die Nöte des gemeinmenschlichen Daseins zu erheben. Die alte und schöne Definition der Griechen vom Menschen als Wesen, das lachen kann, findet durch Dasein und Form dieser Erzählung ihre Erweiterung zum Spruch vom Wesen, das lachen will. Die Lust zwar zum Lachen ist apriorisch in uns veranlagt, sie bedarf keiner intellektuellen oder irgendwie entscheidenden Erkenntnisse und Antriebe[66]. Aber der Wille zum Lachen entspringt der Einsicht des menschlichen Geistes in die heilsamen Werte dieses

[64] S. dazu K. Ranke, Vom Wesen des Volksmärchens, S. 28 f.
[65] Dieser Abschnitt nach K. Ranke, Schwank und Witz als Schwundstufe. In: Festschrift f. Will-Erich Peuckert, S. 43 (Berlin 1955).
[66] Peuckert, Deutsches Volkstum in Märchen und Sage, S. 158.

Signums menschlicher Existenz. Und in der erzählenden Form des spottenden Schwankes erhebt dieser Wille wiederum Seele und Geist über die Defekte des Menschlichen und Allzumenschlichen im Bereiche des eigenen Ichs wie des anderen Du und rückt uns näher zu der lächelnden Heiterkeit der alten Götter. Das befreiende Lachen ist es also, das zur geistigen Freiheit führende Lachen, das uns über die Dinge stellt. Und hierin allerdings, in der Erlösung nach oben, sind Märchen und Schwank im innersten Wesen nun doch wieder irgendwie verwandt.

Kontradiktion zu Märchen und Schwank ist die Legende, die in dem wiederum den Urgründen unseres Seins entsprungenen Trieb, uns das Göttliche oder Gottähnliche näher zu rücken, nun den umgekehrten Weg beschreitet: nicht uns nach oben, sondern das Göttliche nach unten führt, den Weg zu den Menschen beschreitend. Die Erdenwanderung der Götter ist ja ein uraltes und weit verbreitetes Motiv, und da diese Wanderung zwangsnotwendig zur Berührung mit dem Menschlichen und Allzumenschlichen führt, ist die Legende merkwürdigerweise so häufig dem Schwanke verbunden: Christus und Petrus auf einer ihrer Erdenwanderungen im bäuerlichen Nachtquartier, wobei Petrus dreimal Prügel erhält (AT 791); die Geschichte vom pharisäischen Schneiderlein, das, selber mit Ach und Krach in den Himmel gekommen, nun die Missetäter auf Erden mit den Einrichtungsgegenständen des Himmels bombardiert, bis es schließlich selber wieder hinausgeworfen wird (Grimm KHM Nr. 135 = AT 800), dieses und vieles andere mehr sind die Vorwürfe, die die Legende dem Schwank assimilieren. Das Heilige unheilig zu machen, d. h. es uns näher zu rücken, im besten Sinne durch die Vorstellung eines Verkehrs der anthropomorphisierten Gottheiten mit den Menschen, im burlesken Verfahren durch die Einrückung des Göttlichen in das Allzumenschliche, diese beiden Pole erzählerischer Gestaltungskraft entspringen samt dem, was zwischen ihnen liegt an Legendenschwank oder Schwanklegende, nur wiederum dem Urtrieb menschlicher Einfältigkeit, sich das Unfaßbare faßbar zu machen. Überall versucht der Mensch, getrieben von innersten Impulsen, seine Grenzen zu überwinden, im Traumreich des Märchens, im Lachen über sich selbst, im Verkehr mit der hohen und der niederen Gottheit.

Ganz anders wiederum, um noch die letzte der uns geläufigen Gattungen von Volkserzählungen anzuführen, die Volkssage. Ihr Ton ist schwer und dunkel und bedrückend. Der Schauder vor dem, was jenseits unserer Erfahrungswelt ist, bricht in ihr hervor. Nicht die Schalkhaftigkeit des Märchenschwankes, die den Riesentölpel oder den dummen Teufel immer wieder überlisten läßt, sondern die numinose Angst spricht aus ihr und läßt die Auseinandersetzungen mit den dämonischen Mächten hüben und drüben zu oft schaurigen Geschichten gefrieren. Der Mensch im gnadenlosen Kampf mit denen drüben, mit denen ohne Seele, den Naturstarken, den Zaubergeschwollenen, das ist der Vorwurf eines bedeutenden Teiles ihrer Geschichten. Und da die Sage die mentale Grundhaltung des Volksmenschen zum Weltgeschehen, seine resignierende Einstellung zu der Übermacht der Mächte um und in ihm repräsentiert, kann von Sieg über das Dämonische keine Rede sein. Daher ist der Sage a priori die tragische Grundhaltung eigen. Aber wie das Heroische und das Komische und das Heilige ist auch das Tragische und seine Darstellungsformen notwendig in uns bedingt. Der Mensch, der auf den Höhen lachend sich erlöst, bedarf auch des Tremendums vor den gnadenlosen Abgründen.

Die verschiedenen volkstümlichen Erzählgattungen entspringen also wiederum verschiedenen Grundbedürfnissen der menschlichen Seele, und das Geheimnis des Märchens beruht nicht in seiner Gestalt, wie *Lüthi* meint[67]. Gestalt ist sekundär, primär ist die Enérgeia, die schöpferische, seelische und geistige Grundkraft des Menschen, die sich in der ihr jeweils zukommenden und entsprechenden Form manifestiert. Sie zu erkennen, sollte letzte, komplexe, sinnumfassende Aufgabe unserer Wissenschaft sein. Und so möchte ich, neben den bislang gepflegten Aspekten, einer Erzählforschung das Wort reden, die die geistig-seelische Funktionalität der Gebilde weit mehr in den Vordergrund ihrer Beobachtung und Betrachtung stellt, als das bisher getan worden ist.

Ansätze dazu sind unzweifelhaft vorhanden. Ich denke da vor allem an die „Einfachen Formen" von *André Jolles,* die als „innere Formen" den einzelnen Dichtungsgattungen voraus- und zugrunde

---

[67] Lüthi, Das europäische Volksmärchen, S. 9.

liegen. Die wirkende Kraft, die hinter ihnen steht, ist nach *Jolles* die spezifische „Geistesbeschäftigung" des „in der Sprache Form schaffenden Menschen" [68]. Einfache Form ist also mehr als nur eine morphologische Begriffssetzung, als innere Form ist sie eine Art ontologischer Archetypus. Die „Geistesbeschäftigung" als bildende Kraft wird nun von *Jolles* wieder ganz objektiv und autonom aufgefaßt. In seiner Einleitung zur deutschen Ausgabe des Decamerone beschreibt er sie folgendermaßen:

> Die Menschen fanden die Antike nicht, sondern die Antike fand wieder die Menschen. Sie reinkarnierte sich. Was als Geist umgegangen, fand mit einem Schlage wieder einen Körper. Die Nonnenleiber des Mittelalters, in die zuweilen ein höllischer Geist fuhr, um mit dem geliehenen Munde unheimliche Weisheit oder leichtsinnigen Unflat zu verkünden, können über den ungebetenen Gast nicht erstaunter gewesen sein, als die Männer der Frührenaissance über den Geist, der sich ihres Innersten bemächtigte, von dem sie fortan besessen waren. Dieser Geist war so unabhängig von ihren bisherigen Überzeugungen, so selbständig in seinem Auftreten und Handeln, daß es vollkommen gleichgültig war, ob sie ihn vorher gekannt, ja sein Vorhandensein geahnt hatten. Spiritus flat ubi vult [69].

Konsequent interpretiert *Alfred Schossig*, Herausgeber der Zweitauflage der „Einfachen Formen": „Der Ausdruck ‚Geistesbeschäftigung' bedeutet demnach die Besitzergreifung (occupatio) des Menschen durch den Geist der Legende, der Sage oder der Mythe usw." [70] Da stehen wir also wieder einmal vor der ebenso alten wie berühmten Frage, was eher war, das Ei oder die Henne. Für die Brüder *Grimm* war dieses Problem sehr einfach, es war der „Volksgeist", der all diese Märchen und Mythen und Lieder dichtete. Im Sinne dieser Anschauung wird etwa nach *Jacob Grimm* die Volkspoesie „aus der stillen Kraft des Ganzen leise emporgetrieben". Volkslieder z. B. werden „sozusagen von selber an- und fort-

---

[68] So Wolfgang Mohr, Einfache Formen. In: Merker-Stammler, Reallexikon der deutschen Literaturgeschichte, Bd. 1, 2. Aufl., S. 321 (Berlin 1957).

[69] Einleitung zur deutschen Ausgabe des Decamerone, S. XLIII, Leipzig: Insel Verlag 1923.

[70] Jolles, Einfache Formen, 2. Aufl., S. VII, durchges. von A. Schossig (Halle 1956).

gesungen". „Über die Art, wie das zugegangen, liegt der Schleier
des Geheimnisses gedeckt, an das man glauben soll."[71] Wir wissen
heute natürlich, daß der schöpferische Prozeß im Gefüge der Volkskultur nicht von einem imaginären, vielleicht sogar personifizierten
Geistesgebilde gefördert wird, daß also nicht das Volk als Kol-
lektivum dichtet und trachtet, sondern daß hier genauso wie
im Bereich der hohen Kunst und Wissenschaft alles Schaffen
und Wirken an Persönlichkeiten gebunden ist. Aber hinter allen
schöpferischen Individuen, nicht nur der sog. Volksschichten, wenn
hinter diesen auch ganz evident, steht doch nun auf Grund ihrer
gruppen- oder volksmäßigen oder überethnischen Veranlagung und
Gemeinart tatsächlich so etwas wie ein überpersönliches, alle in-
spirierendes, typisches Gemeinwesen, ein schöpferischer Gemein-
geist meinetwegen, den wir zwar absolut und als Konkretum nicht
erfassen können, der aber als umschreibende Bezeichnung lebendiger
und geistiger Kollektivgehalte nun doch wieder mehr als nur ein
Wortsymbol oder ein heuristisches Hilfsmittel ist. Und so kommen
wir letzten Endes heute doch wieder, vor allem mit Hilfe der modernen Psychologie und Soziologie, auf das gleiche zurück, was
schon die Romantiker im intuitiven Erahnen dieser Wesensmomente
mit Volksgeist bezeichneten. Für den Menschen eines Volkes ist es
eben das ihm natürlich zugeordnete, aus gemeinsamer Veranlagung,
Umwelt, Geschichte, Schicksal, Sprache und Kultur geformte über-
individuelle Eigenwesen, das in all seinen Kulturgütern, bewußt
oder unbewußt, zum Tragen kommt, als Ausformung seiner Eigenart, als der eigentliche gestaltende Faktor seiner kulturellen Möglichkeiten.

Ich meine, daß „Geistesbeschäftigung" im Sinne von *Jolles* nur
eine andere Vokabel für den inspirierenden „Volksgeist" romantischer Prägung ist, gesucht und gefunden wahrscheinlich aus der den
ersten Jahrzehnten unseres Jahrhunderts so eigenen Abneigung
gegen die romantischen Denk- und Begriffsinhalte. Auf das Märchen bezogen würde das bedeuten, daß allein schon die Ubiquität
und die Möglichkeit einer zeitlosen generatio aequivoca zur Pro-
jektion einer solchen überpersönlichen, ethnisch begrenzten oder

---

[71] Jacob Grimm, Über den altdeutschen Meistergesang, Göttingen 1811.

menschlich weiten Gemeingeistigkeit zwingen. Setzen wir also „Geistesbeschäftigung" der literaturwissenschaftlichen mit „Inspiration des Gemeingeistes" der volkskundlichen Konzeption gleich und verbinden wir diese Begriffsidentität mit der oben herausgestellten Funktionalität der Volkserzählungen, so sehen wir, daß sie nichts anderes als notwendige und natürliche Komponenten im Zusammenspiel der Kräfte und Wirkungen sind.

Jedoch scheint mir das zur Deutung des Schaffensprozesses nicht zu genügen. Geistesbeschäftigung ist immer nur prägende Kraft, zeugende Potenz kann nur aus seelischen Antrieben kommen. Und so meine ich, daß man den wirkenden Kräften hinter den einfachen Formen das unbewußt Produktive, die seelischen Impulse als wichtigstes, als „momentum generativum" hinzugesellen sollte. Hier wird uns die Psychologie etwa eines *C. G. Jung* noch manches sagen können, wenn ich auch seine Versuche, mit dem psychologischen Archetypus das Wesen eines Märchens transparent zu machen, nicht mitmachen kann, solange er sich nicht dabei auch des philologischen Archetypus bedient. Die psychologische Ausdeutung eines Märchens an irgendeiner beliebigen Variante seines Typus ist ein untauglicher Versuch an einem untauglichen Objekt. Wir wissen niemals, ob die Motivteile, die so analysiert werden, sekundär oder primär, d. h. für den Typus und seine allein zur Aussage berechtigte Grundform verbindlich sind.

Jedoch wären die letzten Erwägungen problematisch und wohl gar beziehungslos, wenn man sich der heute dominierenden volkskundlichen Meinung anschlösse, das Märchen sei gar keine einfache, sondern eine hochentwickelte, komplizierte Form[72]. Ein vermittelndes Wort ist jüngst von *Wolfgang Mohr* gesprochen worden[73]:

Das Märchen und ihm verwandte Strukturen in Mythos und Heroensage möchte man als hochentwickelte Kunstformen ansehen, die ein bewußt gewordener Formtrieb geschaffen hat. Und doch, was der Gattung Märchen ihre Wirkungsmacht gibt, ist nicht dieses, sondern die anonyme Verbindlichkeit, die sie als sinnvoll empfundene Form in jahrtausendelangem Gebrauch bekommen hat. Einerlei, ob wir die etymologischen Ursprünge des Märchens im Mythos, in der Heroensage oder sonstwo

---

[72] Literatur dazu s. Merker-Stammler, Reallexikon, Bd. 1, S. 326.
[73] Mohr, Einfache Formen, Fußn. 68, S. 325.

suchen wollen, es hat diese Ursprünge verlassen wie ein Wort, das nur
mehr „bezeichnet", aber nicht mehr (etymologisch) „bedeutet", und es
bietet sich gerade durch seine Bedeutungsleere („Verfremdung") als reine
Form an wie eine Vokabel und verführt zum Nachsprechen ... Es ist
wohl nicht seinem Ursprung nach Einfache Form, vielleicht ist es sogar
bis zu einem gewissen Grade „bezogene Form" (des Mythos, der Heroensage?) im Sinne von *Jolles;* aber es ist zur Einfachen Form geworden
und wirkt als Einfache Form innerhalb seiner Gattung und über sie
hinaus weiter.

Vielleicht schematisiert dieser Entwurf doch zu sehr. Die Frage taucht
auf, ob die „Verfremdung", deren allmähliches Eintreten in der Tat hie
und da am historischen Stoff zu beobachten ist (wenn z. B. aus altkeltischer
Mythen- und Heroensage bei den Conteurs des Mittelalters „märchenhafte" Artusfabeln werden), nicht im Ergebnis doch wieder in eine genuine
Einfache Form hineinführt. Denn bei dem Prozeß der „Entfremdung"
wirken ja eben diejenigen Formkräfte (Geistesbeschäftigung, Darbietungs-
formen, ornamentale Formen), welche auch spontan Einfache Formen
entstehen lassen. Beim Märchen waltet die Geistesbeschäftigung „mit einer
Welt, wie sie sein sollte", und eine solche Weltsicht wird nicht nur unter
bestimmten epochalen Bedingungen entstehen. Demnach könnte das
Märchen sowohl ursprünglich wie gewordene Einfache Form sein, sowohl
genuines Volksgut wie „gesunkenes (verfremdetes) Kulturgut".

Ich kann dieser doppelten Herleitung des Märchens durch *Mohr*
nicht ganz zustimmen und möchte, aus der funktionalen Betrachtungsweise heraus, meinen, daß Märchen immer eine Urform
menschlicher Aussage ist, ebenso wie Sage, Legende, Schwank usw.
Alle notwendig bedingten Formen aber sind einfache Formen. Es ist
dabei bedeutungslos, ob das Märchen „vollkommene Ausformung"
ist, wie *Lüthi* sagt[74]. Auch die subtilste Form kann ihrem Wesen
und ihrem Habitus nach einfache Form sein. Die Absolutheit seiner
Aussage und seine konsequente, unreduzierbare, gehaltliche und
gestaltliche Geschlossenheit in sich lassen das Märchen eher als einen
ontologischen Archetypus, als eine Gattung ab ovo, dies natürlich
metaphorisch gemeint, oder, wie *Robert Petsch* sagt, als „Urform
der erzählenden Dichtung"[75] erscheinen. Daß es dennoch oder gerade

---

[74] Lüthi, Das europäische Volksmärchen, S. 116.
[75] Petsch, Wesen und Formen der Erzählkunst, S. 45 ff., § 2.

deshalb seine Motive aus allen Kultur- und Formenbereichen entnehmen kann, und das hat wohl *Mohr* zur Definition der „Verfremdung" geführt, erweist seine Souveränität und seine aprioristische
Gültigkeit nur noch überzeugender.

Diese Auffassung vom Märchen als genuine Form provoziert nun
schließlich die letzte meiner Betrachtungen, die über sein Alter. Es
ist hier nicht der Ort, die Vielfalt der Meinungen und Diskussionen
zu erörtern. Man lese darüber in den einschlägigen Monographien.
Im Grunde stehen sich nur zwei Hauptrichtungen gegenüber, die
eine, die Alter und Herkunft in früh- oder prähistorischen Zeiten
(man spricht sogar von Megalithmärchen) und entweder in bestimmten ethnischen Kulturbereichen (Indogermanen, Indien, kretisch-
mykenischer oder keltischer Kulturkreis) sucht oder die Möglichkeit
einer Polygenese erwägt (anthropologische Schule), die andere, die
es als eine Spätform der Dichtkunst betrachtet.

Ich möchte alle Versuche, die das Alter und die Entstehung des
Märchens einer begrenzten ethnischen Regionalität oder einer bestimmten Kulturepoche oder schließlich auch irgendwelchen Deszen-
denz- oder Evolutionsprozessen zuweisen, vorläufig noch als ver-
früht ansprechen. Wir wissen noch zu wenig von diesen Dingen.
Wir wissen nur, daß das Märchen in seinen Einzeltypen den verschiedensten zeitlichen, räumlichen und kulturellen Bereichen angehören kann (wenn sich natürlich auch Schwerpunkte herausgebildet haben) und daß dementsprechend auch die variabelsten
mentalen, emotionalen und formalen Elemente in ihm erscheinen
können: magische und mythische, animistische und totemistische,
prälogische und rationale, naive und virtuose. Der Weg der Kultur-
analyse, wie ihn etwa *Peuckert* (und weitaus weniger zuverlässig
vor ihm *Saintyves*) beschreitet[76], führt sicher zu eminent wichtigen
Erkenntnissen für die Geschichte dieser Dichtungsgattung, aber er
scheint mir noch nicht die letzten Aufschlüsse geben zu können.
Denn daß ein Motiv etwa der Pflanzerkultur angehört, besagt nichts
für das komplexe Märchen, in dem es auftritt, sobald wir uns eben

---

[76] Peuckert, Deutsches Volkstum in Märchen und Sage. pass.; Ders.,
Märchen. In: Deutsche Philologie im Aufriß. Vgl. auch das Hauptwerk
Saintyves, Les contes de Perrault et les recits parallèles (Paris 1923).

die ungeheure Lebenskraft längst überholter und sinnentleerter Vorstellungsgehalte zum Bewußtsein führen, die sich jahrtausendelang durch die verschiedensten menschlichen Kulturstufen schleppen, ohne von der Vitalität ihrer Form etwas einzubüßen. Es würde das selbst dann nichts besagen, wenn ihr Sinn und ihr Wesen sich noch bewußt erhalten hätten, denn wir wissen wiederum um die Ur- wie Unzeitlichkeit dieser Denk- und Vorstellungsinhalte. Wir stecken ja alle noch voll von Steinzeitlichem. Ich meine also, daß ein etwa dem Lebens- und Weltbild der Pflanzerkultur entstammendes Motiv nichts über das Alter seiner epischen Formwerdung, geschweige denn über das der inkorporierenden Gesamterzählung auszusagen braucht. Der Weg von einer kultischen oder magischen oder brauchtümlichen Übung bis zu ihrer erzählerisch geformten Konzeption, und auf diesen Gestaltungsprozeß und seine geistige Grundlage kommt es doch bei unserer Problematik vornehmlich an, kann ein unendlich langer sein, und wenn auch der objektivierende Erzählvorgang nicht unbedingt eine Sinnentleerung voraussetzt, so wird das doch vielfach der Fall gewesen sein.

Ich halte auch nicht allzuviel von der Sydowschen Indogermanentheorie[77]. Die ältesten mythisch-märchenhaften Erzählungen der Welt sind außerhalb des indoeuropäischen Kulturkreises aufgezeichnet worden (Babylon, Ägypten, Israel, China). Zweifellos sind Schlüsse ex silentio gefährlich. Daß die Schriftkultur und mit ihr natürlich die erste Fixierung der Märchen und Mythen in den genannten Bereichen zuerst auftritt, spricht keineswegs gegen eine orale Erzähltradition bei schriftlosen Völkern. Märchen können daher allerorten und zu allen Zeiten entstehen[78]. Jedoch ist das Hauptargument *von Sydows* für seine indogermanische Erbtheorie die Annahme, daß Märchen keine tief einschneidenden Sprach- und Kulturgrenzen überwinden, daß sie also nicht wandern können. Da die Semiten nur (?) das Novellenmärchen (die Zaubermärchen in der arabischen Sammlung Tausendundeine Nacht z. B. seien

---

[77] C. W. von Sydow, Folksagan såsom indoeuropeisk tradition. In: Arkiv för nordisk filologie *42* (= N. F. *38*), S. 1 ff. (1926).

[78] So jetzt auch Friedrich von der Leyen, Das Märchen, 4. Aufl. S. 177, v. Fr. v. d. Leyen und Kurt Schier (Heidelberg 1958).

persischer Herkunft) und die Primitiven nur (?) das Mythenmärchen besäßen, käme den Indogermanen das eigentliche, das Zaubermärchen zu. Dieses Kulturgut hätten sie auf ihren Wanderungen mitgenommen, und später sei es durch die Literatur noch weiter verbreitet worden.

Diese Theorie läßt leider einen bemerkbaren Mangel an Einsicht in die biologischen, dynamischen und ontologischen Verhältnisse des Märchens erkennen. Daß dieses sich auch und vor allem auf mündlichem Wege über weite Räume ausgebreitet hat und dies noch heute tut, kann doch angesichts der Ergebnisse einer Vielzahl von einschlägigen Typenmonographien und ihren vornehmlich auch auf die Expansion gerichteten Aspekten nicht geleugnet werden. Aber das Märchen wandert vielleicht weniger in breiter Front über die Kultur- und Sprachgrenzen von einem ethnischen Bereich in den anderen, sondern als eine integrierend an Einzelbegabung gebundene Erzählform sporadisch, springend. Nicht nur die Grenzlandbevölkerungen, sondern vor allem auch die einzelnen Wanderer sind es, die dieses Kulturgut zu weitester Verbreitung bringen: die erzählbegabten Kaufleute und Spielmänner, die Seeleute und Soldaten, die Vaganten aller Art. Hinzu kommt natürlich die literarische Aneignung der fremden Stoffe, die allerorten und zu aller Zeit stattfinden kann.

Hinzu kommt aber noch ein weiteres: Die Unterschiedlichkeit zwischen den verschiedenen indogermanischen Märchenbereichen, etwa zwischen dem keltischen und dem indoiranischen, ist eine weitaus größere als die zwischen dem letzteren und z. B. dem semitischen[79]. Die Gemeinschaft der östlichen Traditionen, unabhängig von aller volkstumsmäßigen Zuordnung, spricht also gegen eine ethnische Assoziation des Märchens, jedenfalls gegen eine Zuweisung zu einer bestimmten Gruppe in dem für seine Entstehung und Entfaltung wohl vornehmlich in Frage kommenden eurasischen Raum.

Allerdings scheint es so etwas wie Schwerpunkte zu geben. Die Sydowsche Ansicht, daß die Novellenmärchen, Parabeln und Problemgeschichten hohes Ansehen bei den Semiten genießen und daß sie vielleicht auch dort entstanden seien, wird jüngst wieder von

---

[79] S. Fußn. 78, S. 117.

Otto Spies geteilt[80]. Jedoch finden wir ähnliche Neigungen und Separationen auch bei uns. Die Isländer z. B. kennen keine Tiermärchen, während andere germanische Stämme solche besitzen oder sie sogar besonders pflegen (z. B. die Siebenbürger Sachsen). Vielleicht beruht solche Bevorzugung neben anderem auch auf einer kulturepochal bedingten Neigung. Wir wissen um solche Perioden, die teils bewußt, teils unbewußt, zum Märchen etwa tendieren: das 6. Jahrhundert vor Christus in Griechenland und Indien, das 11. und 12. nachchristliche im Abendland, in Indien und im Orient, das 16. und 17. in Italien und Deutschland. Es hängt doch leider allzu vieles von der konjunkturbedingten literarischen Pflege ab. Wenn wir in Deutschland nur das Schrifttum der Aufklärung und der ihr folgenden Romantik besäßen, wäre der Schluß, das Märchen sei eine epochale Schöpfung der letzteren, durchaus gegeben.

Wir wissen weiterhin, daß die schönsten Märchensammlungen des Mittelalters nicht aus dem Okzident, sondern aus dem Orient stammen. Und wir wissen schließlich, daß den Semiten und unter ihnen vor allem den Arabern, trotz ihrer Vorliebe für die Novelle oder für die Problemgeschichte, auch eine ausgesprochene Neigung zum Märchen eignet, eine Neigung, die wir in ähnlicher Art ebenso bei den Mongolen, Turkotataren, in Indonesien usw. finden. Sollte diese Freude am Märchen nur rezeptiver Art sein? Ich will mit meinen Worten nichts weiteres andeuten, als daß trotz gelegentlicher, zuweilen vielleicht temporärer oder konjunktureller Schwerpunktbildung, die Liebe zum Märchen und die ihr koordinierte Erzählbegabung eine gemeinmenschliche ist.

So wie auch die einfachen Formen des Märchens gemeinmenschliche sind, die etwa aus Träumen und Affekten und Denkprozessen erwachsen sind. Das Wünschen hat das Märchen geboren, die Sehnsucht nach dem Wunderbaren, den unbegrenzten Möglichkeiten, der Wille, diese Weltschwere zu überwinden. Das aber sind Urgegebenheiten unserer Existenz. Sie sind nicht indoeuropäisch oder malaisch oder araukanisch, sondern gemeinmenschlich. Und so erwachsen aus ihnen und aus der bildenden Kraft des menschlichen Geistes all-

---

[80] Otto Spies, Orientalische Stoffe in den Kinder- und Hausmärchen der Brüder Grimm, S. 44 (Walldorf-Hessen 1952).

überall die gleichen primitiven Erzählformen. Es gibt eine Ethnologie des einfachen Märchens. Immer wieder aber sind wir überrascht, Erzählgebilde auch komplizierterer Art, gleichgültig wo, zu finden, die in Struktur und Gehalt der dichterischen Endform Märchen verblüffend nahe kommen, ja häufig genug in den Grundgefügen unseren bekannten Typen entsprechen, ohne daß an kausale Zusammenhänge irgendwelcher Art zu denken wäre. Diese Ubiquität ist es, die mich zu der oben (S. 355 ff.) gegebenen Ansicht zwingt, die Entstehung der *einfachen* Formen Märchen nicht bestimmten ethnischen oder kulturellen oder konjunkturellen Gegebenheiten zuzuweisen.

Aus diesem Grundgeschichtlich-Gemeinsamen erwachsen die besonderen Formen, an denen nun Seele und Geist der Völker bildend und gestaltend und so an der Differenzierung zu einer Mehrzahl von komplizierteren Gebilden entscheidenden Anteil haben. Über die Prozesse wissen wir herzlich wenig. Die Schwierigkeit ist, daß die Formen sich überlagern und auch durchdringen. Dennoch wird man, wie schon angedeutet, von kulturgeographischen Schwerpunkten sprechen können. Die phänomenologische Dichte des eigentlichen, des Zaubermärchens liegt danach ohne Zweifel im eurasisch-nordafrikanischen Raum. Das besagt nicht, daß einzelne Typen nicht zuweilen auch woanders entstehen können. Diejenigen unseres bekannten Märchenschatzes sind jedoch wohl alle, soweit wir das heute überschauen können, in diesem Raum entstanden. Hier einen engeren Ort der Genese anzusetzen, scheint mir jedoch aus den dargelegten Gründen unmöglich.

Was etwa von der Cosquinschen Indien-, der Sydowschen indoeuropäischen oder der Peuckertschen minoisch-kretischen Theorie bleibt, ist die Annahme, daß das Märchen sehr alt sei. Dafür sprechen nicht nur die literarischen Zeugnisse, sondern vornehmlich durch wohl auch die im Psychologischen und Funktionalen liegenden Gründe. Wenn das phylogenetische Grundgesetz irgendwo seine Berechtigung hat, dann hier, wo kindliche Mentalität und Kongenialität eine Entstehungszeit in frühmenschlicher, entsprechend infantiler Geistigkeit wahrscheinlich macht[81].

---

[81] S. Charlotte Bühler, Das Märchen und die Phantasie des Kindes, 3. Aufl. (Leipzig 1929); Lüthi, Das europäische Volksmärchen, S. 117 f.

Entscheidend scheinen mir jedoch die oben dargelegten Betrachtungen über die Funktionalität der verschiedenen Erzählgattungen zu sein. Ich glaube, gezeigt zu haben, daß die verschiedenen volkstümlichen Erzählgattungen auch verschiedenen Grundbedürfnissen der menschlichen Seele entspringen. Wenn dem aber so ist, so muß sich aus der Urveranlagung dieser psychischen Primärelemente auch die Ur- und Unzeitigkeit ihrer Ausdrucksformen ergeben. Solange der Mensch die Welt empfindet, denkt und bildet, solange er vor allem in seiner Sprache Welt schafft, solange wird er seinen verschiedenen Emotional- und Mentalprozessen die ihnen gemäße Ausdrucksform gegeben haben. Es gibt eine Art, die Welt märchenhaft, d. h. in mythisch-heroischer Erhöhung zu bewältigen, seit es dem Menschen gegeben ist, so zu denken und zu hoffen. Es gibt eine Art, die Welt sagenhaft, d. h. in erschütternder Ungelöstheit und Tragik zu erleben, seit es dem Menschen gegeben ist, so zu denken und zu leiden. Es gibt eine Art, der Welt lächelnd, d. h. im erlösenden Spott über ihre Anfälligkeit zu widerstehen, seit es dem Menschen gegeben ist, so zu denken und sich zu behaupten. Es liegt keinerlei chronologisch-genetische Bestimmung weder in der gewählten Reihenfolge meiner Beispiele noch in den Worten „solange" oder „seit". Die Dinge sind nicht „epochebedingt", wie *Mohr* meint, sie sind vielmehr „genuin", wie er sich selber korrigiert [82]. Das Märchen ist in seiner psychomentalen Voraussetzung so alt wie die Sage und diese wiederum so alt wie die Legende oder wie der Schwank. Sie alle sind als Elementaraussagen einfach Gegebenheiten von Seele und Geist und damit des epischen Formschaffens. Und so sind sie als Einzelformen eben auch mehr als nur stil- und strukturdifferenzierte Kategorien. Sie sind, wie ich schon einmal sagte, Ausdrucksformen einer ganz bestimmten Haltung und der ihr integrierend zugehörigen schöpferischen Kraft der Völker. Daß das Märchen das in ganz bestimmter und durchaus eigentümlicher Weise ist, hoffe ich an einigen wenigen, aus ontologischer Interpretation und funktionaler Betrachtungsweise gewonnenen Wesensmerkmalen klargemacht zu haben.

[82] Mohr, Einfache Formen, S. 323, 325.

Deutsches Jahrbuch für Volkskunde 8 (1962), S. 153—159.

MÄRCHENSAMMLUNG UND MÄRCHENFORSCHUNG
IN GRIECHENLAND SEIT DEM JAHRE 1864

Von Georgios A. Megas

Wie wir die erste Ausgabe griechischer Volkslieder einem ausländischen Forscher, dem französischen Philologen Claude Fauriel,
verdanken, so ist es auch der Fall mit unseren Volksmärchen. Es
war der österreichische Konsul J. G. von Hahn, der sich als erster
mit der Sammlung griechischer Märchen beschäftigte und sie im
Jahre 1864 unter dem Titel *Griechische und Albanesische Märchen*
der gelehrten Welt unterbreitete. Während jedoch Fauriel die Lieder
im Original samt einer Übersetzung ins Französische herausgab,
begnügte sich Hahn mit der Übertragung der griechischen Texte ins
Deutsche; und wie die *Kinder- und Hausmärchen* der Brüder
Grimm nicht die Sprache des Volkes sprechen, so zeigen auch die
griechischen und albanesischen Märchen, denen jene zum Vorbild
dienten, die sprachliche Bearbeitung durch die Hand des Heraus-
gebers.[1]

Wie v. Hahn auf den Gedanken kam, die griechischen Märchen zu
sammeln, berichtet er selbst in der Einleitung (XXIV ff., XLVII f.):
Im Jahre 1848, als er als Konsul in Jannina in Epirus weilte,
gewann er einige der fähigsten Schüler des dort bestehenden berühmten Gymnasiums, denen er die nötigen Anweisungen gab.
Sie zeichneten für ihn während ihrer Ferienzeit in ihren Heimat-
orten die Märchen so auf, wie sie sie aus dem Munde ihrer Mütter
und Großmütter hörten. Auf diese Weise kam v. Hahn in den
Besitz von vielen Heften, denen 66 Nummern entnommen wurden,

---

[1] Die Sammlung ist im Jahre 1918 samt einem Nachtrag von 14 an
anderen Stellen veröffentlichten griechischen Märchen bei Georg Müller,
München, aufs neue gedruckt worden in der Absicht, „ein schönes poetisches
Lesebuch wieder neu zu verbreiten".

die vielen Varianten abgerechnet, die er in die Anmerkungen aufnahm.

Nach drei Jahren wurde v. H. als Generalkonsul nach Syra versetzt und fuhr mit seiner Sammeltätigkeit u. a. auf Euböa und den Kykladen fort. Auf diese Weise wurden 35 weitere Märchenaufzeichnungen den epirotischen hinzugefügt. So stieg die Zahl der griechischen Märchen auf 101, die der albanesischen auf 13. Es handelt sich hierbei aber nicht um echte albanesische Märchen; denn 5 davon (die Nrn. 95—99) wurden von H.s albanesischem Lehrer Apostolos G. Panajotides in dessen Geburtsort Ljabovo (Nord-Epirus) aufgeschrieben, wie sie ihm dort von Frauen erzählt wurden. Sie müssen also zu den übrigen epirotischen Märchen seiner Sammlung gerechnet werden. Das gleiche gilt auch für die Bewohner des im Saronikos-Golf liegenden Inselchens Poros, woher 4 weitere Märchen (Nr. 100—103) stammen. Also nur für 4 Nummern der ganzen Sammlung, die Nummern 104—107, die in Elbasan von Hahn selbst aufgezeichnet wurden und eigentlich nicht zu den Märchen, sondern zu den sog. αἴτια gehören, dürfte die Bezeichnung „albanesisch" berechtigt sein. — Nach Grimms Beispiel hat v. Hahn seine Sammlung mit vergleichenden Anmerkungen versehen.[2]

Einem glücklichen Zufall verdanken wir es, daß die griechischen Texte der Hahnschen Sammlung in den Besitz des dänischen Gräzisten Jean Pio kamen und daß sie sich jetzt in der Handschriftenabteilung der Nationalbibliothek zu Athen befinden. Von diesem Material hat Pio im Jahre 1879 in Kopenhagen 30 Märchen erscheinen lassen, denen er noch 17 Nummern (11 aus Astypaläa, 6 aus Ano-Syra) aus eigener Sammlung hinzufügte.

Nach Hahn muß hier Bernhard Schmidt erwähnt werden, dessen Werk *Griechische Märchen, Sagen und Volkslieder* 1877 erschien. Seine Sammeltätigkeit auf Zakynthos hatte schon vor dem Er-

---

[2] Hier muß hinzugefügt werden, daß schon vor dem Erscheinen der Hahnschen Sammlung einige neugriechische Märchen, im ganzen 13, da und dort erschienen, worüber Literaturangaben von Reinhold Köhler in den Göttinger Gelehrten Anzeigen vom Jahre 1871 Bd. II, S. 1402 ff. zu finden sind. Dieselben Belege auch bei B. Schmidt: Griechische Märchen, Sagen und Volkslieder, Leipzig 1877, S. 3, Anm. 1.

scheinen der Hahnschen Sammlung begonnen. Während jedoch bei Hahn die Veranlassung hierzu das Interesse des speziellen Märchenforschers oder des vergleichenden Mythologen war, reizte es Schmidt, wie er selbst sagt, „als Philologe zu erfahren, ob und wie viele Reste der hellenischen Mythologie in den heutigen griechischen Märchen etwa fortleben". Deshalb zeichnete er von den ihm mündlich mitgeteilten Stücken in der Regel nur diejenigen auf, welche aus dem angeführten Grunde für ihn ein näheres Interesse hatten. So ist zwar seine Sammlung von kleinem Umfang (ca. 25 Nummern), aber reicher an antiken Reminiszenzen als die Hahnsche. Durch das Erscheinen dieser beiden Sammelwerke ist das Interesse für das griechische Volksmärchen auch bei den Griechen selbst angeregt worden. Es war wohl nicht allein der Wunsch, die Erzählungen des eigenen Volkes kennenzulernen, sondern auch die Notwendigkeit, Proben aus der Volkssprache aufzuzeichnen, um in echt volkstümlichen Texten, wie es die Volksmärchen sind, die einzelnen neugriechischen Dialekte studieren zu können. Manche damals gegründeten wissenschaftlichen Vereine für Sprache und Volksliteratur, namentlich 'Ο Φιλολογικὸς Σύλλογος „Παρνασσὸς", ἡ Ἱστορικὴ καὶ Ἐθνολογικὴ Ἑταιρία τῆς Ἑλλάδος in Athen, ὁ ἐν Κωνσταντινουπόλει Ἑλληνικὸς Φιλολογικὸς Σύλλογος in Konstantinopel boten die Seiten ihrer Zeitschriften zur Veröffentlichung von Märchen an, und zwar Νεοελληνικὰ Ἀνάλεκτα (1870—1874), Ὁ ἐν Κωνσταντινουπόλει Ἑλληνικὸς Φιλολογικὸς Σύλλογος (1863—1921), Δελτίον Ἱστορικῆς καὶ Ἐθνολογ. Ἑταιρίας τῆς Ἑλλάδος (1883—1910), usw. Schon früher hatten manche Schriften für die Heimatkunde, wie Τὰ Κυπριακὰ von A. Sakellarios (1868), Ἱστορία καὶ στατιστικὴ Τραπεζοῦντος von Sawas Ioannides (1870), τὰ Σαμιακὰ von E. Stamatiades (1881—1887), Volksmärchen abgedruckt.

Auch für diese Veröffentlichungen, die im ganzen 75 Märchen publizierten, ist nun für die Jahre 1864—1877 ein Literaturverzeichnis bei B. Schmidt zu finden.[3] Aus den gleichen Gründen sammelten jüngere Gräzisten ihre Märchen: P. Kretschmer, Karl Dieterich, R. M. Dawkins, der erste auf Lesbos, der zweite auf den Dodekanesen, der letzte in Kappadokien und in Pontos.

---

[3] A. a. O., S. 4, Anm. 1.

Eine neue Epoche der Sammelarbeit beginnt in Griechenland mit der im Jahre 1909 von N. G. Polites gegründeten *Griechischen Gesellschaft für Volkskunde.* Ihre Zeitschrift Λαογραφια, die bisher 19 Bände von jeweils 36—40 Bogen zählt, enthält in ihren Heften eine ganze Menge von Volkserzählungen, die meistens mit vergleichenden Anmerkungen versehen sind.[4]

Als eine Anerkennung der wissenschaftlichen Arbeit dieser Gesellschaft folgte nach einem Dezennium von seiten der griechischen Regierung die Gründung des *Griechischen volkskundlichen Archivs,* das später der Akademie der Wissenschaften zu Athen unterstellt wurde. Auf diese Weise werden nunmehr die gesamten volkskundlichen Arbeiten durch eine zentrale Institution betreut. Nachdem im Jahre 1923 mehr als eine Million Griechen ihre alten Heimatorte, nämlich Nord- und Ostthrakien, Kleinasien, Pontos und Kappadokien verlassen hatten, um eine neue Heimat im Mutterland zu finden, erhielten die Mitarbeiter des Archivs und die Freunde der griechischen Volkskunde Gelegenheit zu eifrigen Sammelarbeiten. Die Schullehrer waren daran erfolgreich beteiligt. Reiches und mannigfaltiges Material floß von allen Quellen in die Sammlungen des Archivs. Hinzu kam aus dem Nachlaß von Polites seine noch unveröffentlichte Märchensammlung, die aus allen Gegenden Griechenlands stammt und 462 Nummern umfaßt, wie auch die ebenso reiche, von A. Adamantiu auf Tenos zusammengestellte Sammlung.

Wir müssen hier noch zwei größere Märchen- und Fabelsammlungen erwähnen, deren eine, mit 4868 Nummern, durch die Schüler der Volksschulen, die andere mit ca. 3800 Nummern durch meine Athener Studenten zusammengetragen wurden. Weitere 210 Volksmärchen stehen dem Archiv in den Sammlungen des von Melpo Merlier im Jahre 1933 gegründeten *Centre d'études d'Asie Mineure* (de l'Institut français d'Athènes) zur Verfügung. So beträgt die Zahl der bisher gesammelten griechischen Märchenvarianten ungefähr 16 500. Die Edition erreichte bisher die Zahl 3000.[5]

[4] Ein Verzeichnis der bisher in der Λαογραφια publizierten Volksmärchen nach Aarne-Thompson (FFC 74) findet sich in Bd. XIX (1960/61), S. 569—575.

[5] Ein Literaturverzeichnis zu den edierten griechischen Märchen für die

Was nun die Erforschung der griechischen Volksmärchen betrifft, so beginnt sie bereits mit ihrer ersten großen Ausgabe. J. G. v. Hahn hat seine Aufzeichnungen — sowohl in der Einleitung wie auch in den Anmerkungen — sorgfältig geprüft, mit den Märchen der damals bekannten Sammlungen verglichen und endlich zu 40 Märchentypen geordnet. Mögen seine historischen und theoretischen Ausführungen heute auch im ganzen anachronistisch erscheinen, „sie enthalten im einzelnen jedoch", wie Paul Ernst sagt, „manches Nützliche und Interessante". Die Schlußfolgerung besonders, zu der v. Hahn kam, der neugriechische Märchenschatz gliedere sich aufs innigste in die Familie des europäischen Märchens ein (XLVIII), muß zu seiner Zeit von besonderer Bedeutung gewesen sein.

Auch Bernhard Schmidt, dessen Buch *Das Volksleben der Neugriechen und das hellenische Altertum* (Leipzig 1871) noch heute als eines der besten Handbücher der griechischen Volkskunde gilt, hat den Märchen seiner oben genannten Sammlung wissenschaftliche Anmerkungen hinzugefügt; es muß aber hier bemerkt werden, daß der Mann, der die bei Fr. Lenormant (*Monographie de la vie sacrée Eleusinienne*, Paris 1684, S. 399—402) enthaltenen Verfälschungen aufdeckte (Rhein. Museum 31 (1876), S. 273—282), selbst den archaisierenden Tendenzen seiner Erzähler nicht entgehen konnte. So sind in seine Texte einige Züge eingedrungen, die wohl eine Reminiszenz an gewisse altgriechische Mythen aufweisen, aber sonst selten in den Volkserzählungen vorkommen und deshalb bei der Forschung nur mit Vorsicht benutzt werden dürfen.

Im Gegensatz dazu unterscheiden sich die von Paul Kretschmer gesammelten und in der bekannten Reihe *Märchen der Weltliteratur* edierten *Neugriechischen Märchen* (1919) durch die Echtheit der Überlieferung und die treue Übersetzung außerordentlich. Sehr wichtig für die Forschung sind auch die Erläuterungen, mit denen diese Texte versehen sind.

Der englische Philologe und Archäologe R. M. Dawkins (1871 bis

Jahre 1907—1920 siehe Λαογραφια, Bd. III, 251—252 und Bd. X, 221 bis 222; für die Jahre 1921—1959 Ἐπετηριϛ τον Λαογραφικον Αρχειου der Athener Akademie, 1945/46: S. 210—215, 1953/54: S. 239—252, 1955/57: S. 259—264. 369—373, 1958/59: S. 109—113. 368—370.

1955), der lange Zeit in Pontos und Kappadokien weilte, um die dortigen Dialekte zu studieren, hat zwar viel sprachliches Material aus dem Munde des Volkes aufgezeichnet, war aber damals noch nicht zu dem Entschluß gekommen, sich speziell mit der Märchenforschung zu beschäftigen. Deswegen beauftragte er mit der Bearbeitung der Märchen seines ersten Buches, *Modern Greek in Asia Minor* (1916), einen Altphilologen, Professor W. R. Halliday, der sie mit gelehrten Kommentaren erläuterte. Später hat Dawkins zur Kenntnis des griechischen Märchens in vorzüglicher Weise beigetragen. Er war wegen seines langjährigen Aufenthaltes in der griechischen Provinz einer der besten Kenner der griechischen Dialekte. So konnte er außer der oben erwähnten kappadokischen Märchensammlung eine zweite mit dem Titel *Forty-five Stories from the Dodekanese* (Cambridge 1950) herausgeben, die er mit sehr bedeutenden vergleichenden Anmerkungen versehen hat. Außerdem übernahm er am Ende seines Lebens die Mühe einer Auswahl und Übersetzung griechischer Märchen mit der Absicht, das neugriechische Märchen weiteren Kreisen von Forschern, denen es wegen der Sprache unzugänglich war, bekanntzumachen. "The object", so sagt er in der Einleitung (S. XXII), "of this book is to pick out the specifically Greek form of each story: what von Sydow has called its Greek oikotype." Daher hat er in die beiden Bände *Modern Greek Folktales* und *More Greek Folktales* (Oxford 1953 und 1955) 110 Nummern aufgenommen, die als Beispiele für die in Griechenland vorhandenen Märchentypen gelten können. Diese können dazu dienen "clearly to reflect the character and ways of thought of the people who tell them and like listening to them" (S. XXIII). Zu den Texten bringt Dawkins eine Variantenliste und erläuternde Anmerkungen.[6]

Besonders wichtig ist die ausführliche Einleitung, die Dawkins zu den Texten des ersten Bandes schrieb. Er versucht, durch Vergleiche mit den Volkserzählungen der Nachbarvölker Art und

---

[6] Die Texte, mit Ausnahme von 5 Nummern (7, 34, 38, 53, 61), sind verschiedenen publizierten Märchensammlungen entnommen und ins Englische übersetzt worden. Von 12 Nrn. wird nur der Inhalt kurz wiedergegeben.

Weise, Stil und Charakter der griechischen Märchen zu erklären. Als besonderes Kennzeichen der griechischen Märchen bezeichnet er die Fähigkeit, mit einfachen Worten die wahre menschliche Natur zu offenbaren. Hinter dem erzählerischen Interesse verbirgt sich ein tieferer Sinn, wenn Ideen über das Schicksal und das menschliche Wesen ausgesprochen werden. „Die Griechen", sagt er, „haben in ihre Märchen so viel von ihrem Charakter, so viel von ihrem Denken hineingelegt, daß das, was bei den anderen Völkern bis heute eine Unterhaltung für die Kinder bildete, in Griechenland eine Beschäftigung der Erwachsenen war und es vielleicht noch heute ist."

Was den Umfang des griechischen Märchens betrifft, so hat Dawkins unrecht, wenn er sagt: "The stories generally certified by the number of their variants to be truly current among the Greek people seem to be about eighty." Denn allein schon die eigentlichen oder magischen Märchen (AaTh 300—725) in meinem noch nicht vollendeten Katalog der griechischen Märchenvarianten, die von mir selbst hinzugefügten Nummern nicht mitgerechnet, betragen 100.

Auch die Äußerung Dawkins': "Animal stories are never common in Greece", weshalb er keine Tierfabel in seine beiden Bände aufgenommen hat, stimmt mit den Tatsachen nicht überein; eine Ausnahme macht D. zwar bei dem griechischen Pontos, aber er müßte es auch bei Zypern tun; dorther stammt die Sammlung Κυπριακοὶ μῦθοι von K. Chatzioannou (Nicosia 1948) mit 58 Fabeln. Hier möchte ich bemerken, daß auch die Hahnsche Sammlung 10 „Tiermärchen" enthält und daß 50 Nummern des ersten Teiles des Aarneschen Verzeichnisses (1—299) in meinem Katalog durch genügend viele Varianten — die von mir hinzugefügten Typen eingeschlossen — vertreten sind.

Es muß auch bemerkt werden, daß die Titel der griechischen Märchen bei Dawkins nicht so wiedergegeben wurden, wie sie vom Volk selbst überliefert sind, sondern durch andere, manchmal von Dawkins selbst erfundene Titel ersetzt wurden, z. B. anstatt *Asternos und Pulia* (die bekannten Namen der zwei Brüder) heißt es *The little boy and his elder sister;* anstatt *Stachtoputta (Cinderella* bei Kretschmer) *The grateful animals and the talisman;* anstatt *the Crab* ist der alte literarische Titel *Cupid and Psyche* darüber geschrieben. Die Bedeutung aber der vom Volk überlieferten Titel betont mit Recht Fr. v. d. Leyen, indem er sagt, daß die ganze Titelfrage von der Märchenforschung so gut wie ganz übersehen wurde (*Die Welt der Märchen*, II, 96). Der Tod hat Dawkins dahingerafft, als er sich mit einer vergleichenden Forschung der griechischen und türkischen Märchen beschäftigte.

Die eigentliche Stellung des griechischen Märchens in der Märchenliteratur habe ich zum Thema meines Referates auf dem Kongreß der Volkserzählungsforscher in Kiel gemacht. Ich glaube, dort überzeugend dargelegt zu haben, daß Griechenland in Europa einen besonderen Märchenraum, zumindestens in demselben Maße wie z. B. Frankreich oder Italien, bildet und für das Entstehen und die Verbreitung des Märchens eine große Bedeutung besitzt, wie es schon Männer wie Fr. v. d. Leyen, K. Krohn und W. E. Peukkert betont haben.

Die ersten Forschungen über Leben und Stil des Volksmärchens verdanken wir einem Schüler von N. Polites, dem Byzantinisten Adamantios Adamantiu, der als junger Schullehrer auf Tenos, einer der Ägäischen Inseln, in den Jahren 1896–1898 über dreihundert Märchen aus dem Volksmunde aufzeichnete. Seine Ausführungen hat Adamantiu im Δελτίον Ἱστορ. καὶ Ἐθνολ. Ἑταιρ. 5 (1896), S. 277–326, veröffentlicht. Was er dort über die Stellung sagt, die das Märchen vor etwa 60 Jahren im geistigen Leben des griechischen Volkes innehatte, ist höchst bemerkenswert, sowie auch seine Ausführungen über die Ehre und Achtung, die die guten Märchenerzähler beim Volke genießen.

Die Rolle der Frau in den Volkserzählungen wurde Gegenstand einer Monographie von Prof. St. Kyriakides mit dem Titel *Die Frauen in der Volkskunde* (griech.), Athen (o. J.), S. 76–108. Kyriakides widmete auch manche Kapitel seines Buches Ἑλλ. Λαογραφία (1922) dem Wesen, dem Stil und der Kunst der neugriechischen Volkserzählungen.

Spezielle Arbeiten über gewisse Märchentypen sind zum erstenmal als Anmerkungen zu verschiedenen, in der Zeitschrift Λαογραφια gedruckten Märchen und Fabeln von Prof. N. G. Polites veröffentlicht worden (Bd. 1, 77–81, 107–120, 322–328; 2, 693–94; 5,

459—488). Sie betreffen die Märchentypen AaTh 930, 935**, 275, 105*, 111, 123, 329, 554, 2028*.

Ähnlichen Charakter besitzen die folgenden Arbeiten des Verfassers:

1. *Der Bartlose im neugriechischen Märchen.* Beitrag zur Festschrift Walter Anderson, wo auch AaTh 531 behandelt wird (FFC 157, Helsinki 1955).

2. *Der um sein schönes Weib Beneidete.* Beitrag zur Festschrift Hugo Hepding, AaTh 465 (Hessische Blätter 49/50, 1958, S. 135—150).

3. Σημειώσεις εἰς τὰ Τσακώνικα παραμύθια (Anmerkungen zu den Tsakonischen Märchen) = AaTh 1641, 750 B und C*, 1920 D* und D**, 332, 1164, 821 C*, 1190*, 122 A, 205*, 465 A und C, 1640 + 1049, 1070. (Zeitschr. Λαογραφια 17, 1957—58, S. 124 bis 178.)

4. *Some Oral Greek Parallels to Aesops fables.* Ein Beitrag zur Festschrift Archer Taylor (Humaniora. Essays in Literature, Folklore, Bibliography. New York 1960, S. 195—207). Auch griechisch in: Λαογραφια 18, 1959—60, 469—489.

5. *Der griechische Märchenraum und der Katalog der griechischen Märchenvarianten* (Vortrag, gehalten auf dem Internat. Erzählungsforscher-Kongreß in Kiel 1959 = Internat. Kongreß der Volkserzählungsforscher in Kiel und Kopenhagen [19. 8. — 29. 8. 1959]. Vorträge und Referate, Berlin 1961, S. 199—205).

Hier möchte ich auch meine Studien erwähnen, die auf märchenkundlichem Boden stehen und sich bemühen, Wesen und Ursprung von gewissen alten Mythen oder mittelalterlichen Romanen zu erklären:

1. *Die Sage von Alkestis* (Archiv f. Religionswissenschaft, Bd. 30, 1933, 1—33).

2. *Die Sage von Danaos und den Danaiden* (Hermes 68, 1933, 415—428).

3. Τὸ ῥόδον τὸ ἀμάραντον *oder das Märchen von der undankbaren Frau.* AaTh 612 (Jahrb. Ἡμερολόγιον τῆς Μεγάλης Ἑλλάδος 1935, Athen, S. 433—448).

4. *Judas in den Volksüberlieferungen.* AaTh 931 (Ἐπετηρὶς τοῦ Λαογραφικοῦ Ἀρχείου [Ἀκαδημία Ἀθηνῶν], 1941—42, S. 3—32, griech.).

5. *Die Sage von Ödipus* (ebda S. 196—209, griech.).
6. *Der Roman „Kallimachos und Chrysorrhoe".* Sein Thema.
   (Mélanges offerts à Octave et Melpo Merlier, Tome II, Athènes
   1956, S. 147—172, griech.).
7. *Der Roman* Λόγος παρηγορητικὸς περὶ δυστυχίας καὶ εὐτυχίας
   καὶ τὰ παραμύθια τῆς πρὸς τὴν Τύχην ὁδοιπορίας. AaTh 460 B
   (Λαογραφία 15, 1953, 3—43, griech.).
8. Ἡ περὶ Πτωχολέοντος διήγησις καὶ τὰ σχετικὰ πρὸς αὐτὴν παραμύθια. AaTh 655. (Λαογραφία 16 [1956] 3—20 [griech.].)

Was nun die Katalogisierung der griechischen Märchen betrifft,
so hat N. G. Polites, der Vater der griechischen Volkskunde, gleich
nach dem Erscheinen des Aarneschen Märchenverzeichnisses Verf.,
als er noch studierte, mit dieser Arbeit beauftragt; meine Beschäftigung aber mit vielen anderen, ebenso wichtigen und dringenden
Aufgaben der griechischen Volkskunde, wie z. B. der Wohnbau-
kunst, dem Volksbrauchtum usw., hat eine Verspätung in der
Fertigstellung des Kataloges verursacht. Diese lag jedoch auch zu
einem großen Teil in dem System begründet, das ich von Anfang
an in meiner Arbeit benutzte. Ich begnügte mich nicht nur mit
einem Hinweis auf die Nummern des Typs, dem jede Variante
zugehört, sondern gab eine exakte Bezeichnung der Motive, aus
denen sie zusammengesetzt ist. Und da die Ausarbeitung des
Aarneschen Verzeichnisses durch Stith Thompson damals noch
nicht erschienen war, so benutzte ich Schritt für Schritt die von
Bolte-Polivka in den Anmerkungen gegebene Analyse und fügte
nur diejenigen Züge hinzu, die evtl. dort nicht vorkommen. Diese
Verfahrensweise nimmt gewiß viel Zeit in Anspruch. Und die Sache
wird noch schwieriger, da das Verzeichnis des finnischen Forschers
den südeuropäischen und osteuropäischen Märchenschatz viel zu
wenig berücksichtigt. Als Beweis sei hier erwähnt, daß Antti Aarne
selbst in seiner Konkordanztabelle (FFC 10, S. 14—15) nur zu
57 von den 110 griechischen Märchen der Hahnschen Ausgabe
Nummern seines Typenverzeichnisses anführen konnte. Die Notwendigkeit also der Formulierung eines neuen Märchentyps ergibt
sich bei der Klassifizierung der griechischen Märchenvarianten sehr
oft. Auch das nimmt viel Zeit in Anspruch. So aber wird unser
Katalog nicht nur für die Motivforschung, sondern auch für eine

genauere Konstruktion der einzelnen Märchentypen von Nutzen sein; außerdem wird auch der Forscher bei Verwendung dieses Verzeichnisses besser über Umfang und Wert jeder Version unterrichtet werden und wissen, ob und in welchem Grade sie ihm bei seiner Arbeit helfen kann.

Die bisher in meinen Katalog eingereihten Märchen, Fabeln und Schwänke erreichen die Zahl 6400; 2300 davon sind veröffentlicht, die übrigen finden sich in unpublizierten Sammlungen. Es bleiben noch ca. 10100 Nummern zur Katalogisierung. Hier muß aber bemerkt werden, daß das Erzählen bei uns noch immer lebendig ist. Die Frau, die weniger als der Mann ins öffentliche Leben dringt, bewahrt das vererbte Märchengut besser im Gedächtnis. So ist es zu verstehen, daß meine Schüler an der Philosophischen Fakultät jedes Jahr aus allen Ecken Griechenlands Tausende von Märchenaufzeichnungen einbringen. Von Jahr zu Jahr wird die Zahl der griechischen Märchenvarianten größer. Seit einem Jahr genießt meine Arbeit die finanzielle Unterstützung der Königlichen Forschungsstiftung (BIE). So ist jetzt die Möglichkeit gegeben, den Katalog der griechischen Märchenvarianten in den nächsten vier bis fünf Jahren abzuschließen und zu veröffentlichen.

Sebastiano Lo Nigro, Le forme della prosa narrativa popolare, In: Sebastiano Lo Nigro, Tradizione e invenzione nel racconto popolare. Firenze: Olschki 1964, p. 1—21. Aus dem Italienischen übersetzt von Regina Wolf.

DIE FORMEN
DER ERZÄHLENDEN VOLKSLITERATUR

Von Sebastiano Lo Nigro

Inwiefern ist die Einteilung in Gattungen der mündlich im Volk überlieferten erzählenden Prosa gültig? Welche Bedeutung ist den Bezeichnungen „Märchen", „Erzählung", „Fabel", „Legende" usw. für die verschiedenen Formen der volkstümlichen Erzählungen beizumessen? Haben diese Namen rein praktischen, technischen Wert, d. h., sind sie nur dazu da, das verschiedenartige überlieferte Material in bestimmte Klassen zu gruppieren, oder können solche Definitionen über rein empirische Aufgaben und den einfachen Namen hinaus auch eine im eigentlichen Sinn wissenschaftliche Funktion erfüllen?

Diese letzte Frage würde auf den ersten Blick keine andere als eine negative Antwort verdienen, wie sie Benedetto Croce in seiner *Estetica* seinerzeit gab, als er die Lehre von den literarischen Genera summarisch verurteilte, indem er sagte, diese und ähnliche Definitionen, insofern sie Abstraktionen unseres Verstandes seien, könnten nichts über die konkrete Wirklichkeit eines Kunstwerkes aussagen[1]. Analog könnte man sagen: Die Gattungen Märchen, Erzählung, Legende existieren nicht und sind nur abstrakte Schemata für einfache Stoffe, die wiederum keine historische Konsistenz haben, insofern sie nicht durch einen bestimmten Erzähler künstlerische Form erhalten haben. Das, was Wert und Bedeutung hat, und nicht nur im künstlerischen Sinn, sondern auch im historischen Sinn, wäre also nur das Einzelwerk als Ausdruck einer determinierten Persönlichkeit und nicht die Gattung, in welche man dieses einzuordnen versucht.

---

[1] B. Croce, Estetica come Scienza dell'espressione e linguistica generale, 8. Aufl. Bari, 1945; I, S. 40—44; II, S. 490—506.

Eine solche Konklusion, wenn sie auch auf einer unwiderlegbaren Tatsache basiert, könnte ebenso einschränkbar und einseitig erscheinen, weil sie das, was im Gattungsbegriff implizit positiv ist, nicht berücksichtigt. Dazu kann man ins Treffen führen, daß von Seiten Croces selbst auf die Verurteilung der literarischen Genera im Bereich der Ästhetik eine Rehabilitierung ihrer Gültigkeit auf dem historiographischen Sektor gefolgt ist[2].

Wenn die Genera willkürlich erscheinen, falls man sie bei der ästhetischen Bewertung der Kunstwerke als Normen und Beurteilungskriterien heranzieht, erscheinen sie jedoch vollkommen legitim, wenn sie dazu dienen, die Geschichte der Kultur oder den literarischen Geschmack einer Zeit nachzuzeichnen[3].

Von dieser signifikanten, theoretischen positiven Bewertung ausgehend, hat die neuere Literaturkritik versucht, die angedeuteten oder unausgesprochenen Gedankengänge Croces genauer zu entwickeln[4]. Und so begann man immer mehr die Nützlichkeit des literarischen Gattungsbegriffes anzuerkennen, wohlgemerkt als praktischen Hilfsmittels für die Kritik, von Mal zu Mal neu zu schmieden, um mit größerer Subtilität die eigenen Resultate der Untersuchung fassen zu können. Auf diese Weise ist die literarische Gattung nicht mehr etwas, was vor aller Kritik existiert und ihr

[2] B. Croce, La poesia, Bari 1936, S. 182 und Anmerkungen S. 333—336.

[3] B. Croce, Poesia popolare e poesia d'arte, Bari 1933, S. XI: „Bezüglich der Einteilung in Gattungen, die für das ästhetische Urteil nur schädlich ist, habe ich jedoch immer zugegeben, daß sie in anderer Hinsicht und besonders für die „Geschichte der Kultur" von Nutzen sein kann: Das war also nur die notwendige positive Umkehrung der ‚Negation', die ich für den ästhetischen Bereich vorgenommen hatte."

[4] Ich beziehe mich besonders auf Mario Fubini, der diese obengenannte Frage klar und profund untersucht hat und scharfsinnig die verschiedenen Etappen beschreibt, die Croce durchlief, bis er zu einer „Korrektur" seines „jugendlichen Radikalismus" hinsichtlich der Verwerfung der literarischen Genera gelangte. Der bedeutende Aufsatz, erstmals veröff. in Tecnica e Teoria Letteraria a cura di G. Getto, A. Chiari, u. a., Mailand 1948, ist von Fubini nachgedruckt worden mit bemerkenswerten Hinzufügungen und neuen Beobachtungen in: Critica e Poesia (Bari, 1956, S. 142—274), wonach ich zitiere.

auch fremd bleibt, sondern sie ist ein unentbehrliches Werkzeug der Kritik, um ein Kunstwerk zu beschreiben, wenn es Objekt ästhetischer Betrachtung wird[5].

Neben dieser Aufgabe als Klassifizierungsmittel der kritischen Urteile hat der literarische Gattungsbegriff jedoch eine zweite, nicht weniger wichtige Aufgabe als „Bezeichnung für verschiedene Charakteristika und gleichbleibende Tendenzen einer Gruppe von Werken, die Objekt geschichtlicher Betrachtung werden als Zeugnisse für die Kultur einer Zeit"[6]. Neben der Geschichte der Dichtkunst läuft also ebenso gültig die Geschichte der Kultur, in welcher die literarischen Genera ihren eigentlichen Platz haben[7].

Die neueren Arbeiten, die mit größerer Genauigkeit die Tragweite einer derartigen Behauptung untersuchten, haben der literarischen Gattung daher die besondere Bedeutung als „Stiltradition" zuerkannt, d. h. als Ausdruck eines Geschmackes oder eines bestimmten Zeitgeistes, der sich in bestimmten Vorlieben für besondere Themen, Stoffe, Metren und Stilmittel äußert[8].

[5] Noch schärfer als in seinen früheren Arbeiten vertrat Croce diesen Standpunkt in: Per una poetica moderna in: Nuovi saggi di estetica, Bari, 1926, II. Aufl. S. 315—328, wo gesagt wird, daß die literarischen Gattungen „dazu nützlich sind, um die vielfältigen Poesieprodukte unterscheiden und klassifizieren zu können, und zwar im Sinne der Erleichterung der Untersuchung und des Diskurses" (S. 320).

[6] M. Fubini, op. cit. S. 262.

[7] Über die gegenseitige Abhängigkeit und die intime Verbindung der Geschichte der „Künstler" mit der Geschichte der „Kunst" und die daraus folgende Gültigkeit einer eigenen historischen Stilistik, die jedoch nicht trennbar ist von der ästhetischen Kritik, vgl. vor allem den scharfsinnigen Artikel Vittorio Santolis in „Enciclopedia Italiana Treccani", Stichwort *Stilistica*, Bd. XXXII, 1936, S. 734—735.

[8] Welch große Bedeutung die Erforschung der *Ausdruckstraditionen* für eine exakte historisch-ästhetische Interpretation des Kunstwerkes hat, zeigt gut Santoli, art. cit. S. 735: „Da das Individuum in Wirklichkeit nicht außerhalb der Tradition lebt (auch wenn es sich gegen sie auflehnt) und ebenso die Tradition von Individuen, die sie einleiten, bewahren, erneuern, geformt wird, so implizieren einander die Geschichte der ‚Künstler' und die Geschichte der ‚Kunst', die ästhetische Kritik und die historische Stilistik und setzen einander voraus."

Diese Anerkennung erscheint mir als der Schlußpunkt einer langen und komplexen Diskussion um die Relationen zwischen Individuum und Tradition und um die verschiedenen Wertungen dieser zwei Pole in der Geschichte der Kritik. In diesem Zusammenhang ist nunmehr ja allgemein bekannt, daß Croce trotz sporadischer positiver Einschränkungen immer den neuen, originellen Aspekt des Kunstwerkes betont[9] und die Geschichte, die in ihm zusammenfließt, weniger berücksichtigt hat. Wie schon gesagt, er insistierte lieber auf der Beziehung zwischen dem Werk und der Geschichte im ganzen und beachtete gewöhnlich wenig die Bindeglieder zur Tradition oder die verschiedenen einzelnen Traditionen[10].

Gegenüber den Gefahren einer so stark auf dem Individuellen basierenden Kritik wurde jedoch die Forderung laut, die Elemente, die vor der Entstehung eines Kunstwerkes präsent sind und die kritische Reflexion des Dichters beeinflussen, genauer und schärfer zu sehen[11].

[9] Die einzige Stelle, wo Croce offen den Wert der Tradition zugab, ist die folgende, welche Fubini richtig als „Edelstein" bezeichnet hat und welche sich im Vorwort der Saggi sulla forma poetica dell'Ottocento di C. D. Lollis, Bari, 1929, befindet: „Die Poesie und mit ihr das ganze Geistesleben ist wie ein Chor, der über die Jahrhunderte fortdauert, eine neue Stimme kann nie neu klingen, wenn sie nicht in sich die früheren hört und wieder aufnimmt und ihnen antwortet, von ihnen den Gesang übernimmt und weiterführt nach der eigenen, zugleich nach ihrer Art."

[10] M. Fubini, op. cit. S. 144

[11] Oben genannte Forderung, die in unseren Tagen kräftige Unterstützung unter den Anhängern der stilistischen und linguistischen Kritik fand, ist bereits klar gesehen und formuliert in V. Santoli (Filologia tedesca in „Leonardo", 1937, S. 154): „Zu einem wirklichen Verständnis der Werke der Vergangenheit gelangt man nur mit Hilfe der Geschichte. Geschichte, die in der Literatur vor allem Literaturgeschichte ist, wenn diese endlich nicht wie üblich als Anhäufung biographischer Daten, sondern als Geschichte der Tradition oder der Stiltraditionen verstanden wird, welche zusammen existieren, aufeinander folgen, sich kreuzen und bekämpfen. Und diese Geschichte der Tradition, des Stils und des Geschmacks ist der unmittelbarste Hintergrund, von welchem sich das literarische und dichterische Werk in seiner Individualität abhebt."

Um unsere kritische Diskussion über den Wert eines Kunstwerkes zu beginnen, um über die durch den Schriftsteller realisierte Ausdruckssynthese zu urteilen, ist es nützlich, zuerst mit Hilfe einer strengen Analyse die wirklich originellen Elemente eines Werkes von denen, die einer früheren literarischen Tradition verpflichtet sind, also das Alte vom Neuen zu trennen[12].

In neuerer Zeit ist man ähnlich in der volkskundlichen Märchenforschung vorgegangen[13]. Es ist klar, daß, was bislang von der Kunstdichtung gesagt wurde, ebenso und vielleicht noch mehr für die einfachen, elementaren Kunstformen gilt, die wir mit dem Namen „Volksdichtung" bezeichnen. Volksdichtung ist, wie Croce bekanntlich definierte, Dichtung in volkstümlichem Ton, das ist Ausdruck einfacher Gefühle in der entsprechenden einfachen Weise, sie ist aber ebenso Erbe der Tradition und als mündlich überlieferte Dichtung einem fortwährenden Prozeß der kollektiven Umarbeitung unterworfen[14].

Die nach der psychologischen einzureihende philologische Definition der ästhetischen Kritik trug dazu bei, daß man die historische Entwicklung der Volkspoesie als ein mit dieser Poesie unzertrennbar verbundenes typisches Charakteristikum zu sehen begann.

Wenn diese Definition sich bei der Analyse der Volkslieder als ergiebig und fruchtbar erwiesen hat, erscheint die Kenntnis der

[12] Zur Gültigkeit eines derartigen kritischen Vorgehens vgl. vor allem die scharfsinnigen Bemerkungen Fubinis im Aufsatz Linguaggio della poesia, im zit. Buch, S. 407—417.

[13] Für eine rasche Information über die neuen Forschungsmethoden im Bereich der Volkserzählung vgl. außer der Monographie von Stith Thompson, The Folktale, New York, 2. Aufl. 1951, vor allem auch die kritische Zeitschrift von Will-Erich Peuckert und Otto Lauffer, Volkskunde („Quellen und Forschungen seit 1930", Bern, 1951), persönlicher Lutz Roehrich, Die Märchenforschung seit dem Jahre 1945, in „Deutsches Jahrbuch für Volkskunde", Akademieverlag Berlin, 1956, I, 1955, S. 279 bis 296 und II, in Bd. II, S. 274—319.

[14] Wie wichtig es ist, die echte Volkspoesie, das ist die durch volkstümliche Ausarbeitung geprägte, von der Kunstpoesie in volkstümlichem Ton, die keinen solchen historischen Prozeß kennt, zu unterscheiden, hat gut Santoli in I Canti popolari italiani, Florenz, 1940, S. 13 gezeigt.

verschiedenen traditionellen Ausdrucksformen, mit welchen sich die
verschiedenen Gattungen der volkstümlichen Erzählungen identi-
fizieren, nicht weniger reich und wichtig an Anregungen für eine
adäquate Bewertung der einzelnen Kunstwerke[15].

Besonders instruktiv dafür ist das Beispiel der Erzählungen mit
phantastischem Stoff, der „eigentlichen" Märchen. Auf Grund ihrer
weitverzweigten und komplizierten Entwicklung, ihres Reichtums
und ihrer Vielfalt an Episoden verlangen diese Erzählungen nicht
nur ein gutes Gedächtnis, sondern auch lebendigen Kunstsinn und
die vollkommene Beherrschung des traditionellen Stils[16].

Beim Erzähler eines Märchens ist neben dem persönlichen Geschmack, der Neues in die Handlung und ins Kolorit der Erzählung bringt, die bewußte Anstrengung, quasi der Ehrgeiz da, einer
alten epischen Tradition treu zu bleiben[17]. Die Achtung der Aus-

---

[15] Daß solche Traditionen im Milieu der Volksliteratur besonders allgemein sind, erkennt Fubini an (op. cit. S. 163) und sagt, daß diese Dichtungen „auf Grund ihrer elementaren Inspiration eng an eine einzige
Stiltradition anschließen, ihr immer wieder Themen, Bilder, Stilmittel,
Metren entnehmen und damit gewissermaßen die Existenz der literarischen
Gattungen beweisen (das toskanische *rispetto*, die neapolitanische *villa-
nella*, usw.); aber auch von diesen wird hinsichtlich ihrer Poesie jedes
einzelne als für sich stehendes Individuum beurteilt werden".

[16] Der russische Volkskundeforscher Jouri Sokolov sagt (in Le Folklore
russe, Paris, Payot, 1945, S. 228) über einen ihm bekannten Erzähler in
der Gegend des Lago Bianco folgendes: „Genine zeichnete sich aus durch
seinen Respekt vor der traditionellen Poesie: Er verwendete z. B. eine
bemerkenswerte Anzahl von Topoi, Formeln, von denen viele sich in den
Bylinen, die er rezitierte, wiederfanden."

[17] Ein anderer bekannter russischer Forscher, Mark Asadowskij, prä-
sentiert in seinem originellen Aufsatz Eine sibirische Märchenerzählerin,
Helsinki 1926, FFC, Nr. 68, die Gestalt eines Erzählers: „(Medwidew)
ist ein Erzähler von außerordentlichem Talent und für ihn ist eine exakte
Wiedergabe der Erzählung und aller ihrer Einzelheiten von größter Wichtigkeit. Er erzählt alles ohne Eile, arbeitet jedes Detail aus, um die ge-
wollte Wirkung zu erzielen. Er erzählte mir nicht viele Erzählungen,
sondern nur vier, aber seine Texte waren so ausführlich und gingen so
ins Einzelne, daß sie ebenso viele Seiten in Anspruch nahmen wie zehn
von Winocurowa erzählte Märchen."

drucksmittel, die eine lange Tradition geweiht hat, wird je nach der Bildung des Erzählers und je nach dem Einfluß der geschriebenen Literatur auf ihn größer oder kleiner sein[18].

Jeder Volkserzähler wird selbstverständlich auch eine bestimmte Vorliebe für eine bestimmte Gattung von Erzählungen in seinem Repertoire haben und eine entweder der wunderbaren Welt des Märchens oder der realen Welt der Novelle angepaßte Sprache bis zur Vollkommenheit bringen. Die Wahl eines bestimmten Genres geschieht nicht durch Zufall, sondern auf Grund einer innerlichen, abgestuften Verbundenheit des Erzählers mit den Personen und mit den Gedanken der Erzählung, die er zu seiner eigenen Erzählung macht und jedesmal neu erlebt, wenn er sie dem Auditorium wiedererzählt. In der Sprachform, die im Laufe der Zeit von dem speziellen Inhalt einer Erzählgattung fast nicht mehr trennbar ist, zeigt sich der Erzähler als erfahrener Kenner, sei es, er gibt den Inhalt getreu wieder, sei es auch, er schweift von ihm bewußt ab und paßt ihn so seiner eigenen Art und seinem Temperament an[19].

Man kann also zusammenfassend sagen, daß der Volkserzähler ein deutliches psychologisches Relief erhält, schon wenn wir sein Werk im Bereich einer traditionellen Ausdrucksweise analysieren[20]. Und in dieser Richtung, können wir sagen, sind die neuesten Ar-

---

[81] Dazu schreibt Santoli (Filologia tedesca in op. cit. S. 154): „An die Tradition halten sich am engsten die Erzähler der isländischen Saga, mit welchen wir eine Form vor uns haben, die jedenfalls für eine bestimmte Zeit nur in der mündlichen Tradition lebte: eine Tradition, in welcher die Treue zu den überlieferten Formen sicher strenger war als in der Phase ihrer Transkription und schriftlichen Aufzeichnung."

[19] Über eine gute Erzählerin schreibt wieder Sokolov (op. cit. S. 232): „Sie erzählte phantastische Erzählungen genau nach der Tradition, besonders was die Repetitionen betrifft. Jedoch fügte sie neu ein emotionales Element hinzu: um den Ausdruck zu intensivieren, nahm sie Tautologie und einfache Wortwiederholungen zu Hilfe, z. B.: „Die Mädchen weinen, es ist schrecklich, daß sie weinen."

[20] Asadowskij (op. cit. S. 31) stellt die Originalität und den besonderen Charakter der Erzählungen eines gewissen Ananjew heraus und kommt zu folgendem Resumé: „Man könnte diesen besonderen Charakter aus der individuellen Inklination des Erzählers erklären; aus meinen Beobachtungen geht aber klar hervor, daß solche Erzählungen, vielmehr die-

beiten im Bereich der Märchenforschung orientiert und man zweifelt immer mehr an der Methode der finnischen Schule und kritisiert sie[21]. Besonders wichtig erscheint mir der Fortschritt der Forschung hinsichtlich einer der Tradition adäquateren Begriffsdefinition. Die Tradition wie auch die Linguistik wird nicht mehr als mechanische, passive Repetition verstanden, sondern als bewußte Treue zu einem Text, den man in seiner ursprünglichen Integrität bewahren will, auch wenn er sich durch verschiedenartigste individuelle Impulse verändert und erneuert[22].

Ein signifikanter Beweis für die Richtigkeit eines solchen Traditionsbegriffes bietet gerade das Problem der Genera der Volksprosa. Ja, wenn man zusammenschauend den Fortschritt der volkskund-

selbe Erzählmanier, in der Gegend der Lena nicht selten anzutreffen sind. Wir haben ohne Zweifel eine verwurzelte Tradition mit eigenen Stilregeln und spezieller Schule vor uns.

[21] Unter den dezidierten Gegnern der historisch-geographischen Methode Kaarle Krohns sind in erster Linie Albert Wesselski und der Däne Carl Wilhelm von Sydow zu nennen. Der erstgenannte bewertet die mündliche Tradition vollkommen negativ gegenüber der wichtigeren schriftlichen Tradition. Der zweitgenannte Forscher behauptet, die Wanderung der Erzählungen sei nicht ein Phänomen regelmäßiger und kontinuierlicher Bewegung. Im Gegenteil, es gäbe viele Barrieren, die sich dieser Ausbreitung entgegenstellten, und eine Erzählung überwinde diese nur durch einzelne Träger, die, indem sie sich in andere Gegenden begeben, den eigenen Erzählschatz mitnehmen. Dieses ererbte Erzählgut modifiziert sich im Kontakt mit anderen Sitten in einem anderen Kulturmilieu, es entstehen neue und neuartige Varianten, die *oikotypi* oder einem Land eigene Typen genannt werden. Objekt unserer Untersuchung müssen diese regionalen und nationalen Traditionen sein, nicht die hypothetische „Urform", die die Forscher der finnischen Schule finden wollen.

[22] Santoli präzisiert eine seiner frühen Beobachtungen genauer (vgl. I canti popolari, S. 56) in den neueren „Annali della Scuola Normale di Pisa", 1938, 7, Serie II, S. 163: „Jeder Sänger des Volksliedes wie jeder Erzähler einer Saga versucht sich getreu an die Tradition zu halten, so daß der beste Sänger wie auch der beste Erzähler nicht der ist, der ein Lied oder eine Erzählung erneuern oder variieren will, sondern der, welcher sich am besten erinnert und das weitergibt, was er einmal gelernt hat, auch wenn Erinnern in gewisser Weise Transformation und Neuschöpfung ist."

lichen Forschung zu diesem Problem zeigen will, müßte man sagen, daß die bezüglichen Untersuchungen sich immer mehr von einfachen stofflichen Kriterien weg auf die Ebene der ästhetischen Kritik einerseits und auf die Ebene der Stil- und Sprachanalyse anderseits bewegt haben. Vielleicht ist es aber nicht unnütz, von einem allgemeinen Gesichtspunkt aus, sich bei den wichtigsten Etappen und bei den bekanntesten Forschern, die sich mit diesem Problem auseinandergesetzt haben, zu verweilen. Die ersten, die eine klare Unterscheidung zwischen zwei Hauptgattungen der Volkserzählung getroffen haben, waren bekanntlich die Brüder Grimm, die in der Einleitung zu den *Deutschen Sagen* von 1816 sagen: „Das Märchen ist poetischer, die Sage[23] historischer; jenes steht einfach nur in sich selber in seiner angeborenen Blüte und Vollendung; die Sage, von einer geringeren Mannigfaltigkeit der Farbe, hat noch das Besondere, daß sie an etwas Bekanntem und Bewußtem haftet, an einem Ort oder einem durch die Geschichte gesicherten Namen"[24]. Und später entwickelte Wilhelm Grimm diesen Begriff noch weiter, indem er den realistischen Inhalt der Legende zum Unterschied zur Welt des Märchens, dessen Handlung sich in einer entlegenen, von der unseren isolierten Welt ohne Namen und bezeichnete Orte bewege, hervorhob[25]. Es ist also Verdienst der Brüder Grimm, nicht nur das erste Beispiel einer wahrhaft wissenschaftlichen Märchensammlung erarbeitet zu haben, sondern auch eine gelungene Charakterisierung des Akzents und des verschiedenartigen Inhalts zweier fundamentaler Gattungen der traditionellen Volksprosa gegeben zu haben.

Die Forscher in allen Ländern, die nach den Brüder Grimm dasselbe Problem behandelten, werden alle mehr oder weniger stark von dieser ersten scharfsinnigen Definition beeinflußt werden[26].

[23] Ich (S. Lo Nigro) übersetzte „Sage" mit dem Terminus „leggenda", um diese gegenüber der Saga abzugrenzen, die ja eigentlich eine vor allem in Island belegte Familienlegende ist.

[24] Deutsche Sagen, hrsg. von den Brüdern Grimm, 3. Auflage Berlin 1891, I, S. VII.

[25] In der Einleitung zu den Kinder- und Hausmärchen, I, XXI (Kleinere Schriften I, 333). Das Zitat stammt aus Johannes Bolte, Name und Merkmale des Märchens, Helsinki 1920, FFC Nr. 36, S. 39.

[26] Auch Santoli schreibt im betreffenden Artikel der „Enciclopedia

Natürlich hat es nicht an Stimmen gefehlt, die die genannte Definition für ungenügend oder zu allgemein gehalten haben und die versuchten, andere substantielle oder effektive Distinktionen dieser zwei Hauptgattungen der Volkserzählung herauszuarbeiten. Man machte sich so die Raum-Zeitgebundenheit als typisches Charakteristikum der Legende zu eigen und meinte, ein anderer deutlicher und fundamentaler Unterschied zwischen Legende und Märchen sei in der Tatsache zu sehen, daß die Legende von Erzähler und Auditorium für wahr gehalten werde, während das Märchen rein imaginären Charakter habe[27]. Diese Meinung teilen mehrere Forscher, und zwar alle die, welche im Bereich der volkstümlichen Erzählforschung in erster Linie das Milieu, in dem die Erzählung lebt und überliefert wird, weniger Stil und Struktur der Erzählweise untersuchen[28].

Von sehr andersartigen theoretischen Prämissen ging ein anderer durch seine Forschungen auf dem Gebiet der mittelalterlichen Erzählkunst verdienter Wissenschaftler aus, Albert Wesselski; ihm danken wir eine originelle, vieldiskutierte Interpretation des Mär-

Italiana" Bd. XV, S. 188, „das Märchen unterscheide sich von der Sage insofern es nicht an Ereignisse, Orte und bestimmte Zeiten gebunden ist; von der Novelle, insofern jede realistische Intention fehle". Noch besser gelingt unserem Autor die Frage der zwei Gattungen zu umreißen, wenn er kurz darauf sagt: „Das Märchen ist wohl wie die Novelle eine Erzählung, aber eine Erzählung primitiven, naiv-reinen Tones, aus Gestalten konstruiert, die extrem stilisiert sind."

[27] Diesen Standpunkt hat dezidiert Friedrich Ranke vertreten, der bedeutendste deutsche Legendenforscher. Unter seinen Schriften ist grundlegend sein Aufsatz Sage und Märchen in „Volkssagenforschung", Breslau 1935. Auch sein kritischer Bericht Volkssagenforschung in „Deutsche Vierteljahrsschrift für deutsche Literaturwissenschaft", 19, 1941, S. 1–36, ist gut zu konsultieren.

[28] Ranke betrachtet die Volkssage in ihrem funktionalen Sinn, wenn er über einige jüngere Sammlungen sagt: „Aus ihnen erfahren wir nichts von ihrem Leben im Volk, weder etwas von ihrem Erzähler, weder wann, wo, zu welchem Zweck sie erzählt werden, noch wie stark die Erzähler und Zuhörer selbst an sie glauben. All das also, was ich als ‚Biologie' der Volkslegende definieren will." Vgl. Volkskunde, S. 128.

chens[29], und auch er beschäftigte sich mit dem genannten Problem. Er ging vom Kriterium der Wahrscheinlichkeit aus und versuchte Märchen und Legende und diese wiederum von der Chronik zu distinguieren mit dem sicherlich Verwunderung erregenden Resultat, daß ein und dieselbe Erzählung einmal als Märchen, ein anderes Mal als Legende zu betrachten sei. Man muß aber wohl dazu sagen, daß Wesselski die Erzählung nicht als Ganzheit, sondern vor allem die in ihr verarbeiteten einzelnen Motive untersucht hat; und diese teilt er in drei Klassen ein: Motive aus der realen oder möglichen Erfahrung und aus dem Gemeinschaftsleben *(Gemeinschaftsmotive);* Motive aus dem Aberglauben oder aus altem noch nicht restlos verschwundenem Glauben (*Wahnmotive*); zuletzt wunderbare Motive, die aus heute überwundenen, also nur mehr als phantastische oder dichterische Fiktion überlebenden Konzeptionen kommen[30].

Bei der Definition der diversen Erzählformen behauptet Wesselski, die Sage sei eine künstlerisch wenig verfeinerte Erzählung, die neben realistischen Motiven vor allem Wahnmotive verwende; das Märchen als eine hochgradig künstlerische Schöpfung, die außer den Motiven der realen Erfahrung in erster Linie phantastische Motive verarbeite, sei von der Legende deutlich abzugrenzen[31]. Zweifellos merkwürdig ist jedoch die Konsequenz, die der Autor aus diesen

[29] Ich denke an das Buch Versuch einer Theorie des Märchens, Reichenberg 1931; mit dem Problem der Erzählgattungen befaßt sich derselbe Autor im Aufsatz Die Formen des volkstümlichen Erzählguts in A. Spamer, Die Deutsche Volkskunde, I, 1934, S. 216—248.

[30] Eine klare Darstellung der Theorie Wesselskis gab Ranke in Märchenforschung in „Deutsche Vierteljahrsschrift für Literaturwissenschaft", 14, 1936, S. 263—266. Rein informativ ist E. Emily Kiefers Albert Wesselski and Recent Folktale Theories, Bloomington, Indiana 1947.

[31] Zur Klärung seiner Distinktion führt er an (Versuch, S. 233): „Daß die Toten auf Erden wandeln, ist noch ein weitverbreiteter Volksglaube, das vierte Märchen der Brüder Grimm ‚Einer, der ausging, das Fürchten zu lernen', ist also ein *Märlein* und kann einheimischen Ursprungs sein; daß jedoch ein Frosch in Liebe zu einem Mädchen entbrennt, sie um ihre Hand bittet und sich zuletzt in einen schönen Prinzen verwandelt, das glaubt niemand: Deshalb ist das erste Märchen der Brüder Grimm (der Froschkönig) ein Märchen ausländischer Herkunft."

Prämissen zieht: Das europäische Mittelalter, eine Epoche, in welcher noch die seltsamsten Formen des Aberglaubens lebendig waren, hatte keine wirklichen Märchen gekannt, sondern nur Sagen, Legenden, Anekdoten, Novellen usw., und ebensowenig würde Indien seiner Meinung nach ein authentisches Märchen gekannt haben, aus dem einfachen Grund, weil in diesem Land heute noch verschiedene Vorstellungen des Aberglaubens lebendig seien, die wir längst abgelegt hätten. Dies ist sicher ein paradoxer Schluß, und er zeigt auch deutlich die theoretische Unrichtigkeit des Ausgangsprinzips, auf welchem die Unterscheidung beruht; ein Kriterium, wie leicht bewiesen werden kann, weit entfernt, die besonderen Stil- und Kompositionsmerkmale der Erzählung treffend zu charakterisieren, daher subjektiv und willkürlich[32].

Ebenso zu bezweifeln ist Wesselskis zweite Behauptung, nach welcher die Märchen nicht im Volk, sondern durch eine profilierte Künstlerpersönlichkeit entstanden sein sollen. Dieses Individuum hätte das Märchen an die Tradition gegeben, in welcher die Märchen übrigens dazu bestimmt wären, zu entarten und zu verschwinden, wenn sie nicht neuerlich durch eine schriftliche Fassung des Stoffes zu neuem Leben erstehen würden[33]. Wir wollen uns jedoch nicht mehr länger bei diesem bestimmt wichtigen Gedankengang aufhalten und vielmehr einen anderen Unterscheidungsversuch um-

[32] Richtig ist die Entgegnung Peuckerts, der (in Volkskunde, S. 124) aufzeigt, daß W. sich auf die volkstümliche Tradition des 19. Jhds. stützt, vergessend, daß noch ein Jahrhundert früher das, was er für ein vollständig phantastisches Motiv hält (die Transformation eines Menschen in ein Tier), als mögliches Geschehen geglaubt wurde, also auch ein Motiv des Aberglaubens war.

[33] Es ist wahr, daß das Märchen Kunstsinn verlangt, also nur von gewissermaßen begabten Personen erzählt werden kann, es ist aber auch wahr, daß es Erzähler gibt, die fähig sind, Märchen am Leben zu erhalten und ihnen bemerkenswerte künstlerische Form zu geben. Es soll genügen, den Fall Agatuzza Messia ins Gedächtnis zu rufen, aus deren Mund Pitré die schönsten Märchen seiner Sammlung bezog. Man vgl. darüber den interessanten Aufsatz von Vann'Antò (Giovanni Antonio di Giacomo), Una novellatrice del Pitré, in „Secolo nostro", Juli—Sept. 1939, Messina.

reißen, der übrigens ebenso sachfremd und subjektiv ist wie der
Wesselskis.

Man hatte nur den praktischen Zweck, den der Erzähler verfolgte, im Auge und teilte so die erzählende Dichtung in zwei
Hauptgruppen ein: Erzählungen, die lediglich dem Zweck der Unterhaltung des Auditoriums dienen (Märchen), und Erzählungen,
die darauf zielen, das Publikum zu belehren[34]. Dies ist eine vage
und fließende Abgrenzung, da es ebenso Märchen gibt, die zum
Zweck der Belehrung erzählt werden, wie auch zahlreiche Sagen,
die nur unterhalten wollen[35].

Es ergibt sich hieraus eindeutig, daß eine Klassifikation auf der
Basis der Funktionalität der Erzählungen niemals die essentiellen
Unterschiede erfassen kann, die es zwischen den verschiedenen Er-
zähltypen gibt, die letzten Endes im historischen Prozeß der verschiedenen Ausdruckstraditionen verwurzelt sind. Wenn es stimmt,
daß die Erzählungen in der Gemeinschaft leben, die sie hört und
bewahrt, so ist es auch zweifellos richtig, daß sie von den verschiedenartigen Inspirationen, in denen sie entstehen, geprägt werden
und im Laufe der Zeit eine bestimmte Erzählsprache bzw. einen bestimmten traditionellen Stil angenommen haben. Es scheint also der
richtige Weg zu sein, die einer bestimmten Gruppe von Erzählungen
typische Ausdrucksform zu untersuchen und diese in Relation mit
dem historisch-kulturellen oder auch ethnisch-geographischen Milieu
zu bringen, in welchem diese sich entwickelt haben und überliefert
werden, also die Frage nach den Gattungen der Volkserzählung auf
wirklich historische Ebene zu stellen. Aber nicht einmal der frucht-

---

[34] Dieser Distinktion, die zuerst von Benfey vertreten wurde, hängen
noch verschiedene Forscher an, wie Lutz Mackensen, der in seinem Artikel
Studi intorno al patrimonio narrativo tedesco in „Lares", X, 1930, S. 66
schreibt: „Wenn man das Milieu der Volkserzählungen betrachtet, gibt
es nur zwei gegensätzliche Gruppen: unterhaltende und didaktische Geschichten; die ersten wollen zerstreuen, einen fröhlichen und glücklichen
Gemütszustand schaffen, die anderen wollen Lehren verbreiten und geglaubt werden."
[35] Vgl. dazu die Einwände, die diesbezüglich von einem erfahrenen
Kenner der Gesetze der Tradition wie Sydow in seinen Kategorien der
Prosa-Volksdichtung gemacht werden, S. 64.

bare, anregende Essay von André Jolles, in welchem er mit genialer
Scharfsicht die moralische Vision in den Märchen und in den anderen primitiven Schöpfungen der volkstümlichen Tradition, in
seinem bekannten Buch, „einfache Formen" genannt, charakterisierte[36], befaßte sich intensiv mit der historischen Entwicklung der
Erzähltraditionen.

Jolles griff die bereits von den Romantikern vorgeschlagene
Polarität Volkspoesie—Kunstpoesie wieder auf und versuchte diese
mit neuen Argumenten zu fundieren, vor allem mit der Analyse der
Gedankenwelt, die in jeder einzelnen dieser „einfachen Formen"
zutage tritt. Bezüglich der Sage unterlief ihm zwar der Fehler, die
Eigenform der isländischen Saga mit den anderen legendären Erzählungen in einen Topf zu werfen[37]; für das Märchen jedoch gelang ihm eine treffende Charakterisierung des Inhalts und des eigenartigen Akzents. Diese Gattung erscheint ihm dominiert in erster
Linie von einer naiven moralischen Fragestellung: „Wie sollten die
Dinge in der Welt eigentlich gehen?", die zu unterscheiden ist von
der Frage: „Wie muß ich handeln?", wie sie auf der Ebene einer
philosophischen Ethik gestellt wird. Hieraus folgt, daß das Märchen
einen scharfen Kontrast bildet zum realen Geschehen in der Welt,
einer Welt, die ein naives ethisches Gefühl als unmoralisch und un-
gerecht beurteilt. In dieser Welt der realen Erfahrung spielt demnach ein *Antimärchen,* ein „tragisches" Märchen. Es gibt wohl auch
im Märchen selbst tragische Momente, Mißhandlungen, Schuld,
Willkür, diese existieren jedoch nur um ihrer glücklichen, gerechten
Auflösung willen, wie sie die obengenannte naive Denkweise verlangt. Das Wunderbare im Märchen entspringt also einer geistigen
Konzeption, die die objektive Realität, die als unmoralisch gesehen

---

[36] André Jolles, Einfache Formen, Halle 1929. Diese einfachen Formen,
fern von jeder subjektiven Ausarbeitung, sind nach ihm: Legende, Sage,
Mythe, Rätsel, Spruch, Kasus, Memorabile, Märchen und Witz. Man vgl.
dazu die beste Darstellung, die W. Berensohn im Handwörterbuch des
deutschen Märchens I, S. 484 f. von diesem Buch gibt.

[37] Diesen Fehler hat Sydow sehr diffus in seiner zitierten Arbeit Kategorien ... S. 61—63 aufgezeigt. Über die Natur und den eigenartigen
Inhalt der isländischen Saga vgl. den klaren Artikel Santolis in der „Enciclopedia Italiana", Bd. XXX, S. 432 f.

wird, zu überhöhen versucht mit einer Welt, die nicht mehr real ist. Und aus demselben Grund ist das Wunderbare im Märchen nicht mehr an sich wunderbar, sondern erweckt den Eindruck der Natürlichkeit. Das Märchen steht auch außerhalb von Zeit und Raum, weil die Präsenz dieser zwei Elemente einen Kontakt mit der als unmoralisch beurteilten Welt implizieren würde. Deshalb auch die undefinierte Gestalt der Personen, die diese von der realen Welt entrückt.

Wie man auch diese oder jene Konzeption von Jolles beurteilt, es ist unleugbar, daß seine Definition des Märchens überzeugend und suggestiv ist, bei aller Kritik, die am theoretischen Ansatz notwendig erscheint. Sie ist, auch wenn sie sich gewissermaßen auf Gedanken der Brüder Grimm beruft, in der Substanz die originelle Intuition des phantastischen, wunderbaren Grundcharakters dieser Erzählgattung. Sicherlich hat Jolles, weil er die einzelnen Texte der mündlichen Tradition nicht untersucht hat, auch das Märchen als „einfache Form" definiert, vergessend, daß das Märchen manchmal ein verfeinertes, künstlerisch hochstehendes Werk ist. Ein Fehler von Jolles ist auch, daß er durch Absehen von einigen typischen Charakteristika der konkreten historischen Entwicklung zur ursprünglichen Idealform einer Volksdichtung gelangen will, ohne die Texte der betreffenden Tradition im einzelnen zu untersuchen.

Die Wichtigkeit einer rigorosen methodischen Erforschung der einzelnen Stiltraditionen hat vor allem ein bedeutender dänischer Volkskundeforscher, Carl Wilhelm von Sydow, erkannt; ihm verdanken wir unter anderem die ausführlichste Klassifikation der Formen der Volksprosa[38]. Um die neuen Gedanken dieses Wissenschaftlers zu unserem Problem kurz zu charakterisieren, will ich vor allem auf dessen originellen Begriff des *Oikotypus*, Form oder lokale Tradition einer Erzählung, zu sprechen kommen.

Mit diesem Begriff gelingt es Sydow, zwei gegensätzliche Tendenzen der volkstümlichen Erzählforschung miteinander zu ver-

---

[38] Eine erste Unterteilung des Erzählguts in Gattungen gab er in Om Folksagorna in „Nordisk Kultur", IX, Stockholm 1931. Später überarbeitet und erweitert in seinem grundlegenden Aufsatz Kategorien..., jetzt nachgedruckt in der Festschrift Selected Papers on Folklore, Kopenhagen 1949, S. 60—85.

söhnen: Einerseits die Erforschung des Erzähltextes bezüglich der Form des Ausdruckes, die sich in einem bestimmten Stil und in einer speziellen Struktur, in bestimmten Stilwendungen und Figuren realisiert; anderseits das Wissen, daß die Erzählprosa in einer mündlichen Tradition lebt und daher in engem Zusammenhang mit dem Kollektiv, mit dem lokalen und sozialen Milieu, in welchem sie lebendig bleibt, gesehen werden muß [39].

Nach einem nicht sehr brauchbaren Überblick über den Fortschritt der Naturwissenschaften in bezug auf die Erarbeitung von Systemen für die Klassifikation, insistiert Sydow auf der Notwendigkeit einer analogen wissenschaftlichen Klassifikation der volkstümlichen Erzählungen, und zwar nicht mehr nach dem abstrakten Inhalt oder den äußeren Umständen, sondern in erster Linie nach ihren Stil- und Kompositionsformen. Auf Grund der verschiedenen Breite der Erzählungen unterscheidet er Fabeln oder Erzählungen, die eine einzige Episode beinhalten, von den Märchen, die aus mehreren Episoden zusammengesetzt sind [40]. Die erstgenannten unterteilt er in drei Gruppen: Tierfabel, Scherzfabel, Lehrfabel. Die aus mehreren Episoden bestehenden Erzählungen, die Märchen gliedern sich in folgende Typen: Schimärenmärchen, Novellenmärchen, Parabelmärchen, Zyklenmärchen, Kettenmärchen; in gleicher Weise gliedern sich die Sagen, denen eine Episode zugrunde liegt, in folgende Typen: Aberglaubenlegenden, Personenlegenden, ätiologische Legenden; Legenden, die aus mehreren Episoden bestehen, gliedert er in Familienlegenden und Heldenlegenden. Eine dritte Gruppe der Erzählungen sieht er in den *Fikta*, den sogenannten sprichwörtlichen Redensarten vom Typus: „Wenn die Hunde Gras fressen, wird es regnen", und diese lassen sich wiederum in verschiedene Arten gliedern: in die affirmativen, imperativen usw.

Der minutiöse Charakter dieser Klassifikation, weit von Pedanterie entfernt, ist bewußte Bemühung, die eigenen Definitionssche-

---

[39] Vgl. dazu Ranke in Märchenforschung, S. 268—270.
[40] Obwohl er sie für ungenügend ansieht, nimmt sie doch in gewissem Sinn die Unterscheidung zwischen Märchen und Legende an, die auf dem unterhaltenden Zweck des einen und dem belehrenden Ton der anderen beruht.

mata der vielfältigen und verschiedenartigen Realität der Tradition anzupassen. Sydow anerkennt keine apriorischen Positionen auf dem Gebiet der Volkserzählung, sondern hält sich strikte an die Gesetze und Lebensbedingungen, die den Stil der einzelnen Erzählgattungen prägen. Dank dieser dynamischen Betrachtung der volkstümlichen Phänomene arbeitet er auch sehr klar z. B. den Unterschied zwischen den Märchen vom „Schwanenkind" und „Hänsel und Gretel" heraus, indem er das erstere als Entwicklung einer Aberglaubenlegende, das zweite als aus einer alten Fiktion für Kinder („Geht nicht in den Wald, dort kann eine böse Hexe kommen und euch mitnehmen") stammend, bezeichnet.

Einen dritten Stiltypus bilden jene Märchen, die sich weder aus einem Aberglauben noch aus einer Kindergeschichte, sondern einfach aus einem phantastischen Motiv ableiten. Die Volkserzählungen können nach Sydow nicht nach vorgefaßten Schemata oder Gesetzen in Klassen eingeteilt werden, sondern nur unter Berücksichtigung der ihnen gemeinsamen Stil- und Struktureigenheiten. Auf Grund dieses Aspektes behauptet er unter anderem, daß es unrichtig sei, eine gewisse Gruppe von Märchen „Magische Märchen" zu nennen, denn ihr typischestes Merkmal (magische und übernatürliche Episoden gibt es auch in zahlreichen Sagen) sei nicht das Magische an sich, sondern vielmehr ein bestimmtes Erzählklima und eine phantastische irreale Grundtönung. Vollkommen kohärent mit dieser irrealen Atmosphäre sei z. B. im Märchen das vollkommene Fehlen von Zeitangaben: „Es war einmal", heißt eben, daß das Geschehen niemals wirklich vorgekommen ist. Als Märchen des realistischen Typus, eine isoliert dastehende Gruppe, bezeichnet er die bei den Völkern semitischer Abstammung überlieferten Erzählungen. Ihr auffallend realistischer Charakter scheint seiner Meinung nach auf eine uralte Tradition dieser Völker zurückzuführen zu sein, wie sie schon in den biblischen Geschichten von Jakob und Isaak, von Joseph und seinen Brüdern anzutreffen ist. In diesen Erzählungen werden nicht nur die Personen mit ihren individuellen Namen angeführt, sogar der Stammbaum der Hauptpersonen ist angegeben[41].

Aus dem bisher Gesagten geht klar hervor, wenn ich nicht irre,

---

[41] Vgl. Enno Littmann, Beduinenerzählungen, Straßburg 1908.

daß der Begriff Erzählgattung für den großen dänischen Forscher identisch ist mit dem Begriff Ausdruckstradition, Entwicklung einer Stilmanier, die einem geographischen Raum und einer bestimmten Epoche gemein ist[42]. Und dies ist die einzige wahrhaft wissenschaftliche Methode, mit welcher an die Formen der volkstümlichen Erzählung herangegangen werden kann, wie auch die Orientierung der jüngeren Forschungen beweist[43].

Unser Bericht wäre jedoch nicht vollständig, wenn wir nicht an den wichtigen Beitrag zu unserem Problem erinnern würden, den der Schweizer Max Lüthi in seinem jüngsten Buch gibt[44]. Die Grundprämisse, von welcher Lüthi ausgeht, ist folgende: Das Problem der Gattungen der Volkserzählung könne weder gestellt noch gelöst werden, wenn nicht auf der Ebene der Literaturgeschichte, das ist im Bereich der Stilforschung. Lüthis stark literarisches Interesse ist schon in seinen früheren Arbeiten sichtbar, in welchen er aus der Darstellungsweise des magischen Geschehens im Märchen und in der Legende ein entscheidendes Kriterium für die Charakterisierung des verschiedenartigen Stils dieser zwei Erzählgattungen gewann[45]. Im neuen Buch dehnt er diese Analyse auf das ganze Material der märchenhaften Erzählung, auf die Gestalten und den speziellen Stil des europäischen Märchens aus. Was seine Studien von denen Jolles', dem er sich ja anschließt, am meisten unterscheidet, ist zweifellos der starke Akzent auf dem Ausdrucksmoment im Gegensatz zum bloß moralischen oder geistigen Inhalt.

---

[42] Vgl. auch den anderen Aufsatz Sydows, Das Volksmärchen unter ethnischem Gesichtspunkt, in „Selected . . ., S. 220—240.

[40] Daß die neueren Studien wachsendes Interesse für die Erzählerpersönlichkeit und für die nationalen Charakteristika der Erzählung zeigen, wird auch bestätigt von der akkuraten und scharfsinnigen Darstellung Lutz Röhrichs, Die Märchenforschung seit dem Jahre 1945 in „Deutsches Jahrbuch für Volkskunde", I, S. 279—296 (1955) und II, S. 274—319 (1956).

[44] Das Europäische Volksmärchen, Bern 1947; mit besonderer Rücksicht auf die Legende wurde dieses Argument neu behandelt von Lüthi in Märchen und Sagen in „Deutsche Vierteljahrsschrift . . .", 25, 1951, S. 159 bis 183.

[45] Die Gabe im Märchen und in der Sage, Bern 1943.

Bei der Beschreibung der charakteristischen Ausdrucksweisen des Märchens betont er vor allem die „eindimensionale" Präsentation, die eben darin besteht, daß es im Märchen keine Trennung zwischen der Welt der übernatürlichen Wesen (Feen, Ungeheuer, böse Geister) und der Welt der erzählten Handlung gibt. Der Held oder Protagonist dieser Erzählungen stößt häufig auf diese mit übernatürlichen Kräften begabten Wesen, erhält von ihnen Hilfe, ohne im geringsten ihre andersartige Natur zu bemerken oder sich bei ihrem Erscheinen zu ängstigen. Sehr verschieden davon sei die Erzähltechnik der Sage, in welcher „zwei Dimensionen" dargestellt werden, die menschlich-reale und die übernatürliche. Der Held, der einem mit übernatürlichen Mächten begabten Wesen begegnet, erlebe hier ein Angstgefühl, bemerke also, daß er einer „anderen", dunklen, mysteriösen, sehr weit von seiner eigenen entfernten Welt gegenübersteht. Aus dem Gesagten leitet der Autor die Unterscheidung zwischen den Figuren des Märchens und denen der Sage ab. Während die Märchenfiguren als „Figuren ohne Körperlichkeit, ohne Hintergrund, frei von jeder zeitlichen Gebundenheit an Vergangenheit und Zukunft" beschrieben werden, erscheinen die Figuren in der Sage als wirkliche Menschen mit deutlichem plastischen Relief[46].

Das beherrschende Element im Märchen sei also immer die Handlung, nicht die Personen; wie immer auch die Handlung verläuft, erfahren wir weder deren psychologische Reaktionen, intimen Gefühle, ihren Schmerz oder ihre Freude. Diese Art der Ding- und Personenbeschreibung definiert Lüthi als „abstrakten Stil", ein wenig glücklicher und etwas zweideutiger Begriff, den man besser durch den Terminus „linearer, rein figurativer Stil" ersetzen sollte. Lüthis Sachverstand entgeht auch nicht das Strukturprinzip des Stilisierungsprozesses, der so charakteristisch ist für das Märchen und sich in der konstanten Wiederkehr gewisser Zahlen (drei, sieben . . .) in der bedeutsamen Rolle der dritten Person, der dritten Begegnung, in der Wiederkehr feststehender Formen am Anfang und am Ende der Erzählung äußert[47].

[46] Das Europäische VM., S. 18.
[47] Eine vergleichende Analyse der „allgemeinen Formeln" des Märchens gab Bolte in Name und Merkmale des Märchens, S. 16 f.

Besonders interessant scheint mir Lüthis Beobachtung eines „isolierenden Stils" im Märchen. Personen, Episoden und Motive des Märchens erscheinen in der Tat isoliert und gleichsam voneinander unabhängig. Auch der Held selbst handelt gewöhnlich so, als ob er alles, was er vorher getan habe, nicht mehr wisse, ohne analoge Situationen wahrzunehmen und ohne aus seinen oder den Erfahrungen anderer zu lernen. Daher rührt die häufige Verwendung der Repetition von Sätzen, Perioden oder ganzen Episoden.

In polemischer Position gegenüber Wesselskis Theorie behauptet Lüthi endlich, das Märchen könne nicht auf Grund der phantastischen Motive definiert werden, sein Charakteristikum sei vielmehr die eigenartige Manier eines Erzählstils, der sich in einer extrem klaren und linearen Personen- und Sachdarstellung äußere. Darum könne diese Dichtungsgattung nicht Produkt einer primitiven Kultur sein, sondern Schöpfung eines gebildeten Künstlers. Und damit teilt Lüthi letzten Endes doch die Meinung Wesselskis mit der Behauptung, daß das Volk die Märchen wohl bewahren und überliefern, nicht aber erfinden könne [48].

Auch in einer notwendig summarischen und lückenhaften Exposition wie in der vorliegenden tritt der Scharfsinn und die Originalität der Untersuchungen Lüthis klar zutage. Er berücksichtigt jedoch überhaupt nicht, und das ist sein Hauptfehler, die mündliche Tradition in ihrer lebendigen Realität und beschreibt also einen abstrakten, idealen Märchentypus, ein perfektes, fertiges Modell im Märchenstil. Dies ist ein absurder und unberechtigter Anspruch und typisch für den Begriff der literarischen Gattung als eine Idealform mit feststehenden unwandelbaren Charakteristika, der als Beurteilungskriterium nur für solche Werke tauglich ist, die in diese keine Kategorie hineinpassen.

Wir sind hingegen überzeugt, daß weder ein Archetypus oder ein abstraktes Märchenbeispiel Objekt der Märchenforschung werden könne, sondern nur die effektive Erzählung selbst in ihrer konkreten Form, immer als persönliche Schöpfung des Erzählers in einem bestimmten Moment einer Stiltradition entstanden, zeitlich-räumlich determiniert. Darum erscheint uns als dringlichste und

[48] Das Europäische VM., S. 120.

wichtigste Aufgabe in diesem Gebiet die Erforschung des Individuums des Erzählers in engstem Zusammenhang mit dem sozialen
Milieu, aus dem es kommt, und mit der Stiltradition, in welche sich
seine Schöpfung mehr oder weniger vollkommen eingliedern läßt.
Dies ist ohne Zweifel die Lehre, die aus rund fünfzigjähriger Forschungsarbeit um das Problem der Gattungen der Volkserzählung
zu ziehen ist[49].

Postscriptum

Von den neuesten Schriften, die sich mehr oder weniger direkt
mit dem in vorliegender Arbeit besprochenen Problem befassen,
seien noch folgende erwähnt: Kurt Ranke, *Einfache Formen;* Kurt
Schier, *Zur Funktion von Volkserzählungen;* beide veröffentlicht in
„Akten des Internationalen Kongresses der Volkserzählungen in
Kiel und Kopenhagen (19. 8.—29. 8. 1959)", Berlin 1961. In der
ersten Arbeit wird die These André Jolles' von der hervorragenden
Bedeutung psychologischer Impulse für die Charakterisierung der
verschiedenen Erzählgattungen der mündlichen Tradition mit neuen
Argumenten unterbaut. Demnach sind Märchen, Sage, Legende,
Anekdote nicht so sehr unterscheidbar durch ihre kompositorische
Struktur oder durch den Erzählstil, nicht einmal durch den speziellen Inhalt, sondern man unterscheidet sie nach den geistigen Forderungen, die die Erzählungen befriedigen wollen; dieser Anspruch
sei dem menschlichen Geist eigen und damit den Völkern aller
Epochen und aller Länder gemein. Man sieht, hier wird das Problem
der Genera der Volkserzählung auf die Ebene einer ausschließlich
anthropologischen Untersuchung transponiert, mit allen methodischen Risiken, die einer solchen Position innewohnen. Nicht allein

---

[49] In diesem Sinn, glauben wir auch, muß die Meinung Croces verstanden werden, der in Reaktion gegen die abstrakte Methode der finnischen Schule sagte: „Das Problem der Märchen ist von nun an zurückzuführen in die Geschichte jedes einzelnen Märchens, die dann bei jedem
Schritt die Geschichte einer neuen Schöpfung ist." Man wird sich aber
präsent halten müssen, daß diese neue Kreation zwar individueller Ausdruck des Erzählers ist, aber auch Resultat einer Stiltradition, der sich
dieser freiwillig anschließt.

der Wert einer historisch-kulturellen Forschung wird aus einer derartigen Perspektive heraus negiert, man sieht nicht einmal die Möglichkeit, Unterscheidungen zwischen einer Fabel der Pharaonenzeit und einer klassischen Mythe oder zwischen einer christlichen Legende und einer nordischen Saga vorzunehmen.

Den Konklusionen meiner Abhandlung scheint die Meinung Schiers zu dem Problem der Formen der Volkserzählung näher zu stehen; dieser anerkennt die psychologischen Motive, aus welchen die Schöpfungen der mündlichen Tradition entstehen, er sieht aber auch die große Vielfalt kultureller Schöpfungen, die aus dem Kontakt mit verschiedenartigen historischen und sozialen Strukturen in Zeit und Raum zu erklären ist.

Mihai Pop, Caractere nationale si stratificări istorice in stilul basmelor populare. Revista de Etnografie si Folclor X (1965), p. 3—10. Aus dem Rumänischen übersetzt von Irmgard Lackner.

NATIONALER CHARAKTER UND HISTORISCHE SCHICHTUNGEN IM STIL DER VOLKSMÄRCHEN *

Von MIHAI POP

Die Studien, die in letzter Zeit im Zusammenhang mit den spezifischen, nationalen und regionalen Wesenszügen der Märchen ausgeführt wurden, sei es, daß sie die Schöpfung eines einzigen Volkes betrachten oder sich vergleichend auf die Folklore mehrerer Völker beziehen, haben einige wesentliche Aspekte für Forschungen dieser Art zur Diskussion gebracht. Sie haben gezeigt, daß das Problem zu komplex ist, um nur auf thematischer Ebene und im Bereich der Stoffe und Motive gelöst oder mehr allgemein im vagen Lichte der Psychologie der Völker besprochen werden zu können. Das spezifisch Nationale der Märchen geht über die Bevorzugung oder das Fehlen bestimmter Stoffe, Themen und Motive in der Folklore gewisser Völker hinaus. Es äußert sich auch in der Art, wie die Märchen folgende Aspekte widerspiegeln: den Raum, in dem sie sich abspielen, die Lebensweise der Menschen, die sie erzählen, die sozialen Verhältnisse, in denen diese Menschen leben, ihre Denkweise, ihre Weltanschauung und Lebensauffassung, ihre Bestrebungen, ihren kulturellen, künstlerischen Horizont. Einige dieser Elemente bestimmen, andere charakterisieren die Psychologie des Volkes[1]. Diese Elemente wirken sich nicht einheitlich im ganzen

---

* Vortrag, gehalten am 5. September 1964 in Athen beim Kongreß der internationalen Gesellschaft für die Erforschung der Volkserzählungen.

[1] Siehe Paul Delarue, *Le conte populaire francais*, t. I, Paris, 1957, S. 34—46; Ortutay Gyula, *Magyar népmesek*, Budapest, 1960, S. 58—62; Járomir Jech, *Tschechische Volksmärchen*, Berlin, 1961 S. 532—533; E. V. Pomeranzcwa, Русская народная сказка, Moskau, 1963, S. 20; C. Bărbulescu, *Proza populară. Povestile. Istoria literaturii române*, I, Bukarest, 1964.

Märchenschatz eines Volkes oder eines Gebietes aus, sondern haben verschiedene Schwerpunkte, je nach dem spezifischen Charakter der verschiedenen volkshaften Zonen, der schöpferischen Persönlichkeit des Erzählers, der Gesamtheit der Zuhörer, dem sozialen Milieu, dem sowohl die ersteren als auch die letzteren angehören und den Berufen, die sie ausüben.

Maja Bosković-Stulli zeigt, daß sich der nationale Charakter der Märchen bei verschiedenen Völkern verschieden äußern kann. Bei Völkern, die im Laufe der Jahrhunderte eine einheitliche Entwicklung mitgemacht haben, mit einem einzigen politischen Zentrum und einheitlichem Kulturleben, wo der Bildungsprozeß der Nation rhythmisch verlaufen ist, tragen die Volksmärchen das Gepräge dieser Entwicklung, sie erscheinen einheitlicher. Bei Völkern dagegen, deren Entwicklungsprozeß bewegt war, die von verschiedenen Kulturkreisen beeinflußt waren und keine politische Einheit bildeten, wie die Völker Jugoslawiens, tragen die Volksmärchen die Merkmale dieser Mannigfaltigkeit[2]. Auf gleiche Weise zeigt Járomir Jech die Rolle der Sprache, der Dialekte mit der ihnen eigenen Ausdrucksfähigkeit, der Melodik und Rhythmik der lokalen Mundarten, bei der Ausprägung der Märchen eines Volkes und der tschechischen Märchen im besonderen[3].

Was den Einfluß der besonderen sozialen Struktur anbetrifft, zeigt Lutz Röhrich, daß sich im 19. und 20. Jh. nicht nur die Märchen verändert haben, sondern auch die Berufe der Erzähler haben sich gewandelt. Früher wurden die Märchen gewöhnlich bei den Bauern in der „şezătoare" gesammelt (eine kleine Zusammenkunft der Dorfbewohner an Winterabenden, wo nicht nur gearbeitet, sondern auch gescherzt wird, wo Rätsel geraten und Märchen erzählt werden), heute sammeln wir sie immer öfter in der Stadt von den verschiedenen Handwerkern. Diese Tatsache charakterisiert die Märchen unserer Epoche[4].

Nicht weniger wichtig für die Erfassung der Komplexität des Problems sind auch die Erkenntnisse im Zusammenhang mit der

---

[2] Maja Bosković-Stulli, *Regionalna, nacionalna i internacionalna obiljezja narodnich pripovijeka*, Belgrad, 1963, S. 90.

[3] J. Jech, op. cit., S. 333—334.

[4] Lutz Röhrich, *Märchen und Wirklichkeit*, Wiesbaden, 1965, S. 162.

Überlagerung der Märchen verschiedener Völker, wie die Tatsache, daß einige Merkmale den Märchen verschiedener Völker eigen sind und auf größere regionale Einheiten hinweisen oder auf ältere sprachliche und kulturelle Verwandtschaft[5]. Interessant in dieser Hinsicht sind die jüngsten Forschungen über die Übertragung der Märchen von einem Volk zum anderen innerhalb derselben Zone durch zweisprachige Erzähler[6].

Die Märchen der Völker, die sich in den Überlagerungsbereichen der größeren Kulturkreise befinden, werden verschiedene Merkmale dieser Übertragung zeigen. Dies ist zweifellos der Fall bei den Völkern Südosteuropas, auf deren Gebiet sich die Kultur des Nahen Ostens mit der Mitteleuropas oder sogar Westeuropas überschneidet.

Max Lüthi, der sich mit der Idee von der Existenz größerer Kultureinheiten beschäftigt, führt aus, daß wir über den spezifischen Charakter der Märchen jedes Volkes, jeder Epoche und jedes Erzählers mit einer starken Persönlichkeit hinaus, doch von Gemeinsamkeiten der europäischen Märchen sprechen können, die gekennzeichnet sind durch das Streben nach denselben Personentypen und der Benützung derselben Requisiten, durch Beibehaltung desselben Schemas im Handlungsablauf und in der Darstellung der Ereignisse[7]. Demnach ist das europäische Märchen gekennzeichnet durch eine relative Struktureinheit.

Dieses erklärt, warum einige Märchenforscher, die sich mit den spezifischen Merkmalen der Märchen beschäftigen, auch strukturelle Elemente in Betracht ziehen. Jedoch sind auf diesem Gebiet die Forschungen erst im Anfangsstadium. Außer der Arbeit von V. I. Propp[8] für die russischen Märchen haben wir bis jetzt für

[5] Siehe C. W. Sydov, *Volksmärchen unter ethnischen Gesichtspunkten* — Selected Papers on Folklore, Kopenhagen, 1948, S. 220—242; Ortutay, Gyula, op. cit., S. 61; J. Jech, op. cit., S. 534; Maja Bosković-Stulli, op. cit., S. 90.

[6] Linda Déghova, *Járomir Jech, Prispevek k studiu interethnických vlivu v lidovem vypravováni*, in „Slovensky Národopis", V, 6, 1957, S. 567—608.

[7] Siehe Max Lüthi, *Märchen*, Stuttgart, 1962, S. 23.

[8] *Morphology of the Folktale*, Bloomington, 1956.

die Märchen anderer Völker keine Arbeiten, die sich mit der strukturellen Analyse beschäftigen. Wir sind aber überzeugt, daß die gründliche Strukturanalyse der Märchen eines Volkes einen entscheidenden Beitrag zur Definierung der spezifischen Merkmale leisten und im allgemeinen den Forschungen dieser Art mehr Genauigkeit geben kann. Wenn sie systematisch und auf internationaler Ebene durchgeführt würden, könnten sie eine wichtige Ergänzung der Forschungen sein, die bis jetzt im Zusammenhang mit der Typologie der Stoffe, Themen und Motive unternommen worden sind und uns bei dem Aufschlüsseln der spezifischen nationalen und regionalen Merkmale weiterhelfen.

Anhand der Besprechung der Wesenszüge der türkischen Märchen zeigen W. Eberhard und P. N. Boratov, daß deren Merkmale nur dann festgelegt werden können, wenn wir die Märchen als Bestandteil der gesamten Kultur betrachten, wenn wir die Wechselbeziehungen jedes Märchens mit den anderen Märchen des nationalen Repertoires bestimmen[9]. Damit stellen sie ein wichtiges methodologisches Prinzip auf, das sowohl für die Erforschung der Märchen eines einzigen Volkes als auch für die vergleichende Märchenforschung gültig ist: die prinzipielle Notwendigkeit, das im Rahmen der Gattungsarten und der territorialen Einheiten erforschte Material auf die Gesamtheit der Kultur des Volkes, dessen Schöpfungen untersucht werden, zu beziehen.

Methodologisch sehr wichtig erscheint mir auch die Feststellung von Linda Dégh im Zusammenhang mit der Notwendigkeit, in der vergleichenden Forschung auch die „Biographie" der Märchen zu berücksichtigen, ebenso ihre tatsächlichen, in den verschiedenen volkshaften Bereichen erzählten Formtypen, sowie die Rolle der Erzähler als Individuen, die Träger der Tradition und ihre Erneuerer sind[10].

Ein anderer bedeutender Grundsatz für die Forschungsmethode scheint uns auch der, welcher von Maja Bosković-Stulli aufgestellt

---

[9] W. Eberhard — P. N. Boratov, *Typen türkischer Volksmärchen*, Wiesbaden, 1953, S. 24—61.

[10] L. Dégh, *Cîinele ţarului (Aa-Th⁺ 449/A) în tradiţia populară maghiară*, in „Revista de folclor", IV, 1959, 1—2, S. 205—206.

wurde: Die Notwendigkeit, die Zeit und die Umwelt, in welcher die Märchen gesammelt wurden, zu berücksichtigen, sowie die Einstellung und die Interessen des Sammlers [11]. In der Tat, um die Unterlagen, die zur Erforschung der spezifischen Merkmale der Märchen notwendig sind, miteinander vergleichen zu können und dabei wissenschaftliche Ergebnisse zu erzielen, deren Gültigkeit nicht bestritten werden kann, müssen diese Unterlagen effektiv vergleichbar sein, sie müssen denselben authentischen Grad besitzen. Jedoch von diesem Standpunkt aus betrachtet, sind die Sammlungen, die bisher benützt wurden, ungleich. Eine philologische Präzisierung ihres Wertes hinsichtlich der Authentizität des Textes ist für jede Art von Forschung notwendig. Sie ist jedoch unerläßlich für das Studium der Struktur der Märchen.

Wie wichtig es ist, den ganzen Märchenschatz in die Forschung einzubeziehen und jedes Element innerhalb der anderen Elemente der Gattungsarten zu betrachten, sowie die Verbindlichkeit der Daten zu prüfen, um zu unbestreitbaren Ergebnissen zu gelangen, ist ersichtlich aus den Zweifeln, welche die Forschungen von R. S. Booggs erweckten. Obwohl dieser die moderne statistische Methode anwendete und sich um peinlich genaue Erforschung bemühte, gelangte er zu Verallgemeinerungen, die nicht der Wirklichkeit entsprachen [12]. Jede moderne Methode, demnach auch die strukturelle und statistische Forschung, kann nur dann zu gültigen Ergebnissen führen, wenn es ihr gelingt, das ganze Material, das der Forscher bearbeiten will, zu umfassen und nur dann, wenn dieses Material vom Standpunkt der Authentizität aus vergleichbare Daten liefert.

Noch einige Worte im Zusammenhang mit der Einbeziehung des Materials in die Forschungen. Gegenüber den Betrachtungen allgemeiner Art, die A. von Löwis of Menar [13] im Zusammenhang mit den spezifischen Merkmalen der deutschen und russischen Märchen anstellt und den noch allgemeineren Erwägungen von

[11] Maja Bosković-Stulli, op. cit., S. 91.
[12] Siehe R. S. Booggs, *A Comparative Survey of the Folktales of ten Peoples*, in „F. F. F.", S. 92, Helsinki, 1930.
[13] *Der Held im deutschen und russischen Märchen*, Leipzig, 1952.

F. v. d. Leyen[14], ist die Beschränkung Elisabeth Koechlins auf den Vergleich der französischen und deutschen Versionen des Themas vom „Tierbräutigam"[15] ein zweifellos bedeutender Schritt zu einer größeren Genauigkeit. Viele thematische Monographien dieser Art, Monographien, welche die ganze komplexe Problematik der Forschungen und die verschiedenen methodologischen Bemerkungen berücksichtigen, würden eine Synthese der Wesenszüge aller Märchen verschiedener Völker und der gemeinsamen Merkmale der europäischen Märchen ermöglichen.

Wie Sie aus dieser kurz zusammengefaßten Betrachtung der jüngsten Forschungsergebnisse ersehen haben, können wir im Bereich der Volksmärchen von einem individuellen Stil, von zonalen Stilformen und von stilistischen Unterschieden in bezug auf den sozialen Stand, auf den Beruf der Erzähler und Zuhörer sprechen, weiterhin von regionalen Stilformen und von stilistischen Elementen, die einen weiteren Bereich umfassen. Bis zu diesem Zeitpunkt aber wurden die stilistischen Differenzierungen mehr statisch betrachtet. Dies ist wahrscheinlich der Tatsache zuzuschreiben, daß die Forscher im allgemeinen die Unterlagen aus den Sammlungen benützt und das reale Volksleben, seinen dynamischen Charakter, seine Wandelbarkeit zuwenig beachtet haben und damit auch die Veränderungen, die in den Elementen, welche diese stilistischen Differenzierungen charakterisieren, eintreten, Veränderungen in bezug auf deren historische Determinierung, auf die Auffassungen und den künstlerischen Horizont der Erzähler und der volkshaften Umgebung, in der sie erzählen. Bei diesem Aspekt, als noch einem wesentlichen Gesichtspunkt für die Erforschung des spezifischen Charakters der Volksmärchen, möchte ich ein wenig verweilen.

In seiner Arbeit „Märchen und Wirklichkeit" fragt sich Lutz Röhrich, ob wir im allgemeinen von einer historischen Einheit des nationalen Charakters sprechen können und behauptet, daß wir auf dem Gebiet des Märchens nicht nur nationale Stilformen haben, sondern innerhalb dieser auch historische Stilformen (S. 137). Noch

---

[14] *Die Welt der Märchen*, Bd. II, 1960.
[15] *Wesenszüge des deutschen und französischen Volksmärchens*, Basel, 1945.

kategorischer behauptet E. V. Pomeranzewa, daß wir das spezifisch
Nationale der Märchen nur dann erkennen können, wenn wir seine
historische Determinierung beachten[16].

In der Tat, wenn die Märchen die Lebensweise, die soziale
Struktur, die Weltanschauung, die Gedanken und Bestrebungen
bestimmter Gemeinschaften, den kulturellen, künstlerischen Horizont der Menschen widerspiegeln, wenn die Entfaltung all dieser
Elemente aber bestimmt ist von der sozial-ökonomischen Entwicklung, dann ist es verständlich, daß auch die Märchen
sich entwickeln und ihren Themenbereich, ihren Stoff, ihre Motive
und ihre künstlerische Struktur verändern, das heißt, einige Grundelemente, die diese Gattung der volkstümlichen Schöpfung charakterisieren. Sogar die Stoffe, die international verbreitet sind,
werden in das Repertoire eines Volkes nicht alle zugleich aufgenommen und ihre Lokalisierung in verschiedenen Entwicklungsphasen der Gattung trägt die stilistischen Merkmale des betreffenden Zeitabschnittes und des Entwicklungsstadiums der Gattung.

Ein Beispiel aus der mitteleuropäischen Folklore und aus der
rumänischen Folklore wird diese Behauptungen hoffentlich deutlich
genug veranschaulichen. Das Märchen AT 301 A „Die Prinzessinnen
in der Unterwelt", das bei den Rumänen, Ungarn, Tschechoslowaken
und Deutschen verbreitet ist, zeigt anhand eines Vergleichs der verschiedenen nationalen Versionen, daß die Darstellungen der Völker
aus diesem Teile Europas in bezug auf die traditionellen Formen auf
verschiedenen Entwicklungsstufen stehen.

In den rumänischen Varianten aus den Sammlungen vor dem
1. Weltkrieg[17] verläuft die Handlung im Bereich des Fabulierens
und sie haben alle Merkmale des phantastischen Märchens. Die
Töchter von Kaisern werden von Drachen entführt und von einem
Helden gerettet, der Sohn eines Kaisers ist, oder von einfachen

---

[16] Op. cit., S. 20.

[17] Z. B. *Prîslea cel voinic şi merele de aur* gesammelt von P. Ispirescu
und 1862 zum erstenmal veröffentlicht in den Nummern 13 und 14 der
Zeitschrift „Ţăranul Român", *Călin Nebunul*, gesammelt um 1870 vom
Dichter M. Eminescu und herausgegeben in der kritischen Ausgabe *Opere*,
Bukarest, 1963, Bd. VI; oder *Serilă, Murgilă şi Zorilă*, herausgegeben 1908
von G. Catană in *Poveşti populare din Banat*, 2. Teil.

Eltern abstammt, aber eine wunderbare Geburt hat. Der Held begegnet Statu Palmă Barbă Cot und besiegt die Drachen. Einige Varianten schließen das Motiv des Stillstehens der Zeit ein durch Beschwörung von mythologischen Gestalten, welche die Abenddämmerung, die Mitternacht und das Morgengrauen verkörpern, andere das Motiv des Arbeitens als Dienstbote bei einer Hexe, um das Zauberpferd zu bekommen. Im allgemeinen enden sie alle mit dem Motiv der ungetreuen Gefährten. Einige enthalten im Schluß auch das Motiv des Schweinesohnes und der verstoßenen Gattin.

Die ungarischen Märchen „A feneketlen kút" und „Estefia, Ejfelfia, Hajnalfia"[18] haben den gleichen Aufbau wie die rumänischen. Sie enthalten auch alle Merkmale der phantastischen Märchen. Nach den Angaben im Katalog von Dr. Berze Nagy János[19] bewahren übrigens alle ungarischen, in älteren Sammlungen veröffentlichten Märchen desselben Typus die traditionellen stilistischen Merkmale.

Von den tschechischen Versionen dieses Typus behauptet Jaromir Jech, daß sie am häufigsten unter den tschechischen Märchen vorkommen. In der tschechischen Variante, die von Jaromir Jech[20] veröffentlicht wurde, bewachen die Helden nicht einen goldenen Apfel- oder Birnbaum, sondern ein Erbsenfeld. Sie sind Bauernsöhne, werden aber nicht auf eine wunderbare Art geboren. Das Erbsenfeld wird nicht von einem Drachen geplündert, sondern von einem Hexer, den der Held Frantik zusammen mit allen Dorfbewohnern bis zum Brunnen des Waldes am Dorfrand verfolgt. Als er in das Jenseits hinuntersteigt, kommt er nicht zu Schlössern aus Kupfer, Silber und Gold, sondern in einen einfachen Gang mit mehreren Türen. Er klopft an die Tür und es wird ihm auf Deutsch „Herein!" geantwortet. Übrigens, wie Lutz Röhrich zeigt, spricht der Teufel auch in den dänischen Märchen deutsch[21]. Im Jenseits ist

---

[18] Herausgegeben von Ortutay Gyula in *Magyar népmesék*, I, Budapest, 1960, S. 82—114.

[19] *Magyar népmesetipusok*, I, Pecs, 1957.

[20] Op. cit., S. 17—25.

[21] Op. cit., S. 154.

der Unhold nicht mehr ein Hexer, sondern ein Drache und wird vom Helden besiegt durch die Kraft, die ihm der Zauberring verleiht. Trotz der phantastischen Elemente im zweiten Teil, ist die tschechische Version mehr eine mysteriöse Erzählung als ein phantastisches Märchen. Stilistisch gehört sie unbestreitbar in eine andere Etappe als die phantastischen rumänischen und ungarischen Märchen. Dagegen hat das tschechische Märchen Gemeinsamkeiten mit den von Kurt Ranke[22] veröffentlichten deutschen Märchen. Auch in diesen sind die Helden Bauernsöhne und das Jenseits erscheint oft in Form eines Ganges mit mehreren Türen usw. Die Tatsache, daß die tschechischen und deutschen Märchen stilistisch derselben Etappe angehören ist deutlich aus der vergleichenden Analyse der Texte zu ersehen.

Aber sogar innerhalb der nationalen Versionen der beiden Völker scheinen einige stilistische Differenzierungen aufgetreten zu sein, die bewirken, daß die Märchen dieses Typus auf einer anderen Entwicklungsstufe zu einfachen Sensationsgeschichten werden.

Obwohl das Märchen 25 aus der Sammlung Kurt Ranke[23] das Schema des phantastischen Märchens beibehält, realisiert es sich wie eine novellenartige Erzählung. Der Held ist ein Feldwebel, der sich beim Kaiser vorstellt und dessen verschwundene Töchter finden will. Er bekommt Gold und Silber und geht fort in Begleitung eines Unteroffiziers und eines Veteranen. Derjenige, welcher die Töchter des Kaisers geraubt hat, ist ganz einfach ein kleiner und schwarzer Mann usw. Dieses Märchen und vielleicht auch andere von seinen deutschen Varianten weist alle Ähnlichkeiten mit einem der beiden tschechischen Märchen auf, die zwischen 1902 und 1908 von I. S. Kubin im Gebiet Kladsko[24] gesammelt wurden. Von den Märchen, die ich kenne, stellen diese beiden die fortgeschrittenste Phase in der Entwicklung zur Sensationsgeschichte dar.

Zur Veranschaulichung werde ich das Märchen mit dem suggestiven Titel „Die verwunschenen Prinzessinnen" (Prinţesele blestemate) kurz zusammenfassen. Der König Bambita hatte zwei Töchter, die

---

[22] *Schleswig-Holsteinische Volksmärchen*, Kiel, 1955, S. 58—99.
[23] Op. cit., S. 97—98.
[24] Siehe *Kladské povidky* — Prag, 1928, S. 21—25 und 287—293.

das Volk unterdrückten. Das Volk verwünschte sie, und sie verschwanden. Der König schickte viele Diener aus, die sie suchen sollten, aber die Suche war vergebens. Ein Hauptmann und ein Oberleutnant hatten von diesem Ereignis gehört und beschlossen, ihr Glück zu versuchen. Der Oberleutnant stellte sich dem König vor und verlangte 200 Gulden als Vorauszahlung. Als er aber die Gulden bekommen hatte, versoff er sie zusammen mit dem Hauptmann. Danach stellte sich auch der Hauptmann vor, verlangte 300 Gulden, und auch er versoff sie. Im Gasthaus erfuhr ein Tambour von dem Ereignis, stellte sich dem Kaiser vor und verlangte 400 Gulden. Der sparsame Tambour gab das Geld nicht aus, sondern ging fort, um die Prinzessinnen zu suchen. Der Oberleutnant und der Hauptmann begleiteten ihn. Nach dem bekannten Motiv vom Haus im Wald, ebenfalls realistisch dargestellt, steigt der Tambour ins Jenseits hinab und findet die Schlösser und die Töchter des Kaisers. Die Unholde erscheinen um 9 Uhr, bzw. um 11 Uhr. Der Tambour bringt sie einfach um. Der Kampf wird in der Geschichte nicht geschildert. Nach der Schablone der schlauen Gefährten lassen der Hauptmann und der Oberleutnant den Tambour im Jenseits. Dieser sammelt hier das Heer „Offiziere, Pferde, Infanterie" und fragt sie, ob unter ihnen irgendeiner aus Europa sei. Zwei Soldaten erklären, daß sie Europäer sind und daß sie mit einem Schiff gekommen sind. Der Tambour besteigt das Schiff und kehrt nach Hause zurück. Er bestraft die schlauen Gefährten nicht und will auch nicht König sein[25]. Suggestiv für die Entwicklung des Themas ist in der zweiten Erzählung[26] die Schilderung der Gestalt, welche Berta, die Tochter eines Grafen, raubt. „Da kam plötzlich ein gut gekleideter Herr, er hatte Ringe an den Fingern und trug eine goldene Uhr. Alles glänzte an ihm. Er war ein sehr gut aussehender Herr. Das Mädchen schaut ihm verwundert an und er, ohne viel zu überlegen, mir nichts dir nichts, verlangte sie vom Grafen" (S. 287). Gegenüber dieser Entwicklung des Themas in den deutschen und tschechischen Märchen, bewahren die rumänischen und ungarischen Varianten die klassischen Formen des phantasti-

---

schen Märchens, wie ich schon gezeigt habe. Sogar das ungarische Märchen Vas Laci, vor kurzem von Linda Dégh[27] veröffentlicht, ist keine Ausnahme.

Im Sommer des Jahres 1963 habe ich jedoch in der Gemeinde Alimpeşti in der Oltenia ein Märchen gesammelt, das denselben Stoff behandelt und das im Vergleich zu den traditionellen rumänischen Märchen eine Entwicklungsphase darstellt, die sich der Sensationsgeschichte genauso nähert wie die deutschen und tschechischen Erzählungen. Ein Kaiser hatte zwei Töchter, die ihm der Teufel weggenommen hatte. Um die dritte zu beschützen, schließt er sie in einen Turm ein, der von einem Soldaten bewacht wird. Eines Tages, als das Mädchen unter der Aufsicht des Soldaten am Ufer eines Flusses spazieren ging, kommt ein Schiff. Das Mädchen besteigt das Schiff und verschwindet. Der Kaiser bestraft den Soldaten. Der Feldwebel Petre Popei hatte keine Aussicht auf Beförderung, und deshalb stellt er sich dem Kaiser vor und bietet sich an, das Mädchen zu finden. Er verlangt dafür Soldaten und Waffen. Nach der bekannten Episode im Wald mit Statu Palmă Barbă Cot, welcher ein Teufel ist, wird das Mädchen, das nicht im Jenseits, sondern in einer Hütte wohnt, gerettet. Auf dem Heimweg kommen sie aber wieder zu einem Schiff, und das Mädchen flieht mit dem Hauptmann usw. Dann folgt die Episode von der Erlangung des Säbels und des Zauberpferdes durch Arbeiten als Dienstbote bei den Teufeln und im Schluß das Motiv des Schweinekindes und der verstoßenen Kaisertochter, das auch im Märchen „Călin Nebunul" (Călin der Narr), das von M. Eminescu gesammelt wurde, anzutreffen ist.

Der Erzähler begleitet die Handlung mit den interessantesten Bemerkungen, die seine Einstellung zu dem Erzählten zeigen. Zweifellos ist dieses von mir gesammelte Märchen die jüngste Variante dieses Themas im rumänischen Märchenschatz. Diese rumänische Variante hat große Ähnlichkeit mit dem ersten Teil des bulgarischen Märchens, das 1930 von M. Arnaudov[28] veröffentlicht und kürzlich von K. Horálek in seiner Arbeit über die verglei-

---

[27] Siehe *Kakasdi népmesék,* II, Budapest, 1960, S. 17—32.
[28] *Sbornik za narodni umotvorenie,* XXXVIII, 4, S. 23—27.

chende balkanische Folklore erläutert wurde[29]. Das Märchen wird auf dieselbe Entwicklungsstufe gestellt wie die erwähnten tschechischen und deutschen Märchen. Zu dieser Feststellung möchte ich nur die Bemerkung hinzufügen, daß keiner der Erzähler, bei denen die Erzählungen gesammelt wurden, Bauer ist. Die deutschen Erzähler sind Intellektuelle, die tschechischen Textilarbeiter, und der rumänische Erzähler hat viele Jahre in Gärtnereien in Bukarest gearbeitet.

Es ist nicht ausgeschlossen, daß die späteren Forschungen zwischen den deutschen und tschechischen Erzählungen einerseits und der rumänischen und bulgarischen Erzählung andererseits eine Verknüpfung feststellen können. Aber das wird an der Sachlage nichts ändern. Die Tatsache, daß bei diesen vier Völkern in ähnlichen Etappen der kulturellen Entwicklung das phantastische Märchen in eine Sensationsgeschichte verwandelt umläuft, bleibt ebenso beredt[30]. Sie zeigt deutlich, daß es innerhalb der nationalen Stilformen Zeitstile gibt, die auf internationaler Ebene Entsprechungen finden und dadurch für die Volkskunde bestimmter Gebiete zu bestimmten Zeitpunkten charakteristisch werden.

Zweifellos geht, wie I. L. Fischer[31] ausführt, der Übergang vom phantastischen Märchen zur Sensationsgeschichte unter den Bedingungen rascher sozial-kultureller Veränderungen leichter vor sich. Dennoch ändert der Rhythmus des Übergangs nichts an der allgemeinen Gültigkeit der Feststellung, daß es innerhalb jeder nationalen Stilform verschiedene zeitlich bedingte Stilebenen gibt. Diese Feststellung führt jedoch zur Notwendigkeit einer Analyse des Materials, welche die Schichtungen der Varianten jedes Themas innerhalb des Märchenschatzes der verschiedenen Völker festsetzen muß und durch den Vergleich der verschiedenen Varianten auch die

---

[29] *Ein Beitrag zur volkskundlichen Balkanalogie*, in „Fabula", VII, 1, 1964, S. 30.

[30] Siehe für den Übergang vom phantastischen Märchen zur Spannungsgeschichte W. Woeller, *Die Prägung von Elementen der volkstümlichen Literatur in der Folklore*. Vortrag, gehalten beim 7. internationalen Kongreß für Anthropologie und Ethnologie, Moskau, 1964.

[31] *The Sociopsychological Analysis of Folktales*, in „Current Anthropology", IV, 1963, 3, S. 263.

stilistischen Merkmale jeder Epoche. Vorläufig sollte man vielleicht nur die größeren Epochen der kulturellen Entwicklung Europas in Betracht ziehen, wo die stilistischen Wesenszüge auffallend sind. Auf diese Art und Weise aber geht die vergleichende Forschung von der Synchronie zur Diachronie über.

Ich glaube, die diachronische Forschung muß sich anfangs auf die Etappe erstrecken, die sowohl auf dem Gebiet der Stoffe, Themen und Motive, als auch auf dem der Strukturelemente die meisten Daten liefert, folglich die besten Möglichkeiten bietet um herauszufinden, was ein bestimmtes Stilniveau charakterisiert, das heißt, die Forschung muß von der Gegenwart in die Vergangenheit führen.

Gleichermaßen glaube ich, daß die vergleichenden Studien erfolgreicher wären, wenn wir nicht die Gesamtheit der Märchen eines Volkes, selbst nicht im Rahmen eines einzigen Themas, mit den Märchen eines anderen Volkes vergleichen, sondern wir sollten innerhalb eines jeden Themas die verschiedenen Entwicklungsstufen miteinander vergleichen. Wenn die Studien über das Repertoire an Stoffen, Themen und Motiven und über die Struktur der Märchen konsequent diachronisch durchgeführt werden, könnten wir nur die Daten vergleichen, die bei jedem Volk die verschiedenen stilistischen Entwicklungsstufen charakterisieren. Unsere Kenntnisse über die spezifischen nationalen und regionalen Merkmale der Märchen wären dann plastischer und klarer umrissen. Sie würden dann auch zur Klärung einiger wesentlicher Aspekte der Geschichte der Volkskunst beitragen, in unserem Fall zur Geschichte des Märchens, als einem Produkt der künstlerischen Phantasie des Volkes und als Widerspiegelung des Lebens und der Gedanken der Völker in ihrer Entwicklung.

Vielleicht könnte man in einem genau abgegrenzten Gebiet wie Südosteuropa, wo die Association Internationale d'Études du Sud-Est Européen auch der Zusammenarbeit der Volkskundler gute Möglichkeiten bietet, Forschungen dieser Art versuchen. Diese Forschungen könnten auf Grund von authentischen Unterlagen und auf Grund des Studiums des tatsächlichen Volkstums, das uns hier auf so glückliche Art und Weise zur Verfügung steht, durchgeführt werden. Die Forscher müßten bestrebt sein, die verschiedenen stilistischen Entwicklungsstufen der Märchen jedes Volkes festzustellen und dann durch deren Vergleich zeigen, was in diesem Bereich und in diesem Raum den Stil jeder Epoche charakterisiert. Auf diese Art und Weise würde man zu einer umfassenderen grundlegenden Klärung der Rolle gelangen, welche Südosteuropa auf dem Gebiet der Volkskultur als Bindeglied zwischen Orient und Okzident gespielt hat.

ASPEKTE DES VOLKSMÄRCHENS UND DER VOLKSSAGE

Von Max Lüthi

In der Einleitung zu einer vor kurzem erschienenen Sammlung bretonischer Volksmärchen verzeichnet die Herausgeberin, Geneviève Massignon, die Bemerkung einer ihrer Erzählerinnen, diese Märchen seien so alt, daß man nicht wissen könne, ob sie überhaupt je von irgend jemandem erfunden worden seien: «contes si vieux que l'on ne sait pas si personne les a jamais inventés.»[1] Die Ausdrucksweise dieser Frau aus der Basse-Bretagne, insbesondere die Wahl des Wortes «inventé» bezeichnet genau die Empfindung ungezählter Hörer und Erzähler des Volksmärchens, aber auch mancher Forscher: Diese Geschichten können nicht erfunden sein, sie müssen sich irgendwie von selber gemacht haben. „Zubereitung" in der Kunstpoesie, „Sichvonselbstmachen" in der Volksdichtung, das sind Formulierungen Jacob Grimms[2]. Unter dem Eindruck der Theorie vom gesunkenen Kulturgut sind solche Anschauungen später in Mißkredit geraten. Man ist nicht müde geworden zu wiederholen, daß es nicht irgendein mystischer Volksgeist sei, der Dichtung schaffe, sondern in jedem einzelnen Falle ein bestimmtes Individuum. Wenn in der vor zehn Jahren erschienenen großangelegten und sorgfältigen Untersuchung Jan Öjvind Swahns über das Märchen vom Tierbräutigam der Verfasser dazu gelangte, für diesen Erzählungstyp, der in ‚Amor und Psyche' seinen berühmtesten Vertreter hat, eine Art kollektiven Ursprungs anzunehmen, so mußte er sich sogleich sagen lassen, seine Argumente seien aus der „Mottenkiste der Romantik" geholt[3]. Nun, die bretonische Er-

[1] Geneviève Massignon, Contes traditionnels des teilleurs de lin du Trégor, Paris 1965, p. 12.

[2] Vgl. dazu André Jolles, Einfache Formen, Halle ²1956, S. 183 ff., Tübingen ⁵1972, S. 221 ff.

[3] Jan-Öjvind Swahn, The tale of Cupid and Psyche, Lund 1955. Dazu

zählerin, deren Bekenntnis wir eingangs zitiert haben, ist kaum je mit jener berüchtigten Mottenkiste in Berührung geraten. Aber auch die moderne, sachbezogene Forschung hat sich, von ganz anderen Voraussetzungen ausgehend, in gewissem Sinn der Position Jacob Grimms wieder genähert. Vertreter der sogenannten Märchenbiologie, welche das Leben, d. h. die Funktion und die Rolle des Märchens und seiner Erzähler in der Gemeinschaft untersuchen, verweisen darauf, daß nicht nur die Erzähler, sondern auch die Hörerschaften an der Gestaltung der Erzählungen beteiligt sind. Die Erzähler passen sich den Bedürfnissen und Gelüsten und auch der augenblicklichen Stimmung der Hörer an. Neuerungslustige schöpferische Persönlichkeiten werden von ihrem meist konservativeren Publikum zurückgebunden. Schwächere Erzähler werden korrigiert und zur Besserung der Geschichte angeregt. Der ungarische Forscher Guyla Ortutay sagt geradezu: „Die Zuhörerschaft nimmt an der Schöpfung von Varianten teil." So kommt die moderne Märchenbiologie zu ähnlichen Ergebnissen wie die neuere Volksliedforschung. Diese betont, daß Volkslieder insofern als Kollektivschöpfung bezeichnet werden dürfen, als nur solche Lieder zu Volksliedern werden können, die von vornherein nach einer gängigen Vorstellung konzipiert, nach einem geläufigen Modell geschaffen sind oder die sich im Verlauf der Überlieferung diesem Modell anzupassen vermögen. Es gibt nicht nur ein Zersingen, sondern auch ein Zurechtsingen. Die Märchenbiologen beobachten neben dem „Zerzählen" ein Zurechterzählen. Ich zitiere noch einmal Ortutay: „Wir haben... erfahren, daß eine Ballade oder ein Märchen schlecht zu werden, zu ‚zerfallen' beginnt, wenn die Zuhörerschaft sie nicht mehr miterlebt, wenn sie nur noch von dem immer unsicherer werdenden individuellen Gedächtnis aufbewahrt werden " „Die Zuhörerschaft spornt den Erzähler zu besserem, schönerem Vortrag, die Rivalen zum Wettstreit an."[4]

die Besprechungen von Walter Anderson in Hessische Blätter für Volkskunde 46 (1955) S. 118—130 und von Kurt Ranke in Arv 12 (1956) S. 158—167.

[4] Gyula Ortutay, Ungarische Volksmärchen, Berlin 1957, S. 51, 54. Zur Märchenbiologie vgl. Linda Dégh, Märchen, Erzähler und Erzählgemeinschaft. Dargestellt an der ungarischen Volksüberlieferung. Berlin 1962

Neben der volkskundlich-soziologisch eingestellten Märchenbiologie steht die Märchenpsychologie. Sie wird heute vor allem von
Entwicklungspsychologen und von Angehörigen der Jungschen
Schule getragen. In anderer Weise und in anderem Sinn als die
Märchenbiologie stützen auch die Psychologen die Annahme eines
kollektiven Ursprungs der Erzählungen und damit die alte Theorie
der Polygenese, die für einfache Geschichten allgemein anerkannt
ist, für kompliziertere Gebilde aber fast ebenso übereinstimmend
aufgegeben war. Die Psychologen vermuten in den Märchen Darstellungen seelischer Vorgänge, die, wenn auch nach Individuen,
Rassen und Kulturstufen differenziert, im wesentlichen doch allgemein menschlich sind. Da auch komplizierte seelische Abläufe,
vor allem die Reifungsvorgänge, überall und zu allen Zeiten in
ähnlicher Weise vor sich gehen, können auch relativ komplizierte
Geschichten, die diese Abläufe spiegeln, überall und zu allen Zeiten
unabhängig voneinander entstanden sein[5].

Der nicht abbrechende Streit über die Frage, wieweit Märchen
und Sagen kollektiven, wieweit sie individuellen Ursprungs sind,
zeigt, daß der bei einfachen Leuten ebenso wie bei Forschern immer
wieder sich einstellende Eindruck, Märchen und Sagen seien nicht
willkürlich erfunden worden, nicht «inventé», sondern irgendwie
von selber entstanden und gewachsen, wesentlich zur Faszination
dieser Gebilde beiträgt.

Im vorliegenden Aufsatz, der das Problem keineswegs grundsätzlich diskutieren will, kann das scheinbare oder wirkliche Sich-
vonselbermachen der Dinge in der Volkserzählung als eine Art
Leitgesichtspunkt dienen. Schon jetzt ist deutlich geworden, daß sich
die verschiedensten Wissenschaften um das Märchen bemühen. Der
Literaturwissenschaftler versucht durch Vergleich der Varianten die
Geschichte, d. h. den Ursprung, die Ausbildung, Verbreitung und

---

(englische Ausgabe: Folktales and Society, Story-Telling in a Hungarian
Peasant Community, Bloomington/London 1969. Zur Volksliedforschung
vgl. Erich Seemann, Volkslied, in Wolfgang Stammler, Deutsche Philologie im Aufriß, Bd. II Berlin [2]1960, S. 350—373 (bes. S. 360 f.).

[5] Vgl. vor allem die Untersuchungen bei Hedwig von Beit, Symbolik
des Märchens, 3 Bde, Bern [2]1961, 1965.

Veränderung der Erzählungen zu erforschen, er fragt aber auch nach ihrer Struktur und Ihrem Stil und nach dem Bild des Menschen und der Welt, das in ihnen enthalten ist. Der Volkskundler sucht nicht nur Spuren alter Bräuche und Riten in den Märchen und Sagen, als Biologe erforscht er ihre Stellung im Gemeinschaftsleben, er interessiert sich für das Erzählen und für die Beziehung der Erzähler zu ihrer Umwelt. Auch der Soziologe treibt Märchen- und Sagenbiologie, und darüber hinaus sieht er in Sagen und Märchen Spiegelungen der Auseinandersetzung verschiedener sozialer Gruppen. Religionshistoriker und Mythenforscher nehmen Märchen und Sagen als Zeugnisse der Beziehung des Menschen zum Überwirklichen, und Psychologen, Pädagogen, Psychiater versuchen sie als Ausdruck seelischer Entwicklungen und Verwicklungen zu verstehen und untersuchen ihre Wirkung, ihren Einfluß auf Gesunde und auf Patienten, auf Kinder und auf Erwachsene. So sind Märchen und Sagen ein Arbeitsfeld (zuweilen möchte man sagen: ein Tummelplatz) vieler Wissenschaften. Da in den Märchen und vor allem in den Sagen auch Maßstäbe gesetzt, ethische Ansprüche erhoben werden, könnte man denken, daß auch die Philosophie sich aus ihrem Elfenbeinturm hätte locken lassen. Das ist bis anhin noch nicht geschehen. Dafür kümmert sich die Volkskunde auch um diese Seite, um die in der Sage sich ereignenden Moralisierungen und Ethisierungen. Der Volkskundler ist überhaupt der umfassendste Betreuer der Märchen und Sagen, er ist nicht nur ihr Erforscher, sondern gleichzeitig Sammler und meist auch Herausgeber. Jede Wissenschaft untersucht die Märchen von einem anderen Standpunkt aus, jede macht andere Aspekte sichtbar. Einige davon haben wir schon gestreift, einige andere werden wir noch streifen, im wesentlichen aber beschränken wir uns auf die literaturwissenschaftliche Betrachtungsweise. Auch sie hat mehr als eine Seite. Sie hat zudem den Vorteil der Gegenstandsnähe. Die Märchenpsychologie führt leicht ins Spekulative. Ob die einzelnen Figuren des Märchens nur oder vorwiegend oder überhaupt einzelne Teile der Persönlichkeit bedeuten, darüber läßt sich streiten. Da jede Handlung eines Menschen zugleich auch eine Auseinandersetzung dieses Menschen mit sich selbst ist, kann man, scheint mir, der Annahme, daß die Familie im Märchen eine symbolische Darstellung der Gesamtpersönlichkeit sei — „Jeder ist eine kleine Gesellschaft" — eine wenigstens relative Berechtigung nicht absprechen. Aber sie bleibt doch eine Annahme, während die deskriptive Feststellung, daß die Familie als Gliederungsprinzip im Volksmärchen die größere Rolle spielt als in der Sage, sich im Bereiche des Beobachtbaren hält. Daß es die Kleinfamilie ist, die das Märchen gliedert — Neffen, Vettern oder Tanten treten kaum je auf — bedeutet einen Beitrag zur Straffung der Erzählgestalt. Zugleich äußert sich in der Art, wie das Märchen die Familie darstellt, etwas von seinem Weltbild. Die Familie im Märchen ist voller Spannungen, voll inneren Widerstreits. Der Märchenheld, die Märchenheldin sind in der Natur, im Weltganzen besser geborgen als in der Familie. Tiere und Gestirne sind meist verläßlichere und hilfreichere Partner als Brüder und Schwestern, Söhne und Eltern; zu kaum einer der übrigen Helferfiguren hat der Märchenheld ein so enges Verhältnis wie zum helfenden Tier. Das sind nüchterne Feststellungen. Ob aber ein helfender Fuchs eine bestimmte Seite des Unbewußten verbildliche, darüber kann man verschiedener Meinung sein. Da Psychologen zu kühnen Theorien neigen, sind sie bei den volkskundlichen und literaturwissenschaftlichen Märchenforschern bisher auf fast so starke Ablehnung gestoßen wie die Naturmythologen des letzten Jahrhunderts. Sie leisten aber einen Beitrag zur Erkenntnis des Volksmärchens, den man nicht unterschätzen sollte. Wenn hier, in unserer literaturwissenschaftlichen Betrachtung, von ihm nur wenig die Rede ist, so soll das kein Werturteil sein.

Auf die Frage, was sich im Märchen — von ihm sei zunächst die Rede — von selber mache, wird man antworten dürfen: die Erzählweise, der Stil. Wer anerkennt, daß der Zusammenklang all seiner Elemente zu einem einheitlichen Stil ein Wesensmerkmal des Kunstwerks darstellt[6], der wird, vielleicht mit einer gewissen Verblüffung, feststellen, daß im europäischen Volksmärchen, das in seiner uns überlieferten Endform ganz gewiß nicht das Werk eines einzelnen ist, ein solches Zusammenklingen

---

[6] Vgl. Emil Staiger, Grundbegriffe der Poetik, Zürich [8]1968, S. 255 f. (Taschenbuch München 1971, S. 180 f.). Derselbe, Versuch über den Begriff des Schönen, in Trivium, III, 1945, bes. S. 192 f.

der Stilelemente sich wie von selber herstellt. Das Märchen liebt alles scharf Ausgeprägte, Formbestimmte. Im kleinen spricht es gerne von Stäben, Schwertern, Flinten, Federn, Tierhaaren, alles Dinge, deren Form sich der Linie nähert. Es nennt oft Kästchen, Nüsse, Eier; nicht nur kostbare Kleider oder Spinnräder, sondern ganze Schlösser werden in eine Nuß oder ein Ei eingeschlossen und damit in den Kreis einer klaren Umrißlinie gebannt. Eines der bekanntesten Märchenmotive ist das vom Leben im Ei: Das innerste Leben eines Riesen oder Menschenfressers steckt nicht in dessen Leib, sondern irgendwo in weiter Ferne in einem schwer auffindbaren und wohlgeschützten Ei. Nur wer dieses zerschlägt oder zerdrückt, kann den Riesen töten. In unserem Zusammenhange erkennt man sofort, daß das Ei hier nicht nur deshalb vorkommt, weil es ein altes Symbol des Lebens ist, sondern zugleich, weil es als Requisit sich gut in den Gesamtstil des Märchens fügt. Das Märchen spricht auch gerne von Kammern, Häuschen und Schlössern, alles Dinge mit scharfen Umrissen und waagrechten und senkrechten Binnenlinien. Das Schloß, ein geistgezeugtes geometrisches Gebilde, ist eine Art Sinnbild für das Märchen überhaupt, so wie die Höhle mit ihrer unbestimmten, im Dunkel der Erde sich verlierenden Form ein Sinnbild der Volkssage ist. Ganz entsprechend spielt im Märchen das Kleid die größere Rolle als der Leib — dessen Gegenwart wir hingegen in der Sage oft sehr deutlich spüren. Zu der Vorliebe für scharf umrissene, formklare Dinge tritt im Märchen die Vorliebe für feste und farbklare Metalle wie Gold, Silber, Kupfer, für Metalle und Mineralien — Stein und Glas — überhaupt und für ausgeprägte Farben; neben den metallischen vor allem rot, weiß, schwarz, während Mischfarben und Abtönungen fast völlig fehlen. Dazu kommen die formelhaften Zahlen (3, 7, 12, 100), die formelhaften Anfänge, Schlüsse, Überleitungssätze, Sprüche und Zauberverse, kommt die Gewohnheit formelhafter Wiederholung, Steigerung und Kontrastierung und die Neigung, alles ins äußerste Extrem vorzutreiben: die Strafen ebenso wie die Belohnungen, die Sozialtypen — es ist einer entweder Prinz oder Schweinehirt — ebenso wie die Charaktertypen — der Held, die Heldin sind gut, ihre Gegner sind böse. Der Held, die Heldin stehen nicht nur an den äußersten Enden der Sozialordnung, sondern auch am äußeren

Rand der Familie, sie sind die Jüngsten und wenigstens scheinbar Schwächsten und Untüchtigsten.

Dieselbe scharfe Ausformung, Bestimmtheit, Klarheit und Festigkeit herrscht im großen in der Zeichnung der Handlung. Die Dinge — der Wald z. B. oder die Stadt, in die der Held eintritt — werden nur genannt, nicht geschildert. Die Figuren werden isoliert, sie ziehen einzeln in die Welt hinaus, die Handlung entwickelt sich in weit ausgreifender Linie, während das Geschehen der Sage mit Vorliebe am selben Ort kreist. Die Märchenhandlung hat scharfe Gelenke: Aufgaben, Gebote, Verbote und Bedingungen; die Helden werden durch Ratschläge, Gaben, Hilfen gelenkt, nicht durch Gefühlswallungen oder Gewissensentscheidungen. Den die schlanke Handlungslinie gliedernden Gelenken entspricht der prägnante Schluß. Auch die schlagartige Verwandlung, das Wunder überhaupt, fügt sich in den Gesamtstil. Es ist ein Stil der Bestimmtheit und Klarheit. Die Episoden reihen sich aneinander, aber nicht ziellos und nicht in unbestimmter Zahl wie so oft in den schweifenden orientalischen Märchen, sondern meist in drei Zügen mit dem Gewicht auf dem letzten. Als Ganzes ist das Märchen häufig zweiteilig. Der Episodenreihung entspricht im Syntaktischen die Parataxe der Sätze. Aber auch vieles andere geht in der Richtung einer klaren Zeichnung, die alles sichtbar macht, alles in eine Ebene rückt, Eigenschaften in Handlungen, Beziehungen in Gaben übersetzt. Weder das Innenleben noch das Sozialleben der Figuren, weder ihr Milieu noch ihr Herkommen noch ihre Nachwelt werden dargestellt. Die Märchenfiguren sind herausgeschnitten aus den Zusammenhängen ihres Daseins, sie haben keine eigentliche Umwelt, keine eigentliche Innenwelt, keine Nachwelt, keine Vorwelt. Und der Isolierung der Figuren entspricht die Isolierung der Episoden, die in sich abgedichtet sind — oft so sehr, daß jeder Bezug, jede Anspielung auf früheres Geschehen vermieden wird, daß vielmehr gleiche Abläufe mit den gleichen oder mit leicht variierenden Worten noch einmal erzählt werden. Gewiß ist dies eines der Mittel, die Erzählung zu verlängern, ohne sich in Schilderungen verlieren zu müssen. Aber es entspricht gleichzeitig dem ganzen Stil des Märchens. Ja, der Stilzwang ist eher stärker als das Bedürfnis, die Erzählungen auszudehnen. Wenn man bedenkt, daß all dies sich in der mündlichen Erzählung wieder und wieder ereignete, bei immer wieder anderen Erzählern und bei den verschiedensten Völkern, so wird man unwillkürlich sagen, es habe sich offensichtlich von selber gemacht. Und zwar kommt es nicht allein und nicht einmal vorwiegend von den Notwendigkeiten der mündlichen Übertragung und der Primitivität der Erzähler her. Volkslied und Volkssage haben einen anderen Stil als das Märchen. Im Volkslied kommen die Farben der lebendigen Natur, grün und braun, häufig vor, im Märchen ist weder vom Grün des Laub- oder Tannenwalds noch vom Braun der Baumstämme, des Ackers oder der Haare die Rede, sondern von goldenem Haar und von kupfernen Wäldern. Nicht weil dies leichter zu erzählen oder bequemer zu überliefern wäre, sondern weil es zum Stil der Gattung gehört.

Dazu kommt, daß sich aus diesem Stil des europäischen Volksmärchens, den ich zusammenfassend zu umreißen oder wenigstens anzudeuten versucht habe[7], ein Menschenbild wie von selber ergibt. Im Mittelpunkt des Märchens steht der Held oder die Heldin. Alle anderen Figuren sind, wiewohl ebenso scharf gezeichnet, nur Gegner, Helfer, Beweger des Helden oder Kontrastfiguren zu ihm. Die zentrale Figur nun, der Held, erscheint, dem Gesamtstil des Märchens entsprechend, als ein Isolierter. Er ist das äußerste, leicht ablösbare Glied der Sozialreihe ebenso wie der Familie. Innerhalb der Familie trägt er das Stigma der Dummheit oder der Faulheit; nicht selten ist er das einzige Kind nach langer Kinderlosigkeit der Eltern; er ist Stiefkind oder Däumling, magische Empfängnis zeichnet ihn und zeichnet ihn aus, er erscheint als Tierkind oder auch als halber Mensch. Er trennt sich von seinen Eltern, und durchaus nicht immer kehrt er wie Hänsel und Gretel ins Vaterhaus zurück. Hänsel und Gretel werden ausgesetzt, andere lösen sich selber ab, wandern unter ganz verschiedenen Vorwänden hinaus in die unbekannte Welt und bestehen die Abenteuer allein. Aber gerade weil sie nirgends fest verwurzelt sind, sind sie frei für jede Beziehung, frei zum Eingehen und Lösen jeder Verbindung, sie empfangen leicht und sicher die

---

[7] Auf Grund meiner Untersuchungen in Das europäische Volksmärchen, Bern und München ³1968, und Volksmärchen und Volkssage, zwei Grundformen volkstümlicher Erzählung, Bern und München ²1966.

Gaben und Hilfen jenseitiger Figuren. In seinem Helden, in seiner Heldin zeichnet das Märchen den Menschen als einen Isolierten und eben deshalb universal Beziehungsfähigen. Der Märchenheld ist isoliert, aber nicht preisgegeben, sondern geradezu der Begabte schlechthin, einer, der Gaben und Hilfen auf Schritt und Tritt empfängt und, im Gegensatz zu seinen unbegnadeten älteren Geschwistern, zu empfangen fähig ist. Er ist isoliert, aber nicht einsam, denn er fühlt sich nicht einsam; alle wichtigen Kontakte stellen sich mühelos her. Weil dieses Bild des Menschen sich aus dem ganzen Stil des Märchens ergibt, kehrt es in jeder Erzählung wieder. Psychologen, welche die Märchen symbolisch auszulegen versuchen, verweisen auf spezielle Aussagen der verschiedenen Erzählungen, auf Reifungs- und Entwicklungsvorgänge, auf Auseinandersetzung mit Mutter- oder Vaterbindung, auf die Suche nach dem Kern der eigenen Persönlichkeit, auf die Zuwendung zu unbewußten Sphären und vernachlässigten Möglichkeiten, auf Auseinandersetzungen innerhalb des Unbewußten. Wir glauben durchaus, daß solches in den Märchen sich spiegelt. Es ist unbestreitbar, daß das Volksmärchen zu symbolischer Ausdeutung geradezu auffordert. Daß die schöne Prinzessin einen hohen Wert und daß Drachen, Hexen, Menschenfresser böse Mächte verbildlichen, sieht jeder. Aber in der Ausdeutung der besonderen Züge können die Meinungen auseinandergehen, und leicht schleicht Willkür sich ein. Das allgemeine Bild des Menschen jedoch, das der Gattung als solcher eigen ist, kann unmittelbar von den Erzählungen abgelesen werden.

Auch die Volkssage gibt ein Bild des Menschen. Es ist ein anderes als das des Märchens, und das deshalb, weil der Blickpunkt der Sage ein anderer ist. Das Märchen faßt den *Menschen* ins Auge, die Sage aber das, was dem Menschen *begegnet*. Das Märchen zeichnet die schmale Bahn des handelnd durch die Welt schreitenden Helden und verweilt nicht bei den ihm begegnenden Gestalten. Die Volkssage aber schaut gebannt gerade auf das Unbegreifliche, das dem Menschen entgegentritt. Und weil es ein Ungeheures ist — Krieg, Seuche oder Bergsturz, besonders häufig aber eine numinose Macht, seien es Naturdämonen oder Totengeister — so wird vor ihm der Mensch klein und unsicher. Die Sage zeichnet den leidenden Menschen, den Getroffenen und Betroffenen, den Fragenden, Grübelnden, Deutenden, aber auch den um schwere Entscheidungen Ringenden, im Frevelmut sich Verlierenden oder zur Opfertat sich Erhebenden. Mehrfach ist darauf hingewiesen worden, daß im besonderen die historische Sage den Menschen eher als einen das Schicksal Erleidenden denn als einen das Schicksal Formenden oder Bewältigenden zeichne[8]. Aber nicht in jedem Betracht ist der Mensch der Sage passiver als der des Märchens. Im Denken und Deuten, in der geistigen Auseinandersetzung mit den ihm begegnenden Mächten ist er weit selbständiger und aktiver als der Märchenheld, der fast alles als selbstverständlich entgegennimmt. Und nicht nur seine Gedanken, Ahnungen, Befürchtungen steigen aus der eigenen Seele auf, sondern auch seine Entschlüsse und Taten, während der Märchenheld durch Aufgaben, Aufträge, Hindernisse und Hilfen gelenkt und bewegt wird. In der Fernsicht des Märchens werden Menschen, Tiere und Jenseitswesen zu Figuren. Die Sage aber ist nahe beim Menschen, beim Tier und beim Gespenst. Sie hat eine andere Blickdistanz und eine andere Blickrichtung. Im Zentrum steht nicht der Mensch als solcher, sondern seine schwer faßbaren Partner. Beides, die geringe Distanz und die Hinwendung zu den übermächtigen Partnern ergibt von selber ein anderes Bild des Menschen. Es ergibt auch eine andere Erzählweise. So wie der Mensch der Sage ein Tastender, Fragender ist, ein Bruchstück, dem Zugriff ungeheurer Mächte preisgegeben, so ist auch die Erzählweise tastend, bruchstückartig. Es ist umstritten, ob man von einem eigentlichen Sagenstil sprechen könne. „Es hat ... keinen Zweck, bei der Sage nach der Erzählform und nach dem Gattungsstil zu fragen", erklärt Leopold Schmidt. „So etwas gibt es eben nicht, bei der Sage ist alles Inhalt[9]." Eine solche Einstellung unterscheidet offenbar nicht oder zu wenig zwischen Volksglauben und Volkssage. Beim Volksglauben ist alles Inhalt, die Volkssage aber ist eine Erzählgattung und hat als solche ihren Stil. An anderer Stelle habe ich versucht, diesen Stil näher zu umschreiben als eine Mischung von Bestimmtheits- und Unbe-

---

[8] Vgl. Hermann Bausinger, Volkssage und Geschichte, in *Württembergisch Franken* 41 (1957); s. jetzt auch Bausinger, Formen der „Volkspoesie", Berlin 1968, S. 182 f.

[9] Leopold Schmidt, Die Volkserzählung, Berlin 1963, S. 108.

stimmtheitselementen, eine Mischung, die der zwiespältigen, unge-
wissen Haltung des Menschen der Sage entspricht [10].
Das Märchen ist als Erzählung reicher als die Sage. So einfach es
scheint, so differenziert ist es auf seine Art. Es weiß um den Gegensatz von Sein und Schein, um das Doppelgesicht der Dinge überhaupt. Der Wald, das Schloß, das verbotene Zimmer sind zugleich
Orte der Gefahr und des wesentlichen Abenteuers, das wilde Tier
kann zum dankbaren Helfer werden oder zum strahlenden Bräutigam, Tötung kann Erlösung bringen, Rückverwandlung zum Menschen. Zentraler Träger des Themas Schein und Sein ist der Märchenheld, der dumm, faul, schmutzig, ungeschickt, häßlich, abnorm
zu sein scheint, sich dann aber als einer erweist, der alle anderen
überstrahlt. Auch andere wichtige Themen kommen im Märchen
vor, so das der Selbstbegegnung. Wir sind schon einmal auf das
Motiv vom verborgenen Leben gestoßen; die Erzählungen, in denen
es enthalten ist, sind unter dem Namen „Der Riese ohne Herz"
bekannt (und tragen im Typensystem von Aarne-Thompson die
Nummer 302) [11]. Der Riese, Oger, Menschenfresser hat sein Leben
irgendwo außerhalb seines Leibes verborgen, meist weit entfernt in
einer Beere, einer Biene, einem Vogel oder Fisch, in einem Schwert,
besonders häufig in einem Ei. Wer es in seine Gewalt bekommt, hat
Gewalt über das Leben des Riesen. Das Geheimnis, wo sein Leben
steckt, wird ihm durch die Jungfrau, die er geraubt hat, abgelistet,
der Held findet das Ei und zerdrückt es, so daß der Riese sterben
muß. In manchen Varianten ist es nun so, daß der Tod des Riesen
erst erfolgt, wenn man das Ei gegen dessen eigene Stirn schleudert.
Der Riese stirbt gleichsam an sich selber. Es ist auffällig, wie die

---

[10] Vgl. Max Lüthi, Gehalt und Erzählweise der Volkssage, in Sagen
und ihre Deutung, Göttingen 1965, jetzt auch in Volksliteratur und Hoch-
literatur — Menschenbild, Thematik, Formstreben, Bern und München 1970,
S. 26—37. Ebenda Abhandlungen zu den oben gestreiften Fragen der
Ethisierung in der Sage und der Rolle der Familie im Märchen: S. 38—47
Warnbild und Leitbild in der Volkssage, S. 63—78 Familie und Natur im
Märchen. Vgl. auch Heinrich Burkhardt, Zur Psychologie der Erlebnis-
sage, Diss. Zürich 1951, S. 69, 76 f.

[11] S. Antti Aarne / Stith Thompson, The types of the folktale, Second
revision, Helsinki 1961, S. 93 f.

verschiedensten Typen der Volkserzählung, nicht nur das Märchen, einem solchen Rückbezug, einer verhängnisvollen Selbstbegegnung zustreben. Wie in „Hänsel und Gretel" die Hexe in ihrem eigenen Ofen verbrennen muß, so kommen auch andere Unholde durch ihre eigene Methode um, im Märchen romanischer Länder z. B. Blaubart oder die böse Schwiegermutter Dornröschens. Besonders eindrucksvoll ist eine Mahrtensage, die in vielen Varianten in Schweden aufgezeichnet worden ist. Ein Bauer oder Gutsherr findet sein Pferd — bisweilen wird es als sein Lieblingspferd bezeichnet — jeden Morgen schweißbedeckt und zitternd im Stalle stehen. Er vermutet, das Pferd werde von einem Alb gedrückt und wendet ein in vielen Nachtmahrsagen vorkommendes Mittel zur Abwehr des Albs an, er bindet dem Pferd eine Sense mit nach oben gekehrter Schneide auf den Rücken. Am Morgen findet man den Bauern tot im Stall. Er ist, ohne es zu wissen, Nacht für Nacht selber sein Pferd drücken gegangen und ist nun seiner eigenen Abwehrwaffe erlegen. Mahrtensagen mit dem Motiv der nach oben gekehrten Schneide eines Messers oder einer Sense gibt es viele. Man findet dann meistens am anderen Morgen einen Haus- oder Dorfgenossen männlichen oder weiblichen Geschlechts, der in der Nacht verwundet worden und daher nun als einer, der nachts „drücken geht", entlarvt ist. In der schwedischen Gruppe[12], wo nicht ein Mensch, sondern ein Pferd gedrückt wird, ist die Möglichkeit offen, daß dessen Besitzer selber seinem Pferd und damit auch sich den Schaden antut. Höchste und entschiedenste Ausformung dieser Möglichkeit ist der Tod des Menschen durch seine eigenen Vorkehrungen. Nicht in allen Erzählungen wird dieses Ziel erreicht. Es gibt Fassungen, in denen ein Knecht dem Pferd die Sense aufschnallt und am Morgen seinen Herrn tot oder auch nur verletzt im Stall findet, andere, in denen der Bauer die Sense aufbindet und dann den Knecht tot oder verletzt antrifft. So oszillieren die Varianten um einen Zielpunkt, den manche von ihnen treffen, während andere ihn nicht ganz erreichen.

[12] Siehe dazu C.-H. Tillhagen, The conception of the nightmare in Sweden, in *Humaniora*, Festschrift für Archer Taylor, N. Y. 1960, S. 323, 325. Weitere Nachweise verdanke ich der Freundlichkeit von Herrn Bengt af Klintberg, Stockholm.

Daß aber das Streben nach diesem Ziel der Sagengruppe innewohnt, daß sie auf dieses Ziel hin angelegt ist als die höchste Verwirklichung des in ihr liegenden Erzählgedankens, ist offensichtlich. Wir treffen hier eine besondere Form des Zurechterzählens. Es gibt eben nicht nur Urformen, aus denen die Varianten ableitbar wären, es gibt auch Zielformen, auf die sie hinstreben. Seit vielen Jahrzehnten ist es das Hauptbestreben der sogenannten finnischen Schule, durch Vergleich aller bekannten Varianten eines Erzählungstyps dessen Urform zu gewinnen. Mit dem, was man Zielform nennen könnte, hat sich bis anhin noch kaum jemand beschäftigt. In unserem Beispiel bedeutet es eine Akzentuierung des Selbstbezugs, wenn einzelne Versionen betonen, es habe sich nicht um irgendein beliebiges, sondern um das Lieblingsroß des Gutsherrn gehandelt. Ähnlich gibt es im Zyklus der Erzählungen von Oleg oder Orvar Odd, in denen es ebenfalls um das Zugrundegehen des Helden durch sein eigenes Tun geht, Gipfelformen, in denen das Vehikel des Verhängnisses nicht irgendeines seiner Pferde oder gar nur ein Jagdtier ist, sondern sein Leibpferd, das er über alles in der Welt liebt und das ihm früher einmal das Leben gerettet hat[13].

Aus Gotthelfs „Schwarzer Spinne" kennt man das Verkeilen des Pestdämons. Als Spinne oder als Räuchlein wird er in einer Spalte, einem Astloch oder Dubelloch des Holzhauses verschlossen. Nach Jahren zieht jemand den Pfropfen heraus, und da bricht die Krankheit von neuem aus. Auch da gibt es Varianten, die erzählen, wie der Täter sich selber zerstört. So in einer von Josef Müller aufgezeichneten Urner Fassung: „Als der Beulentod im Lande herrschte, baute man zu Spiringen das Haus im Sticki oder im Butzli. Ein Arbeiter wurde während des Baus von der Krankheit ergriffen.

---

[13] Vgl. dazu meinen Vortrag über Parallele Themen in der Volkserzählung und in der Hochliteratur, in Laographia XXII, Athen 1965, S. 248—261, ferner meinen Aufsatz Zum Thema der Selbstbegegnung des Menschen in Volksdichtung und Hochliteratur, in der Festschrift für Helmut de Boor, Tübingen 1966, S. 251—268, beide jetzt in Volksliteratur und Hochliteratur (wie Anm. 10), S. 90—99 und 100—119; s. a. meinen Beitrag zur Festgabe für Leopold Schmidt (Volkskunde / Fakten + Analysen), Wien 1972, S. 482—495: Zur Präsenz des Themas Selbstschädigung in Volkserzählungen.

Schon ist sein Daumen schwarz. Schnell entschlossen schneidet er ihn mit der Axt ab und steckt ihn in ein Dubelloch, das er fest verschließt. Bald hernach ging er in die Fremde. Nach zehn Jahren kehrte er nach Hause zurück. Als er zum Stickihaus kam, wunderte es ihn nach seinem Daumen. Er öffnete jenes Dubelloch, da sprang ihm der Finger an die Stirne. Da wurde er von der Pest ergriffen und starb in wenigen Stunden." [14] Hier ist es kein Unhold, der sich selber zum Verhängnis wird; nur das in der Volkssage häufig vorkommende Thema des Vorwitzes, des Frevelmuts klingt an. Aber das Bild, der dem Unglücklichen an die Stirne springende eigene Daumen ist das Sagenpendant zu jenem Märchenbild von dem Leben im Ei, das gegen die Stirne des Riesen geschleudert wird und diesem den Tod bringt. Beides Bilder für das Zugrundegehen an sich selber. Auch in diesen Pestsagen erreichen manche Varianten die Idealform nur annäherungsweise. „Als der Beulentod das Jental heimsuchte", so heißt es etwa, „wurde ein Holzarbeiter im Walde von ihm ergriffen. Er erblickte die schwarze Beule, hieb sie mit der Axt ab, bohrte ein Loch in eine Tanne und verschloß die Beule darinnen. Nach einem Jahr spöttelte er einmal über sie und sagte, er wolle doch sehen, was sie mache. Er öffnete das Loch; da kam ein blaues Räuchlein heraus, und da war er fertig." [15] So arbeitet sich bei manchen Sagentypen in der Fülle der Varianten an einer bestimmten Stelle die Gestaltung eines bestimmten Themas, hier das der zerstörerischen Selbstbegegnung, wie von selber heraus, und wie durch Zufall nähert sich die eine Fassung mehr, die andere weniger dem in der Motivkonstellation entelechisch enthaltenen Ziel. Ziel thematisch verstanden, nicht formqualitativ [16].

---

[14] Josef Müller, Sagen aus Uri, Bd. I, Basel 1926 und 1969, S. 56.

[15] Josef Müller, a. a. O.

[16] Über das Phänomen, das ich Zielform nenne, äußere ich mich näher in dem Aufsatz Urform und Zielform in Sage und Märchen, zuerst erschienen in Fabula IX, 1967, S. 41—54; jetzt auch in Volksliteratur und Hochliteratur (wie Anm. 10), S. 198—210. Von Entelechie in etwas anderem Sinne (Gattungsentelechie) handelt Hugo Kuhn in seinem Aufsatz über Gattungsprobleme der mittelhochdeutschen Literatur, in: Dichtung und Welt im Mittelalter, Stuttgart ²1969, S. 56—61.

Innerhalb der Schatzsagen gibt es eine Gruppe, wo der den Schatz hütende Geist gezwungen werden muß, sich selber zu erlösen. Jedesmal, wenn das Gespenst den wagemutigen Schatzsucher etwas tun heißt, muß dieser den zu erlösenden Geist dazu bringen, es selbst zu tun. „Geh selber voran!" „Mach selber auf!" „Hack selber!" Johann Wilhelm Wolf, der 1853 eine solche in Hessen aufgezeichnete Sage veröffentlichte, bemerkt dazu: „Das Vorangehen des Geistes ist in solchen Fällen Hauptsache, sonst würde er dem, den er geleitet, wohl auf den Nacken springen oder sonst Übles zufügen." [17] Diese realistische Erklärung ist gewiß recht plausibel. Aber vor dem Hintergrund all der anderen Erzählungen, die das Thema des Selbstbezugs kennen, gewinnt das Motiv sogleich eine vollere Bedeutung.

Eine Art Selbstbewegung des Stoffes auf ein ihm innewohnendes Ziel hin zeigt sich auch bei den Sagen, die sich im 19. Jahrhundert in Norddeutschland an die Ermordung unbeliebter Gutsbesitzer anschlossen [18]. In manchen Varianten stilisiert sich das Geschehen auf ein eindrückliches Schlußbild hin: Der Herr muß sich auf den Scherben seiner eigenen Weinflaschen zu Tode tanzen. In einem Falle ist der reale Ansatzpunkt der, daß man den Mann mit Scheren, Glasscherben, Ruten zu Tode gequält hat. In einem andern, daß man die Stöcke, mit denen er vorher die Leute geprügelt, auf seinem Leibe zu Fasern geschlagen hat — hier ist also in der Wirklichkeit das geschehen, was so oft in Erzählungen vorkommt: Der Hartherzige kommt durch seine eigenen Marterinstrumente um. Die Erzählphantasie aber strebt auch in diesem Fall dem optisch prägnanten und zugleich symbolischen Schlußbild zu, dem Todestanz des Herrn auf den Scherben der herrschaftlichen Weinflaschen. In einem anderen Fall kombiniert eine Variante beides: „Si hebben de Wienflaschen intwei smäten, un he hat so lang up de Schörwen danzen müsst, bet he doot wäst is. Mit de Pietsch hebben se em dräben."

---

[17] J. W. Wolf, Hessische Sagen, Göttingen 1853, S. 200 f.
[18] S. dazu Gisela Schneidewind, Der Sagenkreis um den mecklenburgischen Gutsherrn Georg Haberland, in Deutsches Jahrbuch für Volkskunde V (1959), S. 8—43. Dieselbe, Herr und Knecht, Antifeudale Sagen aus Mecklenburg. Berlin 1960, S. 97—110.

Der Tyrann wird nicht getötet, er muß sich selber zu Tode tanzen, und die eigene Peitsche treibt ihn dazu an.

Eine andere Art von Selbstbewegung des Stoffes treffen wir im weiten Kreis der Varianten vom Tod des Großen Pan[19]: In der Schrift Plutarchs über den Verfall der Orakel lesen wir, wie dem Steuermann eines griechischen Schiffes von einer Insel aus zugerufen wird: „Wenn du nach Palodos kommst, melde, daß der große Pan gestorben ist." Als der Steuermann dies dann tut, „hört man ein großes Wehklagen, nicht von einer, sondern von vielen Stimmen". Neuzeitliche Sagensammler haben zahlreiche ähnliche Geschichten aufgezeichnet. Österreichische Sagen erzählen, wie eine Fänggin, ein junges Waldweiblein, bei einem Bauern als Magd dient. Ein durch den Gebirgswald gehender Mann hört unvermittelt eine rauhe Stimme ihm zuzurufen: „Saget der Stutzfärche, die Rohrinde sei gefället und tot." Im Hause jenes Bauern erzählt der Wanderer sein seltsames Erlebnis, da erhebt sich die Magd, fängt an zu heulen und zu jammern, läuft eilig dem Gebirgswald zu und ist nie mehr gesehen worden. Die Namen wechseln, sie haben häufig Bezug zu Bäumen, man hat — auch im Gedanken an Pan — auf Vegetationsdämonen geschlossen und an die Beweinung des Todes von Naturgeistern im Herbst gedacht. Aber in Norddeutschland wird die gleiche Geschichte von Kobolden erzählt und in England und Irland gar von Katzen. Die Abhängigkeitsverhältnisse sind nicht geklärt, die nördliche Form kann ebensowohl die ursprüngliche sein wie die südliche. Der amerikanische Forscher Archer Taylor hat schon 1922 die Meinung vertreten, die Träger der Handlung seien weniger wichtig als die Geschichte selber. Als Figuren werden einfach in jeder Landschaft die dieser vertrauten Sagenwesen eingesetzt. Was uns in unserem Zusammenhang interessiert, ist der Umstand, daß der Wechsel der Figuren die Geschichte automatisch verändert. Die Waldwesen des Südens beginnen bei dem Empfang der Todesbotschaft meist zu trauern, die Katze des Nordens aber frohlockt

---

[19] Zu dieser Sagengruppe siehe besonders Archer Taylor, Northern parallels to the death of Pan, in Washington University Studies, Humanistic Series X (1922), S. 3—102, und Inger M. Boberg, Sagnet om den store Pans død, Kopenhagen 1934.

über die Kunde vom Tod des Katzenkönigs, denn nun wird sie dessen Nachfolger werden. Oder sie springt ihrem Herrn, der unterwegs eine Wildkatze totgeschlagen hat, an die Kehle und erwürgt ihn. Im Volksmärchen kann man die Figuren fast beliebig auswechseln; es hat keinen Einfluß auf den Gang der Handlung, ob ein Minister oder ein Kutscher den Usurpator spielt und den Drachen erschlagen zu haben behauptet. Die zähflüssigere Sage aber spürt das Gewicht der wechselnden Gestalten und paßt sich deren Eigenart an. Die Naturwesen der Alpen sind empfindsam, Katzen aber gelten als Hexentiere und haben zumal in keltischen Gegenden einen üblen Ruf. So nimmt unter ihrem Einfluß die Erzählung eine andere Wendung, wie von selber nähert sie sich düsterer Tragik, während in den Alpensagen der Segen, den die Fänggin dem Hof gebracht hat, nach ihrem Abschied fortdauert. Wenn in der englischen Version, deren früheste uns bekannte Variante aus der Mitte des 16. Jahrhunderts stammt, der Mann, der unterwegs die unbekannte Katze getötet hat, zu Hause seine Tat selber erzählt und dadurch seinen eigenen Untergang heraufführt, so stellt sich hier ein uns wohlbekanntes Thema wieder ein.

Wir haben unseren Aufsatz „Aspekte des Volksmärchens und der Volkssage" genannt. Anhand des Leitgesichtspunkts des Sich-von-selber-Machens sind uns eine Reihe verschiedener Aspekte in den Blick gekommen; andere sind unerwähnt geblieben. Wir greifen nun auf einige der berührten Erzählungen zurück und fassen noch ganz wenige Punkte besonders ins Auge. Die letztbesprochene Sagengruppe, die vom Tod des großen Pan, zeigt viel von der Eigenart der Sage überhaupt: das Hereinragen einer geheimnisvollen, ganz anderen Welt in die profane des Alltags, die unheimliche Wirkung, das Staunen der Betroffenen, das Ungreifbare der unbekannten Welt, die doch in einem ganz präzisen Satz sich äußert, der von der antiken bis zu den jüngsten Aufzeichnungen genau zitiert wird: ein Beleg für jene Mischung von Bestimmtheits- und Unbestimmtheitselementen, von der schon einmal die Rede war[20]. „D'Jochrumpla söll hêmkô, der Muggastutz sei tôd." „Kilian ist tot!" «Balthasar est mort!» oder «Burlotte est morte». "Commend me

---

[20] Vgl. oben S. 418, Anm. 10.

unto Titton Tatton and to Pus thy Catton and tell her that Grimmalkin is dead." Ὁπόταν γένῃ κατὰ τὸ Παλῶδες, ἀπάγγελον ὅτι Πὰν ὁ μέγας τέθνηκε. Es erfolgt eine sehr präzise Reaktion, deren Bedeutung aber — wieder die charakteristische Verschränkung von bestimmt und unbestimmt — ungewiß bleibt. Dieser Erzählungstyp ist weder als Ausdruck eines Vegetationskults (Mannhardt) noch als bloße Auswirkung von Gehörstäuschungen (Taylor) voll erklärbar, sondern nur als Ausprägung jener allgemeinen Erfahrung, daß eine schwer deutbare, aber stark fühlbare fremdartige Welt die Grenzen unseres profanen Daseins aufbricht. Von dieser ganz anderen Welt aus gehen aber auch normende Wirkungen aus. In der Sagengruppe, die vom Tod eines jenseitigen Wesens erzählt, kommt das nur andeutungsweise zum Ausdruck, deutlicher in jenen Pestsagen, welche den Vorwitz ihres Helden bestrafen. Warnung vor Selbstüberhebung, vor Frevelmut ist ein Bestandteil sehr vieler Sagen. Die Moralisierung nimmt ihnen einen Teil ihres Schreckens, den Jenseitssagen sowohl wie den historischen Sagen. Denn durch die Moralisierung bekommt das Geschehen einen faßbaren Sinn. In der Moralisierung macht sich aber oft auch die Stellungnahme einer bestimmten sozialen Gruppe bemerkbar. Wenn in der von uns aufgegriffenen Sage von dem Scherbentanz des tyrannischen Gutsbesitzers aus Mecklenburg ebenso wie in vielen Zwingherrn- und Burgensagen der Schweiz eine Sozialkritik von unten her wirksam ist, so kommt in jenen Alpensagen, in denen Sennen Milch, Butter und Käse frevlerisch vergeuden, eher eine Warnung von oben her zur Geltung; die Alpbesitzer möchten ihre Sennen davon abschrekken, mit dem ihnen anvertrauten Gut unachtsam oder verschwenderisch umzugehen. Wer fahrlässig oder gar böswillig eine Kuh in den Abgrund stürzen läßt, muß nach seinem Tode umgehen und sisyphus-ähnlich das abgestürzte Tier immer wieder aus dem Abgrund heraufziehen. Auch Markstein-Versetzer, Grenzfrevler müssen umgehen — hier äußert sich in der Kritik die Gemeinschaft. Wer sein Bauerngütchen auf Kosten der Allmend, des Gemeinschaftsbesitzes, vergrößert, wird besonders scharf gebrandmarkt (— sehr im Gegensatz zu heute, wo man Steuersünder mit dem Mantel des Verständnisses zu decken pflegt). Wenn so die Sozialkritik von verschiedenen Schichten und Gruppen ausgehen kann, so machen sich in den Sagen und auch in den Märchen natürlich auch die verschiedenen Epochen bemerkbar. Während im Altertum vom Tod des großen Pan die Rede ist, kann später christliche Denkungsart sich durchsetzen. Knechte hören bei der Holzarbeit einen Vogel singen: „Stutzi Mutzi! morgen müssen wir zur Kirche gehen, der Obriste ist gestorben!" So wird in der Sage der Jenseitsbereich nicht nur moralisiert, sondern auch christianisiert. Geschichtliche Veränderungen können auch im Märchen festgestellt werden. Bloße Requisitverschiebungen wie die Ersetzung des Schwerts durch die Flinte, des Gasthauses durch das Hotel betreffen nur die Oberfläche des Märchens. Man glaubt aber auch in seiner Struktur Spuren geschichtlicher Entwicklungen zu finden. In dem von uns mehrfach berührten Märchentyp vom Riesen ohne Herz erhält der Held von helfenden Tieren die Fähigkeit, ihre Gestalt anzunehmen. Man hält diesen Gestaltentausch für älter als das in anderen Erzählungen übliche magische Herbeirufen der Tiere. In dem Kontakt mit Jagdtieren vermutet man eine ältere Schicht als in dem mit Haustieren[21]. Aber deskriptive Forschung darf sagen, daß sich im Märchen jüngere und ältere Schichten zur Einheit fügen; jedes Element wird eingeschliffen ins Ganze. Der Historiker ebenso wie der Psychologe bewegt sich im Reiche der Vermutungen und ist wie jener argen Täuschungen ausgesetzt. So glaubte man aus dem altgermanisch klingenden Rhythmus der Verse „Rapunzel, Rapunzel, laß dein Haar herunter" schließen zu dürfen, daß die Rapunzelerzählung in eine relativ frühe Zeit zurückreiche, wenn nicht in die germanische, so doch etwa ins 10., 11. oder 12. Jahrhundert. Und dann stellte sich heraus, daß jene Versprägung von Jacob Grimm stammt, daß in der Quelle, deren Vorlage übrigens nicht ein deutsches, sondern ein französisches Märchen ist, überhaupt keine Verse stehen, sondern klobige, aber ganz und gar nicht zauberische Prosa: „Rapunzel, laß deine Haare runter, daß ich rauf kann —" die ungeschickte Übersetzung eines französischen «Persinette, descendez vos cheveux, que je monte.» Andere Forscher nehmen an, es bestehe ein Zusammenhang zwischen dem Turm des Rapunzelmärchens und der Puber-

---

[21] Vgl. Lutz Röhrich, Märchen und Wirklichkeit, Wiesbaden ²1964, S. 81—102.

tätshütte mancher Naturvölker, und glauben auf diese Weise das Alter der Erzählung bestimmen zu können [22]. In unseren Darlegungen haben wir uns solch kühner Hypothesen enthalten und nur zu zeigen versucht, was offen zutage liegt, was gewissermaßen von selber sich ergibt. Auch innerhalb dieses Offensichtlichen ergeben sich viele Probleme und zeigen sich manche Aspekte. Einige von ihnen ins Auge zu fassen, wenn auch nur in raschem Vorübergehen und ohne irgendwie zu systematisieren, war die Absicht dieses Aufsatzes.

[22] Friedrich von der Leyen, Das Märchen, Heidelberg [4]1958, S. 173; derselbe, Das deutsche Märchen, Düsseldorf/Köln 1964, S. 106; Will-Erich Peuckert, Deutsches Volkstum in Märchen und Sage, Schwank und Rätsel, Berlin 1938, S. 19 f. Vgl. M. Lüthi, Rapunzel, in Volksmärchen und Volkssage (wie Anm. 7), S. 62—96.

Mihai Pop, Metode noi in cercetarea structurii basmelor. Folclor Literar I (1967), p. 5—11. Aus dem Rumänischen übersetzt von Irmgard Lackner.

NEUE METHODEN
ZUR ERFORSCHUNG DER STRUKTUR
DER MÄRCHEN

Von Mihai Pop

In den verschiedenen Bereichen der Ethnologie und besonders im Studium der mündlichen Volksliteratur, folglich auch in dem der Erzählung, wurde in letzter Zeit das Interesse für die strukturalistische Forschung immer mehr betont[1].

Schon vieles wurde auf dem Gebiet des Märchens geleistet und geschrieben: Historische und anthropologische Studien über den Ursprung und die Verbreitung der Erzählungen und über die Art, wie diese die verschiedenen Aspekte des sozialen und kulturellen Lebens widerspiegeln, weiterhin sind ethnopsychologische und psychoanalytische Interpretationen erschienen; besonders das konkrete Studium des Phänomens des Erzählens und dessen, was man im allgemeinen die Biologie der Volkserzählung nennt, lieferte neue Daten, und es wurde beharrlich daran gearbeitet, die bis zur Zeit gesammelten, bedeutenden Unterlagen in typologische Kataloge zu systematisieren. Nach all diesen Vorarbeiten ist die strukturalistische Forschung bestrebt, im Geiste der neuen Orientierung auf dem Gebiete der Studien über Poetik und Stilistik, das Märchen als künstlerische Realität zu erkennen; die neue Forschung schreitet zur systematischen Analyse der Ausdrucksmittel, durch welche diese Realität dargestellt wird.

Die Arbeiten von V. I. Propp über die Morphologie der russischen Märchen, welche der ganzen strukturalistischen Erforschung

---

[1] R. Bastide, Sens et usage du terme structure dans les sciences humaines et sociales. 'S-Gravenhage 1962, 29—30, 40—45, 100—106, 124—137. J. Viet, Les méthodes structuralistes dans les sciences sociales, Paris, 1965, 60—85.

der mündlichen Literatur neue Wege eröffnet[2], die Studien von
A. Stender Petersen über die dynamischen und labilen Elemente
in den Märchen und Sagen[3] und seine Skizze über die strukturalistische Literaturtheorie[4], die Studien von T. A. Seboek über die
strukturelle Analyse in der Folklore[5], die Studien von Cl. Lévi-
Strauss über die Struktur der Mythen und im allgemeinen über
die strukturalistische Forschung in der kulturellen Anthropologie[6],
die Arbeit von A. Dundes über die Struktur der indianischen Märchen aus Nordamerika[7], die Studie von Elli Kaija Köngäs und von
Pierre Mranda über die strukturellen Modelle in der Folklore[8]
und die Studien von R. Austerlitz über die strukturelle Definierung
der volkskundlichen Kategorien[9], die Forschungen von E. Leach
über die Struktur einiger Legenden des Alten Testamentes[10], die
strukturelle Analyse eines rumänischen epischen Liedes[11], von

[2] V. I. Propp, Morfologia skazki, Leningrad, 1928, Morphology of
the Folktale. Bloomington, 1958. Morfologia della fiaba, Torino, 1966.

[3] A. Stender Petersen, The Byzantin Prototype to the Varangian
Story of the Hero's Death Through this Horse-Varangian. Aarhus 1953:
Varangian Stratagem, idem.

[4] Idem, Esquisse d'une théorie structurale de la littérature. Travaux
du Cercle Linguistique de Copenhague, V 1949, 277—287.

[5] T. A. Seboek — Fr. J. Ingemann: Structural and Content Analysis in
Folklore Research. Studies in Ceremis. New York, 1956.

[6] Cl. Lévi-Strauss, L'analyse structurale en linguistique et en anthropologie. Word I. 1945, 36—37; Anthropologie structurale, Paris, 1957, 228—255;
Le geste D'Asdival. Annuaire de l'Ecole Partique des Hautes Etudes,
Paris, 1958—1959, 3—43; L'analyse morphologique des contes russes. International Journal of Slavic Linguistics and Poetics, 1960, 3, 148—149.

[7] A. Dundes, The Morphology of North American Indian Folktales.
FFC 195, Helsinki, 1964.

[8] Elli Kaija Köngäs — Pierre Mranda, Structural Models in Folklore,
Midwest Folklore XII, 3, 1962, 132—146.

[9] R. Austerlitz, The Identification of Folkloristic Genus. Poetics,
Poetyka, Warszawa, 1961, 505—520.

[10] E. Leach, The Legitimacy of Solomon. Archives européennes de
sociologie. VII. I, 1966, 58—108.

[11] C. Eretescu, Compoziția in balada „Ăi trei frați cu nouă zmei".
Revista de etnografie si folclor, XI, 1966, nr. 1, 153—164.

C. Eretescu, die Studie von Cl. Bremond über die erzählerische Nachricht[12] und die von B. N. Colby über den modellierten Charakter der Volkserzählung, über die Rolle der Typen in den mündlich überlieferten Märchen[13], die Arbeit von W. Steinitz über den Parallelismus in den finnisch-karelischen Liedern[14] und letztlich der Versuch von S. B. Levin[15] oder der von I. M. Lotman[16], die Methode der strukturalistischen Forschung als Ganzes in der Literatur im allgemeinen darzustellen, und vielleicht auch andere, die ich nicht kenne, wenden durch konkrete Analysen und durch Systematisierungsversuche die Prinzipien und Methoden der strukturalistischen Forschung im Studium der mündlichen Literatur an.

Wie in jedem strukturellen System so auch in der Volkserzählung werden die Motive als sinntragende Elemente mit eigener Funktion auch über die Stoffe hinaus in Wechselbeziehung zueinander gestellt und bilden die Muster, die Modelle, mit denen die Gattung arbeitet. Die Entschlüsselung der Motiveme, das Studium ihrer Wechselbeziehungen auf syntagmatischer als auch auf paradigmatischer Ebene, das Herausfinden der Modelle bildet demnach den Gegenstand der strukturalistischen Forschung. Sie führt zur Bestimmung der inneren Aufbaugesetze der Volkserzählung, bereichert die Erkenntnis der künstlerischen Wirklichkeit des Märchens mit neuen Elementen und wenn sie auf breiter Ebene durchgeführt wird, kann die strukturalistische Forschung, so wie B. N. Colby gezeigt hat, eine neue Grundlage für die Definierung der verschiedenen Kategorien der Volksprosa durch ihre eigenen wahren Elemente bilden.

Ohne noch länger bei den theoretischen und methodologischen Aspekten der strukturalistischen Forschung, die im allgemeinen den Spezialisten bekannt sind, zu verweilen, möchte ich in dieser Studie

[12] Cl. Bremond: Le message narratif. Communications. IV, 432.

[13] B. N. Colby, Cultural Pattern in Narrative, Science 151, 1956, 793—798.

[14] W. Steinitz, Der Parallelismus in der Finnisch Karelischen Volksdichtung. FFC 115, Helsinki, 1934.

[15] S. B. Levin, Linguistic Structure in Poetry. 'S-Gravenhage, 1962.

[16] I. M. Lotman: Lekciji po structuralnoj poetike. Tartu, 1964.

die Analyse der kompositionellen Struktur eines rumänischen Märchens vermitteln.

Das Märchen handelt von einer Prinzessin, die sich in einen Soldaten verkleidet hatte. Ich habe es in der Gemeinde Fierbinţi ungefähr 25 km östlich von Bukarest vom Erzähler Dobre N. Iordan, der 70 Jahre alt ist, gesammelt. Dobre N. Iordan ist blind. Seine Hauptbeschäftigung ist das Bauen von Brunnen. Schon längere Zeit hat er das Dorf nicht verlassen. Da er blind ist, liest er nichts, demnach ist sein literarischer Horizont aufs Hören beschränkt. Die Märchen hat er von seinem Vater und von älteren Erzählern gelernt. Er hat sie immer wieder erzählt und erzählt sie auch heute noch, wobei er in Augenblicken der Muße Kinder, aber auch Erwachsene als Zuhörer hat. Er besitzt ein reiches Repertoire an phantastischen Märchen und erzählt gut. Die Varianten, die er kennt, sind umfangreich und nehmen gut umrissene Formen an. Das Märchen vom als Soldat verkleideten Mädchen dauert in der Form, in der ich es aufgenommen habe, 40 Minuten. Das Thema ist in der rumänischen Folklore und im epischen Lied von Mizil Grai zu finden.

In der Variante, die Dobre N. Iordan erzählt, verläuft die Handlung wie folgt: Ein Kaiser I, der drei Töchter hat, hat einen Bruder, den Kaiser II in einem anderen Land. Dieser ist nicht verheiratet und hat auch keine Kinder. Er verlangt von seinem Bruder, er solle ihm einen Sohn schicken, damit er ihn zu seinem Nachfolger machen könnte. Der Kaiser I hat aber keinen Sohn und beschließt, ihm eine Tochter zu schicken. Er verkleidet zuerst die älteren Töchter und stellt ihren Mut durch die übliche Stereotypie auf die Probe: er versteckt sich unter einer Brücke und geht ihnen als furchterregender Bär verkleidet entgegen. Die beiden älteren Töchter kehren erschrocken um. Diese Stereotypie ist auch in anderen rumänischen Märchen zu finden, besonders im Märchen von Harap Alb. Von einer Hexe beraten, gelingt es der jüngsten Tochter, ins andere Land zu ziehen, nachdem sie von einer anderen stereotypierten List Gebrauch gemacht hat. Sie verlangt von ihrem Vater sein Pferd, seine Waffen und Kleider aus seiner Jugendzeit. Das „Mädchen als Soldat" gelangt ohne weitere Abenteuer zum Kaiser II, der sie in sein Heer aufnimmt. Hier erweist sie sich beim

Exerzieren gewandter als die Soldaten mit vielen Dienstjahren. Weil sie aber ein mädchenhaftes Gesicht hat, erscheint sie den Soldaten verdächtig und sie beschließen, ihr Geheimnis aufzudecken. Sie veranstalten eine Feier, um sie betrunken zu machen und um sie zu durchsuchen. Dies ist ein realistisches, nicht stereotypes Verfahren. Mit Hilfe des Zauberpferdes bleibt aber das Mädchen wach und ihr Geheimnis unaufgedeckt. Der Kaiser II fordert die Soldaten auf, das Feld nach verlorenen Sachen zu durchsuchen, um diese dann einem Zauberer (vraci) zu geben, der das Schicksal dieser Sachen voraussagen soll. Das „Mädchen als Soldat" findet ein Paar Zöpfe und der Zauberer rät dem Kaiser, denjenigen, der sie gefunden hat, zu zwingen, auch das Mädchen zu suchen, das diese Zöpfe getragen hat. Das „Mädchen als Soldat" geht fort, um jenes Mädchen zu suchen, das seine Zöpfe verloren hat. Sie findet es auch auf realistische, nicht stereotype Weise an einem Brunnen beim Wäschewaschen. Sie wirft es über den Sattel, wobei sie sich einer kleinen List bedient, die ihr das Zauberpferd eingibt. Dieses ist das übliche Vorgehen bei einem Menschenraub. Als der Kaiser II die Schönheit des Mädchens mit den verlorenen Zöpfen sieht, will er sie heiraten. Diese stellt ihm aber gewisse Bedingungen, und zwar, daß er ihr vorerst neun Stuten bringen und diese melken solle, damit sie beide in der Stutenmilch baden könnten, um die Heirat gültig zu machen. Der Kaiser schickt das als Soldat verkleidete Mädchen aus, ihm die Stuten zu bringen. Das „Mädchen als Soldat" verlangt, wieder dem Rat des Zauberpferdes folgend, er solle ihr neun Büffelfelle geben, in welche sie ihr Pferd einhüllen müßte. Dann macht sie sich auf den Weg und findet die Stuten, die von einem Hengst bewacht auf einer Wiese weiden. Vom Zauberpferd beraten, vergräbt sich das „Mädchen als Soldat" zusammen mit diesem im Sand. Das Zauberpferd wiehert dreimal und bringt so den Hengst zum Laufen, damit er denjenigen finde, der gewiehert hat. So macht es ihn müde. Nachdem es ihn müde gemacht hat, fordert es ihn zum Kampf heraus. Der Hengst zerbeißt alle Büffelfelle vom Rücken des Zauberpferdes. Dieses zerreißt das Fleisch des Hengstes, daß nur noch das Skelett von ihm übrigbleibt. Das „Mädchen als Soldat" fesselt ihn und macht sich mit ihm auf den Weg zum Hofe des Kaisers II. Die Stuten folgen ihnen. Auf dem Wege werden sie wie bei der magischen Flucht von einer Krähe verfolgt, aber in der dritten Etappe der Verfolgung gelangen sie zum Hof des Kaisers und entkommen. Dem „Mädchen als Soldat" wird befohlen, die Stuten zu melken, sie besteht auch diese Probe, nachdem das Zauberpferd einen Regen kommen läßt und dann einen Frost, die bewirken, daß die Stuten unbeweglich, gefroren im Wasser stehen. Das Mädchen mit den verlorenen Zöpfen fordert den Kaiser auf, als erster in der Stutenmilch zu baden. Der Hengst bläst einen heißen Wind in die Milch hinein, der diese zum Kochen bringt und den Kaiser tötet. Das Mädchen mit den verlorenen Zöpfen schlägt dem „Mädchen als Soldat" vor, ihr Mann und Kaiser des Reiches zu werden. Da es sich wieder in einer schwierigen Lage befindet, bittet das „Mädchen als Soldat" auch diesmal das Zauberpferd um Rat, und mit Hilfe einer List, die sie gegen eine Hexe anwendet, erreicht sie, daß diese sie verwünscht und in ein Mädchen verwandelt, wenn sie ein Bursche ist, und in einen Burschen, wenn sie ein Mädchen ist. Da sie das Geschlecht wechselt und folglich die Verkleidung ablegt, kann das „Mädchen als Soldat" durch das Baden in der Stutenmilch das Mädchen mit den verlorenen Zöpfen heiraten und an Stelle des Kaisers II Kaiser werden.

Nach den von A. Dundes[17] festgelegten Prinzipien hat das Märchen eine komplexe Struktur, in der mehrere Motiveme in binären Oppositionen auftreten.

Der Thron eines Kaiserreiches bleibt ohne Nachfolger — es tritt demnach ein Mangel auf, der beseitigt werden muß. Der Kaiser I versucht den Mangel zu beseitigen durch Verkleidung der Mädchen als Soldaten. Selbst wenn wir den Versuch, ein Mädchen auf den Thron zu setzen, nicht als Übertretung eines Verbotes betrachten, muß die Verkleidung als ein Betrug angesehen werden. Um den Betrug aufzudecken und zu beseitigen, stellt der Kaiser II das „Mädchen als Soldat" auf die Probe. Sie besteht die Probe durch das Herbeiführen des Mädchens mit den verlorenen Zöpfen. Der Kaiser II versucht, einen Gewalttakt gegen das Mädchen mit den verlorenen Zöpfen zu verüben. Der Gewalttakt wird durch das

---

[17] A. Dundes, idem, 58—60.

Töten des Kaisers verhindert und beseitigt. Der Betrug wird durch den Geschlechtswechsel des „Mädchens als Soldat" beseitigt. Der anfängliche Mangel wird durch die Heirat des „Mädchens als Soldat" mit dem Mädchen mit den verlorenen Zöpfen beseitigt. Die synoptische Transkription der Motiveme in binären Oppositionen sieht daher folgendermaßen aus:

I. Mangel:
    II. Betrug:
        III. Probe:
            IV. Gewalt:
            Die Beseitigung der Gewalt
        Die Beseitigung der Probe
    Die Beseitigung des Betruges
Die Beseitigung des Mangels

Als lineare Aneinanderreihung von Motiven scheint das Märchen eine Kontamination zu sein. Jedoch zeigt uns seine strukturelle Analyse, daß wir es hier mit einem gut konturierten Modell zu tun haben, in dem die Verwicklung der Motive nicht auf der Ebene der zeitlichen Aufeinanderfolge der erzählten Geschehnisse erfolgt, sondern sie wird von der künstlerischen Konvention, vom Modell bestimmt.

Jede binäre Opposition nimmt einen bestimmten Platz in der modellierten Struktur des Märchens ein und in jedem Paar tritt neben den in Opposition stehenden Motivemen ein Vermittler, ein Helfer auf. So z. B. spielt in der Opposition II die Verwünschung durch die Hexe II eine vermittelnde Rolle; in der Opposition III ist die Hilfeleistung des Zauberpferdes vermittelnd und in der Opposition IV die Taten des Hengstes.

Gegenüber den Funktionen, welche die Hauptpersonen erfüllen, wird die Vermittlung von den Personen durchgeführt, die in den bisherigen Märchenstudien als Nebenpersonen bezeichnet wurden.

In der modellierten Struktur des Märchens gruppieren sich die Beziehungen in sogenannte Beziehungskomplexe, welche die Personen auf zwei verschiedene Ebenen stellen.

Wenn wir das Märchen in der logischen Aufeinanderfolge der Geschehnisse umschreiben, stellen wir fest, daß sich die Motiveme vom syntagmatischen Standpunkt aus in elementare Sequenzen gruppieren, welche sich in der architektonischen Struktur des Märchens in Serien ordnen.

Cl. Bremond[18] zeigt aber, daß die Reihe der elementaren Serien nicht eine einfache Nebeneinanderstellung von gleichen Werten ist, daß daher auch vom syntagmatischen Standpunkt aus die Motiveme nicht identische Rollen haben. Neben Motivemen, die sich in einer Serie im Verhältnis der Vorhersage befinden, treten in den Sequenzen auch Mehrdeutigkeiten durch Motiveme auf, welche den Angelpunkt bilden und dem Erzähler die Möglichkeit geben zu wählen, sich zu entscheiden; diese Motiveme schaffen Umstände, unter denen eine Gabelung möglich ist, die den Handlungsablauf in eine bestimmte Richtung führt und ermöglichen die Verwendung mannigfaltiger Formen, die vom Thema der Erzählung und nicht vom konkreten Stoff, durch den das Thema dargestellt wird, verlangt werden.

Die Sequenzen, die den Drehpunkt bilden, bewirken, daß sich auch horizontal gesehen mehrere Ebenen herausbilden, daß die Verbindung der elementaren Sequenzen nicht einfach, linear ist und nur von der Gliederung des Handlungsablaufes bestimmt wird, sondern daß sie diskontinuierlich, komplex, den Erfordernissen der künstlerischen Konvention entsprechend ist.

Demnach ist das analysierte Märchen folgendermaßen aufgebaut:

1. Ein Kaiser, der keine Kinder hat, verlangt von seinem Bruder, ihm einen Sohn zu schicken, den er zu seinem Nachfolger machen kann.

2. Da dieser Kaiser keine Söhne hat, beschließt er, ihm eine seiner drei Töchter zu schicken.

3. Er beschließt, die Mädchen als Soldaten zu verkleiden, aber bevor er sie zum Kaiser schickt, stellt er ihren Mut auf die Probe.

4. Die beiden älteren Töchter erweisen sich der Aufgabe, die ihnen der Kaiser anvertrauen will, als nicht würdig.

5. Die jüngste Tochter erkennt die schwierige Lage, in der sich ihr Vater befindet, und beginnt darüber nachzudenken.

6. Eine Hexe rät ihr, ihrem Vater aus der Klemme zu helfen und ihn um das Pferd, die Kleider und die Waffen aus seiner Jugendzeit zu bitten.

---

[18] Cl. Bremond, idem, 17.

7. Das Mädchen befolgt den Rat der Hexe, verkleidet sich und besteht die Probe, der auch sie von ihrem Vater unterzogen wird.

8. Sie kommt zum Kaiser II. Sie wird verdächtigt, ein Mädchen zu sein, und die Soldaten versuchen, ihr Geheimnis zu enthüllen.

9. Der Kaiser stellt sie auf die Probe, und das Mädchen findet ein Paar Zöpfe. Diese Sequenz ist mehrdeutig und erhält infolgedessen die Funktion eines Drehpunktes; sie führt die Erzählung in eine bestimmte Richtung, schafft eine Nebenlinie im Handlungsablauf und schiebt eine Gruppe von elementaren, miteinander verbundenen Sequenzen ein.

9. a) Vom Zauberer beraten, befiehlt der Kaiser II dem „Mädchen als Soldat", ihm das Mädchen, das die Zöpfe verloren hat, zu bringen.

9. b) Das „Mädchen als Soldat" bringt das Mädchen, das seine Zöpfe verloren hat.

9. c) Der Kaiser II will das Mädchen, das seine Zöpfe verloren hat, heiraten. Diese Sequenz ist auch mehrdeutig, sie bildet den Angelpunkt, bewirkt eine Gabelung und führt eine neue Gruppe von elementaren, miteinander verbundenen Sequenzen ein.

9. c¹) Das Mädchen mit den verlorenen Zöpfen verlangt vom Kaiser, er solle ihr die Stuten bringen, damit die Heirat durch das Baden in Stutenmilch gültig gemacht werden könnte.

9. c²) Das „Mädchen als Soldat" bringt die Stuten, melkt sie und bereitet das Bad vor.

9. c³) Das Mädchen mit den verlorenen Zöpfen badet den Kaiser in der heißen Milch und tötet ihn.

9. d) Das Mädchen mit den verlorenen Zöpfen bittet das „Mädchen als Soldat", sie zu heiraten und Kaiser zu werden. Durch diese Sequenz, die ebenfalls mehrdeutig ist und daher einen Drehpunkt bildet, kommt die Handlung auf die Anfangsebene der logischen Aufeinanderfolge zurück.

10. Wieder in eine schwierige Lage gebracht, gelingt es dem „Mädchen als Soldat", mit Hilfe der Hexe die Verkleidung in einen Geschlechtswandel zu verwandeln.

11. Das „Mädchen als Soldat" heiratet das Mädchen mit den verlorenen Zöpfen.

Folglich sieht der Handlungsablauf auf syntagmatischer Ebene so aus: $1 + 2 + 3 + 4 + 5 + 6 + 7 + 8 + 9/9a + 9b + 9c + (9c^1 + 9c^2 + 9c^3) + 9d + 10 + 11$.

Die Linie des Handlungsablaufes erfährt demnach zwei Verschiebungen und erhält folgende Form:

Innerhalb einer Serie hat jede Sequenz ihre eigene Struktur. Im analysierten Märchen weist die innere Struktur der Sequenzen viele Ähnlichkeiten auf.

So zum Beispiel haben viele Sequenzen eine dreigeteilte Struktur, die aus zwei statischen Teilen und einem dynamischen besteht. Wir betrachten die Teile als statisch, die den Handlungsablauf verlangsamen und demnach eine verzögernde Rolle haben, und als dynamisch diejenigen, welche die Verbindung mit den folgenden Sequenzen herstellen. Der Kaiser hat drei Töchter, zwei scheitern, die dritte geht fort. Das Zauberpferd wird nach drei Prüfungen gewählt, zweimal wird es von der Tochter des Kaisers abgewiesen, beim drittenmal erkennt sie es. Das Zauberpferd fliegt zweimal mit dem Mädchen, um ihm seine Kraft zu beweisen, aber beim dritten Mal begibt es sich in ein heldenhaftes Abenteuer. Zuerst bleibt das „Mädchen als Soldat" drei Wochen beim Kaiser II, zwei Wochen exerziert sie mit den Soldaten. In der dritten Woche wird sie auf die Probe gestellt. Das „Mädchen als Soldat" besteht drei effektive Proben: Das Herbeiholen des Mädchens mit den verlorenen Zöpfen, das Herbeiholen der Stuten und den Geschlechtswechsel. Das Zauberpferd wiehert dreimal, um den Hengst zu überlisten. Als es zum dritten Mal wiehert, fällt der Hengst ermüdet um, und das Zauberpferd besiegt ihn im Kampf. Während der magischen Flucht treibt das Mädchen das Zauberpferd dreimal an und versetzt ihm einen Hieb, um der Krähe, welche sie verfolgt, zu entkommen und beim dritten Schlag erreicht sie mit den Stuten den Hof des Kaisers und entkommt.

Diese dreigeteilte Struktur der elementären Sequenzen gibt dem Märchen eine gewisse Symmetrie, schafft einen bestimmten Rhythmus

im Handlungsablauf und streicht die Sequenzen in Angelpunkt-
stellung durch gut markierte Strukturelemente heraus.

Auch innerhalb der elementaren Sequenzen bilden sich Oppositionen, z. B. sind in der Anfangssequenz die beiden Kaiser in Opposition durch nicht verheiratet :/: verheiratet, der eine verlangt einen
Burschen :/: der andere schickt ein Mädchen. Die beiden Oppositionen stehen in einem Parallelitätsverhältnis zueinander. Manchmal bilden sich auch innerhalb der Sequenzen, welche die Vermittlung darstellen, Oppositionen. Anfangs greift die Hexe als
Mittelsperson durch Beratung ein, am Schluß durch Verwünschung.
Die Opposition Rat :/: Verwünschung mit derselben Vermittlungs-
funktion trägt zur Erhöhung der Spannung in der Erzählung bei.

Ich bringe keine weiteren Aspekte der Struktur der elementaren
Sequenzen, weil ich glaube, daß die aufgezeigten Beispiele aufschlußreich genug sind, um die komplexe Struktur des Märchens zu
beweisen und auch die klaren Linien, welche dem Modell zugrunde
liegen, darlegen.

Die Analyse des Märchens vom „Mädchen als Soldat" bestätigt
noch einmal die Behauptungen I. Weber Kellermanns[19] im Zusammenhang mit dem modellierten, formelhaften Charakter der Volkskultur und auch die Behauptungen von R. Jakobson und B. Boga-
tîrev aus dem Jahre 1929 im Zusammenhang mit der Volksliteratur
als einem mündlichen, kollektiven Phänomen, welches in der künstlerischen Nachricht gewisse Gesetze befolgt und eigene Modelle für
die verschiedenen Gattungen ausarbeitet[20]. Ohne die Existenz der
Modelle könnte die volkskundliche Nachricht, deren Mehrdeutig-
keit vom kollektiven und traditionellen Charakter begrenzt ist,
nicht entschlüssel werden, wie es tatsächlich durch eine einmütige
Zustimmung geschieht und man könnte die schon oft beobachtete
Annäherung zwischen volkskundlicher Metapher und Symbol nicht
feststellen.

---

[19] I. Weber-Kellermann, Die Bedeutung des Formelhaften im volkstümlichen Denken. Völkerforschung, 1954, 186—199.

[20] P. Bogatirev — R. Jakobson, Die Folklore als besondere Form des
Schaffens. Donum Natalicium Schrijnen. Nijmegen-Utrecht, 1929, 900
bis 918.

Das in seiner authentischen, mündlichen Form studierte Märchen erweist sich als ein komplexes Kunstwerk mit einer sorgfältig geformten Struktur, in der nichts willkürlich ist, sondern in der alles funktionell gerechtfertigt ist und sich zu einer gut konstruierten Einheit, zu einem eigenen System herausbildet. Die konkrete Art und Weise, wie der Erzähler das Märchen jedesmal darstellt, wenn er es erzählt, wird vom Modell, das die Improvisation einschränkt, bestimmt. Unter diesem Aspekt ist der Sinn der strukturalistischen Forschung demnach, die unveränderlichen Elemente von den veränderlichen zu trennen und, indem sie eine genügende Anzahl von konkreten Fällen analysiert, soll sie eine Grammatik der mündlichen Literatur aufstellen und mit ihrer Hilfe jede Kategorie durch ihre eigenen inneren Mittel und nicht durch äußere Elemente definieren.

Die Erforschung der Märchen unter diesem Aspekt wirft viele Probleme auf, die ich kaum berührt habe, die aber seitens der Volkskundler mehr Aufmerksamkeit verdienten. Die mündliche künstlerische Nachricht wird in einem eigenen semiotischen System realisiert und hat einen kollektiven und traditionellen Charakter; deswegen steht sie der eigentlichen linguistischen Kommunikation näher als die künstlerische Nachricht der Kunstliteratur und ist für die strukturalistische Forschung besser geeignet. Die Anwendung der theoretischen und methodologischen Ergebnisse der modernen Linguistik und der Kommunikationstheorie kann für das Studium der mündlichen künstlerischen Nachricht von großem Nutzen sein.

EIN RUMÄNISCHES LEGENDENMOTIV AUF MALLORCA

Von Felix Karlinger

In fast allen Landschaften Rumäniens ist ein Legendenmärchen nachweisbar, das Adams Vertrag mit dem Teufel zum Inhalt hat. Pop Reteganul[1] hat es 1895 erstmals mitgeteilt und A. Dima[2] hat den Stoff sowohl ins Deutsche übersetzt wie auch in den Anmerkungen zu seiner Ausgabe auf Varianten der transsilvanischen Fassung in der Moldau, Walachei und im Buchenland hingewiesen. Wegen der Originalität und des erzählerischen Reizes haben wir diese Geschichte auch in unserem neuen Band rumänischer Volksmärchen[3] aufgenommen.

Der Inhalt lautet kurzgefaßt: Nachdem Stammvater Adam mit Eva aus dem Paradies vertrieben worden ist, beginnt er die Erde zu bearbeiten, um sich das nötige Brot zu sichern. Die Erde gehört jedoch dem Teufel — dem Herrn dieser Welt —, und dieser verbietet Adam, das Feld zu bestellen. Da Adam keine andere Möglichkeit sieht, sein Leben zu fristen, geht er mit Satan einen Pakt ein, worin er sich mit Frau und Kindern dem Teufel verschreibt. Der Teufel nimmt den Vertrag, der meist auf einen Ziegelstein geschrieben ist, mit sich in die Hölle (oder versenkt ihn in manchen Varianten im Flusse Jordan), und erst Christus kann diesen Vertrag vernichten, sei es, daß er nach seinem Tode in der Hölle den Stein zerbricht, sei es, daß er bei der Taufe im Jordan auf den Stein zu stehen kommt und die Schrift erlischt.

Dieser Legendenstoff muß in Rumänien eine alte Tradition be-

---

[1] I. Pop Reteganul, Povești din popor, Sibiu 1895, p. 194.

[2] Al. Dima, Rumänische Märchen, Leipzig 1944, p. 253.

[3] F. Karlinger und O. Bîrlea, Rumänische Volksmärchen, Köln 1969, p. 81.

sitzen, dafür spricht nicht nur die Verbreitung innerhalb der Landschaften rumänischer Zunge, sondern auch die Tatsache, daß bereits auf den großartigen und berühmten Fresken der Kirche von Voroneț (aus dem Jahre 1547) unsere Geschichte in der Bildmanier der Zeit erzählt wird. Man findet dort auf dem obersten Fries sowohl den mühsam pflügenden Urvater Adam wie seine Ackerbau und Viehzucht treibenden Söhne Kain und Abel, und dazwischen ist die Szene gemalt, die den Vertragsabschluß zwischen Adam und dem Teufel zeigt.

Leopold Kretzenbacher[4], der sich mit diesem Motiv in größerem Rahmen beschäftigt hat, konnte auf seinen vielen Wanderungen durch Südosteuropa sonst „nur noch schwache Spuren und niemals eine vollständige Legende" zu unserem Stoff finden, wie auch das Fresko von Voroneț kaum motivische Parallelen in der kirchlichen Kunst des Ostens und Südostens — ausgenommen Rumänien — zu besitzen scheint. Wir können also die vorliegende Legende getrost als rumänisch ansprechen, wenn auch ihre Provenienz zweifellos aus dem Kreise byzantinischer und kirchenslavischer Apokryphen stammt; doch scheinen die verschiedenen, in Handschriften seit dem 15. Jahrhundert überlieferten Versionen (näheres siehe bei Kretzenbacher, pp. 46–52) in den anderen Ländern des orthodoxen Kulturkreises nicht im gleichen Maße populär geworden zu sein.

Dieser Stoff bogumilischen Denkens über den Sündenfall und über die Erlösung fehlt im mittel- und westeuropäischen Legendenschatz völlig. Auch Kretzenbacher, der in unserem Motiv mit Recht eine der vielen Vorstufen zur Faustsage erkennt, schreibt: „Im lateinischen Westen hat sich niemals auch nur eine Spur dieser besonderen Teufelspakt-Apokryphe finden lassen. War sie hier jemals aus mittelalterlich-slavischem Umgrunde etwa in der Auswirkung bogumilischen Gedankengutes bis nach Westeuropa bekannt gewesen, so wäre sie wohl frühzeitig unterdrückt worden. Sie müßte

---

[4] L. Kretzenbacher, Teufelsbündner und Faustgestalten im Abendland, Klagenfurt 1968, p. 42. (Mit Abbildung des Freskos aus Voroneț.) — Sowie: Bilder und Legenden. Erwandertes und erlebtes Bilder-Denken und Bild-Erzählen zwischen Byzanz und dem Abendlande, Klagenfurt 1971, pp. 49 ff.

allerspätestens zur Zeit der Renaissance in Mitteleuropa verstummt
sein."

Nun sind wir jedoch bei unserer Sammeltätigkeit von Volkserzählungen aus der Umwelt romanischer Klöster auf eine Variante
des rumänischen Legendenmärchens gestoßen, die wir unter dem
Titel „Von den Eltern, die ihre Kinder dem Teufel verkauften",
im Band „Märchen aus Mallorca" [5] mitgeteilt haben. Freilich zeigt
diese mallorquinische Variante nicht nur erhebliche Differenzen
gegenüber der rumänischen Fassung, sondern sie ist auch stärker
säkularisiert. Das zeigt bereits deutlich ein Vergleich der Einleitung
der beiden Fassungen. Dimas Legende beginnt mit den Worten:
Nachdem Gott die Welt erschaffen hatte, jammerte der Teufel so
lange, bis er ihn aus der Hölle herauskommen ließ, aber nur einmal in der Woche, Dienstag abend." Dagegen erzählt die katala-
nische Variante in alter Märchen-Manier: „Einst gab es ein großes
und schönes Land, das war so reich, daß es von Milch und Honig
überfloß. Dort herrschte ein König, der war sehr streng." Nur
hinter einem Nebel kann man unter der Gestalt des Königs Gott
erkennen, wenn auch durch die traditionelle Floskel vom Land, in
dem Milch und Honig fließt, eine paradiesische Vorstellung wach-
gerufen wird. Auch der Sündenfall findet in dem mallorquinischen
Märchen nicht statt, sondern der Held des Märchens, der an die
Stelle Adams getreten ist, gerät unverschuldet in Not und wird
wegen seiner Steuerschuld des Landes verwiesen.

Im zweiten Abschnitt nähert sich freilich diese Variante dem
rumänischen Original. Nachdem die Erde fast als eine Art Vor-
hölle geschildert wurde, kommt es zwischen dem Helden und dem
Teufel zum gleichen Vertragsabschluß: Landbebauungsrecht gegen
Überschreibung der Kinder. Diese Szene, die ja auch den Kern des
rumänischen Stoffes ausmacht, findet also eine exakte Parallele.
Hinwiederum ergeben sich im dritten Teil Abweichungen, insofern
nicht Christus als Retter auftritt, sondern der heilige Johannes der
Täufer in einer längeren Handlung für die Befreiung des Helden
und seiner Kinder eintritt. Doch ist dieser Rollentausch zwischen

---

[5] F. Karlinger und U. Ehrgott, Märchen aus Mallorca, Köln 1968,
p. 229.

Christus und seinem Vorläufer nicht allzu überraschend, da ja durch das Motiv vom im Jordan versenkten Vertrag ein Anknüpfungspunkt gegeben ist und das stärker profane Märchen Mallorcas offensichtlich das Auftreten der göttlichen Personen vermeiden will.

Nicht unwichtig scheint uns auch der letzte Satz der mallorquinischen Fassung des Stoffes; er lautet: „Die Menschen aber sind seitdem frei." Damit will der Erzähler doch wohl suggerieren, daß sein Held namenlos für den Stammesvater des menschlichen Geschlechtes steht, und aus dem unverbindlichen Märchenton geht er in die Haltung der Legende über, die Glaubwürdigkeit beansprucht.

Man wird sich nun fragen, wie unser in Rumänien so bodenständiger Stoff nach Mallorca gelangt sein mag. Die Beantwortung dieser Frage ist erheblich schwerer als in jenem Fall, da es die Wanderung eines anderen, im Raum des orthodoxen Glaubens beheimateten Motivs betraf. Wir meinen die Motivgruppe von der wundertätigen Hodegitria-Ikone, die sich in Griechenland, Bulgarien, Rumänien und der Ukraine finden läßt, und die auch in Sizilien und Sardinien nachweisbar ist. Wir konnten bei der Untersuchung[6] dieses Motives nachweisen, daß verschiedene Ektypi dieser berühmten Ikone, die auch in Rumänien sehr bekannt ist (siehe zum Beispiel die Abbildung bei Oprescu[7]) mit griechischen und albanischen Flüchtlingen im 16. Jahrhundert nach Unteritalien, Sizilien und Sardinien gekommen sind. Mit den Ikonen mögen damals auch die sich daran knüpfenden Legenden gewandert sein, die für die westeuropäischen Traditionen und Vorstellungen zunächst fremd gewesen sein müssen.

Bei Mallorca dürfen wir nicht auf eine ähnliche Übertragung des Motivs schließen, denn diese Insel war nie das Ziel größerer Flüchtlingsgruppen und die Hodegitria ist dort weder als Ikone noch im Ordinarium nachweisbar. Die Insel hatte zwar zur Zeit der aragonesischen Herrschaft gewisse Kontakte mit dem griechischen Raum, der jedoch nach dem Untergang des byzantinischen Reiches

---

[6] F. Karlinger, Ein byzantinisches Märchenmotiv in Sardinien, in Märchen, Mythos, Dichtung, München 1963, p. 39.

[7] G. Oprescu, Istoria Artelor Plastice în România, Bucureşti 1968, Abb. Nr. 244.

abgerissen ist. In den Jahrhunderten der spanischen Herrschaft blieb die Verbindung Mallorcas mit dem Balkan sehr gering.

Nun ist es vielleicht nicht ohne Bedeutung, daß unser mallorquinisches Märchen im Bereich eines Frauenklosters erzählt wurde, wo sich unter Umständen eher Zuwanderungen erklären ließen. Mallorca ist noch heute eines der Zentren des Theatiner-Ordens, der auch im habsburgischen Österreich eine gewisse Rolle spielte. Wieweit jedoch Österreich eine Zwischenstation zwischen Transsylvanien und Mallorca gewesen sein könnte, bleibt zunächst eine offene Frage, der wir erst noch im Bereich der monarchischen Beziehungen nachgehen müssen.

An eine jüngere Übertragung des Stoffes ist nicht zu denken, weil dann die Details des ersten und dritten Abschnittes kaum so sehr abgewandelt worden wären. Daß aber die Grundzüge bogumilischen Denkens mit dem Teufel als Herrscher dieser Welt gerade im katalanischen Raum leichter Fuß fassen konnten, obwohl sie den lateinischen Traditionen fremd sind, mag sich unter anderem auch daraus erklären lassen, daß die Insel ein auffallendes Interesse für den Teufel im Märchen, in der Sage, der Legende und dem Schwank zeigt und daß gewisse Erzählungen maurischer Herkunft ähnliche Vorstellungen intendieren. So konnte der uns in rumänischer Version überlieferte Stoff wohl gerade auf Mallorca seine Faszination ausstrahlen und sich in der Erzähltradition einbürgern, freilich unter Verlust seiner primären Bibel- bzw. Apokryphen-Tradition[8].

---

[8] L. Kretzenbacher, Rechtslegenden abendländischer Volksüberlieferung, Graz 1970.

Originalbeitrag 1970. Aus dem Rumänischen übersetzt von Michael Bürger.

ÜBER DAS SAMMELN VOLKSTÜMLICHEN PROSAERZÄHLGUTES IN RUMÄNIEN

Von Ovidiu Bîrlea

Das wissenschaftliche Interesse am volkstümlichen Prosaerzählgut taucht erst nach dem Interesse an der volkstümlichen erzählenden Dichtung auf, obwohl sich in die mittelalterliche Literatur zahlreiche volkstümliche Geschichten einschleichen und einige derselben schon dazumal gedruckt wurden. Bei uns erscheinen die meisten Volksprosastücke in den Schriften der Chronisten des 17. und der ersten Hälfte des 18. Jahrhunderts. Obgleich die Chronisten die Wahrhaftigkeit der volkstümlichen Erzählungen bezweifelten und sie für „Erfindungen" hielten, enthält ihr Werk zahlreiche Sagen. Am bekanntesten ist die Sage von der Gründung der Moldau als Ergebnis der Verfolgung eines Auerochsen durch den Woiwoden Dragoş, dann die Sage über den natürlichen Vater Ioan Corvinus, der der Mutter des Knaben einen Ring schenkt, damit ihr Sohn als sein Erbe anerkannt werde. Später wurde die Sage dem großen Woiwoden Michael der Tapfere (1593—1601) angepaßt, der die erste Vereinigung der drei rumänischen Stammlande verwirklichte.

Die meisten Sagen wurden in der ersten Hälfte des 18. Jahrhunderts vom Chronisten Ion Neculce in seinem schmalen Werk „O samă de cuvinte" („einige Worte") aufgeschrieben, das als unsere erste Sagensammlung angesehen werden kann. Es enthält lauter historische Sagen, die meisten mit Bezug auf den großen moldauischen Woiwoden Stefan den Großen (1457—1504), den Bezwinger der Türken in zahlreichen Kriegen, der im Bewußtsein des Volkes auch als Stifter vieler Klöster und Kirchen lebt, in denen sein Andenken stets gepflegt wurde. Aber Ion Neculce gibt sich Rechenschaft, daß diese mündlich überlieferten Erzählungen nicht den dokumentarischen Wert schriftlicher Zeugnisse besitzen, deshalb

warnt er den Leser: „Liest sie also einer und glaubt sie, so ist es gut, glaubt aber einer sie nicht, so ist es auch gut, jeder mag tun, wie ihm zu Willen ist."
Erst durch die Brüder Grimm entsteht die Strömung, die Volks-erzählungen um ihren Wertes an sich willen zu sammeln. Dies setzte eine adäquate Methode voraus, eine andere als die bis dahin prakti-zierte, dergemäß der Sammler, dem Geschmack eines engen Kreises entsprechend, die Geschichten bearbeitete und nach Belieben ihr Gerüst veränderte.

Die Notwendigkeit, die Geschichten in ihrer authentischen Form aufzunehmen, ergab sich aus der Überzeugung der Brüder Grimm, diese seien „Reste aus dem Kindheitsalter der Menschheit, Fort-setzungen germanischer Göttermythen und Heldensagen"[1]. Deshalb empfahlen sie, „alles höchst getreu, buchstabentreu" aufzuzeich-nen, „mit allem dem sogenannten Unsinn ..." und weiter: „Die Aufzeichnung soll in Mundart, Redensweise und Wendung des Er-zählenden geschehen, selbst wo solche fehlerhaft und sich gegen die Regeln versündigend erschienen."[2] Trotzdem wichen die Brüder Grimm von diesen methodologischen Leitsätzen infolge der Ver-wucherung der Varianten ab, ein neues, zu jener Zeit unerwartetes Phänomen, durch welches sie sogar veranlaßt wurden, Varianten zu verschmelzen und eigene synthetische Stücke zu schaffen. Die sprachliche Einkleidung war ihre persönliche Schöpfung, obwohl sie sich Mühe gaben, die volkstümliche, den Kindern adäquate Ma-nier nachzuahmen. Die Sammlung der Brüder Grimm wurde zum Modell für die andern europäischen Sammler und besonders für die ersten Sammler der rumänischen Volkserzählungen, die Brüder Schott[3]. Manche von ihnen kommen dem authentisch Volkstüm-

---

[1] J. Bolte und G. Polivka, „Anmerkungen zu den Kinder- und Haus-märchen der Brüder Grimm", IV, Leipzig, 1930, S. 430.

[2] Ebd. S. 424.

[3] Arthur und Albert Schott, „Walachische Märchen", Stuttgart und Tübingen, 1845: „Die Schreibart einer schonenden Umarbeitung zu unter-werfen, konnte mir kein Bedenken machen, da sich dies, wie das Beispiel der Brüder Grimm bewiesen hat, mit einer sachgetreuen Mitteilung voll-kommen verträgt" (S. VII). „Da es überhaupt außerordentlich schwer ist, unter dem Volke selbst gute Erzähler zu finden, d. h. solche, die nicht

lichen näher als andere, nicht durch Stenographieren, sondern dank ihres Vertrautseins mit der volkstümlichen Überlieferung, wie Vuk St. Karadžić[4], obwohl auch er sich Freiheiten beim Wiedergeben der Erzählungen erlaubt hat.

Die Anweisung der Brüder Grimm, das Authentische in seiner mundartlichen Form zu respektieren, bricht sich stufenweise Bahn, und die europäische Folkloristik verzeichnet zahlreiche Sammlungen im Dialekt.[5] Bei uns gehen die unverfälscht volkstümlichen Geschichten den Sammlungen der Mundartforscher voraus, und zwar verdanken wir sie Mihai Eminescu (1849–1889), dem größten rumänischen Dichter, und dem Lehrer und Folkloristen Stefan Tuţescu, der zu Beginn dieses Jahrhunderts tätig war. Beide schrieben nach Diktat und bemühten sich, die Nuancen des Echten möglichst getreu einzufangen. Stefan Tuţescu geht in der Gewissenhaftigkeit so weit, daß er erläuternde Anmerkungen anbringt, um den Text verständlicher zu machen, ohne ihn im geringsten zu beeinträchtigen. Wo der Erzähler sich allein durch eine Geste ausdrückt, beschreibt Tuţescu stichwortartig die Geste in der Anmerkung. Es ist der erste Versuch bei uns, die Mimik des Erzählers zu verzeichnen, leider nur ein zufälliger.[6] Die erste Sammlung mundartlicher Texte, unter denen sich viele Geschichten befinden, ist „Graiul Nostru" („Unsere Sprache") I u. II von 1906–1908, herausgegeben von J. A. Candrea, O. Densusianu und Th. Sperantia. Die Autoren enthüllen nichts über ihre Methode, einige Erzählungen hinterlassen dafür den Eindruck, als seien sie stenographiert worden. Die Verwirrung läßt sich nicht zerstreuen, weil die Texte in der Mundart, mit diakritischen Zeichen wiedergegeben werden, was jedes bis heute bekannte Stenographiesystem ausschließt, da keines derartige Zeichen kennt. Die ersten stenographierten rumä-

---

eine Geschichte in die andere verwickeln, so mußte ich überdies manchen Stoff ganz unbearbeitet liegenlassen, weil er, kaum begonnen, sich schon in eine andere bekannte Erzählung hineinspann." (S. 82).

[4] J. Bolte und G. Polivka, a. a. O., V, S. 107, 109.

[5] Ebd. S. 23, 29, 38, 137.

[6] Şt. Tuţescu, „Taina ăluia" („Sein Geheimnis"), Piatra Neamţ 1906, S. 80.

nischen Erzählungen wurden von den Schriftstellern Artur und Paul Stavri in der Zeitschrift „Povestea Vorbei" („Geschichte vom Wort"), Jahrgang 1896—1897, veröffentlicht. Es sind dies vier einem begabten moldauischen Erzähler abgelauschte Stücke — zwei Märchen, eine Anekdote und eine Geschichte — mit etlichen Berichtigungen, die jedoch kenntlich sind. Leider hört die Sammlung hiermit auf, und da sie zu alledem auch in einer wenig verbreiteten Zeitschrift erschien, konnte sie keine Strömung in dieser Richtung hervorrufen. Leider, weil das Stenographieren der in die Feder diktierten Aufzeichnung hoch überlegen ist, wie unsere spätere Erfahrung gezeigt hat. Schreibt der Sammler nach Diktat, so macht der Erzähler Pausen, um ihm Zeit zu lassen, alles festzuhalten. Dadurch kommt er in eine unnatürliche, zutiefst gekünstelte Lage, ist gehemmt, und, was am wichtigsten ist, die blitzende, für begabte Erzähler typische Verve geht verloren. Der Stil wird einigermaßen schablonenhaft oder zumindest trocken, kalt und vor allem farblos. Der Echtheitsgrad solcher Erzählungen ist nur mäßig. Die paar Beispiele in unserer „Antologie de proză populară epică" (Anthologie epischer Volksprosa) reichen hin, um zu beweisen, daß die diktierte Variante (linke Spalte) gerafft, resümeeähnlich ist und den Stempel des Gezwungenen trägt, hingegen ist vergleichsweise die von derselben Person frei und ungehemmt ins Mikrophon gesprochene Variante voll Verve und blitzender Einfälle — ein echter Spiegel des mündlichen Erzählstiles.[7]

Ein wichtiger Schritt zur Sinndeutung der Geschichte ist die Erforschung des Milieus und der Umstände, unter denen sie vorkommen. Anscheinend war der Norweger P. Ch. Asbjörnsen Mitte vergangenen Jahrhunderts der erste, der systematisch auf der Festhaltung der Erzählsituation bestand.[8] Wenige Jahrzehnte später wird auch die bis dahin ungeahnte Bedeutsamkeit der Persönlichkeit des volkstümlichen Vortragskünstlers aufgedeckt werden. Bei uns befaßt man sich diesbezüglich nur mit den großen Balladensängern. Schon im Jahre 1866 veröffentlichte der siebenbürgische

---

[7] O. Bîrlea, „Antologie de proză populară epică" („Anthologie epischer Volksprosa"), Bukarest 1966, II, S. 231—260, 263—273; III, S. 7—39.

[8] J. Bolte und G. Polivka, a. a. O., V, S. 37.

Volkskundler Atanasie Marienescu das detaillierte Porträt eines rumänischen Bauern, eines berühmten Balladensängers, das mit einer biographischen Skizze beginnt, wonach er die Persönlichkeit des Künstlers umreißt und besonders beim Repertoire, dem ungewöhnlichen Gedächtnis und der Tätigkeit des Sängers als Schöpfer neuer Dichtungen verweilt, schließlich beschreibt er noch dessen Vortragsweise mit Violinbegleitung.[9] Marienescu beabsichtigte sogar eine Reihe derartiger Biographien zu veröffentlichen,[10] ohne sein Vorhaben verwirklichen zu können. Nach fast zwei Jahrzehnten veröffentlicht ein anderer bedeutender Volkskundler ein schmales Bändchen, in dem er die Persönlichkeit eines großen Balladensängers vorstellte, eines Berufsmusikanten.[11]

Die erste Märchensammlung, in der die Persönlichkeit der Erzähler herausgestrichen wird, ist die Sammlung N. I. Ončukows, der von Hilferdings Beispiel beim Sammeln der russischen Bylinen ausging. Andere Forscher vertiefen diese Methode; vorbildlich sind in dieser Hinsicht die Arbeiten M. Asadowskijs[12] und G. Henssens.[13]

Die soziologischen Forschungen nach dem Ersten Weltkrieg beeinflussen die systematisch betriebene Sammeltätigkeit der Volksdichtung tief. Dank der neuen, soziologischen Orientierung wurden die Beziehungen zwischen Lebensbedingungen und Folklorebestand in seinen verschiedensten Auftrittsformen im einzelnen noch besser erfaßt und unerwartete Tiefen aufgedeckt. Bei uns verdient die Erforschung des Erzählgutes eines südsiebenbürgischen Dorfes im Rahmen der Bukarester Soziologischen Schule durch I. C. Cazan her-

---

[9] O. Bîrlea, „Atanasie Marienescu folclorist" („Atanasie Marienescu der Volkskundler"), in: Analele Universităţii din Timişoara (Annalen der Temesvarer Universität), Reihe „Philologische Wissenschaften", I (1963), S. 28—29.

[10] At. M. Marienescu, „Balade" („Balladen"), II, Wien 1867, S. XIII.

[11] G. Dem. Teodorescu, „Petrea Creţu Şolcanu, lăutarul Brăilei" („Petrea Creţu Şolcanu der Spielmann Brăilas"), Bukarest 1884, 108 S.

[12] Mark Asadowskij, „Eine sibirische Märchenerzählerin", Helsinki, 1926, 70 S. (F. F. C. 68).

[13] Gottfried Henssen, „Überlieferung und Persönlichkeit", Münster Westf. 1951, 236 S.

vorgehoben zu werden.[14] Hier wird das Erzählphänomen in seiner Verflechtung mit dem Dorfleben gemäß dem von Prof. D. Gusti empfohlenen System gegenseitiger Beziehungen beschrieben. Zuerst wird der Einfluß der Bücher nachgewiesen, dann werden die Meinungen über Ursprung und Funktion der Geschichten angeführt, es folgt die Darstellung der ermittelten Erzählertypen, woran sich das Dorfrepertoire des Erzählguts anschließt, aber nur in Zusammenfassungen, die Geschichten selbst wurden nicht stenographiert.

Das Sammeln der Volkserzählungen schließt zwei Aspekte ein: die globale Erforschung des Erzählens als soziale und kulturelle Erscheinung und die Aufnahme des Erzählgutbestandes. Hat man den zweiten Aspekt in der Vergangenheit mit ausreichendem Nachdruck verfolgt, so wurde der erste lange Zeit mißachtet, weil man seine natürlichen Verbindungen mit dem eigentlichen Geschichtenbestand nicht ahnte.

Das Erzählphänomen will in seinen Zusammenhängen mit dem wirtschaftlichen, sozialen und kulturellen Leben der jeweiligen Dorfgemeinschaft erforscht werden. Dies setzt eine ausreichende allseitige Kenntnis der wesentlichen Daten der untersuchten Ortschaft voraus, um ihren gegebenen Stand zu ermitteln sowie ihre charakteristischen Aspekte, die ihr eine mehr oder weniger deutlich unterscheidbare Physiognomie verleihen. Diese Angaben weisen dem Forscher den Weg zu den interessanten Aspekten der Problematik und machen ihn auf Erscheinungen mit reichen folklorischen Folgen aufmerksam.

Die Untersuchung des Erzählphänomens beginnt mit der Bedeutungsfestlegung der volkstümlichen Termini, die sich auf diese Erscheinung und die Genres der Volkserzählung beziehen. Die Kenntnis der Terminologie eröffnet dem Volksliteraturforscher die volkstümlichen Kriterien zur Unterscheidung der Folkloregattungen. Im Laufe meiner von 1950 bis 1968 unternommenen Forschungen habe ich festgestellt, daß die volkstümliche Terminologie viel ärmer ist als die wissenschaftliche und oft von andern Kriterien abgesteckt wird als von denen der Folkloristik, was der volkstümlichen Mentalität

[14] Ion C. Cazan, „Drăguş — Literatura populară („Drăguş, die Volksliteratur"), Bukarest 1947, 90 S.

angemessen ist. Zuerst unterscheidet man die Gegenwartserzählungen, eigene Erlebnisse der Erzähler oder ihrer Landsleute, die regional mit verschiedenen Ableitungen der Verben *passieren, erleiden, geschehen (păţanie, patimă, întîmplare* usw.) bezeichnet werden. Ihnen gegenüber stehen die überlieferten Erzählungen, die überall die slawische Bezeichnung *poveste* (Geschichte) tragen, sich folglich auf alle überlieferten Gattungen beziehen: Tiermärchen, eigentliche Märchen, Sagen und Legenden, Schwänke und Anekdoten. Das ausgeprägteste Kriterium ist demnach die Gegenüberstellung gegenwärtig — überliefert, dem in der volkstümlichen Mentalität nur zwei Gattungen mit den angegebenen Bezeichnung entsprechen. Weiter unterscheiden die volkstümlichen Erzähler bei gründlicheren Recherchen zwei neue Gattungen (oder Untergattungen) je nach dem ernsten oder heiteren Charakter der überlieferten Erzählung: *poveşti glumeţe* oder *poveşti de rîs,* das heißt *spaßige Geschichten* oder *Geschichten zum Lachen,* also Schwänke und Schwankmärchen (vom geprellten Teufel usw.) sowie andere Märchen. Schließlich begegnet man auch einem andern Kriterium, aber nur in Muntenien, das größtenteils eine Variante des vorigen ist, nur ist der Gesichtspunkt ein anderer: die Länge der Erzählungen. Danach werden die langen, *basme (Märchen)* genannten Erzählungen, ob ernst oder heiter, den kurzen gegenübergestellt, die *poveşti (Geschichten)* heißen. Die Bezeichnung *basme (Märchen)* ist heute im Verschwinden, man hat aber beobachtet, daß sie mancherorts unter dem Einfluß der Bücher wieder eingeführt wird, denn sie hat sich in unserer Folkloristik eingebürgert.

Die Kenntnis der Erzählgelegenheiten ist auch im weiteren Erforschen des eigentlichen Erzählguts unentbehrlich, Mannigfaltigkeit und Umfang derselben stellen erstlich ein symptomatisches Zeichen der Lebenstätigkeit der Erzählkunst dar. Aus ihrer Untersuchung ergibt sich, welche Gattungen noch lebendig in vollem Gären und welche im Begriffe sind zu erlöschen. Wo das Erzählen noch lebendig und in Blüte ist, im Dorf oder außerhalb desselben (Kasernen, Spitäler, Eisenbahnabteile usw.), gibt es auch noch vielfältige Erzählanlässe. Einige ergeben sich bei Gemeinschaftsarbeiten, andere bei manchen brauchtumsgebundenen Gemeinschaftstreffen (Totenwache usw.) oder in Arbeitspausen. Beschränkt sich das Erzählen hingegen auf den Familienrahmen, wo die Erwachsenen den Kindern in gewissem Alter etwas erzählen, so ist es beinahe sicher, daß die Quelle versiegt, das Repertoire arm ist und beinahe immer aus Märchenbüchern gespeist wird. Das Erzählen bei Gemeinschaftsarbeiten, die größeren Kraftaufwand verlangen, beschränkt sich ausnahmslos auf kurze Stücke, gewöhnlich Schwänke, die durch die Entspannung, die sie hervorrufen, der Situation angemessen sind, manchmal aber gibt man auch Sagen und Legenden zum besten, die auf der geistigen Ebene der Träger der Volkserzählung den Schleier spannender Geheimnisse lüften.

Die Erzählgelegenheiten werden von den Formen des Wirtschaftslebens bedingt, und in engem Zusammenhang damit von der Mentalität der sozialen Kategorien, in die sich die Gemeinschaft spaltet. Ich habe auch Ortschaften kennengelernt, wo das Erzählen nur noch an der Peripherie lebendig war, bei Sozialgruppen mit archaischerer Mentalität. Nur der Schwank und besonders Witz und Anekdote wurden auch von den höherstehenden Gruppen mit Genuß aufgenommen. Auch die Siedlungsform des Dorfes, seine Dichte, beeinflussen den Umfang des Erzählphänomens. In Streusiedlungen, wo ein Haus oft weit vom andern liegt, beschränkt sich das Erzählen beinahe nur auf den Familienkreis und wenige Nachbarn und ist demzufolge von verschwindend geringem Ausmaß.

Eng verbunden mit der Erzählgelegenheit ist das Kapitel über die Funktion des Erzählens. Hier eröffnen sich ungeahnte Einblicke in manches Problem der Folkloristik. Es bietet einen sicheren Maßstab für das Entwicklungsstadium der erforschten Gemeinschaft. In archaischen Zonen begegnet man noch Relikten der kultischen, magischen Funktion des Erzählens, während es in den nahezu verstädterten Gemeinschaften einen rein unterhaltenden Zweck in engerem Sinn erfüllt, nämlich Lachen und gute Laune hervorzurufen. Typische Einzelheiten des Erzählens bei uns wurden bei anderer Gelegenheit mitgeteilt.[15] Die Kenntnis des Endzwecks der

---

[15] Ovidiu Bîrlea, „La fonction de raconter dans le folklore roumain", in: IV International Congress for folk-narrative research in Athens, Athen 1965, S. 22—26.

verschiedenen Erzählgattungen beleuchtet auch die Lebensfähigkeit derselben in einer gegebenen Ortschaft. Wenn die Leute überzeugt sind, daß die Geschichten auch einen erzieherischen und lehrhaften Wert haben, teilen sie sie voll Interesse all denen mit, die zum Verständnis derselben reif sind. Sage und Legende stehen vornean, aber auch bei den andern Gattungen klügelt man jene Aspekte aus, die sich für lehrhafte und moralisierende Deutungen eignen. Für manche stellen die Geschichten eine Art offenes Buch dar, mit dem man die Geheimnisse der Umwelt entziffert.

Wichtiger für die Kenntnis des geistigen Niveaus und der Mentalität der Folkloreträger ist die Ermittlung der Gattungen, die laut volkstümlichen Kriterien glaubhaft oder wirklich sind. Manche Forscher geben sich in dieser Hinsicht skeptisch, es sind gewöhnlich diejenigen, denen die Geschichten nur in verstümmelter Form bekannt sind, aus Sammlungen, die in alter, engstirnig philologischer Manier konzipiert sind. Die Volkserzählung mit ihren bekannten Gattungen gehört unbestreitbar zur Volksliteratur und verlangt als literarisches Werk untersucht und gewertet zu werden, aber jenseits dieses Tatbestandes hat sie bestimmte Wurzeln, die der Forscher nicht außer acht lassen darf, wenn seinem Streben nach Tiefe nicht empfindliche Grenzen gesetzt werden sollen.

Die volkstümlichen Einschätzungskriterien unterscheiden sich von denen der Wissenschaft. Sie beruhen auf der für archaische Mentalitäten typischen Naivität, die Geschehnisse der Volkserzählung hätten sich in näherer oder fernerer Vergangenheit haargenau wie mitgeteilt zugetragen. Es ist ermittelt worden, daß der in letzter Zeit aufgetretene Verfall der europäischen Volksepik (wobei Europa kein einheitliches, sondern ein von unterschiedlichen Entwicklungsstadien geprägtes Bild bietet) mit dem Verschwinden dieser Naivität im Zusammenhang steht. Bei unsern bisherigen Forschungen haben wir festgestellt, daß sich die Meinungen zu einer Skala zusammenfügen, deren Extremitäten sich berühren. Eine eindeutige Stellung nimmt die Sage ein, danach die Gegenwartserzählung, auch wenn das Übersinnliche oft radikal ins Geschehen eingreift, und zwar nicht nur in der Sage, sondern auch in der Gegenwartserzählung, die in der Volksmentalität definitorisch als wirklichkeitsgetreu gilt, in den sogenannten abergläubischen Geschichten.

In der archaischen volkstümlichen Auffassung haben Real und Phantastisch dieselbe Existenzsphäre, sind beinahe gleichwertig, erst auf einer höheren Entwicklungsstufe taucht die Schranke auf, die, auch nur teilweise, die unglaubhaften Fakten, das dreist Erfundene, das sich auf nichts Reales stützt, von dem Wirklichen trennt. Dank ihrer Eigentümlichkeit tritt die Sage mit dem Anspruch auf, die Entstehung gewisser Erscheinungen zu erklären, gewisse Vorgänge zu deuten, deshalb verschwindet sie, sobald man ihr nicht mehr Glauben schenkt, und flüchtet sich unter notwendigen Verwandlungen in andere Gattungen.

Die anderen Gattungen gelten im allgemeinen als verschiedentlich glaubhaft. Für Menschen archaischer Mentalität haben sich alle Geschichten einmal, in naher oder entfernter Vergangenheit, zugetragen. Einige begründen ihre Behauptung mit der Eingangsformel der Märchen: „Es war einmal, denn wäre es nicht gewesen, würde man's nicht erzählen", andere sind der Überzeugung, daß der Verstand aus sich selbst nicht so viele Geschehnisse erfinden könnte, eine Erzählung könne folglich nur eine künstlerisch aufgemachte Kopie der Wirklichkeit sein. Viele stellen sich die Geburt der Geschichte aus einem Geschehnis vor: wird dieses Geschehnis in seinem chronologischen Ablauf wiedergegeben, so entsteht daraus die Geschichte.

Leute mit vergleichsweise höher entwickelter Mentalität sind skeptischer und neigen im wesentlichen zu der Annahme, die erzählten Fakten hätten sich in der Vergangenheit ereignen können. An die Stelle der Gewißheit tritt Wahrscheinlichkeit, doch räumt man innerhalb ihrer Grenzen der Wahrheitsähnlichkeit einen Platz ein, allerdings schwankt der Glaube daran entsprechend dem geistigen Niveau des Informanten und der Charakteristik des Erzählgenres. Einige halten die Tiermärchen für unwahr, andere die Zaubermärchen voller Handgemenge und wunderbarer Verwandlungen. Oft stieß ich auf die Ansicht, in alten Zeiten habe eine andere Weltordnung bestanden, so daß alles Märchenhafte wohl hätte geschehen können, aber in der modernen Epoche sei es unmöglich geworden.

Auf der höchsten Entwicklungsstufe schließlich steht die Mentalität derer, die tief von der städtischen Zivilisation beeinflußt sind und alle diese Erzählungen für nackte Erfindungen zum Zwecke des

Zeitvertreibs halten, an die nur die Kinder glauben, höchstens noch die „Trottel". Andere bestreiten sogar, daß es je Menschen gegeben haben könnte, die an die Wahrhaftigkeit der Volkserzählungen geglaubt haben. Nur der Schwank und das novellenartige Märchen genießen bei einigen dieser Leute bedingte Aufmerksamkeit dank der Absicht, sie in ihren Kreisen zu erzählen. Erhebungen haben bewiesen, daß diese Leute Tiermärchen und Zaubermärchen nur für die Kleinen erzählen, sie selbst lösen sich von jener Märchenwelt mit ihren Zaubergebilden und betrachten sie von außen. Manche Erzähler gestanden sogar, sie hätten alles Interesse am Märchen verloren, sobald sie sich Rechenschaft gaben, daß es keine „dagewesene Sache" sei, sondern „eher etwas, um die Zeit zu vertreiben".[16]

Zum Zwecke besserer Orientierung beim Klären des Problems des Wirklichen und Glaubhaften empfiehlt es sich, daß der Forscher auch den Phantasiewesen ein Kapitel widmet, die sowohl im Märchen als auch in der Sage erscheinen. Die Beschreibung derselben von ihrem Äußern bis zu ihren Handlungen gemäß dem Schicksal, das ihnen vorbestimmt ist, ergibt ein kompletteres Bild, das zum tieferen Verständnis der Erzählungen rühren kann, in der sie auftreten. Wenn sie nur flüchtig oder in unklaren und widersprüchlichen Stellungen erscheinen, ist die zusätzliche Ermittlung geradezu unentbehrlich.

Unsere Erhebungen haben gezeigt, daß einige derselben im Volksglauben noch lebendig sind, während andere teilweise oder ganz von Schleiern bedeckt sind. Das letztere ist nur in der überlieferten Erzählung der Fall, besonders in Zaubermärchen, diese Wesen sind ohne Zweifel Bestandteil der unterdessen aus der landläufigen volkstümlichen Vorstellungswelt verschwundenen Mythologie. Der Sammler darf diesen Tatbestand nicht außer acht lassen, um dafür gerüstet zu sein, festzustellen, was aus den Märchen abgeleitet wird und was im zeitgenössischen Volksglauben, eventuell bis zu einer bestimmten Generation, lebendig ist. Verlieren einige dieser Wesen ihre Individualität, so tritt der Vorgang des Ineinanderfließens ein, der auch bei Erzählungen mit historischem Stoff konstatiert wurde: die lebendigen, allgemein bekannten Gestalten assimilieren die im

[16] O. Bîrlea, „Antologie . . . etc.", I, S. 31.

Vergessen begriffenen, bemächtigen sich derer Taten und nehmen oft auch deren Eigenschaften an. So stößt man in unsern Märchen oft auf die Verwechslung von *zmeu* (Drache — menschähnliches Wesen mit überirdischen Kräften) und *balaur* (Drache — das sagenhafte Reptilungeheuer), und ein volkstümlicher Erzähler aus dem Nordwesten Siebenbürgens vermengte beinahe systematisch Drachen (beider Gestalt) mit Teufeln, weil die Teufel die einzigen wirklich scheinenden Wesen sind, von denen er deutliche Vorstellungen hatte, die ihm größtenteils aus der Religion bekannt waren, und reduzierte alle überlieferten Kategorien negativer Gestalten auf diese einzige.

Zieht man in Betracht, daß seit über hundert Jahren auf dem Dorf zahlreiche gedruckte Geschichten verbreitet wurden — durch Periodika, Kalender, Schulbücher und Bücher mit Geschichten —, die das überlieferte Erzählgut beeinflußt haben und oft große Umwälzungen in demselben hervorriefen, so erhebt sich gebieterisch die Forderung, die Forschung auch auf dieses Gebiet auszudehnen. Der Sammler muß das Zirkulieren der Bücher mit Erzählliteratur innerhalb der Altersklassen der Bevölkerung ermitteln, sowie den Nachhall der restlichen Publikationen, die unter anderem auch Geschichten verbreiten. Besonders interessant ist es, die Form festzuhalten, in der diese Geschichten den mündlichen Umlauf antreten. Wo das Erzählen sich auf den Familienkreis beschränkt, auf die Kinder, dringen die gedruckten Geschichten gewöhnlich nicht in den mündlich verbreiteten Bestand ein, die Leute greifen zum Buch, sooft es notwendig ist. Ist das Geschichtenerzählen noch lebendig, erfreuen sich auch die Erwachsenen noch daran, so gehen viele Bucherzählungen in den mündlichen Umlauf über, mit allen Konsequenzen, die sich aus dem neuen, folklorischen Zustand für sie ergeben. Ich habe beobachtet, wie die Erinnerung an die gedruckte Quelle oft verlorengeht, daß der Erzähler die Geschichte nur vom Hören kennt. Dies begünstigt die Eingriffe des Erzählers, der oft wesentliche Änderungen vornimmt, so daß nur bestimmte Indizien, die allein der in die Geheimnisse der Volkserzählung Eingeweihte erkennt, ihre Buchherkunft verraten. Unsere Erzähler stellen sich im allgemeinen auf den Standpunkt, die gelesenen Geschichten sinngetreu wiederzugeben. Die meisten erklärten ausdrücklich, sie hätten nichts geändert. In Wirklichkeit geschieht dies zeitweilig ohne ihren Willen dank dem verborgenen Mechanismus der Kontamination und des Impulses zum Improvisieren, der überall, wo folklorisches Leben ungestört seinen Gang geht, aktiv genug ist. Das Buch genießt bei Leuten aus dem Volk höchste Achtung, manche weniger schriftkundige Erzähler behaupteten sogar fälschlich, sie hätten ihre Märchen dem Buch entnommen, in der Absicht, seinen Wert zu erhöhen. Ich fand auch die Meinung vertreten, die Bucherzählungen seien wirklichkeitstreu, „wahr", zum Unterschied von den mündlichen, die erfunden seien. Es gibt aber Erzähler, welche die Geschichten aus dem mündlichen Umlauf denen aus Büchern vorziehen, weil sie lebendiger sind, attraktiver, das heißt in ihrer Sprache „schöner". Die Unterscheidung beruht auf der Verschiedenheit der beiden Stilarten, des mündlichen und des geschriebenen Stils, die den meisten Erzählern auffällt, weil die Mehrzahl der Autoren sich nicht die Mühe genommen hat, beim Schreiben ihrer Geschichten die Regeln der mündlichen Volksdichtung zu beachten.

Weiter muß der Sammler aus mehreren Quellen das Lieblingsrepertoire der Erzähler und der Leute ermitteln, mit denen sie bei verschiedenen Zusammenkünften in Berührung kommen. Derartige Erhebungen machen den Geschmack der Gemeinschaft deutlich und das Stadium, in dem sie sich befindet. Wo die Leute nur noch den Schwank und die Anekdote genießen, läßt sich voraussagen, daß das Märchen erloschen oder bestenfalls bei einigen einsamen Vertretern erhalten geblieben ist und mit diesen untergehen wird. In diesem Zustand befanden sich viele der erforschten Ortschaften, wo nur noch lustige Geschichten erzählt wurden, besonders Anekdoten städtischen Typs.

Die Untersuchung des Erzählphänomens wird mit dem Kapitel über die besten Erzähler der Ortschaft, die gestorbenen und die lebenden, abgeschlossenen, die als solche bekannt sind. Aus den hierüber zusammengetragenen Daten kann der Forscher ein kleines Kapitel über die Geschichte der Volkserzählung zusammenstellen, auf jene Generationen beschränkt, deren Gedächtnis zur Zeit der Forschungskampagne noch unbeeinträchtigt war. Unsere Sammlungen bewahren zahlreiche aus dem Leben geschiedene Erzähler samt einem Teil ihres Repertoires auf, meistens auch mit ihren Vorzugserzählgattungen und ihrem Erzählstil. Derartige Bruchstücke umschließen nicht alle Aspekte des früheren Erzählphänomens, doch kann man aus ihnen eine gute Einführung zum bestehenden Zustand zusammenstellen, den der gewissenhafte Forscher in seiner Gesamtheit erfaßt. Eine solche Erhebung kann auch die besten lebenden Erzähler ausfindig machen und den Sammler zu den berufensten Informanten führen. Damit beginnt der zweite Teil der Erhebung, die Aufnahme des eigentlichen Erzählschatzes der bedeutendsten Erzähler.

Die wichtigste Seite einer folkloristischen Erhebung ist die Entdeckung der Erzähler und ihre Rangeinstufung. Das Unternehmen ist reichlich schwierig, oft tappt man dabei im dunkeln. Wenn das Dorf klein ist und die Leute untereinander sich gut kennen, die Erzählkunst noch lebendig ist, sind die Erzähler leicht zu ermitteln. In großen Dörfern und wo das Erzählen in engem Kreis gepflegt wird, in Familie und Nachbarschaft, ist das Ausfindigmachen der Erzähler viel beschwerlicher. In manchen Fällen halfen uns die Hinweise der Schulkinder über Eltern und Verwandte, die ihnen Geschichten erzählen, so daß wir auf diese Weise einige der wertvollsten Erzähler aufspüren konnten.

Die Karteikarte eines Erzählers (auf der sein Fotoporträt nicht fehlen darf) muß alle wesentlichen Lebens- und auf seine Erzähltätigkeit bezogenen Daten enthalten. Die Erfahrung hat gelehrt, daß der Sammler sich nicht mit einer schablonmäßigen Karte begnügen darf, sondern daß er sie der Importanz des Erzählers gemäß erweitern und möglichst viele Angaben darin aufspeichern muß, notfalls bis zu den Ausmaßen einer regelrechten Biographie, um die künstlerische Persönlichkeit des Erzählers allseitig zu beleuchten. Aus dem Aufzeigen der Ortschaften, wo er erzählt hat, und der Anlässe können wir uns gleich anfangs ein Bild seines Rufes und seiner Stellung im Lokalkreis machen, die er gemäß seiner auf diesem Gebiet entfalteten Tätigkeit innehat.

Eingehend muß die Quelle der Erzählungen und der Mechanismus ihres Erlernens verfolgt werden. Die bis jetzt ausgefragten begabten Erzähler erbten ihren Erzählschatz gewöhnlich aus der Familie, von den Eltern, die selbst gute Erzähler waren, oder von Verwandten. In zahlreichen Fällen waren die Quellen jedoch verschieden, außer der Familie steuerten auch andere, bei verschiedenen Zusammenkünften gehörte Erzähler das ihre bei

Im allgemeinen werden die Geschichten in der Kindheit und in den Reifejahren erlernt, selten in späterem Alter. Man kann behaupten, daß die Leichtigkeit, mit der die Geschichten dem Gedächtnis einverleibt werden, gewissermaßen in umgekehrtem Verhältnis zum Alter des Aufnehmenden steht. Zahlreiche aus unseren Erhebungen gewonnene Zeugnisse bestätigen diese Behauptung zur Genüge. Ein Erzähler aus dem muntenischen Karpatenvorland, der 40 lange Märchen aus seiner Kindheit kannte, bemerkte: „Jetzt kann mir jeder erzählen, soviel er will, es geht mir nichts mehr in den Kopf ein." [17]

Laut Mitteilung der Erzähler lernten sie beinahe alle Geschichten, ob kurz oder lang, nach einmaligem Hören auswendig. Fälle, wo eine Geschichte zweimal gehört werden mußte, um im Gedächtnis behalten zu werden, trifft man nur vereinzelt. Manche Erzähler behaupten sogar, „ein zweites Hören verwirrt das Gedächtnis. Wenn ich sie zweimal höre, brummt mir nur der Kopf" [18].

Unsere Beobachtungen kommen mit den Versicherungen Prof. Walter Andersons in Gegensatz, der die ungewöhnliche Stabilität der Prosaerzählungen durch das von ihm so genannte Selbstberichtigungsgesetz erklärt. Er behauptet: a) jeder Erzähler hätte das Märchen, den Schwank, die Sage usw. normalerweise nicht nur einmal, sondern mehrere Male gehört; b) der Erzähler hätte das Erzählstück nicht von einer einzigen Person, sondern von einer Reihe Personen in mehreren Versionen gehört.

Es stimmt, daß die Stabilität der Geschichten durch öfteres Wiederholen beim Ausüben der Erzähltätigkeit bewahrt wird. Manche Erzähler haben selbst diese Feststellung bekräftigt: „Wissen Sie, warum ich sie nicht vergessen habe? Weil die Burschen am Abend in der Sennhütte mich erzählen lassen haben, ich habe sie ständig wiederholt." [19] Das Imsinnhalten nach einem einzigen Hören darf den jedoch nicht überraschen, der die folkloristische Wirklichkeit in

[17] Ebd. S. 20.
[18] Ebd. S. 107.
[19] Ebd. S. 23.

ihrer ganzen Fülle kennt. Die guten Bewahrer volkstümlichen Erzählguts zeichnen sich vor allen Dingen durch ein ungewöhnliches
Gedächtnis aus, imstande, nach einmaligem Hören alles zu bewahren. Diese Behauptung wird von andern Beobachtungen aus andern
Forschungsbereichen der Volksepik bestätigt. Wir erinnern an die
häufigen, von Prof. Matthias Murko vermerkten Fälle jugoslawischer Guslaren, die die langen Balladen nach einmaligem Hören
erlernten,[20] und zwar gewöhnlich im Alter von 10—12 bis 30 Jahren
und nur selten später.[21]

Das ungewöhnliche Gedächtnis derselben wird nicht nur durch
Leichtigkeit im Aufnehmen gekennzeichnet, sondern auch durch ihr
großes Vermögen, eine unglaubliche Anzahl Erzählungen aufzuspeichern. Es sind zahlreiche Beispiele von Rhapsoden bekannt, die
Zehntausende von Versen in unverändertem Wortlaut aufbewahrten.
Murko selbst schrieb, als er Balladensänger traf, die 90 Balladen
mit über 80 000 Versen auswendig konnten: «... soit environ le
double de l'*Iliade* et l'*Odyssée* ensemble, étant donné que les décasyllabes sont plus courts que les hexamètres et le nombre des vers
trois fois plus grand.»[22]

Manches der fabelhaften Gedächtnisse bleibt bis ins hohe Alter
frisch, wie G. Henssen bei einem über achtzig Jahre alten Erzähler
feststellen konnte. „Das einmalige Hören einer Geschichte genügt
ihm, um sie genau festzuhalten und noch nach Jahresfrist in allen
Einzelheiten wiederzugeben."[23]

Menschen mit solch umfangreichem Gedächtnis sind die Pfeiler
der volkstümlichen Überlieferung, denn sie pflanzen das Geistesgut
des Volkes getreu fort, wenn man von den volksüblichen Schwankungen absieht.

W. Andersons Experimente zur Bestätigung seiner Annahme sind
nicht überzeugend.[24] Erstens hat W. Anderson mit Studenten ex

---

[20] Matthias Murko, „Bericht über... Volksepik der bosnischen Mohammedaner", Wien 1913, S. 17, 40, 44.

[21] Ebd. S. 16.

[22] Matthias Murko, „La poésie populaire épique en Yougoslavie au
début du XXᵉ siècle", Paris 1929, S. 15—16.

[23] Gottfried Henssen, a. a. O., S. 33.

[24] Walter Anderson: „Ein volkskundliches Experiment", Helsinki 1951

perimentiert, deren Mentalität von derjenigen der wenig oder vollkommen schriftunkundigen Volkserzähler weit entfernt ist, das heißt, die keine innere Beziehung zur Volkserzählung haben, wenn sie ihnen nicht sogar gleichgültig ist. Die innere Beziehung, das Vorzugsgebiet, spielt aber sogar bei volkstümlichen Erzählern eine große Rolle, besonders bei hervorragenden Persönlichkeiten. Einige von ihnen behalten nur lange, phantasiewuchernde Zaubermärchen voller unerwarteter Wechselfälle, während andere eine eindrucksvolle Anzahl Schwänke auswendig können, aber kein Zaubermärchen, selbst wenn sie mehrmals solche erzählen gehört haben.

Zweitens hatten die Studenten W. Andersons, mit einigen Ausnahmen, ein besseres Sicht-, als Gehörgedächtnis, bei Intellektuellen eine normale Erscheinung. Bei Volkserzählern hingegen ist das Gehörgedächtnis vorherrschend. Viele streichen den empfindlichen Unterschied zwischen Auswendiglernen durch Gehör und Auswendiglernen durch Lesen heraus. Einer von ihnen gestand, er müsse eine Erzählung zweimal lesen, bis er sie lerne, aber es genüge ihm, wenn er sie nur einmal höre, obwohl er nur 20 Jahre alt war: „Wenn ich sie zweimal lese, kann ich sie perfekt, aber ich muß sie nur einmal hören, dann merke ich sie mir, beim Lesen geht das nicht."[25] Ein anderer, älterer, bekannte: „. . . nur einmal, wenn ich sie hörte, als ich jung war. Sie prägten sich mir für immer ins Gedächtnis, wenn ich sie vernahm. Diese aus den Büchern kann ich ewig lesen, ich erinnere mich nicht an sie."[26]

Das Experiment wäre überzeugend gewesen, wenn es in folklorischem Milieu stattgefunden hätte, wenn man die guten, mit scharfem Gedächtnis ausgestatteten Erzähler dafür ausgewählt hätte, denn sie sind die wichtigsten Fortpflanzer der Folkloreerbschaft, dann hätte das Ergebnis anders ausgesehen, wäre mit den früheren von der Folkloristik verzeichneten Feststellungen im Einklang gewesen.

Zum Unterschied vom Liebhabersammeln verlangt das wissen-

(F. F. C. 141), und: „Eine neue Arbeit zur experimentellen Volkskunde", Helsinki 1956 (F. F. C. 168).

[25] O. Bîrlea, „Antologie . . . etc.", I, S. 20.

[26] Ebd. S. 107.

schaftliche Sammeln die Erfassung des Gesamtrepertoires eines Erzählers und dessen Festhalten in einer möglichst naturgetreuen
Form. Das höchste Gebot einer in allen Konsequenzen wissenschaftlichen
Folkloresammlung ist die Ausschöpfung des Repertoires. Es genügt,
den Umstand zu erwähnen, daß es beim Abstecken des Verbrei-
tungsraumes unerläßlich ist, aufzuzeigen, wo der erforschte Typ
bekannt ist und unter welcher Form, und wo er nicht bekannt ist,
sei es, daß er aus dem Erzählbestand verschwunden ist, sei es, daß
er in jenen Ortschaften nie verbreitet war. Soll die Verneinung
dieser Frage eine wissenschaftliche Basis haben, so muß sie aus einer
systematischen und beharrlichen Ermittlung hervorgehen.

Zum Aufspüren des Gesamtrepertoires gibt es mehrere Wege.
Routinierte Erzähler, die ihre Fähigkeit durch fortwährendes Erzählen pflegen, halten eine ziemlich genaue Evidenz der Geschichten,
die sie kennen. Ich bin selten Fällen begegnet, wo der Erzähler sich
irgendwie beleidigt fühlte, daß ich ausführlich festzustellen versuchte, was für Erzählungen er kennt. Unter Ausklammerung dieser
Fälle ist dem Sammler zu empfehlen, in tiefere Zonen einzudringen,
denn außer den geläufigen Geschichten bewahrt der routinierte
Erzähler auch halb oder ganz vergessene auf, auch zufällig gehörte,
von denen er nur den Titel und einiges Vage über den Inhalt weiß.

Denjenigen, die nur selten erzählt oder diese Tätigkeit aus verschiedenen Gründen vor längerer Zeit eingestellt haben, muß nach-
geholfen werden, damit sie sich ihres Repertoires erinnern. Nachdem sie mitgeteilt haben, ungefähr welche Erzählungen sie kennen,
stellt der Sammler ihr Gedächtnis auf die Probe, indem er sie systematisch ausfragt. Es ist angezeigt, das Märchenrepertoire nach dem
Katalog von Aarne-Thompson zu verfolgen und die Sagen nach
dem, was einem aus früheren Sammlungen bekannt ist. Das Verfahren hat sich bei uns als äußerst wirksam erwiesen, besonders da
manche Episoden oder Motive dem Erzähler durch Kontamination
andere Erzählungen ins Gedächtnis riefen, darunter sogar unbekannte. Die Befragung muß über ein paar Tage ausgedehnt werden, weil das Gedächtnis des Erzählers in einen meist unfreiwilligen
Spannungszustand versetzt wird, der ihn zwingt, sich zu erinnern,
was er noch gekannt hat. Auf Verlangen des Sammlers schreiben

manche sogar die tatsächlichen oder improvisierten Titel auf und erleichtern damit dieses besonders schwierige Unternehmen. Ich habe einige Erzähler getroffen, die ihre Geschichten in einem Heft aufgeschrieben hatten, um Gedächtnisschwächen vorzubeugen, dies sind aber Ausnahmefälle, noch viel seltener anzutreffen als das Aufschreiben der Volkslieder und besonders der Hochzeitsansprachen.

Geduldiges Nachforschen fördert manchmal Repertoires von unerwartetem Ausmaß zutage. Bis anher traf ich eine südsiebenbürgische Erzählerin,[27] die 117 Erzählungen wußte, aber nur noch 65 erzählen konnte, weil sie zu einer religiösen Sekte übergetreten war und jahrelang nicht mehr erzählt hatte. Petru Puţ aus der Maramuresch hingegen erzählte uns ungeachtet seiner 77 Jahre rund 84 Erzählungen, Märchen und Schwänke zu ungefähr gleichen Teilen. Die Tonbandaufnahme eines solchen Repertoires erfordert beiläufig eine Woche angespannter Arbeit.

Einige Volkskundler raten an, den Erzähler vor der eigentlichen Tonband- oder Stenographieaufnahme auszuholen. Unsere Erfahrung widerspricht dieser Prozedur, wir haben festgestellt, daß die Neuerzählung viel farbloser und schaler ist als die erste, weil der Erzähler das Gefühl hat, derselben Zuhörerschaft in kurzem Zeitabstand etwas zu wiederholen, so daß der Neuigkeitsfaktor fehlt. Geschichten, die er nicht ganz beherrscht, ruft sich ein Erzähler am besten allein und im stillen ins Gedächtnis. Die Gewissenhafteren unter ihnen, die lange nicht mehr erzählt hatten, strengten vor der Aufnahme ihr Gedächtnis an, um sich wiederzuerinnern — „Ich bin dem Faden bis ans Ende nachgegangen", sagte einer aus Nordsiebenbürgen —, wonach sie die Geschichte voller Gelassenheit ins Mikrophon sprechen konnten.

Die Praxis hat uns überzeugt, daß zum Gelingen einer Aufnahme von Erzählungen ein günstiges Klima geschaffen werden muß, möglichst nahe dem in der Ortschaft herrschenden. Dazu braucht man eine nicht sehr zahlreiche einheimische Zuhörerschaft, um den Eindruck des Erzählers zu zerstreuen, er erzähle ortsfremden Menschen.

---

[27] Tony Brill, „O povestitoare din Haţeg" („Eine Erzählerin aus Haţeg"), in: Studii de folclor şi literatură (Studien zur Volkskunde und Literatur), Bukarest 1967, S. 191—245.

Auf diese Weise beugt man auch dem „Lampenfieber" vor, das beinahe jedesmal die vom Stadtmilieu beeinflußten Erzähler ergreift, hie und da aber auch die empfindsamen unter den anderen. Wenn die seelische Verbindung zwischen Sammlern und Erzähler eng genug ist, und der Erzähler die entsprechende Routine besitzt, kann er unter allen Umständen in natürlicher Weise erzählen, doch läßt sich nicht abstreiten, daß die Anwesenheit einer Zuhörerschaft ihn befeuert.

Die Tonbandaufnahme ist dem Stenographieren überlegen, dank dem Festhalten des Tonfalls und der Stimmodulationen, die viel zur Vollkommenheit des Ausdrucks beitragen und den Erzählstil bereichern, ist sie viel voller und lebendiger. Sie hat noch den Vorteil, den Sprachdialekt in allen Einzelheiten zu registrieren, die beim Stenographieren verlorengehen. Aber man hat auch beobachtet, daß die Erzähler ihre Ausdrucksmittel, außer der Skala von Stimmodulationen, durch eine oft überreiche Mimik und Gestik ergänzen. Einige Sammler haben diesen Aspekt in Bild oder Film festgehalten. Dieses ist das angezeigteste Verfahren, falls das blendende Licht oder das ständige Klicken des Apparates den Erzähler nicht stört.

Bis jetzt habe ich ein anderes Verfahren angewandt: ich notierte während des Erzählens halbstenographisch jede Geste mit ihren zwei, drei Begleitworten und legte diese Anmerkungen nach der Reinschrift der Erzählung als Fußnoten an, wie in der „Anthologie epischer Volksprosa" von 1966 zu sehen ist. Das Verfahren ist ärmlicher, für eine Buchveröffentlichung bietet sich aber kein anderes an, auch das Filmbild muß letzten Endes in Beschreibung umgesetzt und auf diese Weise dem Erzähltext einverleibt werden, es sei denn, man publiziert es neben dem Text, dabei erheben sich jedoch enorme drucktechnische Schwierigkeiten, die das Unternehmen zu kostspielig machen. Einige erzählen beherrschter, geben die Dramatik mit sprachlichen Mitteln wieder, andere hingegen nehmen zu so zahlreichen Gesten Zuflucht, daß man sie kaum aufschreiben kann: bei dem muntenischen Erzähler Cristea Seceleanu notierte ich im Verlauf einer Stunde über 400 Gesten.[28] Der Ausdruckswert der Gesten ist ungleich. Etliche unterstreichen bloß den Sinn der Worte,

[28] O. Bîrlea, „Antologie . . . etc.", II, S. 286—318.

heben gewisse Aspekte hervor, bei denen der Erzähler das Bedürfnis fühlt, sich schärfer auszudrücken, sei es durch eine Hand-, sei es durch eine Kopfbewegung. Andere Gesten dienen der Lokalisation der Handlung, deuten Umfang, Richtung und Heftigkeit der Bewegung oder zeigen den Handlungsort an. Das Bedürfnis der Erzähler nach Dinghaftigkeit ist so groß, daß sie manchmal in Gesten das nachahmen, was die Worte ausdrücken, also eine Parallelsprache zum Wort erfinden. Oft ersetzen Erzähler geradezu die Wortsprache durch Gesten und begnügen sich damit, die Idee durch Zeichen zu vervollständigen. In solchen Fällen wird der Abschnitt unverständlich, falls der Sammler nicht auch die Geste bezeichnet hat. Diese Gesten sind für die Entzifferung des Inhalts wichtiger als die zuerst genannten, die vergleichsweise weniger ausdrucksvoll, dafür aber viel häufiger sind und deshalb oft ihre Ausdruckskraft durch Vielzahl einbüßen.

Während der Tonbandaufnahme der Erzählungen verzeichnet der Sammler Mimik und Gesten. Ist auch ein zweiter da, so schreibt er am besten die unverstandenen Dialektausdrücke und -redewendungen auf. Es ist ratsam, den Sinn derselben erst nach der Aufnahme des Gesamtrepertoires zu erfragen, weil der Erzähler sonst stutzig wird und bei den folgenden Geschichten sich Mühe gibt, Dialektausdrücke durch hochsprachliche zu ersetzen, oft unter Zuhilfenahme schwerfälliger Umschreibungen. Wir haben es uns zur Gewohnheit gemacht, daß der zweite Sammler während des Erzählens auch ein Resümee der Geschichte anfertigt, das zur thematischen Katalogisierung und zu den andern Evidenzzwecken dient, bis der Text vom Band abgeschrieben wird.

Jede Erzählung muß mit den für ihre „Biologie" unentbehrlichen Angaben versehen sein: Informant, Laufzeit in seinem Repertoire, Häufigkeit des Erzähltwerdens, bei wem noch gehört usw. Diesen Angaben wird noch das Gutachten des Erzählers, eventuell auch der Zuhörer hinzugefügt, Äußerungen über den künstlerischen Wert, warum man die Erzählung bevorzugt oder beiseite läßt, Meinungen über die Hauptgestalten, wie man sich diese vorstellt, inwieweit die Erzählung real oder glaubhaft ist usw. Der Sammler hat auch auf die spontanen Äußerungen der Zuhörerschaft achtzugeben, diese sind oft besonders aufschlußreich in bezug auf ein gewisses Entwicklungsstadium oder gewisse Klärungsprozesses. Die Kommentare bringen oft Dinge an den Tag, die selbst bei peinlichst genauem Ausfragen nicht zum Vorschein gekommen wären und dank ihrer unprovozierten Natürlichkeit einen bedeutend höheren dokumentarischen Wert haben.

Die eigentliche Sammlung bedarf noch verschiedener Experimente zur Beleuchtung der Gesetzmäßigkeit der volkstümlichen Prosaerzählungen. Die Experimente müssen geschickt betrieben werden, und ihr Zweck muß klar erkennbar sein. Um Fehlschlüssen vorzubeugen, muß genau bekannt sein, wo das Experiment beginnt, damit Echtes nicht etwa mit künstlich Hervorgerufenem verwechselt wird. Wir haben bis jetzt drei Arten von Experimenten angestellt, um die Frage der Beständigkeit der Prosaerzählungen bis ins Einzelne zu klären: a) zweifache Aufnahme einer Erzählung vom selben Erzähler, einmal in die Feder diktiert und zum zweitenmal frei ins Mikrophon gesprochen; b) zwei-, dreimalige Tonbandaufnahmen derselben Erzählung vom selben Erzähler, aber in größeren Zeitabständen, von einem Monat bis zu vier Jahren; c) häufige Aufnahmen derselben Erzählung vom selben Erzähler, aber in größeren erzähler, der sie von ihm gelernt hat. Ein Teil dieser Experimente wurde in der erwähnten „Anthologie epischer Volksprosa" 1966 veröffentlicht. Es bleibt zu wünschen, daß das Experimentieren in Zukunft auch auf andere Bereiche der Volksprosa ausgedehnt wird.[29]

[29] Die in vorliegendem Artikel umrissene Problematik wurde aus anderen Gesichtspunkten in meinen vorhergehenden Arbeiten erörtert: „Cercetarea poeziei populare epice" („Die Erforschung der epischen Volksprosa"), in: Revista de folclor (Zeitschrift für Volkskunde), I (1956), Nr. 1—2, S. 109—134; „Die Erforschung der Volkserzählung in Rumänien", in: Deutsches Jahrbuch für Volkskunde, Berlin, IX (1963), S. 335—352; „Principiile cercetării folclorice" („Grundsätze der volkskundlichen Forschung"), in: Revista de etnografie şi folclor (Zeitschrift für Volkskunde und Volksdichtung), XI (1966), S. 201—217; Einleitung zur „Antologie . . . etc.", I, S. 11—110; „Metoda de cercetare a folclorului" (Die Methode zur Erforschung der Volksdichtung), Bukarest 1969.

BIBLIOGRAPHIE

Die Bibliographie kann nicht komplett sein, sondern muß sich auf eine Auswahl wichtiger Werke beschränken. Daß diese Auswahl subjektiv ist und daß sie Werke weniger geläufiger Sprachen (wie ungarische und japanische Publikationen) ausschließt, läßt sich leider nicht vermeiden. In der Regel wurden Zeitschriftenaufsätze nur berücksichtigt, wenn sie von besonderer Bedeutung sind oder in Organen zum Abdruck kamen, in denen man sie nicht suchen würde. Als Nachschlagewerke benennen wir summarisch: Bolte, Johannes, und Polívka, Georg: Anmerkungen zu den KHM der Brüder Grimm (5 Bde., 1913—1932); Aarne, Antti, und Thompson, Stith: The types of the Folktale (Helsinki 1961); Thompson, Stith: Motif-Index of Folk-Literature 6 Bde. (Kopenhagen 1955—58); Handwörterbuch des deutschen Märchens, hrsg. von Lutz Mackensen (2 Bde., 1933, 1940).

An Zeitschriften sind die volkskundlichen Zeitschriften und Jahrbücher zu nennen, die in fast allen Ländern erscheinen und bedeutende Beiträge zur Märchenforschung enthalten. Ferner die Zeitschrift „Fabula — Zeitschrift fur Erzählforschung" (Herausgegeben von Kurt Ranke seit 1957).

Wichtige Einzelergebnisse der Märchenforschung enthalten auch die großen Serien von Textausgaben: „Die Märchen der Weltliteratur" (Begründet von Friedrich von der Leyen — Herausgegeben von Kurt Schier und Felix Karlinger, bisher ca. 60 Bände); Supplementserie zu „Fabula"; „Das Gesicht der Völker" (Herausgegeben von Diether Röth, ca. 40 Bände); „Märchen der Europäischen Völker" (Herausgegeben von Karl Schulte-Kemminghausen und Georg Hüllen, ca. 12 Bände); „Volksmärchen — Eine internationale Reihe" (Herausgegeben von Julian Krzyzanowski, Gyula Ortutay und Wolfgang Steinitz, Berlin); „Collection des contes et légendes de tous les pays" (Paris 1881—1930); „Collection Documentaire du Folklore de tous les Pays" (Paris ca. 10 Bände); „Folklore Studies" (University of California, Berkley, ca. 20 Bände); „Folktales of the World" (London ca. 20 Bände).

1. Petsch, Robert: Formelhafte Schlüsse im Volksmärchen. — Berlin 1900.
2. Thimme, Adolf: Das Märchen. — Leipzig 1900.
3. Singer, Samuel: Schweizer Märchen. — Bern 1903, 1906.
4. Weber, Ludwig Felix: Märchen und Schwank. — Kiel 1904.

5. Panzer, Friedrich: Märchen, Sage und Dichtung. — München 1905.

6. Bonus, Arthur: Zur Biologie des Märchens, in „Preußische Jahrbücher", 1955.

7. Pletscher, Theodor: Die Märchen Charles Perrault's. — Zürich 1905.

8. Hamann, Hermann: Die literarische Vorlagen der KHM und ihre Bearbeitung durch die Brüder Grimm. — Berlin 1906.

9. Krohn, Kaarle: Vergleichende Märchenforschung. — Helsingfors 1907.

10. Benz, R.: Die Märchendichtung der Romantiker. — Gotha 1908.

11. Riklin, F.: Wunscherfüllung und Symbolik im Märchen. — Leipzig 1908.

12. Sperber, Alice: Charakteristik der Lothringer Märchensammlung von E. Cosquin. — Wien 1908.

13. Aarne, A.: Vergleichende Märchenforschung. — Helsinki 1908.

14. Olrik, Axel: Epische Gesetze der Volksdichtung, in „Zeitschr. f. dt. Sprache und Altertumskunde", 51, S. 1—12. 1909.

15. Friedrich, G.: Grundlage, Entstehung und genaue Einzeldeutung der bekanntesten germanischen Märchen, Mythen und Sagen. — Leipzig 1909.

16. Sydow, C. W. von: Twå spinnsagor. En studie i jämförande folksaga forskning. — Stockholm 1909.

17. Huber, Michael: Die Wanderlegende von den Siebenschläfern. — Leipzig 1910.

18. Aarne, A.: Verzeichnis der Märchentypen. — Helsinki 1910.

19. Böklen, Ernst: Schneewittchenstudien. 2 Bd. — Leipzig 1910 und 1915.

20. von der Leyen, Friedrich: Das Märchen. — Heidelberg 1911.

21. Siuts, Hans: Jenseitsmotive im deutschen Volksmärchen. — 1911.

22. v. Löwis, A.: Der Held im deutschen und russischen Märchen. — Jena 1912.

23. Ranke, Friedrich: Der Erlöser in der Wiege. — München 1912.

24. Tonnelat, Ernest: Les contes des frères Grimm. Étude sur la composition et le style. — Paris 1912.

25. Däumling, H.: Studie über den Typus des Mädchens ohne Hände. — München 1912.

26. Aarne, Antti: Leitfaden der vergleichenden Märchenforschung. — (FFC 13) 1913.

27. Böckel, O.: Psychologie der Volksdichtung. — Berlin 1913.

28. Stauff, Ph.: Märchendeutungen. Sinn und Deutung der deutschen Volksmärchen. — Berlin 1914.

29. Hertel, Johannes: Das Pañcatantra. Seine Geschichte und Verbreitung. 1914.

30. Aarne, Antti: Übersicht der Märchenliteratur. — Kamina 1914.

31. Krüger, Kurt: Die Märchen der Baronin d'Aulnoy. — Leipzig 1914.
32. von der Leyen, Friedrich: Aufgaben und Wege der Märchenforschung. — 1916.
33. Spiess, Karl: Das deutsche Volksmärchen. — Leipzig 1917.
34. Kahlo, Gerhard: Die Verse in den Sagen und Märchen. — Jena 1919.
35. Rank, Otto: Psychoanalytische Beiträge zur Mythenforschung. — Wien 1919.
36. Bolte, Johannes: Name und Merkmale des Märchens. — (FFC 39) 1920.
37. Reuschel, Karl: Das Märchen, in „Deutsche Volkskunde im Grundriß", S. 118—131. — Leipzig 1920.
38. Naumann, Hans: Primitive Gemeinschaftskultur. — Jena 1921.
39. Bolte, Johannes: Zeugnisse zur Geschichte des Märchens. — (FFC 39) 1921.
40. Berendsohn, W.: Grundformen volkstümlicher Erzählerkunst in den KHM. — Hamburg 1921.
41. Bethe, Erich: Märchen, Sage, Mythus. — Leipzig 1922.
42. Cosquin, Emmanuel: Études folkloriques. — Paris 1922.
43. Genzel, A.: Die Helfer und Schädiger des Helden im deutschen Volksmärchen. — Leipzig 1922.
44. Heyden, K.: Volksmärchen und Volksmärchenerzähler. Zur literarischen Gestaltung des Volksmärchens. — Hamburg 1922.
45. Saintyves, P.: Les contes de Perrault et les récits paralléles, leurs origines: coutûmes primitives et liturgies populaires. — Paris 1923.
46. Jakob, Georg: Märchen und Traum — Mit besonderer Berücksichtigung des Orients. — Hannover 1923.
47. Huet, Gédion: Les contes populaires. — Paris 1923.
48. Philipsson, Ernst: Der Märchentypus vom König Drosselbart. Greifswald 1923.
49. Mackensen, Lutz: Der singende Knochen — Ein Beitrag zur vergleichenden Märchenforschung. — (FFC 49) 1923.
50. Lüers, Friedrich: Das Märchen [im Deutschunterricht] in Lüers, „Volkstumskunde im Unterricht der höheren Lehranstalten", — Frankfurt 1924.
51. Wesselski, Albert: Märchen des Mittelalters. — Berlin 1925.
52. Wisser, W.: Das Märchen im Volksmund. — Hamburg 1925.
53. Bülow, W. v.: Die Geheimsprache der deutschen Märchen. — Hellerau 1925.
54. Gaster, M.: Studies and Texts in Folklore, Magic, Medieval Romance, Hebrew Apocrypha and Samaritan Archaelogy. 3 voll. — London 1925—28.

55. Liungman, Waldemar: Eeen Traditionsstudie över sagan om Prinzessin in jördulen. — Göteborg 1925.

56. Krohn, Kaarle: Die folkloristische Arbeitsmethode. — Oslo 1926.

57. Wisser, W.: Auf der Märchensuche. — Hamburg 1926.

58. Asadowskij, M.: Eine sibirische Märchenerzählerin. — (FFC 68) 1926.

59. Siter-Somlo, Helene: Das Grimmsche Märchen als Text für Opern und Spiele. — Berlin 1926.

60. Liljeblad, S.: Die Tobiasgeschichte und andere Märchen mit toten Helfern. — Lund 1927.

61. Müller, Erwin: Psychologie d. deutsch. Volksmärchens. — München 1928.

62. Winterstein, Alfred: Die Pubertätsriten der Mädchen und ihre Spuren im Märchen. — 1928.

63. de Vries, Jan: Het Sprookje. — Leuven 1929.

64. Freitag, Elisabeth: Die KHM im ersten Stadium ihrer stilgeschichtlichen Entwicklung. — Frankfurt 1929.

65. Schulte Kemminghausen, Karl: Die niederdeutschen Märchen der Brüder Grimm. — Münster 1929.

66. Haavio, Martti: Kettenmärchenstudien. — (FFC 88) 1929.

67. Jolles, André: Einfache Formen. — Halle 1929.

68. Krappe, A. H.: The science of folklore. — 1930.

69. Boggs, Ralph S.: A comparative survey of the folktales of ten peoples. — (FFC 93) 1930.

70. Nolte, Reinhard: Analyse der freien Märchenproduktion. — Langensalza 1931.

71. Wesselski, Albert: Versuch einer Theorie des Märchens. — Prag 1931.

72. Wesselski, Albert: Versuch einer Theorie des Märchens. — Reichenberg 1932.

73. Azadovskij, M. K.: Ruskaja skazka. — Moskau 1932.

74. Giese, Wilhelm: Zur Morphologie der Märchen der Romanen. — Palma de Mallorca 1932.

75. Brinkmann, O.: Das Erzählen in einer Dorfgemeinschaft. — Münster 1933.

76. Häge, Lieselotte: Lo cunto de li cunti di Basile. — Eine Stilstudie. — Tübingen 1933.

77. Nordick, A.: Perrault. — München 1934.

78. Sydow, C. W. von: Kategorien der Volksdichtung, in „Volkskundliche Gaben", — Berlin 1934.

79. Spieß, Karl von: Deutsche Volkskunde als Erschließerin deutscher Kultur. — Berlin 1934.

80. Brachetti, Mechtilda: Studien zur Lebensform des deutschen Volksmärchens. — Baden 1935.

81. Meyer, Rudolf: Die Weisheit der deutschen Volksmärchen. — Stuttgart 1935.

82. Anderson, Walter: Zu Albert Wesselskis Angriffen auf die finnische folkloristische Forschungsmethode. — Tartu 1935.

83. Memmer, Adolf: Die altfranzösische Bertasage und das Volksmärchen. — Halle 1935.

84. Honti, J.: A mese világa. — Budapest 1937.

85. Peuckert, Will-Erich: Deutsches Volkstum in Märchen und Sage, Schwank und Rätsel. — Berlin 1938.

86. Prestel, J.: Märchen als Lebensdichtung. — München 1938.

87. Honti, Hans: Märchenmorphologie und Märchentypologie, in „Folkliv", III, S. 307—318. — 1939.

88. Zenker-Starzacher, Elli: Eine deutsche Märchenerzählerin aus Ungarn. — München 1941.

89. de Meyer, Maurits: Vlaamsche Sprookjesthemas in het licht der romaansche en germaansche kulturstroomingen. — Leuven 1942.

90. Wesselski, Albert: Deutsche Märchen vor Grimm. — Brünn 1942.

91. Steiner, Rudolf: Märchendichtungen im Lichte der Geistesforschung. — Stuttgart 1942.

92. Lüthi, Max: Die Gabe im Märchen und in der Sage. — Bern 1943.

93. Sydow, C. W. von: Finsk metod och modern sagorforskning. — Lund 1943.

94. Wegmann, Gret: Studien zur Bedeutung des Märchens in der Dichtung der deutschen Romantik. — Zürich 1944.

95. Pernot, Hubert: Mythes astrales et traditions litteraires. — Paris 1944.

96. Koechlin, Elisabeth: Wesenszüge des deutschen und des französischen Volksmärchens. — Basel 1945.

97. Uffer, Leza: Rätoromanische Märchen und ihre Erzähler. — Basel 1945.

98. Thomson, Stith: The folktale. — New York 1946.

99. Propp, V. I.: Istoricesckie korni volsebnoi skazki. — Leningrad 1946.

100. Espinosa, Aurelio M.: Cuentos populares españoles. Vol. I—III. — Madrid 1946/47.

101. Lüthi, Max: Das europäische Volksmärchen. Form und Wesen. — Eine literaturwissenschaftliche Darstellung. — Bern 1947.

102. Honti, J.: Az ismeretlen népmese. — Budapest 1947.

103. Kiefer, E.: Albert Wesselski and recent folktale theories. — Bloomington 1947.

104. Sydow, C. W. von: Selected papers on folklore. — Copenhagen 1948.

105. Propp, V. I.: Le radici storiche dei racconti di fate. — Torino 1949.

106. Cocchiara, Giuseppe: Genesi di leggende. — Palermo 1949.

107. Amades, Joan: Folklore de Catalunya. Rondallistica. — Barcelona 1950.

108. Henßen, Gottfried: Überlieferung und Persönlichkeit. Die Erzählungen und Lieder des Egbert Gerrits. — Münster 1951.

109. Rumpf, Marianne: Rotkäppchen — Eine vergleichende Märchenuntersuchung. — Göttingen 1951.

110. Rooth, Anna Birgitta: The Cinderella Cycle. — Lund 1951.

111. Anderson, Walter: Ein volkskundliches Experiment. — (FFC 141). 1951.

112. Dymke, Anneliese: Die wirkliche Welt im deutschen Zaubermärchen. — Würzburg 1951.

113. Peuckert, Will-Erich: Das Märchen, in Peuckert/Lauffer „Deutsche Volkskunde". — Bern 1951.

114. Eymann, Fr.: Die Weisheit der Märchen im Spiegel der Geisteswissenschaft R. Steiners. — Bern 1952.

115. Bausinger, Hermann: Lebendiges Erzählen — Studien über das Leben volkstümlichen Erzählgutes auf Grund von Untersuchungen im nordöstlichen Württemberg. — Tübingen 1952.

116. D'Aronco, Gianfranco: Indice delle fiabe toscane. — Firenze 1953.

117. Bieringer-Eyssen, Jürgen: Das romantische Kunstmärchen in seinem Verhältnis zum Volksmärchen. — Tübingen 1953.

118. von Beit, Hedwig: Symbolik des Märchens. 3 Bde. — Bern 1952 bis 1957.

119. Eliade, Mircea: Die Religionen und das Heilige. — Salzburg 1954.

120. de Vries, Jan: Betrachtungen zum Märchen. — (FFC 150) 1954.

121. Hagen, Rolf: Der Einfluß der Perraultschen Contes auf das volkstümliche deutsche Erzählgut und besonders auf die KHM. — Göttingen 1954.

122. von der Leyen, Friedrich: Die Welt der Märchen. Bd. I—II. — Köln/Düsseldorf 1954.

123. Colum, P.: A treasury of Irish Folklore. — New York 1954.

124. Perés y Perés, Ramón: La leyenda y el cuento populares. Ensayo histórico. — Barcelona 1954.

125. Pinon, Roger: Le conte merveilleux comme sujet d'études. — Liège 1955.

126. Schier, Kurt: Praktische Untersuchung zur mündlichen Wiedergabe von Volkserzählungen. — München 1955.

127. Haiding, Karl: Von der Gebärdensprache der Märchenerzähler. — (FFC 155) 1955.

128. Rumpf, M.: Ursprung und Entstehung von Warn- und Schreckmärchen. — (FFC 160) 1955.

129. Röhrich, Lutz: Märchen und Wirklichkeit. Eine volkskundliche Untersuchung. — Wiesbaden 1956.

130. Anderson, Walter: Eine neue Arbeit zur experimentellen Volkskunde. — (FFC 168) 1956.

131. Bîrlea, Ovidiu: Cercetarea prozei populare epice, in „Revista de Folclor", I, S. 109—134. — 1956.

132. Röhrich, Lutz: Die Märchenforschung seit dem Jahre 1945, in „Dt. Jb. f. Vk.", I, (1955), S. 279—296; II, (1956), S. 274—319 und III (1957), S. 213—224 und 494—514.

133. Delarue, Paul: Le conte populaire français. Vol. I Paris 1957, vol. II. Paris 1964.

134. d'Aronco, Gianfranco: Le fiabe di magia in Italia. — Udine 1957.

135. Lo Nigro, Sebastiano: Racconti popolari siciliani. Classificazione e bibliografia. — Firenze 1958.

136. Bühler, Charlotte: Das Märchen und die Phantasie des Kindes. — München 1958.

137. Karasek-Langer, Alfred: Die donauschwäbische Volkserzählung in der Gegenwart, in „Jb. f. Vk. der Heimatvertriebenen", III, S. 56 bis 122. — 1958.

138. Schoof, Wilhelm: Zur Entstehungsgeschichte der Grimmschen Märchen. — Hamburg 1959.

139. Bošković-Stulli, Maja: Istarske narodne priče. — Zagreb 1959.

140. Cocchiara, Giuseppe: Popolo e letteratura in Italia. — Torino 1959.

141. Vidossi, Giuseppe: Saggi e scritti minori di folklore. — Torino 1959.

142. Kuhn, Hugo: Zur Typologie mündlicher Sprachdenkmäler. — München 1960.

143. Scherf, Walter: Was bedeutet dem Kind die Grausamkeit der Volksmärchen?, in „Jugendliteratur", 1960.

144. Liungman, Waldemar: Die schwedischen Volksmärchen. Herkunft und Geschichte. — Berlin 1961.

145. Thalmann, Marianne: Das Märchen und die Moderne. — Stuttgart 1961.

146. Scherf, Walter: Kindermärchen in dieser Zeit? — München 1961.

147. Lüthi, Max: Volksmärchen und Volkssage. Zwei Grundformen erzählender Dichtung. — Bern 1961.

148. d'Aronco, Gianfranco: Manuale sommario di letteratura popolare italiana. — Udine 1961.

149. Klöne, Ursula: Die Aufnahme des Märchens in der italienischen Kunstprosa von Straparola bis Basile. — Marburg 1961.

150. Uffer, Leza: Märchen, Märchenerzähler und Märchensammler in Romanisch Bünden, in „Schweiz. Archiv f. Vk.", S. 129 ff. — 1961.

151. Lüthi, Max: Märchen. — Stuttgart 1962.
152. Lüthi, Max: Es war einmal... Vom Wesen des Volksmärchen. — Göttingen 1962.
153. Rougemont, Charlotte: „... dann leben sie noch heute". Erlebnisse und Erfahrungen beim Märchenerzählen. — Münster 1962.
154. Dégh, Linda: Märchen, Erzähler und Erzählgemeinschaft. Dargestellt an der ungarischen Volksüberlieferung. — Berlin 1962.
155. Röhrich, Lutz: Erzählungen des späten Mittelalters und ihr Weiterleben in Literatur und Volksdichtung bis zur Gegenwart. 2 Bde. — Bern 1962 und 1967.
156. Tecchi, Bonaventura: Le fiabe di E. T. A. Hoffmann. — Firenze 1962.
157. Schmidt, Leopold: Die Volkserzählung — Märchen, Sage, Legende und Schwank. — Berlin 1963.
158. Karlinger, Felix: Les contes des Frères Grimm — Contribution à l'étude de la langue et du style. — Paris 1963.
159. Dumitrescu-Buşulenga, Zoe: Ion Creangă. — Bucureşti 1963.
160. Brüder Grimm Gedenken. — Marburg 1963.
161. Kuhn, Hugo und Schier, Kurt: Märchen, Mythos, Dichtung — Festschrift f. F. von der Leyen. — München 1963.
162. Karlinger Felix: Schneeweißchen und Rosenrot in Sardinien. — Zur Übernahme eines Buchmärchens in die volkstümliche Erzähltradition, in „Brüder Grimm Gedenken", S. 584 ff. — Marburg 1963.
163. von der Leyen, Friedrich: Das deutsche Märchen und die Brüder Grimm. — Düsseldorf 1964.
164. Roberts, Warren E.: Norwegian Folktale Studies. — Oslo 1964.
165. Călinescu, G.: Ion Creangă. — Bucureşti 1964.
166. Karlinger, Felix: La funzione del monologo e del dialogo nelle fiabe di Basile e di Creangă, in „Lettere nuove", Nr. 5. — 1964.
167. Moser-Rath, Elfriede: Predigtmärlein der Barockzeit. — Berlin 1964.
168. Pomeranzewa, Erna: Russische Volksmärchen. — Berlin 1964. [Siehe hier: Nachwort S. 577—617!]
169. Wittgenstein, O.: Märchen, Träume, Schicksale. — Düsseldorf 1965.
170. Călinescu, G.: Estetica basmului. — Bucureşti 1965.
171. Karlinger, Felix: Märchen oder Antimärchen? Gedanken zu Basiles „Lo viso". — München 1965.
172. Cristini, Giovanna: Perrault. — Brescia 1965.
173. Tecchi, Bonaventura: Goethe scrittore di fiabe. — Torino 1966.
174. Barag, L. G.: Belorussische Volksmärchen. — Berlin 1966. [Siehe hier: Nachwort S. 535—589!]
175. Propp, Vladimir: Morfologia della fiaba. (Con un intervento di Claude Lévi-Strauss e una replica dell'autore.) — Torino 1966.

176. Bîrlea, Ovidiu: Antologie de proză populară epică. Vol. I—III. — București 1966. [Siehe darin Vorwort in Bd. I. S. 5—110.]

177. Bîrlea, Ovidiu: Poveștile lui Creangă. — București 1967.

178. Karlinger, Felix und Mykytiuk, Bohdan: Europäische Legendenmärchen. — Düsseldorf 1967. [Hierzu siehe Nachwort.]

179. Soriano, Marc: Les contes de Perrault. Culture savante et traditions populaires. — Paris 1968.

180. Karlinger, Felix: Die Funktion des Liedes im Märchen der Romania. — Salzburg 1968.

181. Gutter, Agnes: Märchen und Märe — Psychologische Deutung und pädagogische Wertung. — Solothurn 1968.

182. Chițimia, I. C.: Un basm necunoscut înregistrat în secolul al XVIII—1ea, in „Revista de Istorie și Teorie literară", S. 109ff. — 1968.

183. Karlinger, Felix: Märchenerzähler und Nacherzähler in der Romania, in „Festschrift für Gerhard Rohlfs", S. 257—268. — Tübingen 1968.

184. Karlinger, Felix: Einführung in die romanische Volksliteratur. — Bd. I: Die romanische Volksprosa. — München 1969.

185. Lüthi, Max: So leben sie noch heute. — Betrachtungen zum Volksmärchen. — Göttingen 1969.

186. Tohăneanu, G. I.: Stilul artistic al lui Ion Creangă. — București 1969.

187. Lüthi, Max: Volksliteratur und Hochliteratur. — Menschenbild, Thematik, Formstreben. — Bern 1970.

188. Delitala, Enrica: Gli studi sulla narrativa tradizionale sarda. — Cagliari 1970.

189. Karlinger, Felix: Considerații despre lumea de dincolo și reprezentarea ei în literaturile populare romanice, in „Bună Vestire", Nr. 2, S. 63—71. — 1970.

190. Reinartz, Manfred: Genese, Struktur und Variabilität eines sogenannten Ehebruchschwanks. — Mainz 1970.

191. Klotz, Volker: Weltordnung im Märchen. In „Neue Rundschau", Nr. 1, S. 73 91. 1970.

192. Bărbulescu, Corneliu: Studiu introductiv, in „Petre Ispirescu, Opere", Bukarest 1969.

193. Robe, Stanley L.: Mexican Tales and Legends from Los Altos. Berkeley 1970. [Hier: Vorwort.]

194. Mușlea, Ion und Bîrlea, Ovidiu: Tipologia folclorului. Bukarest 1970.

195. Caracostea, Dumitru und Bîrlea, Ovidiu: Problemele Tipologiei Folclorice. Bukarest 1971.

196. Huth, Werner: Funkische und epische Gestaltung bei Märchen und Sage. — Meisenheim 1971.

197. Mönckeberg, Wilma: Das Märchen und unsere Welt. — Düsseldorf 1972.

PERSONENREGISTER

SACHREGISTER

Wege der Forschung

Germanistik

A. Dichter.

Der Ackermann aus Böhmen des Johannes von Tepl und seine Zeit. **Nr.** 3969 — Georg Büchner. **Nr.** 2799 — Studien zum west-östlichen Divan Goethes. **Nr.** 4983 — Aufsätze zu Goethes Faust. **Nr.** 3976 — Gottfried von Straßburg. **Nr.** 5398 — Gerhart Hauptmann. **Nr.** 4424 — Heinrich Heine. **Nr.** 4987 — Heliand. **Nr.** 5400 — Hugo von Hofmannsthal. **Nr.** 4092 — Franz Kafka. **Nr.** 5401 — Heinrich von Kleist. **Nr.** 3989 — Gotthold Ephraim Lessing. **Nr.** 4427 — Nibelungenlied und Kudrun. **Nr.** 2808 — Novalis. **Nr.** 4735 — Jean Paul. **Nr.** 5750 — Der Simplicissimusdichter und sein Werk. **Nr.** 4010 — Walther von der Vogelweide. **Nr.** 3503 — Wolfram von Eschenbach. **Nr.** 2819

B. Epochen.

Der literarische Barockbegriff. **Nr.** 5740 — Begriffsbestimmung des literarischen Biedermeier. **Nr.** 5394 — Jugendstil. **Nr.** 3463 — Begriffsbestimmung der Klassik und des Klassischen. **Nr.** 4425 — Altdeutsche und altniederländische Mystik. **Nr.** 2601 — Begriffsbestimmung des literarischen Realismus. **Nr.** 4433 — Begriffsbestimmung der Romantik. **Nr.** 4002 — Ritterliches Tugendsystem. **Nr.** 2811

C. Gattungen.

Zur germanisch-deutschen Heldensage. **Nr.** 796 — Wesen und Formen des Komischen im Drama. **Nr.** 1553 — Zur Lyrik-Diskussion. **Nr.** 3627 — Vergleichende Märchenforschung. **Nr.** 4767 — Der deutsche Meistersang. **Nr.** 3991 — Der deutsche Minnesang. **Nr.** 798 — Novelle. **Nr.** 2810 — Zur Poetik des Romans. **Nr.** 2179 — Die Isländersaga. **Nr.** 4003 — Mittelhochdeutsche Spruchdichtung. **Nr.** 4014 — Tragik und Tragödie. **Nr.** 3626 — Das deutsche Versepos. **Nr.** 3485

WISSENSCHAFTLICHE BUCHGESELLSCHAFT
61 DARMSTADT · POSTFACH 1129

Althochdeutsche und mittelhochdeutsche

EPIK UND LYRIK

Diese Sammlung der klassischen Werke des Mittelalters bietet zunächst die mittelhochdeutschen Texte in wissenschaftlich gesicherten Editionen (ohne Leseapparat). Bei den Epik-Bänden folgt im Anschluß auf den mittelhochdeutschen Text eine neuhochdeutsche Nacherzählung, die sich in ihrem Aufbau an die Gliederung des Epos hält. Bei Lyrikausgaben und Spruchdichtung steht den einzelnen Gedichten eine Übertragung auf der rechten Seite gegenüber. Jeder Band enthält in einem dritten Teil ein Verzeichnis jener wichtigen mittelhochdeutschen Begriffe, die durch den gleichen Klang im Neuhochdeutschen zu falschem Verständnis des Textes führen sowie solcher Begriffe, die im Zusammenhang des einzelnen Werkes eine besondere Stellung einnehmen. Notwendige Anmerkungen und Erläuterungen sind sowohl in die Nacherzählung als auch in das Wörterverzeichnis eingearbeitet.

Gottfried von Straßburg: Tristan. Hrsg. von G. Weber in Verbindung mit G. Utzmann und W. Hoffmann. **Nr. 2752**

Hartmann von Aue: Erec. Iwein. Hrsg. von E. Schwarz. **Nr. 3510**

Hartmann von Aue: Gregorius. Der arme Heinrich. Hrsg. von E. Schwarz. **Nr. 3509**

Neidhart von Reuenthal: Lieder. Hrsg. von S. Beyschlag. **Nr. 3592**

Nibelungenlied und Kudrun. Hrsg. von W. Hoffmann. **Nr. 4029**

Walther von der Vogelweide: Werke. Hrsg. von J. Schaefer. **Nr. 3516**

Wolfram von Eschenbach: Parzival. Hrsg. von G. Weber. **Nr. 281.a**

Wolfram von Eschenbach: Willehalm. Titurel. Hrsg. von J. Schröder und G. Hollandt. **Nr. 3517**

Die Reihe wird fortgesetzt.

WISSENSCHAFTLICHE
BUCHGESELLSCHAFT

**61 Darmstadt
Postfach 1129**